唐浩明

点评

曾国藩语录

上

华东师范大学出版社

图书在版编目（CIP）数据

唐浩明点评曾国藩语录／唐浩明著．—上海：华
东师范大学出版社，2018

ISBN 978 - 7 - 5675 - 8446 - 4

Ⅰ.①唐…　Ⅱ.①唐…　Ⅲ.①曾国藩（1811 - 1872）
- 语录　Ⅳ.①K827 = 52

中国版本图书馆 CIP 数据核字（2018）第 250072 号

唐浩明点评曾国藩语录

著　　者　唐浩明
项目编辑　乔　健
特约编辑　邱承辉
审读编辑　王　海　朱鼎玲
封面设计　吕彦秋

出版发行　**华东师范大学出版社**
社　　址　上海市中山北路 3663 号，邮编 200062
网　　址　www. ecnupress. com. cn
电　　话　021 - 60821666　行政传真　021 - 62572105
客服电话　021 - 62865537
门市（邮购）电话　021 - 62869887
地　　址　上海市中山北路 3663 号华东师范大学校内先锋路口
网　　店　http：//hdsdcbs. tmall. com

印 刷 者　北京文昌阁彩色印刷有限责任公司
开　　本　787 × 1092　16 开
印　　张　53. 5
字　　数　930 千字
版　　次　2019 年 1 月第 1 版
印　　次　2019 年 1 月第 1 次印刷
书　　号　ISBN 978 - 7 - 5675 - 8446 - 4/K. 521
定　　价　108. 00 元

出 版 人　王　焰

（如发现本版图书有印订质量问题，请寄回本社市场部调换或电话 021 - 62865537 联系）

目 录 ———— 唐浩明点评曾国藩 语录

我们向曾国藩学什么

梁启超序文

治 身

治　学

我们向曾国藩学什么

1915年4月5日，湖南一师教授杨昌济与他的得意弟子毛泽东聊天时，谈到毛的家世。杨在当天的日记中写道："渠之父先亦务农，现业转贩，其弟亦务农，其外家为湘乡人，亦农家也，而资质俊秀若此，殊为难得。余因以农家多出异材，引曾涤生、梁任公之例以勉之。"

这一年，曾国藩（涤生）去世43年，梁启超（任公）也刚好43岁初度。将梁与曾氏并列作为农家子弟中的卓异代表，大概不会始于杨昌济，但22岁的毛泽东，此时很可能是第一次从他所崇敬的师长口里听到二人并提的话。

杨昌济并列曾梁，着眼于同是农家子弟同样声名卓著，至于其他方面并没有过多论及。当我们稍稍接触一些梁的文字后，便可以明显看出曾梁之间还有另一层关系，即曾氏对梁影响甚为深远，或者说，梁刻意向曾氏学习。

梁是广东人，因地域及由地域而产生的种种隔阂的缘故，他直到28岁才在国外读到曾氏的书。光绪二十六年（1900）春夏间，旅居美国檀香山的梁启超，在给其师康有为及朋友的信中，多次谈到初读曾氏家书时的震动："弟子日间偶观曾文正公家书，猛然自省，觉得不如彼处甚多。""弟日来颇自克励，因偶读曾文正家书，猛然自省，觉得非学道之人不足以任大事。"

从那以后，梁便将曾氏引为人生榜样。直到晚年，其对曾氏的景仰之情依旧不改。他对人说："假定曾文正、胡文忠迟死数十年，也许他们的成功是永久的。"

梁启超为什么会如此推崇曾氏？他在曾氏身上学到些什么呢？1916年，梁在政务著述异常繁忙之际做了一桩大事，即从曾氏全集中摘抄部分语录，汇辑成一部《曾文正公嘉言钞》，并为之作了一篇序言。从梁的这篇序文和他所选语录中，可以清晰地看出他对曾氏的认同之处。

梁认为，曾氏不仅是有史以来不多见的大人物，也是全世界不多见的大人物，而这个大人物，并没有超伦绝俗的天才，反而在当时的名人中最为鲁钝笨拙。那么，是什么使得曾氏能立德立功立言三不朽呢？梁说曾氏的"一生得力在立志自拔于流俗"。他自己首先在这一点上着意向曾氏学习。

曾氏初进京时刻苦研习程朱之学，并身体力行，要做一个无愧于天地父母所生的人，同时对自己身心各方面提出严格要求，且撰《五箴》，即立志箴、居敬箴、主静箴、谨言箴、有恒箴以自警。梁也"以五事自课：一曰克己，二曰诚意，三曰立敬，四曰习劳，五曰有恒"，并效法曾氏以日记作为督察的方式："近设日记，以曾文正之法，凡身过、口过、意过皆记之。"

人的一生最难做到的是"恒"字。曾氏以梁所谓的钝拙之资成就大事业，靠的就是这个"恒"——数十年如一日的劳心劳力。梁虽天资聪颖，但只活了56岁。自从二十多岁成名后，一生便在忙碌中度过，除大量的政事、教学、社交等占据他许多宝贵的时光外，还要承受动荡不安的流亡岁月的干扰，而他却留下一千四百万言的精彩著述，其内容几乎涉及文史哲的各个领域。如此巨大的成就何以取得？靠的也就是持之以恒的勤奋。他说他"每日起居规则极严"，"所著书日必二千言以上"。他的学生说他"治学勤恳，连星期天也有一定日课，不稍休息。他精神饱满到令人吃惊的程度"。梁的精力充沛或许有天性，但更多的则是出于自律。他在给朋友徐佛苏的信中说："湘乡言精神愈用则愈出，此诚名言，弟体验而益信之。"湘乡即曾氏。曾氏所说的这句话，见于咸丰八年（1858）四月初九给他九弟的信。梁不仅将这话记于心付于行，而且又将它抄下来，编于《嘉言钞》中，提供给天下有志于事业者。

从梁所辑录的这部《嘉言钞》中，我们看到梁大量摘抄曾氏关于立志、关于恒常、关于勤勉、关于顽强坚毅方面的嘉言，足见梁对曾氏这些方面见解的看重。随着这部《嘉言钞》的问世，也可以让更多的读者看到曾氏当年"受之以虚，将之以勤，植之以刚，贞之以恒，帅之以诚，勇猛精进，坚苦卓绝"的具体做法，在一段鲜活的历史过程中，得到对当下生存的启示。

作为近世一位卓越的政治活动家，梁更看重学问的经世致用。他在序文中说："夫人生数十寒暑，受其群之荫以获自存，则于其群岂能不思所报？报之则必有事焉，非曰逃虚守静而即可以告无罪明矣。"以自己所做的实事来报答社会，这是梁启超的人生选择。接下来，他谈到自己从政二十年来的重要体会：既要做事，"于是乎不能不日与外境相接构，且既思以己所信易天下，则行且终其身以转战于此浊世，若何而后能磨炼其身心，以自立于不败？若何而后能遇事物泛应曲当，无所挠枉？天下最大之学问，殆无以过此。"梁的意思是，要做事，便得与浊世打交道，在此浊世中如何让自己的身心得到磨炼，从而立于不败之地；如何能很好地应付方方面面，不致于受挫受阻。这就是人世间的最大学问。他认定曾氏便是这样一个拥有最大学问的人。

曾氏是近代湖湘文化的典型代表。湖湘文化最突出的特色是注重经世致用。过去都说曾氏是理学家。其实，他对理学的学理并没有大的推进，他的贡献是在实践上。在如何将理学用之于身心修炼及事业建立这方面，曾氏是一个成功的践履者。曾氏以中国学问为教材，不仅尽可能地完善了自我健全的人格，而且成就了一番事功，并因此改变近代中国历史走向，这就是所谓的"内圣外王"。除此之外，在平时生活中，他也是一个好儿子、好兄长、好父亲、好丈夫、好朋友。曾氏认为，人生的"绝大学问即在家庭日用之间"。在这一点上，曾氏与梁启超的看法完全一致。于是，我们在这部《嘉言钞》里，可以看到曾氏是如何修身的，又是如何办事的。这事情中既有掀天揭地的军国大事，也有木头竹屑的零碎小事。梁启超说曾氏"所言，字字皆得之阅历而切于实际，故其亲切有味，资吾侪当前之受用"。既亲切，又实用，这就是当年梁读曾氏文字的感受。

此外，我们读《嘉言钞》时还有一个强烈感觉，即梁特别注重曾氏对当时堕落风气的谴责以及对扭转时风的自我期待与担当。梁不惜反复摘抄曾氏在不同时期对不同人说的有关言论，于此不仅能看出梁对曾氏这些议论的认可，还可感受到梁本人对移风易俗改造社会的责任感。这一点，或许正是这两位历史巨人最大的心灵相通之处。

梁在《说国风》一文中说："吾闻诸曾文正公之言矣，曰'先王之治天下，使贤者皆当路在势，其风民也皆以义，故道一而俗同。世教既衰，所谓一二人者不尽在位，彼其心之所向，势不能不腾为口说而播为声气，而众人者势不能不听命而蒸为习尚，于是乎徒党蔚起，而一时之人才出焉'……夫众人之往往听命于一二人者，盖有之矣，而文正独谓其势不能不听者何也？夫君子道长，则小人必不见容而无以自存，虽欲不勉为君子焉而不可得也；小人道长，则君子亦必不见容而无以自存，虽欲不比诸小人而不可得也。"

显然，梁是在引曾氏之说来为自己的文章立论。曾氏认为，处在众望所归之地位的一二人，对一时的社会风气是负有引领之责的，而风气一旦形成，便又会影响各个层面上的人，从而形成强大的社会力量。曾氏一向是以"一二人"自期的，作为名满天下的维新派领袖，梁又何尝不隐然以"一二人"自许呢？在这一点上曾梁之间可谓惺惺相惜。

"一二人"靠什么来扭转风气呢？理学家曾氏是主张以道德的力量来转移社会的，即先做到自我道德完善，再以此来感化身边人及属下，然后再靠他们去影响更大的群众面。对此，曾氏有过表述："天之生斯人也，上智者不常，下愚者亦不常，扰扰万众，大率皆中材耳。中材者，导之东而东，导之西而西，习于善而善，习于恶而恶……由一二人以达于通都，渐流渐广，而成风俗。风之为物，控之若无有，鲭之若易靡，及其既成，发大木，拔大屋，一动而万里应，穷天下之力而莫之能御。"

革新家梁启超对曾氏这种以德化人的理念甚为赞赏。临去世的前两年，他曾与清华国学研究院的学生们，有过一次恳切的长谈。他说："现在时事糟到这样，难道是缺乏知识才能的缘故么？老实说，什么坏事不是知识分子的才能做出来的？现在一般人根本就不相信道德的存在，而且想把它留下的残余根本去铲除。我们一回头看数十年前曾文正公那般人的修养。他们看见当时的社会也坏极了，他们一面自己严厉地约束自己，不跟恶社会跑，而同时就以这一点来朋友间互相勉励，天天这样琢磨着，可以从他们往来的书札中考见……他们就用这些普通话来训练自己，不怕难，不偷巧，最先从自己做起，立个标准，扩充下去，渐次声应气求，扩充到一般朋友，久而久之便造成一种风气，到时局不可收拾的时候，就只好让他们这般人出来收拾了。所以以曾、胡、江、罗一般书呆子，居然被他们做了这伟大的事业。"

梁早年系维新变法派，后来转为共和制度的坚定拥护者，对于张勋复辟清王朝的做法持坚决反对的态度，而曾氏则是彻底的大清王朝的保皇派。在某些人看来，梁不应学曾氏而要咒骂他才对。其实，人类文化中的精粹是从来不受政治观念和时空限制的，梁所看重的那些曾氏嘉言，正是属于人类文化精粹的部分。梁说曾氏是"尽人皆可学焉而至"的，他自己学习而有成效，于是想让大家都来学习，遂在百忙中抽空编了这本《嘉言钞》。梁认为他所编的这部书，对于中国人来说，好比穿衣吃饭一样的不可一刻离开。笔者也一向认为曾氏可学而至，且有感于"布帛菽粟"这句话，遂在评点曾氏的家书、奏折之后，不嫌一而再、再而三的麻烦，又来评点一番梁所辑录的这部《曾文正公嘉言钞》，无非是想让梁启超的意愿在21世纪的读者中得到更好的实现。

最后，还有两点要向读者诸君交代。

一、梁启超对他所辑的《曾文正公嘉言钞》还有过体例上的说明，为方便读者阅读，择其重点如下：

是编从金陵刻本《曾文正全集》中书札、家书、家训、日记、文集五种摘抄。其余嘉言散见他种遗著者则付阙如。

是编所取自便省览，故务求简要，往往一段之中仅节数语，不嫌割裂，但求受用耳。亦有因此一义而屡见屡抄者，以存文正强聒不舍之真，亦使读者得日习而悦之益。

文正居大乱之世，半生治军，是编所抄言战事者亦什之一二。其为军人宝鉴而无待言，即非军人，亦当涵咏其理而善推之于用。盖人生天地间，本以奋斗为生涯，何时何事非在战争中者？是编所抄关于军事诸条，吾确信凡任事者苟能体其意而服膺之，必终身受益不尽也。

是编所抄关于观人用人之诸条，读者可以为文正秉权势居高位故能尔尔，吾侪则无需此。其实不然。人无论居何地位执何职业，皆须与人共事，求友求助。苟善读此，无往而不自得师也。

文正于学术文艺独得处甚多，垂训亦至精，今所抄从略。

二、梁启超所编的《曾文正公嘉言钞》由上海商务印书馆于1917年出版。1934年，上海大达图书供应社出版了一部名曰《曾文正公嘉言类钞》的书，无编者署名。1993年，岳麓书社重印此书，以梁启超作为此书的选编者。梁启超是否为此书的选编者虽是疑点，但此书所选的言论却的确出于曾氏全集，且此书所选嘉言颇多，又分类汇编，有利于无法通读全集的读者更好地阅读曾氏。鉴于此，笔者亦对此书加以评点，放于梁氏书前。此书也有"割裂"、"屡见屡抄"的现象，其用心当与梁氏所说者同。另，这两本书有重复之处，今删去梁书重复的部分。

嘉言钞即语录。为便于当今读者的认知，再版时编辑建议将此书原名《唐浩明评点梁启超辑曾国藩嘉言钞》改为《唐浩明点评曾国藩语录》。我认为这是可以的，特此说明。

唐浩明

丙戌初冬
于长沙静远楼

梁启超序文

　　曾文正者，岂惟近代，盖有史以来不一二睹之大人也已；岂惟我国，抑全世界不一二睹之大人也已。然而文正固非有超群绝伦之天才，在并时诸贤杰中称最钝拙，其所遭值事会，亦终身在拂逆之中，然乃立德立功立言三并不朽，所成就震古铄今而莫与京者，其一生得力在立志自拔于流俗。而困而知，而勉而行，历百千艰阻而不挫屈，不求近效，铢积寸累。受之以虚，将之以勤，植之以刚，贞之以恒，帅之以诚，勇猛精进，坚苦卓绝。如斯而已，如斯而已。

　　孟子曰"人皆可以为尧舜"，尧舜信否尽人皆可学焉而至，吾不敢言；若曾文正之尽人皆可学焉而至，吾所敢言也。何也？文正所受于天者，良无以异于人也，且人亦孰不欲向上？然生当学绝道丧人欲横流之会，窳败之习俗以雷霆万钧之力相罩相压，非甚强毅者固不足以抗围之。荀卿亦有言庸众驽散则劫之以师友，而严师畏友又非可亟得之于末世，则夫滔滔者之日趋于下更奚足怪！其一二有志之士，其亦惟乞灵典册，得片言单义而持守之，以自鞭策，自夹辅，自营养，犹或可以杜防堕落而渐进于高明。

　　古人所以得一善则拳拳服膺而日三复，而终身诵焉也，抑先圣之所以扶世教正人心者，《四书》、《六经》亦盖备矣。然义丰词约，往往非末学所骤能领会，且亦童而习焉，或以为陈言而忽不加省也。近古诸贤阐扬辅导之言益汗牛充栋，然其义大率偏于收敛，而贫于发扬。夫人生数十寒暑，受其群之荫以获自存，则于其群岂能不思所报？报之则必有事焉，非曰逃虚守静而即可以告无罪也明矣。于是乎不能不日与外境相接构，且既思以己之所信易天下，则行且终其身以转战于此浊世，若何而后能磨炼其身心，以自立于不败？若何而后能遇事物泛应曲当，无所挠枉？天下最大之学问，殆无以过此。非有所程式而养之于素，其孰能致者？曾文正之殁，去今不过数十年，国中之习尚事势，皆不甚相远。而文正以朴拙之姿，起家寒素，饱经患难，丁人心陷溺之极运，终其生于挫折讥妒之林，惟恃一己之心力，不吐不茹，不靡不回，卒乃变举世之风气而挽一时之浩劫。彼其所言，字字皆得之阅历而切于实际。故其亲切有味，资吾侪当前之受用者，非唐宋以后儒先之言所能逮也。孟子曰"闻伯夷之风者，懦夫有立志"，又曰"奋乎百世之上，百世之下闻者莫不兴起"，况相去仅一世，遗泽未斩，模楷在望者耶！则兹编也，其真全国人之布帛菽粟而斯须不可去身者也。

君子之立志也，有民胞物与之量，有内圣外王之业，而后不忝于父母之所生，不愧为天地之完人，故其为忧也，以不如舜不如周公为忧也，以德不修、学不讲为忧也。是故顽民梗化则忧之，蛮夷猾夏则忧之，小人在位、贤才否闭则忧之，匹夫匹妇不被己泽则忧之。所谓悲天命而悯人穷，此君子之所忧也。若夫一身之屈伸，一家之饥饱，世俗之荣辱得失，贵贱毁誉，君子固不暇忧及此也。

士人读书，第一要有志，第二要有识，第三要有恒。有志，则断不甘为下流。有识，则知学问无尽，不敢以一得自足；有恒，则断无不成之事。

猛火煮，慢火温

师友夹持，虽懦夫亦有立志。予思朱子言：为学譬如熬肉，先须用猛火煮，然后用慢火温。予生平工夫，全未用猛火煮过，虽略有见识，乃是从悟境得来；偶用功，亦不过优游玩索已耳。如未沸之汤，遽用慢火温之，将愈煮愈不熟矣。

译文

老师朋友上下扶掖，即便是懦夫也会立有志向。我想起朱熹的话：为学好比熬肉，先必须用大火煮沸，然后再用小火慢慢地煨透。我平生学问上的工夫，完全没有用过大火煮沸，虽然略微有点见识，乃是从悟性这个境界里得来的。偶尔用过功，也不过是悠闲把玩而已，好比没有沸腾的汤，即刻便用慢火温煨，将会越煮越不能熟透。

点评

这段话出自曾国藩道光二十二年（1842）九月十八日给诸弟的家信。此时曾氏年龄32岁，入京已三年，官居翰林院国史馆协修官，秩为正六品，属中央政府里的低级官员，俗称小京官。受信人为他的四个弟弟。四个弟弟都在老家湖南读书，且无一人有任何功名。此时的曾氏身为词臣，公务清闲，得以有时间读书做诗文。这段时期，他以《朱子全书》为课本，究心程朱理学，所引的这段朱熹的话，便出自于《朱子语类》。朱熹的原话为："今语学问，正如煮物相似，须熬猛火先煮，方用微火慢煮。若一向只用微火，何由得熟？欲复自家原来之性，乃怎地悠悠，几时会做得？大要须先立头绪。头绪既立，然后有所持守。"

朱熹的意思是，求学问的过程，就好比用火煮食物一样。先要用大火将食物猛烈地煮一阵子，待它已经熟了后，再用小火慢慢地煨。食物——尤其是难以煮熟的食物，比如肉类，如果一开始不用大火猛煮的话，它根本就熟不了，但也不能一个劲地用大火，那样就会把它烧焦了。食物中的精华部分，则需用小火慢慢细细地熬出来。朱熹认为，要恢复人原本的诚善之性，要为人生立一个大的规模，必须用一段时期大量地刻苦地攻读圣贤的经典著作。有了这样一段过程之后，才有可能再来悠闲地阅读，细心地体味书中精义；如果一开始就欠缺这个刻苦攻读的过程，那么一辈子也得不到真正的学问。

曾氏在唐鉴的指导下与倭仁等人一道，通过严格修炼，其信仰更为坚定，其心思也日趋纯粹。在求取学问的途径上，他亦甚为认同这种"先猛后温"的方式。鉴于过去缺少"猛火煮"阶段，他决心以加倍勤奋来予以补救。道光二十二年十二月二十日，曾氏在给诸弟的信后附了一份课程表。其日常功课的主要内容便是读书求学：读完二十三史，又特别注明每日读十页，虽有事亦不间断，一书不读完，不读他书。每天写日记。每天记"茶余偶谈"一则，分德行、学问、经济、艺术四门。每日做诗文数首。每天早起作字，夜里一律不出门。

曾氏将这个自己很认同并切实照着办的读书方法告诉诸弟，无疑是希望弟弟们也能照着做。曾氏的这四个弟弟，眼下正是全职读书郎，实在是应该趁此大好时候来一番"猛火煮肉"，即集中全副精力大量地日夜兼程地读书做诗文，借以立下学问规模。笔者也很认同这种求学方式。人生在世虽然漫长，可以活到七八十岁，甚至高达百岁，但不需旁骛，能系统读书的时间也不过十多年，这十多年的求学岁月对一生的事业和成就关系巨大。在这段时间里有没有"烧过猛火"，常常是日后的人生有无成就的一个重要原因。许多人在学校里读书时不知珍惜；到了中年以后才痛切感受少壮不努力所带来的后果，再思补救，为时已晚。因为中年之后，按求学的程序，是应该到"慢火温"的时候了。那时若再用"猛火煮"，且不说各种条件已不具备，即便具备，"温"的阶段岂不要下移到老年！人到了老年，还能有大作为吗？曾氏这段话明明白白说的是治学，但辑者为何将它归于"治身"一类呢？据笔者揣测，因为曾氏是在对诸弟讲立志时，引来这段求学方式的议论的，其目的还是归结在立志上。

民胞物与之量与内圣外王之业

君子之立志也，有民胞物与之量，有内圣外王之业，而后不忝于父母之所生，不愧为天地之完人，故其为忧也，以不如舜不如周公为忧也，以德不修、学不讲为忧也。是故顽民梗化则忧之，蛮夷猾夏则忧之，小人在位、贤才否闭则忧之，匹夫匹妇不被己泽则忧之。所谓悲天命而悯人穷，此君子之所忧也。若夫一身之屈伸，一家之饥饱，世俗之荣辱得失，贵贱毁誉，君子固不暇忧及此也。

译文

君子的立志，当立下民胞物与的气度、内圣外王的功业。有这样的志向后，才不愧为父母之所生，不愧为天地之间的完人。所以，君子的忧虑，是以自己不如舜不如周公那样的人作为忧虑，以道德没有修炼、学问没有讲求作为忧虑。故而，有愚顽百姓不从教化的事发生则忧虑，有野蛮的外族侵犯华夏民族的事发生则忧虑，有小人占据要位、贤才受到压抑的事发生则忧虑，有普通老百姓没有得到自己惠泽的事发生则忧虑。这就是所谓对天命不顺的悲叹和对世人困厄的怜悯，这才是君子所应当忧虑的。至于自己一身的屈与伸，一家的饥与饱，世俗对自己所加的荣与辱、得与失、贵与贱、毁与誉，这些事情，君子则没有时间去忧虑。

点评

这段文字出自道光二十二年十月二十六日给诸弟的家书。后世论者常说曾氏入京后不久便立下了澄清天下之志，这段话应是此说的一个佐证。

一个人，尤其是一个以社会为主要活动舞台的男人，几乎都会对自己的人生活动领域有所选择，对自己在此领域内能达到的目标有所期许，对社会将可能给予自己的关注和回报有所盼望，这就是所谓的志向。人的志向有大有小，对所立志向的追求过程有长有短，这中间的差异源于天赋、教育、胸襟、能力和环境等等。曾氏进京不久后便能立下这种"澄清天下之志"，除天赋和胸襟等因素外，重要的是环境的变化：由湖南变为京师。这种变化首先意味着他由一个普通老百姓变为国家官员，而且是出身清贵的天子近臣，在他面前展开的是一条通向锦绣前程的宽阔大道。他既对自己的能力充满了信心，又会很自然地加大自身的责任感和使命感。这个变化的另一点是他的周围有一个很优秀的师友圈。这个师友圈让他通过对《朱子全书》的研读，真正明白程朱理学的精粹，即养民胞物与之量、成内圣外王之业。

在当时读这段话的曾氏的几个弟弟看来，大哥未免有点矫情：难道你就对自己一身的屈伸、得失、贵贱、毁誉，真的没有时间去忧虑吗？真的就这样无私吗？事实上，曾氏也不是这样的纯粹。他对大考、迁升等关系一己伸屈的事也看得很重。解读曾氏所说的这段话，宜从方向着眼、从大处着眼。所谓从方向着眼，即立下君子大志后，今后努力的方向便是修炼人格，关怀众生。以百姓社稷为怀，不再一切都从一身一家的利益出发。从大处着眼，即国事、家事、天下事，尽管是事事都关心，但得有个先后主次，更多的时间、更大的精力应放在国事和天下事上，家事宜往后挪。这就是所谓"国而忘家，公而忘私"。人的意识经过这样一番调整后，其境界就大为提升了。

从这个意义上说，我们提倡青年应当立志，而且不妨将志向立得高远些。立下一个高远的志向后，人生的努力方向便会在一个相当长的时期里鲜明突出。精力和时间的分配也便会在一个相当长的时期里轻重得宜。一个人能在一段相当长时期里这样生活，他的事业岂能不成？他的生命品质岂能不高档？

以写日记来固定恒心

余向来有无恒之弊，自此次写日课本子起，可保终身有恒矣。盖明师益友，重重挟持，能进不能退也。

译文

我向有缺乏恒心的弊病，自从这次逐日写日记开始，可以保证一辈子有恒心了。这是因为明师和益友多方面的督促扶持，我只能上进不能后退了。

点评

这段话与上段话一道出自于道光二十二年十月二十六日给诸弟的家书。在后世人的眼中，曾氏是个有恒心的人；但曾氏的恒心，并不是天生的，而是他自觉练就的。决定坚持每天写日记，是他用来训练恒心的一个重要手段。曾氏写日记，是受了唐鉴和倭仁的启发。唐、倭这两位晚清理学名臣，用写日记的方式来监督自己的心性修养。曾氏以他们为榜样，也用日记来帮助自己培植内圣功夫。故而他的日记重点用来批判自身缺点，即"凡日间过恶：身过、心过、意过，皆记出"（见曾氏《求缺斋课程》）。为表示对此事的重视，他还要求字迹"须端楷"，并且以"终身不间断"来打造自己的恒心。但他所立下的这个宏誓并没有完全做到。传下来的曾氏一百多万言的日记中，明显地分为前后两段时期。前段时期起自道光二十二年，终于咸丰七年（1857）。这段时期中逐日写日记的年份，也只是从道光二十二年到道光二十五年。道光二十五年后则只是一些零散的记录。后段时期起自咸丰八年六月初七日，一直到同治十一年（1872）二月初三日曾氏辞世的前一天。这段为期十四五年日记的内容则几乎近于流水账，与前段时期的"心斋"有很大的区别。"心斋"式的日记之所以没有坚持下去，估计一是后来的工作忙。道光二十七年（1847）曾氏升二品衔大员，二十九年后实授礼部侍郎，并先后兼任过兵部、工部、吏部、刑部侍郎，政务的确殷繁。第二个原因则是身为部堂实任官后脱离了原来的师友圈，失去"明师益友"的"重重挟持"，于是乎在写日记这件事上便只能退而不能进了。

从曾氏写日记这件事上，我们可以看出，青年时代的曾氏，在"恒心"这一点，与常人无异，既有渴求"有恒"的强烈愿望，又缺乏坚持下去的毅力。中年以后的曾氏，在日理万机的繁忙中，仍能将"每日写日记"进行到生命的最后一刻，实为难能可贵。他之所以能有中年之后的这个"有恒"，应与早年那段时期心性修炼的基础厚实分不开。恒心是成就事业的必要条件，而恒心也是可以培养的。曾氏的人生经历，给了我们这方面有益的启示。

读书要有志有识有恒

士人读书，第一要有志，第二要有识，第三要有恒。有志，则断不甘为下流。有识，则知学问无尽，不敢以一得自足；如河伯之观海，如井蛙之窥天，皆无见识也。有恒，则断无不成之事。此三者，缺一不可。诸弟此时，惟有识不可以骤至，至于有志、有恒，则诸弟勉之而已。

译文

知识分子读书，第一要有志向，第二要有识见，第三要有恒心。有志向，则绝对不甘心处于底层。有识见，则知道学问是没有穷尽的，不敢以一点点所得为满足；比如用河伯的眼光看大海，用井底之蛙的角度来窥测天空，这都是没有见识的缘故。有恒心，则绝对没有办不成的事情。这三个方面，缺一都不行。眼下各位老弟，只有在识见这方面不可能很快达到较高的层次，至于有志向、有恒心这两方面，则完全可以期盼于自己的努力。

点评

曾氏在这里对士人于读书一事上提出三个要求，即有志、有识、有恒。其实，不只是士人，也不只是读书一事，我们每一个想好好活在世上的人，若希望做出一桩较大的事情，都应该有志、有识、有恒。有志、有恒，在前面的几段评点中都已涉及，这一段专来说几句"有识"。

所谓"识"，就是一个人对自身和自身之外世界的了解与看法。人的"识"，以所知为基础。这个"所知"，也就是通常所说的知识。知识积累得越丰富，对人和事的了解就有可能越清楚，看法也就有可能越接近其本质。知识的积累来自多种途径，读书固然是最重要的一条途径，还有一个重要的来源便是阅历。看的多，感受的多，经历的多，知识也便自然多了。人的识，以"见"为可贵。通常将此称之为见识或识见。识的最后落脚点在于对人事的认知与判断，这个认知的准确度与判断的正确否，便是"见"。它与知识有关，但又不完全取决于知识的多寡，而与一个人的思维力、领悟力、创造力关系更大。人们常说的书呆子、两脚书柜、书蛀等，便是指装了满肚子书本知识却没有自己见识的人。由于缺乏最后落脚点，这种所谓的知识再多也作用不大。而"见"又以远见和创见尤为宝贵。因为有远见，则可预为准备；有创见，人类文明才得以发展。以笔者看来，曾氏所提出的志、识、恒三者中，识最为难得，也最为重要。

人生宜求缺

凡盛衰在气象，气象盛则虽饥亦乐，气象衰则虽饱亦忧。今我家方全盛之时，而贤弟以区区数百金为极少，不足比数。设以贤弟处楚善、宽五之地，或处葛、熊二家之地，贤弟能一日以安乎？凡遇之丰啬顺舛，有数存焉，虽圣人不能自为主张。天可使吾今日处丰亨之境，即可使吾明日处楚善、宽五之境。君子之处顺境，兢兢焉常觉天之过厚于我，我当以所余补人之不足；君子之处啬境，亦兢兢焉常觉天之厚于我；非果厚也，以为较之尤啬者，而我固已厚矣。古人所谓"境地须看不如我者"，此之谓也。来书有"区区千金"四字，其毋乃不知天之已厚于我兄弟乎？兄尝观《易》之道，察盈虚消息之理，而知人不可无缺陷也。日中则昃，月盈则亏，天有孤虚，地阙东南，未有常全而不缺者。《剥》也者，《复》之至也，君子以为可喜也；《夬》也者，《垢》之渐也，君子以为可危也。是故既吉矣，则由咎以趋于凶；既凶矣，则由悔以趋于吉。君子但知有悔耳。悔者，所以守其缺，而不敢求全也。小人则时时求全。全者既得，而咎与凶随之矣。众人常缺而一人常全，天道屈伸之故，岂若是不公乎！

今吾家椿萱重庆，兄弟无故，京师无比美者，亦可谓至万全者矣。故兄但求缺陷，名所居曰：求阙斋。盖求缺于他事，而求全于堂上，此则区区之至愿也。

家中旧债不能悉清，堂上衣服不能多办，诸弟所需不能一给，亦求缺陷之义也。内人不明此意，时时欲置办衣服，兄亦时时教之。今幸未全备，待其全时，则吝与凶随之矣，此最可畏者也。贤弟夫妇诉怨于房闼之间，此是缺陷，吾弟当思所以弥其缺，而不可尽给其求，盖尽给，则渐几于全矣。吾弟聪明绝人，将来见道有得，必且韪余之言也。

译文

举凡兴盛与衰落都体现在气象上。气象旺盛，尽管饥饿也感觉快乐；气象衰败，尽管温饱也会令人担忧。现在我们家正处在全盛的时候，而贤弟认为区区数百两银子为很小的一笔钱，够不上一个数目。假如贤弟处在楚善、宽五的位置，或者处在葛、熊两家的位置，贤弟能够安心过得了一天吗？人所遭遇到的处境是富是穷是顺利是多挫折，这是有天数安排的，即便是圣人也不能完全由自己做主。天可以使我今天处在富裕顺利的境地，也就可以使我明天处于楚善、宽五的境地。君子处于顺境时，战战兢兢地常觉得老天特别厚待我，我应当用自己的多余部分弥补别人的不足处。君子处于逆境，也战战兢兢地常觉得老天厚待我；并不是真正地厚待，而是与那些更糟糕者比，我已得到厚待了。古人所说的"处境要看不如我的"，就是说的这个意思。来信中有"区区千金"四个字，岂不是太不知上天已经厚待我们兄弟了吗？兄曾经研究过《周易》的大道理，琢磨宇宙间盈虚消息的规律，从而知道人生在世是不可能没有缺陷的。太阳升到中天后便开始西斜，月亮圆满后随即亏缺，天有它的不足，地在东南边缺失，没有总是完美而不亏缺的。《剥》卦之后紧接着的是《复》卦，君子认为这是可喜的。《夬》卦出现后，《姤》卦便跟着来了，君子认为应该产生危机意识。所以，在遇到吉利的时候，常会因忘乎所以而走向凶危；在遭到凶危时，则又会因警惕自省而走向吉利。故而君子只知道有警惕自省。存警惕自省的意识，于是保守它的欠缺，而不敢去追求圆满。小人则常常追求圆满，圆满一旦得到，耻辱和凶危也便随之而来了。多数人常常有缺陷，而我一个人经常圆满，在上天规律中的屈与伸这方面，难道能这样不公平！

现在我们家祖父母、父母健在，兄弟姊妹整齐，京师中没有可以比美的，也可以算得上万全之家了。故而我只求缺陷，以"求阙斋"来作为寓所之名，目的在于以其他方面的欠缺，来求取家中祖父母、父母的齐全。这就是我小小的胸中最大的愿望了。家里的老债不能够全部还清，祖父母父母的衣服不能够多置办，各位兄弟所需要的不能够都满足，也是求取缺陷的内容之一。你们的嫂子不明白这里面的深意，时时刻刻想置办衣服，为兄的也时时刻刻在教导她。如今幸而没有完全备齐，等到完全齐备时，则耻辱与凶危也便随即到了。这是最可怕的事。贤弟夫妻在私房里诉说着不满，这就是缺陷。贤弟应当想怎么样来弥补这个缺陷，但又不能够有求必应，如果全部满足了，则又接近于圆满了。贤弟是聪明绝顶的人，将来于天地间的大道理有所理解时，必然同意我的这番话。

点评

这一大段话，出于道光二十四年（1844）三月初十日给国华、国荃两弟的信。这是一封较长的信。它的背景是曾氏于先一年充任四川乡试主考官，得到一笔较为丰厚的报酬，于是寄一千两银子回家，嘱咐以其中六百两作为还债及家中零花之钱，剩下的四百两则拿来馈赠戚族。曾氏的这个安排遭到诸弟的反对，他们不同意在家里仍旧银钱拮据的时候分出这大一笔数目来送人。在长沙读书的国华、国荃给大哥写信说明他们的观点。曾氏接到两个弟弟的信后，写了这封信。关于曾氏的这封信，《唐浩明点评曾国藩家书》一书中有较为详细的议论，这里就不再多说了。这段话之意重在将曾氏"求缺"的思想介绍给读者，此次点评，就来多说几句"求缺"。

居京师期间，曾氏写过一篇名曰《求阙斋记》的文章。文章一开头便说："国藩读《易》，至《临》而喟然叹曰：刚浸而长矣，至于八月有凶，消亦不久也，可畏也哉！天地之气，阳至矣，则退而生阴；阴至矣，则进而生阳。一损一益者，自然之理也。"信中说"兄尝观《易》之道"。可见曾氏的求缺思想是来自《易经》的启发。人们读《易》，通常都很容易感受它所提倡的"天行健，君子以自强不息"的阳刚强健的观念。其实《周易》最值得研究的是它的"刚柔相摩，八卦相荡"，也就是"一阴一阳之谓道"的思想。曾氏读《周易》时，看出了这种思想，并且对他有很大的触动和启迪，他用"盈虚消息之理"来表述之。

曾氏以"盈虚消息"的眼光来看待宇宙间的事物：日中则昃，月盈则亏，天有孤虚，地阙东南，天地万物"未有常全而不缺者"。他认定这是一条带普遍性的规律，并因此而领悟到：人类社会也受这条规律的支配——不可能只盈不虚，只息不消，而是如同宇宙间的事物一样，盈满后即出现虚缺，长息之后即为消减。曾氏于此进一步悟出：盈满是瞬间片刻的状态，虚缺则是经年累月的常态，若拼命追求盈满，紧接而来的虚缺，就将会给人带来沮丧——而这种追求，从思维方式来讲，一开始就是错误的，因为它近于贪婪，而保持具有虚缺的常态才是与规律相符的观念。曾氏因此而更进一步想到，对于一个境遇良好的人来说，要有意识地求得缺陷，如此方可形成平衡的态势，从而将良好的境遇长久保持。

这是曾氏从《周易》中对自然界"盈虚消息"的观察而施之于人世的领悟。其实，也很可能是作《易》者在洞悉人情世故后，借助天文地理来启示读者。认真读书的人，则可以通过天文地理来悟到作者的深邃用心。《系辞》说："作《易》者，其有忧患乎？"其中所透露的，便是此中信息。笔者认为，自然界的阳极而阴，与人世间的盛极而衰，在内在的因素中确有相通之处。这种内在的因素极有可能便是无论宇宙还是社会，都需要有一种制衡的力量。在此力量的约束下，达到对称平衡。宇宙或社会，也只有在对称平衡的状态中才能形成稳定的局面。从这个角度来看，"盈虚消息"确为中华文化的一个大智慧，仔细咀嚼，慢慢体味，它是可以给我们很多收益的。真正明白这个大智慧后，人生当有境界意义上的升华。

将仁心变为行动

凡仁心之发，必一鼓作气，尽吾力之所能为，稍有转念，则疑心生，私心亦生。疑心生，则计较多，而出纳吝矣；私心生，则好恶偏，而轻重乖矣。

译文

凡是仁爱的念头一旦生发，必须一鼓作气，尽自己的力量去努力将它落实到具体作为上，稍微有点转念出来，则疑心产生，私心也跟着产生。疑心一生，则考虑计较就多起来，在送出与拿进这两方面便会变得小气；私心一生，则好恶上出现偏差，对事情轻重的处置便会有错误。

点评

这一段话亦出自上封信。针对两弟言及家中已负债千两，不应再拿出四百两赠人的话，曾氏说家中负债情况他不清楚，若真的如此，则送人一事就不会提了，但现在或许族戚们都已经知道，不便改口，则只能听从堂上老人们的意见。接着，曾氏写出这段话。这段话里有三个重要的词，即仁心、疑心、私心。曾氏说，当人生发出仁心时就要立即将这个好的心愿化为实际行动。不然，疑心、私心便很快产生，好事就做不成了。读完这段话后，给人的感觉是，仁心不及疑心与私心的强大，三者中只有仁心一者独存的话，才能办好事。若一旦三者并存，一定是后两者联合起来取胜。

孟子说"仁者爱人","仁心"的最大体现便是爱别人之心,"私心"恰恰是与"仁心"相对的爱自己之心。人的私心即爱自己之心是人与生俱来的本性,它根深蒂固,牢不可破,不需要任何人的指点便自发滋生。"仁心"却是要经过长期教育和培植之后上升到一个更高的境地才会自觉地拥有,故而"仁心"不敌"私心"。"疑心"的产生则是源于社会的影响。人在"私心"的导引下,会做出种种只利于自己而不考虑别人的事。人群的这种心态一旦形成一种社会现象时,这种社会现象又反过来对别人的思维做出干扰,干扰的结果便是导致"疑心"的产生,故而"疑心"也是与"私心"紧密相联的。"私心"本就强大,再加上"疑心",两者联合,力量便愈加强大。"仁心"在它们面前处于下风,则是很自然的事。曾氏洞悉此种人情,指出在"仁心"生发时,趁着"疑心"尚未起,便要一鼓作气,将"仁心"贯彻到实际作为中,因为只有实际作为才是具有社会价值的。曾氏这段话的最大意义,在于给人们找出一个克服人性弱点的良法。

事实上,曾氏的这点"仁心",也没有敌得过家中众人一致的"疑心"与"私心"。"四百两银馈赠戚族"一事,湘乡老家一直未给京师寓所一个明确的信息反馈,估计没有照办。

德行上的五条告诫

五 箴

少不自立,荏苒遂洎今兹。盖古人学成之年,而吾碌碌尚如斯也,不其戚矣!继是以往,人事日纷,德慧日损,下流之赴,抑又可知。夫疢疾所以益智,逸豫所以亡身,仆以中材而履安顺,将欲刻苦而自振拔。谅哉,其难之欤,作五箴以自创云。

立志箴

煌煌先哲,彼不犹人。藐焉小子,亦父母之身。聪明福禄,予吾者厚哉!弃天而佚,是及凶灾,积悔累千,其终也已。往者不可追,请从今始。荷道以躬,舆之以言,一息尚活,永矢弗谖。

居敬箴

天地定位,二五胚胎。鼎焉作配,实曰三才。俨恪斋明,以凝汝命。汝之不庄,伐生戕性。谁人可慢?何事可弛?弛事者无成,慢人者反尔。纵彼不反,亦长吾骄，人则下汝，天罚昭昭。

主静箴

斋宿日观，天鸡一鸣，万籁俱息，但闻钟声。后有毒蛇，前有猛虎，神定不慑，谁敢余侮！岂伊避人，日对三军。我虑则一，彼纷不纷，驰骛半生，曾不自主，今其老矣，殆扰扰以终古？

谨言箴

巧语悦人，自扰其身；闲言送日，亦扰汝神；解人不夸，夸者不解；道听途说，智笑愚骇。骇者终明，谓汝实欺；笑者鄙汝，虽矢犹疑。尤悔既丛，铭以自攻；铭而复蹈，嗟汝既耄。

有恒箴

自吾识字，百历泊兹。二十有八载，则无一知。曩以所忻，阅时而鄙。故者既抛，新者旋徙。德业之不常，曰为物牵，尔之再食，曾未闻或愆？黍黍之增，久乃盈斗。天君司命，敢告马走。

养身要言
——癸卯入蜀道中作

一阳初动处，万物始生时，不藏怒焉，不宿怨焉。"仁"所以养肝也。

内而整齐思虑，外而敬慎威仪，泰而不骄，威而不猛。"礼"所以养心也。

饮食有节，起居有常，作事有恒，容止有定。"信"所以养脾也。

扩然而大公，物来而顺应，裁之吾心而安，揆之天理而顺。"义"所以养肺也。

心欲其定，气欲其定，神欲其定，体欲其定。"智"所以养肾也。

译文

五箴

少年时没有奋发自立，岁月虚度以至于今日。想想已到古人学问有成的年龄，而我尚如此碌碌无为，心情甚为悲戚！若还是像现在这样过下去，人事日渐纷杂，道德智慧日渐丧失，前途的低下，是可以预知的。疾病能导致知识的增进，享乐则可以招来身亡，我以一个中等材质的人而身处顺畅的境地，将要刻苦努力而自我振作，明摆着的是一桩很难的事，故而作五条箴言来自励。

立志箴

光辉夺目的前代贤哲，他们也是人群中的一员。渺小不足道的我，同样是父母所生，上天给我的聪明福气和俸禄太丰厚了。抛弃上天的厚爱而放纵不止，这将招致凶灾，不只是无穷尽的后悔，到死也不会有长进。过去的已不可追回，请从今天开始从严要求。肩担道义亲身实行，借助文章晓喻世人，只要一息尚存，将永不忘记所发的誓言。

居敬箴

天与地各自有固定的位置，男女交合生下了人，天、地、人像鼎之三足互为配合，实在可称为三才。庄严敬肃洗涤心垢，以此坚固自己的生命。你若不庄重，将会滥用精力情性。哪一个人是可以怠慢的？哪一件事是可以掉以轻心的？对事掉以轻心则事不成，怠慢别人的人，别人也会以这种态度对你。纵然别人不这样待你，也会助长我自己的骄傲，那么别人就会看低你，天理惩罚是明明白白的。

主静箴

素食端谨地夜宿山顶寺院，破晓鸡高声啼叫，各种声音全部停息，只有钟声在悠扬远播。后面有毒蛇，前面有猛虎，神智安定心不胆怯，谁敢侮辱我！岂能避得开人事，每天好比面对三军。我本人的思虑坚定不二，外界再纷杂我心不纷杂。殚精竭力追索半生，现已慢慢走向老境，难道就这样忙忙碌碌到死吗？

谨言箴

好听的话能取悦别人，但自身要多费精力；闲聊既耗费时日，又损伤你的精神。真正明白事理的人不自夸，自夸者则不是十分明白的人。传播道听途说来的消息，智者会嘲笑你，愚者会一时恐骇。恐骇者终究会明白过来，将会责备你欺骗了他。嘲笑者会鄙薄你，你即便赌咒发誓他也会对你的话怀疑。怨尤与后悔既然与多言汇聚，我何不作此铭来自己攻击这个弱点？若作此铭后又重蹈覆辙，则只能叹息自己是老糊涂了。

有恒箴

自从我发蒙识字以来，历经种种世事而到今天，已过去二十八年了，还一无所知。过去常常是对自己所喜欢的事情，没有多久就厌弃。旧的东西既已抛去，新的东西也很快又被放置。修德从业不能有恒，说是被俗务所牵累。你一再说话不算数，可曾听说过这是要获罪咎的吗？谷粒一颗颗增加，时日一久可以使斗斛盈满。上天神灵，以此启发您的奴仆吧！

养身要言

——癸卯年入蜀道上作

如一轮朝阳初升东方，如万物萌生细芽，内里不藏怒火，不留怨气。右边（上面）所说的是"仁"，用来保养肝脏。

内心思虑合乎规范，外表庄重谨慎仪容威严，处境好时不骄盈，威严而不凶恶。"礼"用来保养心脏。

饮食有节制，起居有常规，做事有恒心，举止有定力。"信"，用来保养脾脏。

襟怀宽阔大公至正，顺其自然面对世事，对自心而言觉得安宁，以天理衡量则顺顺当当。"义"，用来保养肺脏。

心宜让它安定，气宜让它安定，神宜让它安定，体宜让它安定。"智"，用来保养肾脏。

点评

《五箴》作于道光二十四年正月初六日，在同年三月十日给诸弟家书中，曾氏将它附于信尾。

此时的曾氏，仕途正处顺境。先年三月，大考列二等第一，升任翰林院侍讲，衔为从五品，已进入中级官员的行列。六月奉旨充任四川乡试正主考官，十一月底返回北京，这趟差事让他名利双收。仕途的顺利给他带来好心情，也给他增添自信心，故而对自己的期许也更高。《五箴》便是在这样的背景下写成的。五箴即五段箴言，在五个方面对自己提出劝谏并立下奋斗的目标。这五个方面是立志、居敬、主静、谨言、有恒。这五个方面既是当时社会对士人人格修炼上的要求，也是曾氏自认存在问题较多，必须给予重点检束的五个方面。简要地说，曾氏所立的志向是以先哲为榜样，从今日做起，一生朝这个方面去努力；其所言居敬为：处世庄重自爱，待人戒骄戒慢；所说的静指的是心静，即气定神闲，用志不纷；所谓谨言，既包括言辞审慎一面，也有少说话的一层意思在内；所谓有恒，不仅指通常意义上的持久，还含有专一、超脱等内容。

曾氏写这五段箴言时，正值三十三岁热血满怀、激情洋溢的青春时期，相信许多年轻时意欲有所作为的人，也有过类似曾氏此刻的举动：写下一些豪情万丈的文字来，作为对自己的激励，但的确有不少人，一边在说要有恒，一边又抵抗不住外界的干扰和自己的惰性，结果是豪情一天天消落，到头来说过的话一句也没有落实。面对着往日的文字，惟有惭愧而已。曾氏的过人之处，就在于他年轻时所写下的这些箴言，终其一生都成为他行为的规范，尤其是在他后半生的事业中发挥了重要的实际作用。比如居敬这一点，在他身为江南军事集团领袖的年月里，便体现在以端谨严肃的威仪震慑诸将统率三军，以不骄不慢的态度笼络天下英豪。早年的个人修养，化为事业上的巨大收获。又如谨言方面，他本人谨言慎语，从中获取许多好处，从而更为深知"谨言"的价值。他以此作为识别和选拔将领的标准之一，并为湘军内部培植了一种戒大言而重实务的新风气。在笔者看来，身处将浮躁标榜为时代特色的今天，内心宁静和谨言慎语不仅是可贵的品质，同时也是澄清世风的良方。关于《养身要言》，曾氏自注写于癸卯年入蜀道上，查曾氏日记，道光二十三年（1843）八月曾氏行走在四川道上，可知这段话便作于此时。

提起"三纲五常"，近几十年来尽是讨伐之声。"三纲"，固然该批判，但"五常"却不能一味否定。何谓"五常"，曾氏这段话里所说仁、礼、信、义、智就是董仲舒所说的"五常之道，王者所当修饬也"。曾氏将儒家品德修养的五个要点移植到养身上来，有他的独到之处。儒家所提倡的"仁"，是指一个人应当对别人具有爱心。爱心是什么，曾氏将它比作朝阳初升，万物始生，一片光明透亮，清纯洁净，人所不愿见的怒火、怨恨当然不在此中。医书上说怒伤肝。既无怨怒，肝自然不受伤害。于是，因"仁"而养肝。

儒家所提倡的"礼"，按朱熹的解释即制度品级，也就是社会秩序的规范。按照社会公认的规范办事，则较易得体，故而自己的内心也便安宁，"心"得到了很好的保养。《国语》对"信"的解释是："信所以守也。"我们常说的"信守"，即出于此。守节、守常、守恒、守定，都是信的表现。饮食上有信，则不暴饮暴食；起居上有信，则生物钟不遭破坏。这些都对脾胃有好处。

《中庸》说："义者宜也。"宜者，合适相称之谓。曾氏将儒家所提倡的"义"理解为"大公"和"顺物"，这样就将自己的胸襟大为扩展，借宽阔的胸襟来滋养肺脏。心、气、神、体安定，则元气充足。元气充足，则肾脏完好。此惟智者可以做到，故"智"可以养肾。

曾氏以五常来养身，就其个别处，不免有牵强附会之感，但总体来说大有可取。人们常说养身首在养心，心安则体健。仁、礼、信、义、智不仅是协调人类群体的重要准则，也是个体用来修心养心的极好药方。故而自古以来便有"仁者寿"的说法。它十分精当地说出了道德修养与身体健康之间的关联。

夜郎自大最坏事

大抵第一要除骄傲习气，中无所有而夜郎自大，此最坏事。

译文

大致说来第一要除掉骄傲习气，胸中并无才学而又夜郎自大，这是最坏事的。

点评

这句话出自道光二十四年七月二十日给父母的家书。在谈到六弟国华在省城读书不长进心中忧虑时，曾氏说了这句话。这显然是针对六弟脾气骄傲、夜郎自大的缺点而言的。曾氏教诸弟，多以骄盈为诫，而教二子，则多以勤俭为勉。看来，曾氏的几个弟弟都属志大眼高、锋芒毕露一类的人，故曾氏屡屡劝他们戒骄戒躁；而曾氏的两个儿子生于富贵之家，体质较弱，进取心也不如诸叔的强烈，故而做父亲的每每担心他们会成不学无术的公子哥儿，由此可见曾氏的因材施教。

曾国华的骄傲自满、夜郎自大的个性，并没有因大哥的批评而改变，这个缺点最终给他本人和湘军酿成巨大的悲剧。咸丰八年（1858）十月，作为安徽战场上一支主力部队的副统领，曾国华拒绝接受别人的正确建议，刚愎自用，最后导致三河惨败，全军覆没，自己也永远走上不归之途。关于曾氏的这个六弟，笔者在《点评家书》中有较为详细的分析，有兴趣者可以参照读之。

在笔者看来，凡天分较高心志较大的人，年轻时多有点骄傲、好表现的毛病。在读书求学的青年时代，只要肯进取，这算不得什么大缺点。之所以有这个毛病，其源即曾氏所说的"夜郎自大"。在书斋里读书的年轻人，相对于大千世界而言，是真正的夜郎。这个夜郎在书本中接触的是学问中的大道理、前代的大事业大人物，与之交道打多了，仿佛自己也成了什么道理都懂、什么大事都能做的大人物，骄傲自大便不期而生。因为此时夜郎并没有办实事，所以不至于带来实际的危害。一旦走出书斋进入社会，情形就大不相同了。若担负的担子越重，其骄傲自大的毛病所带来的危害也就越大。究其缘故，是因为骄傲容易伤害共事人的自尊心，失去群体对你的支持，你的力量便单薄弱小；因为自大，往往师心自用，拦阻外界资源进入你的智库，你的智慧就稀少并被局限。这些对于事业都是极为不利的。真正天分高的人，踏入社会之后，会很快发现自己的夜郎弱点，迅速调整心态，看清楚个人在社会大舞台中的位置，并善于吸取社会的丰厚资源为自己所用。

只有进德、修业两事靠得住

吾人只有进德、修业两事靠得住。进德，则孝悌仁义是也；修业，则诗文作字是也。此二者，由我作主。得尺，则我之尺也；得寸，则我之寸也。今日进一分德，便算积了一升谷；明日修一分业，又算余了一文钱。德业并增，则家私日起。至于功名富贵，悉由命定，丝毫不能自主。

早迟之际，时刻皆有前定，尽其在我，听其在天，万不可稍生妄想。

今年受黜，未免愤怨，然及此正可困心积虑，大加卧薪尝胆之功，切不可因愤废学。

译文

我们这些普通人只有在增进品德、修炼学业这两桩事情上可以靠得住。说到增进品德，则孝顺长辈、友好兄弟、培植仁心、行事得宜即属于此中内容；说到修炼学业，则做诗文、写字即属于此中内容。这两桩事，可以由本人做主。有一尺的收获，我就得到一尺的效益；有一寸的收获，我就得到一寸的效益。今天进了一分的品德，就好比积赚了一升谷；明天修炼了一分学业，又好比节余了一文钱。品德学业并增，则家中财产日渐兴隆，至于功名富贵，皆由命里安排，自己是不能做得一点主的。

功名或早或迟，这个时间都由命里注定。尽自己的努力，听任于上天的安排，千万不可有丝毫的妄想。

今年没有考取，免不了心中愤恨抱怨，然而正因为此，才可以使心多遭受磨难从而积累知识，增加卧薪尝胆的功夫，切不可由于愤怒而抛弃学业。

点评

这三段话均出自曾氏道光二十四年八月二十九日给诸弟的家书。它的背景是，曾氏的四个弟弟都处读书应科举的阶段，但却无一人功名得售，四人中连一个秀才都没考上，这次六弟国华的考试又失利，心情沮丧。曾家诸爷们既不是读书的料子，又个个心高气傲，给大哥的信中牢骚连篇。针对诸弟的状况，曾氏说了这几段话。曾氏这番话，其本意自然是在安慰功名失意的诸弟，但因为立论较高，故对一般读者亦有指导意义，至少他说出了两点具有普遍性的道理。

第一，人只能把握住自己所能把握的部分，对于自己不能完全把握但又想得到的部分，则只有尽人力而听之于天。信中所说的能把握的部分是进德、修业，不能完全把握但又想得到的部分是功名。除了这些外，还有很多。比如说，人能自己把握的部分还有珍爱生命、珍惜时间、努力上进、以善心待人、不有意做坏事、自律、节欲等，也就是说，这些事情，只要本人尽力去做，是可以做得到的。人不能自我完全把握但又想得到的部分，还有健康、爱情、成就、财富、地位、荣誉、幸福等，这些东西，人人都想得到，但能不能得到，并不是由个人说了算的，人的尽力可能起某些作用，有的还可能起比较大的作用，但绝不能是全部的作用，它还要受其他因素的制约。那么怎么办？没有别的办法，也只能采取曾氏的态度：尽其在我，听其在天。

第二，将挫折视为磨炼，借困难而激励心志。世上的人，很少有一辈子都一帆风顺的，若要办事，则困难更多。所差别的只是，有的人平顺较多，有的人坎坷较多，有的事办起来困难少点，有的事办起来则困难很大，甚至因困难太大而办不成。对于挫折、坎坷、困难等，不同的人会有不同的应付方式，这也是构成人与人之间命运不同的重要内容之一。曾氏告诉诸弟的应付方式是困心积虑、卧薪尝胆。笔者认为，这是一种强者的选择方式，或者可以更冷静地说，这是一种理智的方式。所谓理智，就是说，只能这样，别无更佳选择。当然，这些都是对有志做一番事业的年轻人而言。对于他们来说，社会经历还很有限，意志力也还很单薄，积累人生阅历、锻炼坚强意志，正是日后事业成功的必备基础。当然，对于中年以上的人来说，面对难度较大的事，"废"也不失为一种选择。这属于另一个话题，不在本文讨论之列。

何必远行求学

愧奋直前，有破釜沉舟之志，则远游不负。若徒悠忽因循，则近处尽可度日，何必远行百里外哉！

译文

因惭愧而发奋上进，有破釜沉舟的志向，如此负笈远游则不辜负家人的期望。如果仅仅只是不经意地追随别人的脚步，那么附近一带尽可以过日子，又何必远赴离家百里之外的地方呢？

点评

这段话出自曾氏道光二十四年九月十九日给父母的信。因为老九有离家与湘乡名士刘蓉一道读书的想法，曾氏于是写了这样一段话。曾氏的几个弟弟，上进之心并不缺乏，他们的缺点在于浮躁，急功近利。要说远游，道光二十年（1840），17岁的老九便随父亲来到京师大哥家。在北京住了一年半，学问并无多大长进，却与哥嫂怄气，任大哥如何苦劝也留不住，还是回了家。京师那么好的学习环境都不能把握住，离家跟着刘蓉又会有多大的进益呢？深知九弟心性的曾氏，其实对此举是否定的，只是不好对父母说得太直白，以免伤害父母望子成龙之心。

这段话涉及一个带有普遍性的现象，即许多人在读书求学上都过分看重外在环境，而对自己主观能动性的充分发挥则较为宽容放纵。学习的外在环境固然是重要的，但更重要的是求学者自己的心志。钱基博先生在《近百年湖南学风》一书中，这样介绍罗泽南刻苦求学的经历："家酷贫，大父拱诗屡典衣市米，节缩于家，专饷于塾，而泽南溺苦于学，夜无油炷灯，则把卷读月下，倦即露宿达旦。年十九，即课徒自给，而丧其母。次年，大父及兄嫂相继殁。十年之间，迭遭期功之丧十有一。至二十九，而长子、次子、三子连殇。是岁为道光十五年（1835）。乙未，大旱饥，泽南罢试徒步归，夜半叩门，则其妻方以连哭三男而丧明。时饥甚，索米为炊，无有也。泽南益自刻厉，不忧门庭多故，而忧所学不能拔俗而入圣；不忧无术以资生，而忧无术以济天下。"与同县同时的罗泽南相比，曾氏兄弟的学习条件不知优越到何等地步，但彼此之间的学问高下则不以道里计。倘若不是后来的兵戈打乱了原有的秩序，罗泽南必定可成一代名师名儒，而曾氏的几个兄弟大约只能是一肚子牢骚怨愤终老。

苟能自立志，则为圣贤豪杰

人苟能自立志，则圣贤豪杰，何事不可为？何必借助于人！我欲仁，斯仁至矣；我欲为孔孟，则日夜孜孜，惟孔孟之是学，人谁得而御我哉！若自己不立志，则虽日与尧舜禹汤同住，亦彼自彼，我自我矣，何与于我哉！

译文

人如果能真正立定志向，那就是圣贤豪杰一类，什么事不能做到？何必要借助别人呢！我想得到仁，这个仁便立即来了。我想做孔孟那样的人，那么日夜孜孜以求，只要是孔孟所提倡的，我就努力学习，又有哪个人能阻挡得了我呢？倘若自己不立志，即便每天与尧舜禹汤这些大圣贤同住在一起，也只能是他归他、我归我，与我有何相干！

点评

　　此段话出于曾氏道光二十四年九月十九日给诸弟的信。曾氏诸弟，此刻正处在躁动不安的青春期。他们身上有着一般青年所常见的特点：自视很高，却不肯下苦功夫；大话说得多，实干却少；好埋怨客观条件欠缺，却不大去反省自己努力不够；喜四处窜动，盼望获得好机会，却难以安定下来，做好迎接机会的充分准备；富于幻想，却容易脱离实际。曾氏的四弟、六弟、九弟屡屡向兄长抱怨，说乡间无良师无好的学习环境，要外出求师求学。事实上，他们的学问无成，非关外界，而在内身。要说环境，京师应是最好的环境了，三个弟弟都曾在京师住过一段较长的时期，他们并没有利用这良好的外界条件去努力求学。要说良师，他们的兄长应是千里挑一的良师，他们也不善于向这个良师请教。曾氏批评诸弟，一是没有真正立志向学，二是没有"日夜孜孜"下苦功夫。这两点意见不仅对他的几个弟弟十分适用，也对许多年轻人管用。

　　人的一切都先要立足于自我。因为在通常情况下惟有自我，才是可以掌握、控制和依靠的，自我之外的人事、环境则受许多因素的制约，不可能听凭你的调遣。自我之外的一切，古代中国人将它称为天、命、运、机遇等等。它只能去遭逢，去寻找，去际会，而不可能由你去制造、去预设、去决定。正是在这个意义上，古人常说"谋事在人，成事在天"，"尽人事而听天命"。应该说，这些说法体现了中华民族在认知上的智慧。

为学最要虚心

　　吾人为学，最要虚心。尝见朋友中有美材者往往恃才傲物，动谓人不如己。见乡墨，则骂乡墨不通；见会墨，则骂会墨不通。既骂房官，又骂主考，未入学者，则骂学院。平心而论，己之所为诗文，实亦无胜人之处，不特无胜人之处，而且有不堪对人之处，只为不肯反求诸己，便都见得人家不是。既骂考官，又骂同考而先得者，傲气既长，终不进功，所以潦倒一生，而无寸进也。

译文

　　我们求学问，最紧要的是虚心。曾见到朋友中有资质很好者，往往恃才傲物，动辄说别人不如自己。看到乡试考取者的文章，则骂这些文章不通；看到会试考取者的文章，又骂他们的文章不通。既骂阅卷官，又骂主考。那些连秀才都未中的人，则骂院试不公。平心而论，这些骂别人的人自己所做的诗文，实在是无胜人之处，不仅无胜人之处，而且有不堪让人看见之处，只是因为不反省自己，便总是看见人家的不是。既骂考官，又骂一同考试而被录取的人，骄傲之气增长，却始终不获成功，故而潦倒一生，没有尺寸进步。

点评

这段话出于道光二十四年十月二十一日给诸弟的家书。怨天尤人而不检查自己，这是人性中的一个普遍毛病，尤其是那些头脑较为活泛的人更容易犯此毛病。曾氏六弟国华身上的这个毛病尤为突出，他甚至连对大哥也不服气。他竟然说过，他之所以功名不顺，是因为家中没有厉害的女人，准备娶一个凶恶的小妾来改变命运。这种抱怨，既暴露出他对大嫂的不满，又暗里讥讽大哥无真才实学。曾氏很不喜欢诸弟的这个毛病，故而特别强调"虚心"二字，并借批评个别朋友的不良习气来规劝兄弟们。

笔者阅人不多，但曾氏所说的这类人确也见过一些。这些被称作"恃才傲物"者们，若说其胸中没有一点才学，也冤枉了他们；若说他们真的有什么才学，那又的确高抬了他们。他们有一点才学，但这一"点"在他们本人的眼中却是很大很大，于是自以为了不起，看别人便觉得都不如自己。然而事实上，他们的才学既不大又无独到之处，于是社会亦不认可——他们的道路也因此走得不顺畅，怨气恨气由此而生。这些怨恨之气发为言辞，就是人们通常所说的牢骚。因有怨恨，对别人的评判便没有好话；因觉得社会不认可，便愈发要表现自己，自我揄扬、自我标榜、自我抬高便必不可少。但如此行事，则愈加不妙。一则妨碍反求诸己的醒悟，发觉不出自己真正的缺失所在，不利于有实效地修补提高；二则易招致周边的反感，恶化所生存的人文环境，从而更加限制和阻挡自己的进展。这种人，有的能中途醒悟过来，幡然悔改，尚可亡羊补牢；有的则至死不悟，弄得一辈子不仅一事无成，而且心绪恶劣，活得很痛苦；有的甚至愤世嫉俗走到极端，给世间留下不尽的叹惜。

不做假名士

当名士者，鄙科名为粪土，或好作诗古文，或好讲考据，或好谈理学，嚚嚚然自以为压倒一切矣。自识者观之，彼其所造，曾无几何，亦足发一冷笑而已。故吾人用功，力除傲气，力戒自满，毋为人所冷笑，乃有进步也。

译文

有一班自认为名士的人，将科名鄙视为粪土，或是喜好作诗作古文，或是喜好讲求考据，或是喜好谈论理学，气焰高涨自以为压倒了一切。在真正有识的人看来，这些人的所谓成就，实在算不了什么，也只是令人生发一丝冷笑而已。故而我们修养的功夫，要用在尽力除掉傲气与自满上，莫被别人冷笑，于是才有进步。

点评

曾氏的这段话，可以从两个角度来看待。

一方面，这段话暴露出曾氏作为一个科名成功者的优越感。他瞧不起那些没有科名而做学问的名士，有一种骂倒科名圈外的凌人气势。其实，有些人从一开始便不乐举业，淡泊名利，一意讲求诗古、考据、理学，也有一些人多次科名受挫后愤然退出这座独木桥上的竞争，转而研究诗古、考据、理学。他们都会表现出"鄙科名为粪土"的气概，即便这些人没有大学问，也不宜如此讽刺他们。曾氏一边说"力除傲气"，自己又不知不觉地以傲气视人。这种以己之优势傲人之劣势，乃人性之使然。曾氏当时只有三十三四岁，从私塾到书院到翰林院，他的经历单纯而一帆风顺。他的认识，多来自于书本和自己的感悟，对世事的复杂性并无切身体会。这种一面说着堂皇大道理，一面又不自觉地流露出与之相悖的情调的事常有，待到日后出任艰巨，才慢慢趋于成熟。

另一方面，的确也有一些酸气十足的文人，本是科名场内的热衷者，却因科名蹭蹬，由怨生恨，反过来又大骂科名，以诗古、考据、理学来显示自己的清高博学，以此来猎取社会的赞誉。因为他们本就不是真正的诗人学者，又没有潜入学问文章的心思，故而此类人不可能在诗古、考据、理学等方面有多大的成就。这些人之所以这样做，无非是胸中的傲气在作怪罢了。曾氏意在规劝他的弟弟不要学这种人。作为经历较多的大哥，以此开导自家兄弟，无疑有其可取之处。

常存敬畏之心

此次升官，尤出意外，日夜恐惧修省，实无德足以当之。诸弟远隔数千里外，必须匡我之不逮，时时寄书规我之过，务使累世积德，不自我一人而堕，庶几持盈保泰，得免速致颠危。诸弟能常进箴规，则弟即吾之良师益友也。而诸弟亦宜常存敬畏，勿谓家有人作官，而遂敢于侮人；勿谓己有文学，而遂敢于恃才傲人。常存此心，则是载福之道也。

译文

这一次的升官，特别出于意外，日日夜夜在心里恐惧着反省着，深感德行薄弱不足以承受。诸弟在数千里外的家乡，应当指出我的缺失之处，时常写信来规劝我的过错，务必使祖宗世代所积的功德，不从我身上堕落，如此方可期望持盈保泰，免于很快地便遭致倾倒的危险。诸弟若能常常给我进箴言规谏，则你们就是我的良师益友。至于诸弟，也应该常存敬畏之心，不要说家里有人做官，就敢欺侮别人；不要说自己有才华学问，就敢于恃才傲人。常常保存着这样的心态，则是承载福分的好方法。

点评

这段话出自道光二十五年（1845）五月初五日给诸弟的家信。三天前，曾氏升授詹事府右春坊右庶子，品衔为正五品。詹事府是太子属官。康熙晚年废预立太子制，而采取遗嘱安排继位制，詹事府便不再是太子的属官，也无实职，不过备翰林升官而设。右春坊右庶子，是詹事府中的中层官员。曾氏升此官，升的是品衔，所担负的职责并没有改变。

翰林院、詹事府的官员因实事不多，不宜以业绩为考核，他们的升官，例以考试而定。道光二十三年（1843）三月初十日，道光帝亲自主持翰、詹两个衙门的官员考试。道光帝钦定一等五名，曾氏名列二等第一，也就是考取了第六名，四天后即升翰林院侍讲。而这次未经考试而升官，故而曾氏说"尤出意外"。人们对于这类意外之喜，通常会有两种不同的态度。一部分人认为自己是个才大运气好的人，从而沾沾自喜，得意忘形。一部分人则认为这属于分外之得，易遭人嫉，应格外警惕自省，收敛退抑。中国的传统文化是推崇后一种取向的。

有一句古话说"暴得大名不祥"（见《史记·项羽本纪》），就是提醒人们要慎对意外之喜。暴者，突如其来、出乎意料之谓也。许多人对此不善于处置，则将招致灾祸。此时宜特别小心谨慎，避免成为别人因嫉生恨的发泄对象。

不取非道义之财

若非道义可得者，则不可轻易受此。要做好人，第一要从此处下手，能令鬼服神钦，则自然识日进，气日刚，否则不觉堕于卑污一流，必有被人看不起之日，不可不慎。诸弟现处极好之时，家事有我一人担当，正好做个光明磊落、神钦鬼服之人，名声既出，信义既著，随便答言，无事不成，不必爱此小便宜也。

译文

若非从道义上说是可以获取的话，则不应该随随便便就接受这样的好处。要做一个好人，第一要从这点上着手，才能令鬼神都佩服，如此自然见识上日日上进，底气上日日刚直，否则不知不觉间便落于卑污一流中，必定会有被人看不起的一天，不可不谨慎。诸弟现在处于家中最好的时候，家事有我一人承担，你们正好做一个光明磊落神鬼佩服的人。名声一旦建立，信誉也就跟着来了，今后随便说一句话，别人都相信，没有办不成的事，不必要贪这样的小便宜，因小失大。

点评

这段话出自道光三十年（1850）正月初九日给诸弟的家信。此时的曾氏，官运正处极好之时。道光二十七年（1847）六月，他一夜之间连升四级，从翰林院侍讲学士升到内阁学士兼礼部侍郎衔，由中级官员进入高级官员行列。道光二十九年（1849）二月，他被实授为礼部侍郎，正式做起六部堂官来，后来又先后兼任兵部、工部、刑部、吏部侍郎。

曾氏这几年来，除谦虚谨慎、勤勉办事外，更加注重自己的名声和形象。这段与诸弟的家常话，便是在如此背景下说的。话由一个远房族叔收受非分之银钱而起，曾氏借此引出"君子爱财，取之有道"的议论来。中国的士人，传统上极为看重在两桩事情上的表现：一为出处，二为钱财。

所谓出处，指的是出与处两个方面。出者，出来做官之意，延伸开来，则泛指在官场上的升迁调转等变动；处者，隐退之意，延伸后则包括官场上的辞谢避让等行为。无论出也罢处也罢，传统士人看重的是在此事上的操守，也就是说要守住原则，所谓"达则兼济天下，穷则独善其身"，说的便是一种出处的原则。这当然属于很高的要求，更为普遍的原则是出则堂堂正正，不是靠巴结行贿假冒政绩或拉帮结派等获得，为官则清正廉明为民做主、为一方造福；处则清清白

曾国藩手书匾额

白，不是背信弃义、临阵脱逃，或意气用事等等，为民则安于本分，不干预地方政事，不侵凌平民百姓等。

在钱财上，一是来源要合乎正道，二是用之得宜，如不挥霍浪费、不小气吝啬等等。在这两桩事情上，一个士人是如何表现的，通常是士林衡量他的重要依据。曾氏正是在钱财这件事情上，告诫诸弟不义之财不要接受。但是，要在"钱财"二字上真正做到清清白白、干干净净，则是极不容易的事。这种不容易，一则是人性中有"贪"的一面，见到白花花的银子不动心的人很少，尤其是在不易被人察觉，或可以假借正当名目获取的情况下，仍然坚持操守的人更少；二则坚持操守还得要有一定的财产基础。同样的一笔钱，对于家中富裕的官员来说，他可以不动心，但对于清贫或此时急需用钱而无从筹措的官员来说，他就有可能顺手牵羊牵走了。故而，历代官场都奉行"高薪养廉"的政策，其目的便在于用较丰厚的合法收入来保证官员们自觉地拒绝非法收入。曾氏深悉人性人情，知不爱分外财的好名声极难获得。因此，他用十分直白的话告诉诸弟，趁着家中不缺钱而你们又不当家不需用钱的时候，把这个好名声造出来，今后将受益无穷。这的确是一个兄长对诸弟的最大爱护。

除去牢骚，培养和气

无故而怨天，则天必不许，无故而尤人，则人必不服。感应之端，自然随之。

凡遇牢骚欲发之时，须反躬自思：吾果有何不足，而蓄此不平之气？猛然内省，决然去之。不惟平心谦抑，可以早得科名，亦且养此和气，可以消减病患。

译文

无缘无故而埋怨老天爷，则老天爷必不允许；无缘无故而怨恨别人，则别人必不服气。这种连带的反应，是自然而然就会跟随来的。

凡是遇到想发牢骚的时候，必须自我反思：我当真有什么不满足的地方吗，为何要在胸中堆积这股不平之气呢？猛地在心里进行反省，然后断然去掉这股牢骚气。这样做，不但可以使得心境平和谦退，早日博得功名，而且可以培养和顺之气，消除减轻病痛。

点评

这两段话出于咸丰元年（1851）九月初五日致诸弟的家信。曾氏本人的仕途是春风得意，一路顺畅，但家中的弟弟们却科场并不太顺。国荃、国葆也只止于秀才而已。诸弟在大哥的面前，都抬不起头来，心中既认晦气更蓄怨气。其中尤以六弟温甫最甚。曾家这位出抚给叔父的六少爷，自视最高，傲气最大，因而不满也最甚，牢骚也最多。在"无故而怨天"一段之前，曾氏是这样说他这个六弟的："温弟天分本甲于诸弟，惟牢骚太多，性情太懒。前在京华不好看书，又不作文，余心即甚忧之。近闻还家以后，亦复牢骚如常，或数月不搦管为文。吾家之无人继起，诸弟犹可稍宽其责，温弟则实自弃，不得尽诿于命运。"从曾氏这段话中，可知温甫本身有很严重的缺点，即太懒。除懒外，这位六少爷还行为放荡，贪玩好嫖。一个二十多岁尚未为家中赚得分文的人，居然逼得长辈无可奈何，同意为他娶妾！

温甫是天下牢骚多者的一个典型。他的典型性在两点：一是只怨天尤人而不检查自己，二是因怨尤而走向放纵。曾氏说的"感应"，看似虚玄，其实很有道理。所谓"怨天"中的"天"，指的是命运。命运既有客观限定的一面，也有主观掌控的一面，怨天者的目光只盯在"客观限定"上，就会放弃"主观掌控"，命运可塑的一面一旦放弃，则只会越来越不好，这就是"天必不许"。所谓"尤人"就是埋怨别人。世上有几个人，会无缘无故地去接受他人的埋怨呢？其结果只能是导致人际关系更差，人为设置的障碍更多，事情弄得更糟糕，这就是"人必不服"。此感彼应，就是这样形成的。遭遇不顺时，最有可能做到也最有效的处置办法，就是曾氏所说的"反躬自省"，通过反躬自省去怨气而养和气，不但于事功有利，且于养生有助。

尽心做事，不计成败

吾惟尽一分心，作一日事，至于成败，则不能复计较矣。

译文

我只有尽自己的一份心，来做好每一天的事情，至于是成还是败，则不能再去计较了。

点评

这句话出自于咸丰四年（1854）四月十四日给诸弟的信。此时的曾氏，其身份已与先前有了很大的改变，由一个京师的高级文官变成地方上的统兵大员。一方面曾氏本人毫无军营知识，完全的军事外行；另一方面湘军匆忙成军，除了几个临时调来的绿营军官外，绝大部分将领和所有的团勇也全部是外行。再则，一方面清廷官场从上到下一片腐败，财经枯竭，文武又都办事不力，且嫉贤妒能；另一方面太平军正在兴旺发达时期，士气高昂，战斗力强，军事上连连得手。改变身份后的曾氏，处于各个方面都对他极为不利的环境中。就在十二天前，曾氏亲率一支水陆齐备的人马，攻打驻扎在离长沙约一百里的靖港的太平军。交战不到一顿饭的工夫，湘军水陆即全线溃败。曾氏初次带兵便遭此惨败，又愧又愤，投水自杀，幸被下属救起，免于一死。曾氏在向诸弟叙述这场败仗后，打算"添招练勇"，"再作出师之计"，然而"饷项已空，无从设法，艰难之状，不知所终。人心之坏，又处处使人寒心"，于是，他说了这句尽心做事、不计成败的话。

曾氏这句话，说的虽是他在特定环境下的心态，实则具有普遍意义，也是我们普通人在做事业时所应有的一种心态。

任何一桩稍具规模的事业，必有它的难度，通常是其难度的克服程度，决定其事业成功的大小；而难度的克服又取决于主观与客观两个方面。客观方面的因素，大多不以办者的意志为转移，只有办事者主观方面的因素，才会由自己控制。如果认定一桩事非办不可，最好的态度就是充分发挥办事者的主观能动性，先不去管客观方面的因素如何。正因为客观方面的因素不去管，那么事情的成与败便说不准；为不干扰决心，只有采取先不考虑的态度。这就是曾氏所说的尽心做事、不计成败的态度。以这种态度去办事，尚有成功的可能性；若一开始便被外在的困难所吓住，不敢去做，那事情就百分之百办不成了。

不精明则遭欺侮

不能威猛，由于不能精明，事事被人欺侮，故人得而玩易之也。

译文

不能够做到威严凶狠，是因为"精明"上的欠缺，事事遭人欺骗侮辱，所以每个人都可在我面前玩花招。

点评

这是咸丰四年五月初一日给四弟、九弟和满弟信上的话。这段话的前面几句是这样写的："沅弟言我仁爱有余威猛不足，澄弟在此时亦常说及，近日友人爱我者人人说及。无奈性已生定，竟不能威猛。"沅弟即老九国荃字沅甫，澄弟即老四国潢字澄侯。两个老弟都说大哥不够威猛，朋友们也持这种看法。曾氏自己解释，威猛不够，是因为精明不够的缘故，故而遭人欺侮玩弄。

不好收拾是败家气象

诸弟不好收拾洁净，比我尤甚。此是败家气象，嗣后务宜细心收拾，即一纸一缕、竹头木屑，皆宜捡拾伶俐，以为儿侄之榜样。一代疏懒，二代淫佚，则必有昼睡夜坐、吸食鸦片之渐矣。以后勤者愈勤，懒者痛改，莫使子侄学得怠惰样子，至要至要！子侄除读书外，教之扫屋抹桌凳，收粪锄草，是极好之事，切不可以为有损架子而不为也。

译文

各位弟弟在不喜欢收拾保持洁净这方面，比我还有过之。这是败家的象征，今后务必细心收拾，即便是一张纸一缕线、竹梢头木屑片，都应收拾清爽，以此作为儿侄们的榜样。第一代人作风松垮懒惰，第二代人贪图享受生活放荡，则必定会引发白天蒙头睡大觉夜晚闲坐、吸鸦片等恶习产生。希望你们从今以后勤奋者更加勤奋，懒惰者痛改前非，莫使子侄们学得怠慢懒散的样子，至要至要！子侄们除读书外，教导他们打扫房屋擦抹桌凳，拾粪锄草，这都是极好的事情，切不可以为这样做会丢面子而不去做。

点评

这段话出自咸丰四年八月十一日给诸弟的信。这一段时期里的曾氏家书，有一个几乎每封必谈及的内容，即教导子弟们不要骄奢懒惰，要勤俭平和，保持与四周乡邻一样的生活状态。从字里行间可以看出，与前些年寓居京师时比，曾氏此心更强烈更急切。这是为什么？

最重要的原因是此时曾氏的身份与先前大不相同，即已从一个朝廷大员变为湘军统领。此中包含两个概念。一是由文到武的转换。二品侍郎虽然位高权重，但乱世时期，与手握重兵的统帅相比，毕竟相距甚远。此时的曾氏，可以一手调动千千万万两银子，可以一声令下砍掉成百上千人的脑袋，真可谓威风凛凛、气焰熏天，不要说百姓小民，即便大小官员，哪个不对他敬畏三分？对曾氏的家人来说，这个可借的"势"该有多大！在有识者看来，这个"势"并非是好事，它的负面影响要比正面影响大得多。作为"势"的创造者、一家之长的曾氏，为子弟的长远利益着想，惟有教训更勤、治家更严，才有可能尽量减少其负面影响。二是由京师到家乡的转换。身为京师大员，虽然尊贵，但毕竟与家乡距离遥远，与家人所生存的环境没有切身的联系。作为湖南子弟兵的统帅，与三湘四水可谓血肉相联、息息相关，会有多少人试图通过曾氏的家人而从曾氏那里获得好处？曾氏对此岂能不知！此时若不更加从严约束家人的话，既有可能导致家人被别人拉下水，也有可能为自己的事业带来许多不必要的麻烦。

此外，与前些年相比，还有一个原因，那就是曾氏的两个儿子，这时都与母亲一道住在湘乡老家，成天与叔叔们生活在一起。老大纪泽眼下已十五六岁，老二纪鸿也有七八岁了，正是成长的关键时刻，叔叔们和堂弟们的日常举止对他们的影响极大。曾氏也很担心诸弟的不良习气对二子起着言传声教的坏作用，对诸弟的严格要求，也包含护卫二子的一片爱心在内。

藏身匿迹

处兹大乱未平之际，惟当藏身匿迹，不可稍露圭角于外，至要至要！

译文

生在这个大乱未平的时期，只有隐藏起来消失行迹，不可在外界稍露锋芒，这是最为重要的事！

点评

　　这是咸丰六年（1856）九月初十日给四弟国潢信中的一句话。粗读此言，似与曾氏的所作所为相悖离。此时的曾氏，正在大乱之世中大出风头、大露锋芒，为何又要对其弟说什么藏身匿迹、不露圭角之类的话呢？这岂不自相矛盾吗？究竟是他本人所做的对呢，还是他对兄弟所说的对呢？笔者认为，他对兄弟所说的这句话，其实才是他内心深处的真正思想，也就是说，身处乱世，"藏匿"是他的真心选择。这种选择，其精神源头当溯自儒学的创始者孔老夫子。孔子说："道不行，乘桴浮于海。"远走海外，应是"藏匿"的最彻底之途。自从孔子有这个思想后，历代读书人，都将在不能行道的乱世中藏身匿迹不问世事，视为最明智的举动。诸葛亮隐居南阳"苟全性命于乱世，不求闻达于诸侯"为后世津津乐道，足以说明中国士人的这种乱世中的价值取向。咸丰二年底，朝廷命曾氏出为湖南团练大臣，曾氏开始并未答应，向朝廷请求在家终制，其中的原因固然很多，而乱世宜藏的取向应是重要者之一。当然，曾氏最后还是奉旨出山了，因为他毕竟是朝廷二品大员，他得服从朝廷的命令。"服从命令"与"内心选择"，这二者还是不一样的。

　　其次，曾氏此刻在江西战场上处于很不利的局面。太平军依旧声势浩大，他与江西官场亦不相协，心情不舒畅。就在此信发出的第二个月，曾氏便收到朝廷对他严加谴责的上谕："前闻贼匪多回至金陵，而江西失陷各郡尚无一处克

曾氏故居富厚堂之藏书楼

复……着曾国藩等乘此贼心涣散之时，赶紧克复数城，使该逆退无所归，自不难穷蹙就擒。若徒事迁延，劳师糜饷，日久无功，朕即不遽加该侍郎等以贻误之罪，该侍郎等何颜对江西士民耶！"办事不顺，必定要加重他对"出山"之举的反思。

除了外因外，受信人本身有他的内因。曾氏善于因材施教，针对不同的对象予以不同的指导。曾氏的这个四弟，在兄弟辈中，才智最为平庸，却又好动、好表现，喜欢揽事出风头，劝以"藏身匿迹"，也是对四弟一贯行为所表达的不满。

生于忧患，死于安乐

古人云："劳则善心生，佚则淫心生。"孟子云："生于忧患，死于安乐。"吾虑尔之过于佚也。

译文

古人说："勤劳则为善之心产生，安佚则淫乱之心滋生。"孟子说："生存处于保持忧患意识之中，灭亡则因为耽于享乐。"我担心你的生活过于安逸了。

点评

这句话出于咸丰六年十月初二日，曾氏给长子纪泽的信中。咸丰六年三月二十一日，纪泽与贺长龄的女儿成亲。与贺家联姻的事，早在五年前就由曾氏父亲竹亭公做主定下来了。纪泽生于道光十九年（1839）十一月，按现在的方式计算，他结婚时，仅止十六足岁，但按旧时虚岁算，则是十八岁的成人了。曾氏结婚时，已满二十二足岁，以他的思想，是并不想让儿子这么早就结婚的。他在另外的一封家书中引用湖南俚语"床头多双足，诗书束高阁"。他赞同这句话，认为结婚后对读书求学有影响，尤其对十六七岁的少年来说，因缺乏自制而影响更大。纪泽早婚，多半是因为其祖父的原因。竹亭公此时已六十七岁，老伴去世多年，心灵孤独，且又多病，担心存世不久，贺氏出自名门，又是他竭力坚持的，他盼望长孙早日完婚生子，曾家的四世同堂，在他作为曾祖父时再次出现。此外，乱世早为儿孙办亲事，也是中国人一贯的处世心愿。出于此念，欧阳夫人与亲家母贺太太（贺长龄已去世多年）也一定抱着与曾老太爷同样的心情。于是，实岁不满十七岁的曾纪泽便提前做了新郎倌。

曾氏对二子的家教，"做人"更重过"为学"。在人品教育上，他又特别注意要他们养成勤劳不懒惰的习惯。就在写此信的前几天，他给年仅九岁的次子纪鸿的信里写道："凡人多愿子孙为大官，余不愿为大官，但愿为读书明理之君子。勤俭自持，习劳习苦，可以处乐，可以处约，此君子也。""凡仕宦之家，由俭入奢易，由奢返俭难。尔年尚幼，切不可贪爱奢华，不可惯习懒惰。"

人之所以劳作，最强大的驱动力是为了生存。富贵人家的子弟，无生存之忧，于是"劳作"的积极性也便不高。其实，劳作的意义不仅仅在于生存，对于人类而言，它还有更高的价值。曾氏引用的"古人云"、"孟子云"，说的便是它的更高层面的价值。"劳则善心生，佚则淫心生"，这两句话的着眼点在道德层面。因为自己劳作，会拉近与时间、空间与人群环境的距离，从而产生对身外之物的亲近感、融和感；因为自己劳作，会更知劳作者的艰苦、劳作品诞生的不易，从而产生对劳作者的同情感、对劳作品的珍惜感；因为自己劳作，会对劳作在人类生存和发展过程中的重要性认识得很深切，从而对劳作本身产生敬畏感、赞美感。亲近、融和、同情、珍惜、敬畏、赞美这种种情感都是善心，都是因为自己亲自参加劳作后切身产生的，故而劳则善心生。相反，不劳作，无所事事，则心灵空虚、身无系着——身心既无约束，意念、情绪也自然将失去制约，无节制之念的淫心便产生了。

"生于忧患，死于安乐"，这两句话的着眼点在远景瞻望。忧患意识能促使人常常去想不足，想缺失，想危机。这样一想，人就多了警觉，多了压力，从而能保持住精神上的振作，不敢懈怠，如此便生机勃勃，生生不息。相反，安乐让人陶醉，沉溺而不思进取，懒于兴作，时间一久，弊端丛生，危害根本，死亡也就接近了。

曾纪泽身为曾氏家族的长房长孙，虽无生存之忧，却有本人人品属性的选择，有曾氏家族绵延兴旺的重担在肩，做父亲的生怕他年少缺乏自制而耽于燕尔新婚不能自拔，故着重于道德层面和远景瞻望两个方面予以倡劳戒佚的教导。

戒奢戒傲

世家子弟，最易犯一奢字傲字。不必锦衣玉食而后谓之奢也，但使皮袍呢褂俯拾即是，舆马仆从，习惯为常，此即日趋于奢矣。见乡人则嗤其朴陋，见雇工则颐指气使，此即日习于傲矣。《书》称："世禄之家，鲜克由礼。"《传》称："骄奢淫佚，宠禄过也。"京师子弟之坏，未有不由于骄奢二字者。尔与诸弟其戒之。至嘱至嘱！

译文

官宦家的子弟，最容易犯的毛病是一个奢字、一个傲字。不一定非要锦衣玉食而后才说犯了奢侈的毛病，若是皮袍呢褂随处都是，坐轿乘马，仆从前后跟随，习惯于过这种生活，便已经是日趋于奢侈了。看到乡邻，则讥笑别人穿着敝旧见识浅陋，看到家里的雇工则板着脸孔呼唤训斥，这就是日趋于傲慢了。《尚书》上说："世世代代拿俸禄的家庭，其子孙很少能遵循礼义的。"《左传》上说："骄傲、奢侈、淫乐、安逸，这些都是因为官位过高俸禄过多的缘故。"京师中那些恶少们，没有人不由于骄与奢两个字的。你与弟弟们都要引以为戒。这是我最重要的叮嘱，最重要的叮嘱！

点评

这段话出自咸丰六年十一月初五日，曾氏给长子纪泽的信。此时的曾家，除曾氏本人外，他的六弟曾国华和九弟曾国荃都各领一支人马在江西作战，真是实力强大的官宦家族。曾氏在京师官宦圈子里呆了十二三年，深知官家子弟的两个普遍性的大毛病：一奢二傲。这两个毛病的产生，是因为家中的财产多权势大。曾氏很担心自己的子侄染上这些个通病，每次给儿侄们的信，都不厌其烦地叫他们引以为戒。

曾氏这段话中最值得注意的是他的防微杜渐的思想。曾氏进京初期，唐鉴将他引进程朱理学的殿堂，并教他"研几"。几者，几微也——萌芽状态、细微末节、琐屑细小等等，都可称之谓"几微"。研几，即重视研究这种几微。它与朱熹"小者便是大者之验"、"从细微做起，方能克得如此大"、"古人于小学小事中，便皆存个大学大事底道理在"（见《朱子语类》卷第八）的思想是一脉相承的。曾氏深受"研几"的影响，平时十分注重细事小事，由细小而及远大。他给儿子的信中，常常会关照儿子注意日常的举止言谈，培养他从小处做起的好习惯。本来，大是小的累积，远是近的延伸，锦衣玉食起自袍呢舆马，傲视一切起自嗤陋指使。杜绝源头则可制止汹涌，相比大江大河而言，涓涓溪泉的截断则容易多了。

不苟取

盖凡带勇之人，皆不免稍肥私囊。余不能禁人之不苟取，但求我身不苟取。以此风示僚属。

译文

凡管带勇丁的头领，都不能免除稍稍私肥腰包。我不能禁止别人用这种不正当的手段获取钱财，只要求自己不取不义之财。以此作为僚属的表率。

点评

此话出于咸丰六年十一月二十九日给四弟国潢的信中。此话的前后，曾氏还说道：往年在京师时，每年都寄一二百两银子给家里，一半给父母叔婶，一半周济族戚中的穷苦者。自从做了团练大臣后，只在咸丰四年寄过一百五十两银子。今年三月，老四已在长沙李家挪去了二百两银子，故不能再多寄了。现寄去三十两，以二十两给父亲，十两给叔父。江西省的地方官员都很穷，连巡抚衙门藩台衙门的官员都不能寄银子回家，我怎么能够多取丝毫呢？从以上的话中可以猜测出，在老家主持家政的老四希望大哥比以往多寄银子回家，并擅自从别处预支了二百两。大哥对此不高兴。信中这段话，既表明自己的态度，又略带点批评兄弟的口气。

在中国历史上，"吃兵"简直成了军营公开的秘密。各级都吃，从最高长官到基层小官，几乎无一例外。"吃兵"又分合法与非法两种。合法的手段主要有两个，一为截旷，一为扣建。朝廷发军饷，发的是全年足员足日饷银。但实际上一年中常有兵员的出缺和替补，这中间也便常有员额和日期的不相衔接。这不相衔接的饷银需要按时扣除。这就叫截旷。当时计算日期，均按农历每月三十日，遇小月则只有二十九天，称为小建，则扣除一天，只按二十九天实发。这就叫扣建。按理，这两笔银子都应该上缴国库，但实际上都没有缴，层层截留。厉害的上司对下属苛刻，则下属就留得少；宽厚一点的，则下属就留得多。无论多和少，都会有。积少成多，这两笔银子便很可观。李鸿章带淮军几十年，因截旷和扣建便积赚了一笔庞大的财产。他把其中一部分银子存在直隶藩库中，以便为直隶省办公事用，死后还有八百万两留在账上。袁世凯接替他做直隶总督后，便充分利用这一笔直隶省的私设金库银子，大肆贿赂包括庆王奕劻在内的京中权要，为他个人办事。至于非法手段则很多，最常用的是克扣。不发足饷，或在伙食开支和军需上做手脚，或私自将罚饷作为刑罚，随意处置士兵等等。这些非法所得都入了长官的私人荷包。

湘军是朝廷编外的部队。国库供应有限，大部分饷银靠的是自筹，比如设卡抽税即为其一。这中间长官的活动空间很大。另外，湘军各级军官的办公费用也较之于绿营要多，这也给他们挪作私用预留了空间。所以，湘军各级长官的私囊都极丰，借军营发大财的人极多。这便是杨度所说的当年"城中一下招兵令，乡间共道从军乐。万幕连屯数日齐，一村传唤千夫诺"（《湖南少年歌》）的内在原因。

曾氏知道湘军的这一腐败现象，他也采取了一些措施抑制，但在当时的大背景下，要杜绝是不可能的，遂只能以洁身自好来起一点表率作用。曾氏于钱财上一向操守谨严。进京做官之初，便立志不以做官来发财。军兴后，更是提倡"不要钱，不怕死"。做了湘军统帅，反而给家中寄的银子少了，便是不肥私囊的公开表现，同时也以此截断家人于这方面的期盼。

等差不紊，行之可久

讲阔大者，最易混入散漫一路。遇事颠顸，毫无条理，虽大亦奚足贵？等差不紊，行之可久。斯则器局宏大，无有流弊者耳。

译文

讲求局面阔大的人，最容易走向松散漫衍的地步。倘若遇事糊涂，毫无条理，即便局面阔大，又有什么可贵之处？上下尊卑井然有序，才可以顺畅长久地运行。如此，才算得上器局宏大，没有流弊的军营统领。

点评

咸丰六年，曾氏六弟、九弟先后募勇成营，入江西作战。咸丰七年（1857）二月初四日，曾氏父亲病逝于家中。接到讣告后，曾氏三兄弟立即赴丧回籍。这年九月，老九应江西巡抚耆龄之求，离家赴赣重领吉字营，次年三月老六亦入江西军中，独留曾氏在家守制。曾氏虽居家读礼，但心思都在江西战场上，频繁以书信与前线保持联系，期间与老九通信最多。老九国荃与大哥不仅长相酷似，且性格也较近，只是读书求学修身自律这些方面相去较远。两兄弟相差十四岁，大哥对这个九弟深为器重，寄予很大的希望，因其带勇不久缺乏经验，故不厌其烦，将自己的所思所得一一传授。这段话便出自于咸丰七年十月初四日给老九的信中。

在这封信里，曾氏给老九讲身为军营统领的两大要素：规模远大与综理细密。用现代语言表述，即宏观规划与微观管理两个方面。在宏观上，规划宜大宜远；在微观管理上，宜细宜密。接下来，曾氏指出，在宏观上，有人追求阔大，即将多勇多，营多哨多，而据自己从戎多年的经验来看，求阔大的人，往往疏于军务管理。统领若不精明，场面虽阔，勇丁虽多，也不值得称道。因此最重要的是军营管理有方，上下有序。老九是一个讲排场摆阔气的人，曾氏这句话，实际上就是批评他的这个缺点。

和易调郁

肝郁最易伤人。余生平受累以此，宜"和易"以调之也。

译文

肝气抑郁最容易伤害人。我生平很受它的连累，宜用"和易"来予以调和。

点评

这句话与上段话出于同一信中。曾氏在叮嘱九弟注意保重身体时，说了这句话。保养身体，要注意者很多，为什么独独拈出"肝郁"一项呢？原来，曾氏此说，乃他的夫子自道。曾氏自咸丰二年底出山办团练，到咸丰七年二月赴父丧回籍，前前后后四年多，转战湘鄂赣三省，历尽千辛万苦，成效并不理想，而他所怄的气却很多，这"气"都来自同一营垒：既受三省文武官场的气，又受三省民间百姓的气，还要受朝廷不信任的气。回家赴丧，又因扔下江西不管，而受各方责难，怄气更重。这种种不顺的气郁积于肝脏，终于让他得了怔忡之症，吃不好，睡不安，心中恐慌，情绪郁闷。就在这个时候，他接受友人的劝告，以黄老柔和平易之心态来面对世情。在守父制的一年多里，经过不断的调适，怔忡之症逐渐平复。

不亢不卑

各处写信，自不可少，辞气须不亢不卑，平稳惬适。余生平以懒于写信，开罪于人，故愿弟稍变途辙。

译文

给各处联络写信，自然是不可缺少的。说话的口气应该不卑不亢，平稳妥帖。我生平因懒于写信而得罪人，故希望弟稍稍改变方式。

点评

前面提到，守父丧时期曾氏接受朋友的劝告，以黄老治心。在此之前，他所奉行的则是申韩之术。申不害、韩非作为法家代表，其为人处世的特点在冷峻严酷。曾氏从京师来到地方，面对的是混乱的世道和腐败的官场，他一方面以严刑峻法整治乱世，一方面以冷淡鄙夷之心对待地方文武官员，结果是乱象虽得到部分治理，但官场却得罪多多。懒于写信，正是他对待地方文武官员冷淡的一种表现。连连碰壁后的曾氏开始清醒过来，知道不能纯用申韩之术，而要杂用黄老之道，其行事作风有所转变。要老九给各处写信，并且要注意辞气的平稳妥帖，便是此种转变的表现之一。此话出于咸丰七年十月初十致沅弟的家信。

人以伪来，我以诚往

宜以真心相向，不可常怀智术以相迎距。凡人以伪来，我以诚往，久之则伪者亦共趋于诚矣。

译文

应该以真心互相面对，不可以总是心藏智谋来交往。凡是别人以虚伪前来，我则以诚恳回报，时间久了则虚伪者亦与我一道走向诚实了。

点评

咸丰七年十二月初六日，曾氏在与九弟的信中谈起了左宗棠。说左对老九

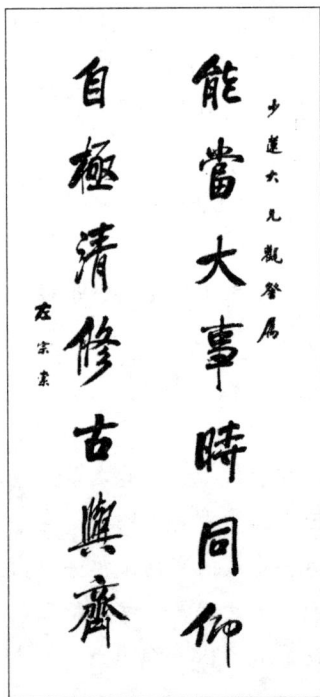

能当大事时同仰

自极清修古兴斋

少道大兄鉴督局

左宗棠

左宗棠手迹

极关切，老九"宜以真心相向，不可常怀智术"云云。曾氏此时对左是很有意见的。据欧阳兆熊《水窗春呓》上说，曾氏不等朝廷下旨便匆匆回籍奔丧一事，官场颇有非议，而在湖南带头攻击的，便是这位左宗棠。平心而论，左批评曾氏是对的，是从大局出发的。曾氏心里也清楚，故而虽有意见，但并不恨左。他怕老九因此而讨厌左，所以要将左的关切告诉弟弟。从这句话里可以看出曾左之间的君子之风：左对曾氏有看法，但不牵连于其弟；曾氏对左也有看法，但不说左的坏话。在这句话中，曾氏也道出了一个可普遍施行的道理，即以诚待伪，则伪可趋诚。当然，并非所有的伪者都可以被诚感化，但应当相信，真正有力量真正可攻坚摧固的，还是真诚，而不是虚伪。人人都怀抱此认识，的确可以化除许多虚伪。

一味浑厚

一味浑厚，绝不发露，将来养得纯熟，身体也健旺，子孙也受用。无惯习机械变诈，恐愈久而愈薄也。

译文

一概以浑含厚道对待，心中的不满一点也不表露出来，将来修养到了家，身体也因此而健旺，子孙也因此而得到好处。不要养成用机心使诈术的习惯，怕的是时间愈久则心性愈刻薄。

点评

曾氏在与九弟谈过左宗棠后，又谈起了李续宾。李字迪庵，罗泽南的学生，出身秀才，新近被任命为浙江布政使。李是靠湘军发迹而又迁升最快的人。曾氏心中最看重的便是他。李续宾身上什么特质让曾氏最看重呢？是李的安定深沉。

李的这个特质表现在办事上，即曾氏在信上所说的"不特其平日从容整理，即其临阵，亦回翔审慎，定静安虑"，平日为人则沉默少言，"含宏渊默，大让无形，稠人广坐，终日不发一言"（见曾氏全集《李忠武公神道碑铭》）。李于世事人情貌似不太精明，其实全都明白，只是表面上"一味浑厚，绝不发露"。曾氏很欣赏这种喜怒不形于色的性格。他认为他们兄弟及彭玉麟都是性情褊急的人，不大容易与人相处，故而希望老九学李续宾的"浑厚"。

这种"一味浑厚，绝不发露"既不易做到，亦有过于圆滑世故之嫌，依笔者看似不必学，但曾氏后面说的不用机心诈术，则的确是长者之言。

全副精神，首尾不懈

凡人作一事，便须全副精神注在此一事，首尾不懈，不可见异思迁，做这样，想那样，坐这山，望那山。人而无恒，终身一无所成。我生平坐犯无恒的弊病，实在受害不小。当翰林时，应留心诗字，则好涉猎他书，以纷其志；读性理书时，则杂以诗文各集，以歧其趋；在六部时，又不甚实力讲求公事；在外带兵，又不能竭力专治军事，或读书写字以乱其志意。坐是垂老，而百无一成，即水军一事，亦掘井九仞而不及泉。弟当以为鉴戒。现在带勇，即埋头尽力，以求带勇之法，早夜孳孳，日所思，夜所梦，舍带勇以外，则一概不管。不可又想读书，又想中举，又想做州县，纷纷扰扰，千头万绪，将来又蹈我之覆辙，百无一成，悔之晚矣。

译文

大凡一个人要做成一桩事，必须把全副精神都贯注在这桩事情上，从头到尾都不松懈，不可以见异思迁，手头做着这件事，脑子里又想着另一件事，人坐在这个山头，眼睛又望着那个山头。人若是没有恒心，终生将一事无成。我这一辈子因为犯着无恒的毛病，实在受害不少。在翰苑做翰林时，本应当留心诗文书法，但我却好浏览其他书籍，结果分了心志；读性理方面书时，则又以诗文集来混杂，结果干扰了主目标；在六部做堂官时，又不很切实致力部务；离开京师带兵打仗时，又不能竭尽全力专心整治军事，间或又以读书写字来扰乱心思。为此到接近老年时还百无一成，即便是办水师这件事，也是井挖了很深还看不到泉水。弟当以我为借鉴做戒。现在带勇，便埋头尽自己最大的力量，来研究带勇的方法，早早晚晚孳孳不倦，白天想着这事，夜里梦着这事，除带勇之外的事，则一概不去管它。不可以又去想读书，又去想考举人，又去想做地方官，若这样则神志纷扰，千头万绪，将来怕又会重蹈我的覆辙，到时百无一成，则后悔也晚了。

点评

咸丰七年十二月十四日，曾氏在给老九的信中，说了上面这段话。老九虽是自愿募勇从戎，但他毕竟刚被选拔为优贡。去年春天，还在一个劲地与大哥商量进京廷试的路线。那个时代，中举中进士，毕竟是读书人入仕的正途，故而老九一面带勇打仗，一面还在寻思着读书中举今后做文官的事。针对兄弟目前这种心思不够专一的状况，大哥写了上面这段话。

做事心思不专一，做这想那，大概是人类一个常见的通病。上个世纪初，青年毛泽东在给友人的信中，即随手拈来曾氏这段家信中的几句："尝见曾文正家书云：吾阅性理书时，又好作文章；作文章时又参以杂务，以致百无一成。"可见，曾氏这段话引起了人们的广泛共鸣。

有句成语说"专心致志"，这的确是前人的经验之谈，也是前人成就事业的一个重要诀窍。人之所以多不专心致志，一是易受诱惑。正在做这件事，又发现另外一件事更有吸引力，更有趣，更容易获得功利等等。于是丢下半成品的此事，又去做彼事。另一个的原因是，缺乏长期吃苦的意志。许多事情，都是易学难精，入门时容易，入门后每进一步都很难，要出类拔萃就更难了，它需要长时间的吃苦耐劳，没有很强的意志力做不到。大多数人都缺乏这种意志力。侧过身去看另一件事，因为最先看到的总是入门处，觉得容易出成果，于是赶紧转向。还有，人类的天性喜新厌旧，一件事情做久了，乏味感便与日俱增，远没有另一件事那样富有新鲜感、刺激感。理智上或许知道要坚持，情感上早已被新事的鲜活、刺激所吸引。理性终于敌不过感性，心一动，志便转向了。

曾氏这段夫子自道，让我们看到即便如他这种人也常常不专心致志，可见专心致志之难。这是一方面，另一方面，他以自己的经历告诉我们，还是要专心致志为好，否则有可能忙碌一生，却百无一成。

精神愈用愈出

身体虽弱，却不宜过于爱惜。精神愈用则愈出，阳气愈提则愈盛，每日作事愈多，则夜间临睡愈快活。若存一爱惜精神的意思，将前将却，奄奄无气，决难成事。

译文

身体虽然单薄，但不宜过分爱惜。精神是越用它越出来，阳刚之气是越提升越旺盛。每天做的事情越多，则到夜晚临睡觉时越快乐。倘若存着一个爱惜精神的念头，刚想前进便会马上想到后退，奄奄的没有生气，决不能成就一番事业。

点评

这段话同出于上封信。它既是对身体单薄的九弟的规劝，更是曾氏一生所奉行的信条。曾氏只活了六十一岁，三十岁即患肺病大吐血，三十五岁上患癣疾，后半生常被此病弄得痛苦不堪，四十七八岁上得了严重神经官能症，五十多岁患高血压，最后因脑中风猝死。这样看来，曾氏不只身体单薄，他其实是个长期病号。一个这样的病号做了如许大的事业，其秘诀在哪里？秘诀就在这段话中。

以诚愚应巧诈

吾自信亦笃实人，只为阅历世途，饱更事变，略参些机权作用，把自家学坏了。实则作用万不如人，徒惹人笑，教人怀憾，何益之有？近日忧居猛省，一味向平实处用心，将自家笃实的本质，还我真面，复我固有。贤弟此刻在外，亦急须将笃实复还，万不可走入机巧一路，日趋日下也。纵人以巧诈来，我仍以浑含应之，以诚愚应之，久之，则人之意也消。若钩心斗角，相迎相距，则报复无已时耳。

至于强毅之气，决不可无。然强毅与刚愎有别，古语云自胜之谓强，曰强制，曰强恕，曰强为善，皆自胜之义也。如不惯早起，而强之未明即起；不惯庄敬，而强之坐尸立斋；不惯劳苦，而强之与士卒同甘苦。强之勤劳不倦，是即强也；不惯有恒，而强之贞恒，即毅也。舍此而求以客气胜人，是刚愎而已矣。二者相似，而其流相去霄壤，不可不察，不可不谨。

译文

我自信也是一个笃实人，只是因为阅历人世间事情，经过许多事变，略微增加些机权之术于其间起点作用，自己把自己引向学坏的路上去了。其实，这点作用一万个不如别人，徒然招人笑话，使别人对我怀有遗憾，哪里有什么益处呢？近来丁忧在家中猛然反省以往，醒悟到应该全力在平实二字上用心思，用自己笃实的本质来恢复我的真面目、我的原有性情。贤弟此时在外面带勇，也应赶紧将笃实本性复还，万万不可走进机巧欺诈一路上，而一天天堕落。即使别人以巧诈来对我，我仍旧以含浑之态来回应，以诚实愚拙之心来应对，久而久之，则别人的巧诈也将会慢慢消除。若彼此都以钩心斗角的态度来交往，则互相报复没有完了。

至于顽强坚毅之气，则决然不可没有。但顽强坚毅与刚愎自用有区别。古话说能够战胜自己的人才叫做强者，又说强行自制，说强力迫使自己对人宽恕，又说强行要求自己做善事，这些都是自我战胜的意义。比如说，不习惯早起，而强迫自己天未明即起床；不习惯庄重敬慎，而强力要求自己无论坐和立都端正严肃；不习惯劳累吃苦，而强迫自己与士兵同甘共苦。强迫自己勤劳不倦，这就是强的意思；不习惯于有恒，而强迫自己坚定不移，这就是毅。丢掉这些而求其他，以虚骄之气去压倒别人，不过刚愎罢了。二者看起来差不多，其实它的发展趋势却有天地之别，不可不细察，不可不谨慎。

点评

连连遭受挫折，在家守制反省后悟出了许多深层次道理的曾氏，在这里以兄长的恳挚之心，向九弟说了两点关于为人的体会：一为如何看待笃实与机巧，一为如何区分强毅与刚愎。

曾氏这封写于咸丰八年（1858）正月初四的信，是对老九上一年十二月二十一日的回复。现在已找不到老九这封信了。老九九月初离家赴江西战场，带领吉字营攻打吉安，战事并不顺利。从曾氏信中可看出，老九在给大哥的信中流露了军营中的人事不协，并有离营回家的情绪。故曾氏在回信中希望九弟"竭力而行之，无为遽怀归志也"。接下来便引出这一大段议论来。

曾氏说他本是一个笃实的人，后来跟着别人学坏了，也使点机巧权变，实际这点小聪明远不如人，反被人笑，现在醒悟了，还是做一个本来的老实人为好。并劝老九以己为戒，以诚愚待人。

笔者跟曾氏打了二十余年的交道，脑子里常常会想这样一个问题：为什么后人对曾氏会有很大的兴趣？曾氏与众不同的吸引力到底在哪里？这个问题，若细说起来，自然是多方面的，非做大文章不可。这段话里便含有其中的一个答案，容笔者先在这里简略说一点。

历史上的曾氏，是一个以建立军功的政治领袖的身份名世的。这样一个人物，如果他的私人文字说谋略手腕，说钩心斗角，甚至说些阴险毒辣不能公之于世的话，都可以被世人所理解：因为他从事的是政治，是与人打交道并要制人胜人的勾当，人心险恶，只能以毒攻毒，否则，他便不能吃这碗饭。但事情恰恰不是这样。他从戎之后的家书、日记，一秉过去在翰林院做文学侍从的风格，谈的都是读书为学做君子，是仁义礼智信，是诚实道德操守等等。面对着血火刀兵的战场，面对着以杀人为业的军事将领，面对着以功利作为第一争夺物的各参与集团，不谈阴谋诡计，却奢谈圣人说教，岂不迂腐空疏、呆傻愚痴？岂不是缘木求鱼、南辕北辙？但是，朝廷所任命的四十三个团练大臣，其他人都没成事，恰恰就是这个在私人文字里也大谈诚信仁义的团练大臣取得了最后的胜利。人人都说道德人格只能存于书斋讲义里，而不能运用于政治斗争中，但偏偏就是这个曾文正公，用圣人所说的人格道德取得了政治上的成功。我想，这大概是曾氏引起后人兴趣的一个原因，也是他与众不同的吸引力之一吧！

　　曾氏的朋友说曾氏一生三变：从诗文之学变为程朱之学，从程朱之学变为申韩之学，从申韩之学变为老庄之学。从咸丰二年底出山办团练到咸丰七年初，他处在行申韩之学的时期。法家重势重权威，机巧权诈自然是不可免的。机巧权诈给他带来一些成功，也给他带来许多不利。经过反思，曾氏决定去机权而复笃实。

　　这段话说的就是去机巧以诚待人、强毅而不刚愎的老生常谈。读者若是联系到曾氏的整个一生，不把它视为老生常谈而当作真正的人生体验，那么相信会从中获得收益。

有实心，乏实力

我生平之失，在志大而才疏，有实心而乏实力，坐是百无一成。

译文

　　我这一生的缺失之处，在于志向大而才干不够，有办事的切实愿望而缺乏实实在在的力量，因此而百无一成。

点评

　　曾氏因为志大，便常有才力不够配合的苦恼。即便对最为自负的古文，晚年他也说"少壮不克努力，志亢而才不足以副之"，要子孙"尤不可发刻送人"。曾氏咸丰二年（1852）底出山办团练，一直到咸丰十年（1860）四月，长达七年多的时间内，他一直以一个侍郎虚衔领兵，而无地方实权，这句"有实心而乏实力"，说的便是此种状况。略去"百无一成"这句自嘲的话不说，曾氏在这里道出了干事业的两个重要条件：志与才的相副，心与力的相合。

提起全力，早夜整刷

弟年纪较轻，精力略胜于我。此际正宜提起全力，早夜整刷。昔贤谓宜用猛火煮慢火温，弟今正用猛火之时也。

译文

老弟年纪较轻，精力要略微超过我。此时，正宜于起用自己的全部力量，从早到晚，振作精神，刷新气象。古时贤者说适宜用大火煮小火温，老弟这个时候正是用猛火的时候。

点评

老九比大哥小十四岁，此时才三十五岁。以今天的眼光来看，正是青年时期。曾氏鼓励他应下大功夫，为日后的发展奠定结实的基础。"猛火煮慢火温"，这句话前面已多次说到。其实，不只是治学，凡做一个较大的事业，都适宜用这种办法。趁着各方面条件都很好的时候，努力多做，广拓博取，以后再慢慢地仔细经营、精耕细作。这既是一个操作方式，也是一种思维方式，很有借鉴之处。

以专而精，以纷而散

凡人为一事，以专而精，以纷而散。荀子称："耳不两听而聪，目不两视而明。"庄子称："用志不纷，乃凝于神。"皆至言也。

译文

大凡人做一件事，因为专心致志而精当，因为神志纷披而涣散。荀子说："耳朵不同时听两种声音而变得聪，眼睛不同时看两样东西而显得明。"庄子说："心志不纷乱，因凝固而趋于神化。"这都是极高明的言论。

点评

　　曾氏在论及读书和办事时常会说到专字，要说诀窍，这也是曾氏成功的诀窍之一。为什么要专？这首先是因为一个人的能力有限，精力有限，生命的时间有限，因此必须把有限的能力精力和时间集中起来办一件事或几件事。其次是高度集中起来的能力精力将有可能产生巨大的能量，即能力和精力的聚集不是一种简单的叠加，而是会产生化合效应的。第三，真正有价值的大事业，都不是容易办成的。它需要人倾尽最大的力量，全力以赴。世上有两种人容易犯不专的毛病：一是年轻人，一是聪明人。年轻人因精力旺盛，常常会把精力分散在多种事情上。聪明人因胜人一筹，也常常喜欢多揽事。阅历将会让年轻人慢慢成熟，也会让聪明人渐渐认识到自己的不足，到时将过人的精力才智与沉潜专一的心态结合起来，便有望成就大事业。

长傲与多言为凶德

　　古来言凶德致败者，约有二端：曰长傲，曰多言。丹朱不肖，曰傲，曰嚚讼，即多言也。历观名公巨卿，多以此二端败家丧身。余生平颇病执拗，德之傲也；不甚多言，而笔下亦略近乎嚚讼，静中默省愆尤，我之处处获戾，其原不外此二者。凡傲之凌物，不必定以言语加人，有以神气凌之者矣，有以面色凌之者矣。温弟之神气稍有英发之姿，面色间有蛮狠之象，最易凌人。凡中心不可有所恃，人有所恃，则达于面貌。只宜抑然自下，一味言忠信，行笃敬，庶几可以遮护旧失，整顿新机。否则，人皆厌薄之矣。

译文

　　自古以来说到招致失败的不好性格大致有二种：一是傲慢，一是多言。丹朱不像他的父亲尧，就因为他为人倨傲，又跋扈奸诈招惹是非，也就是多言。遍视历代名大位高的公卿，也多因这两个毛病而使得家族败落自身不保。我平素较为执着倔犟，这是性格中的傲慢的表现；嘴上虽不多说话，但笔下文字有点奸诈惹是非的味道，安静时默默反省自己的缺失，悟到之所以处处遭受困厄，其原因不外乎这两个。凡以傲气对待别人，不一定非得在言语上压倒别人，有的是以神色凌厉来压倒别人，有的是以面色难看来压倒别人。温甫弟的神色略有些英发姿态，脸上间或有蛮横的表现，最容易给人以压力。大凡人的心中不能有依凭。人若有所依凭，则会表现在面孔上。只适宜将心性朝下抑制，全力讲忠诚信义的话，做笃实谨慎的事，或许可以弥补自己固有的缺失，焕发新的生机。否则，世人都会厌弃鄙薄了。

点评

　　曾氏一生留在文化史上的价值是多方面的，其中有一点颇为重要，那就是他的修身之学及切实的修身功夫对后世的启示。洋人制造的望远镜到了曾氏的手里，他的发现与众略有不同。他说望远镜中的玻璃片之所以能将远景收入，是因为经过多次打磨工序后改变了其原有的性质。他进而发挥，人若不断磨炼，也可以改变其原本性格。曾氏还常说，读书可以改变人的气质。可见曾氏十分看重人后天的学习和修养，相信后天的力量可以改变人的先天秉赋。他自己努力以此修身养心，并热衷将此观念传授给他的子弟和朋友。

　　人们都说"江山易改，本性难移"。的确，人的先天秉性，要改变它是很难的，但要说完完全全一丁点儿也改变不了，大概也绝对化了。人类活动中最有价值的部分，应该属于改造和创新这个领域。有了这个领域，人类才从万千种动物群中跳出来，构成从本质上区别于其他动物的一个种类。改造和创新既包括宇宙和自然，也包括人类的个体和群体。人的性格是属于人类个体中的一个内容。如此说来，改变人的本性不仅是可能的，而且也是可行的，它是人类进化过程中的一个重要环节。

　　正因为这样，曾氏为改变性格所作的努力探索，便值得尊敬；他的关于这方面的论说，便值得重视。人的本性既过于牢固强顽，而曾氏本人为此所悬的目标又过高，有的根本就做不到，有的做得很勉强，有的做得表里不一、前后不一，于是常有把柄被人抓，也有人据此认为他虚伪。世上确实有存心虚伪的人，但综观曾氏的一生，他有虚伪的一面，但不是一个存心虚伪的人。这二者之间的区别，在于有无改造本性的真心。

勤奋以图自立

　　"长傲"、"多言"二弊，历观前世卿大夫兴衰，及近日官场所以致祸福之由，未尝不视此二者为枢机，故愿与诸弟共相鉴戒。第能惩此二者，而不能勤奋以图自立，则仍无以兴家而立业。故又在乎振刷精神，力求有恒，以改我之旧辙，而振家之丕基。

"傲慢"、"多言"这两个弊病，遍视前代世家大族的兴与衰，以及近来官场上人招祸致福的原因，未尝不以这两点为关键，故而我愿与各位老弟互相引为鉴戒。但是仅克服这两个毛病，而不能勤奋以谋取自立，则仍然无法让家庭兴旺事业建立。故而又还要振作刷新精神，力求做到有恒，以改变自己过去的作风，而打下振兴家业的宏大基础。

咸丰八年（1858）三月初六日，曾氏与九弟谈及"长傲"、"多言"为招祸致败的凶德，十八天后的这封信，又再次谈到"长傲"、"多言"为古今官场和世家大族由盛转衰的关键原因，同时还指出，除不犯这两个毛病外，还要勤奋自立，才能兴家立业。

仔细分析，无论防"长傲"也好，防"多言"也好，都还是立足在"保守"一义上，即保自身不招祸，守家业不致败。对于一个已拥有声望财产的家族当家人来说，如此则可做守成之主。若从开疆拓土继续创业这个角度来看，显然还不够，曾氏这次对老九的要求再增加一项，其用意立在"推进"一义上。

此时的曾氏在家守制，对于自己的前途如何，尚捏拿不准。对于曾氏大家族的推进，只有寄希望于仍在前线带兵打仗的六弟、九弟二人。此外，对老六、老九来说，目前战功并不显著，官位也属低级，"自立"还远未够，故需以勤奋来建功立业。

怨天尤人不可以涉世养德保身

温弟丰神较峻，与兄之亢直简澹虽微有不同，而其难于谐世，则殊途而同归，余常用为虑。大抵胸多抑郁，怨天尤人，不特不可以涉世，亦非所以养德；不特无以养德，亦非所以保身。中年以后，则肝肾交受其病。盖郁而不畅则伤木，心火上烁则伤水。余今日之目疾，及夜不成寐，其由来不外乎此。故于两弟，时时以和平二字相勖，幸勿视为老生常谈。至要至嘱！

译文

温甫弟神情丰沛峻励，与为兄的强硬直爽简率淡定的性格虽然有些不同，至于与社会难以和谐相处，则又是殊途而同归，我常因此忧虑。大致说来，胸中多抑郁，怨天尤人，这些毛病，不仅不可以在世上办事，也不可以养成良好的品德；不仅不可以养成良好的品德，也不可以保养好自己的身体。中年以后，则肝脏肾脏都会受到它的伤害。这是因为郁闷而不畅通则伤肝（木），心火上烧则伤肾（水）。我今天的眼病以及夜晚失眠，其原因不外乎抑郁。故而对于两位弟弟，时时刻刻以和平两个字相勉励，请千万不要把这看作是老生常谈。最为紧要的叮嘱！

点评

这里说的是人的性格与办事养德、保身之间的关系。曾氏认为，它们之间的关系是一致的，即良好的性格既是办好事情的基础，也是养德、保身的基础，反之亦然。曾氏所看出的，其实就是人活在世上，其立身与处世吻合的道理，也就是说不需要立身是一套做法，处世又是一套做法。这一点，说起来，它的道理似乎简单：因为"世"便是"身"的扩大，所以本质上是相通的；但许多人并不明白这个道理，或者虽明白，却又不去努力实行。拿性格多疑来说吧！多疑则容易不相信人，不能与别人坦诚相处。如此，则不能团结别人一道做事。从"涉世"这个角度来说，无疑有碍。多疑者多猜忌，对人多防范，于是自己的品德上便难以做到坦坦荡荡、光明磊落。心思上多了许多的杂念，如何能做到安宁淡定？心不宁，身岂能健？所以，于"保身"上说也有害。孔子说"仁者寿"，这是很有道理的。

智慧愈苦愈明

精神愈用而愈出，不可因身体素弱，过于保惜；智慧愈苦而愈明，不可因境遇偶拂，遽尔摧沮。

译文

精神是越使用便会越涌出，不可以因身体素来薄弱而过于保养爱惜；智慧是越遭受苦难则越明晰，不可以因境遇偶尔不顺便立即颓废。

点评

　　咸丰八年四月初九日，曾氏在老家给九弟的信中写下了这两句格言式的话。曾氏这两句话，与其说是在讲述真理，还不如说是在灌输一种气概。这种气概就是典型的湖南人的"霸蛮"。湖南人相信"霸蛮"，犹如宗教人士相信神一样，虽不很科学，却有某些道理。"精神越用越出"这话，曾氏经常说，并把"精神"比作井中的水，越汲越有。这话有很大的激励作用，在短期内，在特定时候，确实存在着这种现象。实际上它就是将身体内平时的积蓄用于应急之时。若从科学上来说，这句话未必完全正确，但曾氏的后一句话却是有着相当的价值。人类智慧中的很大部分，的确产生在苦难中，这是因为苦难逼得人类作超过常规的努力。智慧往往产生在这种超常状态中。

日慎一日，久而敬之

　　日慎一日，以求其事之济，一怀焦愤之念，则恐无成耳。千万忍耐！久而敬之四字，不特处朋友为然，即凡事亦莫不然。至嘱！

译文

　　谨慎地度过每一天，以求取事情的成功。若一旦怀有焦愤的念头，则担心导致事情的不成。千万要忍耐！久而敬之这四个字，不但与朋友相处应该这样，即便办任何事也应这样。这是我的最大叮嘱。

点评

　　咸丰八年六月初三日，曾氏在湘乡老家接到命其复出援浙的上谕。此时，他已守制十六个月。曾氏此番奉旨即行。初七离家，十二日抵长沙，二十四日抵武昌，七月十一日抵九江，次日抵湖口，二十一日抵南昌。就在由湖口至南昌的途中，曾氏给老九寄出一信。此时的老九依旧带领吉字营屯兵江西吉安城外。老九于咸丰六年十一月率勇来到吉安，到现在，吉字营围吉安已达一年零八个月。从统领到普通勇丁，无不心中焦虑，巴不得早日克城立功。针对老九的这种心态，曾氏在信中写下"日慎一日，以求其事之济"的话。

人们办事时，都求顺求快，这是一种普遍的心理。若不顺利，旷日持久，仍不见效，心中便会生出厌烦疲惫的情绪，接下来便是行为上的松劲懈怠，最后导致事不济；最可叹息的是，许多事情，其实只要再坚持一阵子就会成功了，所以就有"功败垂成"一词的出现。曾氏鼓励老九挺住这最后的一段时日，就是鉴于"功败垂成"的前车之覆而得出的见识。果然，两个月后，老九终于打下吉安府。

从裕字打迭此心

达生编六字诀，有时可施之行军者，戏书以佐吾弟之莞尔。余向来虽处顺境，寸心每多沉闷郁抑，在军中尤甚。此次专求怡悦，不复稍存郁损之怀，《晋》初爻所谓"裕无咎"者也。望吾弟亦从裕字打迭此心，安安稳稳。

译文

于达生方面编的六字诀，有时候也可应用于军营，戏书写寄来助我弟一笑。我一向即便是身处顺境，内心也常常沉闷抑郁，在军营时这种心态更加明显。这次复出带勇，专门讲究心态愉悦，不再存一点抑郁有损心神的情怀，即《晋》卦初爻所说的"心情宽松则没有差错"。希望我的九弟也从"宽松"上安置这颗心，以换来平安稳妥。

点评

《晋》卦初爻的爻辞是这样写的："晋如摧如，贞吉，罔孚，裕无咎。"这句爻辞的大意是不要躁进，要柔退，宽宽松松、从容自得则没有差错。中国的文化主张刚柔相济、阴阳互补，它的用意是将两极互为补充以求得中和的状态，而"中和"则是事物事理的最好状态。故而《礼记·中庸》说："中也者，天下之大本也；和也者，天下之达道也。致中和，天地位焉，万物育焉。"兵事本是血火刚烈之事，与之相应的应是进取紧张的状态，但依据"中和"的理论，不能一味地进取紧张，应加以调适，将属于"柔"范围的某些成分加进去，就会更好，所以在中国文化中，好整以暇的从容将军才是最好的带兵人。岳飞的七绝："经年尘土满征衣，特特寻芳上翠微。好水好山看不足，马蹄催趁月明归。"这首七绝之所以被后世传颂，便是因为诗中展示的是一位从容治军的大将风采。

起早乃长寿金丹

吾生平颇讲求惜福二字之义。近来补药不断，且菜蔬亦较奢，自愧享用太过，然亦体气太弱，不得不尔。家中后辈子弟体弱，学射最足保养。起早，尤千金妙方，长寿金丹也。

译文

我平生颇为注重惜福二字的含意。近年来补药不断，且饮食也比较奢华，自己心中对这种享受太过觉得惭愧，但这也是因为身体太弱，不得不这样。家中的晚辈身体都较单薄，学习射箭，最是保养身体的好方法。早上起床早，尤为养生上的千金妙方，使人长寿的金丹。

点评

这段话出于咸丰十年（1860）三月二十四日，曾氏给四弟九弟的家信中。笔者在《点评曾国藩家书》一书中，针对这封家书，就"惜福"二字，发表了一些看法。《点评》中说"惜福"是典型的中国式的思想。这句话固然不错，但易于使人产生误解，以为西方思想中就没有"惜福"的观念。其实，西方人也讲求惜福。比如《圣经》中一再说到人要有感恩之心。这"感恩"中的很大成分便是惜福，珍惜眼下所拥有的一切。基督徒一日三餐的"谢饭"，便是"惜福"的具体表现。可见，"惜福"这个观念是中国和外国、东方和西方都有的，只是表达形式上的差别而已。它与开拓、创新、探索、进取等观念并不矛盾，是人类在千万年发展过程中所积累的宝贵的生存智慧。

戒酒，早起，勤洗脚

此后总以戒酒为第一义，起早亦养身之法，且系保家之道。从来早起之人，无不寿高者。吾近有二事法祖父，一曰早起，二曰勤洗脚，似于身体大有裨益。

译文

从此以后，总把戒酒当作最重要的事来对待，早上早起也是养身的好方法，而且也是长保家业不衰的法则。从来早起的人，没有不享高寿的。我近来有两件事效法祖父，一叫做早起，二叫做勤洗脚，似乎对身体大有帮助。

点评

　　曾氏的这段话，是对在家主持家政的四弟说的。从曾氏的家信中可知其四弟有三个嗜好：一是好活动，二是好吹唢呐，三是好饮酒。对这三个嗜好，做大哥的都不赞许。他认为"太劳伤精，唢呐伤气，多酒伤脾"，希望四弟"以后戒此三事"。针对其大病初愈的现状，曾氏劝他"此后总以戒酒为第一义"。人的习性爱好，很少有绝对的好，或绝对的不好，关键在一个"度"的把握上。就拿饮酒来说，只要适度，也没有什么不好。但对于一个缺乏自律，难以把握度的人来说，便以不沾即戒为好。许多人都自律不强，对于那些容易导致不良后果的习性爱好，宜采用"戒"的极端做法。这是一个比较好的自我保护措施。

惰傲致败

　　天下古今之庸人，皆以一惰字致败；天下古今之才人，皆以一傲字致败。

译文

　　普天下从古至今的庸碌人，都是以一个惰字招致失败；普天下从古至今的有才能者，都是以一个傲字招致失败。

点评

　　曾氏勤于思索善于思索，能从深思中发现和领悟通常人所不能想到的道理。曾氏又有很高的文字造诣，能用准确而又简洁的文字将他的发现和领悟表达出来，故而给后人留下许多警句。这两句话便是曾氏众多警句中的一段。曾氏从导致普通人办事无成的千百条原因中，拈出"懒惰"来，又从导致有才干者办事无成的千百条原因中，拈出"骄傲"来，将它们分别视为第一位的原因。应该说，有相当的代表性。这种认识，固然出于他的阅人甚多的经历，更重要的是因为他的善于思索的能力。当然，下这种断语，即便才思大为过人，也免不了有以偏概全过于武断之嫌。李肖聃在他的《星庐笔记》中就这样批评过曾氏："公作文，喜大断语，而常过其实。如言：'一部二十四史全是捏造。所记兵事，尤不可信。'《画像记》又言：'子长所为《史记》，寓言亦居十之六七。'夫孟子于书，但言不可尽信，史公寓言至多十之二三。公乃言此，失之固矣。凡此所云，皆由才大而心未能尽细也。"如果用李肖聃"才大而心未能尽细"的角度来批评曾氏，曾氏许多下断句的警句都可以批评，如惰字就一定是所有庸人致败的原因？傲字就一定是所有才人致败的原因？怕未必。若不用挑剔的眼光来抬杠，则可以看出，曾氏其实是在告诫人们，懒惰和骄傲是两大最易犯的毛病，普通人因其平庸难以骄傲而易于懒惰，才人因其聪明能干而易沾沾自喜轻视别人，这都是使人致败的根由，应予警惕。

军事与巨室之败非傲即惰

十月二十八早侍祖父星冈公于阶前，请曰："此次进京，求公教训。"星冈公曰："尔的官是做不尽的，尔的才是好的，但不可傲。满招损，谦受益，尔若不傲，更好全了。"遗训不远，至今尚如耳提面命。今吾谨述此语告诫两弟，总以除傲字为第一义。唐虞之恶人，曰丹朱傲，曰象傲；桀纣之无道，曰强足以拒谏，辨足以饰非，曰谓己有天命，谓敬不足行，皆傲也。吾自八年六月再出，即力戒惰字，以傲无恒之弊。近来又力戒傲字。昨日徽州未败之前，次青心中不免有自是之见，既败之后，余益加猛省。大约军事之败，非傲即惰，二者必居其一；巨室之败，非傲即惰，二者必居其一。

译文

道光十九年（1839）十月二十八日早晨侍奉祖父星冈公于屋檐下的阶梯前，请示祖父："这次进京，求您教诲指点。"星冈公说："你的官是做不尽的，你的才干是好的，但是不能骄傲。自满招致损失，谦虚则多受益。你若不骄傲，那就全好了。"祖父遗训不远，至今还如同耳提面命。今天我谨述这段话告诫两位老弟，总归以根除傲字为第一件大事。尧舜讨厌一个人，就会说丹朱骄傲，说象骄傲；夏桀商纣的无道，则表现在他的强悍只在于拒绝规劝，辨才也只是用在掩饰自己的错误上，又说他们奉有天命，说"敬畏"不值得推行，这些都是骄傲。我自从（咸丰）八年六月第二次出山，即竭力戒除懒惰，用以惩处无恒心的毛病。近来又竭力戒除骄傲。先前徽州府之战未失败之前，李元度心里不免有自以为是之见，失败之后，我更加猛然明白了。大致说来，军事的失败，不是骄傲便是懒惰，二者必居其一；大家族的失败，不是骄傲便是懒惰，二者必居其一。

点评

　　咸丰十年四月，曾氏奉命署理两江总督，六月即实任。带勇七八年，终于有了地方实权，客寄虚悬的尴尬局面至此结束。依人之常情，曾氏此时应是大大地舒一口气的时候，心里充满得意之情。事实上，前几年的曾氏也是这种常人心态：争强好胜，不愿居人之下。在家守父丧的一年多里，他经历了一段"大悔大悟"的心路历程。这"悔悟"中的主要功课便是黄老之学，其间最核心的内容便是在往昔一片阳刚里注入阴柔的成分，从而达到一种新的"致中和"。无论是谦，还是谨，从人生姿态这个角度来看，都属于阴柔的范畴。复出的曾氏，特别注重它，有意识地去中和原先的纯阳纯刚。他在家信中反复申述这个方面，既是在告诫子弟及早予以重视，同时也是在不断地给自己敲响警钟。当然，尽管是地方实权在握，但客观形势异常险恶，身上的担子也骤然加重，这些也都不能容许他和整个湘军集团有半点骄惰之心，而只能以谦勤之态全神贯注地应付。

慎饮食，节嗜欲

　　泽儿虽体弱，而保养之法，亦惟在慎饮食，节嗜欲，断不在服药多也。

译文

　　纪泽尽管身体薄弱，但保养的方法，也只有在慎重对待饮食，节制嗜好欲望上，绝对不在服药上。

点评

　　过去富家子弟身体多不好，此中原因恰恰就是曾氏这段话中的反其道而行之：琼浆玉馔，暴饮暴食；声色犬马，毫无节制；补品补药，长年不断。曾氏生在并不富裕的农家，清贫的青少年时代养成不求奢华的良好习惯；中年后宦寓京华，又目睹众多纨袴子弟的不成器，更增加对奢华的理性认识。故而，即便银钱上允许，他也自觉保持俭朴，拒绝奢靡。他希望他的两个儿子向他看齐，但可惜，二子均不长寿，纪泽只活了五十一岁，纪鸿命更短，三十三岁上便去世了。究其缘故，很可能还是没有逃脱富家子弟的厄运。尽管曾氏一再要求儿子们一切如同寒士，但毕竟家里有钱有势，官眷学寒士好比寒士学官眷一样，都是很难很难的。

谦谨为载福之道

天地间惟谦谨是载福之道。骄则满，满则倾矣。凡动口动笔，厌人之俗，嫌人之鄙，议人之短，发人之覆，皆骄也。无论所指，未必果当，即使一一切当，已为天道所不许。吾家子弟，满腔骄傲之气，开口便道人短长，笑人鄙陋，均非好气象。贤弟欲戒子侄之骄，先须将自己好议人短好发人覆之习气，痛改一番，然后令后辈事事警改。欲去骄字，总以不轻非笑人为第一义；欲去惰字，总以不晏起为第一义。弟能谨守星冈公之八字（考、宝、早、扫、书、蔬、鱼、猪）、三不信（不信僧巫、不信医药、不信地仙），又谨记愚兄之去骄去惰，则家中子弟，日趋于恭谨而不自觉矣。

译文

天地之间惟谦虚谨慎是承载福祉的法则。骄傲则自满，自满则倾覆。说话写文章，凡是讨厌别人俗气，嫌别人鄙陋，议论别人的短处，揭露别人的老底，这都是骄傲的表现。不要说所指的未必都确切，即便是一一都确切，这种做法已为天道所不允许。我家子弟，现在满肚子都是骄傲之气，一开口便议论别人的长短，讥笑别人无知，这都不是好现象。贤弟要想戒除子弟的骄气，先必须将自己好议论人的短处好揭露人的老底这些习气，下决心忍痛改变，然后再命令后辈事事都警惕改变。想要去掉骄字，总以不轻易讥笑人摆在第一位；想要去掉惰字，总以不晚起床摆在第一位。老弟能够谨守祖父星冈公的八个字（即考、宝、早、扫、书、蔬、鱼、猪）、三不信（不信僧巫、不信医药、不信地仙），又谨记愚兄的戒除骄傲戒除懒惰这些话，则家中子弟将在不知不觉间日益恭谨起来。

点评

咸丰十一年（1861）正月初四，正在部署兵力收复东南的江督曾氏，给主持湘乡家政的四弟写了一封信。这封信不长，基本上就是这一大段话。曾氏在指出四弟的来信中"不免有一种骄气"后，接下来发表了这一通议论。关于戒骄，前面几段评点已谈得不少了，此处就不再重复。笔者要给读者说明的是如下几点：一、曾氏把"厌人之俗，嫌人之鄙，议人之短，发人之覆"视为骄傲的表现。一个月后的二月初四日，曾氏给老四的信中说："弟于营中之人，如季高（左宗棠）、次青（李元度）、作梅（陈鼐）、树堂（冯卓怀）诸君子，弟皆有信来讥评其短，且有讥至再至三次者。营中与弟生疏之人，尚且讥评。则乡间之与弟熟识者，更鄙睨嘲斥可知矣。"于此可知，这几个毛病是老四常犯的，曾氏所说乃有的放矢。细想一下，这些毛病，我们这些一般人也常犯。通常人们都将它看作是不良习性，未将它与"骄傲"联系起来。其实，一个人在厌嫌议发别人的时候，总是自觉或不自觉地将自己置在比别人高明的位子上，这种自我感觉良好的背后便是"骄傲"在作祟，本质上属于骄傲的表现。二、曾氏教人的最大特点，是将大目标与日常生活联系起来，通过坚持不懈做日常小事来逐步接近大目标。这种教育方法是理学创始人朱熹所提倡的，曾氏将此法运用得十分娴熟。比如说"去骄"这个大目标，曾氏提出通过"不轻非笑人"来达到；"去惰"这个大目标，则通过"不晏起"来达到。大目标正因为大，它便显得有点空，将它与具体小事联系起来，则化空为实，化大为小，易于操作，也就易于达到。三、具体解释一下曾氏治家八字。考，为考妣的略称，意味敬祖追远；宝，源自湘乡俚语"人待人无价之宝"，意味和睦邻里；早，即早起；扫，即打扫庭院，意味要勤快，凡事不偷懒；书，即读书；蔬，即种好菜蔬；鱼，即养好鱼；猪，即喂好猪。曾氏认为对于一个农家而言，蔬、鱼、猪是看一个家庭兴旺与否的三个重要侧面。三不信，即不相信僧道的装神弄鬼，不迷信庸医的处方，不乱信地仙的胡说八道。

以身许国，愿死疆场

余自咸丰三年冬以来，久已以身许国，愿死疆场，不愿死牖下。本其素志，近年在军办事，尽心竭力，毫无愧怍，死即瞑目，毫无悔憾。

译文

我自从咸丰三年（1853）冬天以来，早就将此身许与国家，情愿死在战场，不愿死在家里。本着这个久已立下的志向，近年来在军营办事，尽心尽力，心中毫无一点惭愧，一旦临终，心安目瞑，毫无一点后悔与遗憾。

点评

曾氏接任江督来，军事上并未有大的起色。咸丰十一年（1861）春天，其老营附近更是处处吃紧，危险迭见。这段话便是写在如此背景下。话中自然可见曾氏对朝廷的忠心，但更重要的是，它有着一种文化价值。这种文化价值体现在，当一个人对其所从事的事业抱着以身相许的心态时，则同时也就具备了最大的勇气和胆魄；对于一个从业者来说，他本人也便进入最高尚的人格境界。人生最宝贵的莫过于生命，生命都可以为之奉献，还有什么别的保留和顾虑呢？办事勇气由此而生，精神境界也由此而高。古往今来，许多事情，因为有了以身相许这个环节，便立时变得绚丽起来。这原因便是进入了最高尚的人格境界的献身者，以其生命烧起一堆烈火，绚丽的是生命之火。政治、军事这样关系到千万人利益的大事业固然如此，即便纯私人性质的爱情，也常常会因主人公的以身相许而升华而崇高，梁祝、杜十娘这些故事之所以千百年来流传不衰，其原因便在此。

目见千里，不见其睫

凡目能见千里而不能自见其睫，声音笑貌之拒人，每苦于不自见，苦于不自知。

译文

大致说来，眼睛能看见千里之外的物体，却不能看见自己的眼睫毛，说话和脸上的表情等给别人的排斥感，自己却苦于看不见，不知道。

点评

读者诸君大概对此种现象也会有同感，即得罪了别人，自己还不知是怎么得罪的。这是因为自己并非存心去疏远人，只是由于某句话说得不妥当或某个时候脸上的表情冷淡等等。作为主体来说，自然宜注意，以免造成不必要的误会；对于客体来说，知道人际交往中有这样一种现象，也就要想开点，不要太较真了。

有则改之，无则加勉

外间指摘吾家昆弟过恶，吾有所闻，自当一一告弟，明责婉劝，有则改之，无则加勉，岂宜秘而不宣？

译文

外间批评我们兄弟的过失差错，凡我所听到的，自应该一五一十地告诉你，明明白白地批评，委婉地规劝。若有这个过错，今后就改正，若没有，则以此为勉励，怎么可以秘藏而不明说呢？

点评

曾氏所持的这种态度，本是我们一切兄弟朋友都应该持的态度。只是人们都是爱听顺耳话，厌听逆耳言，如同老九一样，所以人们之间即便是至亲兄弟，也常常是报喜不报忧。这也是人间虚伪之一种。由此可见，人人所痛恨的虚伪，其实与自身紧密相联，它原本肇端于人性的弱点。

对待谤言的两种态度

众口悠悠，初不知其所自起，亦不知其所由止。有才者忿疑谤之无因，而悍然不顾，则谤且日腾；有德者畏疑谤之无因，而抑然自修，则谤亦日息。吾愿弟等之抑然，不愿弟等之悍然。愿弟等敬听吾言，手足式好，同御外侮；不愿弟等各逞己见，于门内计较雌雄，反忘外患。至阿兄忝窃高位，又窃虚名，时时有颠坠之虞。吾通阅古今人物，似此名位权势，能保全善终者极少。深恐吾全盛之时，不克庇荫弟等；吾颠坠之际，或致连累弟等，惟于无事时常以危言苦词，互相劝诫，庶几免于大戾。

译文

众人口里所吐出的话悠悠忽忽，本不知道它是从哪里起来的，也不知道它将会因何而消停。有才干的人对外界无原由的猜疑诽谤很忿恨，我行我素而悍然不顾，如此诽谤将一天天喧腾；有德行的人则对无缘无故的猜疑诽谤心有畏惧，于是从自身寻找原因加以修持，如此诽谤也便一天天地止息。我愿诸弟以自修自省的态度对待，不愿意诸弟以悍然不顾的态度对待。希望诸弟好好地听我的话，手足和睦，共同抵抗外侮；不希望诸弟各人都自以为是，在自家内斤斤计较一争高下，反而忘记了外人的欺侮。至于大哥我不称职地居于高位，又不符实地拥有虚名，时时刻刻有跌落下来的忧虑。我综观古今人物，像我这样名位权势的人，能保持到死都平平安安的极少。我深深地担心在我全盛的时候，不能够关照诸弟；而我在跌落的时候，或许会牵连到诸弟，只得在无事的时候常常以不中听的忠言来互相警诫，这样将或有可能免遭大灾难。

点评

在现存的曾氏家书中，我们可以看到不少纯是曾家兄弟间的心腹话。这些心腹话，自家兄弟听起来受用，别人听来则比较扎耳。比如这段话吧，"外侮"、"外患"指的谁？当然不是指的外国人，也不会是太平军，而是从大的方面来说属于同一营垒的战友，他们或是朝廷中的官员，或是同在东南战场上的八旗、绿营及地方文武，甚至也很可能就是湘军中的将领、湖南的官绅。曾氏以一"外"字，将他们画出圈外，岂不令他们心寒！曾氏在生时，并不同意将他的文字发刻刊布，其中自然也包括此一层意思在内。

放开这一层不说，我们从这一段话里还看到曾氏内心世界中的一个重要部分，即对位高权重的惕惧心态。作为一个官场人物，曾氏无疑盼望自己官做得越大越好。我们读他早年在京师为官时期的家书，每遇迁升，都喜滋滋地向家人报告，其间从未流露出半点恐惧之色。作为一个负有重任的湘军统领，曾氏多少年来一直盼望能大权在握，以便调兵遣将，克敌制胜。我们读他要地方实权的奏折，也没有从中看到他有何顾忌。现在，曾氏位居协办大学士、两江总督兼兵部尚书衔，位不可谓不高，东南四省文武官员、钱粮赋税，任他调遣支配，权不可谓不重。当真正位高权重这一天到来的时候，曾氏心里反而大为不安起来。鉴于自古以来位高权重而"保全善终者极少"的先例，而"时时有颠坠之虞"。曾氏这种心态，岂不是患得患失吗？应该说，曾氏是有患得患失之症的，与他处同样状况的李鸿章、左宗棠等人就没有他这么多的顾虑，但曾氏与通常的患得患失还是有所区别的。一则，通常的患得患失者，其考虑是在如何保住所得不出现所失，但曾氏考虑的却是尽量不让这种位权并盛维持太久，总是在想如何辞掉一些。二则，通常的患得患失者，会充分利用其所"得"为个人谋取利益，以免在"失"去时不至于有太多的遗憾。而曾氏却尽量收敛权势，并格外注重修德退抑，以求免遭谤忌。这便是后人不将曾氏列为患得患失者之列，而重视他的所作所为的原因。

广大与不药

治心，以广大二字为药；治身，以不药二字为药。

译文

医治心理上的毛病，以广大二字作为良药；医治身体上的毛病，以不药二字为良药。

点评

广大即胸襟宽广阔大之意。心病还须用心治，以开拓心胸之法来医治心病，自是对症下药。但以不药来治身病，似乎有点费解。我们查曾氏的家书，时常见到他对家人说起医药方面的事。如道光二十一年（1841）六月初七日给祖父的信上说："国荃于二十三日微受暑热，服药一帖，次日即愈。初三日复患腹泻，服药二帖即愈。曾孙甲三于二十三日腹泻不止，比请郑小珊诊治，次日添请吴竹如，皆云系脾虚而兼受暑气。三日内服药六帖，亦无大效。二十六日添请本京王医，专服凉药，渐次平复。"得知祖父病重，曾氏在道光二十八年（1848）四月十四日的信中告诉父母，他已用高价买了辽东人参五枝重一两五钱，又托江忠源买全虎骨。

晚年时，他对儿子说过，家中这些年开支较大，主要是为他本人治病买药所费。从这些第一手资料看来，曾氏不但相信药物，而且为买药舍得花钱。那为什么他又要说不药呢？的确，曾氏在对待医与药这点上，有他的矛盾之处。他一方面信医服药，一方面他又不大相信医与药，就在这封给九弟、季弟的信（同治元年——1862年七月二十日）中，前前后后还有这样的话："吾在外日久，阅事日多，每劝人以不服药为上策。""季弟信药太过，自信亦太深，故余所虑不在于病，而在于服药，兹谆谆以不服药为戒。"又在信中讲了吴彤云一例。说吴已病入膏肓，他劝吴不服药，停服十一天后竟然大有转机。

曾氏对待医与药的这种态度虽值得商榷，但也并非全无道理。现在的医学界也有人主张，有一些病

弟國葆謹呈

長兄大人左右十月弟呈一信未知

嗣後家中應酬益多兼以澄兒搬伏更不得閒是以未

寄書問弟自前月十六在腰裏上學日間除教梁姪外

可看書約二十頁總不能記亦不專心之咎也明年當知

自勉焉弟末寫日記已有月餘蓋因在家中不能且

此事實是虛文吾人日間言動不能一一相當即過後知

悔記以為戒至異日而言動之不相當如初也即再記之

父大人已寄　　兄否

曾国葆手迹

可不药自愈，关键是在休息静养，让人体内部的平衡机制恢复到良好的状态。另一方面，当时医药领域内的科学不发达，庸医又多，误诊误用药导致恶果的例子极多。这些都让曾氏对医药有所保留。但这次他力劝季弟不服药却并没有好处，年仅三十四岁的季弟不久即病逝。当时有一场极大的瘟疫，吉字营中有数千人死于此疫。不过，曾国葆未能逃此劫，大概跟"服药"与"不药"关系不大，只能从"死生有命"这点上来解释。

莫靠他人，专靠自己

危急之际，莫靠他人，专靠自己，乃是稳者。

译文

危险紧急的时候，不要依靠别人，专门依靠自己，才是稳当的做法。

点评

这里谈的是打仗的经验，说在危难急迫的时候，不能寄希望于别人，只能求自己。其实，不只是在战场上，在其他场合中也是这样。所以从古至今，"自力更生"才会成为人们所信奉的真理。人与人之间应该互相帮助，只有共存才能共荣。这是人类在自己的发展过程中所得出的共识，故而人们提倡互助，并表彰那些为助别人而让自己蒙受损失的人，尤其推崇危难中舍己救人的人，将他们视为英雄，号召全社会向这些人学习。毫无疑问，社会的主流话语应当倡导这种精神，执政者更应该以此作为导向。但是，自私、胆怯，乃人的天性。危急之际，你难人家也难，你有生命危险，人家闯进来也有生命危险。站在人性的角度上，这种时候不宜苛求别人，所以也就不能将希望寄托在别人的身上，惟一可行的，就只能是自救了。

坚持不服药

伤寒而反复者，每以服药致误，服补药则更易误。欲求病之有转机，弟须坚持不复服药。今年吴彤云之病，余坚持不服药之说，果得痊愈。虽不可一概而施，然亦可见病情反复之时，惟不服药，而症乃有定象也。

译文

伤寒病时好时发的，每每因服药而坏事，服补药则更容易坏事。想要求得病有转机，弟必须坚持着不再服药。今年吴彤云的病，我坚持不服药这一主张，果然他的病好了。虽然不能一概而论，但也可看到当病情时好时发的时候，只有不服药，病才有固定的症状。

点评

这是同治元年（1862）十一月十九日写给九弟的信。曾氏不知道，先一天凌晨，他的季弟便已去世了，"坚持不服药"云云已成空话。而信中所说的吴彤云即吴大廷，却是真正地挺过来了，至少同治十年（1871）底还在长江水师中做统领，在曾氏临终前最重要的一次军营巡阅中，吴受曾氏的委派考核武官的骑射。由此看来，不服药，有时对，有时不对，的确"不能一概而论"。

静　坐

肝气旺，最易伤人，余兄弟皆禀母体。本难强制，然不可不以静坐制之。

译文

肝气旺盛，最容易伤害人，我们兄弟都接受母亲的遗传。这种天性本是难以强行压制的，但不能不通过静坐来克制它。

点评

曾氏在这里给读者提供一个以静坐来压制肝气的方法，易上肝火的朋友不妨试试。

节制血气与倔强

余渐衰老，亦常有勃不可遏之候，但强自禁制，降伏此心。释氏所谓降龙伏虎，龙即相火也，虎即肝气也。多少英雄豪杰打此两关不过，亦不仅余与弟为然。要在稍稍遏抑，不令过炽，降龙以养水，伏虎以养火。古圣所谓窒欲，即降龙也；所谓惩忿，即伏虎也。释儒之道不同，而其节制血气，未尝不同，总不使吾之嗜欲戕害吾之躯命而已。至于倔强二字，却不可少。功业文章，皆须有此二字贯注其中，否则柔靡不能成一事。孟子所谓至刚，孔子所谓贞固，皆从倔强二字做出。吾兄弟皆禀母德居多，其好处亦正在倔强。若能去忿欲以养体，存倔强以励志，则日进无疆矣。

译文

我已渐渐走向衰老，也还常常有勃发而不可遏制的时候，我自己强行制止，将勃发之心降伏。释迦牟尼所说的降龙伏虎，龙即相火，虎即肝气，多少英雄豪杰都打不过这两关，也不仅只我们兄弟是这样。重要的是要稍加遏制，不使它过于炽烈，通过降龙来养水，通过伏虎来养火。古时圣贤所说的抑制欲望，就是指的降龙；所说的惩办忿恨，就是指的伏虎。儒家和释家的学说不同，但它们在节制血气这一点上，则未尝不相同，总之，不能让自己的嗜欲来伤害自己的性命罢了。至于倔强两个字，则不可缺少。建业立功做文章，都需要将这两个字贯注在其中，否则柔弱委靡，不能做成一件事。孟子说的至刚，孔子说的贞固，都是从倔强两个字做出来的。我们兄弟受母亲的遗传较多，它的好处也正在倔强上。若是能够除去忿恨嗜欲用以保养身体，保留倔强用来激励志气，则日日进取而无止境。

点评

先将几个中医名词稍作点说明。中医所说的相火，指肾、肝、胆、心包、三焦等脏腑的火，能温养全身，辅助君火即心火以推动脏腑的功能活动。中医还用金、木、水、火、土来代表肺、肝、肾、心、脾五脏。曾氏所说养水，即保养肾，所说的养火，即保养心。曾氏这段话的用意，在于人要有意识地与影响自己情绪和身体的两个毛病作斗争。这两个毛病一是过多的欲望，一是过强的怒火。儒家所说的窒欲与惩忿，就是讲制服这两个毛病。佛家所说的降龙伏虎，其实也是讲的降欲伏忿。

哲人说人的最大敌人就是人自身。这里所说的人自身即人性的弱点，忿与欲便是诸多弱点中的两个。哲人又说人自身的弱点是最难战胜的。所谓难战胜，就是说要克服人性的弱点，其难度很大。杨度曾经写过一篇《戒嗔偈》，也是从儒释两家教义来说戒除忿欲的，颇有意味。兹抄录于此，与诸君同欣赏："儒家禁怒，释氏戒嗔。学圣学佛，以此为门。我慢若除，无可嗔怒。满街圣贤，人人佛祖。儒曰中和，释曰欢喜。有喜无嗔，进于道矣。"

在这段话中，曾氏还注意将忿欲与倔强区别开来。倔强是人性的优点，乃成事之本，表面看起来与忿相像，其实分属两个领域，不可混为一谈。

但是，与世上任何情事一样，作为人的血气，欲和忿也是双刃剑，它有坏事的一面，也有成事的一面。对于它的成事一面，人们则用好的字眼去表示，曾氏所说的倔强及其引用的孔孟所说的贞固、至刚，则属于欲、忿的成事一面。问题的关键就在于把人内心的这种欲望和忿怒控制在一定的尺度里，以及将它引领到一个能成事的方向上，人与人之间的差距很大部分取决于这一点上。曾氏这段话，并没有就此深入下去，他只是给九弟一个原则上的指导。对于这种原则上的点拨，许多人尤其是受过较好教育的成年人，大约都不是太需要的。他们所缺的，正是在如何适度把握、正确引导等方面。虽然这段话没有涉及此层，但曾氏本人以及他留下的数百万文字，却在许多时候能给人以具体的点拨，即能授人以"金针"。这就是曾氏受今人重视的原因所在。

每天须有闲时

弟病在水不能生木，余亦夙有此疾，非药物所能为力。每日无论如何忙迫，总须略有抽闲之时，或静坐，或渴睡，或散步。火不动，则水得所养矣。

译文

弟的病在水不能生木，我也一向有这个毛病，不是药物所能治疗的。每天不管如何忙碌紧张，总归要抽点忙中偷闲的时间，或者静坐，或者沉睡，或者散步。火不动，则水能得以保养。

点评

"水不能生木"，即肾不能养肝之意。火不动，指心不烦躁焦虑。曾氏这段话的意思是说，老九的病症表现在肝上，肝气重的原因是肾上出了毛病，而肾病则是因为心病引起的。此话出自同治三年（1864）四月二十八日给老九的信。老九率吉字营五万人围南京，已历时两年，遭受千辛万苦，但进展不大，从朝廷到东南战场，对他都有指摘之辞。老九所承受的压力之大可想而知，他的心整日整夜处在极度焦急之中，"逢人辄怒，遇事辄忧"（曾国荃语）。肝病便是这样得的。故而做大哥的一则劝他宽心将功业看淡一点："富贵功名，皆人世浮荣，惟胸次浩大是真正受用。"二则不要太焦急，许多事不是自己想办就能办得到的："古来大战争大事业，人谋仅占十分之三，天意恒居十分之七。"三则教他一些自我调适的具体方法。这段话讲的就是具体方法，如静坐、睡觉、散步等。曾氏这段话中最值得重视的就是忙中偷闲的观念。上节"点评"中说了"金针"，"抽闲"就是曾氏应对忙迫的"金针"。

以自养自医为主

心肝两家之病，究以自养自医为主，非药物所能为力。今日偶过裱画店，见弟所写对联光彩焕发，精力似甚完足。若能认真调养，不过焦灼，必可渐渐复元。

译文

心脏肝脏上的毛病，终究以自我疗养医治为主，不是药物所能起作用的。今天偶尔路过裱画店，见弟所写的对联光彩焕发，可知弟的精力似乎很完满充足。若是能认真调养，不过于焦虑急躁，必然可以慢慢康复。

点评

老话说"字如其人"，就是说一个人的字与一个人的学养、爱好、性格有关，也与一个人的身体、精力状况有关。郭嵩焘为彭玉麟所撰墓志铭说，彭最初就是因为字而被衡州知府高人鉴所赏识的："衡州知府高人鉴，名知人，诣协镇，见文书几上，取视所具草，惊问谁为是，曰书识彭某人。人鉴曰此字体奇秀，法当贵。即召见，长身玉立，英迈娴雅，益奇之。"曾氏见老九的字光彩焕发，知其精力完足，虽有安慰之意，但也是很有道理的。

不必占天下第一美名

何必全克而后为美名哉？人又何必占天下之第一美名哉？如弟必不求助于

人，迁延日久，肝愈燥，脾愈弱，必成内伤。兄弟二人，皆将后悔，不如及今决计，不着痕迹。

译文

何必一定要是自己完全打下南京，才算是美名呢？一个人又何必一定要占天下第一美名这个称号呢？假若弟一定不要别人来帮助，拖延时间愈久，肝气愈加躁烈，脾脏愈加虚弱，必定会成内伤。那样的话，我们兄弟两人都会后悔，不如现在就定下求人的决策，还能不留下本事不够的痕迹。

点评

上节说到老九围南京两年而无进展，各方都有指摘。指摘他什么呢？主要是指摘他野心太大，自不量力，想一人独占打下南京的天下第一功。这些指摘也牵连到曾氏本人。说曾氏私心太重，一心要把头功送给胞弟，军饷和器械都尽先拨给吉字营，但他们就是不争气。

事实也是如此。左宗棠在浙江，李鸿章在苏南都打得很好，为打南京牵制了兵力，扫清了外围。彭玉麟、杨岳斌的水师也早已停泊在南京附近水面上，断绝了太平军的水路。南京其实已是一座孤城，可这座孤城，老九偏偏就打不下。面对着这种局面，曾氏兄弟如何能不着急？

朝廷终于不顾曾氏兄弟的情绪，在同治三年五月初八日，给曾氏下达了一道命李鸿章带着火炮队开赴南京援助的上谕。曾氏自然不希望有人来分老九的功，但作为东南战场的统帅，他希望早日拿下南京；作为曾家大哥，他也的确希望九弟能早日卸下重担。出于这些考虑，他接受朝廷的安排，并劝说老九也爽快接受，但老九不愿意。赵烈文在《能静居日记》同治三年六月十五日中写道："见李少荃官保来咨，已派刘士奇、潘鼎勋、刘铭传、周鉴波等二十余营来助攻，十六拔营。中丞在龙脖子行营接此咨，传示众将曰：他人至矣，艰苦二年以与人耶？众皆曰：愿尽死力。"中丞即老九。老九与吉字营将领们欲独占头功之心，在赵烈文的笔下彰露无遗。这话传到李鸿章的耳中，便借故取消了淮军的助攻计划。

发抒积郁，暗调肝疾

弟以倔强之性，值久劳久郁之后，一见亲人，泣涕一场，大闹一场，皆意中所有之事。然为涕为闹，皆可以发抒积郁，皆可以暗调肝疾。

译文

弟性格倔强，又处在长久疲劳压抑之后，一旦见到亲人，大哭一场，大闹一场，这些都是意料中的事。大哭也好，大闹也好，都可以发泄心中积压的郁闷，都可以不显形地调适肝脏上的毛病。

点评

同治三年六月初九日，也就是南京外城攻破前一个星期，曾氏给九弟写了一信，这几句话便出自此信。当时调李鸿章来南京助攻的圣旨已下达，李尚未明确表态不来南京。曾氏遂作出赴南京的准备。五月十七日信上说："余于六月初间亦必往，兄弟畅叙。届时少荃若到，余即在彼，不遽回皖。如少荃不到，余即坐轮船速归。"曾氏去南京，表层原因是去慰问久劳久郁的九弟，深层原因是盯着打下南京这个头功的。李若来，今后这个头功便是曾、李平分。老九不服，曾氏也觉得委屈。若曾氏去，则前线最高级别的官员是他，且曾家两兄弟都在，李鸿章无论如何分不走一半的功劳，充其量不过三分之一。所以，李若来，曾便不离开南京。若李不来，曾氏如不走，则变成与老九争功了，这当然不是曾氏的用意，所以他要"速归"安庆。此信发出的第二天，曾氏收到李的来信，信中表示不来南京。曾氏当即发信给老九："若深知弟军之千辛万苦，不欲分此垂成之功者。"并决定暂不去南京。

存倔强，去忿激

弟近年于阿兄忿激之时，辄以嘉言劝阻，即弟自发忿激之际，亦能有发有收。以此卜弟之德器不可限量，后福当亦不可限量。大抵任天下之大事以气，气之忿积于中者厚，故倔强之极，不能不流为忿激。以后吾兄弟动气之时，彼此互相劝诫，存其倔强而去其忿激，斯可矣。

译文

弟近年来每在为兄激愤时，则以好言劝阻，即便在自己激愤时，也能做到有发泄有收止。由此可预测弟的道德器识不可限量，后福自然也不可限量。大致说来，担负天下大事靠的是气，当气积压于胸中很多时，会出现倔强到顶点的状态，这时不能不表现为激愤。以后我们兄弟生气的时候，彼此之间互相规劝警诫，保存气的倔强而去掉气的激愤，这样就好了。

点评

有的人脾气躁，有的人脾气缓，这首先是由天性决定。从曾氏这段话看来，气躁者大约天生易于蓄积，而气缓者则相反。但也与一个人的修养有关系。修养好的人则能做到"有发有收"，倘若只发不收，则往往坏事。曾氏多次说过，他的性格褊急，与其九弟一样，是受母亲的遗传。在湖南办团练的初期，曾氏得罪了许多人，其中与他的褊急性格不无关系。后来，曾氏十分自觉地抑制褊急性格，人际关系的处理便好多了，事业的进展也便随之而顺利。有的人过于强调"江山易改本性难移"，这实际是对自己缺点的纵容，是对人生的不负责任。其实，人之本性也是可以部分改移的。

懦弱无刚为大耻

吾家祖父教人，以"懦弱无刚"四字为大耻，故男儿自立，必须有倔强之气。惟数万人困于坚城之下，最为暗销锐气。弟能养数万人之刚气而久不销损，此是过人之处，更宜从此加功。

译文

我家祖父教导别人，将"懦弱无刚"四字视为大耻辱。故而男子汉要想自立，必须要有一股子倔强气。惟有数万人受困于坚城之下这件事，是最为不显形地销磨人的锐气的。弟能培植数万人的刚气而长久不销损，这是过人之处，今后更宜从这方面多用力。

点评

曾氏说"任天下之大事以气"。所谓气，通常包括两方面的概念，一是中医上说运行于人体内的精微物质，二是指人的精神状态。这两者既有区别又有联系。以笔者看来，当物质状态的气充沛时，人的精神状态自然就好。当然，精神状态还受大脑神经的影响，这点则与气之充沛与否关联不大。按中国传统观念，男子汉有担负大事的责任，干大事则要气息充沛、精神状态好，它所表露在外的形式则为阳刚强劲。"懦弱无刚"则与之恰好相反，这种状态不能办大事，故而好强且热心于社会事务的曾氏祖父，将它视为男子汉的大耻辱。曾氏秉祖训，一向注重培植刚气而厌弃暮气，故对老九这方面的过人之处极为赞赏。只是这种刚气也需控制在一定的尺度内，过度了，则易走向刚愎、执拗、嚣张、暴躁、霸道等，如此则不是成事，而是坏事。曾氏常在这方面提醒老九，其目的也是希望他既保存阳刚之气，又不太过头。

读书养气，小心大度

古人称立德、立功、立言为三不朽，立德最难。自周汉以后，罕见以德传者。立功如萧、曹、房、杜、郭、李、韩、岳，立言如马、班、韩、欧、李、杜、苏、黄，古今曾有几人？吾辈所可勉者，但求尽吾心力之所能及，而不必遽希千古万难攀跻之人。弟每取立言中之万难攀跻者，而将立功中之稍次者，一概抹杀，是孟子"钧金舆羽，食重礼轻"之说也。乌乎可哉？不若就现有之功，而加之以读书养气，小心大度，以求德日进，言日醇。譬如筑室，弟之立功已有绝大基址，绝好结构，以后但加装修工夫，何必汲汲皇皇，茫若无主乎？

译文

古人将立德、立功、立言称为三不朽。立德是最难的事。自周朝汉朝以后，少见以道德传世的人。立功方面，如萧何、曹参、房玄龄、杜如晦、郭子仪、李光弼、韩世忠、岳飞；立言方面，如司马迁、班固、韩愈、欧阳修、李白、杜甫、苏轼、黄庭坚，古往今来能有几个人？我们这些人用来自勉的，只是企求尽自己心力能做到最好就行了，不必硬要将那些千古难以攀比的人当作榜样。弟每每将立言方面万万难以攀比者拿过来做目标，而将立功方面稍稍次等的人一概抹杀，这就是孟子所说的"钧金舆羽，食重礼轻"。这怎么可以呢？不如在现有的功劳上，再增加读书养气功夫，心宜小，度宜大，以求取道德每日增进，言谈每日趋醇厚。好比起房子，弟所立的功劳已打下极大的地基、极好的结构，以后只需增加些工夫装修而已，何必汲汲皇皇，茫茫然像无头绪一样？

点评

　　这是曾氏同治三年八月初五日，在安庆写给南京城内的老九信中的一段话。从这段话中我们可以看出，打下南京，建立当时天下第一功的曾老九对自己所立下的功业似乎并不满意，他认为自己不是萧、曹、房、杜、郭、李、韩、岳那样立第一流功劳的人，只是在他们之下的二流立功者，而这一类人，又不在他的眼中。他同时又认为自己没有像马、班、韩、欧、李、杜、苏、黄那样，写下第一流的文字。于是他在功成之后，反而"汲汲皇皇，茫若无主"。这真是一种世所少见颇为奇怪的心态。曾氏说他这种思维方式类似孟子所说的"钩金舆羽，食重礼轻"。

　　曾氏所引的孟子语见于《孟子·告子下》。这篇文章说：有一位任国人问屋庐子，礼与食哪样重要。屋庐子说礼重要。又问色与礼哪样重要。回答还是礼重要。任国人说，若是按着礼仪要求来求取食物，则将饿死，若不按礼仪来求取食物，则可以得到。如此，非要按礼仪办事吗？如果按照礼仪来迎亲，则得不到妻子，不按礼仪来迎亲，则得到妻子。如此，非要按礼仪来迎亲吗？屋庐子不能回答，第二天就此事请教孟子。孟子告诉他，答复这个问题不困难。你可以给那个任国人说，如果不度量底部是否一样高，而只比较顶端的话，一寸厚的木块也可以比高楼还要高。金子比羽毛重，难道说三钱多的金子比一大车的羽毛还要重吗？拿吃的重要方面和礼的细节相比较，何止说吃更重要？拿婚姻的重要方面和礼的细节相比较，何止说娶妻重要？（《孟子》原文："金重于羽者，岂谓一钩金与一舆羽之谓哉？取食之重者与礼之轻者而比之，奚翅食重？取色之重者与礼之轻者比之，奚翅色重？"）

　　孟子这段话说的是，任何两样东西拿来相比，都是相对的，不是绝对的。只能在一定的可比度中进行，超过这个可比度，则不可比。曾氏引用孟子的比喻，正是批评老九在与古人相比的过程中，忽视了其间的可比度，把自己的思维引入牛角尖，从而招致不必要的烦恼，走出牛角尖的办法是读书养气，小心大度。

　　一般人不可能像老九那样，动辄拿萧、曹、马、班来作比较，但像老九那样喜欢攀比，在攀比中自生烦恼的人，却并不少见。其实，这种攀比很没必要。严格地说，每一个人都是一个独立的个体，这个个体都有它的特殊性，这种特殊性就决定人与人之间的差异。无视差异，强行一致，无疑是自我烦恼。曾氏送给老九的"金针"可以广泛使用：以读书来明白道理，以养气来增强自信心，以小心来谦退自抑，以大度来顺其自然。

肝病因心高

弟肝气未痊，全靠自己以心医之。弟若不知自爱，懊怒不已，剥丧元气，则真太愚矣。

湿毒因太劳之故，肝疾则沉心太高之故。立此大功，成此大名，而犹怀郁郁，天下何一乃为快意之事，何年乃是快意之时哉？

译文

弟的肝气病未痊愈，完全要靠自己以调适心态来医治。弟若是不知道自己爱惜自己，懊恼愤怒没有止境，从而让自己身上的元气剥落丧失，那就真正是太愚蠢了。

湿毒是因为过于劳累的缘故，肝病则是沉甫心太高的缘故。立下如此大功，成就如此大名，还要心怀郁郁不乐，照这样，天下哪一件事才是快意的事，哪一个时候才是快意的时候呢？

点评

这两段话，分别出于同治三年八月初九日给九弟、八月十四日给四弟的信中，因为说的是同一个事情，于是将它们合为评点。这两段话中透露出一个信息，即打下南京后的老九心绪不好。从军近十年，出生入死，不就是盼望建立这个功劳吗？为什么大功告成后不是喜悦兴奋，反而"懊怒"、"郁郁"呢？要说朝廷对他的奖励也不薄：赏太子少保衔，封一等伯爵，戴双眼花翎。依常理推论，似乎老九不应该如此。

看似矛盾的表象后面有着深沉的政治背景，说说它，对于了解中国的官场文化甚有帮助，且让笔者多说几句。

老九的"懊怒"、"郁郁"，首先源于他自己认为打下南京这一功劳立得有缺失，有遗憾。当时，天王洪秀全已死，其子洪天贵福继承王位，主持南京城内军务的是忠王李秀成。打下南京，应当俘虏洪天贵福和李秀成才算是功德圆满；若是死了，找到尸体，也说得过去。但是，就是在城破的这一夜，洪天贵福、李秀成居然在众人眼皮底下活生生地逃走了。幸而后来抓住了李秀成，否则真是难以交待。不久，洪天贵福在江西被席保田部所抓获，让老九大失颜面。

老九心绪不佳，还由于他认为朝廷赏赐不公道。据薛福成在《庸庵笔记》中的记载，咸丰皇帝原本说过打下南京者应封郡王，但他得到的仅止一伯爵，而获伯爵之赏的又不仅仅他一人，官文、李鸿章、左宗棠也都是伯爵。这就意味着在朝廷眼中，他与官、李、左是一个序列。朝廷并不承认他立的是天下第一功。

老九的恼火，还因为左宗棠等人对他在放走幼天王、忠王一事上的奚落，以及京师官场对他的不友好。就在南京城破后不久，左宗棠便一连数折说到他的部下截击从城内逃出的太平军，而且明明白白地指出洪天贵福即在逃者之列。如同治三年七月初六日折中说："昨接孝丰守军飞报，据金陵逃去难民供，伪幼主洪福瑱于六月二十一日由东坝逃至广德。二十六日，堵逆黄文金迎其入湖州府城。"八月十六日又奏："堵逆遣其弟伪昭王黄文英护幼逆洪福瑱踞广德，此次经官军擒斩，则幼逆在此一路可知……据金陵同逃之贼供称，幼逆逃去时将头发烫卷，装扮洋人，希图混窜。"左宗棠所奏自是实情，其意在为自己表功，但同时也便无情地揭露了打南京的最大遗漏。在曾国荃看来，这无疑是在朝廷面前奚落他。曾氏兄弟从此与左失和，彼此不通音问长达八年之久，直到曾氏去世后才重归于好。京师官场的种种不友好表现为：指责吉字营打劫南京城内的金银财宝，纵火焚毁官殿以消灭罪迹；要吉字营和其他湘军各部申报历年军需收支账单；接连六次驳回曾氏上奏的包括吉字营在内的湘军各部保举单；蒙古王僧格林沁还密派将军富明阿来南京城内调查是否真正抓到李秀成。

令老九怨气不消的更重要的原因，是朝廷对他的严厉批评。同治三年六月二十六日，朝廷特别给曾国藩兄弟发来上谕："该逆死党尚有万余，曾国荃于攻克大城时，即应一鼓作气，将伪城尽力攻拔，生擒首逆，乃因大势粗定，遽回老营，恐将士等贪取财物，因而懈弛万一……倘曾国荃骤胜而骄，令垂成之功或有中变，致稽时日，必惟曾国荃是问。"七月十一日，又发来廷寄："曾国藩以儒臣从戎，历年最久，战功最多，自能慎终如始，永保勋名。惟所部诸将自曾国荃以下，均应由该大臣随时申儆，勿使骤胜而骄，庶可长承恩眷。至国家命将出师，拯民水火，岂为征利之图……金陵积有巨款，自系各省脂膏，仍以济各路兵饷、赈济之用，于国于民，均有裨益。此事如果属实，谅曾亦必早有筹画布置。"

这一连串的意外，突然降落到一向自以为老子天下第一的老九头上，你说他如何不"懊怒"不"郁郁"？再加上两年多来的千难万险所造成的身心俱疲，老九的违背常理便完全可以理解了。上述的这些政治背景，身为东南军事统帅的曾氏自然是洞若观火，而且比老九更能从深层次去看，但有关此类的话，他不能对老九明说，于是只能从爱惜身体、心不要太高这样的角度来切入，并以"百战归来再读书"来从旁点化。

养生种种

凡后天以脾为主。脾以谷气为本，以有信为用。望两弟常告鼎三：每日多吃饭粥，少吃杂物，无论正餐及点心，守定一个时辰，日日不差。若有小小病症，坚守星冈公之教，不轻服药。

吾阅历极久，但嘱家中老幼，不轻服药，尤不轻服克伐之药，即是善于养生之道。

养生之法，约有五事：一曰眠食有恒，二曰惩忿，三曰节欲，四曰每日临睡洗脚，五曰每日两饭后各行三千步。惩忿，即余篇中所谓"养生以少恼怒为本"也。眠食有恒，又洗脚二事，星冈公行之四十年，余学行七年矣。饭后三千步，近日试行，自矢永不间断。弟从前劳苦太久，年近五十，愿将此五事立志行之。

译文

人的后天保养，以脾为主。脾脏以食物为根本，以有规律为其运用原则。希望两位老弟告诉鼎三：每日多吃稀饭，少吃零食，无论是正餐还是吃点心，都要守定一个时候，每天都不改变。如果有小病小痛，则坚守星冈公的教导，不轻易吃药。

我根据多年的阅历，特别叮嘱家中老老少少不要轻易服药，尤其不要轻易服性质猛烈的药，这就是善于养生的方法。

养生的方法，大致说来有五点：一为睡觉吃饭有规律，二为抑制忿怒，三为节制欲望，四为每天临睡时洗脚，五为每天中饭晚饭后各走三千步。抑制忿怒，即我所拟"八本"中的"养生以少恼怒为根本"。睡觉吃饭有规律及睡前洗脚两点，星冈公实行了四十年，我跟着学了七年。饭后三千步，近来开始试行，自誓永不间断。弟先前劳苦太久，年近五十，但愿你能将这五点立定志向实行。

点评

读曾氏书，一可看出曾氏很注重养生，二是他的一些养生之方至今仍可沿用，比如此处所摘抄的养生五事，事事都值得仿效。曾氏只活了六十一岁，从现在的眼光来看，可列为"英年早逝"的行列。如此说来，他的养生之方似乎对他本人并未起到作用。其实不然。首先，在当时，年过花甲去世，已算有"寿"了，不为早逝。其次，曾氏是一个病号，三十岁即大吐血，几于不治。在那个时代，吐血之病如同今天的癌症，乃绝症，曾氏能挺过来，已属不易。三十五岁后，曾氏即患严重的牛皮癣，此后直到死都未痊愈。牛皮癣给他带来极大的痛苦，甚至让他有"无生人之乐"的感觉。五十岁后又患高血压病，最后因此病而终。第三，曾氏一生辛劳过人，忧虑过人，所成过人，这都要耗去常人所远不及的精力。综上所述，可知养生对他生命的重要性。

在自修处求强

谓自强者每胜一筹，则余不甚深信。凡国之强，必须多得贤臣。凡家之强，必须多出贤子弟。此亦关乎天命，不尽由于人谋。至一身之强，则不外乎北宫黝、孟施舍、曾子三种。孟子之集义而慊，即曾子之自反而缩也，惟曾、孟与孔子告仲由之强，略为可久可常。此外斗智斗力之强，则有因强而大兴，亦有因强而大败。古来如李斯、曹操、董卓、杨素，其智力皆横绝一世，而其祸败亦迥异寻常。近世如陆、何、肃、陈，皆予知自雄，而俱不保其终。故吾辈在自修处求强则可，在胜人处求强则不可。若专在胜人处求强，其能强到底与否，尚未可知，即使终身强横安稳，亦君子所不屑道也。

译文

说自强者每每都要胜过别人一筹，我则不太相信。大凡一个国家的强旺，必须要多有贤臣。凡一家之强旺，则必须多出贤子弟。这也得看天命，不完全因为人的谋划。至于自身的强旺，不外乎北宫黝、孟施舍、曾子三种情形。孟子聚集道义内心充实，和曾子自我反省而屈伸有度是相同的。惟有曾子、孟子与孔子告仲由之强，可以略为长久，略为常起作用。此外，斗智斗力的强悍，则有因这种强悍而大为兴起，也有因这种强悍而大为失败。自古以来，如李斯、曹操、董卓、杨素，他们的智巧和力量都横绝一世，而他们的祸败也与别人大不相同。近世如陆建瀛、何桂清、肃顺、陈孚恩，都自以为英雄无敌，则都不能保其善终。故而我们这些人，在自我修养方面求取强旺则可以，在压倒别人方面求取强旺则不可。若一味在压倒别人方面求得强旺，能不能强到底，还很难说，即使一辈子安安稳稳地强横，也是君子所不屑于称道的。

点评

曾国荃果然因自是而坏事。他进武昌接篆不到五个月，便以贻误军情、贪污受贿等诸多罪名，参劾湖广总督官文。清廷在地方上的最高长官为总督、巡抚。这两个官职在职权上每每交错，若督、抚住在同一个城市，常常会因此而闹不和。督、抚不和虽常见，但督、抚相参却不常见。老九如此不按常规办事，令曾氏甚为不悦。他认为老九太强梁了，遂以这段话相规劝。

什么是真正的强大？曾氏与老九在这段话中所讨论的就是这个问题。曾氏认为，对一个人来说，真正的强大体现在自修处求强，而不在胜人处求强。笔者很同意这个看法。这不仅是仁者之言，而且也是智者之言。所谓仁，指的是自身的强大不以伤害别人为前提；所谓智，指的是惟有自己的努力才切实可信，而寄托在别人身上的希望都是不可指望的。这段话中所涉及的两个典故即"北宫黝、孟施舍、曾子三种"与"孔子告仲由之强"，分别出于《孟子·公孙丑篇》及《论语·述而篇》，请参看《唐浩明点评曾国藩家书》（本社版第566页）中的诠释。

至味大补，莫过于家常饭菜

余现在调养之法，饭必精凿，蔬菜以肉汤煮之，鸡、鸭、鱼、羊、豕，炖得极烂，又多办酱菜、咸菜之属。以为天下之至味大补，莫过于此。《孟子》及《礼记》所载养老之法，事亲之道，皆不出此乎？岂古之圣贤皆愚，必如后世之好服参、茸、燕菜、鱼翅、海参，而后为智耶？

译文

我而今在饮食方面的调养方法是，饭必须精粹，蔬菜则以肉汤来煮，鸡、鸭、鱼、羊、猪等肉类，都炖得很烂，又多置办酱菜、咸菜之类的小菜佐食。我认为天下最美味最大补的食物，再没有超过这些了。《孟子》以及《礼记》中所记载的给老人吃的食物，侍奉老人的方法，都不超过这个范围。难道说古代的圣贤都愚蠢，一定要像后世那些喜欢吃人参、鹿茸、燕窝、鱼翅、海参的人那样才算聪明吗？

点评

中国有句古话：物以稀为贵。这表现在饮食上，则视少有的人参、鹿茸、燕窝、鱼翅、海参为贵，而视常见的鸡、鸭、鱼、肉及蔬菜、米麦为轻。这其实是一个很大的误区。人之饮食，求的是对人身体的营养滋补。营养滋补力强的，才是珍贵的。这与食物产量的多寡无关。积千万年来的经验，人们已知道，最为常见的米麦蔬菜鱼肉，才是人体的最好补品，而参茸燕翅等量少价贵的食物，无非是富人的炫耀摆阔而已，大可不必看重。

好汉打脱牙和血吞

困心横虑，正是磨炼英雄，玉汝于成。李申夫尝谓余怄气从不说出，一味忍耐，徐图自强，因引谚曰"好汉打脱牙和血吞"。此二语，是余生平咬牙立志之诀。余庚戌、辛亥间，为京师权贵所唾骂；癸丑、甲寅，为长沙所唾骂；乙卯、丙辰，为江西所唾骂，以及岳州之败，靖江之败，湖口之败，盖打脱牙之时多矣，无一次不和血吞之。来信每怪运气不好，便不似好汉声口，惟有一字不说，咬定牙根，徐图自强而已。

译文

一个人的内心遭受困厄阻碍的时候，也正是经历磨炼而出英雄的时候，将会促使你的成功。李申夫曾经说我遭遇怄气事，嘴巴上从不说出来，只在心里一味忍耐，慢慢地来求得自强，因此援引谚语说"好汉打脱牙，和血吞下去"。这两句话，是我生平咬牙立志的秘诀。我在庚戌、辛亥年间，被京师权贵们唾骂；癸丑、甲寅年间，被长沙文武官员们唾骂；乙卯、丙辰年间，被江西官场唾骂，以及岳州之败、靖江之败、湖口之败，打脱牙的时候很多，没有一次不和血吞下去。来信中每每怪罪自己的运气不好，这便不像好汉说的话，惟有一个字不说，咬定牙根，慢慢地来求得自强而已。

点评

同治五年（1866）三月，在家蛰居一年半的曾老九，奉旨出任湖北巡抚，并组建新湘军与捻军作战。老九一到武昌，便与官文闹不和，不顾乃兄劝告，弹劾官文。朝廷虽然将官文调离，但此举颇遭时议。且新湘军战事不利，统领彭毓橘被杀，军心涣散。老九陷于困境。同治五年十二月十八日，身处河南战场上的曾氏给老九写了一封信，与九弟说了一段心腹话，并把自己多年应对困境的秘诀——好汉打脱牙和血吞，送给兄弟。

曾氏一生的事业轨迹，有点接近于人类理想概念中的完备模式，即在无任何依傍的背景下，依靠自己的力量白手起家创立一个团队，这个团队做着当时社会最急需的事情，在做事的过程中历尽千辛万苦，屡遭挫折失败，最后取得巨大的成功，然后又清醒地摆脱成功之累，让事业善始善终。正因为这样，曾氏的人生，便成为百余年来有志做大事者的一部百科全书，它能全方位地给后人以借鉴和启示。这里所说的，是他如何面对挫折与失败，相信这种"打脱牙和血吞"的精神至今仍有价值。

不取巧

辛苦半生，不肯于老年博一"取巧"之名，被人窃笑也。

译文

辛辛苦苦奋斗半辈子，不愿意在老年时还被加上一个"取巧"的名声，被人暗地里讥笑。

点评

曾氏平生信奉"拙诚"。胡林翼曾说，古来圣贤成事，惟在"平实"而已。世人大多好取巧，认为只有"取巧"才能少费力少走弯路地办成事。"取巧"用在小事上或许有作用，但在大事上，或者说在人生做事的原则上则不可。"取巧"只能说是小聪明，不能说是大智慧。大智慧则是曾、胡所说的拙诚、平实。

悔、立、达

申甫所谓"好汉打脱牙和血吞"，星冈公所谓"有福之人善退财"，真处逆境者之良法也。弟求兄随时训示申儆，兄自问近年得力，惟有一悔字诀。

兄昔年自负本领甚大，可屈可伸，可行可藏，又每见得人家不是。自从丁巳、戊午大悔大悟之后，乃知自己全无本领，凡事都见得人家有几分是处。故自戊午至今九载，与四十岁以前，迥不相同，大约以能立能达为体，以不怨不尤为用。立者，发奋自强，站得住也；达者，办事圆融，行得通也。吾九年以来，痛戒无恒之弊，看书写字从未间断，选将练兵，亦常留心，此皆自强能立工夫。奏疏公牍，再三斟酌，无一过当之语自夸之词，此皆圆融能达工夫。至于怨天，本有所不敢；尤人，则常不能免，亦皆随时强制而克去之。弟若欲自儆惕，似可学阿兄丁、戊二年之悔，然后痛下针砭，必有大进。立、达二字，吾于己未年曾写于弟之手卷中，弟亦刻刻思自立自强，但于能达处尚欠体验，于不怨尤处尚难强制。吾信中言，皆随时指点，劝弟强制也。

赵广汉本汉之贤臣，因星变而劾魏相，后乃身当其灾，可为殷鉴。默存一悔字，无事不可挽回也。

译文

李申甫所说的"好汉打脱牙和血吞"，星冈公所说的"有福气的人善于退财"，真正是处于逆境者的好办法。弟来信请求兄随时训导警诫，兄自己觉得近年来最有帮助的，便是一个悔字秘诀。

兄过去自以为本事很大，能屈能伸，可进可退，又常常容易看出别人的不是。自从丁巳、戊午年间大反省大彻大悟之后，于是明白自己完全没有本事，凡事都能够看到别人有几分长处。故而从戊午至今九年，与四十岁以前绝然不同。这种不同，大致说来是以能立能达为本体，以不怨不尤为运用。所谓立，指的发奋自强，能站得住；所谓达，指办事圆融，能行得通。我这九年来，痛改过去无恒心的弊病，读书写字从不间断，对选拔将官训练士卒，也时常留心。这些都是自强能立的功夫。对所拟的奏折公函，再三斟酌，没有一句言过其实的话，没有一个自我夸耀的词。这些都是圆融能达的功夫。至于埋怨天，本来就不敢这样；埋怨人，则虽经常不能避免，也都随时强制自己而能努力克服。弟若想自我警惕，似可以学习为兄丁巳、戊午这两年的悔悟，然后痛下决心，必然大有进步。立、达这两个字，我已在己未年曾经写在送给弟的手卷中，弟也在时时刻刻想着自立自强，但对于能达方面，尚欠缺亲身体验，在不怨不尤这点上，还难以做到强制自己。我信中所说的，都是随时遇事指点，劝弟强行克制。

赵广汉本是汉代的贤臣，因天象之变而弹劾魏相，后来由此而招来的灾祸害了他。此事可为历史的借鉴。默默地保存着一个悔字，没有什么事情是不可挽回的。

点评

在传授"打脱牙齿和血吞"的秘诀后，曾氏又教给九弟一个悔字秘诀。前一个秘诀是应对困境时的态度，后一个秘诀是深入分析为何会造成此种困境的一把锁钥，对于人生境界的提升，此一诀似更为重要。曾氏回忆起自己过去累遭困厄的原由乃是自以为了不起，通过咸丰七年、咸丰八年的深刻反省，终于大彻大悟，明白自己其实并没有什么大本事。从此以后小心谨慎，谦卑待人，从而做到自强圆融，能立能达。这就是他所说的悔字诀。以检讨自己来启沃被教者，这是曾氏一贯的家教方法。这种教育方法非常好，它既将教者与被教者置于平等地位，使被教者感觉亲切和易，同时又以亲身为例，使所教更具有说服力。

生平长进全在受挫辱之时

袁了凡所谓"从前种种譬如昨日死，从后种种譬如今日生"，另起炉灶，重开世界，安知此两番之大败，非天之磨炼英雄，使弟大有长进乎？谚云："吃一堑，长一智。"吾生平长进，全在受挫辱之时，务须咬牙励志，蓄其气而长其智，切不可荼然自馁也。

朱子尝言：悔字如春，万物蕴蓄初发；吉字如夏，万物茂盛已极；吝字如秋，万物始落；凶字如冬，万物枯凋。又尝以元字配春，亨字配夏，利字配秋，贞字配冬。兄意贞即硬字诀也，弟当艰危之际，若能以硬字法冬藏之德，以悔字启春生之机，庶几可挽回一二乎！

余生平吃数大堑，而癸丑六月不与焉。第一次壬辰年，发佾生，学台悬牌，责其文理之浅。第二庚戌年，上日讲疏内画一图甚陋，九卿中无人不冷笑而薄之；第三甲寅年岳州、靖港败后，栖于高峰寺，为通省官绅所鄙夷；第四乙卯年九江败后，赧颜走入江西，又参抚臬，丙辰被困南昌，官绅人人目笑存之。吃此四堑，无地自容，故近虽忝窃大名，而不敢自诩为有本领，不敢自以为是。俯畏人言，仰畏天命，皆从磨炼后得来。

弟之手痛，尚未及遽成痼疾之年，只要弟心宽和，肝郁稍纾，即可日就康复。古语云：心病还须自心医。

译文

袁了凡所说的"从前种种好比昨日，都已过去了；以后种种好比今日，都充满着生机"。另起炉灶，重开一个新的世界，谁能说这两次的大败，不是老天爷对英雄的磨炼，使弟今后能大有长进呢？谚语说："吃一亏，长一智。"我一生的长进，完全在遭受挫折和侮辱的时候。故而必须咬牙励志，积蓄发愤图强的志气，增加办事的才智，切不可以颓唐丧气。

朱熹老夫子曾说过：悔字好比是春天，万物蓄势初发；吉字好比夏天，万物茂盛到了极点；吝字好比秋天，万物开始谢落；凶字好比冬天，万物枯干凋残。又曾经以元字与春天配合，以亨字与夏天配合，以利字与秋天配合，以贞字与冬天配合。兄认为硬字诀即"贞"的意义。弟处于艰危的时候，若能以硬字效法上天借冬天来储藏精气的做法，以悔字来启发春天的生机，或许可将军事挽回几分。

我这一生遭遇过好几次大坎，至于癸丑六月的事还不算在内。第一次壬辰年，只得个佾生身份，学台悬着牌子指责文理浅薄。第二次庚戌年，呈递所拟的日讲疏上画的一幅图很丑陋，九卿中没有一个不发出冷笑而看不起的。第三次甲寅年，岳州与靖港之战失败后，住在高峰寺，为全省的官绅所鄙视。第四次乙卯年，九江之战失败后，红着脸走进江西省，接着又参劾抚台臬台；丙辰年被困在南昌，官绅个个都看我的笑话。遭过这四次坎，真是觉得无地自容，故而近年来虽然获得大名，却不敢夸耀自己有本事，也不敢自以为是。低头畏惧人言，抬头畏惧天命，这些认识都是从磨炼中得来的。

弟的手痛病，还没有到达治不好的地步，只要心态宽和，郁积的肝气稍稍发舒，便可日渐康复。古话说得好：心病还得靠养心来医治。

点评

同治五年、同治六年间，是曾国荃一生最为困厄的一段时期，人事、军务都极为不顺。同治六年（1867）正月，鲍超、刘铭传两支部队约会在湖北聚歼捻军。结果鲍军后至，刘军大败。二月，彭毓橘被捻军活捉处死。曾国荃再次遭受重挫。这就是信中所说的"两番之大败"。到了同治六年十月间，他终于在鄂抚一职上呆不下去了，重又回到湘乡老家，以养病为名窝居七八年之久，直到光绪元年（1875）才再度出山，就任河东河道总督。同治六年三四月间，曾氏频繁给老九去信，安慰他，激励他，以图帮助他渡过这一难关。此处所摘录的四段话皆出自这批信中。从这几段话中，我们可以看到曾氏的思想工作是这样做的：一、忘记过去，正视将来。二、挫折和失败是正常的事情，但要从中吸取教训，以增进才智，并借助它来砥砺意志。三、挫折和失败能使人更全面地认识自我，从而去掉骄矜之气，保持常人心态。

半由人力，半由天命

凡富贵功名，皆有命定，半由人力，半由天事。惟学作圣贤，全由自己作主，不与天命相关涉。吾有志学为圣贤，少时欠居敬工夫，至今犹不免偶有戏言戏动。尔宜举止端庄，言不妄发，则入德之基也。

译文

大凡富贵功名，都由命运来决定，一半由于人的努力，一半由于天意的安排。惟有学习做圣贤，则全由自己做主，不与天命相联系。我有志学习做圣贤，少年时候欠缺居敬的工夫，至今尚且不免偶尔有不庄重的言行。你应该举止端庄，言语不随便出口，则是迈进有德者行列的基础。

点评

这是咸丰六年（1856）九月，曾氏在江西战场上写给次子纪鸿的信。纪鸿此时不过八九岁，对他谈学做圣贤一类的话，从今天教育学的理论看来，未免太早。放开这一层不说，单从这段话本身来讲，却是很值得重视的。但这段话中有一个费解之处，曾氏说富贵功名皆有命定，倘若命里缺乏，人再努力，不也是白搭吗？如此，则"半由人力，半由天命"作何解？

笔者现在来一番强作解人，不知能探到边际否。在笔者看来，曾氏的意思是，与自我意向相比较，"功名富贵"这一类东西乃诸多因素综合下的产物：在互相配合的诸多因素中，人的努力起着一半的作用，其他因素合起另一半的作用；凡超出个人意志之外由诸多因素相配合来决定的，就叫做命定。由此看来，人力依旧是关键。把握住"人力"这一半，再去竭力配合"天事"的另一半，则有可能获取功名富贵。"天事"另一半很不好配合，因此，功名富贵的获得是很难的事。故而古往今来的达人，都不以此作为人生的惟一追求，只是顺其自然：能有当然好，没有也算了。

敬与恕

作人之道，圣贤千言万语，大抵不外敬、恕二字。"仲弓问仁"一章，言敬、恕最为亲切。自此以外，如立则见参于前也，在舆则见其倚于衡也。君子无众寡，无大小，无敢慢，斯为泰而不骄。正其衣冠，俨然人望而畏，斯为威而不猛。是皆言敬之最好下手者。孔言欲立立人，欲达达人，孟言行有不得，反求诸己，以仁存心，以礼存心，有终身之忧，无一朝之患。是皆言恕之最好下手者。

译文

通往做一个好人的途径，圣贤说过千言万语，大致不外乎敬与恕两个字。"仲弓问仁"一篇中谈敬与恕最为亲切。这一篇之外，如站立时则见它显现在面前，坐在车子里则见它靠在前面的横木上。不管人多少，不管势力大小，君子都不敢急慢他们，这就叫做虽安泰矜持却不骄傲。衣冠整齐，庄严地使人望着便生发敬畏，这就叫做虽威严而不凶猛。这些都是谈论敬字的最好着眼点。孔子说自己想立起来也要让别人立起来，自己想显达也要让别人显达，孟子说实行时得不到预期效果，要反躬自问，将仁存于心中，将礼存于心中，有一辈子的忧虑，却无一日的祸患。这些都是谈论恕字的最好着眼点。

点评

笔者与曾氏打了二十多年的交道，发现曾氏有一个特别过人的长处，即善于提炼。他的提炼功力表现在，一是他能把复杂的对象用单纯的文字予以表述，二是他能把艰深的对象用浅白的文字予以表述，三是他能把庞大的对象用简洁的文字予以表述。这种提炼功力来之不易。他既需要将对象真正研究深透，又得有由博返约的归纳能力，还需要文字上的运用自如。这段话便是一个例子。他从圣贤的千言万语中挑出敬恕两个字来，实际上是对博大精深的儒家学说的一种提炼。

涵与泳

涵、泳二字，最不易识。余尝以意测之曰：涵者，如春雨之润花，如清渠之溉稻。雨之润花，过小则难透，过大则离披，适中则涵濡而滋液。清渠之溉稻，过小则枯槁，过多则伤涝，适中则涵养而勃兴。泳者，如鱼之游水，如人之濯足。程子谓鱼跃于渊，活泼泼地，庄子言濠梁观鱼，安知非乐？此鱼水之快也。左太冲有"濯足万里流"之句，苏子瞻有夜卧濯足诗，有浴罢诗，亦人性乐水者之一快也。善读书者须视书如水，而视此心如花、如稻、如鱼、如濯足，则涵泳二字，庶可得之于意言之表。

译文

涵、泳两个字，最不容易说透彻。我曾经以自己的想法来加以理解：所谓涵，好比春雨对花的滋润，如同清渠之水对稻禾的灌溉。雨水滋润花，太小了则难以湿透，过大了则又使花瓣披散，适中则花得到雨水的沾润滋养。渠水灌溉稻禾，过少了则禾苗枯槁，过多了则禾苗会被涝坏，适中则禾苗因水分的滋润而蓬勃生长。所谓泳者，好比鱼在水中游玩，好比人用水洗脚。程子说鱼儿在深水中跳跃出来，一派活泼生机，庄子说在濠水桥上看鱼，怎么知道它不快乐呢？这便是鱼在水中的欢快。左思（字太冲）有"濯足万里流"的句子，苏轼（字子瞻）有夜卧濯足诗，有浴罢诗，这也是人性喜欢水的一种欢快。善于读书的人须得将书当作水，而将自己的心当作花，当作稻禾，当作鱼儿，当作被洗的脚，则涵泳二字的意义，或许可于意象与文字之外获得。

点评

这是曾氏教儿子的读书方法，出于咸丰八年（1858）八月初三日给纪泽的信中。此信教儿子的读书方法有两点，一为虚心涵泳，一为切己体察。此处所抄录

曾氏故居富厚堂放置的木凳及立灯

的这一段，说的是第一点涵泳。为解释这两个字，曾氏打了好些个譬喻。细读这些譬喻，笔者以为曾氏想要说的大概是这个意思：读书本是一种快乐的事情，决不要走极端，所以最好的读书之法，是能够让心灵获得愉悦的那种做法，否则不可取。

生平三耻

余生平有三耻：学问各途，皆略涉其涯涘，独天文、算学毫无所知，虽恒星、五纬，亦不识认，一耻也；每作一事，治一业，辄有始无终，二耻也；少时作字，不能临摹一家之体，遂致屡变而无所成，迟钝而不适于用。近岁在军，因作字太钝，废搁殊多，三耻也。

译文

我这一生有三点自觉可耻：学问上的各个领域，都略微涉及它的皮毛，惟独天文、算学毫无所知，即便恒星、五纬也不认识，这是第一耻；每做一种事情，治理一个门类，都是有始无终，这是第二耻；小时候练字，不能坚持临摹某一家的字体，使得字体常常变化而无所成就，写得慢而不能应付日用。近些年来在军营，因为写字太迟钝，耽搁的事很多，这是第三耻。

点评

曾氏在儿子面前坦然承认自己有许多缺点，这在父道尊严的时代，颇不容易。在子弟面前不怕检讨自己，通过检讨自己而提高子弟的认识，这是曾氏家书的一个突出特色，或许这也是曾氏家教成功的一个重要原因。

苦心劳神

身体虽弱，处多难之世，若能风霜锻炼，苦心劳神，亦自足坚筋骨而长识见。沅甫叔向最羸弱，近日从军，反得壮健，亦其证也。

译文

身体虽然单薄，处在多灾多难的时代，倘若能够在风霜雨雪中锻炼，在艰苦中劳动心神，也自然是可以使筋骨坚强见识增长。你沅甫叔一向最为瘦弱，近来从军，反而变得壮健，这也是个证明。

点评

这是咸丰九年（1859）三月间写给长子纪泽信中的话。富贵家子弟身体多弱，这是因为安逸过分的缘故。若多活动，则自然气血畅通。富贵家子弟精神上多不独立，这是因为呵护过分的缘故。若外出闯荡，则自然得自己拿主意。故而有见识的富贵家长，都主张将子弟予以平民化。

参天大树只能生在烈日炙烤、风雨吹打的旷野，而决不能长在温室之中。这大概是不可变易之道。

有恒、早起、厚重

余生平坐无恒之弊，万事无成，德无成，业无成，已可深耻矣。逮办理军事，自矢靡他，中间本志变化，尤无恒之大者，用为内耻。尔欲稍有成就，须从有恒二字下手。余尝观星冈公仪表绝人，全在一重字。余行路容止亦颇重厚，盖取法于星冈公。尔之容止甚轻，是一大弊病，以后宜时时留心，无论行坐均须重厚。早起也，有恒也，重也，三者皆最要之务。

译文

我这一生因没有恒心的毛病，万事无成，德行无成，事业无成，已经是大可指责的耻辱了。待到办理军事，自己发誓再不旁骛其他，中途这个原本的志向又发生变化，尤其是最大的无恒的表现，引为内心的耻辱。你若想略有成就，必须从有恒二字下手。我曾经注意观察星冈公仪容高过别人的地方完全在一个重字上。我走路、举止等也较为厚重，这都是效法星冈公。你的举止很轻率，这是一个大的弊病，以后要时刻留心，无论走与坐都要厚重。早起、有恒、厚重，这三点都是最重要的事情。

点评

为什么要有恒？笔者以为，至少可以从这两个方面来解释：一是一个人的力量很小，必须长期累积，才能将小变大；二是要办的事，凡属较大较重者，都需要经年累月的功夫才可见成效，决非一蹴而就。这两者都靠"恒"来达到。所以，无恒者不能成事。关于"厚重"，笔者在《点评家书》一书中，针对此信有过一番议论，请读者参阅。

心无愧悔

余寸心坦坦荡荡，毫无疑怖。人谁不死，只求临终心无愧悔耳。

译文

我一颗心坦坦荡荡，毫不恐惧。人哪一个不死，只求得临终时心里没有愧悔罢了。

点评

这是咸丰十年（1860）四月二十四日，曾氏写给儿子纪泽信中的一句话。一个月前，太平军捣毁江南大营，东南战局瞬间严峻至极，正是当时朝廷的上谕所说的："江浙安危，在于呼吸。"驻扎在安徽宿松的曾氏，面临着巨大的压力。可就在这个时候，曾氏还握笔为儿子作书，娓娓道古人为文之道。这种气定神闲的修养，实非易事。它的基础在哪里？就在此处所摘抄的这句话中：寸心坦荡，无愧无悔。

饭后走数千步

每日饭后走数千步，是养生家第一秘诀。尔每餐食毕，可至唐家铺一行，或至澄叔家一行，归来大约三千余步，三个月后，必有大效矣。

译文

每天饭后走几千步路，这是善养生者的第一大秘诀。你每餐饭吃完后，可往唐家铺走一趟，或到你澄叔家走一趟，一来一去大约三千多步。三个月后，必然会大见效果。

点评

饭后百步走，活到九十九。这是大家熟知的名谚，但要坚持下来颇为不易。笔者在读史中，发现近代有两大名人坚持得好：一为慈禧，一为李鸿章。慈禧每饭后必"溜圈子"。随从人极多，浩浩荡荡，如出巡一般。李鸿章则不带仆从，一人独走。

十五六岁时宜教导得法

尔看书天分甚高，作字天分甚高，作诗文天分略低。若在十五六岁时，教导得法，亦当不止于此。今年已廿三岁，全靠尔自己扎挣发愤，父兄师长不能为力。作诗文是尔之所短，即宜从短处痛下功夫。看书写字，尔之所长，即宜拓而充之。走路宜重，说话宜迟，常常记忆否？

译文

你读书的天分很高，写字的天分很高，吟诗作文的天分略低些。倘若在十五六岁时，所受的教育得法，也不应当只在这一步上。今年已经二十三岁，全靠你自己扎扎实实地发奋，父兄老师都已经不能为力了。吟诗作文是你的所短，即适宜从这个短处痛下功夫。读书写字是你的所长，即应当从此处开拓充实。走路的步伐宜重些，说话的语速宜迟缓些，这两句话常常想起来吗？

点评

曾氏的这段话透露了一个观点，即他认为一个人在十五六岁时的教育最为重要，若得法，可以使受教育者智力开发得好。到了二十三岁后，父兄师长的教育就无能为力，只能全靠自己的力量。这个观点颇为值得家长和教育从业者的注意。

一意读书，不可从军

余自从军以来，即怀见危授命之志。丁、戊年在家抱病，常恐溘逝牖下，渝我初志，失信于世。起复再出，意尤坚定。此次若遂不测，毫无牵恋。自念贫窭无知，官至一品，寿逾五十，薄有浮名，兼秉兵权，忝窃万分，夫复何憾！惟古文与诗，二者用力颇深，探索颇苦，而未能介然用之，独辟康庄，古文尤确有依据，若遽先朝露，则寸心所得，遂成广陵之散。作字用功最浅，而近年略有入处。三者一无所成，不无耿耿。

至行军本非余所长，兵贵奇而余太平，兵贵诈而余太直，岂能办此滔天之贼？即前此屡有克捷，已为侥幸，出于非望矣。尔等长大之后，切不可涉历兵间。此事难于见功，易于造孽，尤易于贻万世口实。余久处行间，日日如坐针毡，所差不负吾心，不负所学者，未尝须臾忘爱民之意耳。近来阅历愈多，深谙督师之苦，尔曹惟当一意读书，不可从军，亦不必作官。

译文

我自从军以来，即怀抱临危捐躯的志向。丁巳、戊午（咸丰七年、八年）年在家养病时，常担心忽然间便死在家中，违背了我的本来志向，失信于世人。朝廷起复我再次出山后，这个意念更加坚定。这次若遭遇不测，心里将毫无牵挂留恋。自思本出身贫寒一无所知，而今官至一品，年过五十，略有点虚名，又兼掌握兵权，已经非分地获得了万分荣耀，还有什么遗憾的呢？惟有古文与诗，这两门功课用力较深，经历过艰苦的探索过程，却没有能很好地将研究所得用于写作上，单独开辟一条大道，在古文方面我更确信自己所得是有依凭的，倘若突然间就死去，那么心中所得将成广陵之散，永远不会为世人所知。写字方面，我用功最浅，但近年来也略微有进入该领域的感觉。三个方面，无一处有成绩，心中不免耿耿于怀。

至于行军打仗则本来就不是我的长处。打仗贵奇巧而我太平实，打仗贵诡诈而我太迂直，怎么可能办得了这批气焰熏天的贼人？即便是先前的屡有获胜，也已是侥幸，出于意外。你们兄弟长大以后，切切不可置身军营。这桩事难以见到功德，容易造孽犯罪，尤其是贻口实于后世百代。我久在行伍之间，每天像坐在针毡上。所幸能有不负我的心志，不负我所学的地方，即没有一刻忘记爱民的心意。近年来阅历愈多，深知督带军队的苦恼，你们应一心一意读书，不可从军，也不一定要做官。

点评

这是一段出自肺腑的真心话，耐人咀嚼。一个带兵多年的军事统帅，谆谆告诫儿子切不可涉历兵间。过去有一种论调，认为战争是推动人类前进的动力，而这个打了十多年仗的人却说，此事"难于见功，易于造孽"。孰是孰非，值得深思。

这段话也让我们看到了曾氏的文人本色：死不足惧，诗文未大成，才是心中永远的遗憾。

有常是第一美德

人生惟有常是第一美德。余早年于作字一道，亦尝苦思力索，终无所成。近日朝朝摹写，久不间断，遂觉月异而岁不同。可见年无分老少，事无分难易，但行之有恒，自如种树养畜，日见其大而不觉耳。

译文

人生惟有坚持不懈是第一美德。我早年在写字这件事上，也曾经苦苦思考努力探索，最终没有什么成绩。近年来每天早上临摹字帖，很久都不间断，感觉到每个月每一年都有不同。可见不分老少，不分事情的难易，只要有恒心坚持下去，就好比种树养牲畜般，每日都在长大而感觉不到而已。

点评

很多事的成效便出在点滴累积之上，写字是一个明显的例子。此外，如读书求学问，如见识阅历，如锻炼身体等等，都靠有常。

读书可以变换骨相

古之精相法者，并言读书可以变换骨相。欲求变化之法，总须先立坚卓之志。即以余生平言之，三十前最好吃烟，片刻不离，至道光壬寅十一月廿一日立志戒烟，至今不再吃。四十六岁以前作事无恒，近五年深以为戒，现在大小事均尚有恒。即此二端，可见无事不可变也。

译文

古代精于相法的人，也说读书可以改变人的骨相。若想求得变化的方法，总是必须先要立下坚定卓绝的志向。就拿我这一辈子来说，三十岁以前最喜欢吃烟，片刻不离，道光二十二年（1842）十一月二十一日立志戒烟，直到今天都不再吃。四十六岁以前做事无恒心，近五年来深以此为戒，现在大事小事都还有恒常。就是从这两件事来说，也可知没有哪件事是不可改变的。

点评

中国的相学理论中有一句话，叫作相随心转。这说明在相学家看来，一个人的骨相是可以变化的，并非从生下来那天起就决定了一生的命运。既然转的依据是心，读书当然可以使人的心发生变化。那么，从这个角度来看，相学家所谓读书改变人的骨相云云，也便自有它的道理了。

保身为重

《礼》云："道而不径，舟而不游。"古之言孝者，专以保身为重。乡间路窄桥孤，嗣后吾家子侄，凡遇过桥，无论轿马，均须下而步行。

译文

《礼记》上说："走大道而不抄小径，坐船而不游水过河。"古代讲孝道的人，专门以保养自身为重。乡间路狭窄桥单薄，以后我们家子侄，凡遇到过桥，无论是坐轿还是骑马，都必须下来徒步行走。

点评

对父母来说，儿女们爱护好自己的身体，便是最大的孝顺。

尽其在我，听其在天

吾于凡事皆守"尽其在我，听其在天"二语，即养生之道亦然。体强者如富人，因戒奢而益富；体弱者如贫人，因节啬而自全。节啬，非独食色之性也，即读书用心，亦宜检约，不使太过。余"八本"篇中言养生以少恼怒为本，又尝教胸中不宜太苦，须活泼泼地，养得一段生机，亦去恼怒之道也。既戒恼怒，又知节啬，养生之道，尽在我者矣。此外寿之长短，病之有无，一概听其在天，不必多生妄想去计较他。凡多服药饵，求祷神祇，皆妄想也。吾于医药祷祀等事，皆记星冈公之遗训，而稍加推阐，教尔后辈。

译文

我对于每件事，都守定"尽自己的力量去办，结果如何则听从天意"这样两句话，即便养生上也这样。体格强壮者好比有钱人，因戒除奢侈而更加富有；体格单弱者好比贫穷人，因节制爱惜而能自我保全。节制爱惜，不仅仅在食色这种本性上，即便是读书用心思，也宜于约束，不使得太过头。我的"八本"篇中说养生以减少烦恼忿怒为本，又曾经教导你们胸中不宜有太多的苦恼，要活泼泼地，培育出一股生机，这也是去掉恼怒的办法。既戒掉恼怒，又懂得节制爱惜，如此，养生的规律便都在我自己的手里了。这些之外，诸如寿命的长短，疾病的有无，一概听其自然，不必要多生妄想去计较它。凡是多服补药，拜求神灵赐与等等，都是妄想。我对于医药祈祷祭祀这些事，都谨记星冈公的遗训，而稍稍加以说明推衍，教导你们后辈人。

点评

曾氏晚期的人生态度是尽心尽力地做事，至于结果怎样，则不去多考虑，与早期"功可强立，名可强成"的处世作风有很大的不同。其指导思想，出于道家的顺其自然。他于养生，同样也持这种态度。

用工不可拘苦，须有趣味

张文端公英所著《聪训斋语》，皆教子之言。其中言养身、择友、观玩山水花竹，纯是一片太和生机。

吾教尔兄弟不在多书，但以圣祖之《庭训格言》（家中尚有数本）、张公之《聪训斋语》（莫宅有之，申夫有刻于安庆）二者为教，句句皆吾肺腑所欲言。以后在家则莳养花竹，出门则饱看山水，环金陵百里内外，可以遍游也。算学者，切不可再看，读他书，亦以半日为率。未刻以后，即宜歇息游观。古人以惩忿窒欲为养生要诀。惩忿，即吾前信所谓少恼怒也；窒欲，即吾前信所谓知节啬也。因好名好胜，而用心太过，亦欲之类也。药虽有利，害亦随之，不可轻服。切嘱！

庄生云："闻在宥天下，不闻治天下也。"东坡取此二语，以为养生之法。尔熟于小学，试取"在宥"二字之训诂体味一番，则知庄、苏皆有顺其自然之意，养生亦然，治天下亦然。若服药而日更数方，无故而终年峻补，病轻而妄施攻伐。强求发汗，则如商君治秦、荆公治宋，全失自然之妙。柳子厚所谓"名为爱之，其实害之"，陆务观所谓"天下本无事，庸人自扰之"，皆此义也。东坡《游罗浮诗》云："小儿年少有奇志，中宵起坐存黄庭。"下一"存"字，正合庄子"在宥"二字之意。盖苏氏兄弟父子，皆讲养生，窃取黄老微旨，故称其子为有奇志。以后不轻服药，自然日就壮健矣。

余近年默省之勤、俭、刚、明、忠、恕、谦、浑八德，曾为泽儿言之，宜转告与鸿儿，就中能体会一二字，便有日进之象。泽儿天质聪颖，但嫌过于玲珑剔透，宜从浑字上用些工夫。鸿儿则从勤字上用些工夫。用工不可拘苦，须探讨些趣味出来。

译文

张文端公张英所著的《聪训斋语》，全是教子方面的言论。其中说的养身、择友、欣赏山水花草竹木等等，完全是充满着一派天人合一的生机。

我教你们兄弟读书不在多，只要以圣祖的《庭训格言》（家中还有几本）、张英的《聪训斋语》（莫友芝家有，李申夫有安庆刻本）两部书为教材就行，这两部书里的每句话都是我出自肺腑想要说的话。以后在家里则莳养花草竹木，出门则饱览山水，环绕着金陵百里之内的风景名胜，都可以全部游到。数学一类的书，切切不可以再读了，读别的书，也以半天为限。未刻之后，即应该休息游玩。古人以惩治忿恨限制欲望为养生的要诀。惩治忿恨，也就是我前信所说的减少恼怒；限制欲望，也就是我前信所说的节制收敛。因为好名好胜而用心过度，这也属于欲望一类。药物虽然有利于治病，害处也随着而来，不可以轻易服用。切切叮嘱！

庄子说："只听说让天下自在宽松，没有听说过治理天下的。"苏东坡将这两句话借过去，作为养生的方法。你对于文字训诂之学有研究，试着按"在宥"两个字的字义好好体味一下，则知庄子、苏东坡都有顺其自然的意思，养生也是这样，治理天下也是这样。倘若在服药这桩事上，一日之内改变几次药方，无缘无故而一年到头大吃补药，小病而胡乱服性质猛烈的药，强迫求得出汗效果，则好比商鞅治理秦国、王安石治理宋朝，完全失去了顺其自然的好处。柳宗元所说的"名义上是爱它，其实是害了它"，陆游所说的"天下原本没有事，是庸人生出事来打扰自己"，说的都是这个意思。苏东坡《游罗浮诗》里说："小儿子年纪虽轻却有奇志，保存黄老遗风半夜起来打坐。"下一个"存"字，正符合庄子"在宥"二字的含意。这是因为苏氏兄弟父子都讲究养生，偷取黄老之学的精义，故而称赞他的儿子为有奇志。以后不要轻易服药，自然一天天地就壮健了。

我近年暗自思考的勤、俭、刚、明、忠、恕、谦、浑八种品德，曾经对纪泽说过，这番话也适宜转告纪鸿，从中能体会到一二字，便有一天天进步的景象。纪泽天资聪颖，但有点太玲珑剔透，适宜从浑字上用些工夫。纪鸿则需从勤字上用些工夫。用工夫时不可过于束缚苦恼，须得寻找出一些趣味来。

点评

这四段话，有一个共同的主题，即曾氏希望两个儿子以愉快的心情去读书，并希望他们能通过读书来获取心灵的愉悦。曾氏的这种教子读书法，与许多望子成龙的家长所采取的办法不同。曾氏此论，固然有怜恤两儿体质羸弱的一面，但更多的则是出于他本人对阅读的认识。

仁厚纯洁，勤劳谨慎

然老年笃畏天命，力求克去褊心忮心。尔辈少年，尤不宜妄生意气，着不得丝毫意见。切记切记！尔禀气太清，清则易柔，惟志趣高坚，则可变柔得刚；清则易刻，惟襟怀闲远，则可化刻为厚。余字汝曰劼刚，恐其稍涉柔弱也；教汝读书须具大量，看陆诗以导闲适之抱，恐其稍涉刻薄也。尔天性淡于荣利，再从此二字用功，则终身受用不尽矣。

译文

然则到了老年笃实地敬畏天命，努力求得克服褊急心和忌恨心。你们正当少年，尤其不应该狂妄而意气用事，在这点上不能存丝毫心思。牢牢记住牢牢记住！你的天赋之气太清纯，清纯则容易趋于柔弱，只有将志趣引向高大坚实一面，才可以使刻薄变为刚强。清纯又容易趋于刻薄，只有将襟怀引向闲适辽远一面，才可以使刻薄变为宽厚。我为你表字劼刚，就是担心你稍稍地涉及柔弱上；教你读书必须有阔大的气量，读陆游的诗来培育闲适的怀抱，就是担心你稍稍涉及刻薄上。你的天性对荣利看得淡薄，若再从这两个字上用功，则一生将受用不尽。

余生平略涉儒先之书，见圣贤教人修身，千言万语，而要以不忮不求为重。忮者，嫉贤害能，妒功争宠，所谓怠者不能修，忌者畏人修之类也；求者，贪利贪名，怀土怀惠，所谓未得患得，既得患失之类也。忮不常见，每发露于名业相侔、势位相埒之人；求不常见，每发露于货财相接、仕进相妨之际。将欲造福，先去忮心，所谓人能充无欲害人之心，而仁不可胜用也；欲将立品，先去求心，所谓人能充无穿窬之心，而义不可胜用也。忮不去，满怀皆是荆棘；求不去，满腔日即卑污。余于此二者，常加克治，恨尚未能扫除净尽。

译文

我一生略微涉及前代大儒的书籍，看到圣贤于修身方面教导别人的话尽管千言万语，但它的要点以不忮不求为重。所谓忮，即嫉贤害能，忌妒别人立功，与人在上司面前争宠，也就是书上所说的"懒惰的人不肯去修炼，好忌妒的人则害怕别人修炼"这一类。所谓求，即贪图名利，时时刻刻想念着利益恩惠，也就是书上所说的"没有得到时总想得到，已得到又害怕失去"这一类。忮不常见，每每出现在功名事业、权势地位相差不大的人之间。求不常见，每每出现在财产的经手与仕途的竞争之时。打算为自己谋求幸福，先要去掉忮心，这就是所说的"人如果能充满着不想害别人的心，而仁则用之不尽"；打算提高自己的人品，先要去掉求心，这就是所说的"人如果能没有盗窃之心，则义将用之不尽"。忮若不去掉，则满腹都是荆棘；求若不去掉，则满肚子一天天变得卑污。我对于这两点，常常加以整治，尚痛恨没有能够扫除干净。

历览有国有家之兴，皆由克勤克俭所致。其衰也，则反是。余生平亦颇以勤字自励，而实不能勤，故读书无手抄之册，居官无可存之牍。生平亦好以俭字教人，而自问实不能俭。今署中内外服役之人，厨房日用之数，亦云奢矣。其故由于前在军营，规模宏阔，相沿未改，近因多病，医药之资漫无限制。由俭入奢，易于下水，由奢反俭，难于登天。在两江交卸时，尚存养廉二万金，在余初意，不料有此，然似此放手用去，转瞬即已立尽。尔辈以后居家，须学陆梭山之法，每月用银若干两，限一成数，另封秤出，本月用毕，只准赢余，不准短欠。衙门奢侈之习，不能不彻底痛改。余初带兵之时，立志不取军营之钱，以自肥其私，今日差幸，不负始愿，然亦不愿子孙过于贫困，低颜求人，惟在尔辈力崇俭德，善持其后而已。

译文

历览国与家的兴盛，其原因都是由于能够勤与俭才能导致。它的衰败，则反其道而行之。我平生也常常以勤来勉励自己，但实际上不能做到勤，故而在读书上没有亲手抄的簿册，在做官上没有可以存世的公文。平生也喜欢以俭字来教育别人，而扪心自问实际上也没有做到俭。现在衙门里外做工役的人，厨房里每天开支的银钱数目，也可以说是奢侈了。这原因，是由于先前在军营时，规模过于庞大，一直沿袭下来没有改变，近年来因为生病，看病吃药的费用漫无边际。由俭进入奢，其容易转变好比下水，由奢返回到俭，其艰难好比登天。在离开两江总督一职时，尚存有养廉费二万两银子。在我的本意里，没有料到会存这样一大笔钱，但是如果放开手脚去花费，转眼间也便立刻用光。你们今后居家过日子，要学陆梭山的办法，每一月须用多少银子，限制在一个数目上，另外封好称出来。这个月用完后，只许剩余，不许亏欠。衙门的奢侈习惯，不能不彻底痛改。我开始带兵的时候，立志不拿军营的钱来养肥自家，今日勉强做到没有辜负这个初愿，但也不想让子孙过于贫困，低声下气去求人，做到这点只有靠你们竭力倡导俭德，善于规划安排。

忮求诗两首

一、不忮

善莫大于恕，德莫凶于妒。妒者妾妇行，琐琐奚比数。己拙忌人能，己塞忌人遇。
己若无事功，忌人得成务。己若无党援，忌人得多助。势位苟相敌，畏逼又相恶。
己无好闻望，忌人文名著。己无贤子孙，忌人后嗣裕。争名日夜奔，争利东西鹜。
但期一身荣，不惜他人污。闻灾或欣幸，闻祸或悦豫。问渠何以然，不自知其故。
尔室神来格，高明鬼所顾。天道常好还，嫉人还自误。幽明丛垢忌，乖气相回互。
重者灾汝躬，轻亦减汝祚。我今告后生，悚然大觉悟。终身让人道，曾不失寸步。
终身祝人善，曾不损尺布。消除嫉妒心，普天零甘露。家家获吉祥，我亦无恐怖。

二、不求

知足天地宽，贪得宇宙隘。岂无过人姿，多欲为患害。在约每思丰，居困常求泰。
富求千乘车，贵求万钉带。未得求速偿，既得求勿坏。芬馨比椒兰，磐固方泰岱。
求荣不知厌，志亢神愈忕。岁燠有时寒，月明有时晦。时来多善缘，运去生灾怪。
诸福不可期，百殃纷纷会。片言动招尤，举足便有碍。戚戚抱殷忧，精爽日凋瘵。
矫首望八荒，乾坤一何大。安荣无遽欣，患难无遽憝。君看十人中，八九无倚赖。

人穷多过我，我穷犹可耐。而况处夷途，奚事中嗟忾。于世少所求，俯仰有余快。
俟命堪终古，曾不愿乎外。

译文

一、不忮

善行莫大于宽恕，心性莫恶于忌妒。忌妒乃妇人的行为，猥猥琐琐不值得提起。自己笨拙却忌妒别人能干，自己遭堵塞却忌妒别人顺畅，自己没有建树，却忌妒别人获得成功，自己没有同伴的支援，却忌妒别人多得帮助。权势地位相当，则害怕对方逼迫又互相仇恨。自己没有好名声，则忌妒别人文名彰显。自己没有贤良子孙，则忌妒别人的后代兴旺。为争名而日夜奔驰，为争利而四处劳神。为了自己一人的荣耀，不惜让别人受污。听说别人遭灾则心里欢喜，听说别人遇祸则心里愉悦。问他为何如此做，他也说不出此中的缘故。你的心里充塞神圣，言行高明则鬼都会来眷顾。天道常常喜欢回报，忌妒别人者最后会误了自己。世上有形无形中有许多污垢忌讳处，乖戾之气与它们互相倚伏，乖戾之气重的则使人受灾，乖戾之气轻的则减掉人的福分。我现在以此先诚后生辈，肃然警觉过来。一生为别人让道，你自己也不会失去半步路。一生为别人祝福，你也不会损失一尺布。消除嫉妒之心，普天下都会降甘露。大家都吉祥，我也不会再有恐怖。

二、不求

知道满足则天地宽广，贪求得到则宇宙狭隘。不能说没有过人之处，只是被多欲求所害了。处在简约时则每每想丰足，处在困苦时则每每追求奢泰。富裕了则求取千辆车，尊贵了则追求万钉打造的腰带。没有得到时则巴望早日实现，已得到了又盼望长期保留。希望自己所处的环境如同种满椒兰似的芬芳，自己所获得的地位如泰山般的坚固。追求荣耀不知厌倦，志气亢奋精神越来越振作。一年之中有热也有冷，月有明亮也有晦暗。时运来了善缘也跟着多，运气一去灾祸也接着发生。运去时什么福分也盼不到，而各种各样的灾殃都会来到。一句话说得不当就招来怨尤，一动脚便遇到障碍。弄得人一天到晚心情戚然怀抱忧愁，精神上的爽快之感一天天凋零。抬起头来仰望四面八方，宇宙天地何等浩大！享受荣耀无需骤然间便得意忘形，身处患难也无需深深地怨恨。您看世上十个人里，便有八九人无所倚赖。不顺利的人比我多得多，我一时不顺是可以忍耐的。况且处于坦途上，何来叹息声呢？对于世界所求不多，则无论是俯是仰都快乐。静候命运中的时机到来，这是值得永远谨守的大道理，这之外的所求则不要去奢想。

日课四条

一曰慎独则心安

自修之道，莫难于养心。心既知有善，知有恶，而不能实用其力，以为善去恶，则谓之自欺。方寸之自欺与否，盖他人所不及知，而己独知之。故《大学》之"诚意"章，两言慎独。果能好善如好好色，恶恶如恶恶臭，力去人欲以存天理，则《大学》之所谓自慊，《中庸》之所谓戒慎恐惧，皆能切实行之。即曾子所谓自反而缩，孟子所谓仰不愧，俯不怍，所谓养心莫善于寡欲，皆不外乎是。故能慎独，能内省不疚，可以对天地，质鬼神，断无行有不慊于心则馁之时。人无一内愧之事，则天君泰然。此心常快足宽平，是人生第一自强之道，第一寻药之方，守身之先务也。

二曰主敬则身强

敬之一字，孔门持以教人，春秋士大夫亦常言之，至程朱，则千言万语不离此旨。内而专静纯一，外而整齐严肃，敬之工夫也；出门如见大宾，使民如承大祭，敬之气象也；修己以安百姓，笃恭而天下平，敬之效验也。程子谓上下一于恭敬，则天地自位，万物自育，气无不和，四灵毕集，聪明睿智，皆由此出。以此事天飨帝，盖谓敬则无美不备也。吾谓敬字切近之效，就在能固人肌肤之会、筋骸之束。庄敬日强，安肆日偷，皆自然之征应。虽有衰年病躯，一遇坛庙祭献之时，战阵危急之际，亦不觉神为之悚，气为之振，斯足知敬能使人身强矣。若人无寡众，事无大小，一一恭敬，不敢怠慢，则身体之强健又何疑乎！

三曰求仁则人悦

凡人之生，皆得天地之理以成性，得天地之气以成形，我与民物，其大本乃同出一源。若但知私己，而不知仁民爱物，是于大本一源之道，已悖而失之矣。至于尊官厚禄，高居人上，则有拯民溺救民饥之责；读书学古，粗知大义，即有觉后知觉后觉之责。若但知自了，而不知教养庶汇，是于天之所以厚我者，辜负甚大矣。孔门教人，莫大于求仁，而其最切者，莫要于欲立立人、欲达达人数语。立者，自立不惧，如富户百物有余，不假外求；达者，四达不悖，如贵人登高一呼，群山四应。人孰不欲己立己达，若能推以立人达人，则与物同春矣。后世论求仁者，莫精于张子之《西铭》，彼其视民胞物与，宏济群伦，皆事天者性分当然之事。必如此，乃可谓之人；不如此，则曰悖德曰贼。诚如其说，则虽尽立天下之人，尽达天下之人，而曾无善劳之足言，人有不悦而归之者乎？

四日习劳则神钦

凡人之情，莫不好逸而恶劳，无论贵贱智愚老少，皆贪于逸而惮于劳，古今之所同也。人一日所着之衣，所进之食，与一日所行之事，所用之力相称，则旁人韪之，鬼神许之，以为彼自食其力也。若农夫织妇，终岁勤动，以成数石之粟、数尺之布，而富贵之家，终岁逸乐，不营一业，而食必珍羞，衣必锦绣，酣豢高眠，一呼百诺，此天下最不平之事，鬼神所不许也，其能久乎？古之圣君贤相，若汤之昧旦丕显，文王日昃不遑，周公夜以继日，坐以待旦，盖无时不以勤劳自励。《无逸》一篇，推之于勤则寿考，逸则夭亡，历历不爽。为一身计，则必操习技艺，磨炼筋骨，困知勉行，操心危虑，而后可以增智慧而长才识；为天下计，则必己饥己溺，一夫不获，引为余辜。大禹之周乘四载，过门不入，墨子之摩顶放踵，以利天下，皆极俭以奉身，而极勤以救民。故荀子好称大禹墨翟所行，以其勤劳也。军兴以来，每见人有一材一技而耐艰苦者，无不见用于人见称于时；其绝无材技不惯作劳者，皆唾弃于时，饥冻就毙。故勤则寿，逸则夭；勤则有材而见用，逸则无能而见弃；勤则博济斯民，而神祇钦仰，逸则无补于人，而神鬼不歆。是以君子欲为人神所凭依，莫大于习劳也。

余衰年多病，目疾日深，万难挽回。汝及诸侄辈，身体强壮者少。古之君子修己治家，必能心安身强，而后有振兴之象；必使人悦神钦，而后有骈集之祥。今书此四条，老年用自儆惕，以补昔岁之愆，并令二子各自龟勉。每夜以此四条相课，每月终以此四条相稽，转寄诸侄共守，以期有成焉。

译文

一叫做独处时能谨慎则心安

自我修身这门学问，最难的莫过于养心。心里既然知道有善有恶，但不能够做到实实在在用自己的力量去为善去恶，这就叫做自欺。心的自欺与否，别人是不能知道而自己是知道的，故而《大学》里的"诚意"章，两次谈到慎独。果然能做到喜欢善如同喜欢美貌、厌弃恶如同厌弃臭气一样，努力去掉人欲而保存天理，那么《大学》里所说的"自己不满足"，《中庸》里所说的"谨慎畏惧"，都能切实做到。即便曾子所说的"扪心自问有理"，孟子所说的"抬头不惭愧，低头不疚悔"，所说的"养心最好的方式是减少欲念"，都不外乎这点。故而能慎独，则内心反省时不愧疚，可以坦然面对天地鬼神，绝对没有行为与内心不符而觉气馁的时候。人没有一桩内心愧疚的事，则心境泰然。这颗心常常快乐宽畅平静，此为人生第一号自强的途径，第一号追寻快乐的方法，保守身体当先做好这一点。

二叫做以敬为主持则身强

敬这一个字，孔子学派拿来教导别人，春秋时期士大夫也常常说到它，至于程氏兄弟及朱熹，则是千言万语，不离这个宗旨。"内心里专注宁静纯粹，外表整齐严肃"，这是敬字的修炼工夫；"出门在外好比接待贵宾，役使百姓如同承担大祀典"，这是敬字所表现的气象；"以修炼自身来安定百姓，以亲身实践来使天下平定"，这是敬字所收到的效果。程子说"上上下下都一律做到恭敬，则天地自然正位，万物自然化育，气氛无不和谐，各种灵气都齐备。聪明睿智，都由此产生"。以这种态度来服侍天帝，这就是说，有敬则无美不备。我说敬字最为切近的功效，尤其在强固人的肌肤与筋骨。庄重端正则身体日日强壮，安逸放肆则身体日日松垮，这都是自然而然的事。即使是老年有病，一遇到朝廷祭祀典礼的时候，一到战场上危急时刻，也不知不觉地神情悚然，精气振作，这就足以看出敬能使身体强健。假若面对的人无论多少，面对的事无论大小，一一恭敬对待，不敢懈怠，则身体的强健，又有何怀疑的呢？

三叫做求取仁德则别人喜悦

一个人的生命，都是从天地的运行中获取本性，从天地的精气中获取形骸，我与民众及万物，其根本之处乃出于同一源头。假若只知道善待自己而不知善待民众及万物，这是与大本一源之道相违背，并丢失了这个大道理。对于位高俸厚，处在百姓之上的官员而言，则负有拯救受苦受难百姓的责任；对于读书学习古代圣贤、略知大义的士人来说，则负有让后知后觉者觉悟的责任。倘若仅只知道顾自己，而不知教化广大民众，这是对天地厚待我的情意辜负太大了。孔子学派教育人，最重要的课程是求仁，而它最切身的教导，主要在"自己想成立也要让人成立，自己想畅达也要让人畅达"几句话上。所谓立，即自己成立不害怕外界不帮助，好比富人什么东西都有多余，不需要向外求取。所谓达，四面八方都畅通无阻，好比贵人站在高处一呼，到处都响应。人，哪一个不想自己成立自己畅达？倘若能将此心推广到让别人也成立别人也畅达，则与万物共享美好了。后世谈论求仁这个道理的，最精当者是张载的《西铭》。他将万民视为同胞、万物视为与类这些观念来广泛地惠济人群，都是服侍上天者本分的责任，必须这样才能称之谓人；不这样，则叫做违背道德，叫做危害社会。确实按他所说的那样做，即便是让天下人成立，让天下人畅达，也不能说付出了很大的辛劳。如此，别人能不心悦诚服而归附吗？

四叫做习惯勤劳则鬼神都钦佩

大凡人的性情，莫不喜好安逸而厌恶劳累。无论是贵贱还是智愚还是老少，都是贪图安逸而惧怕劳累，这一点古今都相同。人一天所穿的衣服，所吃的食物，与他一天所做的事，所用的力正好相当，则别人认同，鬼神允许，认为是自食其力。比如说，农夫与织妇，一年到头辛勤劳作，得以收获数石粮食、数尺布帛，但富贵之家一年到头安逸享乐，不做一件谋生事，但吃一定是山珍海味，穿一定是绫罗绸缎，高枕着头睡大觉，他一人呼叫，百人响应，这是天下最不公平的事情，鬼神所不能允许。这种现象能长久存在吗？古代圣明君主贤能宰相，如商汤天不亮便起身，周文王太阳偏西还不休息。周公夜里还继续做白天未竟的事，半夜起来坐着等天亮。他们无时无刻不以勤劳来自我勉励。《无逸》这篇文章，推开而言勤劳则长寿，安逸则夭亡，明明确确不差分毫。为自己一身考虑，则必须操练熟习技艺，磨炼筋骨，克服困难获取知识，强力勉励实行德业，心要常操劳思虑要忧惧，如此才可以增长智慧才干。为天下考虑，则必亲身体验饥饿与苦难，因为一个普通人没有收获，而引为自己的罪责。大禹周游天下考察四年，过自己的家门而不入，墨子的从头磨伤到脚，都是因为给天下谋利，这些都是极其俭朴对待自己，极其勤劳以拯救别人。故而荀子喜欢称赞大禹、墨翟的行为，是因为他们的勤劳缘故。战争爆发以来，每每见到怀有一技之长而又耐艰苦者，没有不被别人重用为当时所称赞；那些没有一点才技，又不惯做重活累活的，都被时代唾弃，饥寒而死。所以勤劳则长寿，安逸则夭亡；勤劳则有才能而受到重用，安逸则无能力而被唾弃；勤劳则能给广大百姓带来好处而鬼神佩服，安逸则无益于别人，鬼神也不理睬。所以，君子想要得到人神的依凭，最主要的便是要习得劳累。

我年老多病，眼病日益加深，万难挽回。你及各位侄儿，身体强壮的少。古时的君子修炼自身治理家庭，必须是自己心安身强，而后才有家庭振兴的气象出现；必须使别人欣悦鬼神钦服，而后才有各种吉祥的汇集。现在写下这四条，老年用来自我警惕，借以补救过去的过失，并令二子各自勉励。每夜以此四条相督察，每月底以此四条来检核，并转寄各位侄儿共同守住，期望能有所成就。

点评

佛家认为贪、嗔、痴是人性中的三大弱点，在曾氏的眼中，儒家将忮、求列为人类应当剔除的坏习。求即贪。可见无论是佛界的祖师还是儒学的圣贤，都看到人类自身所存在的一个最大毛病：贪。所谓贪，即过分地谋求利益，包括物质利益和非物质利益。古往今来，贪财贪物贪色贪权贪名的人遍地皆是，真正能看淡财、物、色、权、名的人却极少极少。因为贪，会过度劳心劳力，耗尽精血，使人多病早亡。因为贪，会热心争竞，易于结仇结怨，招致无穷苦恼。因为贪，会不择手段，甚至伤天害理，触犯刑法，最后丢了性命。自有人类以来，因贪而死于非命的人不知多少！然而，人类却很难从中觉悟过来。

除了贪外，嫉妒也是人性中的极大弱点。粗略看来，嫉妒像是一种很奇怪的病态。人家得了好处，并未伤害你，你凭什么不好受呢？仔细解剖，怀着这种病态的人，他的心里会觉得别人得的好处是抢了他的，或是别人得到了而自己没得到，就会衬托出自己的无能。如此则间接伤害他，所以他不好受。嫉妒也普遍存在于人的心中，只是程度深浅不同罢了。许多人因嫉妒而失去理智，害人害己。嫉妒对人类的危害，实在不可小视。

一个人如果去掉贪去掉妒，则如同旅行者丢掉不必要的包袱一样，将轻松前进，潇潇洒洒地领略一路风光。

曾氏有很多人所难及的长处，其中最为突出的一个便是凡事用心。他做什么事都比别人要多用些心思，此中好处便是他因此而比别人看得透想得深做得好，不好处便是心血耗得太多，人活得累，寿命不长。"不好处"苦了他自身，"好处"则惠及后人，他往深透处的所思所记便成了后世的一笔精神财富。此处所抄录的这五段文字分别见于同治六年（1867）、同治九年（1870）、同治十年（1871）给二子的信中。曾氏那时的年龄在五十六至六十岁之间。以现在的眼光来看，并不算老，但曾氏口口声声"老年"、"衰年"，说的话都带有遗嘱口气。六十一岁那年他便与世长辞，足见用心过度使他短命，但这殚精竭思所得来的人生体验也因此具有字字千钧之重，长令后人咀嚼回味。生命的最后一段时期，曾氏脑子里体会最深的人生经验是什么呢？他要留给曾家薪火传人的最重要的做人原则是哪些呢？在这五段文字中我们可以看到。曾氏念念不忘的有这么几点，即去忌妒，去贪求，勤俭，慎独，主敬，求仁，习劳，归纳起来可概括为两个方面，一是针对内心而言：仁厚纯洁；二为针对外在表现而言：勤劳谨慎。如此说来："仁厚纯洁、勤劳谨慎"八个字，便是一生阅历丰富深思熟虑的曾氏，对人世间所体悟出来的经验和原则，愿有心的读者记取。

静坐默坐

静坐，思心正气顺，必须到天地位、万物育田地方好。

默坐，思此心须常有满腔生意，杂念憧憧，将何以极力扫却？勉之。

译文

静坐，想着心的正正堂堂气的顺顺畅畅，必须到达一种天地到位、万物生育的境地才好。

默坐，想着这颗心里必须常常有满腔生机，但杂念很多，将如何来竭力清除呢？以此为自我勉励。

点评

据年谱记载，曾氏在道光二十一年（1841）七月间拜理学大师唐鉴为师，"唐公专以义理之学相勖，公遂以朱子之学为日课"。在一段较长的日子里，曾氏与唐鉴、倭仁、邵懿辰、陈源兖等师友以日记作为互相监督的手段，希望借此砥砺品性，逐渐去掉俗尘，靠近圣贤。曾氏的日记，"力求改过，多痛自刻责之语"。此处这两段话便出自曾氏道光二十二年十月初二、初三两天的日记，说的是这两天静坐时心中所思。静坐反思，是当时曾氏义理修炼时的必修功课。排除其他干扰的静坐之思，往往会因宁静而更客观、更细微、更深刻。这两段话说的都是关于人的心境的问题。曾氏认为，人的心境应是序列到位、生机盎然才是最好的。

敬与和

吴竹如言，敬字最好，予谓须添一和字，则所谓敬者，方不是勉强操持，即礼乐不可斯须去身之意。

译文

吴竹如说，"敬"字是最好的，我说还需要添一个"和"字，若这样，所说的"敬"才不是勉强做出来的，也就是礼与乐一刻也不能从自身离去的意思。

点评

理学提倡端庄严谨，也就是"敬"，曾氏虔诚地去遵循，他的《五箴》中便有一箴为"主敬"。与他一道修持理学的好友吴竹如认为能做到"敬"就最好了，曾氏则认为还要加一个"和"来补充，如此，"敬"实行起来才不至于痛苦，这就跟礼乐相融合的道理一样。曾氏一贯提倡要以活泼心态来读书，要在心中养成一团春意。"敬"与"和"相结合，体现的正是这个主张。

养 气

诵"养气"章，似有所会。愿终身私淑孟子，虽造次颠沛，皆有孟夫子在前，须臾不离，或到死之日，可以仰希万一。

译文

诵读"养气"篇，心中似有所体会，愿意一辈子做孟子的私淑弟子，即便是处在仓卒匆忙、颠沛流离时，都有孟老夫子的教导在面前，一刻也不离开，或许到生命终结之时，可以得到他的学问的万分之一。

点评

孟子不但是个思想家，而且是个雄辩家。他的话气势宏大，有一种浩浩荡荡一泻千里不可抗拒的气概，从文章的角度来看，《孟子》开后世具阳刚之气的论辩文先河。曾氏所诵读的"养气"篇乃《孟子·公孙丑上》中的一段："敢问夫子恶乎长？"曰："我知言，我善养吾浩然之气。""敢问何谓浩然之气？"曰："难言也。其为气也，至大至刚，以直养而无害，则塞于天地之间。其为气也，配义与道；无是，馁也。是集义所生者，非义袭而取之也。行有不慊于心，则馁矣。"这段话典型地体现《孟子》一书的行文风格。曾氏在这里，自然说的是他对孟子善养浩然之气的领悟，但于此也可以感觉到，他的好为雄辩之文，大概也是由于私淑孟子的结果。

多言乃德之弃

岱云来，谈诗、字心得，语一经说破，胸中便无余味，所谓"德之弃"也，况无心得而有掠影之谈乎！

译文

岱云过来谈有关吟诗、写字的心得，话一旦说破了，胸中便失去了余味，也就是"被有德者所抛弃"的意思，何况本没有心得而只是浮光掠影的闲谈！

点评

"德之弃"出于《论语·阳货》："子曰：道听而途说，德之弃也。"孔子不喜欢多话，尤其讨厌不负责任、没有根据的言谈，如《论语》中所说的"敏于事而慎于言"，"君子讷于言而敏于行"，"刚毅木讷近仁"，"群居终日，言不及义，好行小慧，难矣哉"等等，都展现出孔子的这个性格。曾氏效法孔子这点。这段日记便是对自己当日多言的反省。

《大壮卦》与"养气"章通

《易·大壮卦》彖、大象，正与"养气"章通。

译文

《易经》中的《大壮卦》彖辞和象辞所说的，与《孟子》"养气"章相通。

点评

从现存的日记来看，道光二十二年（1842）这一年里，曾氏花了很大的心血在研读《易经》。这段话说的是他从《易经》中《大壮卦》的彖辞和象辞中，体会到与《孟子》"养气"一章的相通。《大壮卦》讲的是雷在天上轰鸣，这种天象展现的是一种雄健刚劲的宏大气魄，人胸中的浩然之气也应当如这种状态才是。

心之凝定

静字全无功夫，欲心之凝定，得乎？

译文

完全没有"静"字功夫，想要做到心的凝定，能达到吗？

点评

这是曾氏日记中常见的自责语。曾氏以此来鞭策自己在修身之途上的前进。

以明诚求裕

读《晋卦》，颇融惬。"罔孚，裕，无咎。"裕，难矣，《中庸》明善诚身一节，其所谓裕者乎？

译文

读《易经·晋卦》，颇感到很合乎自己的心意。"即便没有信誉，也从容自得，没有坏处。"从容自得，难达到啊，《中庸》里的明善诚身一节，说的是不是这种从容自得呢？

点评

中国文化欣赏一种名曰"淡定从容"的心态，即《晋卦》所说的"裕"。曾氏向往这种心态，并与《中庸》所说的"明诚"联系起来，通过明善而诚身来走进"裕"的境界。

精神要有余

精神要常令有余，于事则气充而心不散漫。

译文

要常常让精神处于饱满状态，办起事来则气力充沛而心思不散漫。

点评

此话与上一句话同出于道光二十二年十月初七日的日记，说的也是心性修炼方面的事。

看人看结怨时

凡事之须逐日检点者，一日姑待，后来补救则难矣，况进德修业之事乎！海秋言人处德我者，不足觉心术；处相怨者而能平情，必君子也。

译文

凡事必须每日检查的原因，是因为若一日松懈，留待后来补救则困难，何况增进道德修造事业这样的事情呢！汤海秋说一个人处在与我友好的时候，不足以看他的心术正否，处在与我结怨的时候而能怀着持平之心，此人一定是个君子。

点评

"吾日三省吾身"，这是圣人的教导，要做到的确很难，这中间的最大障碍便是自我姑息。看人看结怨时，这是益阳才子汤海秋教给曾氏的识人之方。

虚心与自窒

读书穷理，不辨得极虚之心，则先自窒矣。

译文

读书深研道理，如果不能使心变得极为虚空，那么先就自我窒息了。

点评

极虚之心，就是指心中不存一丝一毫的自以为是，一张白纸似的，便好接受圣贤之教。

虚与实

《咸》、《恒》、《损》、《益》四卦，可合之得虚心实心之法。

译文

《咸》、《恒》、《损》、《益》四卦，合起来可以使人得到分辨虚心与实心的方法。

点评

《咸卦》说的是戒躁，《恒卦》说的是谦柔，《损卦》说的是戒骄，《益卦》说的是迁善改过。曾氏于此四卦中悟出虚实的分辨。揣摸他的所悟，大概为：骄躁则使心实满，谦柔改过则使心虚空。

主 一

不能主一之咎，由于习之不熟，由于志之不立，而实由于知之不真。若真见得不主一之害心废学，便如食鸟喙之杀人，则必主一矣。不能主一，无择无守，则虽念念在《四书》、《五经》上，亦只算游思杂念，心无统摄故也。

译文

不能专心操持一桩事这个毛病，是因为对这桩事不很熟习，因为志向未能建立，而实际上更是因为对此明白得不真切。倘若真正地懂得不主一将会带来损害心胸废止学问的后果，如同为着吃鸟的嘴巴而去杀人，那么必定会主一了。不能主一，将无选择无坚守，则虽然对《四书》、《五经》念念不忘，也只得算作心思游移杂乱，没有统率制约的能力。

点评

所谓主一，就是指在一段时期对某件事情的专心致志。好高骛远，贪多求快，是人性的通病。主一便是医此病的药方。

由水而悟养生

"巽乎水而上水"，颇悟养生家之说。

译文

"鼓动着水使水向上涌冒",读这句话颇为领悟到养生家的学说。

点评

这句话出于道光二十二年十月二十六日的日记。在此话前还有这样一句话:"早起读《易·井卦》,不入。"这天一早起来,曾氏读《易经》的《井卦》,无法深入下去,只是对此卦象辞中的"巽乎水而上水"这句话有所领悟。他的领悟是与养生学说联系起来的。曾氏说过这样的话:精神好比井中的水,越汲越有。意味精神是越振作越抖擞,故人当振作其精神。曾氏此种观念或许正是来自于"巽乎水而上水"的说法。

无 间

艮峰前辈言:"无间最难,圣人之纯一不已,颜子之三月不违。此不易学,即日月之至,亦非诸贤不能。至字煞宜体会,我辈但宜继继续续,求其时习而说。"

译文

倭艮峰前辈说:"不间断最难做到,圣人的不停止地追求纯粹专一,颜子的三月不违,这都不容易学到,即便到了某日某月的想起,也非诸贤而不能做到。至这个字非常值得体会。我们这些人只能是努力继续,求得时时温习使内心愉悦而已。"

点评

此段话中的"三月不违"、"日月之至"出自《论语·雍也篇》:"子曰:回也,其心三月不违仁,其余则日月至焉而已矣。""时习而说"出自《论语·学而篇》:"子曰:学而时习之,不亦说乎!"

缉熙光明与正位凝命

存心则缉熙光明,如日之升;修容则正位凝命,如鼎之镇。内外交养,敬义夹持，何患无上达？

译文

存心则光明磊落，如同初升的太阳；修身则端庄凝重，如同镇住大地的铜鼎。内心外表交相培养，敬与义相互夹持，何愁不进到高明的境界？

点评

人格修炼要心身共进，缺一则不全。曾氏在这里为心与身的修炼指出了方向，即心要光明，身要正凝。

岱云日课与筠仙诗

至岱云处，看渠日课。岱云近日志日坚而识日卓越，阅之喜极无言。平日好善之心，颇有若己有之之诚，而前日读筠仙诗，本日观岱云日课，尤心中好之也。

译文

到岱云的住处看他的日课。岱云近来志向一天天坚定见识一天天卓越，看着心里欢喜极了，无法用言语表达出来。平日对嘉善的喜爱之心很强，颇有点像自己拥有一样的诚挚，前天读筠仙的诗，今日观岱云的日课，尤其是心中所喜好者。

点评

别人所拥有的嘉善，如同自己所拥有。此心近于圣贤。

静 坐

树堂来，与言养心养体之法。渠言舍静坐，更无下手处。能静坐，而天下之能事毕矣。因教我焚香静坐之法，所言皆阅历语，静中真味，煞能领取。又言心与气总拆不开。心微浮，则气浮矣；气散，则心亦散矣。此即孟子所谓"志壹则动气，气壹则动志"也。

译文

树堂来家，与我谈起养心养体的方法。他说除了静坐，再没有别的好方法。能够静坐，则天下事都能办得好。随后教给我焚香静坐的方法。他所说的都是自己所阅历的话，静中的真味道，的确是很能领略。他又说心与气总是分不开的。心只要稍微一浮动，气就立刻浮躁了；气一散漫，心也就跟着散漫了。这就是孟子所说的"志能守一则带动气，气能守一则带动志"。

点评

此处所抄录的这几段日记中，出现当时曾氏身边的几位朋友，如吴廷栋（竹如）、倭仁（艮峰）、陈源兖（岱云）、郭嵩焘（筠仙）等，这些人笔者都在《点评家书》中作了介绍，此段中的"树堂"是个新出现的人。树堂是冯卓槐的字。冯也是湖南人，中举后进京会试期间，曾与郭嵩焘一道住在曾氏家里，并兼任曾家的家庭教师。冯的人品学问均为曾氏所佩服，但考运和官运都不好，进士未中，仕途也不顺。曾氏办湘军期间，也曾短期做过其幕友，但并未发达。同治十年（1871），即曾氏去世前一年，冯还去过南京看望曾氏，二人"相得甚欢"（同治十年四月初一日致澄弟沅弟家信）。由此可知，冯与曾氏也算得上一对善始善终的老朋友。

静极生阳

"神明则如日之升，身静则如鼎之镇"。此二语可守者也。惟心到静极时，所谓未发之中寂然不动之体，毕竟未体验出真境来。意者只是闭藏之极，逗出一点生意来，如冬至一阳初动时乎？贞之固也，乃所以为元也；蛰之坏也，乃所以为启也；谷之坚实也，乃所以为始播之种子也，然则不可以为种子者，不可谓之坚实之谷也。此中无满腔生意，着万物皆资始于我心者，不可谓之至静之境也。然则静极生阳，盖一点生物之仁心也。息息静极，仁心不息，其参天两地之至诚乎？颜子三月不违，亦可谓洗心退藏，极静中之真乐者矣。我辈求静，欲异乎禅氏入定，冥然罔觉之旨，其必验之此心，有所谓一阳初动，万物资始者，庶可谓之静极，可谓之未发之中寂然不动之体也。不然，深闭固拒，心如死灰，自以为静，而生理或几乎息矣，况乎其并不能静也。有或扰之，不且憧憧往来乎？深观道体，盖阴先于阳信矣。然非实由体验得来，终掠影之谈也。

译文

"精神爽明则如同太阳的初升，身体安静则如同铜鼎的镇压。"这两句话是值得守持的。只有心达到极其宁静的时候，所谓弦绷紧箭未发时身体纹丝不动的状态，这种状态我毕竟没有真切的体验。想象之中是不是在最严密的封闭储藏中生发出一点生机来，如冬至阴气极盛而阳气回复呢？贞干到坚固的地步，遂转为元始，蛰伏到极点，则迎来启动；谷粒内部坚实的，可以作种子，至于那些不可以作种子用的谷粒，则不能说是坚实的谷粒。若心中无满腔生机，让万物皆能在心中萌发，则不能说是最宁静的境地。然而，宁静到了极点便生发出阳气，这是因为生物所蕴含的好生之心。各种气息都静到极点，好生之心不止息，这是三天两地的至诚么？颜子的三月不违背，也可以说是洗净心中的污垢退后深藏，是极为安静中的真正快乐。我们这些人追求静，与禅家的入定不同，无思无虑的宗旨，必须通过心的检验，有人说阳气回复万物生长，这才可以说是最高的静界，可以说是箭未发时纹丝不动状态下的身体。不然的话，深深紧闭坚守抗拒，心如死灰，自以为是静，而生机差不多止息了，何况它并不能静。间或偶遇干扰，不就心意不定吗？深入地观察宇宙自然，都是阴信在阳信之先。但这些认识都不是从实际中体验出来的，终归是浮光掠影之说。

点评

曾氏服膺唐鉴的"静"字之说，在他的《五箴》中"主静"被列为其一。然而，曾氏的静，是静中有生机，即"静极生阳"，而不是禅家所说的入定。这段日记，所说的便是这个意思。

至虚至诚

人必中虚，不着一物，而后能真实无妄。盖实者，不欺之谓也。人之所以欺人者，必心中别着一物，心中别有私见，不敢告人，而后造伪言以欺人。若心中了不着私物，又何必欺人哉？其所以自欺者，亦以心中别着私物也。所知在好德，而所私在好色，不能去好色之私，则不能不欺其好德之知矣。是故诚者，不欺者也；不欺者，心无私着也；无私着者，至虚者也。是故天下之至虚，天下之至诚者也。当读书则读书，心无着于见客也；当见客，则见客，心无着于读书也。一有着，则私也。灵明无着，物来顺应，未来不迎，当时不杂，既过不恋，是之谓虚而已矣，是之谓诚而已矣。以此读《无妄》、《咸》、《中孚》三卦，盖扞格者鲜矣。

译文

人必须心中虚空，不沾染一物，然后才能做到真实无妄。所说的实，就是不欺的意思。人之所以要欺蒙别人，必然是心中存着一个目的，有一个自私的意图，不敢明白告诉别人，然后才编造虚伪的话加以欺骗。倘若心中一点不沾染自私的想法，又何必要去欺蒙人呢？他之所以自我欺蒙，也是因为心中另外有着自私的想法。所具有的知见属于追求德行之列，而所存的私心属于喜好女色之列，不能去掉好色的私心，则不能不欺蒙好德的知见了。故而诚，便是不欺。所谓不欺，即心中无自私的念头。无自私的念头，即最高的虚空。所以，天下最高的虚空，即天下最高的诚实。应当读书时便读书，心里不要想着去会客；应当会客时则会客，不要又想着去读书。一有别的念头沾染，那就是私了。心灵上没有别的沾染，事情来了顺着迎接，不来则不迎接。当时不存杂念，过后也不去留恋，这就是所谓的虚而已，也就是所谓的诚而已。以这种认识去读《无妄》、《咸》、《中孚》三卦，于是障碍便少了。

点评

诚是程朱理学中的一个很重要的哲学概念，曾氏将它理解为心中没有一丝一毫的私念，并将它称之为"中虚"。曾氏的这种理解，有助于本身的人格境界的提高。

平日读书积理之功

凡作诗文，有情极真挚不得不一倾吐之时，然必须平日积理既富，不假思索，左右逢源，其所言之理，足以达其胸中至真至正之情。作文时无镌刻字句之苦，文成后无郁塞不吐之情。皆平日读书积理之功也。若平日酝酿不深，则虽有真情欲吐，而理不足以达之，不得不临时寻思义理。义理非一时所可取办，则不得不求工于字句。至于雕饰字句，则巧言取悦，作伪日拙，所谓修辞立诚者，荡然失其本旨矣。以后真情激发之时，则必视胸中义理如何，如取如携，倾而出之可也。不然，而须临时取办，则不如不作，作则必巧伪媚人矣。

译文

凡吟诗作文，都有一段感情极为真挚不得不倾吐的时候，但这必须是平日里道理积蓄得很丰富，不假思索，左右逢源，诗文中所说的道理，足以表达胸中至真至正的感情。作文时没有遣词造句的苦恼，文章写成后没有郁闭阻塞的感情，这都是由于平日读书累积道理的功夫所致。倘若平日里酝酿得不深透，则虽然有真情想倾吐，而义理不足以表达，不得不临时去寻找所根据的义理。义理又不是一时间所能寻到的，于是不得不去追求字句上的工整，以至于雕饰字句，这样就将用花言巧语来取悦读者，作伪的手法一天天拙劣，所谓修辞立诚的本意则荡然无存了。以后真情激发的时候，则必须要看胸中所存的义理如何，好比随身携带着，立时可拿出则行，不然的话，若要临时去获取，则不如不作，一旦作了，必定会是以巧伪之字句来讨好别人了。

点评

曾氏是个诗文大家，他认为好的诗文不仅仅只是情上的好，还要有理上的好。理从哪儿来？来自平日的积累。其积累主要在两个方面，一为多读书，二为勤思考。读书是接过前人的识见，思考便有可能生出自己的识见来，这便是创新。

听昆腔，心静且和

在何宅听唱昆腔，我心甚静且和，因思古乐陶情淑性，其入人之深当何如！礼乐不兴，小学不明，天下所以少成材也。

译文

在何家听昆曲，我的心很安静而且平和，因而想到古乐陶冶善良情性是如何的深入人心！礼乐不兴盛，文字训诂不明白，天下因此而缺少人才。

点评

何家即何绍基家。何家是湘籍京官中的名门。何绍基的父亲何凌汉以探花入翰苑，官至尚书。何绍基道光十六年（1836）中进士，此时正在翰苑任编修。何学问书法均极佳。既为同乡同寅，又志趣相投，故而两人关系密切。

耐

竹如教我曰耐。予尝言竹如贞足干事。予所谓阙者贞耳，竹如以一耐字教我，盖欲我镇躁以归于静，以渐几于能贞也。此一字，足以医心病矣。

写字时，心稍定，便觉安恬些，可知平日不能耐，不能静，所以致病也。写字可以验精力之注否，以后即以此养心。

译文

竹如教我一个"耐"字，我曾经说竹如坚定，足以办事。我所缺乏的便是坚定。竹如以一"耐"字教我，是希望我压住急躁而归于安静，以求慢慢地做到能够坚定。这一个字，足够医治我的毛病。

写字时，心稍稍安定，便觉得恬静一些，可知我平时不能耐烦，不能安静，所以引出毛病来。写字可以检验精力是否专注，以后即以此来养心。

点评

曾氏性格有点褊急，缺乏耐心。这个毛病，通过道光二十三年（1843）正月的这两段日记可以看出，那时既为曾氏的朋友们所知，也为他自己意识到了，并下决心要改掉。但十年后他出山办湘军，这个毛病依旧让他吃过不少苦头，直到他在残酷的现实中感受到椎心刺骨的痛苦后方才彻底改变。于此可见，纸上得来与亲身阅历之间的差异之大。

空　寂

万事付之空寂，此心转觉安定，可知往日只在得失场中过日子，何尝能稍自立志哉！

译文

万事付之空寂，这颗心反而转为安定。由此可知往日只是在得与失的思考取舍中过日子，怎么能立下自己的志向呢？

点评

曾氏所说的空寂，不是释家所说的空与寂，而是前面所说的虚，即"不着一物而后能真实无妄"的意思。"物"中很大部分便是个人得失。去掉个人得失，方能立志。曾氏的这个领悟，很值得有志者重视。

立 志

《记》云："君子庄敬日强。"我日日安肆，日日衰苶，欲其强，得乎？譬诸树木，志之不立，本则拔矣。是知千言万语，莫先于立志也。

译文

《礼记》上说："君子端庄恭敬，一天比一天坚强。"我每天安逸恣肆，每天衰败颓废，即便想坚强，能做到吗？人好比树木，志向不立，根本则被拔除。故而当知千言万语，莫过于先立志。

点评

后人说曾氏早年日记"多痛自刻责之言"。此为一例。

正大笃实

唐先生言，国朝诸大儒，推张杨园、陆稼书两先生最为正大笃实，虽汤文正犹或小逊，李厚庵、方望溪，文章究优于德行。

夜读杨园先生集，中有数条，如破我忮求之私，当头棒喝。

读杨园《近古录》，真能使鄙夫宽，薄夫敦。

译文

唐鉴先生说，清朝诸位大儒，当推张杨园、陆稼书两位先生最为正大笃实，即便汤斌也或许稍逊一筹，李厚庵、方望溪则毕竟是文章优于德行。

夜读杨园先生文集，中间有几段话，如同破除我心中的忮妒贪求欲念，不亚于当头来个棒喝。

读杨园先生的《近古录》，这部书真正能使鄙陋者宽宏，刻薄者敦厚。

点评

张履祥，字考夫，安徽桐城人，讲学于杨园村，世称杨园先生。陆稼书即陆陇其，浙江平湖人，任过知县、监察御史等职，后辞官回籍，著述甚丰，被雍正帝称为醇儒。在唐鉴的推荐下，曾氏这段时期每天都读张杨园的书。张书对他在身心修炼方面启发很大。

血战工夫

因作字，思用功所以无恒者，皆助长之念害之也。本日因闻竹如言，知此事万非疲软人所能胜，须是刚猛，用血战功夫，断不可弱。二者，不易之理也。时时谨记，《朱子语类》"鸡伏卵"及"猛火煮"二条，刻刻莫忘。

译文

因为写字，想起用功之所以无恒心，都是由于拔苗助长的念头害的。今天因为听到竹如的话，知道此事绝对不是疲软人所能胜任，必须刚强勇猛，要用血战的功夫，断然不可软弱。这两方面，都是不可改变的真理，要时刻谨记。《朱子语类》上说的"鸡伏卵"及"猛火煮"二条，时时不要忘记。

点评

"鸡伏卵"，说的是持之以恒，"猛火煮"说的是血战工夫。朱熹的这两个求学譬喻，正好用于作字上。

为人与为己

凡读书，有为人为己之分。为人者，纵有心得，亦已的然自亡。予于杜诗，不无一隙之见，而批点之时，自省良有为人之念，虽欲蕴蓄而有味，得乎？

译文

大致说来，读书有为别人和为自己之分。为别人而读书，纵使有心得，也一定会很快自然消亡。我对于杜诗，尽管有一点见解，而在批点时，自思大有为别人的念头，虽然想蕴蓄有味，能做得到吗？

点评

孔子说过："古之学者为己，今之学者为人。"为己，指的是为了提高自己的道德文章而求学。为人，即指求学乃是为了装门面给别人看，或者也包含着只是为着去做人师而学的一层意思在内。曾氏检讨自己心中有为人之念，故不能真正做到蕴而有味。

绵绵穆穆

自戒惧而约之，以至于至静之中，无少偏倚，而其守不失，则极其中而天地位。此绵绵者，由动以之静也。自谨独而精之，以至于应物之处，无少差谬，而无适不然，而极其和，而万物育。此穆穆者，由静以之动也。由静之动，有神主之；由动之静，有鬼司之。终始往来，一敬贯之。

译文

自我有所戒惧并加以约束，从而到达至静的境界，没有一点偏倚，而所持守的不丢失，则中庸可达极点而天地可以正位。此处所说的绵绵者，是指由动走向静。自己将谨慎独处做得精到，以至于接人待物时，无稍许差错，如此则无往而不通，能极为和谐，能感受万物繁育的佳境。此处所说的穆穆者，是指由静走向动。由静到动，有神主导；由动到静，有鬼掌握。从终至始从往至来，以一个敬字贯穿。

曾国藩手书联语

点评

有一段时期，曾氏特制了一种日记本。这种日记本雕板印刷，每天的内容由两个版面构成。正面版有六栏。第一栏印"月""日"两字，第二栏印"读书"，第三栏印"静坐"，第四栏印"属文"，第五栏印"作文"，第六栏印"绵绵穆穆之室日记"八字。背面版有五栏，第一栏印"办公"两字，第二栏印"课子"，第三栏印"对客"，第四栏印"回位"，第五栏便是印着上面所录的这段文字。由此可知这段话是曾氏每天必读的一段座右铭。他将自己每天的生活限定在读书、静坐、属文、作字、办公、课子、对客、回位八大内容中，以戒惧和约束来加以规范陶铸，这就是曾氏在京师时期的理学修持。

美成在久

庄子曰，美成在久，骤而见信于人者，其相信必不固；骤而得名于时者，其为名必过情。君子无赫赫之称，无骤著之美，犹四时之运，渐成岁功，使人不觉。则人之相孚，如桃李不言，下自成蹊矣。

译文

庄子说，美好是经过长久而形成的，骤然间便被人信任，这个信任必然不牢固；骤然间便名显一时，这个名必然超过实。君子没有显赫的名声，没有骤然间产生的美好，好比春夏秋冬四季的运转，慢慢地成就岁月的功效，使人没有感觉。故而人与人之间的互相取信，如同桃李树一样，不需要言语，树下便自然形成人来人往的小道。

点评

天地间的原则是：来之不易，则去之亦不易。日积月累的成绩，才经得起岁月的考验，故而有"暴得大名者不祥"之说。

躬自厚而薄责于人

有盖宽饶、诸葛丰之劲节，必兼有山巨源、谢安石之雅量，于是乎言足以兴，默足以容。否则，峣峣易缺，适足以取祸也。雅量虽由于性生，然亦恃学力以养之，惟以圣贤律己，躬自厚而薄责于人，则度量闳深矣。

译文

有盖宽饶、诸葛丰的劲厉节操，必须兼有山巨源、谢安石的宏大气量，于是说话则足以兴作，沉默则足以宽容。否则，峣峣者易于被摧折，劲厉节操反而会招来祸灾。宏大气量虽然是由于天性决定，但也可以依靠学习来培养，只有以圣贤作为榜样来律己，对自身要求严格而轻于责备别人，则度量就将宏大深阔。

点评

盖宽饶是汉宣帝时的大臣，诸葛丰是汉元帝时的大臣，他们两人都性格刚直，嫉恶如仇，也都因此而招怨，一被下狱自杀而死，一被削职回籍。山巨源是晋代名士，与嵇康、阮籍等人交游，为竹林七贤之一，后嵇康与之绝交，并作文讥笑他，他亦能容忍。谢安石即谢安，是一个著名的喜怒不形于色的人。曾氏在这里谈到了一个重要的处世道理，即应当有宽容别人的雅量，而雅量也是可以通过培养获得的。

知己之过失

知己之过失，即目为承认之地，改去豪杰吝惜之心，乃最难事。豪杰之所以为豪杰，圣贤之所以为圣贤，便是此等处磊落过人，能透过此一关，寸心便异常安乐，省得多少胶葛，省得多少遮掩装饰丑态。

译文

知道自己的过失，就坦率承认，去掉太看重豪杰身份之心，这是最难做到的事。豪杰之所以为豪杰，圣贤之所以为圣贤，便是在这种地方光明磊落，超过常人。能将这一层看透彻，心情便会异常安乐，省去了许多麻烦以及遮遮掩掩装模作样的丑态。

点评

敢于面对自己的不是，敢于承认自己的不足，这其实是对自己的最大相信，是英雄豪杰之所作为。

十种书烂熟于心

有义理之学，有词章之学，有经济之学，有考据之学。义理之学，即《宋史》所谓道学也，在孔门为德行之科；词章之学，在孔门为言语之科。经济之学，在孔门为政事之科；考据之学，即今世所谓"汉学"也，在孔门为文学之科。此四者，阙一不可。予于四者，略涉津涯，天质鲁钝，万不能造其奥窔矣。惟取其尤要者，而日日从事，庶以渐磨之久，而渐有所开。

义理之学，吾之从事者二书焉，曰《四子书》，曰《近思录》；词章之学，吾之从事者二书焉，曰《曾氏读古文钞》与《曾氏读诗钞》，二书皆尚未纂集成帙，然胸中已有成竹矣；经济之学，吾之从事者二书焉，曰《会典》，曰《皇朝经世文编》；考据之学，吾之从事者四书焉，曰《易经》，曰《诗经》，曰《史记》，曰《汉书》。此十种者，须要烂熟于心中。凡读书者，能附于此十书，如室有基而丹腹附之，如木有根而枝叶附之，如鸡伏卵，不稍歇而使冷，如蛾成垤，不见异而思迁。其斯为有本之学乎？

译文

有义理之学，有词章之学，有经济之学，有考据之学。义理之学，即《宋史》中所说的道学，在孔门则为德行科。词章之学，在孔门则为言语科。经济之学，在孔门为政事科。考据之学，即当代所谓的汉学，在孔门则为文学科。这四门学问，缺一不可。我对于这四门功课，略为涉及边缘，只是天资鲁钝，万万没有登堂入室。只有取它中间最为重要的书籍，天天研读，期望能借接触时间久来有所开启。

义理之学，我所读的有两部书，为《四子书》，为《近思录》。词章之学，我所研读的有两部书，为《曾氏读古文钞》，为《曾氏读诗钞》。这两部书还未编缉成册，但我胸中已有完整的思考了。经济之学，我所研读的有两部书，为《会典》，为《皇朝经世文编》。考据之学，我所研读的有四部书，为《易经》，为《诗经》，为《史记》，为《汉书》。这十部书，必须要烂熟于胸。今后凡是谈别的书，能有此十部书为基础，好比房屋有地基而再附上色彩，好比树木有根而再附上枝叶。研读这些书，好比母鸡孵蛋，不叫它稍微停歇而变冷，好比蚁虫垒土堆，不见异思迁。这可以视为有本源的学问吗？

点评

曾氏在此提出一种治学方法，即精读一门学问中的几部经典之作，将它作为该门学问的基础。这种由博返约的治学方法，应不失为良法。

收获与耕耘

天行健，君子以自强不息；地势坤，君子以厚德载物。《颐》，君子以慎言语，节饮食。《损》，君子以惩忿窒欲。《益》，君子以见善则迁，有过则改；《鼎》，君子以正位凝命。此六卦之大象，最切于人，《颐》以养身养德，《鼎》以养心养肾，尤为切要。

座右为联语以箴云："不为圣贤，便为禽兽；莫问收获，但问耕耘。"

译文

天的运行是刚健的，君子以此为榜样自强不息。地的态势是柔顺的，君子仿效它而容纳万物。《颐》，君子受它的启发而做到言语谨慎，节制饮食。《损》，君子受它的启发而做到惩治忿怒抑制欲望。《益》，君子受它的启发而做到见到好的就学习，有了过错就改正。《鼎》，君子受它的启发而做到行为端正气概凝重。这六个卦的形象与人最为切合。借《颐》来养身养德，借《鼎》来养心养肾，尤其更切要。

座位之右以自制的联语为箴诫："不成为圣贤，便只能做禽兽；不要去问将来的收获如何，只问眼下的耕耘做得怎样。"

点评

曾氏年轻时确实有非此即彼的褊急思维特点。不过，所撰的这副联语，其上联中的绝对化思维乃刻意而为，意在截断自己的退路。其劝世作用，似乎更具普遍性。

日日向上

除却进德修业，乃是一无所恃，所谓"把截四路头"也。若不日日向上，则人非鬼责、身败名裂不旋踵而至矣，可不畏哉！

译文

除了增进道德修持学业外，其他没有一样是自己可以把握得了的，这就是所谓的"把截四路头"的意思。倘若不天天向上，则别人非难鬼神责备、身败名裂的时候很快就会到来，难道不值得害怕吗？

点评

世上的事，从个人与社会的关系这个角度来看，大致可分为个人独立完成和与社会共同完成两大类，凡是可凭个人独立完成的事，个人便起决定因素，成与不成，关键在自身；凡是要与社会合作来完成的事，个人便起不了决定作用，成与不成，要看各方面的配合程度如何。脑子里有这样的清晰认识后，人们或许会减少许多烦恼，增加一些旷达。

肃肃雍雍

治心之道，先去其毒。阳恶曰忿，阴恶曰欲。治身之道，必防其患。刚恶曰暴，柔恶曰慢；治口之道，二者交惕，曰慎言语，曰节饮食。凡此数端，其乐维何，礼以居敬，乐以导和。阳刚之恶，和以宜之；阴柔之恶，敬以持之。饮食之过，敬以检之。言语之过，和以敛之。敬极肃肃，和极雍雍，穆穆绵绵，斯为德容。容在于外，实根于内。静动交养，晬面盎背。

译文

整治心灵的办法，在于先去掉危害它的毒素。表面上的危害为忿怒，背后的危害为欲求。整治身体的办法，在于必须防止危害它的祸患。激烈方面的祸患为

曾国藩手书肃雍和鸣匾

暴躁，舒缓方面的祸患为惰慢。

整治嘴巴的办法，在两点上应予警惕，一为谨慎言语，一为节制饮食。以上这几个方面，靠什么来使人处喜乐之中，用礼来使人的身体处于敬谨，用音乐来引导人心的畅和。激烈方面的危害，则宜以和乐处之。舒缓方面的危害，则以敬谨对待。饮食方面的过失，以敬谨来检讨。言语方面的过失，则以和乐来收敛。敬谨的顶点为肃肃，和乐的顶点为雍雍。穆穆绵绵，这是道德的表现。容貌表现在外，它的根子扎在内心。静与动相互培养，从面到背都安逸祥和。

点评

心、身之外，曾氏还特别指出要治口，治口的要点一为说话谨慎，二为节制饮食。治好了口，于心、身更为有益。

恬静书味

余生平虽颇好看书，总不免好名好胜之见参预其间，是以无孟子"深造自得"一章之味，无杜元凯"优柔餍饫"一段之趣，故到老而无一书可恃，无一事有成。今虽暮齿衰迈，当从敬静纯淡四字上痛加工夫，纵不能如孟子、元凯所云，但养得胸中一种恬静书味，亦稍足自适矣。

译文

我平生虽然颇为喜爱读书，但总免不掉好名好胜的念头掺杂其间，故而没有孟子"深造自得"一章的趣味，也没有杜预（元凯）"优柔餍饫"一章的趣味，所以到老了没能著成一本书，没能办成一桩事。现在虽然年老力衰，还应当从敬、静、纯、淡四字上痛下工夫，即便不能得到如孟子、杜预所说的那样的乐趣，只要养得胸中有一种恬静的书味，也足以感到自我舒适了。

点评

世上有许多事本是极有趣味的，但一将功利之心掺杂进去，便无趣味了。读书即其一。曾氏这段日记，记录的便是他的这种体会。

从而顺全

处逆境之道，惟《西铭》"无所逃而待烹，申生其恭也；勇于从而顺全者，伯奇也"等句，最为亲切。

译文

身处逆境的应付方式，惟有《西铭》所说"无法逃走而等待被宰割，这是申生所取的恭顺态度，勇敢地服从又保全了自己的是伯奇"这些话，最为亲切。

点评

这是曾氏同治八年（1869）九月二十五日的日记中一段话。同治七年十一月初，曾氏离南京北上赴直隶总督任，其时欧阳夫人正患重病，长子纪泽侍奉母亲留在南京，次子纪鸿陪同父亲赴任。这天晚上，办完公事后，父子俩闲聊天，谈到逆境的应对时，曾氏对纪鸿说了上面这句话。

曾国藩手书联语

淡极乐生

偶作联语以自箴云："禽里还人，静由敬出；死中求活，淡极乐生。"一本《孟子》"养气"章之意，一本《论语》"疏水曲肱"章之意，以绝去梏亡营扰之私。

译文

偶尔作一联语，借以自箴："从禽兽俗欲中返回人的本性，宁静系由敬谨而出；从死亡线上求得生命，恬淡至极乃生快乐。"一源自《孟子》"养气"章，一源自《论语》"疏水曲肱"章，用以断绝钻营谋利而束缚本性的私心。

点评

理学认为，人因为私欲过重就会丧失本性而坠入禽兽一流，去掉私欲，也便恢复人的本性，这便是"禽里还人"的意思。曾氏作此联，意在去贪欲而求恬淡。

分别为己为人之界

本朝博学之家，信多闳儒硕士，而其中为人者多，为己者少。如顾、阎并称，顾则为己，阎则不免人之见者存；江、戴并称，江则为己，戴则不免人之见者存；段、王并称，王则为己，段则不免人之见者存；方、刘、姚并称；方、姚为己，刘则不免人之见者存。其达而在上者，李厚庵、朱可亭、秦味经，则为己之数多，纪晓岚、阮芸台则不免人之见者存。学者用力，固宜于幽独中，先将为己为人之界，分别明白，然后审端致功。种桃得桃，种杏得杏，未有根本不在，而枝叶发生，而自曑茂者也。

译文

本朝博学名家，的确有很多学问渊博的儒士，但其中为炫耀于别人而学习的多，为提高自己而学习的少。比如顾炎武、阎若璩并称，顾炎武是为提高自己，阎若璩则不免存着一些炫人的成分；江声、戴震并称，江声是为提高自己，戴震则不免存着一些炫人的成分；段玉裁、王念孙并称，王念孙是为提高自己，段玉裁则不免存着一些炫人的成分；方苞、刘大櫆、姚鼐并称，方苞、姚鼐是为提高自己，刘大櫆则不免存着炫人的成分。那些处在高位者，李光地、朱彝尊、秦蕙田，则为提高自己而求学的成分多，纪晓岚、阮元则不免炫人的成分多。学者花费精力治学，应该在幽静孤独中，先将为提高自己与炫人之间的界线划分明白，然后再选择领域用功。种桃者得桃，种杏者得杏，没有根本不存在，而枝叶生长，并且茂盛的。

点评

曾氏对清朝的一批大学者作了为己为人的界定，不一定准确，只不过表达他对为己学者的推崇而已。

游心物外

邵子所谓观物，庄子所谓观化，程子所谓观天地生物气象，要须放大胸怀，游心物外，乃能绝去一切缴绕郁悒、烦闷不宁之习。

译文

邵雍所说的观物，庄子所说的观化，程子所说的观天地生物的气象，都必须放大胸怀，将心置于物外，才能断绝一切围绕在心臆间的抑郁烦闷的不安宁习性。

点评

人只有在自我心境宁静的时候，才能领略与感悟世界。

自 信

读书之道，朝闻道而夕死，殊不易易。闻道者，必真知而笃信之。吾辈自己不能自信，心中已无把握，焉能闻道？

译文

读书的原则是早上明白了大道理，晚上便可以无遗憾地死去。这很不容易做到。所谓明白了大道理，必须是真正明白而坚定相信。我们这些人自己不能自信，心中已经缺乏把握了，又怎能明白大道理呢？

点评

曾氏说的是自信的重要。"道"有没有"闻"，这要靠心去把握，故而自信才是先决条件。

平淡使胸襟宽阔

胸襟广大，宜从平淡二字用功。凡人我之际，须看得平；功名之际，须看得淡。庶几胸怀日阔。

译文

要想胸襟广大，宜从平与淡二字上用功。凡在与别人打交道时，必须将自己的心态摆平；在对待功利得失时，则必须把利益看淡薄。如此，胸怀或许会一天天宽阔。

点评

人的胸襟之所以不广阔，是因为受外物所阻。过于计较得失，过于看重荣辱，这些都属于外物。去掉这些外物，人的胸怀便会变得开阔。

骄气暮气

傍夕，与子序登楼，论老年用功，不可有骄气暮气。

译文

傍晚，与子序登楼聊天，说到老年人的读书用功，不能有骄气和暮气。

点评

子序即吴嘉宾，江西南丰人，曾氏会试同年，后参曾氏幕，是曾氏较为亲近的好友。曾氏常常与他谈一些心里话。

完 人

念不知命、不知礼、不知言三者，《论语》以殿全篇之末，良有深意。若知斯三者，而益之以孟子取人为善、与人为善之义，则将庶可为完人矣。

译文

想起不知命、不知礼、不知言这三句话，《论语》将它置于全书之末，的确是有深意存在其中。倘若知道这三点，而再加上明白孟子所说的学习别人的长处、与人友善相处这两句话的意义，那么将有可能成为完人。

点评

《论语》的最后一篇为《尧曰篇》。《尧曰篇》的最后一段话为："孔子曰：'不知命，无以为君子也；不知礼，无以立也；不知言，无以知人也。'"曾氏认为，这段话是编《论语》者有意这样安排的，是在为全书作一个总结。

平处与污处

闻子序谈"养气"章末四节，方孔子之所以异于伯夷、伊尹者，不在高处，而在平处；不在隆处，而在污处。污者，下也；平者，庸也。夷、尹之圣，以其隆高而异于众人也。宰我之论尧舜以勋业而隆，孔子以并无勋业而污；子贡之论百王以礼乐而隆，孔子以并无礼乐而污；有若之论他圣人以出类拔萃而隆，孔子以即在类萃之中不出不拔自处于污，而污下而同于众人。此其所以异于夷、尹也，此其所以为生民所未有也。

译文

听子序谈"养气"章的末四节，比方说孔子之所以不同于伯夷、伊尹的地方，不在崇高处，而在平凡处，不在高贵处，而在卑贱处。卑贱，即低下；平者，即庸常。伯夷、伊尹作为圣人，是以他们的崇隆高贵而不同于众人。宰我评议尧舜是以勋业而崇隆，孔子是以并无勋业而卑贱。子贡评议百王是以礼乐而崇隆，孔子是以并无礼乐而卑贱。有若评议其他圣人是以出类拔萃而崇隆，孔子是以在众人之间不出人头地而自安于卑贱，他是在卑贱低下之中和众人一个样。这就是孔子之所以不同于伯夷、伊尹之处，也是有生民以来所没有之处。

点评

孔子在平凡中拥有不平凡，所以孔子比其他圣贤都伟大。

知 仁

为人之道有"四知"，天道有"三恶"。"三恶"之目，曰天道恶巧、天道恶盈、天道恶贰。贰者，多猜疑也，不忠诚也，无恒心也。"四知"之目，即《论语》末章之知命、知礼、知言，而吾更加以知仁。仁者，恕也。己欲立而立人，己欲达而达人，恕道也。立者，足以自立也；达者，四达不悖，远近信之，人心归之。《诗》云"自西自东，自南自北，无思不服"，《礼》云"推而放诸四海而准"，达之谓也。我欲足以自立，则不可使人无以自立；我欲四达不悖，则不可使人一步不行，此立人达人之义也。孔子所云"己所不欲，勿施于人"，孟子所云"取人为善，与人为善"，皆恕也，仁也。知此则识大量大，不知此则识小量小。故吾于三知之外，更加"知仁"。

译文

为人的原则有"四知"，而天的原则是"三恶"。"三恶"的名称是天道恶巧、天道恶盈，天道恶贰。贰，即猜疑多，不忠诚，没有恒心。"四知"的名称即《论语》末章的知命、知礼、知言，而我更增加一个叫知仁。仁，就是恕。自己想成立也让别人成立，自己想畅达也让别人畅达，这就是恕道。立，就是足以自立；达，就是四方畅达而不违背，远远近近都相信他，人心归顺他。《诗经》上说"从西从东，从南从北，没有不服从的"，《礼记》上说"推广以至于放到四海都可以获得效应"，这就是达的意思。我想足以自立，则不能够使人无以自立；我想四方畅达而不违背，则不能使别人一步不行。这就是立人达人的道理。孔子说"自己所不想要的，不要加于别人"，孟子说"学习别人的长处，与别人友善相处"，这都是恕，即是仁。懂得这个道理则识大量大，不懂得这个道理则识小量小。故而我在"三知"之外，更增加一个"知仁"。

点评

曾氏认为，所谓仁，就是以己度人，自己想得到的也希望别人得到，自己不想得到的也希望别人得不到，一个人懂得这个道理后，就不但称得上有见识，而且他的度量也会随之而增大。

不可以小道自域

读书之道，杜元凯称若江海之浸，膏泽之润。若见闻太寡、蕴蓄太浅，譬犹一勺之水，断无转相灌注、润泽丰美之象，故君子不可以小道自域也。

译文

有关读书治学的道理，杜预将它比作江海的浸透，肥沃大泽的滋润。倘若见闻太窄、储蓄太少，则好比一勺子水，绝对没有多方灌注、润泽丰美的气象，故而君子不可以小有成绩而自限。

点评

庄子曰"水之积也不厚，则其负大舟也无力"，"风之积也不厚，则其负大翼也无力"，曾氏这段日记说的也是这个意思。

学问阅历渐推渐广渐习渐熟

与子序言圣人之道，亦学问阅历渐推渐广，渐习渐熟，以至于四达不悖，因戏称曰：乡人有终年赌博而破家者，语人曰吾赌则输矣，而赌之道精矣。从来圣贤未有不由勉强以几自然，由阅历悔悟以几成熟者也。程子解《孟子》苦、劳、饿、乏、拂、乱、动、忍等语曰若为熟也，须从这里过，亦与赌输而道精之义为近。子序笑应之。

译文

与子序谈到圣人的为学，也是由他的学问阅历逐渐推广，逐渐熟习，以至于最后能够四方畅达而不违背，因而说笑话：我的家乡有一个人一年到头赌博，后来家因此破败。他对别人说，我赌是赌输了，但赌博技术却是精熟了。从来圣贤没有不从勉为其难而逐渐到自然，由经历悔恨醒悟而逐渐成熟的。程子解释《孟子》中的苦、劳、饿、乏、拂、乱、动、忍等话时说若要做到熟，必须要有这样的过程，这也与赌博输了但赌技却精熟的意义相近。子序笑而同意。

点评

一个人的亲身阅历至关重要，它不是用读书就可以替代得了的，即便圣贤也是在反复阅历的过程中才逐渐成熟，何况众人！

一　律

余近日常写大字，微有长进，而不甚贯气，盖缘结体之际，不能字字一律。如或上松下紧，或上紧下松，或左大右小，或右大左小，均须始终一律，乃成体段。余字取势，本系左大右小，而不能一律，故恒无所成。推之作古文辞，亦自有体势，须篇篇一律，乃为成章；办事亦自有体势，须事事一律，乃为成章；言语动作，亦自有体势，须日日一律，乃为成德。否则载沉载浮，终无所成矣。

译文

我近来常常写大字，略微有些长进，但不是很贯气，这是因为在结构上不能字字一律。比如有的是上面松下面紧，有的是上面紧下面松，有的是左面大右面小，有的是右面大左面小，都必须始终一律，乃成体势。我的字重在取势，本来是左面大右面小，但不能一律，故一直没有成就。推而开之想到作古文，也应自有体势，必须篇篇一律，才算得上自成章法。办事也应自有体势，须事事一律，才可称为成章。言语举止，也应自有体势，须日日一律，才可以称之为有道德。否则有时沉有时浮，最终无所成就。

点评

曾氏喜欢举一反三，也善于举一反三。这段日记由写字而推到写文章，又推到做事，再推到做人，属典型的曾氏思维方式。世间许多事物，其深层次的道理是相通的，这就是人们提倡举一反三的根据所在。

专　一

作书者宜临帖摹帖，作文作诗，皆宜专学一家，乃易长进。然则作人之道，亦宜专学一古人，或得今人之贤者而师法之，庶易长进。

译文

练习书法的人适宜临帖摹帖，做文章吟诗，都适宜专门学习一家，才容易长进，而做人的道理，也适宜专门学习一位古人，或者是以今世的贤人为师，或许容易长进。

点评

这又是一个举一反三之例，从字到诗文到做人，都宜专一。

德学艺功

德成以谨言慎行为要，而敬、恕、诚、静、勤、润六者阙一不可；学成以三经、三史、三子、三集烂熟为要，而三者亦须提其要而钩其元；艺成以多写为要，亦须自辟门径，不依傍古人格式；功成以开疆安民为要，而亦须能树人能立法，能是二者，虽不拓疆不泽民，不害其为功也。四者能成其一，则足以自怡。此虽近于名心，而犹为得其正。

译文

在道德上有所成以谨言慎行为要点，但敬、恕、诚、静、勤、润六者缺一不可。在学业上有所成以三部经典、三部史书、三部子书、三部文集烂熟于胸为要点，但对史、子、集这三门也必须提要钩玄。在艺术上要有所成以多写为要点，但也必须自己开辟一条路，不依傍古人的现成格式。在立功上以开拓疆土安定百姓为要点，但也必须能培育人能立法规，能做到育人立法这两点，即使没有开拓疆土没有惠泽百姓，也不影响他的功劳。四个方面真正能做到其中之一，则足以自我欣慰。这种念头虽然也与好名之心相近，但毕竟还是正当的。

点评

古人说立德立功立言，三者有一则不朽。曾氏在立德立功外，加上立学立艺，合为四门。四者能成其一，则足以自我欣慰。值得重视的是，曾氏为成就四者指明了具体可行的途径。如立功，则体现在开疆安民、树人立法上，等等。

天道恶露

念天道三恶之外，又觉好露而不能浑，亦天之所恶也。

译文

想起天道有三恶外，又觉得好表现太精明而不能含浑，也是天道所恶的。

点评

天道三恶，即曾氏在另一段日记中所说的天道三忌：忌巧、忌盈、忌贰。

忘机消众机

余复胡中丞信中有云："惟忘机可以消众机，惟懵懂可以被不祥。"似颇有意义，而愧未能自体行之。

译文

我回复胡中丞（林翼）信中说："惟有忘掉机心才可以消弭众多机巧，惟有懵懵懂懂才可以除去不祥。"好像有点意思，而惭愧的是自己未能身体力行。

点评

郑板桥"难得糊涂"四个字成了不少人的座右铭，但凡是喜欢这四个字的，又都是不糊涂者，真正的糊涂人是不会需要这四个字来提醒的。曾氏的这段日记，又提供了一个例子。

凉薄之德三端

凡人凉薄之德，约有三端最易触犯。闻有恶德败行，听之娓娓不倦，妒功忌名，幸灾乐祸，此凉德之一端也。人受命于天，如臣受命于君，子受命于父，而或不能受命，居卑思尊，日夜自谋，置其身于高明之地，譬诸金跃冶而以镆铘干将自命。此凉德之二端也。胸苞清浊，口不臧否者，圣哲之用心也。强分黑白，遇事激扬者，文士轻薄之习，优伶风切之态也。而吾辈不察而效之，动辄区别善恶，品第高下，使优者未必加劝，而劣者几无以自处。此凉德之三端也。余今老矣，此着尚加戒之。

译文

大凡人在德性方面的凉薄处，约有三点最容易表露出来。对于别人的道德丑恶行为败坏，听得极有兴趣而不疲倦，忌妒别人功成名，幸灾乐祸，这是德性凉薄之一。人秉受天命，好比臣子秉受君命，儿子秉受父命，而有的人不能接受天命，身居卑贱而想得到尊贵，日夜自我谋划，把自己置身于高明的地步，好比炼铁炉里的铁块从火炉中跃出自认为是锻造镆铘、干将的材料。这是德性凉薄之二。胸中对谁清谁浊很清楚，但嘴巴上却不作评论，这是圣哲的心思。勉强要分个黑白，对事情要激浊扬清，这是文人的轻薄习气、戏子的讥讽态度。我们这些人对这种现象没有觉察反而效法，动不动便要区分善恶，品评高下，使得那些优秀者并没有得到鼓励，而粗劣者则感到无地自容。这是凉薄德性之三。我现在老了，关于这方面还要加以警诫。

点评

曾氏在这里所说的，是属于人性中的弱点。他说了三个：一为忌妒、幸灾乐祸，二为不安本分，三为喜欢评说是非。曾氏所处的时代距今已一百多年，虽然社会制度迥然不同，科技的发达、物资的丰富更是与当年有霄壤之别，但人性中的这些弱点依然存在。正因为人性未变，所以古代的人文好书依旧有阅读的价值。

君子三乐

君子有三乐，读书声出金石，飘飘意远，一乐也；宏奖人才，诱人日进，二乐也；勤劳而后憩息，三乐也。

译文

有三件事让君子感到快乐：读书时发出金石相激的声音，飘飘然让人觉得意韵幽远，这是一乐；大力奖励人才，用自己的言行引导人才日日进步，这是二乐；辛勤劳作后的休息，这是三乐。

点评

人生在世，最大的享受莫过于让自己觉得快乐。至于什么是快乐，却各有各的感觉，在不同的感觉中，足可见出一个人的趣味高下。曾氏所说的君子三乐，道出了一个高尚的人生境界。

教育的重要

孔子所谓"性相近，习相远"，"上智下愚不移"者，凡事皆然。即以围棋论，生而得国手者，上智也；屡学而不知局道，不辨死活者，下愚也。此外皆相近之资，视乎教者如何。教者高，则习之而高矣；教者低，则习之而低矣。以作字论，生而笔姿秀挺者，上智也；屡学而拙如姜芽者，下愚也。此外则皆相近之资，视乎教者何如。教者钟、王，则众习于钟、王矣；教者苏、米，则众习于苏、米矣。推而至于作文亦然，打仗亦然，皆视乎在上者一人之短长，而众人之习，随之而转移。若在上者不自咎其才德之不足以移人，而徒致慨上智之不可得，是犹执策而叹无马，真是无马哉？

译文

孔子说"人的先天本性都相差不远，只因为后天的染习才拉开了距离"，"上等的智者与下等的愚人是改变不了的"，世上所有事情都是这样的。即以下围棋来说，生来便是国手的，属于上智；屡屡学习还不知局中道理，分不出死局活局的，属于下智。这两部分之外，则属于资质差不多的，看教导者如何。教导者高明则跟着学习的也高明，教导者低劣则跟着学习的也低劣。以写字来说，生来便笔画秀挺的，属于上智；屡屡练习还是笔画拙劣得如姜芽的，属于下愚。这两部分之外，则都是资质差不多的，看教导者如何。教导者以钟繇、王羲之的书法相示，则众人都练习钟繇、王羲之的书法；教导者以苏轼、米芾的书法相示，则众人都练习苏轼、米芾的书法。以此相推，作文也是这样，打仗也是这样，都要看处于上位者的长与短，众人的表现也便跟着转移。倘若处上位者不自我检查才德不足以感化人，而仅仅感叹上智者不可得到，这好比拿着鞭子而叹息没有好马，真的没有好马吗？

点评

"性相近，习相远"，是一句流行两千年的老话，也为大多数人所接受，曾氏由此想到教导者在这中间所起的重大作用，这已经是高一层的认识了。尤为难得的是，曾氏将自己置于教导者之位，并因此而敦促自己做一个合格的教导者，于是他便理所当然地成为大大小小处上位者的楷模。读一下这段日记的前一句话："是日，与李申夫言人才以陶冶而成，不可眼孔太高，动谓无人可用。"将陶冶人才视为己任，这样的处上位者，无论古今都应受到社会的尊敬。

竭力撑持

李申甫黄州归来，稍论时事，余论当竖起骨头，竭力撑持。三更不眠，因作一联云："养活一团春意思，撑起两根穷骨头。"用自警也。余生平作自箴联句颇多，惜皆未写出。丁巳年在家作一联云："不怨不尤，但反身争个一壁静；勿忘勿助，看平地长得万丈高。"曾用木板刻出，与此联意相近，因附识之。

译文

李申甫从黄州归来，略微谈论时事，我说当竖起骨头，竭力支撑。到了三更仍睡不着，因而作一联语："养活一团春意思，撑起两根穷骨头。"借以自我告诫。我平生作自箴联语较多，可惜都未写出。丁巳年（咸丰七年——1857）在家时作了一联："不怨不尤，但反身争个一壁静；勿忘勿助，看平地长得万丈高。"曾经用木板刻出，与这副联语意思相近，因此附记在这里。

点评

曾氏长于制联，在京师时，士人中便流传"包作挽联曾涤生"的话。他一生作了许多联语，但正如他所说的，"惜皆未写出"，这是一桩遗憾的事。

爱憎恩怨未能悉化

今夜醒后，心境不甚恬适，于爱憎恩怨，未能悉化，不如昨夜之清白坦荡远甚，夫子所称"日月至焉"者，或亦似此乎？

译文

今夜醒来后，心境不很恬适，对于爱憎、恩怨没有能全部化除，远不如昨夜心境的清白坦荡，孔夫子所说的"日月就要到了"，或者也与此相似吗？

点评

曾氏天天在自我反省自我检讨，希望自己日新日日新，但此历程并非一帆风顺，这里所记的便是一个反复。

十个"三"

近日之失，由于心弦太紧，无舒和之意。以后作人，当得一松字意味，日来每思吾身能于十"三"字者用功，尚不失晚年进境。十"三"字者，谓三经、三史、三子、三集、三实、三忌、三薄、三知、三乐、三寡也。三经、三史、三子、三集、三实，余在京师尝以扁其室，在江西曾刻印章矣。三忌者，即所谓天道忌巧、天道忌盈、天道忌贰也；三薄者，幸灾乐祸，一薄德也，逆命亿数，二薄德也，臆断皂白，三薄德也；三知者，《论语》末章所谓知命、知礼、知言也；三乐者，即前所记，读书声出金石，一乐也，宏奖人才，诱人日进，二乐也，勤劳而后憩息，三乐也；三寡者，寡言养气、寡视培神、寡欲养精。十"三"字者，时时省察，其犹失之东隅，收之桑榆者乎！

译文

近来所犯的过失，是因为心弦绷得太紧没有做到缓和的缘故，以后做人，应当领悟"松"字的意味。近日来每每思考，我若能在十个"三"字上用功，尚且不会失去晚年的进展。十个"三"字，指三经、三史、三子、三集、三实、三忌、三薄、三知、三乐、三寡。三经、三史、三子、三集、三实，我在京师时曾经制匾悬于室内，在江西时又曾刻过闲章。三忌，即所说的天道忌巧，天道忌盈，天道忌贰；三薄，幸灾乐祸，一薄德，预测命运，二薄德，随心判断黑白，三薄德；三知，即《论语》末章所说的知命、知礼、知言；三乐，即以前所说的读书声出金石，一乐，大力奖励人才，引导别人日日进步，二乐，勤劳而后休息，三乐；三寡，寡言以养气，寡视以培神，寡欲以养精。十个"三"字，时时反省审视，或许能失之东隅收之桑榆吧！

点评

孔子好说"三"，光《论语·季氏篇》便一口气说了"三世"、"三桓"、"三友"、"三乐"、"三愆"、"三戒"、"三畏"。曾氏事事学习孔子，连做归纳也好用"三"，这里便说了十个"三"，如果要让他说下去的话，他还可以说出许多个"三"来。这样时时处处事事都要用一个固定的模式来约束自己，人一定活得很累。曾氏一生便活得很累。凡事都不能过头，曾氏在这方面就有点过头了。"过犹不及"，孔夫子的这句话，曾夫子怎么没有记住呢？

以不言者为体

圣人有所言，有所不言。积善余庆，其所言者也；万事由命不由人，其所不言者也。礼、乐、政、刑、仁、义、忠、信，其所言者也，虚无清静、无为自化，其所不言者也。吾人当以不言者为体，以所言者为用；以不言者存诸心，以所言者勉诸身。以庄子之道自怡，以荀子之道自克，其庶为闻道之君子乎！

译文

圣人对有些事发表看法，对有些事不表态。积善之家有余庆，这是圣人说的，万事由命运的安排而不由人做主，关于这点，圣人不发表意见。礼、乐、政、刑、仁、义、忠、信，这些都是圣人说的，至于虚无清静、无为自化，圣人则不说。我们应当以圣人所不说的那些作为本体，以圣人所说的作为使用；以圣人所不说的存在心中，以圣人所说的当作自身行为的勉励。以庄子之道来自我怡悦，以荀子之道来自我监督，如此或许可称为已懂得大道理的君子了！

点评

咸丰九年（1859）十一月初四日半夜，曾氏从睡梦中醒来后再也睡不着了，在灯光下写了这样一段极有意思的日记。曾氏以圣人所不言者作为体，存诸心，而将圣人所言者只作为用，勉诸身。这意味着，他将圣人所不言者看得更重，从正统的儒家观念来看，曾氏的这种措置显然不太合适。但事实上曾氏正是这样做的。他晚年亲手书写"不信书，信运气，公之言，传万世"十二个大字，足见他的确是将"万事由命不由人"视为体了。同样，晚年的曾氏谈得更多的也是虚静、无为等话题。

　　以勤奋一生、自律一生、刚强一生著称于近代史册的曾氏，为什么在他的心底深处却把圣人所不言者当作精神主宰呢？这是一个值得深思的问题。是不是曾氏在自己丰富多彩的生命中比别人更深刻地感悟到，圣人所不言者，并非圣人所不愿言者或所不屑言者，而是圣人也言不清楚者，而这些言不清楚者，才是宇宙人生的真谛？

军中乃争权絜势之场

　　日来心绪总觉不自在，殆孔子所谓"不仁者不可以久处约也"。军中乃争权絜势之场，又实非处约者所能济事。求其贞白不移，淡泊自守，而又足以驱使群力者，颇难其道尔。

译文

　　近日来心绪总觉得不自在，这大概就是孔子所说的"不仁爱者不可以长久地处于简约"。军营是争权夺势的场所，又实在不是长久地处于简约的人所能办成事的地方。要求得既保持坚贞清白、淡泊自守，又足以驱使将士用命，是很难的事。

点评

　　笔者常常想，曾氏从里到外满口程朱理学、道德修持，他若在翰林院做官，或许还可勉强做下去，但却在最为功利最不讲谦退的军营中，怎么可以混得下去？他却不但混下来了，还有着别人所没有的功勋，他是如何应付这种两难局面的？这段日记所记下的，正是曾氏面对军营现状左右为难的心绪。

洞彻无疑

　　孔子所谓"下学上达"，达字中必有一种"洞彻无疑"意味，即苏子瞻晚年意思深远，随处自得，亦必有脱离尘垢、卓然自立之趣。吾困知勉行，久无所得，年已五十，胸襟意识犹未免庸俗之人，可愧也已。

译文

孔子所说的"平常的学问中有高深的道理"，达字中必定有一种洞彻无疑的意味，即便是苏轼晚年对人生思考深远，随处都可以获得哲理，也必定有脱离了世俗的卑污而卓然自立的志趣。我困知勉行，努力追求，很久来没有心得了，年已五十岁，胸襟意识仍是个未脱离庸俗的人，很惭愧啊！

点评

人们常说通达二字，所谓通，便是对世界了解透彻；所谓达，便是指行事无阻碍。这种境界很不容易达到。曾氏五十岁时，还自认未脱离庸俗，进入通达境地。

敬恕勤无片刻可弛

此身无论何处境遇，而敬、恕、勤字无片刻可弛。苟能守此数字，则无入不自得，又何必斤斤计较得君与不得君、气谊孤与不孤哉？

译文

不论身处何种境地，敬、恕、勤这三个字不可以片刻松弛。假若能守住这几个字，则随便到哪里都能有所得，又何必要去斤斤计较得没得到君王的信任、朋友之间情谊少还是不少呢？

点评

曾氏办军事已经前后九个年头了，历尽千辛万苦、九死一生，品级既未升一级，地方实权也无一点。曾氏嘴巴不说，心里岂无想法？其症结，恰就在"不得君"与"气谊孤"这两点上。曾氏内心对此也很清楚，他是在用"敬"、"恕"、"勤"来强压心中的委屈。

每事都有第一义

凡事皆有至浅至深之道，不可须臾离者，因欲名其堂曰：八本堂。其目曰：

读书以训诂为本，诗文以声调为本，事亲以得欢心为本，养生以少恼怒为本，立身以不妄语为本，居家以不晏起为本，居官以不要钱为本，行军以不扰民为本。古人格言尽多，要之每事有第一义，必不可不竭力为之者，得之如探骊得珠，失之如舍根本而图枝叶。古人格言虽多，亦在乎后人之慎择而已矣。

译文

凡事都有最浅显也最深刻的道理，有八件事是一刻也不能离开的，故而以它作为堂屋的名称：八本堂。这八本为：读书以明训诂为本，作诗文以声调为本，侍奉亲长以得其欢心为本，养生以减少烦恼为本，立身以不胡言乱语为本，居家以不睡懒觉为本，做官以不贪钱财为本，行军以不惊扰民众为本。古人格言很多，重要的是每件事情中都有最重要的一点，必须要竭尽全力来做到，得到了好比探骊得珠，失掉了好比丢掉根本而获其枝叶。古人的格言虽然很多，也在于后人的谨慎选择。

点评

曾氏的这个"八本"很有名，对后世影响也很大，不少人仿其格式续写。这种句式之所以受欢迎，是因为它拈出了每一事的最重要之点，使人易于奉守。

静虚涵泳，萧然物外

九弟谏余数事，余亦教九弟静虚涵泳，萧然物外。

译文

九弟给我说了几件事，我也教九弟要做到静虚涵泳，以萧然之态度超越于世俗之外。

点评

这是咸丰十年（1860）五月二十五日日记中的一句话。一个月前，曾氏升任两江总督，成为当时最有实权的地方大员，面对着吉字营的统领、于功名利禄十分热衷的九弟，曾氏以他所领悟的圣人之本予以启发。

身边须有人时时箴规

余身旁须有一胸襟恬淡者，时时伺吾之短，以相箴规，不使矜心生于不自觉。

译文

我身边必须有一个襟怀恬淡的人，时时注意我的言行，发现有短缺之处，立即规劝，不让自矜之心在不自觉中产生。

点评

查日记，这句话的前面尚有"夜与作梅久谈言"七个字，可知这句话是作梅的建议。作梅即陈鼐，江苏溧阳人，以进士身份做曾氏的幕僚，二人相知颇深。

近日欠静字工夫

忆八年所定敬、恕、诚、静、勤、润六字，课心课身之法，实为至要至赅。吾近于静字欠工夫耳。

译文

回忆咸丰八年（1858）所制定的敬、恕、诚、静、勤、润六个字，作为心身之功课，实在是最为必要最为完备。我近来在静字方面欠工夫。

点评

在东南大局剧变时临危受命的曾氏，面对的事情千头万绪，心情自然纷乱如麻，他以"静"来严督自己，的确是抓到治心的点子上了。

以"求阙"名斋

东坡"守骏莫如跛"五字，凡技皆当知之。若一味骏快奔放，必有颠踬之时；一向贪美名，必有大污辱之时。余以"求阙"名斋，即求自有缺陷不满之处，亦

"守骏莫如跛"之意也。

译文

苏东坡"守骏莫如跛"五个字，凡是从事技艺的人都应当知道。倘若一味快速奔跑，则必有被绊倒的时候；一贯贪图美名，则必有大受污辱的时候。我之所以以"求阙"来作为书斋名，即自己去着意求取有缺陷有不足之处，这也就是"守骏莫如跛"的意思。

点评

曾氏一直认为天道忌盈忌满，人生也应如此，求缺思想的理论根据即在此。

勤、大、谦

古人修身治人之道，不外乎勤、大、谦。勤，若文王之不遑；大，若舜禹之不与；谦，若汉文之不胜。而勤、谦二字，尤为彻始彻终，须臾不可离之道。勤所以儆惰也，谦所以儆傲也，能勤且谦，则大字在其中矣。千古之圣贤豪杰，即奸雄，欲有立于世者，不外一勤字；千古有道自得之士，不外一谦字。吾将守此二字以终身，倘所谓"朝闻道夕死可矣"者乎？

译文

古人关于修身治人的道理，不外乎勤、大、谦。勤，比如周文王的从无闲暇之时；大，比如舜禹的不结党与；谦，比如汉文帝的自认不胜任。至于勤、谦两个字，尤其当贯彻始终，一刻也不能离开。以勤来儆戒懒惰，以谦来儆戒骄傲，能够做到又勤又谦，"大"就在其中了。千古以来的圣贤豪杰，即便是奸雄，想要自立于世上，也不外乎一个勤字；千古以来的有道德的人，也不外乎一个谦字。我将终生持守这两个字，也可以说得上是"朝闻道夕死可矣"的人吧！

点评

从这段日记中所举的有关勤、大、谦的三个例子来看，身为两江总督、钦差大臣的曾氏，已不自觉地将自己列为领袖群伦一类人了，他对自己的从严要求也便由此而上一台阶。

劳谦、勤俭、静虚

劳、谦二字，受用无穷。劳所以戒惰也，谦所以戒傲也。有此二者，何恶不去，何善不臻！

立身之道，以禹、墨之勤俭，兼老、庄之静虚，庶于修己治人之术两得之矣。

周末诸子各有极至之诣，其所以不及孔子者，此有所偏至，即彼有所独缺，亦犹夷、惠之不及孔子耳。若游心能如老庄之虚静，治身能如墨翟之勤俭，齐民能如管商之严整，而又持之以不自是之心，偏者裁之，缺者补之，则诸子皆可师，不可弃也。

修己治人之道，止"勤于邦"、"俭于家"、"言忠信"、"行笃敬"四语，终身用之有不能尽，不在多，亦不在深。

译文

劳、谦两个字，受用无穷。以劳可以做戒懒惰，以谦可以做戒骄傲。做到这两点，何种恶习不能去掉，何种善良不可达到！

立身的原则，以大禹、墨翟的勤俭，兼以老子、庄子的静虚，或许对于修身治人的方法两方面都得到了。

周朝末年诸子学问各自都有极高的造诣，之所以不及孔子的缘故，是他们或有所偏颇，或有所缺失，也就是如同伯夷、惠施的不如孔子罢了。若能将心游弋于老庄的虚静，治身若能像墨翟那样的勤俭，整治百姓能像管子、商鞅那样的严厉，而又能保持不自以为是的心态，偏的地方裁掉，欠缺处补上，那么诸子都可以为师，不可以抛弃哪一个。

修炼自身治理别人的道理，都在"为国家办事勤勉"、"治家俭朴"、"言语上忠诚有信"、"行为上笃实敬谨"四句话中，终生奉守它们则有不尽的好处，所应信奉的话其实不在多，也不在艰深。

点评

这几段写于咸丰末同治初的日记，所说的都是曾氏自己的修身治国体会，能从中看出他的博采众家之长、不偏不倚的中庸理念。曾氏的思想到这个时候已是十分成熟而老到了。

加倍磨冶可变换本质

天下凡物，加倍磨冶，皆能变换本质，别生精彩，何况人之于学！但能日新又新，百倍其功，何患不变化气质，超凡入圣？

译文

天下的物品，只要加倍打磨治理，都能够改变它的本质，另外生出许多精彩来，何况学习对于人所起的作用！只要能做到天天求新，加倍用功，何愁不变化气质，超凡入圣！

点评

部属将一个洋人制造的望远镜送给曾氏，并告诉他，望远镜之所以能望得很远，是因为其中经过打磨的玻璃镜片起的作用。曾氏于此引起这番感慨：凡物只要经过加倍磨冶，便可改变本质，人更是如此。任何一样东西在中国士人的眼中，都会与人的自身联系起来，这就是中国文化的特色。曾氏是主张读书能改变人的气质的，望远镜则为他的理论提供了一个强有力的证据。

尽性知命

阅王而农所注张子《正蒙》，于尽性知命之旨，略有所会。盖尽其所可知者，于己性也；听其不可知者，于天命也。《易·系辞》"尺蠖之屈"八句，尽性也；"过此以往"四句，知命也。农夫之服田力穑，勤者有秋，惰者歉收，性也；为稼汤世，终归焦烂，命也。爱人、治人、礼人，性也；爱人而不亲，治人而不治，礼人而不答，命也。圣人之不可及处，在尽性以至于命。尽性犹下学之事，至于命，则上达矣。当尽性之时，功力已至十分，而效验或有应有不应，圣人于此淡然泊然，若知之若不知之，若着力若不着力。此中消息，最难体认。若于性分当尽之时，百倍其功以赴之，而俟命之学，则以淡如泊如为宗，庶几其近道乎！

译文

读王夫之所注释的张载写的《正蒙》，关于尽性知命的道理，略微有所体会。对于那些能够探知的尽力追求，这就是尽自己的本性。对于那些不可探知的则听其自然，这就是听于天命。《易经》的《系辞》中"尺蠖之屈"八句，讲的是尽性，"过此以往"四句，讲的是知命。农民尽自己的力量种田，勤劳的便有好收获，懒惰的则歉收，这就是性；在天旱年月里种庄稼，到头来终归焦烂无收，这就是命。爱护别人，治理人群，礼貌待人，这就是性；爱护一个人但此人却对你不亲，治理人群但没有治好，以礼待人但人却不回应你，这就是命。圣人之所以不可企及之处，在于尽性而听于命。尽性尚只是平常的学问，至于命，则是高深的道理了。在尽性之时，用功已到十分，而收到的效果有相适应，也有不相适应的，圣人对此取淡泊态度。什么该去探知什么不该去探知，什么该去用力什么该不去用力，这中间的微妙是最难确切认知的。倘若在当尽性的时候，百倍努力去做，至于属于天命的那部分，则以淡泊为宗旨，这样或许与大道接近了。

点评

曾氏这段话所说的，就是今天常听到的"尽人事而听天命"这句话。自己掌握得了的，就是人事，也就是这段话中的性；自己掌握不了的，就是天命，也就是这段话中的命。这句话的大道理，大部分人都可以接受，其关键之处在于把"人事"与"天命"区分得明了：哪些属于人事，哪些属于天命。在这种区分上，见出人与人之间的高下之别。

与人为善，取人为善

古圣人之道，莫大乎与人为善。以言诲人，是以善教人也；以德熏人，是以善养人也。皆与人为善之事也。然徒与人，则我之善有限，故又贵取诸人以为善。人有善则取以益我，我有善则与以益人。连环相生，故善端无穷；彼此挹注，故善源不竭。君相之道，莫大乎此；师儒之道，亦莫大乎此。仲尼之学无常师，即取人为善也；无行不与，即与人为善也；为之不厌，即取人为善也；诲人不倦，即与人为善也。念吾忝窃高位，剧寇方张，大难莫平，惟有就吾之所见，多教数人，因取人之所长，还攻吾短，或者鼓荡斯世之善机，因以挽回天地之生机乎！

译文

古时圣人处世的原则，莫大过与人为善。以言语训诲人，就是用善心来教育人；以道德熏陶人，就是用善心来培养人，这都是与人为善的事。然而只是给予人，那么我的善有限，故而又贵在从别人那里获取善。别人有善，则取过来以增益于我，我有善则增益于别人，如连环般相生，故善端无穷无尽，彼此灌注，故善源永不枯竭。为君为相的原则，再没有大过这点的，为师为儒的原则，也再没有大于这点的。孔子的学问没有固定的老师，也就是获取别人的善为善，随便到哪儿都给予别人，也就是与人为善。向人学习不厌烦，即取人之善为善；训诲人不疲倦，即与人为善。细想自己占据高位，敌人的势力正很强大，大灾难没有平息，惟有就我的见识多教导几个人，取别人之所长，鞭责自己的过失，或许能激励今世善的机缘，用来挽回天地的生机。

点评

这是写于同治二年（1863）正月的一段日记。此时的曾氏，身为协办大学士、两江总督，节制东南四省军务。真可谓位高权重，为人臣者一时无两。曾氏并不像历史上许多权臣那样，气焰熏天，炙手可热，而是更加处处检点自己，收敛自己。他意识到自己为万众所瞻，故而必须做万众的榜样。至于他本人的榜样，则是他一贯所效法的圣人。他努力做当世的圣人，以此来教化当世。如此高位重权者，悠悠史册，难寻几个，因此曾氏受到了历史的尊敬。

不能周知因不好问不善问

处人处事之所以不当者，以其知之不明也。若巨细周知，表里洞彻，则处之自有方术矣。吾之所以不能周知者，以不好问不善问耳。

译文

处置人与事之所以有不妥当之处，是因为知道得不明确，倘若大大小小都知道得周详，里里外外都能洞彻，则处置起来自然有办法了。我之所以不能周详地知道，是因为不喜欢问不善于问的缘故。

点评

同治二年正月二十七日，曾氏上奏朝廷，报告因前敌各防未能巩固，将于近期亲自前往巡视一事。拜折后次日，他离开安庆，由水路东下。二月初一日，在船上写下这段日记。

这是一段自省文字，检查自己于人于事之所以处置不当，是因为知之不明，而知之不明，则是因为不好问不善问的缘故。曾氏的这番反省，对身处权位者颇有启发。当然，除"问"外，还得"看"。曾氏在百忙之中，抽出整整一个月的时间，亲自查勘从安庆到南京之间各交战要地的军事布防，以及军营、局卡等，会见沿途重要军事长官。曾氏的实地调查，也就是为了以后处置人事的得当。

以礼自治治人

修己治人之道，果能常守勤、俭、谨、信四字，而又能取人为善，与人为善，以礼自治，以礼治人，自然寡尤寡悔，鬼伏神钦。特恐言道不笃，间或客气用事耳。

译文

在修炼自身治理别人这件事上，真的能常常守住勤、俭、谨、信四个字，而又能做到取人为善，与人为善，以礼来自治，以礼来治人，自然就会减少过失，减少愧悔，鬼神钦伏，只是担心说话不够笃诚，间或有点意气用事耳。

点评

曾氏所处之位置，是以治人为职的，但他却将修己作为治人的前提。这便是曾氏的为官之道。

分门别类记《孟子》

温《孟子》，分类记出，写于每章之首。如言心言性之属，曰性道至言；言取与出处之属，曰廉节大防；言自况自许之属，曰抗心高望；言反躬刻厉之属，曰切己反求。

译文

温习《孟子》一书，分别门类记出，并将它写于每章之首。如孟子讲心性方面的话，叫做性道至言；讲取和与、出和处方面的话，叫做廉节大防；讲自我期许方面的话，叫做抗心高望；讲自我反省励志方面的话，叫做切己反求。

点评

这里可见曾氏的读书门径。曾氏时已五十三岁且军务繁忙，尚且如此用扎实功夫读书，实属不易。

懒生百病

百种弊病，皆从懒生。懒则弛缓，弛缓则治人不严，而趣功不敏。一处迟则百处懈矣。

译文

各种各样的弊病，都是因为懒散而生发。懒散则松弛，松弛则治人不严格，追求事功之心也不强烈。一处步伐慢则百处松懈。

点评

懒散是人性中的弱点之一。一个人即便才智平平，若不懒散，亦可望有成。

勤俭刚明孝信谦浑八德

前以八德自勉，曰勤、俭、刚、明、孝、信、谦、浑。近日于勤字不能实践，于谦、浑两字，尤觉相远，悚愧无已。勤、俭、刚、明四字，皆求诸己之事；孝、信、谦、浑四字，皆施诸人之事。孝以施于上，信以施于同列，谦以施于下，浑则无往不宜。大约与人忿争，不可自求万全处，白人是非不可过于武断，此浑字之最切于实用者耳。

译文

先前我以八种美德自勉，这八种美德为：勤、俭、刚、明、孝、信、谦、浑。近来在勤字上不能实践，在谦、浑两字上，更加觉得相差很远，恐惧惭愧无已。勤、俭、刚、明四字，都是诉求于自身的事；孝、信、谦、浑四个字，都是加在别人身上的事。孝用来施行于长辈，信则用来施行于同辈，谦用来施行于下属，浑则随处都适宜。大致说来，与别人争吵，不可以要求别人事事都对，说人的是非不可以过于武断。这些都是浑字之最切实用之处。

点评

此处所说的八个字中有一个"浑"字，向来不被人视为美德，然曾氏却常常提到它，看重它。浑即含浑之意，与今天所说的模糊近义。而今模糊已成为一门学问，即模糊学，在科学上有它的重要价值，在人类社会中它也有重要的价值。许多社会现象，很难精确分析，这是因为它原本就是模糊的，所以应以模糊来看待。

含雄奇于淡远之中

阅刘石庵《清爱堂帖》，其起笔多师晋贤及智永《千字文》，用逆蹴之法，故能藏锋。张得天之笔，多师褚、颜两家，用直来横受之法，故不藏锋，而联丝萦带，以发其机趣。二者其理本一贯，特逆蹴与直来横受，形迹判然，离合而为一耳。

看刘文清公《清爱堂帖》，略得其自然之趣，方悟文人技艺佳境有二：曰雄奇，曰淡远。作文然，作诗然，作字亦然，若能含奇雄于淡远之中，尤为可贵。

作字之法，险字和字，二者缺一不可。本日阅王箬林誉语，亦于此二字三致意焉。

偶思作字之法，可为师资者，作二语云："时贤一石两水，古法二祖六宗。"一石谓刘石庵，两水谓李春湖、程春海，二祖谓羲、献，六宗谓欧、虞、褚、李、柳、黄也。

译文

看刘墉（石庵）的《清爱堂帖》，他的起笔多学习晋代诸贤及智永的《千字文》，用的是逆蹴手法，故能藏锋。张照（得天）的笔法，多学习褚遂良、颜真卿两家，用的是直来横受手法，故不藏锋，在笔画的联带处生发它的机趣。刘、张二人用笔的道理本是一致的，只是逆蹴与直来横受两种手法形迹完全不相同，一离一合，但所本的道理是一致的。

看刘墉（文清公）的《清爱堂帖》，略微得到它的自然之趣味，于是悟到文人技艺的佳境有两种：为雄奇，为淡远。作文是这样，作诗是这样，作字也是这样，倘若能在淡远之中包含着雄奇，则尤其可贵。

写字的法则，险字与和字，二者缺一不可。今天读王箬林的誉语，也对这两个字表示再三致意。

偶尔想到写字的法则，给可以奉为老师的作两句话："时贤一石两水，古法二祖六宗。"一石说的是刘石庵，两水说的是李春湖、程春海，二祖说的是王羲之、王献之，六宗说的是欧阳询、虞世南、褚遂良、李邕、柳公权、黄庭坚。

点评

曾氏看重字，对书法颇有研究。他的字刚劲倔峭，自成一体，在晚清虽算不上一流书法家，却也颇享书名。从此处所抄录的这几段日记来看，曾氏特别喜爱刘墉的书法。他爱刘的字藏锋，并能含雄奇于淡远之中。这种兼容阴阳、含阳于阴的审美观，正与他的为人处世的观念一致。

先立规模，后求精熟

日内颇好写字，而年老手钝，毫无长进，故知此事须于三十岁前写定规模，自三十岁以后，只能下一熟字工夫。熟极则巧妙出焉，笔意间架，梓匠之规矩也，由熟而得妙，则不能与人之巧也。吾三四十岁时，规模未定，故不能有所成。人有恒言曰："妙来无过熟。"又曰："熟能生巧。"又曰："成熟故知妙也。"巧也，成也，皆以极熟之后得之者也。不特写字然，凡天下庶事百技，皆先立定规模，后求精熟，即人之所以为圣人，亦系先立规模，后来精熟，即颜渊未达一间，亦只是欠熟耳，故曰夫仁亦在乎熟之而已矣。

译文

近日里比较喜好写字，但年老手迟钝，毫无长进，故而明白此事必须在三十岁以前把规模固定，从三十岁以后，下的只能是熟练方面的功夫。熟练到极点，巧妙则出来了。笔画结构，这都如同木匠的规矩，由熟而生巧，这个巧是不能用嘴巴讲出来的。我在三四十岁时，规模没有打定，故不能有所成就。人们有句常言说："巧妙的得来，无过熟练。"又说："熟能生巧。"又说："成熟之后才知巧妙。"巧妙也好，成熟也好，都是因为极为熟练后才能得到的。不独写字是这样，天下任何事任何技能，都得先立定规模，后再讲求精熟，即使是人想做圣人，也要先立下规模，后来才能精熟。颜渊未达到圣人的高度，也是因为他去世太早未成熟的缘故，故而说仁的充沛也在于成熟。

点评

曾氏以自己的体会，得出关于写字的一个结论：三十岁时得打下规模，三十岁以后只是一个熟练的过程，而巧妙就在此过程中产生。倘若三十岁时规模未打下，则不能指望日后的高造诣。

一定之风格

观何廉舫书扇头小字，偶觉权奇，自成风格。余年已五十，而作书无一定之风格，屡有迁变，殊为可愧。古文一事，寸心颇有一定之风格，而作之太少，不足以自证自慰。至于居家之道，治军之法，与人酬应之方，亦皆无一定之风格。《传》曰："君子也者，人之成名也。"又曰："君子成德之称。"余一无所成，其不足为君子也明矣。

译文

看何栻（廉舫）写扇面上的小字，偶觉奇谲，自成一种风格。我年已五十，而写字无一固定的风格，经常变动，很以为惭愧。对于古文写作，心中略有一种固定的风格，只是写得太少，还不足以自我证明自我安慰。至于治家的道理，治军的法则，与人应酬的方略，也都没有一个固定的风格。《传》说："所谓君子，即人成名后的称呼。"又说："君子就是成就了德行者的称呼。"我一无所成，看来不足以称作君子是明明白白的了。

点评

曾氏对自己的德行、事功很少有满意的，但对于诗文写作则较为自信。尤其对古文，他觉得自己已识古人的门径，甚至说过"十分已得六七"的话，他一再叹惜自己没有时间专门做这件事，不然成就会更大。曾氏的古文写作，文学史已有定评。倘若他一心一意专事写作，也许散文创作的成就会更大，但也许不见得。比如说不从戎的话，他能写出《讨粤匪檄》这样的文章吗？

思与学不可偏废

余往年在京，深以学书为意，苦思力索，几于困心横虑，但胸中有字，手下无字。近岁在军中不甚思索，但每日笔不停挥，除写字及办公事外，尚习字一张，不甚间断，专从间架上用心，而笔意笔力，与之俱进，十年前胸中之字，今竟能达于腕下。可见思与学不可偏废。

译文

我往年在京城时，对学习书法很为留意。苦苦思考竭力求索，几乎到了困心横虑的地步。但那时只是胸中有字，手下无字。近几年在军中，不怎么去思索，但每天笔不停地挥写，除写字及办公事外，每天还专门练习一张书法，不大间断，专门从结构上用心，至于笔意笔力，则与结构一道前进。十年前胸中之字，今天居然能实现于腕下。由此可知思与学，两者不可偏废。

点评

这段日记颇有意思。从胸中有字手下无字到间架笔意笔力同时俱进，这个变化的背后原因是由苦思力索到每日笔不停挥。虽然曾氏本人得出的结论是思与学不可偏废，但由笔者看，对于写字这件事来说，学比思更为重要。

刚健婀娜，阙一不可

作字之道，刚健婀娜，二者阙一不可。余奉欧阳率更、李北海、黄山谷三家，以为刚健之宗，又当参以褚河南、董思白婀娜之致，庶为成体之书。

译文

写字的法则是刚健与婀娜，二者缺一不可。我尊奉欧阳询、李邕、黄庭坚三家，将他们视为刚健的宗师，又应当参考褚遂良、董其昌婀娜风致，或许可以成为有体的书法。

点评

书法上的提倡刚健婀娜结合，与做人上的刚柔结合，其哲理上的趋向是一致的，体现曾氏晚年人生的整体成熟。

后悔于慎独等事未用功

昔年于慎独、居敬等事全未用功，至今衰老，毫无把握，悔之晚矣。

译文

先前对慎独、居敬等事，完全没有用功，现在衰老，无法把握了，后悔已经晚了。

点评

年轻时立下的誓言，到了晚年，还能用它来检查自己，虽说没用功，实已难能可贵。

记日记

记性日坏，过目之事，顷刻即去，因立记事册，于应记者，逐日略记一二，从本日为始。

译文

记性一天天地变坏，过目的事情，很快便忘记了，因此建立一个记事册。对于应该记下的，每天略微记下一二，从今天开始。

点评

曾氏的这个记事册，已无法找到了，但我们在曾氏的日记中可以看到他的记事，从军需什物到所见部属的印象，包罗极广。对日理繁杂的行政官员来说，这种"略记一二"是非常必要的。

修己至诚，安贫恬适

古来圣哲，胸怀极广，而可达天德者，约有四端：如笃恭修己而生睿智，程子之说也；至诚感神而致前知，子思之训也；安贫乐道而润身晬面，孔、颜、曾、孟之旨也；观物闲吟而意适神恬，陶、白、苏、陆之趣也。自恨少壮不知努力，老年常多悔惧，于古人心境，不能领取一二，反复寻思，叹唱无已。

译文

自古以来的圣哲，胸怀都极为宽广，至于他们的德行中可以与天相通的约有四个方面：如踏实坚定由修身而生出睿智，是程子的学说；至诚感动神灵而获得先知先见，是子思的训诫；安贫乐道而身体滋润健康，是孔子、颜子、曾子、孟子的心态；欣赏自然清闲吟咏而做到精神恬适，是陶渊明、白居易、苏轼、陆游的意趣。我遗憾少壮时不知道努力，到老常常有很多后悔和恐惧，对于古人的心境不能领略一二，反复寻思，叹惜感慨无已。

点评

从这段记于同治十年（1871）三月初十的日记中可以看出，即将走到生命尽头的曾氏，很向往人类的四种品性，即笃恭修己、至诚感神、安贫乐道、观物闲吟。一个以事功彪炳而载入史册的政治人物，在他的晚年心目中并不以功业为重，而是看重人的生存心态，这是很值得后人去细细领会的。

以淡字去名心与俗见

近年焦虑过多，无一日游于坦荡之天，总由于名心大切，俗见太重二端。名心切，故于学问无成德行未立，不胜其愧馁；俗见重，故于家人之疾病，子孙及兄弟子孙之有无贤否强弱，不胜萦扰，用是忧惭局促，如茧自缚。今欲去此二病，须在一淡字上着意，不特富贵、功名及身家之顺逆、子孙之旺否，悉由天定，即学问德行之成立与否，亦大半关乎天事，一概淡而忘之，庶此心稍得自在。

译文

近年来焦虑过多，没有一天是在心胸坦荡中度过，这都是因为好名之心太强烈，世俗的观念太严重两点所造成的。好名之心太强烈，故而对于学问上没有成就德行上没有建树，很感到惭愧气馁。世俗的观念太严重，故而对于家人的病痛，子孙以及兄弟子孙的能力有无、德行贤否、身体强弱等，牵挂太多，因此担心忧虑而不能自拔。现在我想去掉这两个弊病，必须在一个淡字上用心，不仅富贵、功名以及一身一家的逆或顺、子孙的兴旺与否，全部交由上天决定，即便是学问、德行的成立与否，也大半听天由命，一概看淡甚至忘掉，或许此心可稍稍得到自在。

点评

这段话出于同治十年三月十四日的日记。十多年前，曾氏便说过人我之际须看得平，功名之际须看得淡，如此胸襟才能宽阔的话。到了晚年，曾氏还在说自己因为"淡"得不够，致使焦虑过多。由此可见，平、淡二字，说来容易，做起来却难，连曾氏这样的人到老都不能做到，何况一般人！另一方面，这也说明不能平不能淡，大概是人的本性，人要改变人类自身的本性，就得要这样时时刻刻地不断反省。曾子说"吾日三省吾身"，即便是曾子这样的"宗圣"，也得要天天反省。这样看来，曾氏晚年仍在重复中年时期所说过的话，也便不奇怪了。的确，修持是一个贯彻终生的事。

至淡以消忮心

近来每苦心绪郁闷，毫无生机，因思寻乐约有三端：勤劳而后憩息，一乐也；至淡以消忮心，二乐也；读书声出金石，三乐也。一乐三乐，是咸丰八年所曾有志行之，载于日记者。二乐则近日搜求病根，迄未拔去者，必须于未死之前，拔除净尽，乃稍安耳。

译文

近来每每为心绪郁闷而苦恼，毫无生机，因而想到从三个方面来寻找乐趣：勤劳以后稍作休息，这是第一种乐趣；以最淡泊的态度来消除忌妒之心，这是第二种乐趣；用宏亮的声音来朗读诗文，这是第三种乐趣。第一乐趣和第三乐趣，在咸丰八年时曾有志实行，记在日记中。第二乐趣，则是近日追索病根时，发现是迄今为止仍未消除的，必须在没死之前将它消除干净，才可以稍稍心安。

点评

咸丰八年（1858）曾氏所提的三乐，与此刻所提的三乐，有两乐相同，其不同者在第二乐上。咸丰八年所说的"宏奖人才，诱人日进"，这次说的则是"至淡以消忮心"。为什么这一乐换了呢？这是因为此老晚年仍在为名心和俗见所苦的原因。其实，曾氏也可以不改当年的三乐，加一条，成为四乐，不也很好吗？孔子有三乐，孟子也有三乐，于是他也要个三乐，不惜更改内容，也要以"三"名之。其实这也是一种好名之心在作怪，与"至淡"相悖，惜此老未曾觉察也！

孙奇逢偏向陆王之学

阅《理学宗传》中朱子、陆子。孙氏所录朱子之语，多取其与陆子相近者，盖偏于陆王之途，去洛闽甚远也。

译文

读《理学宗传》中朱熹、陆九渊章节。孙奇逢所摘录的朱熹的话，多取他与陆九渊相接近的部分，这是因为孙奇逢偏向于陆王之学的缘故，如此则离洛闽之学就远了。

点评

曾氏晚年常读《理学宗传》。他的最后一篇日记，记于他去世前的一天，即同治十一年（1872）二月初三日。在这一天里，他三次阅读《理学宗传》。《理学宗传》是明清之际的大学问家孙奇逢著的一部介绍理学名家的书。孙奇逢早年以陆王之学为宗，晚年倾慕朱熹之学，最后他主张应不拘门户之见，成为两派的调和者。这段日记是对孙奇逢的批评。曾氏认为，孙对朱熹的认识不全面，这是因为孙偏向于陆王之学的缘故。日记中的"洛闽"指的是程氏兄弟和朱熹。程氏兄弟系洛阳人，他们所创立的学说，世称洛学。朱熹寓居并讲学福建，故称他的学说为闽学。

分条抄录《周易》

将《周易》之《象》及常用之字，分为条类，别而录之，庶几取象于天文地理，取象于身于物者，一目了然。少壮不学，老年始为此蹇浅之举，抑何陋也！

译文

将《周易》中的《象传》及经常出现的字，分别按门类抄录，或许可以此来一目了然地分别，哪些是取象于自然界的天文地理，哪些是取象于人自身和他物。年轻时没有努力学习，到老来始为这样的初浅办法，真是太卑陋了。

点评

曾氏认为，这种学习方法应是年轻时初学《易》时所采取的，那时没有做，老来补救，心里觉得惭愧。晚是晚了点，然而前人历来有"亡羊补牢"、"收之桑榆"之说，较之不补救者来说，又要强多了。曾氏的好学，一直贯彻到他的生命终结，可谓真正的活到老学到老。

内讼、日新、宏奖、贞胜

前曾以四语自儆，曰：慎独则心安，主敬则身强，求仁则人悦，习劳则神钦。近日又添四语：曰内讼以去恶，曰日新以希天，曰宏奖以育才，曰贞胜以蒙难。与前四语互相表里，而下手工夫，各有切要之方，不知垂老尚能实践一二否。

译文

先前曾经用四句话来自我儆戒。这四句话为：谨慎独处则心安，主持敬畏则身体强健，求得仁恕则心里喜悦，安于勤劳则神明钦服。近来又增加四句话：通过内心斗争来去掉邪恶念头，通过天天自新来效法天道，以大力奖励来培育人才，以敢于胜利的坚强来面对灾难。这后四句话与前四句话互为表里，而在具体操作上则又各有它的要点，不知垂老之时还能否亲身实践一二。

点评

这前后八句话，有的是表现在外的行为，有的是自我的修持，故曾氏称之谓互相表里。曾氏此时身处人臣之最的高度，在借权力为国家办事的同时，仍未忘记修身，这便是他与历代社稷大臣相比的过人之处。

改号涤生

忆自辛卯年改号涤生，涤者，取涤其旧染之污也，生者，取明袁了凡之言"从前种种譬如昨日死，从后种种譬如今日生"也。改号至今九年，而不学如故，岂不可叹！余今年已三十，资禀顽钝，精神亏损，此后岂复能有所成？但求勤俭有恒，无纵逸欲以丧先人元气，困知勉行期有寸得，以无失词臣体面，日日自苦，不至佚而生淫。如种树然，斧斤纵寻之后，无使牛羊又从而牧之，如爇灯然，膏油欲尽之时，无使微风乘之。庶几稍稍培养精神，不至自速死。诚能日日用功有常，则可以保身体，可以自立，可以仰事俯畜，可以惜福，不使祖宗积累自我一人享用而尽，可以无愧词臣，尚能以文章报国。

译文

想起自从辛卯年改以涤生为字号，涤，即洗涤过去染上的污垢，生，即明朝袁了凡所说"从前的一切好比昨日死去了，以后一切好比今日新生"。改号到今天已经九年，但不努力学习则依旧如前，岂不可叹息！我今年已经三十岁，资质鲁钝，精神虚亏，今后怎么能再有所成就？但求勤俭有恒，不纵欲不图安逸而丧失父母给我的元气，困知勉行而期望有小小的收获，借此而免于失掉词臣的体面，每天让自己生活在困苦的环境中，以此使自己不因为无所事事而生淫乐之心。好比种树一样，虽然遭受刀斧的砍伐，但不要再让牛羊来舔吃，好比点灯一样，在油将要燃尽的时候，不要再让风来乘机吹灭。或许能稍稍培养精神，不至于使它很快消失。倘若能真正每天坚持用功，则可以保养身体，可以自立，可以对上侍奉父母对下养活妻儿，可以惜福，不让祖宗世代的积累到我这里享受尽，可以无愧于词臣职业，尚能以文章报效国家。

点评

这是道光二十年（1840）六月初七日曾氏所记下的一段日记。曾氏原名子诚，字伯涵，后改名国藩，道光十一年，改字涤生。国藩者，国之藩篱也，涤生者，涤旧而生新也。曾氏的志向和抱负于改名改字中可见大概。这是改字九年后，曾氏对自己的一段反思。从这篇日记中，我们还可以看出三十岁时的曾氏身体和精神状况都不好，这是因为他此时正患严重肺病。其年谱"道光二十年"一节中说，"六月，移寓果子巷万顺客店，病热危剧，几不救"。在"几不救"的时候，仍思"困知勉行"，这便是曾氏人生成功的基础所在。

知心亦见疑，应儆惧

与小岑谭，有不合处，自念一二知心亦复见疑，则平日之不自修，不见信于人，亦可知矣，可不儆惧乎？

译文

与小岑闲谈，有彼此意见不合的地方，自思数一数二的知心朋友也还对我有怀疑，于此可知平素不自我修炼造成不能取信于人，难道不应该以此为儆戒吗？

点评

小岑即欧阳兆熊之字。欧阳兆熊为湘潭籍举人，道光二十年与曾氏同住万顺客店。曾氏患病，全靠他照顾。曾氏与欧阳的友谊一直维持到晚年。欧阳始终为一布衣，曾氏后来封侯拜相，彼此地位如此悬殊，友谊却能长存，大概多得力于曾氏的这种自我检讨。

不得自逸

三十年为一世，吾生以辛未十月十一日，今一世矣。聪明日减，学业无成，可胜慨哉！语不云乎"往者不可谏，来者犹可追"，自今以始，吾其不得自逸矣。

译文

三十年即为一世，我生于辛未年十月十一日，到现在正好一世了。聪明是每天在减退，学业则无成就，令人不胜感慨。谚语不是说"过去的已不可改变，未来的还可以追求"吗，从今以后，我将不能自我安逸了。

点评

曾氏自三十岁入京师做官后，开始研习理学，修身养性，并以日记作为监督的武器。那段时期里，他的日记中常有这样自我批评、自我责备的话。他是借此作为推力，来推动自己的进步。

若不敬身是禽兽

接家信，大人教以保身三要，曰节欲、节劳、节饮食，又言凡人交友，只见得友不是而我是，所以今日管鲍，明日秦越。谓我与小珊有隙，是尽人欢、竭人忠之过，宜速改过，走小珊处，当面自认不是。又云使气亦非保身体之道。小子读之悚然。小子一喜一怒，劳逸疴痒，无刻不萦于大人之怀也。若不敬身，真禽兽矣。

译文

接到家中来信，父亲教我保身的三个要点：节制欲望，节制劳累，节制饮食。又说大凡人们交朋友，只看到朋友的不是和自己的是，所以今日如同管仲、鲍叔牙一样的亲密，明日却又像秦国与越国之间的敌对。父亲说我与小珊（郑小珊，湘籍京官，懂医术）之间的隔阂，是属于要别人竭尽欢乐与忠心方面的过错，宜迅速改过，到小珊那里去当面赔不是。又说使气任性也不是保养身体的方法。我读后心里悚然。做小字辈的我一喜一怒，无论劳逸还是生病痛痒等，无时无刻不在父亲的胸中记挂着。倘若不爱惜自身，真好比禽兽。

点评

曾麟书虽是乡村塾师，却也不乏明识。其教子的几点都很有道理，尤其在与朋友相处之道上，更见老夫子的忠厚。接到父亲信后，曾氏即亲赴小珊处认错，二人于是和好如初。

以破釜沉舟之势遏欲

自戒潮烟以来，心神徬徨几若无主，遏欲之难，类如此矣。不挟破釜沉舟之势，讵有济哉！

译文

自从戒烟以来，心神不定几乎像无主似的，遏制欲望的困难，大多像这样。若不抱着破釜沉舟的决心，怎么能达到目的呢？

点评

曾氏年轻时有个不良嗜好，即吃烟，而且烟瘾很重，夜里都要起来几次吃烟。吃烟有害健康，他决定戒去。道光二十一年（1841）九月初一的日记中说："誓从今永禁吃烟，将水烟袋捶碎。"这段日记写于该年十月二十九日，戒烟近两个月，正是最难熬的时候，虽然心神徬徨，但他最后还是将烟戒了。

内有矜气，故明于责人暗于责己

窦兰泉来，言理见商。余实未能心领其语意，而妄有所陈，自欺欺人，莫此为甚。总由心有不诚，故词气虚骄，即与人谈理，亦是自文浅陋。徇外为人，果何益哉！冯树堂来，渠近日养得好静气迎人。谈半时，邀余同至岱云处久谈。论诗文之业，亦可因此进德。彼此持论不合，反复辩诘。余内有矜气，自是特甚，反疑人不虚心，何明于责人而暗于责己也！

译文

窦兰泉来访，谈理学并与我商讨。我其实并没有领会他所说的意思，便胡乱发表看法，再没有如此般的自欺欺人了。都是心中怀着不诚的念头，故说话时语气虚骄，即便与人谈理学，也是自我掩饰浅陋。这种曲意做作，真的有什么好处呢？冯树堂来访，他近来培养得很好的一副静气待人的状况。谈半个时辰，邀我一道去陈岱云家久谈。谈论诗文写作上的事，也可以增益道德。关于这点，彼此所持之论不合，反复辩论。我内心里有骄矜之气，很自以为是，反而怀疑别人不虚心，怎么这般懂得责备别人却不懂得责备自己呢？

点评

冯树堂，前已介绍。窦兰泉即窦垿，云南人，系曾氏翰苑同寅。陈岱云即陈源兖，湖南茶陵人，曾氏同年好友，后结为儿女亲家。这段日记写于道光二十二年（1842）十一月初五，正是曾氏研习程朱理学的热情高涨时期，特别地严于责己。

谨言、修容、静坐

此刻下手工夫，除谨言、修容、静坐三事，更从何处下手？每日全无切实处，尚哓哓与人说理，说他何益？

译文

此时能付之于行动的功课，除了谨言、修容、静坐三件事外，更从何处下手呢？每天完全没有见于实际的行动，尚且口口声声与别人讲道理，这样的说讲有什么用？

点评

自责口惠而实不至。

小处计较是鄙夫之见

是鄙夫之见。于应酬小处计较，遂以小故引伸成忿，惩之不暇而更引之，是引盗入室矣。

译文

这是鄙陋人的见识。在应酬小事上计较，于是因小小的缘故引发成忿恨，惩治不及时而更将它扩大，这是引狼入室之举。

点评

小处计较乃鄙夫之为，这是一个很有价值的认识。

记日记是为了时时省过

所以须日课册者，以时时省过，立即克去耳。今五日一记，则所谓省察者安在？所谓自新者安在？吾谁欺乎？真甘为小人而绝无羞恶之心者矣。

译文

之所以要建一个日课册，其目的就在于借此时时反省改过，立即予以克服。现在则是五天一记，那么所谓反省督察的意义在哪里呢？所谓自新的意义在哪里呢？我这是欺骗谁呢？真正的是甘心做小人而绝没有羞耻之感啊！

点评

说是日课，却又自己改为五日一课，自我打折扣。"吾谁欺乎"，问得好！

节嗜欲，慎饮食，寡思虑

早起吐血数口，不能静养，遂以斫丧父母之遗体，一至于此。再不保养，是将限入大不孝矣。将尽之膏，岂可速之以风？萌蘗之木，岂可牧之以牛羊？苟失其养，无物不消，况我之气血素亏者乎？今惟有日日静养，节嗜欲，慎饮食，寡思虑而已。

译文

早晨起来吐了几口血，不能做到静养，而因此残害父母给我的身体到了这般地步，再不加以保养，就将有可能陷入大不孝的境地。将要燃尽的膏脂，怎么可以再让风来加速它的熄灭？刚刚萌生的树木嫩芽，怎么可以放牧牛羊来糟踏呢？倘若失去哺养，没有哪样生物会不消失，何况我的气血素来亏虚呢？现在惟有天天静养，节制嗜欲，谨慎饮食，减少思虑而已。

点评

两年多前大吐血几于不治，而今又吐血，不能不引起曾氏的高度注意，他以节欲、慎食、寡虑的静养工夫来对待这个病。当时治肺病无特效药，以静心来疗疾，不啻是良方。

不敬身之罪大

不敬身之罪大矣。高景逸先生云："接教言。连日精神不畅，此不可放过。凡天理自然通畅和乐，不通畅处，皆私欲也，当时刻唤醒，不令放倒。"然则人之精神短弱，皆自己有以致之也。

译文

不爱惜自己的身体这个罪过是很大的。高景逸先生说："接到您赐教的信。连日来精神不舒畅，此事不可放过。凡是符合天理的，自然就畅通和乐，凡不畅通之处都是因为私欲在作梗，应当时时刻刻提醒自己，不要让它放过。"这样说来我精神之所以衰弱，都是自己造成的。

点评

身体之所以不好，是自己爱惜不够的缘故。如此反思，是很有道理的。

公事须视为己事

凡办公事，须视如己事，将来为国为民，亦宜处处视如一家一身之图，方能亲切。予今日愧无此见，致用费稍浮。又办事有要誉的意思。此两者，皆他日大病根，当时时猛省。

译文

凡是办理公家事，都必须将它看作是自己的事，将来为国为民，也应该处处都看作在为自己一家一身做事，才能感到亲切。我现在惭愧没有这种认识，致使开支较大。又办事时有博取奖誉的念头。这两点，都是今后的大病根，应当时刻猛省。

点评

视为国为民即为家为身，这话细究起来似乎不够高标准，其实这才是最实在最管用的。

面谀要誉可耻

赴张雨农饮约，更初方归，席间面谀人，有要誉意思，语多谐谑，便涉轻佻，所谓"君子不重则不威"也。归途便至杜兰溪家商事，又至竺虔处久谈。多言，不知戒，绝无所谓省察者。志安在邪？耻安在耶？

译文

赴张雨农饮酒的约会，一更时才回家，席上当面讨好别人，有博取别人夸奖的意思，话中多有开玩笑之语，便是与轻佻接近，所谓"君子不庄重则不威严"。归途中又顺便到杜兰溪处商量事情，又到竺虔处说了很久的话。话多，不知自我警戒，绝没有所谓的反省督察的意识在内。志向在哪里呢？羞愧之心又在哪里呢？

点评

酒席桌上的面谀，已是当今社会的通例；夜间的社交活动，更是如今的时尚。这一段日记，相信许多人读来都有迂腐之感。这究竟是人类的进步，还是异化，或许可以商榷。

血战私意私欲

余体不舒畅，闷甚不适。高景逸云凡天理自然通畅，予今闷损至此，盖身被私意私欲缠扰矣，尚何自拔哉？立志今年自新，重起炉冶，痛与血战一番，而半月以来，暴弃一至于此，何以为人？何以为子？

译文

我的身体不舒畅，很郁闷难过。高景逸说凡符合天理则自然通畅，我现在都闷到这般地步，都是因为身体已被一己私利的意念欲望所缠扰，还何以自拔呢？立定志向，今年务必自新，重新砌一个大炉灶，下狠心来一番与私欲的血战，但半个月来，自暴自弃到这个样子，何以做一个人？何以做父母的儿子？

点评

战胜私欲，乃极不易之事，确需"痛与血战"的决心。

检查近来过失种种

日来居敬穷理，并无工夫，故闻人说理，听来都是隔膜，都不真切，愧此孰甚。

饭后无所事事，心如悬而不降者，知其不能定且静也久矣。

早在朝房言一事，谓无样子，失言，欲以口舌胜人，转为人所不服也。

译文

近日来在居敬穷理上没有下功夫，故而别人说理时，听来全感到隔膜，都不真切，惭愧得很。

饭后无所事事，心好比悬在半空无着落，自知这是定与静功夫缺失已久的缘故。

早上在朝房中说一件事，因为不成模样，失言了，想以强辩来胜人，反而使人不心服。

点评

这是对近日表现的自我批评。所批评的是三桩事：学习上不勤奋、心思上不安定、文过饰非。

极耐得苦，方为伟人

孙高阳、史道邻皆极耐得苦，故能艰难驰驱，为一代之伟人。今已养成膏粱安逸之身，他日何以肩得大事？

译文

孙承宗（籍贯高阳）、史可法（号道邻）都是极为能吃苦耐劳，故能艰难驰驱，成为一代伟人。如今我已养成享受安逸的身体，以后怎么能肩负大任呢？

点评

孙高阳即明末兵部尚书、东阁大学士孙承宗，曾总督山海关与蓟辽，长年与清兵作战。罢职家居后，又在家乡高阳率家人与来犯清兵搏斗，城破自杀。史道邻即史可法，明末崇祯年间南京兵部尚书，南明福王时期的东阁大学士。清军南下，他孤守扬州。城破后被执，不屈自杀。翰苑中的曾氏以此二人为榜样，勉励自己不能耽于安乐，以便他日担当大任。

凡事豫则立

凡事豫则立。本日下半天，因明日有天坛兴工监视行礼，及制造神牌行礼等事，日内未经虑及，颇觉心中不定，惧致贻误，皆不豫之故也。

译文

凡事都是先有预备才办得成。今日下午，因为明日有天坛开工监视典礼以及制造神牌典礼等活动，近日里没有考虑到，颇觉心中不安定，担心贻误，这都是没有预作准备的缘故。

点评

曾氏日后办大事时能做到周详细致，得力于早期"豫"的修炼。

平日不见信于人遂招众谤

是日因早间闻人言，刑部同堂诸君子，疑我去年所上折有参劾刑部之言，心不怡者一日。以平日不见信于人，遂招此群疑众谤也。

译文

今天早上听人说，刑部同事们怀疑我去年所上的奏折中有参劾刑部官员的文字，心里不快乐整整一天。因为平日不被人所相信，于是招来大家的怀疑诽谤。

点评

遇事先从自身上查找原因，这是最高明的做法。

惩窒忿欲

是日"忿"、"欲"二念皆大动，竟不能止，恐遂成内伤病矣。

心生忿懥，盖无养之故也。

子序之言，欲余捐除杂念，轻视万事，淡泊明志。信良友之言。余今老矣，忿不能惩，欲不能窒，客气聚于上焦，深用愧憾。古人所以贵于"为道日损"故也。

损忿之心，蓄于方寸。自咎局量太小，不足任天下之大事。

心绪作恶，因无耐性，故刻刻不自安适；又以心中实无所得，不能轻视外物，成败毁誉，不能无所动于心，甚愧浅陋也。

译文

今天"忿"、"欲"两个念头都很强烈，竟然不能止息，担心因此而成为内伤之病。

心生忿怒，这是因为缺乏修养的缘故。

吴子序的话，是想要我捐除杂念，看轻俗事，以淡泊来表明志向。好朋友这番话说得很对。我现在老了，忿念不能惩治，欲望不能制止，虚骄之气聚集于上焦，深感惭愧遗憾。古人之所以将"为道日损"看得很重是有缘故的。

将减少忿怒的意念，蓄存于心中。自己责备器局度量太小，不足以担当天下大事。

心情恶劣，因为没有耐心，故而时时刻刻不能安宁；又加之心中实在没有可以自恃者，不能看轻世俗名利，成败毁誉，不能无动于衷，很惭愧自己的浅陋。

点评

这一组日记都是对自己易忿怒、多欲望毛病的检讨。这两个毛病，许多人都患有，但患者多不自觉，若一旦意识到，又加以儆戒，便是进步。

志亢力不副，识远行不逮

写字略多，困倦殊甚，眼花而疼，足软若不能立者，说话若不能高声者，衰惫之状，如七十许人。盖体质本薄，而疾病忧郁，多年缠绵，既有以撼其外，志尢而力不副，识远而行不逮，又有以病其内，故不觉衰困之日逼也。

译文

写字稍微多一些，便感觉到很困倦，眼睛蒙眬又痛，脚软得像不能站立，说话好像不能发出高声，衰惫的状态，如同七十左右的人。这是因为体质本薄弱，又加上疾病与忧郁缠绕多年，它们从外面来撼动，志气高亢但才能不相配合，见识远大但实行起来力量不够，它们从内部来伤害，故而不知不觉地使衰困日日逼迫。

点评

曾氏的体魄，自小便不强壮，又加之多病多虑，多欲多求，可以想见，他的一生一定活得不快乐。若为曾氏自身着想，不如像他的父亲，不问世事，长住乡间，以塾师终老，但史册上却因此少了一个精彩人物，于中国文化则是一大损失。

为华丽大舟愧悚

至老洲头登大舟。舟系吴城船厂为余新造者，极坚实，极华丽，因慨然曰：诵韦公"自惭居处崇，未睹斯民康"之句，为之愧悚而已。

译文

到老洲头登上大船。船是吴城船厂为我新造的，极为坚实，极为华丽，于是感慨吟诵韦应物"自惭居处崇，未睹斯民康"诗句，令我悚然惭愧不已。

点评

韦应物为唐代诗人，历任滁州、苏州等地刺史，此人虽为高官却同情百姓，这两句诗见于他的《郡斋雨中与诸文士燕集》。除了这两句外，韦应物还有两句传颂甚广的诗："身多疾病思田里，邑有流亡愧俸钱。"（《寄李儋元锡》）一个官员能有这种心思便不错了，他至少因此而不会贪得无厌。

戒傲与师心

恭读朱批余之"师心自用"。余昔己亥年进京，临别请祖父教训，祖父以一傲字戒我，今上又以"师心"戒我。当刻图章一方，记此二端。

译文

恭敬阅读朱批上说我"师心自用"的话。我先前在道光二十年进京，临到与家人告别时，请祖父教训。祖父以一个傲字儆戒我，现在皇上又以"师心"来责备我。应当刻图章一方，记载这两件事。

点评

"师心自用"是咸丰帝对曾氏的批评语，他的祖父也曾经说过要他戒除骄傲的话，想必青年时代的曾氏是有骄傲毛病的。但骄傲者往往自信心强，不能一概打击，要注意的是，不可因自信而伤害别人的自尊心，若伤及他人，便是骄傲了。

读书人多涉虚浮

与作梅围棋一局，旋复畅论人情之厚薄，读书人之多涉于虚浮。作梅所陈，多见道之言。余所发，多有激之词。

译文

与作梅下围棋一局，接着与他畅论人情的厚薄，说读书人大多比较虚浮。作梅所说的，多为有道理的话。我所发的议论，多为激愤之言。

点评

陈鼐，字作梅，道光二十七年（1847）与李鸿章、郭嵩焘等同中进士。陈官运不佳，久住曾氏幕府，与曾氏关系密切。读书人多虚浮，此话不假。这是因为读书人语言文字都比别人强，会修饰，善夸张，故所言与所行容易不相符合，虚浮便由此而生。

肝病源于忮心名心

比来每以说话微多，逐觉神气疲荼不支。甚矣！身膺重任，大惧陨越，实深惴惴。

自省目病之源在肝，肝病之源，则由于忮心、名心不能克尽之故。在室中反复自讼，不能治事。

精神委顿之至，年未五十，而早衰如此，盖以禀赋不厚，而又百忧摧撼，历年郁抑，不无闷损。此后每日须静坐一次，庶几等一溉于汤世也。

译文

近来每因说话稍多，便感到神气疲惫不能支撑。这太过分了！身负重任，十分害怕有差错，实在是战战兢兢。

自己思索眼病的根子在肝上，肝病的根子，则由于妒忌心和好名心不能完全根除的缘故，在家中反复与自己作斗争，不能办理事情。

精神委靡得很，年岁未到五十，而早衰到这般地步，这是因为先天禀赋不厚实，又加上百种忧虑摧撼，多年来一直心情抑郁，也对身体有损伤。此后每天必须静坐一次，或许能收到干旱天引水灌溉的效果。

点评

精神疲惫，又患眼疾，曾氏为自己把脉开方，仍以治心为要。

养生疗疾日记三十三则

夜洗澡。近制一大盆，盛水极多，洗澡后至为畅适。东坡诗所谓"淤槽漆斛江河倾，本来无垢洗更轻"，颇领略得一二。

石芸斋言养目之法，早起洗面后，以水泡目。目属肝，以水养之，以凝热之气祛散寒医，久必有效云云，而《后汉书·方术传》云："爱啬精神，不极视大。"二语亦养目之法。

放翁每以美睡为乐，盖必心无愧怍，而后睡梦皆恬，故古人每以此自课也。

放翁胸次广大，盖与陶渊明、白乐天、邵尧夫、苏子瞻等同其旷逸。其于灭虏之意，养生之道，千言万语，造次不离，真可谓有道之士。惜余备员兵间，不获于闲静中探讨道义，夜睡颇成寐，当思玩索陆诗，少得裨补乎！

务观言："养生之道，以目光为验。"又言："忿、欲二字，圣贤亦有之，特能少忍须臾，便不伤生。"可谓名言至论。

养生家之法，莫大于惩忿、窒欲、少食、多动八字。

梁茞林中丞《归田琐记》言："养生之道，不特食宜少，眠亦宜少。"可谓名言。

余少时每遇困乏，即梦魇。道光十二年间，先大夫数数呼唤不醒，每以为忧。今三十年矣，而此病如昔，精神亦似未甚衰减者。

癣痒异常，手不停爬。左腿已爬搔糜烂，皮热作疼，夜用水晶界尺熨帖，取其寒而润也。

养生之道，当于眠食二字，悉心体验。食即平日饭菜，但食之甘美，即胜于珍药也；眠亦不在多寝，但实得神凝梦甜，即片刻亦足摄生矣。

养生之道，莫大于眠食。眠不必甜寝酣睡而后为佳，但能淡然无欲，旷然无累，闭目存神，虽不成寐，亦尚足以养生。余多年不获美睡，当于此加之意而已。

日来癣痒异常，遍身若有芒刺者然，数夜不能成寐。本日尤不耐烦，因服归脾汤一帖，睡后竟能酣，睡至五更方醒，近数月所未尝有也。

累年不能成寐之病，今春忽得痊愈，连宵多得美睡，殊不可解，岂俗所谓时好运好，百病除耶？抑忧勤变为逸豫，清明变为昏溺，为衰耗之征耶？

余自三十时即不能多说话，至数十句便气不接续，神尤困倦。今已三十余年，故态不改，亦不加甚。故知身体之强弱，千态万变，未可以一事之偶强，而遽信为寿征，一事之偶弱，而遽信为败征也。

余少时读书，见先君子于日入之后、上灯之前小睡片刻，夜则精神百倍。余近日亦思法之，日入后于竹床小睡，灯后治事，果觉清爽。余于起居饮食，按时按刻，各有常度，一皆法吾祖吾父之所为，庶冀不坠家风。

细思近日之所以衰颓，固由年老精力日衰之故，亦由围棋太多，读书太久，目光昏涩，精神因之愈困也。嗣后当戒围棋，即看书亦宜少减，每日静坐时许，以资调摄。

因咳嗽勉强静坐数息，果有效验，可停一二刻不咳。静坐良久，间以偃卧，直至灯时，觉咳痰微减矣。

近来因眼蒙，常有昏瞆气象，计非静坐，别无治法，作一联以自警云："一心履薄临深，畏天之鉴，畏神之格；两眼沐日浴月，由静而明，由敬而强。"

日内因眼病日笃，老而无成，焦灼殊甚。究其所以郁郁不畅者，总由名心未死之故，当痛惩之，以养余年。

阅《范文正集》尺牍。《年谱》中有云：千古圣贤，不能免生死，不能管后事，一身从无中来，却归无中去。谁是亲疏，谁能主宰？既无奈何，即放心逍遥，任委来往，如此既心气渐顺，五脏亦和。药方有效，食方有味也。只如安乐人忽有忧事，便吃食不下，何况久病，更忧生死，更忧身后，乃在大怖中，饮食安可得下？请宽心将息云云，乃劝其中舍三哥之书。余近日多忧多虑，正宜读此一段。

日内寸心忧灼，迄无宽舒之时，是以病愈难减。总由少壮不努力，老大悔憾甚多，致心境愁闷异常耳。

黄静轩劝我静坐凝神，以目光内视丹田，因举四语要诀曰："但凝空心，不凝住心；但灭动心，不灭照心。"又称二语曰："未死先学死，有生即杀生。"有生，谓妄念初生；杀生，谓立予铲除也。又谓此与孟子"勿忘勿助"之功相通。吾谓与朱子"致中和"一节之注亦相通。

阅《福寿金鉴》。午正，数息静坐，仿东坡《养生颂》之法，而心粗气浮，不特不能摄心，并使身不少动摇而不能。酉刻服药后，行"小周天"法，静坐半时许。

丁雨生力劝余不看书，不写字，不多阅公牍，以保将盲之左目。其言恳恻深至，余将遵而行之。

许仙屏送玛瑙中空积水者，与空青相类。纪泽命匠以金刚钻钻之，取水点于余右目中，闭目少顷。傍夕小睡。

吴竹如为余诊脉。渠谓余病在心肝，虚火上炎，宜静坐以养之，非药所能为力。

闻翰仙言，何镜海得静坐之法，于熊槃隐、贺幼黼学之，目已瞽而复明，余亦思一试也。

杨芋庵寄信，言治目方：每早黎明未起时，以两手掌之根际擦极热，加以舌尖之津，闭目擦八十一下，久则有效。日内试为之，而初睡时擦一次，黎明又擦一次，不知果益否。

近来每日围棋二局，耗损心力，日中动念之时，夜间初醒之时，皆萦绕于楸枰黑白之上，心血因而愈亏，目光因而愈蒙。欲病体之渐痊，非戒棋不为功。

有一守备马昌明善于道家内功，云能为余治目疾。与余对坐，渠自运气能移于吾身五脏云云，因与对坐三刻许。

竹如处坐甚久，灯后归。脚肿愈甚，常服之袜已不能入，肥而复硬，且似已肿过膝上者。大约作文及看生书，俱嫌用心太过，有损于血，而气不能运化，故至于此。以后当不作文，不看生书。

养生之道，视、息、眠、食四字最为要紧。息必归海，视必垂帘，食必淡节，眠必虚恬。归海，谓藏息于丹田气也；垂帘，谓半视不全开不苦用也；虚，谓心虚而无营，腹虚而不滞也。谨此四字，虽无医药丹诀，而足以却病矣。

日内眼蒙益甚，或谓调息养神，尚可补救，因试为之。捧土而塞孟津，深恐其无当也。

译文

夜里洗澡。近日做了一个大澡盆，盛水极多，洗完澡后非常畅适。苏东坡的诗说"淤槽漆斛江河倾，本来无垢洗更轻"，因洗大盆澡而颇能领略到一二。

石芸斋说保养眼睛的方法，早上起来洗完脸后，用水浸泡眼睛。眼睛属肝，用水来滋养，以凝固的热气来驱散冷白翳，日久必有效，等等。《后汉书·方术传》上说："爱惜精神，不拼命看大的东西。"这两句话也是保养眼睛的方法。

陆放翁每每以睡得香甜为快乐，这必须要心中无愧怍事，而后睡觉做梦都安宁，故而古人以此为自我检验。

陆放翁胸怀宽广，与陶渊明、白居易、邵雍、苏轼等人一样的旷达高远。他关于消灭胡虏的心愿，养生的道理，千言万语，即便是匆忙中也都不背离，真正可谓有道德的士人。可惜我在军营服务，不能在闲静中探索这些道理，夜里睡觉时颇为安稳，应当仔细玩味陆放翁的诗，可以稍微得到一点收益吧！

陆务观说："养生做得好不好，可以拿目光来作为检验。"又说："忿、欲两个字，圣贤身上也存在，只是能做到当时忍耐一下，便不伤害身体。"可谓至理名言。

养生家的方法，莫大过惩忿（惩治忿怒）、窒欲（节制欲望）、少食（减少食量）、多动（多运动）八字。

梁章钜（字苣林）中丞著的《归田琐记》说："养生之道，不只吃东西宜少，睡眠也宜少。"可谓名言。

我小时每到困乏时，便会做恶梦。道光十二年期间，父亲常常叫我不醒，总为此担忧。到现在三十年过去了，而这个毛病还跟过去一样，但精神好像也并没有特别衰减。

癣痒得很厉害，手不停地抓搔。左腿已被抓得发烂，皮肤热得发痛，夜用水晶做的界尺在身上熨帖，取它又冷又光滑的特征。

养生的道理，应当在眠食两个字用心去体验。食即平日家常饭菜，只要吃时觉得甘美，就胜于珍稀补药。眠也不在多睡，但能确实做到精神凝聚睡得踏实，即便只是片刻时间也足以养生了。

养生的方法，再没有超过睡眠与饮食的得当。睡眠不一定非要睡得香甜才算是好，只要能做到淡泊无欲望，胸襟广大没有牵累，闭目保存精神，虽没有睡着，也足以养生。我多年来没有美美地睡过，应当在这一点上加以注意。

近日来癣痒得厉害，浑身像有尖利的刺在身上一样，一连几夜不能睡着。今天尤其心里不耐烦，因而服归脾汤一帖，睡下后竟然能很熟很香甜，一直到五更才醒，这是近几个月来所没有的。

连年来不能稳当入睡的毛病，今年春天忽然痊愈，一连几夜睡得香甜，真不可理解，难道是世俗所说的时运一好，百病都消除了吗？或许是忧虑劳累变为安逸轻松，由清醒明白变为昏聩糊涂，是衰老的征兆吗？

我从三十岁开始便不能多说话，说到几十句时便气接不上来，精神尤其觉得困倦。到现在已三十多年了，老习惯不改，也没有加重。故而知道身体的强弱，千变万化，不可以因为一时间偶尔强壮，便立刻相信是长寿的征兆，一时间的偶尔虚弱，而立刻相信是衰败的征兆。

我小时候读书，见父亲在太阳下山之后、点灯之前这段时间小睡一会儿，夜里则精神百倍。我近来也想着效法，太阳下山后在竹床上小睡，点灯后再办理事情，果然觉得清爽。我在起居饮食上按时按刻，每方面都有常规，完全效法我的祖父和父亲的行为，希望家风能不坠落。

细细地思索近来之所以衰颓，固然是年老精力日衰的缘故，也是由于围棋下得太多，读书时间太长，导致目光昏花干涩，精神因此而愈加困疲。今后当戒掉围棋，即便看书也应稍稍减少点，每天静坐个把时辰，借以调养。

因为咳嗽，勉强静坐屏住气息，果然有效果，可以停止一二刻不咳嗽。静坐很久，中间有时躺下，直到点灯时，感觉到咳嗽稍稍减轻些。

近来因为眼蒙，常有昏聩模样，琢磨着除了静坐，别无治理的办法，于是做一联语来自我警戒："一心履薄临深，畏天之鉴，畏神之格；两眼沐日浴月，由静而明，由敬而强。"

这几天里因为眼病一天天严重，到老了尚一无所成，很焦急。仔细想来之所以郁闷不舒畅，总是因为好名之心未彻底消除的缘故，应当狠狠地惩治，以保养好余下的生命。

阅读《范文正公（仲淹）集》中的书信部分。《年谱》里有这样的话：自古来圣贤也不能免去生死这一关，不能够管身后事，生命从无中来，再回到无中去。谁是亲，谁是疏？谁能主宰？既然无可奈何，则干脆放下心来任它逍遥，自由自在。如此则心气渐渐顺畅，五脏亦平和，吃药才有效，吃饭才有味。若像平时享安乐的人那样，忽然遇到忧愁的事情，便吃饭不下，何况在久病之时，再加上为生死担忧，为身后事担忧，如此便身在极大的恐怖之中，饮食怎么可以吃得下？请放宽心好好休养等等，这些话出在劝他的中舍三哥的信中。我近来多忧虑，正应该读这一段。

这几天心里忧愁焦急，一直无宽舒的时候，故而病越加难以减轻。总是因为少壮时不努力，到老年悔恨很多，使得心情异常愁闷。

黄静轩劝我静坐养神，把目光从里面来看丹田，为此说了四句要诀："只将空幻之心凝固，不将安定之心凝固；只消除妄动之心，不消除照明之心。"还说了两句话："没有死时要学会死，有生时即杀生。"有生，说的是胡思乱想刚刚生发的时候；杀生，说是将胡思乱想立即铲除。又说这与孟子"勿忘勿助"的功夫相通。我说这与朱子"致中和"一节的注释也相通。

阅读《福寿金鉴》。正午时安神静坐，模仿苏东坡《养生颂》中所说的办法，但心粗气浮，不但不能让心得到保养，即便让身体不微微摇动都做不到。酉刻吃药后，操练"小周天"法，静坐半个多时辰。

丁雨生竭力劝我不要看书，不写字，不要多阅读公文，以保养将要失明的左眼。他的话很恳切，我将听从而照办。

许仙屏送来里面有空洞积着水的玛瑙，与空青相似。纪泽叫工匠用金刚钻钻开，取出里面的水点在右眼中，闭着眼睛一会儿。傍晚时小睡一阵子。

吴竹如为我诊脉。他说我的病在心脏和肝脏上，虚火上烧，适宜用静坐来保养，不是药物能起作用的。

听黄翰仙说，何镜海得到了静坐的方法，是从熊槃隐、贺幼黼那里学来的，眼睛已瞎又复见光明，我也想试一试。

杨芋庵来信，说了一个治眼病的方子：每天早上刚天亮没起床时，用两只手掌的根部互相摩擦发热，再加上舌尖部的口水，闭着眼睛擦八十一下，坚持长久后有效。这几天里试着照办，刚睡时擦一次，黎明时又擦一次，不知真有效否。

近来每天下两局围棋，耗费心力，中午念头产生的时候，夜晚刚醒来的时候，心思总是在棋盘黑白两子上，心血因此而越发亏损，眼光因此而越发蒙眬。想要病体慢慢康复，不戒掉下棋不能有效。

有一个守备名叫马昌明的精通道家内功，说能为我治疗眼病。与我对坐，他自己运气能将气移到我的身内五脏等等，因而与他对坐三刻多钟。

在吴竹如那里坐了很久，点灯后才回来。脚肿得越来越厉害，常穿的袜子已经不能穿了，脚肥胖又硬，而且好像发肿的部位已超过膝盖，大约是因为写文章以及看新书，都因心太过，对血液流动造成损害，而气又不能很好运行，故而成了这个样子，以后应当不写文章，不看新书。

养生上的道理，视、息、眠、食四个字都为要紧。休息时必须归海，看东西时必须垂帘，饮食要清淡有节制，睡觉时必须虚恬。归海，就是说将气息藏于丹田中；垂帘，就是说眼睛睁开一半不全睁开，不使劲用眼；虚，就是说心里空阔不经营什么，腹中通畅而没有滞阻的食物。谨守这四个字，即便没有神丹妙诀，也足以消除疾病。

这几天来眼睛蒙眬越来越厉害，有人说调整休息状态保养精神，还是可以补救的，因而试着办。捧一把泥土来塞孟津之渡，深为担忧这种做法无效。

点评

这三十三段日记都有一个共同的主旨，即养生疗疾，故而将它们合在一起作个评点。我们知道，曾氏实际上是一个身体不强壮的人，甚至可以说是个病号。他三十岁即大吐血，三十五六岁上就患上终生不愈的牛皮癣，四十七八岁上又得了很严重的神经官能症。到晚年高血压症很厉害，头晕眩，腿肿胀，几次出现中风征兆，又加之一目久盲一目昏蒙只有微光。后半生的曾氏，众多疾病一直困扰着他，令他几乎没有多少生活乐趣可言。

曾氏是个珍惜生命价值的人，身多疾病促使他比别人更注重养生。他的一些养生之方也便借着他的名望而流传民间，最著名的有睡前洗脚、饭后散步、静坐养神等，除了这些外，我们从这一组日记中还可以看到，他在眠、食两个方面多有体会，还有以水养目、以手擦目等眼保健良方，尤其值得注意的是，曾氏视养心为养生的关键，并以清除残存未尽的好名之心来使心情宽舒、心境宁静。这些都是至今仍有益处的经验之谈。

谨守绳墨

读书之道，博学详说；经世之才，遍采广询。自度智慧精神，终恐有所不逮，惟当谨守绳墨，不敢以浮夸导子弟，不敢以暴弃殆父母之遗体。其有所进，幸也；无所进，终吾身而已矣。

译文

读书的原则是多学习详寻究；治理国家的人才，则要在大范围内四处寻找。自我揣度智慧和精神，最终恐怕做不到那样，只能谨守规章制度，不敢以虚浮夸饰来误导子弟，不敢以损害放弃等态度来对待父母给我的身体。能有所进步，则是幸运；无所进步，尽我的努力也就罢了。

点评

这是道光二十三年（1843）写给贺长龄信中的一段话。据曾氏日记记载：道光二十二年十一月三十日，"接耦庚先生信，浪得虚誉，愧极丑极"。耦庚即贺长龄。贺此时任贵州巡抚，年龄既长，地位又高，曾氏面对贺的称誉自然有点惶恐。从这封信的开头"过蒙矜宠"的话来看，此信应是对先年所收贺信的回信。曾氏此时研习程朱，以诚来规范自己的言行，对京师不诚之辈深为痛恨，而贺的信中也说"道在存诚"，故而曾氏的自我要求，取的是低调的诚实态度。

人才以志趣视高下

凡人材高下，视其志趣。卑者安流俗庸陋之规，而日趋污下，高者慕往哲盛隆之轨，而日即高明，贤否智愚，所由区矣。

译文

区别人才的高与下，宜看他的志向趣味。志趣低的安于世俗鄙陋的规矩，则日趋卑下，志趣高的追慕先哲轰轰烈烈的道路，而一天天走向高明，贤良不贤良，智慧还是愚蠢，在这里区分开了。

点评

好友欧阳兆熊的儿子欧阳勋，年方二十而志趣高远，曾氏写信鼓励他继续努力。由志趣所向来预卜年轻人的未来，这是衡人的一个重要法则。欧阳勋勤奋好学，少有大志，本可有所作为，惜未而立即因病辞世。应其父所求，曾氏为他的文集作序，称赞他的文章如同诗一样："清缜喜往复，亦时有乱离之慨。"

人与人之间是有高下贤愚之分的，但真要加以区分又不容易。曾氏在这里给出一个区分方法，即看他的志趣。志趣不同，不但在起点上便有差别，而且志趣本身还有导向的作用，越到后来，彼此的差距就会越大。正因为如此，对于年龄越小的人来说，志趣的定位就越显得重要，它将关乎此人一辈子的人生走向。

方寸无所于疚

君子之立身，在审其所处，诚内度方寸，靡所于疚，则仰对昭昭，俯视伦物，宽然不怍。故冶长无愧于其师，孟博不惭于其母，彼诚有以自伸于内耳。

译文

君子的立身，在于他能明悉自己的所处，真正能做到内心全无疚悔，则上对天日，下对众生，都坦然而不惭愧。故而冶长在他的老师面前不惭愧，孟博在他的母亲面前不惭愧，他们是真的有能够支撑内心的东西存在。

点评

孔子说"君子坦荡荡"，曾氏在这里为坦荡作了诠释，即内心无疚，也就是说心中无任何值得愧疚的事。

学道病于近名

君子之学道，尤病于近名。人禀气于天地，受形于父母，苟官骸得职，作事有伦，虽一字不识，阒寂无闻，于我乎无损也；虽著书万卷，誉满天下，于我乎无加也。世士不察，乃欲舍此之由，急彼之骛，校经则汉宋分门，论文则奇偶异帜。小学、金石、算术、舆地之事，名目既繁，风尚日新，穷年而殚日，悴力敝身，则足以炽其好名争胜之私已矣，岂笃于为己者哉？仆之往岁，亦尝驰逐众说，昏庸作辍，百无一成。穷而思返，恍若有悟，乃知德性未尊，则问学适以助长，德性既尊，然后吾之知识，少焉而不足耻，多焉而不足矜。周公之材艺，孔子之多能，吾不如彼，非吾疚也。若其践形尽性，彼之所禀，吾亦禀焉，一息尚存，不敢不勉。是以迩日业术虽无寸进，而心志大定，寤寐安恬。

译文

君子研习学问，尤其要防范博取名声。人在天地上获得精气，从父母那儿获得形体，假若做官能称职，做事有条理，即便一字不识，默默无闻，对他本人来说并无损减；反之，即便著书万卷，誉满天下，对他本人来说也并没有增加什么。世界上的士人不明白这个道理，于是想舍掉这条道路，而追求另外的时尚。校勘经典，则分为汉与宋两个门类，评说文辞则将奇与偶各立一个旗号。小学、金石、算术、舆地等等，名目繁多，风气日新，日复一日年复一年，劳力伤身，其实，这只是彰显好名争胜的私欲而已，哪里是实实在在地为修炼自身呢？我在过去，也曾经跟随众人议说的后面，昏昏庸庸地时兴时停，百无一成。走到末路时想起要折返，仿佛觉得有所醒悟，于是知道道德未确立，则求取学问好比拔苗助长，道德确立之后，我的知识多少就不显得很重要，少不是很可耻的事，多也不值得矜夸。周公的才艺，孔子的能干，我不如他们，我不惭愧。若从尽自己的力量去实践这一点上来说，他们于天地父母所禀受的，我也在天地父母那里禀受了，只要一息尚存，便不敢不勉励自己去做。故而今后即使事业上无一点进步，但心志上会大为安定，睡得安稳香甜。

点评

孔子说，古之学者为己，今之学者为人。为己，即为自身的人格修炼，为人，即为在人前炫耀，博取别人的夸奖。孔子认为为己才是求学的根本，为人则走向了求学的异化。孔子的时代便已经是异化了的时代，当今的时代，则更是纯粹为人而毫不为己了。曾氏所处的时代，也是异化之风炽烈的时代，这段话表明他固守圣人之教的态度。

谨守大闲

曩昔欲有所钻仰于作者之林，近亦知难而退，不敢复有意矣。惟思谨守大闲，不欲脂韦以规时利，寸心耿耿，独此之执。

译文

先前也有钻进著作家行列的想法，近来则知难而退，不敢再有这个意图了。

惟有谨守大道理，不想以圆滑来谋取眼前的利益，耿耿此心，独独执着于这点。

点评

既然将著书立说列为近名一类，而近名又非为学的根本，故而曾氏放弃了先前的追求，一心一意为官。但实际上直到晚年，曾氏仍为他的作文之长才未得大展而遗憾。是曾氏近名之心太强烈，还是著书立说原本就不是为学之异化？这是一个值得探讨的大问题。

不要钱，不怕死

自度才能浅薄，不足谋事，惟有不要钱不怕死六字，时时自矢，以质鬼神，以对君父，即借以号召吾乡之豪杰。

译文

自知才能浅薄，不足以办成大事，惟有将不要钱不怕死六个字，时时刻刻作为自己的誓言，以此面对鬼神，面对朝廷，也借此来号召我家乡的豪杰。

点评

岳飞曾说过一句很有名的话，道是文臣不爱钱武臣不怕死则天下太平。在岳飞看来，天下的管理起决定作用的不是文武官员的才干，而是他们的为官态度。才干有大有小，不是想如何就如何的，态度则纯取于一心。曾氏以文官而领军事，在初始时其才干决不会被看好，他所能做到的便只有态度了。表态不难，难的是这六个字，在后来的军戎生涯中，他贯彻到底了。

不妄求人知

君子欲有所树立，必自不妄求人知始。

译文

君子想有所建树，必须从不过分追求别人知道自己开始。

点评

所谓"人知"，即名声。"树立"是在事上，妄求人知，则其用心多在名上，必于事上有所减损。如此，则事难以树立；事不树立，人也就不能树立。

亢盈悔吝之际当慎

古人谓齐桓葵丘之会微有振矜，而叛者九国。亢盈悔吝之际，不可以不慎也。

译文

古人说齐桓公在葵丘之会上略微有些骄矜，而导致九国背叛。一个人在情绪上的骄盈与悔恨等表现方面，不能不谨慎对待。

点评

外在的表现实质上是内心意识的反映，故而最重要的是内心的修持。但内心的修持既是一个长期的过程，也是一个艰难的过程，并不是每一个人都能坚持得了的，也不是每一个人都情愿做的。但为了一时的利益，需要情绪上的配合，这却是许多人都能理解，也愿意去做的；即便如此，也有些人做得并不好，故而需要在这一点上予以提醒。

成败听天，毁誉听人

我辈办事，成败听之于天，毁誉听之于人，惟在己之规模气象，则我有可以自主者，亦曰不随众人之喜惧为喜惧耳。

译文

我们这些人办事，成与败听天的安排，毁与誉听别人的评说，惟有自己的气度，则我们可以对其中一部分做得主，也可以说在这些方面是不把众人的喜与惧当作自己的喜与惧。

点评

任何一个人要想办件大一点的事，都必须有"成败在天、毁誉在人"的气度，否则，就干脆不办事，随大流做一个平庸人。面对着别人的或毁或誉，自己要立定脚跟，不改自我规模气象。曾氏带着他的一班同志，做的是一番"赤地新立"的大事，即将朝廷实行两百年的世兵制改为募兵制，不仅要与敌人斗，还要与世俗文法斗，其难度该有多大，其面对的非议该有多少！他只得抱听之任之与守定自我的态度，否则，不需太平军打，自己营垒中的人就早把他打垮了。

乾隆时的名臣陈宏谋说过一段话，叫作"是非审之于己，毁誉听之于人，得失安之于数"。这段话常被后人引用，曾氏这句话，其大旨亦与之同。世上的事情，绝大部分是自己做不了主的，只有极少一部分可以由自己主宰。既然做不了主，又何必去劳神费力？有限的精神与气力，且交给那些可以自我主宰的事吧！

法桃李之不言

贵精不贵多，积小以高大。戒维莠之桀桀，法桃李之不言。当兹艰贞之际，尤不能不进此迂拙之言也。

译文

可贵的是精而不在多，积累细小则可成高大。不要学野草长得高大茂盛，而要效法桃李那样虽有甜果却不言语。处在眼下艰难困苦的时候，尤其不能不说这些迂拙的话。

点评

有些东西，大道理上正确，在现实中却行不通，人们将此称作迂。有些东西，其最终目标正确，但实行起来要付出许多代价，人们将此称之为拙。不过，许多"迂拙"，却能够在长远上立得住。偏向迂拙，是曾氏的特点，这大概也是他能行之久远的缘故。

敬以持躬，恕以待人

勋位并隆，务宜敬以持躬，恕以待人。敬则小心翼翼，事无巨细，皆不敢忽；恕则凡事留余地以处人，功不独居，过不推诿。常常记此二字，则长履大任，福祚无量矣。

译文

功勋与地位都很崇隆，务必以敬肃之心对待自身，以宽恕之心对待别人。心存敬，则会小心翼翼，事无巨细都不敢忽视；心存恕，则凡事都留一余地给别人，功劳不一人独居，过错不推诿别人。常常记得这两个字，则能够长久地担负着大任，福分则不可限量。

点评

在孔子的学问中，曾氏十分看重"敬"与"恕"两个字："敬"用在施之于己，"恕"用在施之于人。一个人若能真正做到敬持己身恕待他人，则一定在人群中可立可达。问题在于，不少人一旦立达之后，便容易反其道而行之。故而曾氏对勋位并隆者提出这个要求，则带有普遍意义。

切戒声闻过情

鄙人在外，毁誉互见，然究系毁者少而誉者多。清夜自思，尚觉名浮于实十倍百倍也。吾辈互相砥砺，要当以声闻过情为切戒。

译文

我在外面做事，诋毁与奖誉都有，但毕竟是诋毁的少而奖誉的多。深夜自思，尚觉得名声超过实际十倍百倍。我们互相激励，切实戒除名声超过实情。

点评

这句话是咸丰八年（1858）十月写给李续宜的。曾氏说，李续宜与其兄续宾以及曾国荃等人近来都很有名望。他本人也有名望，但深夜自思，觉得名浮于实十倍百倍。于是，他对李续宜说，我们互相都要注意，切戒名过于实。人都好名，文人尤甚，然名与实相副则相安无事；若名大于实，则并非好事，甚至有可能招来灾祸，所以古人说"暴得大名者不祥"。

古人说，实至而名归。名是实的伴生物。名实相符则妥当，名不副实或者是名过于实，都不是好事，因为那时的名是虚名，是浮名。虚浮的东西一定短暂。

致知即讲求敬恕

敬恕二字，细加体认，实觉刻不可离。敬则心存而不放，恕则不蔽于私。孟子所谓推，所谓达，所谓扩充，指示至为切近。《中庸》之十三章，《论语》之"告子贡"、"告仲弓"，皆以恕字为开宗要义。大抵接人处事，于见得他人不是、极怒之际，能设身易地以处，则意气顿平。故恕字为求仁极捷之径。来示以致知为大头脑工夫。鄙意敬是平日涵养之道，恕是临时应事之道；致知，则讲求此敬讲求此恕者也。

译文

敬恕两个字，细细地加以体会，实在觉得一刻都不能远离。有敬则心能保守而不放肆，有恕则能不被自私所掩蔽。孟子所说的推，所说的达，所说的扩充，其所指示的最为亲切。《中庸》的第十三章，《论语》的"告子贡"段、"告仲弓"段，都是以恕字作为开宗明义。大致说来，接人待物，在看到别人做得不对、自己很恼怒的时候，应设身处地为他人着想，则意气立刻就可平息。故而恕字是求取仁的最方便直接的路途。来信说致知是最重要的用功之处。我的意见，敬是平日涵养的要着，恕则是临到事发时，应付之要着；所谓致知，便是讲求这种敬这种恕。

点评

将致知落实到讲求敬恕，这就好具体操作了。化空为物，化远为近，化大为小，化虚为实，这些都是曾氏的真功夫所在。

亲书近士，不废故业

军中稍暇，尚亲书籍，不敢尽废故业。又乐近正士，喜闻迂直之言以自警。

此二者尚颇兢兢，冀不终为君子所弃。

译文

在军营中若稍有点空闲时间，尚能亲近书籍，不敢完全荒废先前的事业。又乐于接近正派的读书人，喜欢听到迁直之言，借以自警。这两点还算得上兢兢业业，希望最后能不被君子所抛弃。

点评

军事首领能爱读书爱与读书人往来，被称作儒将。曾氏本是儒生，他这样做，乃是不废故业，然坚持下来亦不易。

反思拒人千里

以至交而兼姻戚，尚不肯面进箴规，欲吐还茹，岂吾固拒人千里耶？愧甚！昌黎所谓"中朝大官老于事，讵肯感激徒媕婀"。吾非大官，亦渐老于事，锋芒钝矣。

译文

以至交而兼姻戚的身份，尚且不愿当面提出批评规劝，想说又止，难道是我一贯的拒人于千里之外吗？非常惭愧！韩愈说"朝中大官们老于世故，怎会感动，不过只是依违阿曲而已"。我不是朝中大官，也渐渐地老于世故，锋芒消失了。

点评

面对着别人所作所为不合自己的心意时，通常不外乎两种态度：一是指责别人不对，一是反思自己，认为是因为自己的不当而导致别人的不当。曾氏这段话中所表示的态度显然是属于后者。

仍将修吾初服

巧言、令色、足恭三者，有志学步，质既鲁钝，学又作辍，数月以来，毫无效验。或劝先难后获，宜再卑抑以俟大效。仆则抱"七必不堪"，仍将修吾初服，免使陈咸头触屏风耳。

译文

乖巧的言辞，和悦的面色，过分恭顺的态度，这三个方面，我虽有心模仿，但资质鲁钝，时学时停，几个月来毫无效果。有人劝我先取难一点的有所获得后，再谦卑自抑以等待更大的效益。我则抱着"七必不堪"的态度，依旧我行我素，免得让陈咸的头触屏风。

点评

这是咸丰九年（1859）正月复刘蓉信中的一段话。刘系曾氏的好友兼儿女亲家。这段话的前面还有这样几句话："国藩此次在外，无不答之信，无不批之禀。官场庆吊，酌量送礼；家乡庆吊，亲族本家，亦少为点缀，余皆率往常规模不变。"曾氏在咸丰七、八两年守父丧期间，反省过去，转而接受黄老之术，再出山后行事有很多改变，所引的前面几句话便是反映了这种改变。但改变不等于全变，许多原则他还是要遵循的，这段话说的即为此意。

佐以诙谐减秋意

惠箴不诚不敬之弊，敢不铭佩！惟频年郁结之怀，纸墨难罄，非少佐以诙谐，则满腔秋意，无复生机。张籍昔以此规退之，韩公亦以善戏不虐答之。

译文

您指出我有不诚不敬的毛病，我岂敢不铭记！只是多年来的郁闷心情，纸墨难以写尽，若不稍借诙谐，则满腔都是衰败秋凉意绪，毫无生机了。从前张籍曾以此规劝韩愈，韩愈也以善于开玩笑但不过分来回答。

点评

这是曾氏回复冯卓怀信中的话。冯是曾氏早年京师好友，与曾氏一道研习程朱理学，修炼"诚"、"敬"等功课。像当年好友之间互为规谏一样，冯亦以"诚"、"敬"指责曾氏，曾氏借以一吐心中苦水。

概停百药，静养数月

人言阴阳俱亏，须施峻补之剂。鄙意阁下春秋方盛，当非纯补所能奏功，恐有风寒忧郁夹杂其中，久病之后，自未可用克伐寒凉之品，何不概停百药，静养数月，徐察端倪？宜占勿药之喜。

译文

有人说阴阳两方面都亏损，须服用大补药。我的意见是你正当盛年，应该不是纯用补药可以奏效的，恐怕有风寒和忧郁杂在其中，久病之后，自然不可用药性过于猛烈寒凉之药，何不将所有药物一概停止，静心休养几个月，慢慢观察症状？你适宜于不服药。

点评

当时医药不发达，庸医特多，误诊误用药而致使病情加剧者也便特多，故而不少有识之士主张勿药。曾氏是其中之一。这段话是写给他的好友万启琛的。万已患病一年多。

以己之所悔，劝人自勉

吾辈读书，惟敬字恒字二端，是彻始彻终工夫。去岁揖别时，曾以敬字相勖，今年致芝生书，亦以有恒为告，盖鄙人生平欠此二字工夫，至今老而无成，深自悔憾。故凡友人有下问者，辄以己之所悔为言，劝人及时自勉。

译文

我们读书求学问，只有敬与恒两个字，是应该贯彻始终的。去年道别时，曾以敬字相赠，今年给芝生的信中也以有恒相告。这是因为我平生欠缺这两个字，至今老而无所成就，自己深感后悔遗憾。故而凡是朋友有问我的，则以自己所后悔者为赠言，劝别人及时自勉。

点评

早在道光二十四年给诸弟的家书中，曾氏便提到"敬"与"恒"的修身功课，并作《居敬箴》、《有恒箴》自励。因为他立的目标是圣贤，所以他总觉得自己离目标相差得太远。目标高远可以让人最大地激发潜力，但同时也将让人一辈子活得很累。世间之物的两面性，此又是一例。

孔子说"己所不欲，勿施于人"，反过来，也可以说"己之所欲，宜施于人"。曾氏"以己之所悔为言"，即行的此道。

恶巧、恶盈、恶贰

教舍沅弟于恶巧、恶盈之外，又曰天道恶贰。贰者，多猜忌也，不忠诚也，无恒心也。

译文

教导我的沅甫弟在厌恶乖巧、厌恶盈满之外，又说天道厌恶贰心。所谓贰，即多猜疑忌妒，不忠诚，缺乏恒心。

点评

古人说天心即民心，依此推论，天道即民道，也就是说，大多数人的行事法则、价值取向就是玄妙难测的所谓天道。巧、盈、贰，实为大多数人所厌恶，不过借天的名义来表达而已。

倦于趋时

趋时之效，茫如捕风，亦稍稍倦矣。历年疚心之端，逐一补救，十已得其七八。

译文

追逐时尚而获得的效果，茫茫然如同捕风，近来也稍稍疲倦了。历年来心里感到愧疚的事情，逐一予以补救，十之七八已做到了。

点评

时尚又称风尚，故以捕风来喻趋时，可称准确。趋时，常被人调侃，其实也并非绝对不好。曾氏倦于趋时，固是他的阅历之见，亦是他生命老化的表现。

守拙，不妄悦人

来示："趋时者博无识之喜，损有道之真。"谨当书绅铭佩。吾齿发已老，乃欲俯仰一效桔槔，所谓"未得国能，徒失故步"者也。自宜仍守吾拙，不妄悦人，以副同志期待之厚。

译文

来信指示："追逐时尚者所博得只是毫无见识的喜悦，损失的则是固守大道的真诚。"这两句话应当书写在绅带上时时挂在身边。我年岁已老，一举一动都愿效法取水的桔槔，以免落得个"未能学到别国的长处，反而失去自己原先步伐"的讥讽。自己觉得只能守住一贯的笨拙，不轻率地去取悦别人，以期符合同道者的期待。

点评

这是咸丰九年九月给许振祎信中的一段话。"趋时者"两句，显然是许信中所言。许振祎，江西奉新人，早年以诸生入曾幕，后考中进士，官至巡抚，与曾氏私交深。许劝曾氏勿趋时尚，甚合曾氏此时的心意。

大处着眼，小处下手

前缄所称"大处着眼，小处下手"，阁下推广其义，引朱子所谓真正大英雄，须从临深履薄做出，暨浩然之气盖敛然于规矩准绳不敢走作之中。鄙人浅陋，何足语此？惟阅历日久，险艰备尝，觉心目中所规画，以为高远者，毕竟手之所持，足之所践，何尝做得三四分！

译文

前信中所说的"大处着眼，小处下手"，您将这两句话的含义推广，引朱子所说的真正的大英雄，必须从临深履薄的小心态度做起，以及浩然之气收敛在合符规矩原则不敢越出轨范之中。我见识浅陋，哪里能担得起这样的话？只是因为阅历多些，艰难险阻都经历过，感觉到心中所谋划的，其中高远部分，自己亲身所能达到的，连三四成也未必实现。

点评

读近世湘人历史，常从曾、胡、罗等人的文字中读到平实二字，他们都推崇这两个字。这大概是他们成事的诀窍之一。在咸丰九年十月二十一日给吴廷栋的信中，曾氏再次提到"大处着眼，小处下手"八个字，并作了细说，且抄录于次："近年军中阅历有年，益知天下事当于大处着眼，小处下手。陆氏称先立手其大者，若不辅以朱子铢积寸累工夫，则下梢全无把握。故国藩治军，摒去一切高深神奇之说，专就粗浅纤悉处致力，虽坐是不克大有功效，然为钝拙计，则犹守约之方也。"

革薄从忠

革薄从忠，鄙意亦夙怀此志，特有天质本来之薄，有外物激之使薄。本来之薄，革之已极不易；激之使薄，尤觉旋革旋萌，毫无长进，深以为愧。

译文

革除刻薄培植忠厚，我的心中也早就怀有这个志向，只是这种刻薄中既包含着天生就有的部分，也有受外界刺激而生发的部分。天生的刻薄，革除已感觉到极为不易；外界刺激而生的刻薄，尤其觉得随时革除随时生发，毫无一点长进，深以为惭愧。

点评

曾氏性格中有争强好胜、刚烈褊急的一面，这一面很容易导向刻薄；再加上他身处多种势力的利益冲突中心，这种环境也极易诱发刻薄。所以，尽管曾氏天天提醒自己要不忮不求，心态平和安静，但到老到死，他也没有完全做到。

寡言、寡视、寡思

古人谓寡言养气，寡视养神，寡思养精。尊处胜友如云，难以寡言；簿书如麻，难以寡视。或请寡思，以资少息乎！

译文

古人说以少说话来保养元气，以少看物来保养神采，以少思考来保养精力。您那里胜友如云，难以做到少说话；公文书牍如麻，难以做到少看物。是否可以少思考，借以略作休息呢？

点评

这是咸丰十年三月曾氏写给胡林翼的信。胡此时肺病已入膏肓，然胡身为湖北巡抚，担负的责任既重，本人又习惯于事必躬亲，成天在病累之中，故曾以寡言、寡视、寡思相劝。

一事有恒，万事渐振

阁下尚能黎明即起否？不可间断。一事有恒，则万事皆可渐振，毋以为小端而忽之。至嘱！

译文

你还能黎明就起床吗？此事不可间断。一桩事情持之以恒，则一切事都能逐渐振兴，莫将它当作小事而忽视。至嘱！

点评

这是曾氏写给李榕信中的一段话。李榕曾在曾氏幕中为僚，后由曾氏保举为盐巡道。曾氏这几句话既体现一个上级对老部下的关心，又从小事发端，而规之以大道理。一事有恒而万事渐振的道理，不仅是因为一桩小事可能与其他事有直接关联，更重要的是，小事上可反映出一个人的精神状态。

不宜过早识透世态人情

英年秀挺，自以专心读书，不染官场习气为妥。即世态人情，亦不宜遽令识透。早识透则漓其本质而日趋于薄，既薄而返之醇厚，千难万难。

译文

处在清秀挺拔的青少年时期，自应该以专心致志读书，不沾染官场习气为妥，即便是世态人情，也不宜很快就让他看透。早看透世事，则必然天性将会受到损害而一天天走向浇薄，已经浇薄而叫他再返回到厚道，则千难万难。

点评

咸丰十年（1860）二月，太平军攻打杭州，浙江巡抚罗遵殿及其妻女自尽，其子少村年纪尚轻。罗为安徽宿松人，丧仪在宿松举行。李续宜时为安徽巡抚。曾氏在给李的信中写了上面这段话，似有将罗之遗孤交李照管之意。曾氏希望少村专心读书，不要沾染官场习气，不要过早看透世故。这是一位老于阅历者的经验之谈。官场中有许多坏的习气，年轻人自不应染上，即便是社会上所流行的人情世故，一个年轻人也不要过早地去看透。这是因为人情世故中有许多虚假的东西，有许多不宜提前识穿的东西，若过早接触这些东西，人将变得不诚不执。不诚者坏事，不执者不成事：这些都不好。

以言逊为宜

居今之世，要以言逊为宜。有过人之行而口不自明，有高世之功而心不自居，乃为君子自厚之道。

译文

处在今天这样的世界上，重要的是以说话谦逊为宜。有超过别人的作为而自己不讲，有高于世间的功劳自己不居，这是君子自我培植忠厚的方法。

点评

曾氏的"今之世"，是个什么世界？是一个战争动乱的世界，是一个正常社会秩序被打破的世界，更是一个约束人心道德的纲纪被颠覆的世界，所以要处处小心谨慎，尤其在言语上要特别注意。若在一个和平清朗的世界，人是不需如此生活的。

侧听清议

国藩才智本绌，今精力惫甚，忽膺此重任，大惧陨越，为天下笑，为乡里羞。请阁下侧听清议。如有显然过失，大拂舆情者，即祈立刻飞缄详示。如其力不能改，别徐图之。若此心，则决不文过而惮改也。

译文

我才能和智慧本来就差，现在精力很疲惫，忽然肩负这样重的担子，十分恐惧把国家的事情办砸了，为天下人所笑，使家乡人蒙羞。请您在一旁关注清议。如果有明显的过失，很严重的违背舆情的事，请立刻用快信详细告诉我。如果我的力量不能改正，则慢慢地想别的办法。若说我自己的心思，则决不会文过饰非而害怕改正错误。

点评

咸丰十年春，在太平军的凌厉攻势下，清廷在江南的军事局面陡然恶化，苏州、常州、无锡等重要城市都落入太平军之手。两江总督何桂清弃城逃命，被革职拿问。四月下旬，朝廷任命曾氏为署理两江总督。这是该年五月初六日给周辑瑞信中的一段话。周为湖南善化人，道光二十五年（1845）进士，长期在吏部任职，曾氏在京时两人关系密切。曾氏在这封信里请周关注京师舆情，若听到有关前方的议论，立即相告。历史告诉人们，自古以来，未有权臣掣肘而将帅能立功在外者。曾氏对此自然谙熟，故拜托同乡老友帮他盯着京师政坛。

位高誉增，望重责多

位愈高则誉言日增，箴言日寡；望愈重则责之者多，恕之者少。阁下爱我，迥越恒俗，望常以药石之言相绳。弟每日行事，有日记一册，附家报中。阁下如有不谓为然之处，即恳逐条指示，不胜铭感。

译文

地位愈高则夸誉的话一天天增多，规劝的话一天天减少；声望愈重则指责的人多，宽恕的人少。您平时对我的关爱超过别人，希望您常常以忠言相告，使我行事有所准绳。我每天做的事，都记在日记中。这些日记附在寄回家的包封里。您如果觉得有不妥当的地方，诚恳地请逐条指出，不胜感激。

点评

位高誉言多箴言少，这是社会常情。处高位者当知道并非自己事事正确。望重责者多恕者少，这也是社会常情。负重望者也不必因此而畏首畏尾。曾氏明此理，可见他深通人情。另，从这段话中，我们也可以知道曾氏的日记是定期送回家的，且外人也可以看。由此看来，曾氏的日记必有其着意为之的成分，研究曾氏者不可不察。

以志帅气，以静制动

凡沉疴在身，而人力可以自为主持者，约有二端：一曰以志帅气，一曰以静制动。人之疲惫不振，由于气弱，而志之强者，气亦为之稍变。如贪早睡，则强起以兴之，无聊赖，则端坐以凝之。此以志帅气之说也。久病虚怯，则时时有一畏死之见，憧扰于胸中，即魂梦亦甚不安恬，须将生前之名，身后之事与一切妄念铲除净尽，自然有一种恬淡意味，而寂定之余，真阳自生。此以静制动之法也。

译文

大凡重病在身，人力可以做得主的约有两点：一为以意志来统帅精气，一为以安静来制止躁动。人之所以疲惫不振作，是由于气弱，而意志强毅者，气也可以因此而稍稍改变。比如说爱睡懒觉，则强迫自己早起，促使精神振奋；比如说感到百无聊赖时，则借端坐来使精神凝聚。这就是以意志来统帅气的意思。久病身体虚弱胆魄薄弱，则时刻有一种怕死的念头在胸中出现，干扰神志，即便在睡梦中心也不安宁。这时必须将在生时的名声，死后的事业以及一切胡思乱想铲除干净，自然就会有一种恬淡的意味产生，在心灵寂静之后，元气也就自己生发出来。这就是以安静来制止躁动的意思。

点评

对于疾病，理智的人通常采取既来之则安之的态度。这是人在主观意识上，惟一可采取的正确办法。曾氏所说的以静制动，就是"安之"的态度。除此之外，他还提出以志帅气，即加强意志力，这当然好，有一些疾病的确败在意志坚强者的面前，但此非常人所可做到。这段话是说给李宗羲听的。李宗羲此时不过四十出头，正当英年，后来做过多年的巡抚、总督，一生作为不少，性格强旺。曾氏叫他以志帅气，应当是有的放矢的。

无使吾心之贼破吾心之墙子

方今天下大乱，人人皆怀苟且之心，出范围之外，无过而问焉者。吾辈当自立准绳，自为守之，并约同志者共守之，无使吾心之贼，破吾心之墙子。

译文

当今天下大乱，人人都怀着一种苟且度日的心态，超过自己所管的范围外之事，没有过问者。我们这些人当自己立规矩，自己严格把住，并相约同此志者共同来防守，不要使我心中的邪恶欲念，来破坏我心中所筑的墙壁。

点评

王阳明有句名言：破山中贼易，破心中贼难。心中贼，即心中的邪恶欲念。理学讲的修身与慎独，便是在自我心中树立英雄，击败敌人。这是一个很高的境界。身处乱世，在举世苟且之时，要做到这点，更是艰难。

夙夜匪懈，分阴是惜

再出视师，痛改前此客气用事之弊，以一勤字自勖，仰希仲山甫夙夜匪懈、陶桓公分阴是惜之风。来信所引先贤之训，盖尝有志焉而未逮。

译文

再次出山统领军营时，我曾下决心痛改先前办事虚骄的毛病，以一个勤字来自我勉励，效法仲山甫从早到晚毫不懈怠、陶侃珍惜一寸一分光阴的作风。来信中所引的先贤训诫，我也是有志照办只是尚未做到而已。

点评

曾氏在咸丰八年（1858）六月再次出山办理军务后，其为人行事与先前多有改变，变虚骄而为勤谨，便是其中所变之一。

花未全开月未圆

常守"花未全开月未圆满"之戒，不稍涉骄矜之气，则名位日隆矣。

译文

时常守定"花未全开月未圆满"的戒说，毫不涉及骄矜之气，名与位则将会一天天兴隆。

点评

花盛则凋，月盈则亏，这是自然界的规律。人们从这一自然规律中得到启示，知道事物到了极点后，它的发展趋势则是回落。人的心态是希望看到上升而不愿意看到回落，避免回落的途径便是不令它走向极点。比如花，全开是极点，未全开则是好状态；比如月，圆满是极点，未圆满则是好状态。将它移到人事上，则意味着什么好处都得到，或者是得到某种处于绝顶位置的好处，这都是属于极点的范畴，其实并不好，好的状态则是有所不足，有所缺陷。此外，若是一个人既做着轰轰烈烈的事业，享受着或位高权重或声隆财大的待遇，又志得意满，锋芒毕露，傲视一切，惟我独尊，那么这也是进入极点的范畴，前景将会不妙。制止的办法，或是减损位、权、声、财，或是收敛意气，让缺陷与不足存在，这才是好状态。这种最早记载于《易经》的中国式大智慧，历来为有识士人所重视，曾氏尤对此极有研究。霆字营统领鲍超是个粗人，勇猛有余，学识不足，故曾氏写这句话劝导他。

于天命则冥然不顾

公生平最好用心，尤用心于无可如何之地。庄子有言："达命之情者，不务知之所无可奈何。"假如目下武汉、江西，倏有大变，是虽知之而无可奈何者也；假如吾辈三日不汗，溢先朝露，是虽知之而无可奈何者也。愿公于人力所能为者，则略加思虑，于天命之无可奈何者，则冥然不顾。

译文

您平生最喜欢耗用心血，尤将心血耗在那些人力无法达到的地方。庄子说过："关于天命方面的道理，不必全部知晓，因为有些是无可奈何的。"比方说，倘若眼下武汉、江西突然有大变故出现，这是即便知道也是无可奈何的事；又倘若我们这些人中有谁三天不出汗，突然先死去，这也是即便知道也是无可奈何的事。愿您在人力所能做到的事情上，则稍微予以思虑，对于天命方面那些无可奈何的事，则闭着眼睛不去管它。

点评

人们常说尽人事而听天命。人事可尽，是因为人之力可由自己掌管；天命只可听，是因为天命不可由自己管。胡林翼身患重病，却因为性格的原因，凡事爱操心费神，许多他管不了的事也要为之用心，病情因此而愈重。故曾氏写信劝告他：少耗心血，好好保养精神，将息病体。

恶高言深论，好庸言庸行

近恶闻高言深论，但好庸言庸行，虽以作梅之朴实，亦嫌其立论失之高深。其论公之病，侍亦虞其过于幽渺。愿公从庸处浅处着想。圣人言不逆诈，不臆不信。吾辈且当不逆死，不臆不起，以为养生之法；不逆败，不臆不振，以为行军之法。

译文

近年来厌恶听到那些故作高深的言论，只是喜欢平平常常的言行。即便是陈鼐（作梅）这样的朴实人，也不喜欢他的话有时故作高深。他分析您的病情，我只担心过于微妙。但愿您从平常处从浅显处去着想。圣人说不预先怀疑别人的欺诈，也不无根据地猜测别人的不诚信。我们则应当不过早地想到死，也不无根据地怀疑将一病不起，以此作为养生之法；不去胡乱地想到失败，也不无根据地怀疑军营不振作，以此作为治军之法。

点评

胡林翼病重期间，医者陈鼐或许说了些不利于养病的话，曾氏遂写此信欲化解胡的疑心。此信写于咸丰十一年（1861）三月，五个月后，胡便与世长辞了。

勉　强

孟子曰："口之于味也，目之于色也，耳之于声也，鼻之于臭也，四肢之于安佚也，性也，有命焉，君子不谓性也。"人性本善，自为气禀所拘，物欲所蔽，则本性日失，故须学焉而后复之。失又甚者，须勉强而后复之。

丧之哀也，不可以伪为者也，然衰麻苦块，睹物而痛创自至，躃踊号呼，变节而涕洟随之，是亦可勉强而致哀也。祭之敬也，不可以伪为者也，然自盥至荐，将之以盛心；自朝至昃，胜之以强力，是以可以勉强而致敬也。与人之和也，不可以伪为者也，然揖让拜跪，人不答而己则下之，筐筥豆笾，意不足而文则先之，是亦可以勉强而致和也。

凡有血气，必有争心，人之好胜，谁不如我？施诸己而不愿，亦勿施于人，此强恕之事也。一日强恕，日日强恕；一事强恕，事事强恕，久之则渐近自然。以之修身，则顺而安；以之涉世，则谐而详。孔子之告子贡、仲弓，孟子之言求仁，皆无先于此者。若不能勉强而听其自至，以顽钝之质而希生安之效。见人之气类与己不合，则隔膜弃置，甚或加之以不能堪，不复能勉强自抑，舍己从人，傲惰彰于身，乖戾著于外，鲜不及矣。庄子有言："刻核太甚，则人将以不肖之心应之。"董生有言："强勉学问，则闻见博而知益明；强勉行道，则德日进而大有功。"至哉言乎！故勉强之为道甚博，而端自强恕始。

魏安釐王问天下之高士于子顺，子顺以鲁仲连对。王曰："鲁仲连强作之者，非体自然也。"子顺曰："人皆作之，作之不止，乃成君子，作必不变，习与体成，则自然也。"余观自古圣贤豪杰，多由强作而臻绝诣。《淮南子》曰："功可强成，名可强立。"《中庸》曰："或勉强而行之，及其成功一也。"近世论人者，或曰：

"某也，问之所为不如是，今强作如是，是不可信。"沮自新之途，而长偷惰之风，莫大乎此！吾之观人，亦尝有因此而失贤才者。

译文

孟子说："口对于美味，眼对于美色，耳对于美声，鼻对于香气，四肢对于舒适，喜欢这些，都是人的天性使然。但是得到与否，却要看命运。所以君子不把得到视为是天性的使然，因而不去勉强追求。"人性本来是善良的，自从为禀赋的限制，为物欲的掩蔽，则善良的本性一天天减少，故而需要读书学习而使它恢复。损失很多，则须以勉强的态度来恢复。

丧亲的悲哀，是不可以伪装出来的，但衰麻苫块，这些办丧事用的物品，让人看到后会悲痛自然引发，号啕大哭，涕泪奔涌，失态跟随而来。这也是以勉强来招致更大的悲痛。祭祀时的恭敬态度，是不可以伪装出来的，但从把手洗干净到进献祭品，以全副心思来操作；自早上到午后，以全部气力来完成。这也是以勉强来招致敬肃。与别人的和睦相处，是不可以伪装出来的，但是举行作揖打恭跪拜等仪式，别人来不及答应而自己已先表示卑下，摆上筐篚豆笾各色装食品的器皿，实质性的内容不足而形式上则可以起先声作用。这也足以勉强来营造祥和气氛。

凡有血气，就必然有争强之心，人的好胜，谁不像我一样呢？加之于自己头上而不愿接受者，也不要加于别人的头上。这就是强迫自己宽恕的事。一天强迫宽恕，天天强迫宽恕；一件事上强迫宽恕，件件事上强迫宽恕，久而久之则渐渐接近自然而然了。以此种态度来修身，则顺利而平安；以这种态度来处世，则和谐而吉祥。孔子的告诫子贡、仲弓，孟子的分析求仁，都以此作为最重要的事。倘若不能做到勉强，听其自流，这就是以愚顽的资质而希望得到安稳的效果。看到别人的性情与自己不合，则与他有隔阂，不加理睬，甚至以别人不能接受的东西加在他的头上，不能做到稍稍自我敛抑，自己作点抛舍而去顺从别人，让傲慢与乖戾事事处处随时随地流露在外，令人难以接受。庄子说过："刻薄精细得太过分，则别人将以不良之心来回应。"董仲舒说过："强勉于学问，则见闻广博而所知更加明晰；强勉于行道，则德行一天天增进而大有功效。"这真是很有道理的言论！故而勉强作为一个道理来说，其用途广博，而肇端则从勉强实行宽恕起始。

魏安釐王问子顺，谁是天下的高士，子顺以鲁仲连作为回答。魏王说："鲁仲连是勉强做事的人，并不是顺其自然者。"子顺说："人们都在做事，努力去做而不停止，于是就成了君子。天天去做而不改变，习惯养成了，则成自然。"我看自古来的圣贤豪杰，多是由于强行努力而达到绝顶造诣的。《淮南子》说："功效可由强力而成就，名望可由强力来树立。"《中庸》说："有的是靠勉强而推行的，若论其成功这点来说，则是一样的。"近代评论人物，有的说："某人，询问他平时做事不这样，现在勉强这样做，于是便认为不可相信。"阻挡人的自新之途，而增长偷懒之风，这种做法的危害性最大了！我观察别人，也曾有因此而失去贤才的。

点评

在曾氏传世文字中，有一部分文字从体裁、形式和内容来说，显得较为杂乱。它不是奏章、书信、日记，也不宜归于诗文中。因为在古人看来，吟诗作文，是一桩很严肃很郑重的事，是有许多讲究的。而这些文字，有的只是杂感、笔记等雏形文章，有的是格言箴语，有的是告示、昭令、章程等公文，有的可算作流行歌词，于是汇编者将它们合在一起，以"杂著"二字称之。此处所抄录的这两段话，一出于杂著中《笔记二十七则》，一出于杂著中《笔记十二篇》，曾氏将这两则笔记均以"勉强"名之。

所谓勉强，即勉为其难甚至带有一点强迫性的意思。曾氏认为，不能完全率性而为，为人处世，某些方面是需要勉强的，勉强可以办成原本不易办到的事。有些做法，经过一段时期的勉强后，可以日久而成自然习惯。笔者赞同这种观点。世上许多事，是可以听其自然，也有许多事则须勉强而为。若一味自然而作、率性而为，世上无数精彩的事便不可能发生，人类社会既缺乏光亮，又不能进化。湖南人爱说"霸蛮"，其程度比勉强又更高出一步。

君子小人

陈容有言曰："仁义岂有常，蹈之则为君子，违之则为小人。"大哉言乎！仁者，物我无间之谓也，一有自私之心，则小人矣。义者，无所为而为之谓也，一有自利之心，则小人矣。同一日也，朝而公正则为君子，夕而私利则为小人；同一事也，初念公正则为君子，转念私利则为小人。惟圣罔念作狂，惟狂克念作圣，所争只在几微。君子无终食之间违仁，造次必如是，颠沛必如是。一不如是，则流入小人而不自觉矣。所谓小人者，见识小耳，度量小耳。井底之蛙，所窥几何，而自以为绝伦之学；辽东之豕，所异几何，而自以为盖世之勋。推之以孑孑为义，以硁硁为信，以龊龊为廉，此皆识浅而易以自足者也。君臣之知，须积诚以相感，而动疑主恩之薄；朋友之交，贵积渐以相孚，而动怨知己之罕觏。其或兄弟不相容，夫妇不相信，父子不相亮，此皆量褊而易之滋疑者也。君子则不然，广其识，则天下之大，弃若敝屣，尧舜之业，视若浮云；宏其度，则行有不得，反求诸己，己所不欲，勿施于人，乌有所谓自私自利者哉？不此之求，而诩诩然号于众曰："吾君子也。"当其自诩君子深信不疑之时，识者已嗤其为小人矣。

译文

陈容曾经说过："仁义于人来说岂能是固定不变的，实行的则为君子，违背的则为小人。"伟大呀这句话！所谓仁，是指物与我之间没有距离，一旦有自私之心，那就是小人了。所谓义，是指所做的事情不是为了自己，一旦有为自己谋利之心，那就是小人了。同一天，早上处事公正则为君子，晚上为私利而忙则是小人。同一件事，起初的念头公正，那时则为君子，转念为了私利则为小人。圣人一旦有了坏念头就成了狂人，狂人一旦克服了恶念就成了圣人，这中间所争的只是几微之间。君子没有一顿饭长的时间违背仁，仓卒匆忙的时候是这样，颠沛流离的时候也是这样。一旦不这样，则进入了小人圈子而不自觉。所谓小人，指的是见识小，度量小。比如井底之蛙，所见的能有多大，而自以为有绝大的学问；比如辽东的猪，与别的猪能有多大的差别，而自以为有盖世的功勋。扩而广之，将孤独当作义，将执拗当作信，将拘谨当作廉，这都是见识浅薄而容易自我满足。君臣之间的相知，必须累积诚信而相互感动，而动辄怀疑君主的恩情过于刻薄；朋友之间的相交，贵在了解日渐增加而相互信任，而动辄埋怨知己难以遇到。还有兄弟不相容，夫妻不相信，父子不相谅，这都是因为度量狭窄而容易生疑的缘故。君子则不如此，见识广博，则知如天下那样大的东西，也可以扔掉它如同扔掉一只破烂鞋子；尧舜那样的事业，也可以当作浮云看待。度量宏阔，则所做之事得不到相应回报时，反过来检查自身的原因。他本人不想要的，则不给别人，怎么会有所谓的自私自利呢？不追求这些，而在众人面前夸耀说："我是君子！"当他自诩为君子而不怀疑时，有识之士已讥笑他为小人了。

点评

这也是曾氏所作的一则笔记。此文的要点在说明君子与小人并非是一成不变的。朝为君子，夕可为小人；此事上为君子，彼事上也可为小人，关键在仁与不仁上。又说小人之小主要体现在见识小度量小上。又说"天下之大弃若敝屣，尧舜之业视若浮云"。这些说法都是值得玩味的。

克勤小物

古之成大业者，多自克勤小物而来。百尺之楼，基于平地；千丈之帛，一尺一寸之所积也；万石之钟，一铢一两之所累也。文王之圣，而自朝至于日中昃，不遑暇食。周公仰而思之，夜以继日，幸而得之，坐以待旦。仲山甫夙夜匪懈。其勤若此，则无小无大，何事之敢慢哉？诸葛忠武为相，自杖罪以上皆亲自临决。杜慧度为政，纤密一如治家。陶侃综理密微，虽竹头木屑皆储为有用之物。朱子谓为学须铢积寸累，为政者亦未有不由铢积寸累，而克底于成者也。

秦始皇衡石量书，魏明帝自案行尚书事，隋文帝卫士传餐，皆为后世所讥，以为天子不当亲理细事。余谓天子或可不亲细事，若为大臣者则断不可不亲。陈平之问钱谷不知，问刑狱不知，未可以为人臣之法也。凡程功立事，必以目所共见者为效。苟有车，必见其轼；苟有衣，必见其敝；苟为博物君子，必见其著述满家，抄撮累箧；苟为躬行君子，必见其容色之睟盎，徒党之感慕；苟善治民，必见其所居民悦，所去见思；苟善治军，必见其有战则胜，有攻则取。若不以目所共见者为效，而但凭心所悬揣者为高，则将以虚薄为辩而贱名检，以望空为贤而笑勤恪。何晏、邓飏之徒，流风相扇，高心而空腹，尊己而傲物，大事细事，皆堕坏于冥昧之中，亲者贤者，皆见拒于千里之外。以此而冀大业之成，不亦悖哉？孔子许仲弓南面之才，而雍以居敬为行简之本，盖必能敬乃无废事也。

译文

古时成就大事业的人，多从能勤于做小事开始。百尺高的楼房，奠基于平地；千丈长的丝帛，是由一尺一寸组织而成；价值万石的钟，是由一铢一两所积累而就。以文王的圣明，都从清晨到午后忙得没有时间进食。周公是抬头便思索，以夜晚来继续白天未竟之事，幸而有所获得，便坐着而等待天明去实施。仲山甫从早到晚毫不懈怠。这些人勤奋到如此地步，那么无论小事或大事，哪件事敢于怠慢呢？诸葛亮为相，自杖击以上的刑罚都亲自处理。杜慧度为政，用心细致严密，如同治家。陶侃办理事情缜密精微，即便竹头木屑都储备作为有用之物。朱熹说为学必须一铢一寸地积累，为政者也没有不从一铢一寸积累而最终取得成就的。

秦始皇统一度量衡和文字，魏明帝自己做着尚书做的事，隋文帝叫卫士送饭，都为后世所讥嘲，认为天子不应当亲自处理小事。我认为天子或许可以不必亲自处理小事，而为大臣的则断然不能不亲身处理小事。陈平的问钱粮之事不知晓，问刑狱之事不知晓，不可以作为人臣的榜样。凡是考核事功，必定要以亲眼所见才算成效。假若有车，则必须要见到车厢上的横木；假若有衣，则必须要见到它前面的围裙；假若是博通诸物的君子，则必须要见到著作堆满家中，所抄录所汇集的书册装满箱子；假若是言行一致的君子，必然可见他脸上神色温和纯粹，门徒对他很尊敬；假若是很会治理民事的，必然可见他所治下的百姓喜悦，他离开后百姓思念他；假若是很好治理军事的，必然可见到他一打仗就胜利，一攻城就成功。若不是以大家都看到的事为效，只是凭心里所揣测的为高，则会将虚薄拿来作为争辩的对象而看轻循名责实，以坐而空想者为贤能而讥笑勤奋认真。何晏、邓飏一类人的作风流传所造成的后果是，心很高而腹中空空，抬高自己而傲待他人，大事小事都毁坏在不知不觉中，亲信者贤能者都将被拒之于千里之外。照这样而希望大业获得成功，不是与之相背吗？孔子称许仲弓为南面之才，而仲弓（名冉雍）以居敬为行事简洁的根本，孔子知道仲弓必能做到端凝严肃把事办好。

点评

这则笔记讲的主题是勤于做小事。任何大事都基于小事，故而有志于做大事者是不能忽视小事的。但小事繁琐，要费时费神，且许多小事或一时半会或许看起来与大事无关，于是它受到忽视便几乎成了通例。曾氏受理学"绝大学问即在家庭日常之间"的影响，又加之性格上的缜细谨慎，所以他从来便注重小事。小与大不是绝对的，有时一个细节便关系到全局，近来流行一个说法：细节决定成败。古今中外有许多事例能为它佐证。小，的确不可轻视。

才 德

（才德）司马温公曰："才德全尽，谓之圣人。才德兼亡，谓之愚人。德胜才，谓之君子。才胜德，谓之小人。"余谓德与才不可偏重。譬之于水，德在润下，才即其载物溉田之用；譬之于木，德在曲直，才即其舟楫栋梁之用。德若水之源，才即其波澜；德若木之根，才即其枝叶。德而无才以辅之，则近于愚人；才而无德以主之，则近于小人。世人多不甘以愚人自居，故自命每愿为有才者；世人多不欲与小人为缘，故观人每好取有德者，大较然也。二者既不可兼，与其无德而近于小人，毋宁无才而近于愚人。自修之方，观人之术，皆以此为衡可矣。吾生平短于才，爱我者或谬以德器相许，实则虽曾任艰巨，自问仅一愚人，幸不以私智谲凿其愚，尚可告后昆耳。

译文

司马光说："才与德都很好，叫做圣人。才与德都缺乏，叫做愚人。德超过才，叫做君子。才超过德，叫做小人。"我认为，德与才不可偏重于哪个方面。拿水来作比方，德好比指它的滋润下物，才即它的承载物体灌溉田亩的功用。拿木来作比方，德好比指它的是弯曲还是挺直，才即它的作船作桨作栋梁的功用。德好比水的源头，才就是它的波澜；德好比木的根本，才就是它的枝叶。有德但无才以辅助，则接近于愚人；有才但无德来作主导，则接近于小人。世人多不甘愿自认为是愚人，故而总是自许为有才能者，世人多不愿意与小人在一起，故而看人每每喜欢选择有德者，大致都是这样的。二者既然不可兼得，与其无德而接近于小人，不如无才而接近于愚人。自我修炼的注重之处，看人的眼光所在，都用此来衡量就行了。我平生在才上短缺，喜爱我的人有的说我有道德有器度，实在地说，我虽然曾经肩负艰巨之担，自问仅仅是一个愚人而已，幸而不用谋私的智力及诡谲的心端来损伤这个愚，这一点尚可以告慰后来的君子。

点评

中国传统的观念是，若德才二者不能兼备，宁取有德少才，而不取多才而缺德者。在通常状态下，这自然是对的。曾氏在带兵之初一直持这种观点。但后来残酷的战争现实告诉他，两军厮杀之际，光有德是不行的，故而他渐渐在这点上有所放宽。其实，德与才，也不是绝对的德先才后，在某些特定环境中，才有时比德更有实际价值，这是符合事物的辩证法的。但在长远的时间里，在总体格局中，德无疑更重要，所以负重大方面之责的主要人物，应以德为第一考量要素。

诚　神

大圣固由生知，而其平生造次克念精诚，亦迥异于庸众。闻《韶》尽善，则亡味至于三月；读《易》寡过，则韦编至于三绝。文王则如见于琴，周公则屡入于梦，至诚所积，神奇应焉。故麟见郊而增感，凤不至而兴叹，盖其平日力学所得，自信为天地鬼神所不违也。即至两楹梦奠之际，祷神为臣之请，亦皆守礼循常，较然不欺。其后，曾子易箦，诵"战兢"之诗而自幸知免，犹有圣门一息不懈之风。后世若邵子之终，马、程诸人咸集；朱子之没，黄、蔡诸子并临，亦皆神明朗彻，不负所学。昔人云："善吾生者，乃所以善吾死也。"若非精诚积于毕生，神志宁于夙昔，岂能取办于临时哉？

译文

大圣人固然是由于天生的智慧，而他一生即便在匆忙之中依旧信念精诚，这方面也是大不同于常人。听到《韶》乐的尽善尽美，以至于三个月不知肉香；读《易经》能少犯过错，以至于连接《易经》竹简的牛皮绳三次断掉。孔子在琴声中好像见到文王，在梦中则多次见到周公，至诚的信念累积，神奇的现象相应出现。故而麒麟出现在郊外而增加他的感慨，凤凰不来又引发他的兴叹，这是因为他平日间苦苦求学得到真知，自信与天地鬼神能够相沟通。以至于两楹梦奠、祷神为臣这些事，也都是遵循常礼的行为，心地光明并不是要欺世。这之后，曾子临死之际，朗诵"战兢"之诗，而自己庆幸这一生已不会再有过失了。曾子这种作风，还保存着圣人这一学派一息犹存毫不懈怠的遗风。后世比如像邵雍终死时，马、程等人都聚集一起；朱熹逝世时，黄、蔡等人也都汇于灵前，也都是神明之光在照耀，让弟子们不辜负先生的教诲。昔人说："善待我在生时，故而能在我将死时能善待。"若不是精诚积蓄于一生，神志安宁在素日，怎么能在临时办好事呢？

点评

所谓诚神，即至诚通神之意，也就是说诚到了极点，则可以有奇迹出现。精诚所至，金石为开，这就是诚神。曾氏在这则笔记中所要表达的主要意思，可能就是该文的结尾两句：若非精诚积于毕生，神志宁于夙昔，岂能取办于临时哉？

兵 气

田单攻狄，鲁仲连策其不能下，已而果三月不下。田单问之。仲连曰："将军之在即墨，坐则织蒉，立则仗锸，为士卒倡。将军有死之心，士卒无生之气。闻君言，莫不挥涕奋臂而欲战。此所以破燕也。当今将军，东有掖邑之奉，西有淄上之娱，黄金横带而驰乎淄渑之间，有生之乐，无死之心，所以不胜也。"余尝深信仲连此语，以为不刊之论。

同治三年，江宁克复后，余见湘军将士即骄盈娱乐，虑其不可复用，全行遣撤归农。至四年五月，余奉命至河南、山东剿捻，湘军从者极少，专用安徽之淮勇。余见淮军将士，虽有振奋之气，亦乏忧危之怀，窃用为虑，恐其不能平贼。庄子云："两军相对，哀者胜矣。"仲连所言以忧勤而胜，以娱乐而不胜，亦即孟子"生于忧患，死于安乐"之旨也。其后，余因疾病疏请退休，遂解兵柄，而合肥李相国，卒用淮军以削平捻匪，盖淮军之气尚锐。忧危以感士卒之情，振奋以作三军之气，二者皆可以致胜，在主帅相时而善用之已矣。余专主忧勤之学，殆知其一，而不知其二也。聊志于此，以识吾见理之偏，亦见古人格言至论，不可举一概百，言各有所当也。

译文

田单攻打狄国，鲁仲连预测他不能打下，后来果然三个月打不下。田单问他。鲁仲连说："您在即墨时，坐下来则织草筐，站起来则提着铁锹，身为士卒的表率。您有牺牲的决心，士卒没有活着回家的想法。听您发话，莫不抹掉眼泪奋起臂膀而想冲锋陷阵。这就是攻破燕国的原因。现在，您在东边有掖邑为食采之城，在西边有淄上供您娱乐，腰系黄金带而游于淄与渑之间，充满着活着的快乐，没有战死的念头，所以不能胜利。"我曾经深信鲁仲连这番话，认为它是不刊之论。

同治三年（1864），江宁城打下后，我见湘军将士即刻骄傲自满耽于享乐，担心这支军队不可再用，全部裁撤，遣散回家务农。到同治四年五月，我奉命到河南、山东剿捻，湘军跟随的很少，专用来自安徽的淮军。我见淮军将士虽然士气振奋，也缺乏忧虑危急的心情，私下以此为担心，恐怕这支军队不能平息捻军。庄子说："两支军队面对面打仗，军中有哀戚情绪者胜。"鲁仲连所说因为忧虑勤勉而胜，因逸娱享乐而不胜，也就是孟子"生存于忧患中，死亡于安乐中"所说的意思。以后我因为生病，上疏请求退休，因此被解除兵权，而合肥相国李鸿章，最终用淮军而削平捻军，原因在于淮军的士气还锋利。以忧危而感动士卒的情绪，以振奋来兴起三军的士气，这两者都可以取胜，在于主帅依时而善于使用罢了。我专门主张忧勤这一个观点，是只知其一而不知其二。聊将这个认识记于此，借以看出自己见理的偏颇，也可以知古人的格言至论，也不能以一点而概括全面，所说的话有它的具体所指之处。

点评

这是一段曾氏的用兵反思。曾氏是个理学信徒，很容易接受来自正面方向的道理，比如说带兵者应身先士卒，以榜样的力量来带好军队，为正义而战为复仇而战易于激发士气，等等。其实，兵者阴事也，军营种种，并非程朱理学所能完全解释得了的。激励士气的途径很多，如地位、财富、城池、女人等，都可以成为男人们发动战争赢取胜利的推动力。李鸿章驾驭淮军，更多的手腕可能是不循正道。

忠 勤

开国之际，若汉唐之初，异才畸士，丰功伟烈，飙举云兴，盖全系乎天运，而人事不得与其间。至中叶以后，君子欲有所建树以济世而康屯，则天事居其半，人事居其半。以人事与天争衡，莫大乎忠勤二字。乱世多尚巧伪，惟忠者可以革其习；末俗多趋偷惰，惟勤者可以遏其流。忠不必有过人之才智，尽吾心而已矣；勤不必有过人之精神，竭吾力而已矣。能剖心肝以奉至尊，忠至而智亦生焉；能苦筋骸以捍大患，勤至而勇亦出焉。余观近世贤哲，得力于此二字者，颇不乏人，余亦忝附诸贤之后，谬窃虚声，而于忠勤二字，自愧十不逮一。吾家子姓，倘将来有出任艰巨者，当励忠勤以补吾之阙憾。忠之积于平日者，则自不妄语始；勤之积于平日者，则自不晏起始。

译文

一个新朝代的建立时候，比如汉唐初期，有特殊才干的人士，建立伟大功绩者，好像风起云涌，这完全是因为天命，而人事是不能参与其中的。到了这个朝代的中期，君子想要有所建树而使国泰民安，此时天事起一半的作用，人事起一半的作用。能把人的作为抬到与天争衡的地位上，这中间最大的因素在于忠勤两个字。乱世多崇尚机巧虚伪，惟有忠诚者可以革除此陋习。末世的衰败习俗较多体现为偷懒，惟有勤劳者可以遏止它的流传。忠诚者，并不必需要有过人的才智，只是尽自己的心而已；勤奋者，并不必需要有过人的精神，只是尽自己的力而已。能够剖心沥胆来侍奉至尊，忠诚到了智慧也就产生了，能够劳苦筋骨来对付大患难，勤奋到了勇气也就出来了。我看近来的贤哲，由这二个字上得力的，并不乏人。我也惭愧地列名于各位贤哲之后，获得虚名，而对忠勤这二字，自愧没有做到十分之一。我家子孙中倘若将来有出来肩负重任者，当励行忠勤来弥补我的缺憾。忠诚在平常日子中的积累，则从说话不随便开始；勤劳在平常日子中的积累，则从不睡懒觉开始。

点评

过人的才智和精力是成就大事不可缺少的条件，但这两者不是人人都有的，然而做大事业却又为许多人所向往。曾氏因此为普通人通向成功搭出两座桥梁：一为忠，一为勤。忠与勤都属于主观意愿，只要真心想做，人人都可以做到。通过忠可以得到过人的才智，通过勤可以得到过人的精力。同时，又指出培养忠和勤的两个最简易可行的方法，即从不妄语不晏起始。这则笔记最典型地体现曾氏为教的风格：告诉你做最容易做到的事，只要坚持下去，便可以获取看似很难得到的成功。

才　用

虽有良药，苟不当于病，不逮下品；虽有贤才，苟不当于用，不逮庸流。梁丽可以冲城，而不可以窒穴，牦牛不可以捕鼠，骐骥不可以守闾。千金之剑以之析薪，则不如斧；三代之鼎以之垦田，则不如耜。当其时当其事，则凡材亦奏神奇之效，否则鉏铻而终无所成。故世不患无才，患用才者不能器使而适宜也。魏无知论陈平曰："今有尾生孝已之行，而无益胜负之数。陛下何暇用之乎？"当战争之世，苟无益胜负之数，虽盛德亦无所用之。余生平好用忠实者流，今老矣，始知药之多不当于病也。

🐉 译文

虽然有良药，假若不对症，还比不上下品药类；虽然有贤才，假若使用不当，还比不上一个庸人。梁丽（房屋的栋梁）可以用来撞开城门，但不可以用来堵塞洞口，牦牛不可以用来捕鼠，骐骥不可以用来守门。价值千金的剑用来砍柴，则比不上斧头；三代传下来的宝鼎用来垦田，则不如耜。用在恰当的时候恰当的事上，即便是普通之材也可收到神奇的效果，否则不能互相配合最终无所成就。所以，不必担心世间无才，担心的是不能按照人才的特长而使用得当。魏无知评论陈平时说："现在有尾生那样信守诺言的行为，但无益于战事的胜利。陛下有闲空心来用他吗？"处于战争时代，假若对取胜无益，即便有大德也无处可用。我平生喜欢用忠实一类人，现在老了，才知道所开的药方有许多不对症。

🐉 点评

世人都说曾氏会识人用人，这里所说的是他用人的一个重要经验，即将人才恰当地用在最能发挥其长处的地方，曾氏本人用"因量器使"来概括。世上全才全能的人极少，绝大多数的人才都好比是器具。既是器具，便只有某一个或某方面的功用，若用之不当，此器具等于没有。曾氏自己在识人用人上，也有一个成熟圆融的过程。在"才德"一节的评点中，笔者说过，曾氏对才与德之间关系的认识后来更趋于老到，此节的最后一句话即为证明。另，此段所提到的尾生，乃古时一个极讲信约的人。《国策·燕策一》："信如尾生，廉如伯夷，孝如曾参，三者天下之高行也。"但此段却是尾生与"孝"连在一起。查岳麓书社版《曾国藩全集·诗文》中《笔记十二篇·才用》，亦为"尾生孝己"，较为费解。姑记于此，以就高明。

史 书

《史记》叙韩信破魏豹，以木罂渡军，其破龙且，以囊沙壅水，窃尝疑之。魏以大将柏直当韩信，以骑将冯敬当灌婴，以步将项它当曹参，则两军之数，殆亦各不下万人。木罂之所渡几何？至多不过二三百人，岂足以制胜乎？沙囊壅水，下可渗漏，旁可横溢，自非兴工严塞，断不能筑成大堰，壅之使下流竟绝。如其宽河盛涨，则塞之固难，决之亦复不易；若其小港微流，易塞易决，则决后未必遂不可涉渡也。二者揆之事理，皆不可信。叙兵事莫善于《史记》，史公叙兵，莫详于淮阴传，而其不足据如此。孟子曰："尽信书，则不如无书。"君子之作事，既征诸古籍，诹诸人言，而又必慎思而明辨之，庶不至冒昧从事耳。

译文

《史记》叙述韩信破魏豹，是靠木罂来载渡军队，他击败龙且，是用袋子装沙来堵塞水流。我曾私下对此怀疑。魏国以大将柏直来抵挡韩信，以骑将冯敬来抵挡灌婴，以步将项它来抵挡曹参。那么两支军队的人数，恐怕双方都不在万人之下。木罂所载渡者能有多少？最多不过二三百人，怎么可能依此完全取胜呢？沙袋堵水，下面可以渗漏，旁边可以横流，若不是用人工严密堵塞，绝对不能筑成大堤堰，阻止水使下游竟然断流。倘若河宽水大涨，则阻塞固然困难，决口也不容易；倘若是小河小溪，容易阻塞容易决口，则决口后未必不可以马上就涉水渡河。从事理上来分析，二者都不可相信。叙述用兵之事，再没有别的书能好过《史记》。太史公在淮阳侯传中对用兵之事讲得最详细，还这样的不足以为据。孟子说："完全相信书，则不如没有书。"君子做事，既从古籍中征取成例，多听取别人的意见，又必须自己慎思明辨，这样或许不至于行事冒昧。

世上从来就没有绝对的真理，即便是顶好的事，过了头就不好了。对书籍也要抱这种态度。曾氏以自己的思考和军旅实践，分析《史记》中的一个错误，为我们提供一则善于读书的例子。

阳　刚

汉初功臣，惟樊哙气质较粗，不能与诸贤并论，淮阴侯所羞与为伍者也。然吾观其人，有不可及者二。沛公初入咸阳，见秦宫室帷帐、狗、马、重宝、妇女以千数，意欲留居之，哙辄谏止，谓："此奢丽之物，乃秦之所以亡，愿急还霸上，无留宫中。"一也。高祖病卧禁中，诏户者：无得入群臣。哙独排闼直入，谏之以"昔何其勇，今何其惫"！且引赵高之事以为鉴。二也。此二事者，乃不愧大人格君心者之所为。盖人禀阳刚之气最厚者，其达于事理，必有不可掩之伟论；其见于仪度，必有不可犯之英风。哙之鸿门披帷拔剑割彘，与夫霸上还军之请，病中排闼之谏，皆阳刚之气之所为也，未有无阳刚之气而能大有立于世者。有志之君子，养之无害可耳。

西汉初期的开国功臣，惟独樊哙气质较为粗鲁，不能与诸多贤才并论，淮阳侯韩信就是一个羞于与他为伍的人。但我看这个人，有两点别人赶不上。沛公刘邦刚进咸阳时，看到秦国宫中的帷帐、狗、马、贵重的器物、女人数以千计，有意想留在宫中住下来。樊哙劝止他，说："这都是些奢侈物品，是招致秦亡国的原因，请赶快回到霸上去，不要留在宫中。"这是一点。高祖刘邦生病躺在宫禁中，下诏给守在门口的卫兵：不得让百官进来。惟独樊哙推开门直接进来，以"过去是何等勇敢，现在又是何等疲惫"来规谏，还援引赵高的事作为历史借鉴。这是第二点。这两件事，真不愧为能纠正君王之心的大人物之所为。凡人禀承阳刚之气最厚实，他在处理事情上必有不可掩抑的宏伟议论，他在仪表风度上的表现，必有不可侵犯的英武之风。樊哙在鸿门宴上披帷拔剑割猪腿，与还军霸上的请求及病中破门规劝，都是秉阳刚之气的作为，没有无阳刚之气而能有大影响于世间的。有志君子，培养阳刚之气是无害的。

　　曾氏的祖父教导晚辈：男儿以懦弱无刚为耻。曾氏的母亲也是一个性格刚烈的人。在这样的家庭环境影响下，曾氏兄弟个个刚强自立。中年以前的曾氏，在这方面表现得尤为显著。曾氏崇尚阳刚，不仅办事如此，且为文写字也风格劲激。他称赞樊哙，便是从这一点上着眼的。曾氏之所以能由文官成功转型为军事统帅，原因很多，性格中的强烈阳刚崇拜，应是其中的一个重要因素。

汉文帝

　　天下惟诚不可掩。汉文帝之谦让，其出于至诚者乎？自其初至代邸，西向让三，南向让再，已歉然不敢当帝位之尊，厥后不肯建立太子，增祀不肯祈福。与赵佗书曰"侧室之子"，曰"弃外奉藩"，曰"不得不立"。临终遗诏：戒重服，戒久临，戒厚葬。盖始终自觉不称天子之位，不欲享至尊之奉。至于冯唐众辱而卒使尽言，吴王不朝而赐以几杖，丐群臣言朕过失匡朕不逮，其谦让发于中心恻怛之诚，盖其德为三代后仅见之贤主，而其心则自愧不称帝王之职而已矣。夫使居高位者而常存愧不称职之心，则其过必鲜，况大君而存此心乎！吾尝谓为大臣者，宜法古帝王者三事：舜禹之不与也，大也；文王之不遑也，勤也；汉文帝之不称也，谦也。师此三者，而出于至诚，其免于戾矣乎！

　　天底下惟有诚是不可掩没的。汉文帝的谦让，是出于他的至诚吗？他刚到代王宫邸，便面向西辞谢三次，面向南辞谢两次，以歉疚态度表示不敢接受皇帝的尊位，以后又不愿立太子，祭祀时不愿为自己求福。给赵佗的信上自称"侧室之子"，是"弃外奉藩"，是"不得不立"。临死时下遗诏：禁止孝服过多，禁止哭临过久，禁止厚葬。这是因为，他始终自觉不能够与天子之位相称配，不想享受至尊的奉祀。至于冯唐当众羞辱他，而最终还是让冯把话讲完。吴王不上朝反而赐予几杖，请求群臣指出他的过失，补救他的不足。从这些事情上看来，他的谦让是出自于内心忧惧的诚恳。汉文帝在德行上是三代之后所仅见的贤良君主，而他的心则只是自愧不称帝王之职而已。能使居高位者常存愧不称职之心，那么他的过失必然会少，何况是心存此念的帝王呢！我曾说过，做大臣的，宜效法古代帝王的三点：舜和禹的不结邦派，胸襟博大；周文王的不休息，勤于政事；汉文帝的自认不称职，心态谦抑。以这三种美德为师，且出于至诚，则可免去执政的乖戾。

点评

唐代诗人刘长卿来到长沙吊唁贾谊，写了一首七律，其中有两句："汉文有道恩犹薄，湘水无情吊岂知。"可见在后人眼里，汉文帝是个有道德的贤君。曾氏说，汉文帝也没有什么特别高尚的道德，只不过心中常存不称职之念罢了；并进而指出，居高位者只要有这种心态，便可少犯错误。这个观点，既是他读史的领悟，也是他本人从政的体会，愿今日居高位者以此为鉴。

周亚夫

周亚夫刚正之气，已开后世言气节者之风。观其细柳劳军，天子改容，已凛然不可犯，厥后将兵，不救梁王之急，不肯侯王信，不肯王匈奴六人，皆秉刚气而持正论，无所瞻顾，无所屈挠。后世西汉若萧望之、朱云，东汉若杨震、孔融之徒，其风节略与相近，不得因其死于非命而薄之也。惟其神锋太隽，瞻瞩太尊，亦颇与诸葛恪相近，是乃取祸之道。君子师其刚而去其傲可耳。

译文

周亚夫的刚正气，已开启后世谈论气节的风尚。看他在细柳营慰劳军队时的表现，皇帝改变平时的神态，面容严肃，已是凛然不可侵犯。以后带兵，不去救梁王的危急，不同意封王信为侯，不同意封匈奴六人为王，都是秉承着阳刚之气而持正大之论，没有什么顾虑，也不为什么所屈服。后世西汉如萧望之、朱云，东汉如杨震、孔融这些人，其风节大致与周亚夫接近，不应该因为他们死于非命而看轻。只是周亚夫的锋芒太露，地位太高，也颇为与诸葛恪相近，这是他遭祸的原因。君子学习他的刚正而去掉他的骄傲就行了。

点评

曾氏崇尚刚正，周亚夫、萧望之等人，他都很看重。但刚正之气过盛，则易于伤害别人，若又处于高位的话，给自己带来的隐患便会更大。曾氏分析周亚夫身败的原因是"神锋太隽，瞻瞩太尊"，是很有见地的。

言 命

　　孟子言治乱兴衰之际，皆由人事主之，初不关乎天命，故曰以齐王由反手也，曰使制挺以挞秦楚之坚甲利兵，皆以人谋而操必胜之权，所谓祸福无不自己求之也。董子亦曰："治乱兴废，在于己，非天降命不可得反。"与孟子之言相合矣。孔子曰："天生德于予，桓魋其如予何？""天之未丧斯文，匡人其如予何？"亦似深信在己者之有权。然凤鸟不至，河不出图，有"吾已矣夫"之叹，又似以天命归诸不可知之数。故答子服景伯曰："道之将行，命也；道之将废，命也。"语南宫适曰："君子若人，尚德若人。"其隐然以天命为难测。圣贤之言，微旨不同，在学者默会之焉耳。

译文

　　孟子说社会的治与乱、兴与衰等状态，都由人事来决定，本来就不与天命相关，故而说"对齐王而言如同反手之间"，说"可以制造棍棒来答挞秦国楚国的坚甲利兵"，都是以人的谋略来操必胜的权柄。这就是所谓祸与福无不是自己求来的。董仲舒也说"治与乱、废与兴在于自己，不是上天所降下来的命令不可违反"，与孟子的话相符合。孔子曰"上天在我身上生就优秀品德，桓魋能把我怎样"？"上天没有不要斯文，匡人能把我怎样"？也好像是深信权柄是握在自己手里的。但是凤凰不来，黄河也不再浮出图典，于是有"我这一生算是完了"之叹，又好像将天命归之于不可知之数。故而他回答子服景伯说"道能得以推行，这是命；道将被废止，也是命"，对南宫适说"此人是个君子，此人崇尚道德"，隐隐然视天命为难以推测。圣贤的话中深奥的旨意互不相同，要靠求学者自己去默默地体悟。

点评

　　中国古代学者好言命。命有许多种表叙：时命、命运、天命，等等。细细揣摸，在古人那里，命指的是不由自我决定得了的而对人生具有较大影响的外界力量。人生活在世界上，世界由万物组成，作为其中一个渺小的生命，不能不受他物的影响，而作为对生命负责的明白人，也便不能不研究命了。所以学者好言命便不奇怪，学者中的最为卓越者圣贤关注命，也就很自然了。但命，又是一个极不易看得清、说得透的话题，它与人的个体努力之间关系极为复杂微妙，所以，即便是孔孟这样的圣哲，一旦说起它来也常常语焉不详，或者自相矛盾。于是曾氏有这则言命的笔记，最后也只得以"微旨不同，在学者默会之"来指导后生辈。

功　效

苟有富必能润屋，苟有德必能润身，不必如孔子之温良恭俭、孟子之睟面盎背，而后为符验也。凡盛德之君子，必有非常之仪范。是真龙必有云，是真虎必有风，不必如程门之游、杨、尹、谢，朱门之黄、蔡、陈、李，而后为响应也。凡修业之大人，必有景从之徒党。斯二者，其几甚微，其效甚著，非实有诸己，乌可幸致哉？

译文

假若拥有财富就必然能让所居的房屋华美，假若拥有道德就必然能让自身完善，不必等到出现像孔子所说的温良恭俭、孟子所说的祥和温润表现在面部充盈于背部，才算作验证。凡道德茂盛的君子，必定有非常的仪表风范。是真正的龙必有云从，是真正的虎必有风生，不必出现如同程门的游、杨、尹、谢，朱门的黄、蔡、陈、李的情形，才来响应。凡修立德业的大人物，必然会有跟从的门徒。这两者之间，其深奥的道理很微妙，而其功效却很明显，不是自己实实在在拥有，怎么可以侥幸得到呢？

点评

这则笔记写于同治十年（1871）。此时的曾氏身为武英殿大学士、两江总督、一等毅勇侯。先一年十月，他六十初度，同治帝赐他"勋高柱石"匾额。当时的曾氏，无疑是天下共仰，影从者无数。曾氏在笔记中提醒自己：身居此种位置，更要注重本身的德行。因为只有德才能润身，才能是真龙真虎，才能云从风生。

格言四幅书赠李芋仙

身到、心到、眼到、手到、口到。

身到者，如作吏则亲验命盗案，亲查乡里；治军则亲巡营垒，亲冒矢石是也。心到者，凡事苦心剖析，大条理，小条理，始条理，终条理，先要擘得开，后要括得拢是也。眼到者，着意看人，认真看公牍是也。手到者，于人之短长，事之关键，随笔写记，以备遗忘是也。口到者，于使人之事，警众之辞，既有公文，又不惮再三苦口叮咛是也。余近与寮友论治事之法，录贻芋仙共证之。

读古书以训诂为本，作诗文以声调为本，事亲以得欢心为本，养生以少恼怒为本，立身以不妄语为本，治家以不晏起为本，居官以不要钱为本，行军以不扰民为本。

右八者，余庚申六月书于日记册中，用以自警。厥后军事无利，每于家书中录此以诫子弟。芋仙属书居官格言，因录一通。此八者，后四语尤为吃紧，或出或处，不可离也。

以才自足，以能自矜，则为小人所忌，亦为君子所薄。

老庄之旨，以此为最要，故再三言之而不已。南荣趎羸粮至老子之所。老子曰："子何与人偕来之众也？"国藩每读之，不觉失笑。以仲尼之温恭俭让，常以周公才美骄吝为戒，而老子犹曰"去汝之躬矜与容智"，虽非事实，而老氏之所恶于儒术者，举可知已。庄生尤数数言此，余最爱《徐无鬼》篇中语曰："学一先生之言，则暖暖姝姝而私自悦也。"又曰："以贤临人，未有得人者也；以贤下人，未有不得人者也。"

古之善为诗古文者，其工夫皆在诗古文之外。若寻行数墨以求之，索之愈迫，则去之愈远矣。

余好读欧阳修公《送徐无党南归序》，乃知古之贤者，其志趣殊不愿以文人自命。东坡读少陵"许身稷契"及"舜举十六相"等句，以谓此老胸中大有事在。大抵经纶雷雨，关乎遭际，非人力所能强。至于襟期澹泊，遗外声利，则学者人人可勉也。

译文

身到，心到，眼到，手到，口到。

所谓身到，比如做官吏，则亲自查验命案盗案，亲自调查乡村邻里；比如治理军队，则要亲自巡查营垒，亲自上战场打仗。所谓心到，凡事都要苦心分析，大方面的条理，细小方面的条理，初始时的条理，终结时的条理，先要能把它剖开，最后又要做到能合得上。所谓眼到，就是留神观察人，认真审读公文。所谓手到，关于别人的短处长处，一桩事情的关键处，随手记下来，用来防备遗忘。所谓口到，对于指使别人的事情，警示众人的言辞，既发公文，又不嫌麻烦再三苦苦叮嘱。这些都是我近来与幕僚朋友谈论治理事情的方法，记录赠给芋仙共同证明。

读古书，以明了词句意义为本。作诗文，以注重声调为本。侍奉父母，以使他们获得欢快为本。保养身体，以减少恼怒为本。树立自身形象，以不信口乱说为本。治家，以不睡懒觉为本。做官，以不贪钱财为本。行军，以不扰民为本。

右边八条，我在咸丰十年六月写在日记本中，用来自我警惕。以后军事不顺利，每每在家书中抄录这八句话用来训诫子弟。芋仙要我书写做官的格言，因而抄录一遍。这八条，后面四条更为要紧。或出仕或在家，都不可背离。

以才华来自我满足，以能干来自我夸耀，则为小人所忌妒，也为君子所看不起。

老庄学说的宗旨，以这方面最为重要，故再三论说不已。南荣趎背着粮食到老子的住所。老子问："你为何要与这么多的人同来？"我每读这句话时，都不觉失笑。以孔子的温恭俭让，还常常以周公说的因有美才而骄矜为戒，但老子依然说"去掉你的矜持与才智"，虽然说的不是事实，但老子对儒家学术的厌恶，举这一句话便可知道了。庄子尤其念念不忘说到这点。我最爱《徐无鬼》一文中的话："学得一个先生的话，则自以为得意，偷偷地自乐。"又说："以自我贤能的身份居高临下，是不能得到别人拥护的；以自我贤能的身份谦抑待人，没有不得到别人拥护的。"

古代善于作诗与古文的，他们的工夫都在诗与古文之外。若从他的文字中去寻求技巧，愈是贴近，则离它愈远。

我喜好读欧阳修的《送徐无党南归序》，于是知道古代贤者，他的志向绝不是愿意做一个文人。苏东坡读杜甫"许身稷契"以及"舜举十六相"等诗句，以至于说这个老人胸中是很存着事的。大致说来，经营大政治，关系到际合遭遇，不是人力所能勉强的，至于襟怀淡泊，将声名利禄置于身外，则是求学者都可以此自勉的。

点评

咸丰十一年（1861）在安徽东流湘军大营中，曾氏给李士棻写了四幅格言。李字芋仙，四川忠州人，道光三十年（1850）进士。该年曾氏充当会试阅卷官，故而李可算作曾氏的学生。因此缘故，曾、李之间比较亲近。李在曾氏幕中多年，离幕后做过知县等低级官员。

这四幅格言，第一幅说的是治事经验。曾氏认为，一个带兵牧民者，应该是身、心、眼、手、口都要亲临，方能把事情做好。其实，任何一个人，要办好任何一件像样的事，宜身、心、眼、手、口都到场才行。

第二幅就是有名的曾氏八本。依笔者之见，曾氏的八本之说，重要的不在于这八句话本身所说的内容（有的是很值得商榷的，比如说"作诗文以声调为本"就不见得精确），重要的是曾氏这种思维方式，即注意抓住事情的根本之处。抓住本，既抓住了实质，又可以纲举目张或化繁为简，这是做大事者所应掌握的一种科学的思维方法。

第三幅说的是不自矜才智。这点既有普遍意义，也是曾氏对李芋仙的有的放矢。曾氏有《酬李芋仙二首》，其中有这么几句："巴东三峡猿啼处，太白醉魂今尚存。遂有远孙甬胗毵，时吟大句动乾坤。"曾氏说李芋仙是李白的远孙，并保存李白的"醉魂"，即像李白那样好写"大句"。从这四句诗中可以看出，李芋仙是个像李白那样好说大话、自矜才华的人，故曾氏以此作为警戒。

第四幅说的是诗文工夫在诗外。写这段格言的目的，意在曾氏说明语中的最后一句"襟期淡泊，遗外声利"，也就是告诉李，写好诗的真正工夫在于修炼胸襟。

书赠仲弟六则

清

《记》曰："清明在躬。"吾人身心之间，须有一种清气，使子弟饮其和，乡党熏其德，庶几积善可以致祥。饮酒太多，则气必昏浊；说话太多，则神必躁扰。弟于此二弊，皆不能免。欲葆清气，首贵饮酒有节，次贵说话不苟。

俭

凡多欲者，不能俭；好动者，不能俭。多欲，如好衣，好食，好声色，好书画古玩之类，皆可浪费破家。弟向无癖嗜之好，而颇有好动之弊。今日思作某事，明日思访某客，所费日增而不觉。此后讲求俭约，首戒好动。不轻出门，不轻举事，不特不作无益之事，即修理桥梁道路寺观善堂，亦不可轻作，举动多则私费大矣。其次，则仆从宜少，所谓"食之者寡"也。其次，则送情宜减，所谓"用之者舒"也。否则，今日不俭，异日必多欠债，既负累于亲友，亦贻累于子孙。

明

三达德之首曰智。智，即明也。古来豪杰，动称英雄，英即明也。明有二端，人见其近，吾见其远，曰高明；人见其粗，吾见其细，曰精明。高明者，譬如室中所见有限，登楼则所见远矣，登山则所见更远矣。精明者，譬如至微之物，以显微镜照之，则加大一倍十倍百倍矣。又如粗糙之米，再春则粗糠全去，三春四春则精白绝伦矣。高明由于天分，精明由于学问。吾兄弟忝居大家，天分均不甚高明，专赖学问以求精明。好问若买显微之镜，好学若春上熟之米，总须心中极明，而后口中可断。能明而断，谓之英断；不明而断，谓之武断。

武断自己之事，为害犹浅；武断他人之事，招怨实深。惟谦退而不肯轻断，最足养福。

慎

古人曰钦，曰敬，曰谦，曰虔恭，曰祇惧，皆慎字之义也。慎者，有所畏惮之谓也。居心不循天理，则畏天怒；作事不顾人情，则畏人言；少贱，则畏父师畏官长；年老，则畏后生之窃议；高位，则畏僚属之指摘。凡人方寸有所畏惮，则过必不大，鬼神必从而原之。若嬉游斗牌等事而毫无忌惮，坏邻党之风气，作子孙之榜样，其所损者大矣！

恕

圣门好言仁，仁即恕也。曰富，曰贵，曰成，曰荣，曰誉，曰顺，此数者，我之所喜，人亦皆喜之；曰贫，曰贱，曰败，曰辱，曰毁，曰逆，此数者，我之所恶，人亦皆恶之。吾辈有声势之家，一言可以荣人，一言可以辱人。荣人，则得名得利得光耀，人尚未必感我，何也？谓我有势帮人不难也。辱人，则受刑受罚受苦恼，人必恨我刺骨，何也？谓我倚势欺人太甚也。吾兄弟须从恕字痛下工夫，随在皆设身以处地。我要步步站得稳，须知他人也要站得稳，所谓立也；我要处处行得通，须知他人也要行得通，所谓达也。今日我处顺境，预想他日也有处逆境之时，今日我以盛气凌人，预想他日人亦以盛气凌我之身，或凌我之子孙。常以恕字自惕，常留余地处人，则荆棘少矣。

静

静则生明，动则多咎，自然之理也。家长好动，子弟必纷纷扰扰，朝生一策，暮设一计，虽严禁之而不能止。欲求一家之安静，先求一身之清静。静有二道，一曰不入是非之场，二曰不入势利之场。乡里之词讼曲直，于我何干？我若强为剖断，始则赔酒饭，后则惹怨恨；官场之得失升沉，于我何涉？我若稍为干预，小则招物议，大则挂弹章。不若一概不管，可以敛后辈之躁气，即可保此身之清福。

译文

清

《礼记》上说："清明体现在身上。"我们人的身心之间，必须有一种清气，使子弟享受他的祥和，乡人受他道德的熏陶，或许可以积善而招致吉祥。饮酒太多，则精气必定昏浊；说话太多，则神志必躁动。弟在这两个毛病上都不能避免。想要保存清气，首先重在饮酒有节制，次在说话不苟且。

俭

大凡欲望过多者,不能节俭;喜好动者,不能节俭。欲望多,比如爱好衣服,爱好饮食,爱好声色,爱好书画古玩,等等,都可以因浪费而败家。弟一向没有特别的嗜好,但有好动的毛病。今天想做某桩事,明日想拜访某个客人,耗费钱物每天增加而不自觉。此后要讲求节俭简约,首先在戒除好动的毛病,不要轻易出门,不要轻易举办事情,不仅不做无益的事,即便修理桥梁道路寺观行善堂所,也不要轻易兴作,做事多个人所费则很大。其次,仆从宜少,所谓"吃白饭的人少"。再其次,则赠送人情宜减,所谓"开支上能做到舒畅"。否则,今天不节俭,日后必欠债多,既让亲友背负牵累,也给子孙留下负担。

明

三种好品德的第一种叫做智,智即明。自古以来的豪杰,动辄称作英雄,英,即明的意思。明有两方面。别人只看到近的,我能看到远的,叫做高明;别人只看到粗部,我可以见到细微,叫做精明。所谓高明,比如说在房子里能见到的有限,登上楼后则所看见的就远了,登上山后则所看见的就更远了。所谓精明,比如极微小的物品,用显微镜一照,则加大一倍十倍百倍了。又比如粗糙的米,再次舂捣,则粗糠全部脱去,三次舂捣四次舂捣,则精白无比了。高明是由于天分,精明则由于学问。我们兄弟惭愧地居在大家之位上,天分都不很高明,惟有依靠学问来求得精明。喜好询问如同买来显微镜,爱好学习好比舂捣已熟透的谷米,总得心里面很明了,而后口中才可说出判断的话来。能够做到明白判断,叫做英明;不明白的判断,叫做武断。武断自己的事情,为害尚且浅;武断别人的事,招来的怨恨则深。惟有谦退而不愿轻率判断,最足以培植福气。

慎

古人说钦,说敬,说谦,说虔恭,曰祗惧,都是慎字的意思。所谓慎,就是有所畏惮的意思。居心不依循天理,则畏惧天怒;做事不顺人情,则畏惧别人指责;年少或地位低贱,则畏惧父亲、老师或畏惧官吏上司;年老,则畏惧后生的悄悄议论;处高位,则畏惧僚属的批评。人在心中凡有所畏惮,则过失必不会大,鬼神并因而原谅,倘若在嬉笑游乐打牌等事上毫无忌惮,败坏了家乡的风气,成为子孙效法的榜样,那么造成的损失就大了!

恕

孔孟学派喜欢说仁,仁也就是恕。说富,说贵,说成,说荣,说誉,说顺,这几样,是我的喜欢,别人也都喜欢。说贫,说贱,说败,说辱,说毁,说逆。这几样,是我的厌恶,别人也都厌恶。我们这些有声势的人家,一句话可以使别人荣耀，一句话也可以使人受辱。使人荣耀，则让人得名得利得光耀，别人尚且未必感激我，为何呢？说我有势力，帮助别人不困难。使人受辱，则让人受到刑罚受到苦恼，别人必定恨我刺骨，为何呢？说我倚仗势力欺人太甚。我们兄弟必须从恕字上痛下工夫，随时随处都要设身处地为别人着想。我想每一步站得稳，要知道别人也想站得稳，这就是立。我想处处行得通，要知道别人也想行得通，这就是达。今天我处在顺境，要预计他日也有身处逆境的时候。今天我以盛气凌人，要预计他日别人也会以盛气凌我本人，或者凌我的子孙。常常以恕字为自我警惕，常留余地待人，则荆棘麻烦就少了。

静

静则生发明，动则多引来咎，这是自然而然的道理。家长好动，必定会使子弟纷乱，受到干扰。早上生出一个想法，晚上又设置一个计划，即便严厉禁戒也不能止住。想求得一家的安静，先要求得家长一人的清静。静有两个途径可得到。一是不进入是非之场所，二是不进入势利之场所。乡间里的打官司论曲直，与我有什么关系？我若强行为它作分析判断，开始则赔酒赔饭，后来则惹来怨恨。官场上的得失升沉，与我有什么牵涉？我若是稍稍作点干预，小则招来议论，大则引来弹劾奏章。不如一概不管，可以收敛后辈的躁动之气，也可以保自身的清福。

点评

应二弟国潢（在族中排第四，故亦称四弟）之请，曾氏在同治七年（1868）为他写了六段话。这六段话即对清、俭、明、慎、恕、静六字的阐释。曾氏的这个仲弟，比他整整小了十岁。

虽自小起便读书，但科名不利。二十六岁那年，曾氏为他捐了个监生。有此身份，可以参加乡试走中举中进士一路，也可以借此进入仕途混个一官半职。但后来这两条路他都没有走，一辈子在家守着祖宗墓庐。这一则是因为他的才学能力较之兄弟们稍逊一等，二则后来战事兴起，四个兄弟都从军在外，老家也必须得有一个人在才行。曾氏的这个二弟身上有许多毛病，比如好出风头，好管闲事，好喝酒，好吹唢呐，好狎狭游，甚至依仗兄弟的权势，胡作非为。曾氏的这六个字，每个字都是针对其二弟的毛病而言的。但因为曾氏学富识高，故这六段话对其他人也具有针砭性、启发性。如对明字的剖析，有高明、精明之分，远则为高，细则为精。高由天分，精由学问，等等，都有助于思维的训练。

治 学

唐浩明点评曾国藩

语录

用功譬若掘井，与其多掘数井而皆不及泉，何若老守一井，力求及泉，而用之不竭乎？

苟能发奋自立，则家塾可读书，即旷野之地、热闹之场，亦可读书，负薪牧豕，皆可读书；苟不能发奋自立，则家塾不宜读书，即清静之乡、神仙之境，皆不能读书。何必择地？何必择时？但自问立志之真不真耳。

困时切莫间断，熬过此关，便可少进。再进再困，再熬再奋，自有亨通精进之日。不特习字，凡事皆有极困难之时，打得通的，便是好汉。

用功譬若掘井

子序之为人，予至今不能定其品，然识见最大且精，尝教我云："用功譬若掘井，与其多掘数井而皆不及泉，何若老守一井，力求及泉，而用之不竭乎？"此语正与予病相合，盖予所谓掘井多而皆不及泉者也。

吴子序的为人，我至今还不能为他定位在哪一品上，但是他的见识远大而且精到，曾经教我说："用功好比挖井，与其多挖几个井而都不见泉水，何必不死守一井，力求见到泉水，从而用之不竭呢？"这句话所说的正与我的毛病相合，我就是他所说的挖井多而又都不见泉水者。

这是道光二十二年（1842）九月，曾氏写给诸弟家信中的一段话。世间的道理既多又不多，要知道它们也并不太难，难的是运用得当。离开具体事情来空谈道理好谈，但针对某件具体事情来选取合适的道理，则很不易。就拿掘井来说，便有老挖下去而不见水当及时转移与死守一井不见水不罢休两种，要说道理，都有它的道理，对于一口摆在眼前的井来说，选择何种才能达到目的，这便有智与不智的区别了。

为学也好，习武也好，做天下任何事情，都须得有专一的心性，只有"专"才能精，只有"一"才能深。功力精深来源于功夫专一，这是不可易移的真理。

但问立志真不真

天下万事万理，皆出于《乾》、《坤》二卦。即以作字论之，纯以神行，大气鼓荡，脉络周通，潜心内转，此乾道也；结构精巧，向背有法，修短合度，此坤道也。凡乾以神气言，凡坤以形质言。礼乐不可斯须去身，即此道也。乐本于乾，礼本于坤，作字而优游自得，真力弥满者，即乐之意也；丝丝入扣，转折合法者，即礼之意也。吾辈读书，只有二事，一者进德之事，讲求乎诚、正、修、齐之道，以图无忝所生；一者修业之事，操习乎记、诵、词、章之术，以图卫其身。进德之事，难以尽言，至于修业以卫身，吾请言之。

卫身，莫大于谋食。农、工、商，劳力以求食者也；士，劳心以求食者也。故或食禄于朝，或教授于乡，或为传食之客，或为入幕之宾，皆须计其所业，足以得食而无愧。科名者，食禄之阶也，亦须计吾所业，将来不至尸位素餐，而后得科名而无愧。食之得不得，穷通由天做主，予夺由人做主；业之精不精，则由我做主。然吾未见业果精而终不得食者也。农果力耕，虽有饥馑，必有丰年；商果积货，虽有壅滞，必有通时；士果能精其业，安见其终不得科名哉？即终不得科名，又岂无他途可以求食者哉？然则特患业之不精耳。求业之精，别无他法，曰专而已矣。谚曰："艺多不养身。"谓不专也。吾掘井多而无泉可饮，不专之咎也。

苟能发奋自立，则家塾可读书，即旷野之地、热闹之场，亦可读书，负薪牧豕，皆可读书；苟不能发奋自立，则家塾不宜读书，即清静之乡、神仙之境，皆不能读书。何必择地？何必择时？但自问立志之真不真耳。

译文

天下万事万理，都出于《乾》、《坤》两卦。即便以写字来说，纯粹以精神来主导，宏大的气魄鼓荡其中，脉络四处畅通，心潜沉在笔画里，这就是乾道；结构精巧，前后皆有法度，长与短都合适，这就是坤道。凡乾，都是从神气上说；凡坤，都是从形体上说。礼与乐不可以一刻从身上离开，即这个道理。乐依据于乾，礼依据于坤。写字时优游自得，内心的力量饱满，即乐的意义；笔画严谨，转折之处合乎法度，即礼的意义。我们读书，求的只是两件事。一件事是增进道德，讲求诚意、正心、修身、齐家的方法，以图得个无愧于此生。一件事是提高才能，练习记忆、诵读、词句、章法的学问，以图能养身糊口。增进道德一事，难以完全说清楚，至于提高才能来卫护自身，请听我说说。

卫护自身，最主要的是谋食。农民、工人、商人，是凭劳力来求取食物者；士人，是劳累心血来求取食物者。故而或从朝廷上领俸禄，或在乡间教书，或为有钱人家中的食客，或为大官幕中的宾僚，都必须计量他的所付与所获足以相当才会无愧。科举功名，是获得俸禄的阶梯，也必须计量我的才干，能使我今后不至于尸位素餐，这样考虑后得到功名才无愧。食物得不得到，道路坎坷还是顺利，这些是由天做主，给与不给由别人做主。业务精不精，这由我自己做主。但我没有见过业务真正精通而始终得不到食物的。农民真正尽力耕作，虽然有灾荒，但必定有丰收年。商人真的积蓄货物，虽有压库不走时，但必定有流通的时候；士人真的精于业务，怎么会终身得不到功名呢？即便终身得不到功名，又怎么没有其他途径可求得食物呢？只是担心业务不精通而已。要求得业务精湛，没有别的方法，只有一个专字而已。谚语说：才艺多了反而不养身，说的是不专。我掘井多而无泉水可饮，这是不专的毛病所致。

假若能发奋自立，则家塾可以读书，即便是野外或热闹场所，也可以读书，背着柴放养猪时都可以读书；假若不能发奋自立，则家塾不适宜读书，即便是清静的乡村，神仙居的境地都不能读书。故而何必要选择地方，何必要选择时间？只是问自己的立志是真还是不真罢了。

点评

这两段话分别出自道光二十二年（1842）九月及十月给诸弟的家信。曾氏一人独领曾家风骚，由秀才而举人而进士而翰林，科名顺遂，风光无限，但四个从十四岁到二十二岁的弟弟，也正处在猎取功名的年龄段，却个个碰壁，到目前为止，连秀才都没有中过。作为大哥，曾氏很希望弟弟们能步其后尘，更希望他们也能取得最高功名在京师为官，既于颜面有光，也有实际帮助。作为翰林之弟，这四条汉子更是急切盼望能像大哥样，通过科名来改变自己的处境，面对屡屡受挫的现实，曾家这四个少爷真是又急又无奈，其烦躁心情可以想见。因过于躁竞，他们不能潜心读书，或嫌老师不行，或嫌求学之处不好，至于进德之事，更是无暇顾及。这段话，便是曾氏面对此种状况下对诸弟的开导。他的开导，简言之，即立志静心读书，以求得日后卫身的真本事，而只要真正立定志向，则在什么情况下都能把书读好。

格物致知

人不读书则已，亦既自名曰读书人，则必从事于《大学》。《大学》之纲领有三：明德、新民、止至善，皆我分内事也。若读书不能体贴到身上去，谓此三项与我身了不相涉，则读书何用？虽使能文能诗，博雅自诩，亦只算得识字之牧猪奴耳，岂得谓之明理有用之人也乎？朝廷以制艺取士，亦谓其能代圣贤立言。必能明圣贤之理，行圣贤之行，可以居官莅民，整躬率物也。若以明德新民为分外事，则虽能文能诗，已于修己治人之道实茫然不讲，朝廷用此等人作官，与用牧猪奴作官何以异哉？然则既自名为读书人，则《大学》之纲领，皆己身切要之事明矣。其条目有八，自我观之，其致功之处，则仅二者而已：曰格物，曰诚意。

格物，致知之事也；诚意，力行之事也。物者何？即所谓本末之物也。身、心、意、知、家、国、天下，皆物也；天地万物，皆物也，日用常行之事，皆物也。格者，即物而穷其理也。如事亲定省，物也，究其所以当定省之理，即格物也；事兄随行，物也，究其所以当随行之理，即格物也；吾心，物也，究其存心之理，又博究其省察涵养以存心之理，即格物也；吾身，物也，究其敬身之理，又博究其立斋坐尸以敬身之理，即格物也；每日所看之书，句句皆物也，切己体察，穷究其理，即格物也。此致知之事也。所谓诚意者，即其所知而力行之，是不欺也。知一句，便行一句，此力行之事也。此二者并进，下学在此，上达亦在此。

译文

人若是不读书则罢了，既然自己名为读书人，则必须研读《大学》。《大学》的纲领有三个方面：美好的德行、让民众更新、达到至善境界。这三个方面都是我的分内之事。倘若读书不能与自身联系上，说这件事与我本人毫不相关，那么读书有什么用？即便能写文章能吟诗，自以为博雅，也只能算一个识得字的牧猪人而已，怎么能称作明理有用的人呢？朝廷以制艺来考取士人，也是说他能代圣贤立言。必须能够明了圣贤的道理，做圣贤所做的事，能够做官亲民，修炼自身给僚属做榜样。倘若将明德、新民视为分外之事，即便能写文章能吟诗，已经与修炼自身整治百姓的道理茫茫然无视而不讲求，朝廷用这样的人做官，与用牧猪人做官，有什么差别？如此看来，既自名为读书人，则《大学》的纲领，都是自己切身之事就很明白了。它的条目有八点，在我看来，需要用功的地方，仅仅两点而已：一点叫做格物，一点叫做诚意。

格物，是获取知识上的事。诚意，是竭力实行上的事。物是什么？即所谓本末之物。身、心、意、知、家、国、天下，都是物，天地万物都是物，日常做的事情也都是物。格是什么？就是面对物而详究它的道理。比如说，侍奉双亲早晚问候，这是物，研究它之所以要早晚问候的道理，即格物。跟随着哥哥走，这是物，研究之所以要随着走的道理，这就是格物。我的心，这是物，详究我的存心的道理，又博究通过省察涵养来存心的道理，即格物。我的身体，这是物，详究我的敬惜自身的道理，又博究通过衣着洁净坐姿端庄等方式来敬惜自身的道理，即格物。每天所读的书，句句都是物，结合自身检查，根究它的道理，即格物。这些都是获取知识上的事。所谓诚意，即将所知的道理竭力实行，这就是不欺骗自己。知道一句，便实行一句。这就是竭力实行上的事。这两个方面齐头并进，普通的学问在这里，高深的理论也在这里。

点评

这是道光二十二年（1842）十月，曾氏写给诸弟信中的一段话。曾氏颇有点像在书院里讲课一样，耐心而不知疲倦地向诸弟讲解读书的真谛在于格物致知。今天的学生们只知道读书的目的是学知识，学到知识后去谋生干事业，但古代的教育，其宗旨却在于育人，即告诉学生如何才能做一个符合群体规范的人。中国古代的教育有许多弊端，但育人的这个大目标却是对的，当代教育不应该忽视这一点。

自省待仆人如同旅人

读《易·旅卦》："丧其童仆。"《象》曰："以旅与下，其义丧也。"解之者曰："以旅与下者，谓视童仆如旅人，刻薄寡恩，漠然无情，则童仆亦将视主上如逆旅矣。"余待下虽不刻薄，而颇有视如逆旅之意，教人不尽忠。以后余当视之如家人手足也，分虽严明，而情贵周通。

译文

读《易经》中的《旅卦》："失去他的童仆。"《象辞》说："以旅人的态度待属下，从道理上说是会失去人心的。"解释者说："以旅人的态度对待属下，就是说将童仆视如旅人，刻薄寡恩，漠不关心，没有感情，则童仆也将视主人如同旅人。"我对待下人虽然不刻薄，但有点视同旅人的意思，教导别人不尽心尽力。以后我应当将他们看作自己家中人一样，名分上虽严明，但情感上贵在周到通融。

点评

曾氏有个仆人叫陈升，与主人一言不和，竟然拂袖而去。这件事对曾氏颇有刺激，他不但为此写了一首《傲奴》诗，而且还在家信中告诉诸弟。但有一点可贵的是，曾氏在责备陈升无情的时候，也能作自我批评。身为翰林，能有如此气度，亦不容易。

课程表

主敬　整齐严肃，无时不惧。无事时心在腔子里，应事时专一不杂。

静坐　每日不拘何时，静坐一会，体验静极生阳来复之仁心，正位凝命，如鼎之镇。

读史　廿三史每日读十页，虽有事不间断。

写日记　须端楷，凡日间过恶：身过、心过、口过皆记出，终身不间断。

日知其所亡　每日记"茶余偶谈"一则，分为德行门、学问门、经济门、艺术门。

月无忘所能　每月作诗文数首，以验积理之多寡，养气之盛否。

谨言　刻刻留心。

养气　无不可对人言之事。气藏丹田。

保身　谨遵大人手谕：节欲、节劳、节饮食。

作字　早饭后作字，凡笔墨应酬，当作自己功课。

夜不出门　旷功疲神，切戒切戒。

译文

主敬　整齐严肃，无时无刻不怀畏惧之心。没有事时，一颗心安静地呆在心腔里，办事时则专心致志，不夹杂别的意念。

静坐　每天不限定在哪一个时刻，总要静坐一会儿，体验静到极点而生发纯阳仁心恢复的感觉。心思归于正位，精神凝聚，如鼎一样地镇压着。

读史　二十三史每天读十页，即使有事也不间断。

写日记　必须用端正楷书，凡是这一天里的过失罪恶：身体过失、心里过失、口头上过失都写出来，终身不间断。

每日知道所未知的　每日记"茶余偶谈"一则，分为德行门、学问门、经济门、艺术门。

每月不忘记已掌握的知识　每个月作诗文若干首，以检验积累道理的多少，养气的盛与不盛。

谨言　时时刻刻留心。

养气　没有不能对人说的事。气收藏在丹田中。

保身　谨遵父亲亲手写的命令：节制欲念，节制劳累，节制饮食。

写字　早饭后写字，凡是为应酬而写的字，均当作自己的功课。

夜不出门 这是荒废功夫又疲倦精神的事，切戒切戒。

点评

　　此功课表见于道光二十二年十二月二十日给诸弟的信中。此时曾氏正拜唐鉴为师，与倭仁等人一道研习程朱理学，并切实按程朱所说，对自己平时的生活予以严格规范。这十余门功课，有的曾氏终身都坚持下来了，如主敬、静坐、谨言等，有的后来中断一段时间，最后又恢复，如写日记：从道光二十五年（1845）到咸丰二年（1852）上半年这段时期，日记时断时续；咸丰二年下半年到咸丰八年（1858）三月前，这段时期完全没有日记。咸丰八年六月以后直到逝世前，每天都坚持写日记。有一些，后来因环境的改变，无法坚持下来，如作字、作诗文，夜不出门等。综观曾氏一生，可知这段时期的理学修炼，对他的事业成功有极大的帮助，这种帮助主要体现在他对待生命的严谨态度上。对于一个以治理社会人群为职业的人来说，拥有严谨的态度，才会拥有人生的收获。

习俗染人

　　兄意教馆之荒功误事，较之家塾为尤甚。与其出而教馆，不如静坐家塾。若云一出家塾，便有明师益友，则我境之所谓明师益友者，我皆知之，且已夙夜熟筹之矣。同学之人，类皆庸鄙无志者，又最好讪笑人。其笑不一，总之不离乎轻薄而已。四弟若到衡阳去，必以"翰林之弟"相笑，薄俗可恶。乡间无朋友，实是第一恨事，不惟无益，且大有损。习俗染人，所谓"与鲍鱼处，亦与之俱化"也。

译文

　　我认为教馆的荒废功课误事，比起家塾来更严重。与其外出教馆，还不如安静呆在家塾里。若说一离开家塾，就会有明师益友，则我们境内的那些明师益友，我都知道，而且早已对他们很熟悉了。同学中，大多是平庸浅陋无志向的，又最好讥笑人。讥笑的方式不一样，总之不离轻薄而已。四弟若是到衡阳城里去读书，必然会用"翰林之弟"来讥笑你，风俗浅薄而可恶。居住乡间没有朋友，实在是最大的遗憾事，不仅无益，而且还大有损害。习俗使人受到感染，这就是所谓"与鲍鱼相处，也与它同化"了。

笔者是衡阳人，从小听过前辈读书人说起"衡阳子弟多轻薄"之类的话，其典或许出于曾氏这封家书中。据说曾氏当年曾以湘乡籍身份在衡阳读书，因成绩好招致同学的嫉妒，故而曾氏对衡阳士人无好感。记之以存一说。

专深明理

凡从师必久而后可以获益。四弟与季弟，今年从觉庵师，若地方相安，则明年仍可以游。若一年换一处，即是无恒者见异思迁也，欲求长进难矣。穷经必专一经，不可泛骛。读经以研寻义理为本，考据名物为末。读经有一耐字诀：一句不通，不看下句；今日不通，明日再读；今年不精，明年再读。此所谓耐也。读史之法，莫妙于设身处地。每看一处，如我便与当时之人，酬酢笑语于其间。不必人人皆能记也，但记一人，则恍如接其人；不必事事皆能记也，但记一事，则恍如亲其事。经以穷理，史以考事，舍此二者，更别无学矣。

盖自西汉以至于今，识字之儒，约有三途：曰义理之学，曰考据之学，曰词章之学，各执一途，互相诋毁。兄之私意，以为义理之学最大。义理明则躬行有要，而经济有本。词章之学，亦所以发挥义理者也。考据之学，吾无取焉矣。此三途者，皆从事经史，各有门径。吾以为欲读经史，但当研究义理，则心一而不纷，是故经则专守一经，史则专熟一代。读经史则专主义理。此皆守约之道，确乎不可易者也。若夫经史而外，诸子百家，汗牛充栋，或欲读之，但当读一人之专集，不当东翻西阅。如读昌黎集，则目之所见，耳之所闻，无非昌黎，以为天地间，除昌黎集而外，更无别书也。此一集未读完，断断不换他集，亦专字诀也。读经，读史，读专集，讲义理之学，此有志者万不可易者也，圣人复起，必从吾言矣。

大凡跟随老师读书，必须时间久才可以获益。四弟与季弟今年跟从汪觉庵老师，倘若环境适应，则明年仍然可以在那里游学。假若一年换一个地方，那就是没有恒心见异思迁，想求得长进就难了。研究经典必须专攻一经，不可以广泛涉及。读经典以研求义理为根本，考证名物为枝末。读经典有一个耐字诀窍：一句没有弄懂，就不看下句；今天没有弄懂，明天再继续读；今年不精通，明年再读。这就是所谓耐。读史书的方法，最巧妙的在于设身处地。每读一处，比如我便去想象与当时人在一起交往谈笑。不必每一个人都要记住，只是记住一个人，则好像接待这个人；不必每件事都要记住，只是记住一件事，则好像亲身参与这件事。经典在于穷究道理，史书在于考察事物，除了这两点，再没有别的学问了。

从西汉到如今，识字的读书人大约有三条路：叫做义理之学，叫做考据之学，叫做词章之学，各人坚持一路，互相之间诋毁。兄私下以为义理之学最重要。义理明了后则亲身践履有要点，经邦济国有根本。词章之学，也就是对义理作阐述发挥。考据之学，我不从事。这三条道路，都是从事经与史的研究，各有门径。我认为想要读经与史，就应当研究义理，这样心专一而不纷杂。所以读经典则专守一经，读史书则专门熟悉一个朝代，读经典与史书，则专心以义理为主。这都是坚守简约的方法，牢牢固守而不可改变。至于经史之外的诸子百家，汗牛充栋，若想读，也只应当读一人的专集，不要东翻西翻。如读昌黎集，则眼睛看的，耳朵听的，无非昌黎，以为天地之间除昌黎集外再无别的书。这一个集子没有读完，决不换另外的集子，这也叫做专字秘诀。读经典，读史书，读专集，讲求义理之学，这是有志者万万不可改变的，即使圣人从地下复起，也必定会赞同我的这句话。

点评

曾氏将自己的读书之法传授给他的四个弟弟，要点如下：读经专守一经，重在读懂；读史重在设身处地；诸子百家，一个时期专攻一人；学问以义理之学最为重要。若再简化，则可表叙为：读书宜专深不在博览，求学重在明理不在考据。

想学先哲而体力不副

近年得一二良友，知有所谓经学者，经济者，有所谓躬行实践者，始知范、韩可学而至也，马迁、韩愈亦可学而至也，程、朱亦可学而至也，慨然思尽涤前日之污，以为更生之人，以为父母之肖子，以为诸弟之先导。无如体气本弱，耳鸣不止，稍稍用心，便觉劳顿。每日思念，天既限我以不能苦思，是天不欲成我之学问也，故近日以来，意颇疏散。计今年若可得一差，能还一切旧债，则将归田养亲，不复恋恋于利禄矣。粗识几字，不敢为非，以蹈大戾已耳，不复有志于先哲矣。

译文

近年交得几个有学问的好朋友，有被称之为研究经学的，研究经邦济世之学的，有被称之为亲身实践的。于是知道范仲淹、韩琦可由效法而达到，司马迁、韩愈也可由效法而达到，程子、朱子也可由效法而达到，心绪慷慨决心完全洗去身上过去的污垢，从而作为新生的人，作为父母的好儿子，作为诸弟的向导。无奈何身体本来就弱，耳鸣不止，稍微用心，便觉得劳累。每日思考，上天既然以不能苦思来局限我，是上天不想成全我的学问。故而近日来，心意颇为懒散。想到今年若是可以得到一个差使，能还清所有老债，则将解甲归田侍奉双亲，不再依恋做官得俸禄。粗粗识得几个字，不敢为非作歹而招致大的乖戾，不再去想做前代贤哲了。

点评

这段话与上面所抄的那段话出于同一封信。曾氏三十岁那年，刚到北京便患肺病，几于不治，以后一直身体不太强壮，不能过于用功。此时的曾氏颇为苦恼，既有志于学范韩程朱，却又力不足以副之，几欲辞官归里，终老林泉。曾氏的官运亨通，这对于振奋他的精神无疑起了重要作用。假若身体不好，官运又蹭蹬，说不定他真有可能会学陶渊明唱一曲"归去来兮"。

专 一

功课无一定呆法，但须专耳。余从前教诸弟，常限功课，近来觉限人以课程，往往强人所以难。苟其不愿，虽日日遵照限程，亦复无益。故近来教弟，但有一专字耳。

译文

读书求学没有一个固定的呆板办法，只是必须专一。我从前教诸弟读书，常限定课程。近来觉得以课程限制别人，往往是强人以难。假若他不情愿，即便天天遵照课程表读书，也没有效果。故而近来教导诸弟，只有一个专字而已。

点评

曾氏这段话说得固然有道理，但其背后则藏着一个酸苦，那就是他的几个弟弟都不配合他的课程安排。他的课程表再好，"亦复无益"。弟弟们都大了，做兄长的也不能多批评，故只得因材施教，期盼他们能专心专意读好几本书算了。

读总集不如读专集

无论何书，总须从首至尾，通看一遍，不然，乱翻几叶，摘抄几篇，而此书之大局精处，茫然不知也。学诗从《中州集》入亦好。然吾意读总集，不如读专集，此事人人意见各殊，嗜好不同。吾之嗜好，于五古则喜读《文选》，于七古则喜读昌黎集，于五律则喜读杜集，七律亦最喜杜诗，而苦不能步趋，故兼读元遗山集。吾作诗最短于七律，他体皆有心得，惜京都无人可与畅语者。尔要学诗，先须看一家集，不要东翻西阅。先须学一体，不可各体同学，盖明一体，则皆明也。

译文

无论哪本书，总要从头到尾全部看一遍，不然的话，随便翻几页，摘抄几段，至于这本书的主旨和精到处，则茫茫然不知道。学习写诗，从《中州集》（元好问编定的金朝诗歌总集）入手也好。但我的意思读总集不如读专集。这方面，每个人的意见不一致，嗜好不同。我的嗜好，对于五古，则喜读《文选》，对于七古，则喜欢读昌黎集。对于五律，则喜欢读杜甫集，七律也最喜欢读杜甫的诗，而苦于不能像他一样，故而兼读元好问集。我写诗，七律诗写得最不好，其他各体都有心得，可惜京师没有人可与我畅快谈论。你要学写诗，先必须读一个人的诗集，不要东翻西看。先必须学习一种体裁，不可以各种体裁同时学。这是因为明了一种体裁，则其他体裁就都会明了。

点评

曾氏教诸弟读书，反复强调一个专字：读诗专读一人的诗，学诗体，专学一种体裁。年轻人多好高骛远，贪多图快，曾氏的几个弟弟也属于此类，故曾氏不厌其烦地以专字相规劝。

换笔与结字

然吾所教尔楷法者，尚有二事焉。一曰换笔。古人每笔中间，必有一换，如绳索然，第一股在上，一换则第二股在上，再换则第三股在上也。笔尖之着纸者，仅少许耳。此少许者，吾当作四方铁笔用。起处东方在左，西方向右，一换则东方向右矣。笔尖无所谓方也，我心中常觉其方。一换而东，再换而北，三换而西，则笔尖四面有锋，不仅一面相向矣。二曰结字有法。结字之法无穷，但求胸有成竹耳。

六弟之信，文笔拗而劲，九弟文笔婉而达，将来皆必有成。每日习字不必多，作百字可耳；读背诵之书不必多，十页可耳；看涉猎之书不必多，亦十页可耳。但一部未完，不可看他部，此万万不易之道。古文、诗赋、四六，无所不作，行之有常，将来百川分流，同归于海。则通一艺，即通众艺，通于艺，即通于道，初不分而二之也。使知大本大原，则心有定向，而不至于摇摇无着。

译文

我教你们写楷书的方法，尚有二点要注意。一叫做换笔。古人每一笔中间必有一次变换，如绳索一样，第一股在上，一变换则第二股在上，再变换则第三股在上了。笔尖的着纸部分，只有一点点。这一点点，我将它比作四方铁笔。用在起笔时，东方在左，西方向右，一变换则东方向右了。笔尖本没有所谓方，是我心中常觉得它方。一换而东，再换而北，三换而西，则笔方四面都有锋，不仅仅只有一面相向。二叫做结字有方法。结字的方法无穷，但求胸有成竹罢了。

六弟的信，文笔拗倔而有内劲，九弟文笔婉转而畅达，将来都必定有所成就。每天写字不在多，写一百个字就可以了。读要背诵的书不必多，十页可以了；看浏览一遍的书不必多，也只十页就可以了。但一部书未看完，不可以看另外的书。这是万万不能改变的道理。古文、诗赋、骈文，各种文体都练习写，持之以恒，将来像百川分流同归于大海，精通一艺，则可贯通众艺，悟透艺理，则可通晓学问的大道理，这之间原本就不是两个对立物。能知大本大源，则心有固定志向，而不至于常常摇摆不定。

点评

　　曾氏本人及其九弟曾国荃、儿子曾纪泽都是近代颇有点名气的书法家。爱好书法的读者，可以细细咀嚼曾氏所说的换笔体会——四方铁笔，及结字体会——胸有成竹，看能否从中悟出点曾氏家族的书法秘诀来。

孝弟为瑞

　　吾所望于诸弟者，不在科名之有无，第一，则孝弟为瑞；其次，则文章不朽。诸弟若果能自立，当务其大者远者，毋徒汲汲于进学也。

译文

　　我所希望于诸弟的，不在于功名有没有，我所希望的，第一则孝顺友爱为家庭中的祥瑞，其次则文章不朽。诸弟若果然能够自立，当努力于长远大事，不要只汲汲于做秀才。

点评

　　曾氏的几个弟弟都处在应该进学的年龄段，但偏偏命运不配合，学府的门槛就是迈不过。他们汲汲于做秀才，原是可以体谅的。做兄长的其实心里巴不得他们早日进学，然功名之事，天意主一半，急也没有用，故而只好以孝友及写好文章来勉励。孝友为第一是不错的，但与进学并不矛盾。至于文章朽与不朽，也不尽关乎本人用功不用功。这些曾氏心中自然清楚，不过为师为长的，只能从尽人事这一面切入。

以看书为主

　　年过二十，总以看书为主，我境惟彭薄墅先生看书略多，自后无一人讲究者，大抵为考试文章所误，殊不知看书与考试全不相碍。彼不看书者，亦仍不利考如故也。我家诸弟，此时无论考试之利不利，无论文章之工不工，总以看书为急务，不然，则年岁日长，科名无成，学问亦无一可靠，将来求为塾师而不可得，或经，或史，或诗集文集，每日总宜看二十页。

译文

年纪过了二十，总以多浏览书为主，我们境内惟彭薄墅先生看书略微多些，自他以后再没有一个人重视这件事，大多是因为应付考场文章而耽误，他们完全不知道看书对考试决不会妨碍。那些不看书的人，也依旧考场不利。我家的几个弟弟，这个时候无论考试利与不利，无论文章精工不精工，总以多看书为当务之急。否则，年龄一年年增长，功名不成，学问也没有一门可靠的，将来求塾师之职也得不到，或是经书，或是史书，或是诗集文集，每天总适宜看二十页。

点评

教育的本质在于育德授能，但实行考试制后，便转而以考场优劣来衡量教育的成果了。一旦考试，便必须规范。一旦规范，便有许多限制。这样一来，许多无法用考试来立见高下的教育内容便淡去了，还有许多必备的教育内容也因规范的限制而淡去了。于是，教育便离开了它的本质。时间越长，距离越远，弊端也就越多。考不上功名便一无所能，是当时应试教育的弊端；高分低能或成绩优秀而心理异常，则是今天应试教育的弊端。

每天临帖抄书看书不间断

学问之道无穷，而总以有恒为主。兄往年极无恒，近年略好，而犹未纯熟。自七月初一起至今，则无一日间断，每日临帖百字，抄书百字，看书少亦须满二十页，多则不论。虽极忙，亦须了本日功课，不以昨日耽搁而今日补做，不以明日有事而今日预做。

译文

求取学问这条路是无穷尽的，总以持之以恒为主。兄过去很无恒心，近年来略好些，但尚未纯熟。自七月初一到现在，则没有一天间断，每天临帖一百个字，抄书一百个字，看书虽然少，但也必须要到二十页，超过则不管它。即便很忙，也必须做完当天的功课，不采取昨天耽搁而今天补救的方法，也不采取明天有事而今日预先做好的方法。

点评

在我们的印象中，曾老夫子是个极有恒心的人，殊不知他在年轻时自认为是"极无恒"者，可见恒心是可以培养训练的。长期培训，则成习惯，一成习惯，便自然而然不以为难了。

诗文命意要高

四弟之诗，又有长进，第命意不甚高超，声调不甚响亮。命意之高，须要透过一层。如说考试，则须说科名是身外物，不足介怀，则诗意高矣。若说必以得科名为荣，则意浅矣。举此一端，余可类推。腔调则以多读诗为主，熟则响矣。

译文

四弟的诗又有长进，但立意不很高超，声调不很响亮。立意的高，在于要透过一层。比如说考试，则必须说功名是身外之物，不足以在胸中介意，那么诗意则高了。若说必须以得到功名为荣耀，则立意就肤浅。举这一点，其余可类推。至于腔调，则以多读诗为主，熟练则自然响亮了。

点评

读了曾氏为其弟所举的例子，笔者第一印象是，古今文人多矫情。如此看来，许多说功名是身外之物的诗文都不可信，因为那是为了命意高而说的假话。但实实在在地说，功名的确是身外之物，这种认识是产生在真正悟透生命的真谛之后，而不是鹦鹉学舌或言不由衷。

空言无益

论袁诗，论作字，亦皆有所见，然空言无益，须多做诗，多临帖，乃可谈耳。譬如人欲进京，一步不行，而在家空言进京程途，亦何益哉？即言之津津，人谁得而信之哉？

译文

议论袁（枚）诗、议论写字，也都有自己的见解，但空说无益，必须要多写诗，多临帖，才可谈论诗与字。好比一个人想进京城，一步都不走，只在家空口说进京路程，有何益处呢？即便说得头头是道，又有谁能从中有所获得而相信呢？

点评

脚踏实地，力戒空谈。这是历来有所成者教导后来者之言，也是曾氏告诫诸弟之良言。

看专集不读选本

学诗无别法，但须看一家之专集，不可读选本，以泪没性灵。至要至要！吾于五、七古学杜、韩，五、七律学杜，此二家无一字不细看。外此则古诗学苏、黄，律诗学义山，此三家亦无一字不看。五家之外，则用功浅矣。

译文

学诗没有别的方法，只是必须读一个人的专集，不可读选本，以致于淹没了性灵。至要至要！我于五古七古学杜甫、韩愈，五律七律学杜甫。这两家无一字不仔细看。此外，古诗学苏轼、黄庭坚，律诗学李商隐。这三家也是无一字不仔细看。五家之外，则用功就肤浅了。

点评

读一人的专集而不读选本，这是曾氏学诗的经验。这个经验是不是对每人都适应，大概也不见得。这也算是曾氏的一家之言吧！

不作叹老嗟卑之想

但须日日用功，万不必作叹老嗟卑之想，譬如人欲之京师，一步不动，而长吁短叹，但曰京师之远，岂我所能到乎？则旁观者必笑之矣。吾愿吾弟步步前行，日日不止，自有到期，不必计算远近而徒长吁短叹也。

译文

但必须天天用功，万万不可有叹惜自己年纪大身份卑微的想法。好比一个人想到京城去，一步不动，成天长吁短叹，只是说京城路途遥远，哪里是我所能达到的呢？那么旁观者一定会笑话。我愿我弟一步一步向前走，每天不止，自然会有达到的一天，不必去计算道路的远近而仅仅长吁短叹。

点评

设立一个目标，又不实实在在去努力达到，其原因一是懒散，无恒心怕吃苦；二是对自己缺乏信心。曾府的几个少爷都犯有这些个毛病。一个进京譬喻，前次指的是懒，这次指的是弱。

看透科第仕宦

诸弟读书不可不多，用功不可不勤，切不可时时为科第仕宦起见。若不能看透此层道理，则虽巍科显宦，终算不得祖父之贤肖，我家之功臣。若能看透此道理，则我钦佩之至。

译文

诸弟读书不能不多，用功不能不勤，切不可时时刻刻想着功名仕宦。倘若不能看透这一层道理，即使以后高中一甲做了大官，还是算不得祖父的好孙子，我们家的功臣。若是能看透这个道理，那么我则钦佩不已。

点评

曾氏的诸弟天天沉浸在功名之中，以致于耽搁了许多应办的事，曾氏遂以"巍科显宦"亦不能算"贤肖""功臣"来棒喝。

格物诚意

每日所看之书，句句皆物也。切己体察，穷究其理，即格物也，此致知之事也。所谓诚意者，即其所知而力行之，是不欺也。知一句，便行一句，此力行之事也。此二者并进；下学在此，上达亦在此。吾友吴竹如，格物工夫颇深，一事一物，皆求其理。倭艮峰先生，则诚意工夫极严，有日课册，一日之中，一念之差，一事之失，一言之默，皆笔之于书，书皆楷字，三月则订一本，自乙未年起，今三十本矣。盖其慎独之严，虽妄念偶动，必即时克治，而著之于书，故所读之书句句皆切身之要药。

译文

每天所看的书，句句都是物，结合自身检察，深入追究其中的道理，即是格物。这指的是获取知识方面的事。所谓诚意，即指将所知道的努力实行，这就是不欺骗自己。知道一句，便实行一句，这是努力实行方面的事。这两者并进，平常的知识在这里，高深的道理也在这里。我的朋友吴竹如，格物的工夫比较深，一件事情一个物体，都探求其间的道理。倭艮峰先生，则是诚意工夫极其严谨，有日记本，一天之中，一个念头上的过错，一件事上的缺失，一句话的沉默，皆记在日记本上。字体都是楷书，每三个月则装订成一本，自乙未（道光十五——1835）年起，到现在已有三十本了。他慎独工夫的严厉到了这样的地步，即便是不好的念头偶然萌动，也必定即时克服惩治，并且写在他的书中。故而他所读的书中每一句都成了医治自己毛病的良药。

点评

读书的目的在于明理，明理的目的在于提升自身素质。这就是曾氏对诸弟的教导。现代人读书，多在于获取知识，获取知识的目的在于谋生，对提升自身素质一面较为忽视。从读书的根本意义上说，这种教育的缺陷是明显的。

行一句算一句

凡人无不可为圣贤，绝不系乎读书之多寡。吾弟诚有志于此，须熟读《小学》及《五种遗规》二书，此外各书能读固佳，不读亦初无所损，可以为天地之完人，可以为父母之肖子，不必因读书，而后有所加于毫末也。匪但四六、古诗，可以不看，即古文为吾弟所愿学者，而不看亦自无妨。但守《小学》、《遗规》二书，行一句，算一句，行十句，算十句，贤于记诵词章之学万万矣。

译文

平凡人没有不可成为圣贤的，绝对不在于读书的多与少。我弟若真正有志于此，则必须熟读《小学》及《五种遗规》两书。此外的其他书，能够读固然好，不读也并无损害，如此则可为天地间的完人，可为父母的好儿子，读书的多与少，对这个目的的实现没有丝毫影响。不仅骈文、古诗可以不读，即便是古文是为弟所情愿学习的，而不读也没有妨碍。只要守定《小学》、《遗规》两书，行一句，就算是读通了一句，行十句，便算是读通了十句，比记诵诗文要强过万万倍了。

点评

曾氏所说的《小学》，乃朱熹、刘子澄所编，分内外两篇。内篇为《立教》、《明伦》、《敬身》、《稽古》四卷，外篇分《善言》、《善行》两卷。所说的《五种遗规》，为清代陈宏谋所编，共五种，分别为《养正遗规》、《训俗遗规》、《教女遗规》、《从政遗规》、《在官法戒录》，这五种统称《五种遗规》。这两本书讲的都是有关为人处世、修身齐家等方面的道理。世间做人的道理并不多，通晓不难，难的是在力行。故而曾氏说书不在读得多，而在于"行一句算一句，行十句算十句"。

不要蛮读蛮记

纪泽儿读书记性不好，悟性较佳，若令其句句读熟，或责其不可再生，则愈读愈蠢，将来仍不能读完经书。请子植弟将泽儿未读之经，每日点五六百字，教一遍，解一遍，令其读十篇，不必能背诵，不必常温习，待其草草点完之后，将来看经解，亦可求熟。若蛮读蛮记蛮温，断不能久熟，徒耗日工而已。诸弟必以兄言为不然，吾阅历甚多，问之朋友皆以为然。儿侄辈写字亦要紧，须令其多临帖。临行草字，亦自有益，不必禁之。

译文

纪泽读书，记性方面不好，悟性方面较佳。若叫他每一句都读熟，或者要求他不能将读熟的句子再生疏，那么他会越读越蠢，将来依旧不能读完经书。请子植弟将纪泽没有读过的经书，每天点出五六百字，教授一遍，讲解一遍，叫他读十遍，不一定能背诵，不一定常温习，等到他草草点完之后，将来看经书的解释，也可以求得熟习。若霸蛮读霸蛮记霸蛮温习，决不能做到久熟，白白地耗费时间工夫而已。各位老弟一定不会赞成兄的所言，我阅历很多，询问身边朋友，都认为这样行。儿侄辈写字也要抓紧，必须叫他们多临帖。临摹行草字体，也自有益处，不必禁止。

点评

对儿子学业上的要求，曾氏的态度比较宽松。他叫弟弟不要强迫纪泽死记呆背，重要的在于启发其悟性。对儿子的功名，曾氏的态度也较为宽松。他不让儿子拼命读《四书五经》，通过科场求出身，而是请洋人在家教两个儿子学英文。正是因为这种开明的家庭教育，才有日后的外交家曾纪泽和数学家曾纪鸿。

不求强记，宜从容涵泳

纪泽儿记性平常，不必力求背诵，但宜常看生书，讲解数遍，自然有益。

纪泽儿读书，记性平常，不必求熟，且将《左传》、《礼记》于今秋点毕，以后听儿之自读自思，成败勤惰，儿当自省而图自立焉。吾与诸弟，惟以身垂范而教子侄，不在海言之谆谆也。

凡读书有难解者，不必遽求甚解。有一字不能记者，不必苦求强记，只须从容涵泳，今日看几遍，明日看几遍，久久自然有益。但于已阅过者自作暗号，略批几字，否则历久忘其为已阅未阅矣。

读书不求强记，此亦养生之道。凡求强记者，尚有好名之心横亘于方寸，故愈不能记。若全无名心，记亦可，不记亦可。此心宽然无累，反觉安舒，或反能记一二处，亦未可知。

译文

纪泽记性平常，不必力求背诵，只适宜常常读新书，给他讲解几遍，自然有益处。

纪泽在读书上记性平常，不必追求熟练，且把《左传》、《礼记》在今年秋天点读完，以后听他自己阅读自己思考，无论成与败还是勤与惰，他应当会自我反省而求取自立。我与诸弟，惟有以自身作为榜样而教导子侄们，不在于教诲之言的殷勤恳切。

在读书时凡遇到有难解处，不必立即求得透彻理解。有一个字没有记住，不必苦苦地求得勉强牢记，只需要从容涵泳于文章之中，今天看几遍，明天看几遍，久而久之自然有益。还要在已经读过的书页上自己作个暗号，略批写几个字，否则时间一久会忘记已阅与未阅。

读书不要求强记，这也是养生之道。凡是求取强记的，还是有好名之心横摆在胸臆中，故而愈加不能记住。若是完全没有好名之心，记也可以，不记也可以。这颗心宽松而无牵累，反而觉得舒坦，或许反而能记得一二处，也未可知。

点评

曾氏把读书视为一件乐事，在快乐中受到书籍的熏陶，故而凡是苦读苦记苦琢磨的读书方式，他都不太赞成。辑者大概也取他的这种态度，凡反对苦记的相关言论都一并抄录下来。

年未弱冠，一刻千金

余在军中，不废学问，读书写字，未尝间断，惜年老眼矇，无甚长进。尔今未弱冠，一刻千金，切不可浪掷光阴。

译文

我在军营中，不荒废学问。读书写字，从未间断过，可惜的是年老眼睛蒙眬，没有多少长进。你现在尚未过二十岁，一刻千金，切切不可浪费了光阴。

点评

二十岁以前是一个人读书的最好时期，一生的学问根基都是在这时打下的，以"一刻千金"来形容，诚为的当。

读《汉书》必先通小学古文

看《汉书》有两种难处，必先通于小学训诂之书，而后能识其假借奇字；必先习于古文辞章之学，而后能读其奇篇奥句。尔于小学古文，两者皆未曾入门，则《汉书》中不能识之字，不可解之句多矣。欲通小学，须略看段氏《说文》、《经籍纂诂》二书。王怀祖（名念孙，高邮州人）先生有《读书杂志》，中于《汉书》之训诂极为精博，为魏晋以来释《汉书》者所不能及。欲明古文，须略看《文选》，及姚姬传之《古文辞类纂》二书。班孟坚最好文章，故于贾谊、董仲舒、司马相如、东方朔、司马迁、扬雄、刘邦、匡衡、谷永诸传，皆全录其著作。即不以文章名家者，贾山、邹阳等四人传，严助、朱买臣等九人传，赵充国屯田之奏，韦元成议礼之疏，以及贡禹之章，陈汤之奏狱，皆以好文之故，悉载巨篇。如贾生之文，既著于本传，复载于《陈涉传》、《食货志》等篇；子云之文，既著于本传，复载于《匈奴传》、《王贡传》等篇。极之充国《赞酒箴》，亦皆录入各传。盖孟坚于典雅瑰玮之文，无一字不甄采。尔将十二帝纪阅毕后，且先读列传，凡文之为昭明暨姚氏所选者，则细心读之，即不为二家所选，则另行标识之。若小学、古文二端略得途径，其于读《汉书》之道，思过半矣。

译文

读《汉书》有两个难处，必须先通晓小学训诂方面的书籍，而后才能识别其中的假借字、奇字；必须先学习古文辞章方面的学问，而后才能读其中奇特深奥的篇章文句。你于小学与古文，两者都不曾入门，那么《汉书》中不能识别的字、不可理解的句子就多了。想要通晓小学，必须略微读段玉裁的《说文解字注》以及《经籍纂诂》（阮元编）两本书。王怀祖（名念孙，江苏高邮州人）先生有《读书杂志》，其中对于《汉书》的训诂极为精博，为魏晋以来注释《汉书》者所不能企及。想要明了古文，必须读《文选》，以及姚姬传的《古文辞类纂》两本书。班固最爱好文章，故而在贾谊、董仲舒、司马相如、东方朔、司马迁、扬雄、刘邦、匡衡、谷永诸传中，都全部录下他们的著作，即便不以文章著名的，如贾山、邹阳等四人的传，严助、朱买臣等九人的传，赵充国屯田的奏章，韦元成议礼的奏疏，以及贡禹的奏章，陈汤关于狱讼的奏章，都因为好文章的缘故，全部长篇转载。如贾谊的文章，既录在本传中，又载于《陈涉传》、《食货志》等篇；扬雄的文章，既录在本传中，又载于《匈奴传》、《王贡传》等篇，最突出的是赵充国的《赞酒箴》，也都录入各传。这是因为班固对于典雅瑰丽的文章，没有一个字不采撷。你将十二个皇帝的本纪读完后，且先读列传。凡是文章为昭明太子及姚姬传所选录的，则细心阅读，即便不为这两家所选入，也要另外标明辨识。若小学、古文两者，略微识得其中的为学之道，则对于如何读《汉书》来说，已有过半的积累了。

点评

倘若是一个对《汉书》不知或知之较浅的父亲，能写得出如此指导儿子读《汉书》的信来吗？俗话说"恨铁不成钢"，做父亲的须得自身是钢，才能指望儿子成钢；倘若自身本就是一块铁，要想儿子成钢，那就只有请是钢的做老师了，自己是担负不起为师重任的。

不必惑于"在精不在多"之说

余性喜读书，每日仍看数十页，亦不免抛荒军务，然非此则更无以自怡也。纪泽看《汉书》，须以勤敏行之，每日至少亦须看十二页，不必惑于"在精不在多"之说。今日半页，明日数页，又明日耽搁间断，或数年而不能毕一部，如煮饭然，歇火则冷，小火则不熟，须用大柴大火，乃易成也。甲五经书已读毕否？须速点速读，不必一一求熟，恐因求熟二字，而终身未能读完经书。

译文

我天性喜欢读书，每天依旧读几十页书，也不免影响军务，但不这样则无以自乐。纪泽读《汉书》，必须以勤奋机敏来实行，每天至少也要读十二页，不必为"在精不在多"的说法所困惑。今天半页，明天几页，又明天耽搁几页，或者几年而不能读完一部书。好比煮饭，火一歇饭就冷，火小则煮不熟，必须用大木头烧大火，才容易成功。甲五的经书已读完了吗？必须快点快读，不必要一一都求取熟练，恐怕因为求熟二字，使得终身不能读完经书。

点评

曾氏主张，人在年轻时要多读些书，不必每一页每一段都彻底弄懂，先读了再说。他很赞同朱熹为学譬如熬肉宜猛火煮慢火温的观点，抓紧青年时代精力充足时间允许的大好年华多读些生书，这就是猛火煮，以后慢慢去咀嚼去回味去温习，这就叫做慢火温。要纪泽勤敏读《汉书》，要甲五快点快读经书，就是猛火煮的意思。甲五系曾国潢的长子纪梁。

临帖可收敛浮躁

在家无事，每日可仍临帖一百字，将浮躁处大加收敛。心以收敛而细，气以收敛而静，于字也有益，于身于家皆有益。

译文

在家没有事，每天可以依旧临帖一百个字，将浮躁的地方大大予以收敛。心以收敛而变得细，气以收敛而变得静，对于字也有益，对于身体对于家庭都有益。

点评

书画可使人延年益寿，其奥妙何在？就在曾氏所说的，它可以使人收敛浮躁，从而心细气静。

写字握笔宜高

作字大约握笔宜高，能握至管顶者为上，握至管顶之下寸许者次之，握至毫以上寸许者，亦尚可习得好字出，若握近毫根，则虽写好字，亦不久必退，且断不能写好字。吾验之于己身，验之于朋友，皆历历可征。纪泽以后宜握管略高，纵低亦须隔毫根寸余，又须用油纸摹帖，较之临帖胜十倍矣。

译文

写字大概握笔适宜高些，能够握到笔杆顶部为上，握到笔杆顶部以下一寸多部位为次，握到笔毫以上一寸多部位，也可以练习出好字，若握到靠近笔毫的根部，即使写出好字，也不久必然退步，况且绝对写不出好字。我在自己身上得到验证，也在朋友那儿得到验证，这是清清楚楚可以证明的。纪泽以后握笔宜高些，纵使低也必须离毫根一寸多，又必须用油纸来摹帖，较之临帖来又要胜过十倍了。

点评

这里说的是写字的两个经验，一是握笔宜高，一是摹帖比临帖好，可供初学书法者参考。

《经义述闻》目下不必看

《经义述闻》博洽精深，非初学所能看，目下不必看也。看注疏时有不能解者，偶一翻查则可耳。

译文

《经义述闻》这本书内容广博精深，不是初学者所能读的，眼下不必看。看注疏时有不能理解的，偶尔翻书查阅就可以了。

点评

王引之所著的《经义述闻》，必须有深厚的学问基础才能阅读，非经学家不可读，也不必读。

以掷石喻磔法

泽儿问横笔磔法，如右手掷石以投人，若向左边平掷，则不得势，若向右边往上掷，则与捺末之磔相似，横末之磔亦犹是也。《化度寺碑》磔法最明，家中无之。《张猛龙碑》、《同州圣教序》，磔法亦明，可细阅。

译文

纪泽儿问横笔磔法，好比右手扔石头打人，若向左边平扔过去，则不得势，若向右边往上扔，则与捺笔末端的磔相似。横笔末端的磔也是这样。《化度寺碑》中磔法最分明，家里没有。《张猛龙碑》、《同州圣教序》中的磔法也分明，可细看。

点评

"永字八法"中讲捺笔时称之为磔，其用笔方式是逆锋轻落笔，折锋铺毫缓行，至末收锋，重在含蓄。这里曾氏以掷石为喻，谈的是他本人运用磔法的体会。

大字以间架紧为主

习大字，总以间架紧为主，写成之后，贴于壁上观之，则妍媸自见矣。

译文

练习大字，总归以框架结构紧凑为主，写好后挂在墙壁上看，好丑自然就出来了。

点评

俗话说字怕挂。字立不立得起，一张挂就看出来了，尤其是大字。

推崇顾炎武、王念孙、陈宏谋

望溪经学，勇于自信，而国朝巨儒多不甚推服。《四库书目》中，于望溪每有贬词，最后《皇清经解》中，并未收其一册一句。姬传先生虽推崇方氏，亦不称其经说。其古文号为一代正宗，国藩少年好之，近十余年，亦别有宗尚矣。国藩于本朝大儒学问，则宗顾亭林、王怀祖两先生，经济则宗陈文恭公。

译文

方望溪的经学，勇于自信，但本朝的大儒们多不太推崇佩服。《四库书目》中对方望溪每每有贬损之辞。最后轮到《皇清经解》，则没有收录他的一本书一句话。姚姬传先生虽然推崇方氏，也不称赞他的经说。他的古文号称一代正宗，我在少年时喜欢它，最近十多年来，也另有所崇尚的了。我对于本朝儒学方面的大家，则推顾炎武、王念孙两位先生，对经济方面则崇尚陈宏谋。

点评

方苞被称为桐城文派的创始人，但不是曾氏所崇拜的人物。在《圣哲画像记》一文中，曾氏列出他心目中的三十六位圣哲，于清朝他只列顾炎武（亭林）、秦蕙田、姚鼐（姬传）、王念孙（怀祖）四人。

意尽辞足则止

弟平日写信，条理清晰，而失之繁冗，往往于业经说明之事，再加一二层，反觉无当。此次一意承接，不漏不蔓，可喜之至。此后弟每动笔，不患其不明，患其太多，意尽则止，辞足则止，不必再添也。

译文

弟平日写信，条理清晰，但缺失在繁冗上，往往在已经说明白了的事情上再增加一二层，反而觉得不妥当。这次一个意思承接下来，不遗漏不枝蔓，可喜之至。以后弟每当动笔时，不要去担心说不明白，而要去担心说得太多，意思说到了就打止，文辞足以达意时则打止，不必要再添加了。

点评

繁复冗长是许多人易犯的毛病，其原因是担心自己未说清楚，怕别人不能明了。"再加一二层，反觉无当。"曾氏这句话，对所有犯此毛病的人都是一剂良药。

圣贤豪杰胸襟多豁达光明

弟读邵子诗，领得恬淡冲融之趣，此是襟怀长进处。自古圣贤豪杰文人才士，其志事不同，而其豁达光明之胸大略相同。以诗言之，必先有豁达光明之识，而后有恬淡冲融之趣。如李白、韩退之、杜牧之，则豁达处多；陶渊明、孟浩然、白香山，则冲淡处多；苏、杜二公，无美不备，而杜之五律最冲淡，苏之七古最豁达。邵尧夫虽非诗之正宗，而豁达冲淡二者兼全。吾好读《庄子》，以其豁达，足益人胸襟也。去年所讲"生而美者，若知之，若不知之，若闻之，若不闻之"一段，最为豁达，推之即舜禹之有天下而不与，亦同此襟怀也。吾辈现办军务，系处功利场中，宜刻刻勤劳，如农之力穑，如贾之趋利，如篙工之上滩，早作夜思，以求有济。而治事之外，此中却须有一段豁达冲融气象。二者并进，则勤劳而以恬淡出之，最有意味。余所以令刻"劳谦君子"印章与弟者，此也。

译文

弟读邵雍的诗，领悟到恬淡冲融的趣味，这是襟怀长进的体现。自古圣贤豪杰文人才士，其志向不同，但他们豁达光明的胸襟大致相同。以诗来说，必须先有豁达光明的见识，而后才有恬淡冲融的趣味。比如李白、韩愈、杜牧，则豁达处多；陶渊明、孟浩然、白居易，则冲淡处多；苏轼、杜甫二位，则无美不备，而杜甫的五律最冲淡，苏轼的七古最豁达。邵雍虽不是诗人的正宗，但豁达与冲淡二者兼备。我喜欢读《庄子》，是因为他的豁达足以对胸襟有益。去年所讲的"生而美丽的人，或许别人知道，或许别人不知道，或许别人听说，或许别人没有听说"一段，最为豁达，推而言之舜与禹拥有天下而不以为私，也与这种胸襟相同。我们现在办理军务，这是处于功利场中，应当时时刻刻勤劳，如农民的努力耕作，如商人的努力谋利，如撑船人过上游滩头，等等，早晚勤作苦思，以求有所收获。而在治事之外，这中间还必须有一股豁达冲融的气象。二者并进，那么勤劳以恬淡的形式表现，最有意味。我之所以令人刻一枚"劳谦君子"印章与弟，其用意即在此。

点评

曾氏读《易》，深悟宇宙间阴阳协调的道理。他们兄弟此刻带兵打仗，从身到心都处于紧张状态，要调适这种心态，惟有取恬淡冲融之趣才行，故而对老九读邵雍的诗，曾氏大为鼓励。邵雍字尧夫，谥康节，北宋哲学家，一生不受官职，研究宇宙与人世之间的学问，诗风冲淡平和，《水浒》开篇所引的那首诗即为他所作。

四十岁后仍可有大长进

弟之文笔，亦不宜过自菲薄，近于自弃。余自壬子出京，至今十二年，自问于公牍、书函、军事、吏事、应酬、书法，无事不长进。弟今年四十，较我壬子之时，尚少三岁，而谓此后便无长进，欺人乎？自弃乎？弟文有不稳之处，无不畅之处，不过用功一年二载，便可大进。昔温弟谏余曰："兄精神并非不足，乃吝惜不用耳。"余今亦以此意谏弟也。

译文

弟对于自己的文笔，也不宜过于看不起，以致于自暴自弃。我自咸丰二年离开京师，至今十二年，自己觉得对于公牍、信函、军事、吏事、应酬、书法，没有哪件事上无长进。弟今年四十，比我咸丰二年时尚少三岁，就说今后无长进，这是欺骗别人呢？还是自暴自弃呢？弟的文笔有不稳妥之处，但无不畅通之处，不过用功一二年，即可有大长进。过去温甫弟规劝我说："兄的精神并非不足，而是舍不得用。"我今天也以这个意思规劝弟。

点评

曾国荃四十岁时对自己的文笔长进缺乏信心，这一点不奇怪，而今许多人不到四十便对自己各方面的长进缺乏信心。曾氏说他四十三岁离开北京后，十二年来在很多方面都大有长进，这是实话。这一方面说明，人到四十岁时并未停止长进，但另一方面我们也要看到，曾氏这十二年中的大长进应是环境使然。这说明，人的长进离不开激励。"艰难困苦，玉汝于成"，这八个字说的是真理。

趁家居苦学二三年

余平日好读东坡《上神宗皇帝书》，亦取其轩爽也。弟可常常取阅，多阅数十遍，自然益我神智，譬如饮食，但得一看适口充肠，正不必求多品也。

《鸣原堂论文》抄东坡万言书，弟阅之如尚有不能解者，宜写信来问，弟每次问几条，余每次批几条。兄弟论文于三千里外，亦不减对床风雨之乐。弟以不能文为此生缺憾，宜趁此家居时，苦学二三年，不可抛荒片刻也。

译文

我平日喜好读苏东坡的《上神宗皇帝书》，也是取文章中的轩爽风味。弟可以常常拿来读读，多读几十遍，自然使神智获益。好比吃东西，只要得到一种适合口味的东西吃饱就行了，实在不需要多种食品。

《鸣原堂论文》抄苏东坡的万言书，弟读它如还有不能理解之处，可以写信来问。弟每次问几条，我每次批答几条，兄弟俩讨论文章于三千里之外，也不会减少当年在风雨中对床谈话的乐趣。弟以不能写好文章为这辈子的缺失遗憾，宜趁着在家居住时苦学二三年，不可浪费片刻光阴。

点评

同治三年（1864）九月，刚立下收复南京首功的曾国荃，因各种原因奉命开缺回籍养病。曾国荃于学问上远逊大哥，又短于为文。为帮助九弟提高写作水平，尤其是提高人生境界，曾氏亲手点评十七篇文章。这十七篇文章都属奏章类，是基于实用而为曾国荃选择的。曾国荃开缺时的身份是浙江巡抚，今后起复后的任职，也必定是这一级别的高级官员。对于这一级别的高级官员来说，最有实用价值的文章莫过于奏章。这十七篇奏章连同曾氏的点评，加起来以《鸣原堂论文》名之。苏轼的《上神宗皇帝书》即为《鸣原堂论文》中的一篇。

这真是一对难兄难弟：当年在家乡时，兄为读书郎，弟为问学童，兄弟谈文章，其乐融融；后来在京师，兄为翰林，弟为童生，兄弟论学问，其趣谐谐；现在兄为侯督，弟为伯抚，兄弟点奏章，其情切切。人生能有如此兄弟，如此境遇，其缘分其福气皆为世间罕有。怪不得曾氏说："兄弟论文于三千里外，亦不减对床风雨之乐。"

识度气势情韵趣味四大类

所谓四象者，识度即太阴之属，气势即太阳之属，情韵少阴之属，趣味少阳之属。其中所选之文，颇失之过于高古。弟若依此四门，而另选稍低者，平日所嗜者，抄读之，必有进益。但趣味之门，除我所抄者外，难再多选耳。

译文

所谓四象，指的是：识度即太阴之类，气势即太阳之类，情韵即少阴之类，趣味即少阳之类。其中所选的文章过于高古，这是它的缺失。弟若依照这四个门类，另外选择稍稍低一点的。平日里很喜欢的文章，亲手抄写诵读，必定有所进益。但趣味这一门类，除了我所抄录的，恐怕再难多选了。

点评

曾氏自称在三十多岁时便已窥得古文之奥微。他将古人文章分为识度、气势、情韵、趣味四大门类，很可能就是他自认为独自看出来的奥微。曾氏将邵雍的四象说借用过来，分别以太阴、太阳、少阴、少阳来命名。他认为属于识度这一类的文章，在经书中有《周易》里的十翼，在诸子百家中有《史记》里的序赞，欧阳修的文章。属于气势类的文章，经书中有《泰誓》、《牧誓》，诸子百家中的扬雄、韩愈的文章。属于情韵类的文章，经书中有《诗经》，诸子百家中的《楚辞》。属于趣味类的文章，经书中有《左传》，诸子百家中有《庄子》、韩愈文章。

为学四字：速熟恒思

曾以为学四字勖儿辈：一曰看生书宜求速，不多阅则太陋；一曰温旧书宜求熟，不背诵则易忘；一曰习字宜有恒，不善写则如身之无衣，山之无木；一曰作文宜苦思，不善作则如人之哑不能言，马之跛不能行。四者缺一不可。盖阅历一生而深悔之者，今亦望家中诸侄力行之。养生与力学，二者兼营并进，则志强而身亦强，或是家中振兴之象。

译文

曾经以为学四字勉励儿辈：一叫做读生书宜求快速，若不能多阅读则显得孤陋；一叫做温习旧书宜求熟练，若不能背诵则容易忘记；一叫做练习写字宜有恒心，若不善于写字则好比身上没有衣服，山上没有树木；一叫做写文章宜苦苦思考，若不善于做文章则好比哑巴人不能说话，跛脚马不能走路。四个字缺一不可。这是我阅历一生而自己深为愧悔的，而今希望家中诸侄儿努力实行。养生与力学，两者都经营，做到齐头并进，则志气强壮而身体也强壮，或许是家中振兴的气象。

点评

以笔者之体会，曾氏所说的速，指的是博览，所说的熟，指的是精研。读书既要博又要精。博是精的基础，而精则可望有自家的独学。

少年不可怕丑

读书之法，看、读、写、作四字，每日不可缺一。看者，如尔去年看《史记》、《汉书》、韩文、《近思录》，今年看《周易折中》之类是也；读者，如《四书》、《诗》、《书》、《易经》、《左传》诸经，《昭明文选》，李、杜、韩、苏之诗，韩、欧、曾、王之文，非高声朗诵则不能得其雄伟之概，非密咏恬吟则不能探其深远之韵。譬之富家居积，看书则在外贸易，获利三倍者也；读书收则在家慎守，不轻花费者也。譬之兵家战争，看书则攻城略地，开拓土宇者也；读书则深沟坚垒，得地能守者也。看书与子夏之"日知所亡"相近，读书与"无忘所能"相近。二者不可偏废。至于写字，真、行、篆、隶，尔颇好之，切不可间断一日，既要求好，又要求快。余生平因作字迟钝，吃亏不少，尔须力求敏捷，每日能作楷书一万，则几矣。至于作诸文，亦宜在二三十岁立定规模，过三十后能长进极难。作四书文，作试帖诗，作律赋，作古今体诗，作古文，作骈体文，数者不可不一一讲求，一一试为之。少年不可怕丑，须有"狂者进取"之趣，此时不试为之，则后此将不肯为矣。

译文

读书的方法，看、读、写、作四个字，每天不能欠缺一个字。看，比如你去年看的《史记》、《汉书》、韩愈文章、《近思录》，今年看的《周易折中》这一类即是。读，比如《四书》、《诗经》、《尚书》、《易经》、《左传》等经书，《昭明文选》，李白、杜甫、韩愈、苏轼的诗，韩愈、欧阳修、曾巩、王安石的文章，不高声朗读则不能领略到它的雄伟的气概，不细咏轻吟则不能探测它的深远的韵致。好比富有之家积累财产，看书则如同在外贸易，获三倍的利益；读书则如同在家谨慎把守，不轻易花费。好比军队打仗，看书则如同攻城略地，开拓疆土；读书则好比深沟坚垒能守住所得到的土地。看书与子夏说的"每天知道自己所不知的"相近，读书与"不忘记所已知的"相近。两者不可偏废。至于写字，真、行、篆、隶各体，你都比较喜好，切不可间断一天，既要求好，又要求快。我一生因写字迟钝，吃亏不少。你必须力求敏捷，每天能写楷书一万个，则差不多了。至于做各种文章，也宜在二三十岁时立定规模，过了三十岁后，长进就难了。做四书文章，做试帖诗，做律赋，做古体诗今体诗，做古文，做骈文，这几种不能不一一都讲求，一一都试着写。少年时不应该怕丑，必须有"狂者进取"的姿态，这时候不试着去做，那么以后则不愿意去做了。

点评

曾氏所说的"少年不可怕丑，须有狂者进取之趣"，实在是人生经验之谈。人在年轻时，必须要有点不顾一切去拼搏的气概。拼搏成功，则可以为一生事业的基础；拼搏失败，或者从头再来，或者另觅途径再来，都还来得及。人到中年，各种各样的原因都要求人不能失败；既怕失败，便有顾虑，也便失去力拼的勇气，成功于是距人越来越远了。

阅历增进对《孟子》的理解

《离娄》首章"上无道揆，下无法守"，我在往年读之，亦无甚警惕。近岁在外办事，乃知上之人必揆诸道，下之人必守乎法，若人人以道揆自许，从心而不从法，则下凌上矣。"爱人不亲"章，往年读之，不甚亲切，近岁阅历日久，乃知治人不治者，智不足也。

译文

《孟子》中的《离娄》篇首章"处上位者不按道决策，处下位者则没有法规可依循"，这两句话，我在过去读它时，也没有引起多大的注意。近年来在外面办事，于是知道处上位者必须依据道来决定政策，处下位者才好依法做事，假若人人都以为自己是在按道行政，听从自己的一心而不依循法令，那么处下位者则凌驾于处上位者了。"爱人不亲"这一章，过去读它，不觉得很亲切，近年阅历时间久，于是知道治人者若达不到治理效果的话，那是自己的智慧不足。

点评

　　常言说好书可常读常新。之所以能常新，是因为每一次读书时都会加进读者自己的生命阅历，从而对书增加一层新的理解。曾氏从过去的"无甚警惕"、"不甚亲切"到现在的警惕、亲切，其原因乃"阅历日久"。

作诗最宜讲究声调

　　凡作诗最宜讲究声调。余所选抄五古九家、七古六家，声调皆极铿锵，耐人百读不厌。余所未抄者，如左太冲、江文通、陈子昂、柳子厚之五古，鲍明远、高达夫、王摩诘、陆放翁之七古，声调亦清越异常。欲作五古、七古，须熟读五古、七古各数十篇，先之以高声朗读，以昌其气，继之以密咏恬吟，以玩其味。二者并进，使古人之声调，拂拂然若与我之喉舌相习，则下笔为诗时，必有句调凑赴腕下。诗成自读之，亦自觉琅琅可诵，引出一种兴会来。古人云"新诗改罢自长吟"，又云"煅诗未就且长吟"，可见古人惨淡经营之时，亦纯在声调上下工夫。盖有字句之诗，人籁也；无字句之诗，天籁也。解此者，能使天籁人籁凑拍而成，则于诗之道，思过半矣。

译文

　　大凡作诗最宜讲究声调。我所选抄的五古九个人、七古六个人，声调都很铿锵，令人百读不厌。我所没抄的，如左思、江淹、陈子昂、柳宗元的五古，鲍照、高适、王维、陆游的七古，声调也特别清新激越。你想作五古七古，必须熟读五古七古各几十篇，先用高声朗诵来使气势昌盛，接下来用细细吟咏来咀嚼其中的韵味。两者并进，使古人的声调与我自己的喉舌能很好地相适应，那么下笔写诗时，必定会有好句好调来到腕下。诗写好后自己朗读，也自觉琅琅可诵，引出一种兴致来。古人说"新诗改罢自长吟"，又说"煅诗未就且长吟"，可见古人在惨淡经营的时候，也完全在声调上下工夫。看得出字句斧凿工夫的诗，是人籁；看不出字句斧凿工夫的诗，是天籁。理解这一点，能够使天籁与人籁互相配合而成，对于诗学，其领悟已过一半了。

点评

曾氏有一个著名的"八本"，其中之一本为"作诗文以声调为本"。诗文要让人朗朗上口，必须要有韵味，而这韵味主要出于声调，故而曾氏将声调称为诗文之本。

作字须讲究墨色

作字须讲究墨色，古来书家无不善使墨者。能令一种神光活色浮于纸上，固由临池之勤染翰之多所致，亦缘于墨之新旧浓淡，用墨之轻重疾徐，皆有精意运乎其间，故能使光气常新也。

译文

作字必须讲究墨色，古来书法家没有不善于用墨的。他们能使一种神光活色浮现于纸上，固然是因为临池握笔多的缘故，也缘于墨的新旧与浓淡，用墨的轻重与快慢，在这些方面都有精深之意运用在其中，故而能使光气常新。

点评

重视墨色与用墨，这是曾氏研习古来书法家的一个体会。

做事宜有始有终

凡作一事，无论大小难易，皆宜有始有终。作字时先求圆匀，次求敏捷，若一日能作楷书一万，少或七八千，愈多愈熟，则手腕毫不费力。将来以之为学，则手抄群书；以之从政，则案无留牍。无穷受用，皆自写字之匀而且捷生出。

译文

大凡做一件事情，无论大小与难易，都应该有始有终。写字时先求得圆润与均匀，再求得敏捷，倘若一天能写得一万字的正楷，或少一点七八千个字，越多越熟练，那么手腕将会毫不费力。将来以此而求学，则可以做到亲手抄录各种书籍，以此来从政，则案桌上没有留存的公文。无穷的受用，都从写字的圆匀敏捷而产生的。

毛笔字虽已无实用价值，但它的欣赏价值却依旧存在，至于它的怡情养性的养生价值，也已日渐为越来越多的人所重视。

确守故训的好与恶

凡汉人传注，唐人之疏，其恶处在确守故训，失之穿凿，其好处在确守故训，不参私见。释"谓"为"勤"，尚不数见，释"言"为"我"，处处皆然，盖亦十口相传之诂，而不复顾文气之不安。如《伐木》为文王与友人入山，《鸳鸯》为明王交于万物，与尔所疑《螽斯》章解同一穿凿。朱子《集传》，一扫旧障，专在涵泳神味，虚而与之委蛇。然如郑风诸什，注疏以为皆刺忽者固非，朱子以为皆淫奔者亦未必是。尔治经之时，无论看注疏，看朱传，总宜虚心求之，其惬意者则以朱笔识出，其怀疑者则以另册写一小条，或多为辨论，或仅着数字，将来疑者渐晰，又记于此条之下，久久渐成卷帙，则自然日进。

大凡汉人所写的传注，唐人所写的疏解，其坏处在死守前人的解释，穿凿附会是它的所失，其好处也在死守前人的解释，不掺入自己的私见。将"谓"解释为"勤"，尚不多见，将"言"解释为"我"，处处都如此，这也是众口相传的解释，而不去考虑文气的不妥当。比如将《伐木》这首诗，解释为文王与友人一道进山，将《鸳鸯》这首诗，解释为明王与万物的交往，与你所怀疑的《螽斯》这首诗的章句解释，是属于一样的穿凿附会。朱熹的《诗集传》一扫过去的障碍，专心在涵泳诗的神味，对于诗中的教化内容则采取虚与委蛇的作法，但像《郑风》诸篇，汉唐注疏认为都是有所讽刺固然不对，朱熹认为都是讲的私奔也未必就对。你研读经书时，无论是看汉唐人的注疏，还是看朱熹的集传，都应该虚心讲求。对于其中符合自己心意的，则以红笔标出，有怀疑的，则在另外一本册子上写出，或多写些文字来论辨，或仅写几个字，将来怀疑的渐渐地明晰，又记在这一条下，久而久之慢慢地积成卷帙，则自然日日进步。

点评

古人说读书得间。所谓间，即间隙，书中的疑处、误处、疏处、意犹未尽处，都是间。看到间，并能以自己的力量来弥缝，那就算是真正把书读好了。

执笔须到管顶

所临隶书《孔宙碑》笔太拘束，不甚松活，想系执笔太近毫之故，以后须执管顶。余以执笔太低，终身吃亏，故教尔趁早改之。

译文

所临的隶书《孔宙碑》笔法太拘束，不太松活，想来是执笔太近笔毫的缘故，以后必须手执到管顶部位。我因执笔太低，一辈子都吃亏，故而教你趁早改变。

点评

曾氏一再教儿子写字时，手一定要握到笔杆顶部，这是他从自己的吃亏中得出的体会，可作为今天学习书法者参考。

占验与推步

国朝大儒于天文历数之学，讲求精熟，度越前古。自梅定九、王寅旭以至江、戴诸老，皆称绝学，然皆不讲占验，但讲推步。占验者，观星象云气，以卜吉凶，《史记·天官书》、《汉书·天文志》是也。推步者，测七政行度，以定授时，《史记·律书》、《汉书·律历志》是也。秦昧经先生之观象授时，简而得要。

译文

本朝大儒学家对于天文历数之学，研究得很精深，超过前代。自梅文鼎、王锡阐到江永、戴震诸位老前辈，都号称为绝学，但都不讲占验，而讲推步。所谓占验，是观察星象云气，以预测吉凶，《史记·天官书》、《汉书·天文志》说的便是占验。所谓推步，是观测七政行度，以颁布历书，《史记·律书》、《汉书·律历志》说的便是推步。秦蕙田先生的观天象定历法，简便而能得要领。

点评

曾氏说他平生有三耻，其中一耻是不懂天文算学。咸丰八年（1858）十月，他给儿子纪泽写了一封信。在称赞纪泽认得恒星数十颗后，写下了上面这段话。从这段话中，可知曾氏对天文历算还是略知一点的。

中锋与偏锋

写字之中锋者，用笔尖着纸，古人谓之蹲锋，如狮蹲、虎蹲、犬蹲之象；偏锋者，用笔毫之腹着纸，不倒于左，则倒于右，当将倒未倒之际，一提笔则为蹲锋。是用偏锋者，亦有中锋时也。

译文

写字上的中锋，是用笔尖着纸，古人称为蹲锋，如同狮蹲、虎蹲、狗蹲的样子；偏锋，是用笔毫的腹部着纸，不倒向左，就倒向右，当将倒未倒的时候，一提起笔来，这时的笔画即为蹲锋。使用偏锋手法，也有中锋笔意在。

点评

读这段话，犹如看到曾氏当时手把手地教儿子写字。

油纸摹古帖

大抵写字只有用笔、结体两端。学用笔，须多看古人墨迹；学结体，须用油纸摹古帖。此二者，皆决不可易之理。小儿写影本，肯用心者，不过学数月，必与其摹本字相肖。吾自三十时，已解古人用笔之意，只为欠却间架工夫，便尔作字不成体段。平生欲将柳诚悬、赵子昂两家合为一炉，亦为间架欠工夫，有志莫遂。尔以后当从间架用一番苦功，每日用油纸摹帖，或百字，或二百字，不过数月，间架与古人逼肖而不自觉。能合柳赵为一，此吾之素愿也。不能，则随尔自择一家，但不可见异思迁耳。

译文

　　大致说来，写字只有用笔与结体两点。学习用笔，必须多看古人留下的墨迹；学习结体，必须用油纸去摹写古帖。这两方面，都是绝对不可改变的。小孩子摹写古帖，只要肯用心，不过几个月，必定与所摹本子的字相像。我从三十岁时，已理解古人用笔的心思，只是在结构上欠缺工夫，于是写字便不能自成一体。平生的愿望是将柳公权与赵孟頫两家的字合为一炉，也是因为欠缺结构上的功夫，这个志向没有完成。你以后应当从结构上用一番苦功，每天用油纸摹写帖子，或者一百个字，或者两百个字，不过几个月，结构上便与古人很相像而不自知。能够合柳赵为一，这是我素来的心愿。若不想走这一路，则随你自己选择一家，只是不可见异思迁而已。

点评

　　这段话的要点在结体二字上。结体，也就是字的结构、体态。字写得好不好看，结体是很重要的一个方面。曾氏主张用油纸摹写古帖。笔者想，真、楷、隶诸体摹写都行，惟草体，摹写大概难于酷肖。

扬雄无篇不摹

　　不特写字宜摹仿古人间架，即作文亦宜摹仿古人间架。《诗经》造句之法，无一句无所本；《左传》之文，多现成句调。扬子云为汉代文宗，而其《太玄》摹《易》，《法言》摹《论语》，《方言》摹《尔雅》，《十二箴》摹《虞箴》，《长杨赋》摹《难蜀父老》，《解嘲》摹《客难》，《甘泉赋》摹《大人赋》，《剧秦美新》摹《封禅文》，《谏不许单于朝书》摹《国策·信陵君谏伐韩》，几于无篇不摹。即韩、欧、曾、苏诸巨公之文，亦皆有所摹拟，以成体段。

译文

　　不仅写字宜模仿古人的空间架构，即便作文也宜模仿古人的空间架构。《诗经》在造句上的法则是无一句无所本，《左传》为文则多用现成的句调。扬雄为汉代文章宗师，但他的《太玄》模仿《易经》，《法言》模仿《论语》，《方言》模仿《尔雅》，《十二箴》模仿《虞箴》，《长杨赋》模仿《难蜀父老》，《解嘲》模仿

《客难》,《甘泉赋》模仿《大人赋》,《剧秦美新》模仿《封禅文》,《谏不许单于朝书》模仿《国策·信陵君谏伐韩》,几乎没有哪一篇不模仿,即使韩愈、欧阳修、曾巩、苏轼等大师的文章,也都有所模拟,借以构成自己的文章风格。

点评

人世重创新。有创新才有发展,这是不刊之论,但创新不是凭空而来的,它要有基础,模仿便是打基础这个环节中的重要内容。西方人说"踩着巨匠的肩膀攀登",所说的也是这个意思。

书法史上的南北两派

赵文敏集古今之大成,于初唐四家内师虞永兴,而参以钟绍京,以此上窥二王,下法山谷,此一径也;于中唐师李北海,而参以颜鲁公、徐季海之沉着,此一径也;于晚唐师苏灵芝,此又一径也。由虞永兴以溯二王,及晋六朝诸贤,世所称南派者也。由李北海以溯欧、褚及魏北齐诸贤,世所称北派者也。尔欲学书,须窥寻此两派之所以分:南派以神韵胜,北派以魄力胜。宋四家,苏、黄近于南派,米、蔡近于北派,赵子昂欲合二派而汇为一。尔从赵法入门,将来或趋南派,或趋北派,皆可不迷于所往。

译文

赵孟頫的书法集古今之大成,在初唐四家中师法虞世南,而以钟绍京为参考,从这二人上溯而窥探王羲之、王献之,由下而仿效黄庭坚,这是一条路;在中唐书家中师法李邕,而参考颜真卿与徐浩的沉着,这是一条路;在晚唐书家中师法苏灵芝,这又是一条路。

由虞世南上溯二王以及晋与六朝诸贤,即世间所称的南派书法。由李邕而上溯欧阳询、褚遂良以及魏、北齐诸贤,即世间所称的北派书法。你想学书法,必须探寻这两派的区别:南派以神韵取胜,北派以魄力取胜。宋四家中,苏轼、黄庭坚近于南派,米芾、蔡襄近于北派,赵孟頫想将二派汇合为一。你从赵孟頫入门,将来或者趋近南派,或者趋近北派,都可以不至于在前进中迷失方向。

点评

曾纪泽从小喜爱写字，书法端秀，有二王之余韵。若依曾氏所标的南北派来看，他应属于南派。

韩柳所读的书皆不甚多

买书不可不多，而看书不可不知所择。以韩退之为千古大儒，而自述其所服膺之书，不过数种，曰《易》、曰《书》、曰《诗》、曰《春秋》、《左传》、曰《庄子》、曰《离骚》、曰《史记》、曰相如、子云。柳子厚自述其所得，正者曰《易》、曰《书》、曰《诗》、曰《礼》、曰《春秋》，旁者曰《穀梁》、曰《孟》《荀》、曰《庄》、《老》、曰《国语》、曰《离骚》、曰《史记》。二公所读之书，皆不甚多。

译文

买书不能不多，而读书则不能不明了所要选择的书籍。以韩愈这个千古大儒为例，他自述他所服膺的书也不过几种，即《周易》、《尚书》、《诗经》、《春秋》、《左传》、《庄子》、《离骚》、《史记》、司马相如及扬雄的书。柳宗元自述他有所心得的书，主体方面的有《周易》、《尚书》、《诗经》、《周礼》、《春秋》，非主体方面的有《穀梁》、《孟子》、《荀子》、《庄子》、《老子》、《国语》、《离骚》、《史记》。这二位所读的书，都不太多。

点评

韩愈、柳宗元号为学问大家，曾氏说他们所读之书皆不甚多。以笔者揣测，韩柳一生所读过的书，绝不只他们所自述的这些。想必这些书都是精读常读者，而那些泛览翻阅的书没有列进来。不过这也给了我们很重要的启发，那就是书与兵一样，在精而不在多，但一定要有精读常读的书，否则便没有扎实的根基。

不必别标汉学名目

泽儿若能成吾之志，将《四书》、《五经》及余所好之八种，一一熟读而深思之，略作札记，以志所得，以著所疑，则余欢欣快慰，夜得甘寝，此外别无所求矣。至王氏父子所考订之书二十八种，凡家中所无者，尔可开一单来，余当一一购得寄回。学问之途，自汉至唐风气略同，自宋至明风气略同，国朝又自成一种风气。其尤著者，不过顾、阎（百诗）、戴（东原）、江（慎修）、钱（辛楣）、秦（味经）、段（懋堂）、王（怀祖）数人，而风会所至，群彦云兴。尔有志读书，不必别标汉学之名目，而不可不一窥数君子之门径。

译文

纪泽儿倘若能成全我的志向，将《四书》、《五经》以及我所喜好的八种书，一一熟读而深思，略微作点札记，记下读书心得，载明所疑之处，那么我欢乐欣慰，夜晚可以睡得香甜，此外没有别的所求。至于王氏父子所考订之书二十八种，凡是家中没有的，你可以开一个单子来，我当一一买来寄回家。学问这条路，从汉到唐风气大致相同，从宋到明风气大致相同，本朝则自成一种风气。其中特别著名的，不过顾炎武、阎若璩、戴震、江永、钱大昕、秦蕙田、段玉裁、王念孙几个，但风会所至，大批博学者如云涌。你有志读书，不必要格外标出汉学的名目，但不能不探视这几个人的为学门路。

点评

曾纪泽最终没有专门做学问，而进入仕途。值得庆幸的是他的官做得有亮点，作为一位爱国外交家，曾纪泽将长留史册。虽然未得一心治学，但青少年时期的治学，一定为他日后的治政奠下了良好的基础。

文人不可无手抄小册

阮文达公为学政时，搜出生童夹带，必自加细阅，如系亲手所抄，略有条理者，即予进学；如系请人所抄，概录陈文者，照例罪斥。阮公一代宏儒，则知文人不可无手抄夹带小本矣。昌黎之"记事提要"、"纂言钩玄"，亦系分类手抄小册也。

译文

阮元做学政时，搜出考生私自带进考场的簿册，必定亲自细细审阅。如果是考生亲手所抄而略有条理的，即准予进学；如果是请别人所抄，全部录的是陈旧文章的，照违例罪予以斥责。阮元一代大儒，他知道文人不可能没有亲手所抄的小簿册。韩愈的"记事提要"、"纂言钩玄"，也就是分类手抄的小册子。

点评

曾氏所说的手抄夹带小册，就是我们今天常说的读书笔记本。但这类笔记本，也只是平时使用，若带进考场是不允许的。阮元能容忍此事，足见其人的宽厚。

《六经》中一大案

《书经》注疏颇庸陋，不如《诗经》之该博。我朝儒者，如阎百诗、姚姬传诸公，皆辨别古文《尚书》之伪，孔安国之传亦伪作也。盖秦燔书后，汉儒伏生所传，欧阳及大小夏侯所习，皆仅二十八篇，所谓今文《尚书》者也。厥后孔安国家有古文《尚书》，多十余篇，遭巫蛊之事，未得立于学官，不传于世。厥后张霸有《尚书》百两篇，亦不传于世。后汉贾逵、马、郑作古文《尚书》注解，亦不传于世。至东晋梅赜始献古文《尚书》并孔安国传，自六朝、唐、宋以来承之，即今通行之本也。自吴才老及朱子、梅鼎祚、归震川，皆疑其为伪，至阎百诗遂专著一书，以痛辨之，名曰《疏证》。自是辨之者数十家，人人皆称伪古文、伪孔氏也。《日知录》中略著其原委，王西庄、孙渊如、江艮庭三家皆详言之（《皇清经解》中有江书不足观）。此亦《六经》中一大案，不可不知也。

译文

《尚书》的注疏颇为平庸浅陋，不如《诗经》注疏的完备广博。我朝研习儒学的学者，如阎若璩、姚鼐等人，都辨识古文《尚书》的作伪，孔安国的传也是伪作。这是因为秦朝烧书之后，汉代儒者伏生所传授，欧阳高及夏侯胜和夏侯建所学习的，都只有二十八篇，即所说的今文《尚书》。以后孔安国家出现古文《尚书》，多出十多篇，碰上朝廷发生的巫蛊事件，没有被立于学官，于是不为世所流传。以后张霸有《尚书》一百零二篇，也不为世所传。后汉贾逵、马融、郑玄作古文《尚书》注解，也不为世所传。到了东晋，梅赜才献出古文《尚书》以及孔安国传，自六朝、唐、宋以来一直传承，也就是当今通行的版本。自吴棫及朱熹、梅鼎祚、归有光，都怀疑为伪作。直到阎若璩为此专门写了一部书，痛加辨识，名叫《古文尚书疏证》。自此，辨识者数十家，人人都称梅赜所献的古文《尚书》为伪古文、伪孔氏。《日知录》一书中略微写出这个过程，王鸣盛、孙星衍、江声三家都有详细说明（《皇清经解》中收有江声的书，但不足观）。这也是《六经》中的一个大案子，不可不知道。

点评

流行一千多年，被士人奉为经典的《尚书》，竟然被阎若璩以铁证辨其为伪作，这的确是中国文化史上的一件大事趣事。读读曾氏这段话，可以让今天的读书人增加一点知识。

不必求记，却宜求个明白

读书记性平常，此不足虑。所虑者，第一怕无恒，第二怕随笔点过一遍，并未看得明白。此却是大病。若实看明白了，久之必得些滋味，寸心若有怡悦之境，则自然记得矣。不必求记，却宜求个明白。

译文

读书记性平常，这不足以忧虑。所要忧虑的，第一怕无恒心，第二怕随便用笔点一遍，并没有看明白。这些却是大毛病。若实实在在看明白了，久而久之必然会有些味道，心里好像有一种怡悦境界，那么自然就记住了。不必求记住字句，却要明白其中味道。

点评

读书有死记呆背与明其意义两种。曾氏要儿子"求个明白"，显然所取为后者。有些人长于记忆，甚至过目不忘，这当然很好，对于大多数人来说，能明白所读之书的意义，也就达到读书的目的了。

"敢告马走"的来历

凡作文,末数句要吉祥;凡作字,墨色要光润。

尔问《五箴》末句"敢告马走"。凡箴以《虞箴》为最古(《左传·襄公》),其末曰:"兽臣司原,敢告仆夫。"意以兽臣有司郊原之责,吾不敢直告之,但告其仆耳。扬子云仿之,作《州箴》。冀州曰:"牧臣司冀,敢告在阶。"扬州曰:"牧臣司扬,敢告执筹。"荆州曰:"牧臣司荆,敢告执御。"青州曰:"牧臣司青,敢告执矩。"徐州曰:"牧臣司徐,敢告仆夫。"余之"敢告马走"即此类也。走犹仆也(见司马迁《报任安书》注,班固《宾戏》注)。朱子作《敬箴》曰"敢告灵台",则非仆御之类,于古人微有歧误矣。凡箴以官箴为本,如韩公《五箴》、程子《四箴》、朱子各箴、范浚《心箴》之属,皆失本义,余亦相沿失之。

译文

凡作文,结尾几句要吉祥;凡作字,墨色要光鲜润滑。

关于你问的《五箴》的末句"敢告马走"。凡箴这类文体,以《虞箴》最古老(见于《左传·襄公》)。它的末句说:"兽臣司原,敢告仆夫。"意思是说,兽臣有管理郊原的责任,我不敢直接禀告国君,只是告诉他的仆人而已。扬雄模仿《虞箴》,作《州箴》。冀州长官说:"牧民之臣管理冀州,斗胆告诉阶下人。"扬州长官说:"牧民之臣管理扬州,斗胆告诉执筹者。"荆州长官说:"牧民之臣管理荆州,斗胆告诉执御者。"青州长官说:"牧民之臣管理青州,斗胆告诉执矩者。"徐州长官说:"牧民之臣管理徐州,斗胆告诉仆人。"我的"敢告马走",也就是用的这类句式。走,犹如仆人(见司马迁《报任安书》注文、班固《宾戏》注文)。朱熹作《敬箴》,说"斗胆告诉灵台",灵台不是仆御一类,与古人略微有些误差。凡是箴这类文体,以官箴为本,如韩愈的《五箴》、程颐的《四箴》、朱熹的各箴,范浚的《心箴》之类,都失去它的本义,我也沿袭他们而失去了本义。

点评

道光二十四年(1844),曾氏在给诸弟的信中附有他所作的《五箴》。末篇《有恒箴》的最后两句为:"天君司命,敢告马走。"咸丰九年(1859),曾纪泽在读《五箴》时,对"敢告马走"这句话不明白,遂写信问父亲。为着这四个字,曾氏写了这篇小论文,于此可见曾氏的博学,更可见曾氏谆谆教子的爱心。

《十三经注疏》有醇有驳

"书经文义奥衍，注疏勉强牵合"，二语甚有所见。《左》疏浅近，亦颇不免。国朝王西庄（鸣盛）、孙渊如（星衍）、江艮庭（声）皆注《尚书》，顾亭林（炎武）、惠定宇（栋）、王伯申（引之）皆注《左传》，皆刻在《皇清经解》中。《书经》则孙注较胜，王、江不甚足取。《左传》，则顾、惠、王三家俱精。大抵《十三经注疏》，以三《礼》为最善，《诗》疏次之。此外皆有醇有驳。

译文

"《书经》文义深奥广博，注疏则勉强牵就凑合"，这两句话很有见地。《左传》的疏语浅近，也不能免去"勉强牵合"。本朝王西庄（鸣盛）、孙渊如（星衍）、江艮庭（声）都注释《尚书》，顾亭林（炎武）、惠定宇（栋）、王伯申（引之）都注释《左传》，这些注文都刻在《皇清经解》一书中。《书经》则孙星衍所注释的较好，王鸣盛、江声的注释不大可取。《左传》一书，则顾炎武、惠栋、王引之三家都精当。大致说来《十三经注疏》，以三《礼》为最好，《诗经》的注疏次之，此外都有精到处和谬误处。

点评

曾氏赞同儿子对《书经》一书的注疏所提出的批评，并由此而引出对本朝诸儒在研究十三经学上的得失评点。这种有的放矢的指教，最为切近有效。

写字换笔之法

作字换笔之法，凡转折之处，如冂乚之类，必须换笔，不待言矣。至并无转折形迹，亦须换笔者。如以一横言之，须有三换笔（末向上挑，所谓磔也；中折而下行，所谓波也；右向上行，所谓勒也；初入手，所谓直来横受也）。以一直言之，须有两换笔（直横入，所谓横来直受也；上向左行，至中腹换而右行，所谓努也）。捺与横相似，特末笔磔处更显耳（磔波直入）；撇与直相似，特末笔更撇向外耳（横入停掠）。凡换笔者以小圈识之，可以类推，凡用笔须略带欹斜之势。如本斜向左，一换笔则向右矣，本斜向右，一换笔则向左矣。举一反三，尔自悟取可也。

译文

写字换笔的方法，凡是转折的地方，如乚这一类，必须换笔，这是不用说的了。至于并没有转折形迹的地方，也要换笔的。如拿一横来说，要有三次换笔（〰末笔向上挑，即所说的磔；中笔折而向下走，即所说的波；向右推进时往上走，即所说的勒；刚下笔，则用的所谓直来横受的笔法）。拿一直来说，必须有两次换笔（〢写直笔，先用横笔进入，所谓直来横受；上面向左推进，到中腹部换笔而向右行，所谓努）。捺与横相似，只是末笔磔处更明显罢了（〰以直笔进入，先波后磔）；撇与直相似，只是末笔更加向外撇罢了（〢，以横笔进入，先停后掠）。凡换笔处都以小圆圈标识，可以此类推。凡用笔，必须略带一点欹斜之势。如本应斜向左，一换笔则向右了；本应斜向右，一换笔则向左了。举一反三，你自己去从中领悟吧。

点评

曾氏很讲究写字过程中的换笔，这或许是他的秘诀。

汉魏文训诂精确声调铿锵

吾观汉魏文人，有二端最不可及：一曰训诂精确，二曰声调铿锵。《说文》训诂之学，自中唐以后，人多不讲，宋以后说经尤不明故训。及至我朝巨儒始通小学，段茂堂、王怀祖两家，遂精研乎古人文字声音之本，乃知《文选》中古赋所用之字，无不典雅精当。尔若能熟读段、王两家之书，则知眼前常见之字，凡唐宋文人误用者，惟《六经》不误，《文选》中汉赋亦不误也。即以《三都赋》言之，如"蔚若相如，皭若君平"，以一蔚字，该括相如之文章，以一皭字该括君平之道德。此虽不尽关乎训诂，亦足见其下字之不苟矣。至声调之铿锵，如"开高轩以临山，列绮窗而瞰江"，"碧出苌宏之血，鸟生杜宇之魄"，"洗兵海岛，刷马江州"，"数军实乎桂林之苑，飨戎旅乎落星之楼"等句，音响节奏，皆后世所不能及。看《文选》，能从此二者用心，则渐有入理处矣。

译文

我看汉魏的文人，有两点最不可企及：一点叫做训诂精确，二点叫做声调铿锵。《说文》训诂之学，自从中唐以后学人多不讲了。宋朝以后，解说经书者尤其不明了前人的解释。一直到本朝大儒才开始通晓小学，段玉裁、王念孙两家，精心钻研古人文字声音的本源，才知道《文选》古赋所用的字，无不典雅精当。你若能熟读段、王两家的书，则知道眼前常见的字，凡是唐宋时文人误用的，只有《六经》不误用，《文选》中的汉代之赋也不误用。就拿《三都赋》来说，如"蔚若相如，皭若君平"，以一个蔚字来概括司马相如的文章，以一个皭字来概括严君平的道德。这虽然不完全与训诂有关，也足见作者左思用字的不苟且。至于声调的铿锵，如"开高轩以临山，列绮窗而瞰江"，"碧出苌宏之血，鸟生杜宇之魄"，"洗兵海岛，刷马江洲"，"数军实乎桂林之苑，飨戎旅乎落星之楼"等句子，音响与节奏，都是后世所不能企及的。看《文选》，能够从这两方面用心，则慢慢地找到明白事理的入口了。

点评

这是一篇授读汉魏文章的极好教案，既有精当提炼，又有具体文句的分析。不愧为翰林出身，若离军营而入讲堂，必是受学生欢迎的教授。

穜種二字

穜、種二字。此字段茂堂辨论甚晰。穜，为艺也（犹吾乡言栽也，点也，插也）；種，为后熟之禾。《诗》之"黍稷重穋"（《七月》、《閟宫》），《说文》作"種稑"。種，正字也；重，假借字也。穋与稑，异同字也，隶书以穜、種二字互易。今人于耕穜概用種字矣。吾于训诂词章二端，颇尝尽心。看书若能通训诂，则于古人之故训大义、引伸假借渐渐开悟，而后人承讹袭误之习可改；若能通词章，则于古人之文格文气、开合转折渐渐开悟，而后人硬腔滑调之习可改。

译文

穜与種两个字。这两个字段玉裁分辨很明晰。穜，是艺的意思（好比我家乡说的栽、点、插）；種，是晚熟的稻禾。《诗经》的"黍稷重穋"（《七月》、《閟宫》），《说文》作"種稑"。種，是正字；重，为假借字。穋与稑，属异体字，隶书把穜与種两个字互相转换。今人用于耕種上一概用種字了。我对于训诂与词章两方面，颇为用过心。读书若是能通晓训诂，则对于古人对词义的解释以及引申假借逐渐领悟，可以将后人以讹传讹的习气予以改变；若是能通晓词章，则对于古人的文章风格以及开合转折逐渐领悟，可以将后人硬腔滑调的习气予以改变。

点评

这一段话的意思是，穜，即种字之本义。穜，为晚熟的稻禾。但郑玄则认同"先種后孰谓之穜，后種先孰谓之稑"的解释，与曾氏所言有不同。

珠圆玉润

无论古今何等文人，其下笔造句，总以珠圆玉润四字为主。无论古今何等书家，其落笔结体，亦以珠圆玉润四字为主。世人论文家之语圆而藻丽者，莫如徐（陵）、庾（信），而不知江（淹）、鲍（照）则更圆，进之沈（约）、任（昉）则亦圆，进之潘（岳）、陆（机）则亦圆，又进而溯之东汉之班（固）、张（衡）、崔（骃）、蔡（邕）则亦圆，又进而溯之西汉之贾（谊）、晁（错）、匡（衡）、刘（向）则亦圆，至于马迁、相如、子云三人，可谓力趋险奥，不求圆适矣，而细读之，亦未始不圆。至于昌黎，其志意直欲凌驾子长、卿、云三人，戛戛独造，力避圆熟矣，而久读之，实无一字不圆，无一句不圆。于古人之文，若能从江、鲍、徐、庾四人之圆，步步上溯，直窥卿、云、马、韩四人之圆，则无不可读之古文矣，即无不可通之经史矣。

译文

无论古今什么样的文人，他下笔为文，总是以珠圆玉润四个字为主。无论古今什么样的书法家，他的笔画结构，也以珠圆玉润四个字为主。世人评论作家的文句圆润辞藻华丽，常说莫过于徐陵、庾信，而不知道江淹、鲍照更圆润，向上推进沈约、任昉也圆润，又向上推进潘岳、陆机也圆润，又向上推进而追溯到东汉的班固、张衡、崔骃、蔡邕也圆润，又向上推进而追溯到西汉的贾谊、晁错、匡衡、刘向也圆润，至于司马迁、司马相如、扬雄三人，可以说得上竭力趋于险奥，不求圆润了，而细细读他们的文章，也不是不圆。至于韩愈，他的志向是简直想凌驾在司马迁、司马相如、扬雄三人之上，戛戛独造，努力避免圆熟了，但经常阅读后，会知道实在是无一字不圆，无一句不圆。对于古人的文章，若是能从江、鲍、徐、庾四人的圆润一步步上溯，一直窥探到司马相如、扬雄、司马迁、韩愈四人的圆润，则没有不可诵读的古文了，也就没有不可通晓的经书与史书了。

点评

曾氏认为珠圆玉润乃为文所要达到的最高境界，并于以险奥为艺术追求的司马迁、司马相如、扬雄、韩愈四人的文章中，也看出珠圆玉润的实质。这应是曾氏作为一代文章宗师的慧眼独到。

文章的雄奇之道

文中雄奇之道：雄奇以行气为上，造句次之，选字又次之。然未有字不古雅而句能古雅，句不古雅而气能古雅者；亦未有字不雄奇而句能雄奇，句不雄奇而气能雄奇者。是文章之雄奇，其精处在行气，其粗处全在造句选字也。余好古人雄奇之文，以昌黎为第一，扬子云次之。二公之行气，本之天授，至于人事之精能，昌黎则造句之工夫居多，子云则选字之工夫居多。

译文

文章中雄奇风格的获得：雄奇以气势运行为上，造句次之，选字又次之。但是没有字不古雅而能做到句子古雅的，没有句子不古雅而能做到气势古雅的；也没有字不雄奇而能做到句子雄奇，句子不雄奇而气势能雄奇的。所以文章的雄奇，其精深处在于行气，其粗浅处则全在于造句选字。我喜好古人中的气势雄奇的文章，以韩愈为第一，扬雄次之。二位文章的行气，其根本在于天授，至于人事上的精能，韩愈在造句方面居多，扬雄则在选字上的功夫居多。

点评

对于文章，曾氏偏好雄奇的风格，故他一生喜欢读庄子、司马迁、扬雄、韩愈等人的文章，所喜的是他们为文的雄奇瑰丽。他指导家人作文章，也总是喜欢将他们往雄奇一路上引。如对其六弟说："弟之天姿不凡，此时作文，当求议论纵横，才气奔放，作为如火如荼之文，将来庶有成就。"对其儿子说："少年文字，总贵气象峥嵘，东坡所谓蓬蓬勃勃为釜上气。"他自己作文,更是力求雄奇。钱基博评曾氏:"其持论以光气为主,以音响为辅,探源扬、马,专宗退之,奇偶错综,而偶多于奇,复字单词,杂厕其间,厚集其气,使声彩炳焕而戛焉有声。"(《现代中国文学史》)在回答儿子如何才能做到文章雄奇之问时,曾氏明确指出,雄奇以行气为主,造句次之,选字又次之,但行气又从字句中来;它们之间的关系是表里之间的关系,是精粗之间的关系。

熟读韩文四篇

"叙事、志、传之文,难于行气。"是殊不然,如昌黎《曹成王碑》、《韩许公碑》,固属千奇万变,不可方物,即卢夫人之铭、女挐之志寥寥短篇,亦复雄奇倔强。试将此四篇熟看,则知二大二小,各极其妙矣。

译文

"叙事、志、传这一类文章行气较难。"这种说法大不对。比如韩愈的《曹成王碑》、《韩许公碑》,固然属于千奇万变的奇文,不可以拿来比较,即便是卢夫人之铭、女挐之志这样寥寥几句的短篇,也雄气倔强。试着将这四篇文章仔细熟读,则知道两个长篇两个短篇都各尽其妙。

点评

叙事文、传记等因为主要在叙述而不在议论,故有难于行气之说,曾氏不同意这种说法,并以韩愈的四篇文章为例来佐证。文章的气势,其本质是建筑在作者的胸襟和识见上,不在于文体的不同,故而曾氏所言有理。

本义与余义

古人解经,有内传,有外传。内传者本义也,外传者旁推曲衍,以尽其余义也。孔子系《易》,"小象"则本义为多,"大象"则余义为多。孟子说《诗》,亦本子贡之因贫富而悟切磋,子夏之因素绚而悟礼后,亦证余义处为多。《韩诗外传》尽余义也,《左传》说经,亦以余义立言者多。

译文

古人对经书的解释，有内传，也有外传。内传解释经书的本义，外传则是对本义的推衍延伸，以求完全发挥经书的余义。孔子将《象传》系于《易经》，其中"小象"则讲本义为多，"大象"则讲余义为多。孟子说《诗经》，也是本着子贡的因贫与富的话题而领悟切磋之义，子夏因素与绚的话题而领悟礼产生于仁之后，论证余义处为多。《韩诗外传》说的都是余义，《左传》说经，也多以余义来立言。

点评

读书重在能举一反三，触类旁通。古人对经书的研究以内、外分传，在这方面为我们做了示范。一部经典通过无数人的推衍发挥，最后成为一部学问。这门学问，应该说是众人智慧的汇合。

欧虞颜柳好比诗中李杜韩苏

用油纸摹字，若常常为之，间架必大进。欧、虞、颜、柳四大家，是诗家之李、杜、韩、苏，天地之日、星、江、河也。有志学书，须窥寻四人门径。

译文

若常常用油纸来描摹字，于字的架构结体方面必然大有长进。欧阳询、虞世南、颜真卿、柳公权四大家，好比诗界中的李白、杜甫、韩愈、苏轼，也好比天地间的日、星、江、河。有志于学习书法，必须寻到这四个人的门路。

点评

曾氏反复强调临帖摹帖的重要性，又特别指出欧、虞、颜、柳四大家的字非仔细钻研不可。笔者认为，这才是学书者的正途。现在有许多所谓的书法家，完全无视古帖，率性而为，写出的字东倒西歪，如同春蛇秋蚓，却沾沾自喜，以为自创一格，实在是可悲可笑。

学问分类法

　　大抵有一种学问，即有一种分类之法；有一人嗜好，即有一人摘抄之法。若从本原论之，当以《尔雅》为分类最古者。天之星辰，地之山川鸟兽草木，皆古圣贤人辨其品汇，命之以名，《书》所称大禹主名山川，《礼》所称黄帝正名百物是也。物必先有名而后有是字，故必知命名之原，乃知文字之原。舟、车、弓、矢、俎、豆、钟、鼓，日用之具，皆先王制器以利民用，必先有器，而后有是字，故又必知制器之原，乃知文字之原。君臣、上下、礼乐、兵刑、赏罚之法，皆先王立事以经纶天下，或先有事而后有字，或先有字而后有事，故又必知万事之本，而后知文字之原。此三者，物最初，器次之，事又次之。三者既具，而后有文词。

　　《尔雅》一书，如释天、释地、释山、释水、释草木、释鸟兽虫鱼，物之属也；释器、释宫、释乐，器之属也；释亲，事之属也；释诂、释训、释言，文词之属也。《尔雅》之分类，惟属事者最略；后世之分类，惟属事者最详。事之中又判为二端，曰虚事，曰实事。虚事者，如经之三《礼》，马之八《书》，班之十《志》，及三《通》之区别门类是也；实事者，就史鉴中已往之事迹分类纂记，如《事文类聚》、《白孔六帖》、《太平御览》，及我朝《渊鉴类函》、《子史精华》等书是也。后世人事日多，史册日繁，摘类书者，事多而器物少，乃势所必然。

译文

　　大致说来，有一种学问，就有一种分类的方法；有一个人的嗜好，就有一个人的摘抄的方法。若从源头上来说，应当以《尔雅》为最早的分类书。天上的星辰，地上的山川与鸟兽草木，都是古时的圣贤之人通过分辨品类而加以汇集，并且予以命名。《尚书》讲大禹主持山川的命名，《礼记》讲黄帝为百物命名，就是说的这个意思。物，必须先有名，然后才有这个字，所以必须知道命名的原由，才能知道文字的原由。船、车、弓、箭、俎、豆、钟、鼓，这些日常用具，都是先王制造的器具，以利于百姓的使用。必定先有器具，然后才有相关的文字，所以又必须知道制器的原由，才能知道文字的原由。君与臣、上与下、礼与乐、兵与刑、赏与罚中间的法则，都是先王立定事规来治理天下。或者是先有事情而后才有文字，或者是先有文字而后才有事情，所以又必须知道万事之本，然后才能知道文字的原由。这三个方面，物是第一，器第二，事第三，三方俱备了，然后才有文词。

《尔雅》这本书，比如释天，释地，释山，释水，释草木，释鸟兽虫鱼，属于物类。释器，释宫，释乐，属于器类。释亲，属于事类。释诂，释训，释言，属于文词类。《尔雅》的分类中，惟有事类最简略；后世的分类，惟有事类最详细。事类中又分为二点，一叫做虚事，一叫做实事。虚事的，如经书中的三《礼》，司马迁的八《书》，班固的十《志》，以及三《通》中的区别门类等。实事的，根据史册中已往的事迹分类编撰，如《事文类聚》、《白孔六帖》、《太平御览》，以及本朝的《渊鉴类函》、《子史精华》等书就是。后世人事日渐增多，史册日渐繁杂。摘抄类书的，事类多而器类少，这是势所必然。

点评

宇宙间和人世间的事物万万千千，纷繁复杂，将这些事物加以大致区分并按门类予以归属，实在是人类认识宇宙管理社会的一个极为重要的手段，治学亦如此。曾氏以《尔雅》为例，教儿子以分类治学之法，可供后人参考。

古雅与雄骏

余久不作诗，而好读诗，每夜分辄取古人名篇高声朗诵，借以自娱。今年亦当间作二三首，与尔曹相和答，仿苏氏父子之例。尔之才思，能古雅而不能雄骏，大约宜作五言而不宜作七言。尔要读古诗，汉魏六朝，取余所选曹、阮、陶、谢、鲍、谢六家，专心读之，必与尔性质相近。至于开拓心胸，扩充气魄，穷极变态，则非唐之李、杜、韩、白，宋金之苏、黄、陆、元八家，不足以尽天下古今之奇观。

译文

我很久没有写诗，但爱好读诗。每晚上将古人名篇拿来高声朗诵，借以自娱。今年也应当间或写二三首，与你们唱和，仿效苏轼父子的例子。你的才思，是能够做到古雅，但不能做到雄骏，大约适宜做五言诗而不适宜做七言诗。你要读古诗，汉魏六朝这一时期，取我所选的曹植、阮籍、陶渊明、谢灵运、鲍照、谢朓六家，专心专意阅读，必然与你的性情相近。至于开拓心胸，扩大气魄，历尽各种各样的变化心态，那么非唐代的李白、杜甫、韩愈、白居易，宋代金代的苏轼、黄庭坚、陆游、元好问八家，则不足以阅尽天下古今的奇观。

点评

常言说知子莫如父，曾氏知道纪泽体弱气清，能古雅而不能雄骏，故而宜读陶、谢一类的闲适体，宜做五言诗；但曾氏又相信读书可改变一个人的气质，故又教儿子读李、杜、韩、苏等人雄迈沉郁风格的诗作。

读书可变化气质

尔近来写字总失之薄弱，骨力不坚劲，墨气不丰腴，与尔身体向来轻字之弊正是一路毛病。尔当用油纸摩颜字之《郭家庙》、柳字之《琅琊碑》、《玄秘塔》，用来药其病，日日留心，专从厚、重二字上用功，否则字质太薄，即体质亦因之更轻矣。人之气质由于天生，本难改变，惟读书则可变化气质。

译文

你近来写字，总是失在薄弱这一点上，骨力不坚劲，墨气不丰满，与你的身体向来单薄属于同一路毛病。你应当用油纸描摹颜真卿的《郭家庙》、柳公权的《琅琊碑》、《玄秘塔》，用来医治此病，每天都留心，专门从厚与重两个字上用功，否则字的质地太薄，同时人的体质也因此而更加单薄了。人的气质由于天生，本难以改变，惟有读书可以改变气质。

点评

曾氏总是批评纪泽举止过于轻飘，这次又说他的字也显得薄弱，又联系到他的体质。曾纪泽只活了五十一岁，从所存的照片来看身体也像是单薄。看来，曾纪泽的举止轻，字不坚劲，很可能都源于他体质上的弱。

文章与小学

余观汉人词章，未有不精于小学、训诂者，如相如、子云、孟坚，于小学皆专著一书，《文选》于此三人之文著录最多。余于古文，志在效法此三人，并司马迁、韩愈五家，以此五家之文，精于小学、训诂，不妄下一字也。尔于小学，既粗有所见，正好从词章上用功。《说文》看毕之后，可将《文选》细读一过，一面细读，一面抄记，一面作文以仿效之。凡奇僻之字，雅故之训，不手抄则不能记，不摹仿则不惯用。自宋以后，能文章者不通小学，国朝诸儒通小学者又不能文章。余早岁窥此门径，因人事太繁，又久历戎行，不克卒业，至今用为疚憾。

译文

我看汉人所写的词章，没有不精通小学、训诂的，比如司马相如、扬雄、班固，在小学上都有一部专著，《文选》关于这三人的文章所选最多。我对于古文，有志效法这三人，再加上司马迁、韩愈共五家，因为这五家的文章都精通小学、训诂，不随便写一个字。你对于小学既然粗略有所见解，正好从词章上用功。《说文》读完后，可以将《文选》细细读一遍，一面抄录，一面自己作文来仿效。凡是奇怪生僻字，古雅词义的解释，不亲手抄录则不能记住，不模仿写作则不能习惯运用。自宋代以后，能做文章的不通晓小学，本朝的学问家通晓小学但又不能做文章。我早年便看出了此中的门路，但因人事太繁杂，又久在军营，没有将这个事业办成，至今引为内疚遗憾。

点评

曾氏说自宋以后中国文人便将文章与文字学分开了，能文章者不通文字学，通文字学者又不能为文章。此现象于今更普遍。它的产生，有其合理的成分，这是因为文章与文字学毕竟分属两类不同的学科。但现在许多文理不通、文句不顺的文章诗词竟然十分流行，使人颇为困惑不解。

效王陶则可，效嵇阮则不可

五言诗，若能学到陶潜、谢朓一种冲淡之味、和谐之音，亦天下之至乐、人间之奇福也。尔既无志于科名禄位，但能多读古书，时时哦诗作字，以陶写性情，则一生受用不尽。第宜束身圭璧，法王羲之、陶渊明之襟韵潇洒则可，法嵇、阮之放荡名教，则不可耳。

译文

五言诗，若是能够将陶潜、谢朓的那种冲淡之味、和谐之音学到，也是天下的至乐、人间的奇福。你既然无志于科名禄位，能够多读些古书，常常诵诗写字，用来陶冶性情，则一生受用不尽。但要有原则检束自己，效法王羲之、陶渊明的襟怀潇洒则可以，若效法嵇康、阮籍那样在名教面前放荡形骸则不可以。

点评

置身于功名之外者，有洁身自爱的，也有放荡不羁的，故而曾氏叮咛儿子，要学前者如王、陶等人，而不要学后者如嵇、阮之辈。

跌宕倔强为行气不易之法

余近年颇识古人文章门径，而在军鲜暇，未尝偶作，一吐胸中之奇。尔若能解《汉书》之训诂，参以《庄子》之诙诡，则余愿偿矣。至行气为文章第一义，卿、云之跌宕，昌黎之倔强，尤为行气不易之法，尔宜先于韩公倔强处揣摩一番。

译文

我近年较能辨识古人文章的门路，只是在军营中少有闲暇，没有机会偶尔写作，一吐胸中奇气。你若是能够理解《汉书》的训诂，又能参透《庄子》的诙谐诡谲，那么我的愿望也就实现了。至于行气为文章的第一要点，司马相如、扬雄的跌宕，韩愈的倔强，尤其可作为行气的不改法则，你应该先对韩愈文章的倔强处细心揣摩一番。

点评

曾氏十分重视文章的行气，将它视为第一义。在这段话里，曾氏就如何行气指出两条不易之法：一为跌宕，一为倔强。人们看重曾氏的书信，其中一点是曾氏不仅在原则上为子弟指出方向，而且还为子弟朝着这个方向前行铺路搭桥。此处所说的跌宕与倔强可视为通向行气的两座桥梁。

小学三大宗

小学凡三大宗。言字形者，以《说文》为宗，古书惟大、小徐二本，至本朝而段氏特开生面，而钱坫、王筠、桂馥之作，亦可参观。言训诂者，以《尔雅》为宗。古书惟郭注邢疏，至本朝而邵二云之《尔雅正义》、王怀祖之《广雅疏证》、郝兰皋之《尔雅义疏》，皆称不朽之作。言音韵者，以《唐韵》为宗。古书惟《广韵》《集韵》，至本朝而顾氏《音学五书》，乃为不刊之典，而江（慎修）、戴（东原）、段（茂堂）、王（怀祖）、孔（巽轩）、江（晋三）诸作，亦可参观。欲于小学钻研古义，则三宗如顾、江、段、邵、郝、王六家之书，均不可不涉猎而探讨之。

译文

小学有三大宗。说字形的，以《说文解字》为宗。古代的书惟徐铉、徐锴兄弟两个本子，到了本朝，段玉裁特别开创新局面，钱坫、王筠、桂馥的著作，也可以参照阅读。说训诂的，以《尔雅》为宗。古代的书惟有郭璞之注与邢昺之疏，到了本朝，邵晋涵的《尔雅正义》、王念孙的《广雅疏证》、郝懿行的《尔雅义疏》，都称之为不朽之作。说音韵的，以《唐韵》为宗。古代的书惟《广韵》、《集韵》，到了本朝，顾炎武的《音学五书》，乃为不刊之典，江永、戴震、段玉裁、王念孙、孔广森、江有诰的著作，也可以参考阅读。想在小学上钻研古义，则三宗以及顾、江、段、邵、郝、王六个人的书，都不能不浏览并探讨。

点评

曾氏为研究音韵训诂学开出了一张必读书单，读者中若有研究此门学问者，可借为参考。

四言诗难得有声响光芒

四言诗最难有声响有光芒，虽《文选》韦孟以后诸作，亦复尔雅有余，精光不足。扬子云之《州箴》、《百官箴》诸四言，刻意摹古，亦乏作作之光渊渊之声。余生平于古人四言，最好韩公之作，如《祭柳子厚文》、《祭张署文》、《进学解》、《送穷文》诸四言，固皆光如皎日，响如春霆，即其他凡墓志之铭词，及集中如《平淮西碑》、《元和圣德》各四言诗，亦皆于奇崛之中迸出声光。其要不外意义层出、笔仗雄拔而已。外则班孟坚《汉书·叙传》一篇，亦四言中之最隽雅者。

译文

四言诗最难得有声响有光彩，即便《文选》中自韦孟以后许多作品，也是文雅有余，精彩光亮不足。扬雄的《州箴》、《百官箴》等四言诗，刻意模仿古人，亦缺乏灿烂的光彩宏亮的声响。我平生在古人的四言诗上，最喜好韩愈的作品，如《祭柳子厚文》、《祭张署文》、《进学解》、《送穷文》等四言诗，固然都光亮如皎日，响亮如春雷，即便其他凡墓志中的铭词，以及文集中如《平淮西碑》、《元和圣德》中的四言诗，也都在奇崛中迸发出声气光彩，其中的紧要处不外乎意义层出、笔力雄拔而已。此外则班固的《汉书·叙传》一篇，也是四言诗中最隽雅的。

点评

曾氏很注重碑志中的四言铭词，他自己的这些作品大都如他所说的，像韩愈一样讲究声响光芒。同治三年打下南京后修复城墙，完工时，曾氏写了一篇《修治金陵城垣缺口碑记》，文章末尾的四言铭词是这样写的："穷天下力，复此金汤。苦哉将士，来者勿忘。"短短十六个字，积沉郁之气，有闷雷之响，堪为铭词之范文。

名篇当吟玩不已

凡诗文欲求雄奇矫变，总须用意有超群离俗之想，乃能脱出恒蹊。尔前信读《马汧督诔》，谓其沉郁似《史记》，极是极是。余往年亦笃好斯篇。尔若于斯篇及《芜城赋》、《哀江南赋》、《九辩》、《祭张署文》等篇吟玩不已，则声情自茂、文思汩汩矣。

译文

凡诗文若想求得雄奇矫劲多变，总得在立意上有超群离俗的想法，才能脱离常见的套路。你前次信里说读《马汧督诔》，它的沉郁像《史记》，说得很对很对。我往年也特别喜好这篇诔文。你若将这篇以及《芜城赋》、《哀江南赋》、《九辩》、《祭张署文》等篇仔细把玩吟诵不已，则为文时自然能够声情并茂、思路顺畅了。

点评

文章和诗词一样，不但要多看，还要多吟诵，在吟诵中感受它的声调。吟玩累积到一定的功夫，则握笔为文，亦将声情并茂而不自觉。

韩愈五言诗难领会

韩公五言诗，本难领会，尔且先于怪奇可骇处、诙谐可笑处细心领会。可骇处，如咏落叶，则曰："谓是夜气灭，望舒陨其圆。"咏作文，则曰："蛟龙弄角牙，造次欲手揽。"可笑处，如咏登科，则曰："侪辈妒且热，喘如竹筒吹。"咏苦寒，则曰："羲和送日出，恇怯频窥觇。"从此等起用心，可以长才力，亦可添风趣。

译文

韩愈的五言诗，本来就难以领会，你暂且先从那些奇奇怪怪令人害怕的地方、诙谐可笑的地方细心领会。令人害怕的地方，比如咏落叶，则说："谓是夜气灭，望舒陨其圆。"如咏做文章，则说："蛟龙弄角牙，造次欲手揽。"可笑的地方，比如咏登科，则说："侪辈妒且热，喘如竹筒吹。"咏苦寒，则说："羲和送日出，恇怯频窥觇。"你从这些地方用心，可以增长才华，也可以增添风趣。

点评

韩愈为文为诗，主张务去陈言，戛戛独造，所以他的诗文无论用意还是遣词，都力求标新立异，造成的结果，是有些作品不好领会。韩愈在这种文学主张指导下，写过许多好诗文，但有时过头了，则晦涩难读，也不是好事。只是因为他才大名大，又身处文坛领袖的地位，当时人不好批评而已。对于他刻意求奇求怪而不好诵读的那些诗文，后人其实也没有必要过于维护。

欲以戴钱训诂发为班张文章

余尝怪国朝大儒，如戴东原、钱辛楣、段懋堂、王怀祖诸老，其小学训诂，实能超越近古，直逼汉唐，而文章不能追寻古人深处，达于本而阂于末，知其一而昧其二，颇所不解。私窃有志，欲以戴、钱、段、王之训诂，发为班、张、左、郭之文章（晋人左思、郭璞小学最深，文章亦逼两汉，潘、陆不及也）。

译文

我曾经对本朝的大学问家感到奇怪，比如戴震、钱大昕、段玉裁、王念孙等老前辈，他们小学训诂上的成就，实在能超越近几百年的前人，直到逼近汉唐，但文章却不能追赶古人的深远，通达学问的根本而隔于末枝，知其一而不知其二，颇为不好理解。我私下立定志向，想以戴、钱、段、王的训诂为基础，进而写出班固、张衡、左思、郭璞那样的文章（晋代人左思、郭璞的小学最为深厚，文章又逼近两汉人，潘岳、陆机比不上）。

点评

曾氏这个宏愿，终其一生并未实现，当然可以说是军旅或是簿书影响了他。笔者想，倘若他毕生呆在书斋治学为文，也未见得能实现。这原因便是笔者在前面评点中所说过的，文字学和诗词文赋分属两个学科，在文明发展史上的早期，容易产生百科全书式的大师，越到后来，学科越发达，就越难有跨学科的大师。曾氏的时代，乾嘉学派已把小学训诂推到难以企及的高度，一个学人终其一生勤奋努力，能跻身这个高度已非常之不易；桐城文派也把文章做得令人叹为观止，要做出超越桐城诸老的文章也很难。这两者，都要耗尽人的毕生心血，而要想兼顾，岂非难上加难？

韩文与汉赋《诗经》相近

当专心壹志，以精确之训诂作古茂之文章，由班、张、左、郭，上而扬、马，而《庄》、《骚》，而《六经》，靡不息息相通；下而潘、陆，而任、沈，而江、鲍、徐、庾，则词愈杂，气愈薄，而训诂之道衰矣。至韩昌黎出，乃由班、张、扬、马而上跻《六经》，其训诂亦甚精当。试观《南海神庙碑》、《送郑尚书序》诸篇，则知韩文实与汉赋相近。又观《祭张署文》、《平淮西碑》诸篇，则知韩文实与《诗经》相近。近世学韩文者，皆不知其与扬、马、班、张一鼻孔出气，能参透此中消息，则几矣。

译文

应当专心专意，以精确的训诂做古茂的文章，由班固、张衡、左思、郭璞，上溯而达扬雄、司马相如，而达《庄子》、《离骚》，而达《六经》，没有不息息相通的；往下延伸而到潘岳、陆机，而到任昉、沈约，而到江淹、鲍照、徐陵、庾信，则文词愈杂乱，气势愈薄弱，从训诂方面来说，则是衰替了。到了韩愈出来，才由班固、张衡、扬雄、司马相如而上溯到《六经》，他的训诂方面的学问也很精当。不妨看看《南海神庙碑》、《送郑尚书序》等篇章，则知道韩文实在与汉赋相近。再看《祭张署文》、《平淮西碑》等篇章，则知韩文实在与《诗经》接近。近世学韩文的，都不知道他与扬、马、班、张一鼻孔出气，若能参透这中间的机奥，则差不多了。

点评

曾氏推崇韩愈，认为韩文越过魏晋六朝而与汉赋相近，并与《诗经》接近。这位起八代之衰的韩文公，九泉之下当有知音之叹。

气势、识度、情韵、趣味

有气则有势，有识则有度，有情则有韵，有趣则有味。古人绝好文字，大约于此四者之中，必有一长。

译文

有气则有势，有识则有度，有情则有韵，有趣则有味。古人的极好文章，大约在这四点中，必有一点所长。

点评

曾氏将前人的好文章拿来研究，发现其中有四种元素：一为气势，一为识度，一为情韵，一为趣味。他将此四种元素称为四象，只要具备一象，便是好文；若能超过一象，自然更好。

陶诗之识度

纪泽于陶诗之识度不能领会，试取《饮酒》二十首、《拟古》九首、《归田园居》五首、《咏贫士》七首等篇，反复读之，若能窥其胸襟之广大，寄托之遥深，则知此公于圣贤豪杰，皆已升堂入室。

译文

纪泽对于陶潜诗的识度不能领会，试把《饮酒》二十首、《拟古》九首、《归田园居》五首、《咏贫士》七首反复阅读，若能看出他的胸襟的广大，寄托的深远，则知陶潜对于圣贤豪杰来说，都已属升堂入室了。

点评

所谓识度，即见识器度，指作品所表现出来的旨意和作者的襟怀。曾氏认为陶渊明的见识器度，已可与古时的圣贤豪杰相比美。

少年文字总贵气象峥嵘

问有一专长，是否须兼三者乃为合作。此则断断不能。韩无阴柔之美，欧无阳刚之美，况于他人而能兼之？凡言兼众长者，皆其一无所长者也。鸿儿言此表范围曲成，横竖相合，足见善于领会。至于纯熟文字极力揣摩，固属切实工夫，然少年文字，总贵气象峥嵘。东坡所谓蓬蓬勃勃，如釜上气。古文如贾谊《治安策》、贾山《至言》、太史公《报任安书》、韩退之《原道》、柳子厚《封建论》、苏东坡《上神宗书》，时文如黄陶庵、吕晚村、袁简斋、曹寅谷，墨卷如《墨选观止》、《乡墨选锐》中所选两排三叠之文，皆有最盛之气势。尔当兼在气上用功，无徒在揣摩上用功，大约偶句多，单句少，段落多，分股少，莫拘场屋之格式，短或三五百字，长或八九百字、千余字皆无不可，虽系《四书》题，或用后世之史事，或论目今之时务，亦无不可。总须将气势展得开，笔仗使得强，乃不至于束缚拘滞，愈紧愈呆。

译文

问有一项专长，是否必须兼备其他三项一起合作。这是断然不可能的。韩愈没有阴柔美，欧阳修没有阳刚美，何况对于其他人来说能兼备吗？凡是说兼备众长的，都是因为他没有一项专长。纪鸿儿说这个表效法阴阳而随机应变，横直都能相合，足见善于领会。至于将文字炼得纯熟，竭力去揣摩文章深意，固然属于切切实实的工夫，但少年人写作文章，总还是以气象峥嵘为可贵，好比苏东坡所说的那种蓬蓬勃勃，如同锅上的热气似的。古人文章中如贾谊的《治安策》、贾山的《至言》、司马迁的《报任安书》、韩愈的《原道》、柳宗元的《封建论》、苏东坡的《上神宗书》，现时的文章中如黄陶庵、吕晚村、袁简斋、曹寅谷，科场中的文章如《墨选观止》、《乡墨选锐》中所选的两排三叠之文，都有最旺盛的气势。你应当兼顾在气势上用功，不要徒徒在揣摩上用功夫。大约排偶句多，单个句少，段落多，分股少，不要拘泥于科场考试的格式，短或三五百字，长或八九百字、千多字都无不可，即便是从《四书》上取题，或者用后世的史事，或论当今的时务，也无不可。总须得将气势展得开，笔力用得强，才不至于拘束板滞，弄得越紧越呆。

点评

因为曾氏提出气势、识度、情韵、趣味四象之说，又以太阳、少阳、太阴、少阴配之，并列表予以说明，两个儿子便就此向父亲提问谈体会。大儿纪泽问，有一象之长，是否还须其他三象配合，才能写出好文章。小儿纪鸿则说列表说明四象，当领会其中相通之内蕴，不要呆板割裂。曾氏表扬小儿善于从整体和本质上看事物的智慧，又针对大儿的问题给予明确回答。一句"少年文字总贵气象峥嵘"，当视为此段文字中的精警之句。

气势最难能可贵

四象表中，惟气势之属太阳者，最难能而可贵。古来文人，虽偏于彼三者，而无不在气势上痛下工夫。

译文

四象表中，惟属于太阳类的气势最为难能可贵，自古来文人，即便偏于另外三者的，也无不在气势下痛下功夫。

点评

对于气势这一点，曾氏反复强调，这固然有他自己偏爱的成分在内，但也的确是好文章的一个极重要因素。

养得生机盎然

近年在军中阅书，稍觉有恒，然已晚矣。故望尔等于少壮时即从有恒二字，痛下工夫，然须有情韵趣味，养得生机盎然，乃可历久不衰。若拘苦疲困，则不能真有恒也。

译文

近年在军营中读书，稍微觉得有恒心，但已经晚了，故而希望你们在少壮时就要从有恒两个字上痛下功夫，但也必须要有情韵趣味，培养出生机盎然的心态，才可历久不衰，若是拘束苦恼，身心疲困，则不可能真正做到有恒。

点评

曾氏虽极为重视读书作文，但他更重视读书作文时的愉悦心情。他不提倡苦读，他认为读书是件快乐的事，故而他说趣味，说生机盎然，把读书比作春雨之润花、清渠之溉稻，比作鱼在水中之游泳。曾氏是个理学家，人们以为凡理学家就一概古板少情趣，其实这是一个错误的认识。理学家的鼻祖程朱，都要学生们像鱼跃于渊似的活泼泼地生活着。曾氏常教二子游山玩水莳花种竹，可见理学家也并不成天正襟危坐论道讲学。

古帖不易学

尔学柳帖《琅琊碑》，效其骨力则失其结构，有其开张则无其挽搏。古帖本不易学，然尔学之尚不过旬日，焉能众美毕备，收效如此神速？余昔学柳、颜帖，临摹动辄数百纸，犹且一无所似。余四十以前，在京所作之字，骨力间架皆无可观，余自愧而自恶之。四十八岁以后，习李北海《岳麓寺碑》，略有进境，然业历八年之久，临摹已过千纸。

译文

你学习柳公权《琅琊碑》帖，效法它的骨力则失去它的结构，有它的开张则没有它的紧凑跳跃。古帖本来不易学，但你学它还不过十天，怎么能够各种好处都学到，收效哪有这等神速？我过去学柳帖颜帖，临摹动辄几百张纸，尚且没有一处地方像。我四十岁以前在京师所写的字，骨力结构都无可看处，我自愧而自我厌弃。四十八岁以后练习李邕《岳麓寺碑》，略有点长进，但这是经历八年之久，临摹已超过一千张纸。

点评

从这段话中可知曾氏书法的背景：早年习颜柳体，中年后习北海体。

打得通的便是好汉

余于凡事皆用困知勉行功夫，尔不可求名太骤，求效太捷也。以后每日习柳字百个，单日以生纸临之，双日以油纸摹之。临帖宜徐，摹帖宜疾，专学其开张处，数月之后，手愈拙，字愈丑，意兴愈低，所谓困也。困时切莫间断，熬过此关，便可少进。再进再困，再熬再奋，自有亨通精进之日。不特习字，凡事皆有极困难之时，打得通的，便是好汉。

译文

我对于每件事都用困知勉行的功夫，你不可求名太骤然，求效太快捷。以后每天练习柳体字一百个，逢单日以生纸临摹，逢双日以油纸临摹。临帖宜慢，摹帖宜快，专学它的开张处。几个月以后，手愈笨拙，字愈丑陋，兴趣愈低落，这就是所说的困。困时切不要间断，熬过这一关，便可以少许进步。再进一步便会遇到再困，再困时再熬，于是便可再奋进，自然有亨通精进的一天。不只是练习字，凡事都有极困难的时候，打得通的，便是好汉。

点评

曾氏这段话好极了！好在他以自身的习字经历真实地写出困知勉行的体会，

最后得出"打得通的便是好汉"的结论，通俗而形象地道出人生奋斗的真谛。

字要写得秀

凡作字，总要写得秀。学颜、柳，学其秀而能雄；学赵、董，恐秀而失之弱耳。尔并非下等资质，特从前无善讲善诱之师，近来又颇有好高好速之弊，若求长进，须勿忘而兼以勿助，乃不至走入荆棘耳。

译文

凡写字，总要写得秀丽，学颜、柳，学它的秀丽能得到雄壮，学赵（孟頫）、董（其昌），则担心学到它的秀丽而会失在柔弱上。你并不是下等资质，只是从前没有善于讲解善于引导的老师，近来又略有好高好速的毛病，若要求得长进，必须勿缺乏耐心而又不要拔苗助长，才不至于走入误途。

点评

这是曾氏同治五年二月十八日，写给次子纪鸿的信。

中国旧时读书人，于字看得很重。曾家亦如此。曾氏曾经对他的长子纪泽说过："我先大夫竹亭公少学赵书，秀骨天成。我兄第五人于字皆下苦功，沅叔天分尤高。"对两个儿子的写字，曾氏督促甚严，其家书中也有不少篇幅涉及到如何写好字的事。纪泽也因此成为颇有名气的书法家。纪鸿的书法作品传世不多，名气不如其兄。从信中可知曾氏欣赏秀而雄的字，而要做到秀而雄，则宜学颜体和柳体。

唐文不必多读

唐诗固宜专读，唐文除韩、柳、李、孙外，几无一不四六者，亦可不必多读。

译文

唐诗固然宜专门读，唐文除韩愈、柳宗元、李翱、孙樵外，几乎没有一篇不是四六骈体，也可不必多读。

点评

与唐诗相比，唐文精彩者的确不多。唐宋八大家，唐只占其二，远不如宋。

由唐宋八家变为唐宋十家

唐文李、孙二家，系指李翱、孙樵。八家始于唐荆川之文编，至茅鹿门而其名大定，至储欣同人而添孙、李两家，御选《唐宋文醇》，亦从储而增为十家。以全唐皆尚骈俪之文，故韩、柳、李、孙四人之不骈者为可贵耳。

译文

唐代文章中李、孙二家，指的是李翱、孙樵。八家之称，始于唐顺之的文编，到茅坤时这个名称完全固定下来了，到储欣（字同人）手里增添孙樵、李翱二家，乾隆御选《唐宋文醇》，也是依从储欣之说而增为十家。因为整个唐代都崇尚骈俪文体，故韩、柳、李、孙四个不为骈文的人是难能可贵的。

点评

《唐宋文醇》虽为御选，却不及《唐宋八大家文钞》影响大，李翱、孙樵的大家身份也最终不为文学史所认定。文章千古事，自有后人评，非权势所能左右也。

思路宏开

作文以思路宏开为必发之品。意义层出不穷，宏开之谓也。

译文

做文章，以思路宽阔开张者为必定发达的作品。意义能层出不穷，这就是宽阔开张的意思。

点评

此话说到为文的极紧要之点，可谓这位湘乡文派祖师爷的骊珠，读者诸君宜仔细咀嚼。

判定大家的标准

凡大家名家之作，必有一种面貌，一种神态，与他人迥不相同。譬之书家，羲、献、欧、虞、褚、李、颜、柳一点一画，其面貌既截然不同，其神气亦全无似处。本朝张得天、何义门虽称书家，而未能尽变古人之貌，故必如刘石庵之貌异神异，乃可推为大家。诗文亦然，若非其貌其神迥绝群伦，不足以当大家之目。渠既迥绝群伦矣，而后人读之，不能辨识其貌，领取其神，是读者之见解未到，非作者之咎也。读古文、古诗，惟当先认其貌，后观其神，久之自能分别蹊径。今人动指某人学某家，大抵多道听途说、扪樾扪烛之类，不足信也。君子贵于自知，不必随众口附和也。

译文

凡大家名家的作品，必定有一种面貌一种神态，与别人完全不相同。比如书法家，王羲之、王献之、欧阳询、虞世南、褚遂良、李邕、颜真卿、柳公权等人的一点一画，面貌固然彼此截然不同，神气也全无相似之处。本朝张照、何焯虽然号称书法家，但未能完全改变古人的面貌，所以必须像刘墉那样面貌不同神气不同，才可以推为大家。诗文也是这样。若不是面貌神气远远超过一般人，不足以称之为大家。他已经是远远超越一般人了，但后人读他的字，不能辨识他的面貌，领会他的精神，这是读的人见解未达到，并不是作字者的过错。阅读古文古诗，惟有先认识它的面貌，后看出它的精神，久而久之自然能分别出门路。今人动辄指某人学某家，大多属于道听途说、扪樾扪烛之类，不值得相信。君子可贵之处在于自知，不必要附合众人之说。

点评

曾氏提出判定诗文书法大家的标准，即面貌神态均要迥绝群伦。这是深得艺术鉴赏三昧之言。曾氏能有这样的认识，固然得益于他的见识，也得益于他的亲身经历，无论于诗文还是于书法，他都用功甚勤。

虽南面王不以易其乐

凡诗文趣味，约有二种，一曰诙谐之趣，一曰闲适之趣。诙谐之趣，惟庄、柳之文，苏、黄之诗，韩公诗文，皆极诙谐，此外实不多见。闲适之趣，文惟柳子厚游记近之，诗则韦、孟、白傅，均极闲适。而余所好者，尤在陶之五古、杜之五律、陆之七绝，以为人生具此高淡襟怀，虽南面王不以易其乐也；但不可走入孤僻一路耳。

译文

凡诗文的趣味，大约有两方面，一叫做诙谐之趣，一叫做闲适之趣。诙谐之趣，惟有庄子、柳宗元的文章，苏轼、黄庭坚的诗，韩愈的诗文，都极为诙谐，此外实在不多见。闲适之趣，文章则只有柳宗元的游记相近，诗则韦庄、孟浩然、白居易，都极为闲适。而我所喜好的，尤其是陶潜的五古、杜甫之五律、陆游的七绝，认为人生具备这样高远淡泊的胸襟，其快乐即便是拿南面称王来交换也不给；当然，也不要走入孤僻一路上去。

点评

曾氏常说胸襟二字。他说人生办事，第一仗的是胸襟。此处又说若能有高淡的胸襟，其乐要超过南面为王。曾氏对人之胸襟的这种认识，值得重视。

以困勉之功志大人之学

学问之事，以日知月无亡为吃紧语；文章之事，以读书多积理富为要。读书立志，须以困勉之功志大人之学。

译文

学问方面，以每天获得新知每月不忘记已得到的知识为要紧的话；文章方面，以读书多积累的道理丰富为要点。读书立志，必须要有困知勉行的功夫来记住大人先生的学问。

点评

从这段起一直到"雷霆郊送韩瓶砚"一段，都抄自曾氏日记。这段话改用浅白的语言表述，即求学在于获取新知不忘旧知，写文章在于要有自己的思想，读书则要知难而进。日知月无忘，是"日知其所亡"、"月无忘所能"的缩写。这两句话均出自《论语》。道光二十二年底，曾氏在给诸弟的信中，附了一张自己在京师的每日课程表，其中便有这两项。

唐鉴所教种种

至镜海先生处，问检身之要，读书之法。先生言当以《朱子全书》为宗。时余新买此书，问及。因道此书最宜熟读，即以为课程，身体力行，不宜视为浏览之书。又言治经宜专一经，一经果能通，则诸经可旁及。若遽求兼精，则万不能通一经。先生自言生平最喜读《易》，又言为学只有三门，曰义理，曰考核，曰文章。考核之事，多求粗而遗精，管窥而蠡测；文章之事，非精于义理者不能至；至经济之学，即在义理内。又问经济宜何如审端致力。答曰经济不外看史，古人已然之迹，法戒昭然，历代典章，不外乎此。又言近时河南倭艮峰（仁）前辈，用功最笃，每日自朝至寝，一言一动，坐作饮食，皆有札记，或心有私欲不克，外有不及检者皆记出。先生尝教之曰，不是将此心别借他心来把捉才提醒，便是闭邪存诚。又言检摄于外，只有整齐严肃四字；持守于内，只有主一无适四字。又言诗文词曲，皆可不必用功，诚能用力于义理之学，彼小技亦非所难。又言第一要戒欺，万不可掩着云云。听之，昭然若发蒙也。

译文

到唐镜海先生处，向他请教督察自身的要点及读书的方法。先生说应当以《朱子全书》作为指导。此时我刚新买进这套书，于是问到这本书的读法。先生因而说，此书最适宜熟读，也就是说以它作为课本，并且要切实照它所说的去做，不应看作泛览的书籍。又说，钻研经书，适宜专攻一经，一经果然通晓，则其他经书可以旁及。若想很快都精，则绝不能通晓一经。先生说自己平生最喜欢读《易经》。又说学问只有三门，叫做义理，叫做考核，叫做文章。考核这门学问，多追求粗浅而丢掉精奥，如同从管中窥物以蠡测海。文章这门学问，不精于义理则不能做好。至于经济之学，则在义理这门学问之中。又请教经济之学如何找出头绪而用功。先生回答，求经济之学不外乎读史，古人已历经过的事，像法规戒律似的明明白白地摆在那里，历代的典章，没有不在那里记载着。又说近时倭仁（字艮峰）前辈，用功最踏实，每天自早起到睡觉，一句话，一个动作，坐着站起喝水吃饭都有札记，或是心中有私欲不能克服，对外有不检点之处，都记下来。先生曾教他说，不是从他处借别人的心来把握提醒自己的心，这才算作关闭邪念保存诚意。又说对外的检束，只有整齐严肃这四个字；内心的持守，只有主一无适这四个字。又说诗文词曲，都可不必用功，果真能用功于义理之学，那些小技巧也就不难获得。又说第一要戒除欺蒙，万万不可掩着藏着，等等。听了这些教导，心中的明白有如得到启蒙似的。

点评

道光二十一年（1841）初秋，进京一年多年届三十的曾氏，在朋友们的引导下，拜太常寺卿唐鉴为师。唐鉴字镜海，湖南善化人，以研究程朱理学闻名海内。在唐鉴的指点下，曾氏开始以《朱子全书》作为人身修炼的功课，检束身心，规范言行。这段话出自道光二十一年七月十四日的日记。记载的是唐鉴对他的指点。从这段话中可以看出，唐鉴启发曾氏有如下几点：按《朱子全书》所教身体力行，专攻一经，致力于义理之学，以日记来自我监督，持身严谨端凝、诚实不欺，等等。翰林院的七八年中，曾氏大体上遵循唐鉴所教，努力以圣贤为榜样陶铸自我。这一段岁月，对曾氏一生的事业影响甚大。

研几工夫最要紧

倭艮峰前辈先生言：研几工夫最要紧，颜子之有不善，未尝不知，是研几也。周子曰几善恶，《中庸》曰潜虽伏矣，亦孔之昭，刘念台先生曰卜动念以知几，皆谓此也。失此不察，则心放而难收矣。又曰人心善恶之几，与国家治乱之几相通。

译文

倭艮峰前辈先生说：研究几微这个功夫最为要紧，颜回对于自己任何不妥当之处，没有不知道的，这就是研究几微。周敦颐说在几微中看善与恶，《中庸》

说潜在的东西虽然埋在下面很深，也要让它彰显出来，刘念台先生说据行为念头来察测几微，都是说的这点。丢掉它而不察识，那么心就放肆而难以收束了。又说人心善与恶的几微，与国家治与乱的几微相通。

点评

唐鉴教弟子们关注几微、重视几微，对他的这个教导实行得最好的是倭仁。倭仁字艮峰，蒙古人，进士出身，官至大学士。倭仁是一个虔诚的理学信徒，治身甚严，但他的思想僵化，在后来的洋务派与顽固派的争论中，他成为顽固派的首领。倭仁比曾氏年长七岁，是曾氏的翰苑前辈，曾氏对他很尊敬。

好问好察

诸生呈缴工课，余教以诚、勤、廉、明四字，而勤字之要，但在好问好察两事，反复开导。

译文

学生们送上作业簿，我以诚、勤、廉、明四个字教导他们，而特别指出勤字的要点，在喜欢提问和喜欢观察两件事上，反复对他们予以开导。

点评

将空泛化为具体，是曾氏施教的一个特点。此处他将勤具体化为好问、好察两事，便是一例。

艰苦得来方可久可大

夏弢甫言："朱子之学，得之艰苦，所以为百世之师。"二语深有感于余心。天下事未有不从艰苦中得来，而可久可大者也。

译文

夏弢甫说："朱熹的学问，是从艰苦中得来，所以能为百代师表。"这两句话，让我的心深有感触。天下事没有不从艰苦中得来，而能够长久能够宏大的。

能够轻易办成的事，大家都可办到，这种事则不足为奇，惟有不易办成的事才为世所重。

认真教九弟

夜归，与九弟言读书事。九弟悔从前读得不好。若再不认真教他，愈不能有成矣。余体虽虚弱，此后自己工夫尚可抛弃，万不可不教弟读书也。

夜晚回家，与九弟谈读书事。九弟后悔从前书读得不好。若再不认真教导他，愈加不能有成就。我身体虽然虚弱，以后自己的一些事可以抛弃，万万不可不指导弟弟读书。

曾氏在道光二十年（1840）正月进京，四月，散馆留翰林院。同年十二月，欧阳夫人及儿子纪泽由曾氏父亲曾麟书护送来北京，同行者还有他的九弟曾国荃。曾国荃此时年仅十七岁，心气很高却又不肯下苦功夫读书。曾麟书带他进京的目的，是想让他跟随大哥认真读书。曾麟书在京师住了三个多月后回湖南老家，老九留在大哥家。曾氏尽兄长之责，悉心指导九弟。但老九并未能全心全意读书，且在京师与哥嫂颇为不睦，在京师住了一年七个月后，终于在道光二十二年七月离京回湘。

怠慢及相恃过深与刻薄

岱云来久谈，彼此相劝以善。予言皆己所未能而责人者。岱云言余第一要戒慢字，谓我无处不着怠慢之气，真切中膏肓也。又言予于朋友每相恃过深，不知量而后入，随处不留分寸，卒至小者龃龉，大者凶隙，不可不慎。又言我处事不患不精明，患太刻薄，须步步留心。此三言者，皆药石也。直哉！

译文

陈岱云来家，谈话很久，彼此以善相劝勉。我所说的，都是自己没有做到而只是要求别人做到的话。岱云说我第一要戒除慢字，说我随时随地都有怠慢别人的模样，真正打中我的心窝。又说我对于朋友，每每依靠得太厉害，不知慎重估量而后进入，随处都不预留空余，最后弄得轻则不融洽，重则结怨，不可以不谨慎。又说我办事不怕不精明，怕的是太刻薄，必须每一步都留心。此三句话，都是良药。岱云真是个直爽的良友。

点评

陈源兖指出曾氏的三个缺点：对人怠慢，与朋友相交不知保留距离，处事刻薄。陈固然是直友，但也要曾氏有容言之量。衡之今世，像陈曾这样彼此以诚相待的朋友，怕是越来越少了。

据德依仁，静心养气

果能据德依仁，即使游心于诗字杂艺，亦无在不可静心养气。我作诗之时，只是要压倒他人，要取名誉，此岂复有为己之志？

译文

果然能依据道德仁爱，即便是将心用在诗与字这些杂艺上，也无处不可以静心养气。我作诗的时候，只是想到要压倒别人，博取名誉，这哪里还有提高自我的志向呢？

点评

细细体味这段话，可知名利势位等等皆与静心养气有冲突。曾氏一生，其内心深处就是不断地在这二者之间周旋：他既希望获得名利地位，又想静心养气，他在努力寻找一个平衡点。这种寻找对后人的启示性是非常有益的。人生在世，不可能不求名利地位，也不能不求心气安宁平顺，如何将二者统一起来？在这一点上，很能体现一个人生存技巧的高低。

喜誉恶毁即患得患失

凡喜誉恶毁之心，即鄙夫患得患失之心也。于此关打不破，则一切学问才智，适足以欺世盗名。

译文

凡喜欢称誉厌恶诋毁的心思，也就是鄙陋人的患得患失之心，在这一关上打不破，则一切学问才智，只是用来欺世盗名。

点评

这一段话出自道光二十二年（1842）十月的日记。此时的曾氏，修炼热情高涨，对自己的要求标准定得很高。喜誉恶毁、患得患失，这是人的通病。将这个通病提到欺世盗名的高度，显然有点苛刻。

言物行恒乃诚身之道

言物行恒，诚身之道也，万化基于此矣。余病根在无恒，故家内琐事，今日立条例，明日仍散漫，下人无常规可循。将来莅众，必不能信，作事必不能成。戒之！

译文

言之有物行之有恒，是以诚立身的准则，万般教化都立足于此。我的病根在无恒，所以家中琐事，今天立下条例，明天依旧散漫，下人没有固定的规章可循。将来管理众人，必然不能获取信任，做事必然不能成功。要切戒！

点评

莅众，即离开翰苑去做办实事的官，或调中央各部院，或调地方任府道督抚。这是翰林们所巴望的，也是曾氏所盼望的。

心不静故不专一

数日心沾滞于诗，总由心不静，故不专一，当力求主一之法。诚能主一，养得心静气恬，到天机活泼之时，即作诗亦自无妨。我今尚未也，徒以浮躁之故，故一日之间，情志屡迁耳。

译文

几天来心里一直被诗所缠住，都是因为心不静，所以不能专一，应当努力寻求以一主持的办法。真正能做到以一主持，将心气培养得恬静，直到心灵活泼的时候，即便是作诗，也不妨碍修炼。我现在尚未做到这点，只因浮躁的缘故，弄得一日之间情绪上屡次波动。

点评

做诗与养心，其实并不矛盾，之所以矛盾起来，是浮躁在作怪。这一点，曾氏看对了。

立志改过

吾齿长矣，而诗书六艺，一无所识。志不立，过不改，欲求无忝所生，难矣。

译文

我的年岁在增长，而诗书六艺方面的学识才干一无所有。志向不树立，过错不改正，想要求得无愧人生，难啊！

点评

读者可从中感受到一种强烈的时不我待的志士情怀。

须从心正气顺上体验

日内不敬不静，常致劳乏。以后须从心正气顺四字上体验。每日游思，多半是要人说好。为人好名，可耻！而好名之意，又自谓比他人高一层，此名心之症结于隐微者深也。

译文

这些天不能做到敬与静，以致常常感到劳累疲乏，以后必须从心正气顺四个字上去体验。每天游走思虑，多半是想得到别人说的好话。做人而好名，可耻！而且好名的心思，又自认为比别人高出一层，这说明好名之病症已很深地存于隐微处。

点评

曾氏此段话，颇有点今人所谓的从思想深处挖根子的味道。曾氏认为，自己以谈修身、谈学问、读诗文来博取名声，看似比别人要高出一筹，其实本质上仍是沽名钓誉。当然，曾氏说归说，做还是不停地在做，这是因为他身处名利场中，要彻底摆脱，是根本不可能的。但有这种认识，可使头脑多少清醒一点。

惜分阴

岱云每日工夫甚多而严，可谓惜分阴者，予则玩世不振。

译文

陈岱云每天用工很多而且严格，可谓爱惜分阴的人，而我则疲沓不振作。

点评

对照陈源兖，曾氏认为自己玩世不振。玩世两个字，固然有点过头，但用重锤敲敲，也不无好处。在这一天的日记中，曾氏立誓戒烟，并当即毁折烟袋，表示永远不再吃烟的决心。此事他后来做到了。

不改过何必写日记

日来自治愈疏矣，绝无瑟侗之意，何贵有此日课之册，看来只是好名。好作诗，名心也。写此册而不日日改过，则此册直盗名之具也，亦既不克痛澌旧习，何必写此册？

译文

近日来自治是愈来愈疏忽了，绝对没有一点庄严宽大的心意。如此，每日所记的日记有什么可贵的！看来只是好名。好作诗，是好名之心。写日记但又不天天改过，则这样的日记是盗名的工具，既然不能痛改前非，何必要写日记呢？

点评

倭仁在看了曾氏这段日记后，批了两句话："既知名心为累，当如大敌克之。"

静字工夫最要紧

唐先生言最是静字工夫要紧。大程夫子是三代后圣人，亦是静字工夫足。王文成亦是静字有工夫，所以他能不动心。若不静，省身也不密，见理也不明，都是浮的，总是要静。又曰凡人皆有切身之病，刚恶，柔恶，各有所偏，溺焉既深，动辄发见，须自己体察所溺之病，终身在此处克治。余比告先生，谓素有忿狠，不顾气习，偏于刚恶，既而自究所病，只是好动不好静。先生两言，盖对症下药也。务当力求主静，如使神明如日之升，即此以求其继继续续者，即所谓缉熙也。知此而不行，真暴弃矣，真小人矣！

译文

唐先生说静字工夫最为要紧，程颢老夫子是三代之后的圣人，也是静字工夫很完足。王阳明先生也是在静字上有工夫，所以他能够做到不动心。若是不静，反省自身也不能缜密，分析事理也不能明白，都是浮泛的，总而言之是要静。又说所有人都有自身毛病，或在刚上的病，或在柔上的病，各人有所偏向，沉溺其中既深，一旦发现，需要自己体察所沉溺的毛病，终身在这点上予以克服疗治。我当即告诉先生，说自己一贯来怀有忿狠之气，不顾风气习俗，性格上偏于刚激，后来自己追究所患的毛病，只是喜好躁动而不能安静。先生这两句话，都是对症下的药。务必要力求以静为主持，倘若能够使精神思虑如同初升的朝日，则将这种状态继续不断地保持，也就是所说的光明爽朗。知道这个道理而不力行，那就是真正的自暴自弃，真正的小人！

点评

在这段日记的天头上，倭仁批道："心静则体察精，克治亦省力。若一向东驰西骛，有溺焉而不知，知而无如何者矣。"静这个字，不但程朱理学强调，老庄和禅家更为重视。我们常说当今社会浮躁，其源便在人心不安静。

皆从好名心发出

岱云欲观余《馈贫粮》本，予以雕虫琐琐深闭固拒，不欲与之观。一时掩着之情，自文固陋之情，巧言令色，种种丛集，皆从好名心发出，盖此中根株深矣。

译文

陈岱云想看我的《馈贫粮》册子，我以这不过是琐琐碎碎的雕虫小技坚决予以拒绝，不想给他看。当时那种掩掩藏藏的神态，那种自我掩饰的神态，巧言令色，种种神情都汇集，都是从好名之心发出，这是因为这中间的根源很深了。

点评

道光二十一二年间，曾氏一面严格以程朱理学修身，一面发奋读书求学，他在每天记日记的同时，还为自己增加两个笔记本，一本名曰《茶余偶谈》，一本名曰《馈贫粮》。可惜这两种笔记本都未传下来。从命名来分析，前者大约记的是师友同寅之间某些值得记下来的闲聊内容，后者大约是对阅读与思考中某些知识和启示的记载。曾氏检查自己不愿将《馈粮贫》示人，其内心深处的原因是担心所记的内容对他的名声有所影响。他自责这种好名之心不对。

相见必敬，开口必诚

凡往日游戏随和之处，不能遽立崖岸，惟当往还渐稀，相见必敬，渐改征逐之习。平日辨论夸诞之人，不能遽变聋哑，惟当谈论渐低卑，开口必诚，力去狂妄之习。

译文

凡是往日与人游戏及随便相处的场合，不能够立即便制定规则，惟有采取交往逐渐减少，见面时必须以恭敬的态度，慢慢改变过去征逐之习。平日间那些喜欢辨论说话夸张放肆的人，不能够令他们立即变成聋哑，惟有在谈话之际自己的言论渐渐变为谦卑，开口说话必定出以诚实，竭力去掉狂妄的旧习。

点评

曾氏检点自己与人交往上的毛病，一是往还过密，一是口没遮拦。这两个毛病是朋友圈中都存在的，可谓互为影响。曾氏认为，不能要别人如何如何，但可以对自我有所要求，这要求便是以敬、诚之态与朋友相处。

盗得令誉

朱廉甫前辈偕蕙西来，二君皆直谅多闻者。廉甫前辈之枉过，说欲引予为同志，谓可与适道也。岂知予绝无改过之实，徒有不怍之言，竟尔盗得令闻，非穿窬而何？

译文

朱廉甫老先生与邵蕙西来访，两位都是正直爽快又见多识广的人。廉甫老先生委屈自己来拜访，说想引我为同志，认为我可与他同道。哪里知道我绝没有改过的实绩，只有不感到惭愧的言论，竟然盗得令誉，不是偷窃行为又是什么呢？

点评

曾氏的修身，让他获得美誉，引来他所尊敬的前辈主动来家拜访。他认为自己是名不符实，这种荣誉好比是偷来的。自责虽近苛刻，却远比沾沾自喜为好。

昨死今生

自立志自新以来，至今五十余日，未曾改得一过，此后直须彻底荡涤，一丝不放松。从前种种，譬如昨日死；以后种种，譬如今日生，务使息息静极，使此生意不息。

译文

自立志自新以来到如今已经五十多天，没有改正一个过错，从此以后必须彻底将过错消除干净，一丝不放松。从前的种种不是，好比在昨天已经死掉；以后种种优长，好比今天生发，务必使自己气息极端安静，使自己的生机不消退。

点评

曾氏自号涤生，即源于此：荡涤过失，获得新生。

自误误人

至岱云处，与之谈诗，倾筐倒箧，言无不尽，至子初方归。此时自谓与人甚忠，殊不知已认贼作子矣。日内耽著诗文，不从戒惧谨独上切实用功，已自误矣，更以之误人乎？

译文

到陈岱云那里，与他谈诗，倾尽胸中所有，言无不尽，直到子时初才回家。此时自己以为与人相交甚为忠诚，岂不知已经是认贼为子了。近日内沉溺诗文，不从戒惧慎独这些修身上去切切实实地用功，已经是自误了，何况更以它来误别人呢？

点评

在理学家眼中，只有修身才是正务，诗文只是末技。曾氏与友人谈诗畅快尽兴，自认这种交谈是掏心掏肺，方得意时却突然意识到自己已是将末技当正务了，这就是他所说的"认贼为子"。曾氏的这种瞬间觉悟，在今人看来，未免迂腐得近于荒唐，若从当时士人心态史料的角度来看，留下这则日记，又觉得弥足珍贵。

重外而轻内

冯树堂来，因约岱云来，三人畅谈小酌。二君皆有节制，惟予纵论无闲，仍不出昨夜谈议，而往复自意，自谓忠于为人，实以重外而轻内，且昧昌黎《知名箴》之训。总之每日不外乎多言，不外乎要人说好。

译文

冯树堂来访，因而约陈岱云来家，三个人一面饮酒一面畅谈。冯、陈二位说话都有节制，惟有我无休止地纵论不已，依旧没有超出昨夜的议论，而反反复复地自喜，自己以为这是以忠诚之心待人，实际上是看重外在的表现而轻视内心的修炼，而且违背韩愈《知名箴》中的训诫。总之每天不外乎说话过多，不外乎希望别人夸奖。

点评

前段话出自道光二十二年十一月二十四日的日记，这段话出自二十五日的日记。昨天才痛责自己"认贼为子"，而今天又重复"昨夜谈议"，可见积习真正难改，也可从中看出曾氏的确不是圣贤，他跟我们平常人并无两样。

惰农而笑耕耘

考试之有得失，犹岁之有丰歉也。有耕而即期大有，是贪天也，然绝不施耕耨之功，不已弃天乎？我则身为惰农，而翻笑穮蓘为多事，偾孰甚焉！

译文

考试上有得有失，好比年景有丰有歉。有了耕种便期盼大获取，是贪天之心，然而完全不耕不耨，不是抛弃老天吗？我是一个懒惰的农夫，反而讥笑耕田除草培植禾苗是多事，颠倒错乱还有比这更超过的吗？

点评

别人用功于考试，曾氏或有批评。这段话便是对此事的检点。

日蹈大恶而不知

蕙西面责予数事，一曰慢，谓交友不能久而敬也；二曰自是，谓看诗文多执己见也；三曰伪，谓对人能作几副面孔也。直哉，吾友！吾日蹈大恶而不知矣。

译文

邵蕙西当面批评我几件事，一是怠慢，说我与朋友交往不能长久，且不能庄敬；二是自以为是，说我评论诗文多固执己见；三是虚伪，说我对人有几副面孔。直爽啊，我的这个朋友！我每天犯有大恶而自己并不知道。

点评

邵蕙西能当着曾氏的面说他虚伪，的确是一个直人；曾氏能将邵的批评记在日记上，并承认批评得对，也表现出闻过则喜的雅量。如此肝胆相见的朋友，当今社会虽然也有，但可能不多。

欺人与自欺

季师意欲余致力于考试工夫，而余以身弱为辞，岂欺人哉，自欺而已。暴弃至此，尚可救药乎？

译文

季老师有意想叫我致力于考试功夫，而我以身体薄弱为由推辞。这哪里是欺骗别人，是自我欺骗而已。自暴自弃到了这般地步，还有救药吗？

点评

季师即季芝昌，系曾氏考进士时的房师。季芝昌，江苏江阴人，道光十二年（1832）探花，历任翰林院编修、学政、内阁学士、礼部侍郎、仓场侍郎、山西巡抚、军机大臣、闽浙总督等职。咸丰十年（1860）去世。曾氏终身视季为恩师。季五十岁时，曾氏为之作寿序，殁后又为其作墓志铭。

愧于竹如以知己相许

竹如言及渠生平交道，而以知己许余，且曰凡阁下所以期许下走之言，信之则足以长自是之私，辞之而又恐负相知之真。吾惟有惧以终始而已云云。予闻此数语，悚然汗下，竹如之敬我，直乃神明内敛，我何德以当之乎？日来安肆如此，何以为竹如知己？是污竹如也。

译文

吴竹如谈到他毕生的交往，将我当作知己，并且说，凡是您所说的对我的期许之言，我相信它，则增加了我自以为是的私心，辞谢它，又担心辜负你相知的一片真情。我惟有始终保持警惧心态而已，等等。我听到这几句话，悚然流下汗水。吴竹如对我的敬重，简直如同心中的神明，我有何德，可以承受呢？近日来这样安逸放纵，何以做吴竹如的知己？这是玷污了竹如。

点评

竹如乃吴廷栋之字，安徽霍山人。此时，吴在刑部任职。吴精于岐黄，常去曾宅为其家人治病，又好性理之学，两人交情颇深。吴后出任知府、按察使、布政使等职，晚年做到刑部侍郎。致仕后住南京，与时任两江总督的曾氏过往较密。曾氏去世前一个月，还去看望过吴。道光年间，与曾氏一道讲求性理之学的京师朋友，到晚年依然保持较为密切往来的朋友，仅吴一人。二人之交往，可谓全始全终。

若无所许可者

处众人中，孤零零若无所许可者。自以为人莫予知，不知在己，本一无足知也，何尤人为？

译文

处于众人之中，觉得自己孤零零的好像没有人认可。自己以为别人都不了解我，不懂得原因出在自身，本来就没有一点值得别人认可的，何必去怨别人呢？

点评

上段话讲有愧于吴竹如的期许，仅仅只隔三天，便又在日记中感叹处众人之中孤零零的，"若无所许可者"，尽管接下来是对自己这种感觉的批评，但渴望人知之心也未免太强烈了点！

不终小人之归

今年忽忽已过两月，自新之志，日以不振，愈昏愈颓，以致不如禽兽。昨夜痛自猛省，以为自今日始，当斩然更新，不终小人之归。不谓云阶招与对弈，仍不克力却。日日如此，奈何！

译文

今年不觉之间已过去两个月了，自新的志向，日日不振作，越来越昏颓，以至于连禽兽都不如。昨夜自己痛苦地猛烈反省，认为从今天开始，应当断然更新，不让自己做一个小人而了此一生。不料今日云阶招我与他下棋，依旧不能力辞。天天这样，怎么办呢？

点评

昨夜方下大决心，今日又违背，想起来的确痛苦，但这既有自身的原因，亦有客观原因。好好的朋友，无故而拂逆人家的盛情相邀，似乎也说不过去，真的是无可"奈何"！

矜心内伏

何丹畦请余为是正文字，俨然自任，盖矜心之内伏者深矣。

译文

何丹畦请我为他订正文字，我就心安理得地自任，这是由于自矜之心已潜伏很深了而不自觉的表现。

点评

于细末中作严厉自省。

戒溺心

日内沾滞于诗，明知诗文以积久勃发为佳，无取乎强索，乃思之不得，百事俱废，是所谓溺心者也，戒之。

译文

近日内被诗所缠绕，明知诗文应以积蓄长久而勃然爆发为好，不能以强索来获取，只是苦苦思索而得不到，俱事都因而废止，这就是所谓的心被沉溺，要戒除它！

点评

孔子说毋固，佛家说破执，讲的都是不要过分固执，或者说不钻牛角尖。曾氏责备自己"溺心"，其意亦在此。

切戒诗文废正务

余在军中，颇以诗文废正务，后当切戒。

译文

我身在军营中，颇有以诗文而荒废正务的现象，以后当切为警戒。

点评

咸丰二年（1852）底，曾氏奉命出山办团练，开始了他长达十余年的军旅生涯。作为文人，虽然身处军营，但仍不忘对诗文的喜爱，于是免不了对军务有些影响。军务此时是正务，故而曾氏要提醒自己"后当切戒"。

知命与不知命

思人心所以扰扰不定者，只为不知命。陶渊明、白香山、苏子瞻所以受用者，只为知命。吾涉世数十年，而有时犹起计较之心，若信命不及者，深可愧也。

译文

思考人心之所以动荡不能安定，只是因为不知天命的缘故。陶渊明、白居易、苏东坡之所以能享受生活，只是因为他们知天命的缘故。我涉世几十年，而有时还生发计较之心，好像那些不够相信命运的人那样，深为惭愧。

点评

孔子说"五十而知天命"。什么是天命？天命就是个人力量与意志所不能掌控的外在因素的综合。人到五十岁以后，阅世已多，越来越明白个人在宇宙与人类社会中所处的状态，因而也越来越明白个人之外的力量的巨大，这就是知天命。知天命之后，人的心思便日趋安定。这便是曾氏这段话所要表达的意思。

愧读《日知录》

阅《日知录·易经》，有曰《易》六十四卦三百八十四爻，一言以蔽之曰不恒其德，或承之羞。读之不觉愧汗。

译文

读《日知录》中的《易经》章，上面说道，有人说《易经》六十四卦三百八十四爻，以一句话来概括，即若不能长期持守德行，或有可能因此而蒙羞。读这一章，令我不觉惭愧得流汗。

点评

《日知录》是顾炎武所写的一部读书札记，这段话记的是对《易经》的阅读体会。

移褊急清介于宽大温润

此心褊急清介，殊非载福之道，当力移宽大温润一路。

译文

这颗心狭猛急躁又清高狷介，绝对不是承载厚福的表现，应当努力转到宽大温暖畅和方向去。

点评

曾氏多次检讨自己性格中的褊急一面。他的褊急，在初办团练时表现得很充分，给他的事业带来过不利。

下学不克上达

寸衷微有郁积，总由中无所得，下学而不克上达，故世俗之见，尚不免胶扰于怀中耳。

译文

心里略微有些郁积，总是由于灵府中无所获得，不能将日常的学习升华到高深的智慧，故而世俗上的一些观点，尚不免黏着似的困忧于胸间。

点评

由不能免于世俗之困，而上升到对下学与上达的思考，曾氏的这种思考，对我们普通人很有启发。

辞谢节制四省大权

余近浪得虚名，亦不知其所以然便获美誉。古之得虚名而值时艰者，往往不克保其终。思此不胜大惧，将具奏折辞谢大权，不敢节制四省，恐蹈覆𫗧负乘之咎也。

译文

我近来凭空获得虚名，也不知为什么会获取美好的称誉。古代在时世艰难之际得到虚名的人，往往不能保住他的善终。想到这点很是恐惧，准备上奏折辞谢朝廷所赋予的大权，不敢节制四省，担心将要承担有负重任的罪过。

点评

咸丰十一年（1861）十一月十四日，曾氏奉到节制江苏、安徽、江西、浙江四省巡抚提镇以下各官的上谕。鉴于历史上屡屡出现的权臣不得善终的教训，曾氏对此恐惧多于欣喜，同月二十五日上疏朝廷，请辞节制四省之任。朝廷没有接受，反而再简授他为协办大学士，将东南大局完全委托给他一人。这段话出自奉到节制四省谕旨当天的日记。在这天的日记中，曾氏记录了咸丰皇帝临终前所托付的顾命八大臣之一载垣被"明正典刑"事。曾氏身为外官，不知道发生在避暑山庄里的"辛酉政变"内幕，他的日记用"骇悉"字样，又说"不知是何日事，又不知犯何罪戾，罹此大戮也"。这件事越发增添他的"恐蹈覆辣负乘之咎"的畏惧感。

志学二十年毫无长进

日内与张廉卿屡谈，渠学问又已大进，而余志学二十年，至今毫无进步，耄已及矣！

译文

近日与张裕钊多次谈话，他的学问已大有进步，而我有志于学二十年，到现在毫无进步，老年到了啊！

点评

廉卿为张裕钊的字，张与薛福成、黎庶昌、吴汝纶并称"曾门四子"。面对着学生的学问进步，曾氏禁不住发出衰暮的感叹。此种情感，只能出自一位学者官员的心中。

为无实而享盛名不安

观人有抄册抄余文颇多，自以无实而享盛名，忸怩不宁。

译文

看到别人的笔记本，上面抄我的文章较多，自知无实在的成绩而享受盛名，心里很不安。

点评

看到别人将自己的诗文抄录作为范文阅读，应是很高兴的事，但曾氏却为之不安，他认为名实不符。现今许多舞文弄墨者，却借大肆炒作来有意将名弄得大大的，真可谓世风不古！

学无一成

余日衰老，而学无一成，应作之文甚多，总未能发奋为之，忝窃虚名，毫无实际，愧悔之至。老迈如此，每日办官事尚不能毕，安能更著述耶？

译文

我一天天衰老，而学问无一门成功，应该作的文章很多，总没有发奋来写，惭愧窃取了虚名，而毫无实际内容，很是羞愧。年老衰迈到了这般地步，每天处理官场上的事尚且不能按时了结，怎么能还有所著述呢？

点评

或是出于文人积习，或是出于既想立功又想立言，曾氏常有这样的学业未成的感叹。王闿运在曾氏身后挽之曰："经学在纪河间阮仪征之上，致身何太早，龙蛇遗憾礼堂书。"这句话算是打中了他的痛处。

后世将讥议交加

念生平所作事，错谬甚多。久居高位，而德行学问一无可取，后世将讥议交加，愧悔无及。

译文

思念平生所做之事，差错很多。长久居于高位，但德行与学问，一样都不可取，后世将会对我讥讽与议论交加，惭愧后悔不及。

点评

曾氏此时所想到的讥议，再如何不堪，或许也不会牵扯到汉奸、卖国贼这样的字眼上。

作联自我抚慰

因近日每悔往事，乃作一联云："莫苦悔已往愆尤，但求此日行为无惭神鬼；休预怕后来灾祸，只要暮年心气感召祥和。"

译文

因为近些日子每每追悔往事，于是作一联语："不要苦苦悔恨已往的过失，但求得今天的作为无愧鬼神；休要预先害怕以后的灾祸，只要晚年的心气能召来祥和。"

点评

曾氏平生喜欢制联，早年在京师，便被人称为"包作挽联"。除挽联外，曾氏也作了不少寿联、喜庆联、题咏联，晚年尤喜作感触联，将自己的所感所悟用联语表达。他还有些随口念出的诙谐联也颇有趣，如"养活一团春意思，撑起两根穷骨头"，"独有臭虫忘势利，贵人头上不曾饶"；等等。

撑起两根穷骨头
养活一团春意思

曾国藩手书联语

右目失明

自二月杪右目失明，至是四十余日，不敢治事，每日暇逸愧悔，身闲而心乱，盖生平之一无所养甚矣！

译文

自从二月底右目失明至今已四十多天，不敢治理事情，每天在无事中愧悔，身子虽闲而心却乱，这是源于平生很严重的一无涵养的毛病。

点评

同治九年（1870）二月底，曾氏右目失明。这给曾氏很重的心理压力，因此在情绪上更加郁闷。他在服药的同时，甚至想借助诵读佛家《光明经咒》来求得复明。当然，咒语是绝无这个能力的，曾氏的右目不但没有复明，到了这年的十一月，他的"左目亦极昏蒙，看文写字，深以为苦"（曾氏本人给九弟信中语）。

古人说经多断章取义以意逆志

《易经》有圣人之道四，而朱子专重"以卜筮者尚其占"一句，似未的当。因言古人说经，多断章取义，以意逆志，不必定符本义。

译文

《易经》中的圣人之道有四个方面，而朱熹专门注重"以卜筮者看重它的占卜"这一句，似乎不很准确。由此可知古人说经书，多为断章取义，以自己的想法来理解书中的含义，不一定都能符合本义。

点评

《系辞》说："《易》有圣人之道四焉：以言者尚其辞，以动者尚其变，以制器者尚其象，以卜筮者尚其占。"这里说的四个方面是辞、变、象、占，分别为言者、动者、制器者、卜筮者所重视。朱熹只注重卜筮者所重视的占卜，显然不够全面。曾氏由此而看出古人读经典时所犯的"断章取义，以意逆志"的普遍毛病。曾氏的提醒有助于我们阅读古籍。

虚神实训，体味曲尽

阅《经义述闻》，如"弗过遇之，弗过防之"等语，深有所会。余于本朝经学、小学诸家，独服膺王怀祖先生父子之精核，盖以其于经文之虚神实训，体味曲尽也。

译文

读《经义述闻》，对书中如"不过分契合，不过分设防"等话，深有所体会。我对于本朝研究经学、小学各位大师，独独佩服王怀祖先生父子的精审，这是因为他们对经文中的精神（虚）和训诂（实）等，都有细致入微的体味。

点评

曾氏对王念孙、王引之父子的学问十分敬佩。在著名的《圣哲画像记》中，曾氏说："王氏父子，集小学训诂之大成，夐乎不可几已。"为什么会这样敬佩呢？其原因便是这段话所说的，王氏父子对经文的"虚神实训，体味曲尽"。

王船山书失之艰深

拟阅校船山《周易内传》。王氏说理之书，每失之艰深，而不能轩豁，与《正蒙注》相同。

译文

打算校阅王船山的《周易内传》。王船山的说道理的书，每每过于艰深，而不能做到轩朗醒豁，他的《张子正蒙注》也是这样的。

点评

王船山的学问博大精深，但能读通他的书的人却不多，其原因便是行文艰深，不容易读。

所读《书经》不讲蔡传训诂

今日看《书经》，见蔡传训诂良多不讲，如以"敷言"为"敷衍之言"之类，宜致汉学家之指摘。

译文

今天读《书经》，见蔡沈《书集传》中的训诂多不提及，比如将"敷言"解释为"敷衍之言"之类，当然要招来汉学家的指摘。

点评

南宋学者蔡沈集数十年研究《尚书》之功，所成的《书集传》参考众说，融会贯通，是元代以后试士所用的标准读本。曾氏所读的《书经》，不讲蔡沈的训诂，故他颇有微辞。

温习《尚书》

温《召诰》，于古人"周情孔思"四字，若有所会。

温《书经·无逸》，用吴文正公纂言本，若有所会。

思《书经·吕刑》，于句法若有所会。

《吕刑篇》，于后世古文家蹊径最近，惜不能尽通其读。

温习《召诰》，对于古人"周情孔思"四个字，似乎有所体会。

温习《书经·无逸》，用吴文正公纂言本子，似乎有所体会。

思考《书经·吕刑》，对于句法似乎有所体会。

《吕刑篇》，对于后世的古文家来说，所走的路子最为接近，可惜的是不能完全通晓所读的内容。

《召诰》、《无逸》、《吕刑》是《尚书》中的三篇文章，作为读书人必读的《四书》、《五经》中的一部，曾氏在少年时便一定对《尚书》滚瓜烂熟了，但中年之后身为军事统帅和地方高级行政长官，他仍在繁忙的军政事务中抽空温习，并能在温习中有新的体会。"若有所会"，便是说的这种读书之感。常言说"温故知新"，曾氏没有写出所"会"的是什么，但我们可以想象得出，这种"会"一定是他过去读《尚书》时所不曾有过的。

喜戴钧衡之说

余好读《吕刑》，而苦不能尽通其读。兹阅戴氏之说，有惬余心者。如"制百姓于刑之中"，"天齐于民，俾我一日"暨"非从惟从"等句，皆犁然有当于人心，欣赏无已。

读《顾命》、《康王之诰》，喜戴氏治经与余所见多同，惜其生前未与邑谈。

我喜欢读《吕刑》，却苦于不能完全通晓文章内容。今天阅读戴钧衡的《书传补商·吕刑篇》，有符合我的心意的，如对"制服百姓于刑法之中"，"上天治理百姓，暂时任用我"及"不服从的人也会服从"等句的解说，都深刻而能启发人，我欣赏不已。

读《顾命》、《康王之诰》，对戴钧衡研究经书与我的见解多有相同而喜悦，可惜的是我在他生前未能与他畅谈。

点评

戴钧衡，字存庄（1814—1855），安徽桐城人，姚鼐再传弟子，师事方东树，著有《戴存庄文集》。生前与曾氏有过交往。咸丰十一年（1861）七月十七日，曾氏读戴著《书传补商·吕刑篇》，很有启发，并于当天写下这段日记。

乐观戴存庄之书

温《盘庚上》、《盘庚中》，因戴存庄采宋元及本朝治汉学者之说，每多当人意处，故乐观之。

译文

温习《盘庚上》、《盘庚中》，因为戴存庄采用宋代元代及本朝汉学家的说法，每每符合读者的心意，故而乐于观看。

点评

戴钧衡为安徽名士，死于咸丰五年（1855）。曾氏咸丰十年五月在军营中接见戴的侄子侄孙，戴家送给曾氏戴之著作三部，曾氏送戴家银子五十两，作为营葬戴存庄的费用。但戴家似乎并未将这笔钱用于戴之丧葬，这有一年多后的曾氏日记为证："桐城方植之、戴存庄、苏厚子、文钟甫诸贤六人，乱后渴葬，余于五月出钱，令桐人甘绍盘玉亭买地葬之。"（同治元年闰八月十一日日记）

邵位西认为诗序为孟子等人作

邵位西言："《诗序》系孟子、万章之徒所作，《大序》与《小序》不当分而为二，所以记次第，非所以明章旨也，犹《史》、《汉》、《法言》之有后序尔！"其言奇而颇确。

译文

邵位西说："《诗序》是孟子、万章等人所写的，《大序》与《小序》不应分为两篇，只是为了区分前后，并不是说明篇章的主旨有不同，如同《史记》、《汉书》、《法言》有后序一样。"他的话奇特但颇为准确。

《诗经》有《大序》、《小序》。《大序》概论全部《诗经》，《小序》为每篇诗的主题解释。在《诗经》研究史上，一般从郑玄之说，认为《大序》为子夏所作，《小序》为子夏与毛公所作，或据《汉史》认为《大序》、《小序》均为卫宏所作。邵位西提出新的观点，认为是孟子、万章等人所作，又认为不应分为两篇，故曾氏说他的观点新奇，但又对这种新奇观点作了肯定。

《诗经说》证据太少

阅子序《诗经说》，学有根柢，其用意往往得古人深处，特证据太少，恐不足以大鸣于世耳。

读吴子序著的《诗经说》，学问上有根柢，他的研究常常能探到古人的深层，只是证据太少，恐怕不足以在社会上产生很大的影响。

研究学问，一怕没有创见，二怕没有充足的证据来支持创见，看来吴子序的《诗经说》失之于第二点。

五十七岁通《仪礼》

自去年九月廿一日始读《仪礼》，至是粗毕。老年能治此经，虽嫌其晚，犹胜于终不措意者。昔张蒿庵三十而读《仪礼》，至五十九岁而通此经，为国朝有数大儒。余今年五十七岁，略通此经，稍增秉烛之明。惟蒿庵以前，明儒穷《仪礼》者绝少，能于荆棘荒芜之中独辟康庄，斯为大难。余生本朝经学昌明之后，穷此经者不下数十人，有蒿庵之句读，张皋文之图，康庄共由之道，而又有人以扶掖之，则从事甚易矣。

译文

自从去年九月二十一日开始读《仪礼》，到今天粗略读完。老年能研读这部经书，虽然嫌此事做得晚了，还是比始终不做要胜过一筹。从前张尔岐（号蒿庵）三十岁才读《仪礼》，到五十九岁而通晓这部经书，为本朝数得出的大学者。我今年五十七岁，略微通晓这部经书，稍微增加晚年秉烛读书的明智。只是张蒿庵之前的明代学者，穷研《仪礼》的人极少，能够在荆棘荒芜之中独辟一条大道，这是很难的。我生在本朝经学发达之后，穷究这部经书的人不少于数十个，有张蒿庵的句读，张皋文的图画，已有了一条大家都能走的大道，又加之有人在旁扶助，于是做起来便很容易了。

点评

五十七岁的曾氏早已是大功告成，封侯拜相了，但他仍然如此看重读书治学。这就是曾氏与历史上其他将相的不同之处。

论俞樾《群经平议》

俞樾荫甫所著《群经平议》之十四卷，论《考工记》世室、重屋、明堂之制，驳正郑注，思通鬼神，有超乎戴氏《考工记图》者。

译文

俞樾（字荫甫）所著《群经平议》的十四卷，议论《考工记》世室、重屋以及明堂之制度，纠正郑玄的注释，他的思考与鬼神相通，有超过戴震《考工记图》处。

点评

俞樾字荫甫号曲园，为近代大学问家，中进士时试卷出自曾氏手。相传俞樾试帖诗中有"花落春犹在"句，受曾氏激赏，认为此句咏落花而无伤感。俞樾很珍爱这句诗，他的等身著作遂以《春在堂全书》命名。

俞樾画像

重批王船山《礼记章句》

夜又批船山《礼记》二条。余阅此书，本为校对讹字，以便修板再行刷印，乃复查全书，辨论经义者半，校出错讹者半，盖非校雠家之体例，然其中亦微有可存者。若前数年在安庆、金陵时，则反不能如此之精勤。此军营事简，老年差可慰悦之境，而流寇纵横，制敌无术，体衰目昏，学问无成，则又深为忧灼之境也。

译文

夜里又批写王船山《礼记章句》两条。我阅这部书，原本是为了校对其中的错讹字，以便修改刻板再次印刷，于是再次查阅全书，一半精力用在与他辨论经义上，一半精力用在校出错讹字上，这不是校雠家的体例，但其中也略微有可值得保存的意见。倘若前几年在安庆、金陵时，反而不能做到这样的精细勤奋。此间军营事少，这是老年人勉强值得安慰喜悦的处境，但流寇纵横，制服敌人没有办法，身体衰弱目光昏花，学问上无成就，则又是深感忧虑焦灼的处境。

点评

打下南京后不久，曾氏便设置金陵书局刻印王船山著作，同治四年（1865）十月完工，共刻印船山遗书三百二十二卷。曾氏在繁忙的政务之余，亲自校阅其中的《礼记章句》、《张子正蒙注》、《读通鉴论》、《宋论》、《四书》及《易》、《诗》、《春秋》等经书的稗疏考异等，订正讹脱一百七十多处。该书完工之前，曾氏即奉命离开南京北上与捻军作战。这段写于同治五年六月二十日的日记，记录曾氏在收到新刻印的船山遗书后重读《礼记章句》时的心境。

读张承华著《学庸臆解》

阅桐城张承华容溪所为《学庸臆解》三十四页毕。其言《大学》，文须用古本而不烦补，传义须宗朱子而不取阳明，与余平日之说相合，余亦多独得之见。

译文

读完桐城人张承华（字容溪）所写的《学庸臆解》三十四页。他说研读《大学》，文字必须用古本而用不着补充，传义必须以朱熹为宗而不取王阳明之说，与我平日所说的相符合，其他也多有独到见解。

点评

曾氏读别人的著作，喜与自己的见解作比较，凡与他的见解相同者，则较为称誉，这亦是一种凡人心态。

《论语》乃善言德行之尤著者

孟子所谓"善言德行者"，当为后世理学诸家之源；"善为辞令者"，当为后世词章诸家之源。孔子自谦不能辞令，而以善言德行自许，盖在己者实有盛德至行，而后能自道其所得也。《论语》一书，乃善言德行之尤著者，因默诵《学而》、《为政》、《八佾》三篇。

译文

孟子所说的"善于说德行者"，应当是后世理学各家的源头；"善于为辞令者"，应当为后世词章诸家的源头。孔子自谦不善于辞令，而以善于说德行自许。这是因为在他自己身上实在是有着盛大的道德至美的行为，而后能够说出自己的心得。《论语》这部书，是善言德行的最好著作，因而默默背诵《学而》、《为政》、《八佾》三篇。

点评

曾氏从《孟子》一书中悟出理学家的源头是善言德行者，词章家的源头是善为辞令者，这也是他晚年温习《孟子》的一个心得。衰暮之年仍然这样用心读《论语》、《孟子》，实在难得。

读朱彬著《经传考证》

朱彬《经传考证》，其训诂考证亦与王伯申先生相仿；其言《书经》大字，多语助词，则前人所未发也。

译文

朱彬《经传考证》这本书，其中的训诂考证也与王引之（伯申）先生所说的相近似。他说《书经》中的大字多为语气助词，则是前人所没有发现的。

点评

朱彬是曾氏道光十八年（1838）中进士时的座师朱士彦的父亲。除《经传考证》外，曾氏在同治九年闰十月十三日的日记中还提到读朱彬所著的《游道堂集》，看来这位朱老先生亦是饱学著述之士。

读钱大昕《声类》

阅戴东原《序言》，阅钱竹汀《声类》。此书未刻于本集，其义例亦不分明。

钱辛楣先生《声类》一书，分释诂、释言、释训、释语、释天、释地、名号之异等目，皆因声得义者，足见古人先有声音，后有文字。余前有意为是书而未果。钱氏此书，亦未成之书，故未编入《潜研堂丛书》中。

译文

读戴东原《序言》，读钱大昕《声类》。这部书没有刻在本集中，它的义例也不分明。

钱大昕先生的《声类》一书，分释诂、释言、释训、释语、释天、释地、名号之异等项目，都是因声而得义的，足见古人是先有声音，后有文字。我先前有志写这样的书，但未做到。钱氏这部书，也是未完成的书，所以没有编入《潜研堂丛书》中。

点评

钱大昕，字晓徵，号辛楣，又号竹汀，乾隆年间著名学者，尤长于音韵训诂。曾氏对钱颇为推崇。

读陈澧《声律通考》等书

陈荔秋所送之陈兰甫澧著《声律通考》一种，《汉书·地理志水道图说》一种，略一翻阅，服其精博。

译文

陈荔秋所送的陈兰甫（名澧）所著的《声律通考》一书，《汉书·地理志水道图说》一书，略为翻阅，佩服他的精深博大。

点评

陈澧，字兰甫，与曾氏同时代的著名学者、教育家，主持广州学海堂数十年，著述丰富。曾氏所看的这两部书为陈之代表作。

乐律与兵事文章相表里

乐律之不可不通，以其与兵事、文章相表里。

译文

乐律不可不通晓，这是因为它与军事、文章互相表里。

点评

儒学很重视乐。孔子教学生的课程中乐占很重要的地位，因而能出现"洙泗之畔，弦歌不绝"的景象。《乐经》为《六经》之一。孔子说："《乐》以发和。"意为乐起着调和的作用。曾氏正是从这个角度出发，认为乐可与军事、文章互为表里。

读纪泽著《音学考》、《分韵说文解字》

纪泽作《音学考》，约近五千字，于考古及审音二者，均有所得，为之一慰。

泽儿呈所著《分韵说文解字》，略一翻阅，其法用《广韵》之次第、《佩文韵》之字数，抄录许氏注及大徐翻切。其有申明原注之说，则以夹行注之。其于注外则有陈说，则于翻切之下，夹圈以别异之。其《佩文韵》所有《说文》所无，则有楷文而无篆文，仍用篇韵各说以注之。其《佩文韵》所无《说文》所有者，则别为补编，仍依翻切，以分东、冬、种、江各韵。

译文

纪泽写《音学考》，大约接近五千字，对于考古以及审音两点，都有所获得，为他感到一点欣慰。

纪泽儿呈上所著《分韵说文解字》一书，略微翻阅。他采用《广韵》的顺序、《佩文韵》的字数，抄录许慎的注解以及徐铉翻切。其中有申明原注的文字，则以夹行形式注明。其中对于注释之外的陈说，则于翻切之下夹圈来加以区别。其中《佩文韵》所有而《说文》所无的，则只有楷体字而没有篆体字，依旧用篇韵各说来注明。其中《佩文韵》所无而《说文》所有的，则另外作为补篇，仍旧依翻切，用来分别东、冬、种、江各韵。

点评

曾纪泽的事业不在学问研究上，曾氏所阅读的《音学考》、《分韵说文解字》大概都谈不上学术研究，只能说是关于音韵学方面的习作。曾氏以欣慰之心读儿子的这两份习作，足见他的舐犊之情。

读《五代史》、《晋略》

读《五代史》，于欧公不伪梁一段不以为然。

阅周保绪所著《晋略》，赵惠甫所寄来者。周名济，荆溪人，著成于道光十八年，亦近世著作才也。

译文

读《五代史》，对欧阳修不以后梁为伪朝这一段不以为然。

读周保绪所著《晋略》，这是赵惠甫所寄来的。周保绪名济，荆溪人，此书成于道光十八年，周也是近代一个著作之才。

点评

曾氏平时不但要经常温习经典，还要阅读大量别人所推荐的书籍。这些书籍的作者绝大部分都是当代人，请曾氏读，一方面固然是想求一个知音，但更多的是抱有各种各样的功利目的：或借此求职，或借此结识从而加以标榜，或求揄扬，或求序，等等。这也是曾氏的名人之累，高位之累。

自成一家与剽袭

诸子中惟老、庄子、荀子、孙子自成一家之言，余皆不免于剽袭。

译文

诸子里面，惟有老子、庄子、荀子、孙子能自成一家之言，其余的都免不了剽窃抄袭。

点评

近世湘中名士李肖聃先生很推崇曾氏的文章，但也指出曾氏为文的一个毛病，说"公作文，喜为断语而常过其实"（见《星庐笔记》）。此处所抄录的这句话，便是曾氏的一个"断语"，但恰恰又印证了李之说：过其实。老、庄、荀、孙，固然自成一家，墨子、韩非子等难道就不能算自成一家吗？李肖聃分析曾氏常犯的这个毛病，其原因是"皆由才大而心未能尽细也"。此话有道理。

读王念孙的《读书杂志》

王怀祖先生《读书杂志》所校《管子》各条，似不如校他书之精实。

译文

王怀祖先生的《读书杂志》所校订的《管子》各条，似乎不如校订其他书的精确核实。

点评

《读书杂志》是王念孙（字怀祖）的代表作。曾氏对王念孙极为崇敬，但对王的这部书却有所批评。无论怎样的学术大师，在学术上都有他的某些弱点，曾氏这句话表现出他的并不迷信大师的态度。

读《淮南子》的领悟

读《淮南子·精神训》，至"大禹竭力以劳万民"句，若有所感。

读《修务训》中"功可强成，名可强立"，若有所会。《淮南子》本道家者流，而此篇之旨与《荀子》相近。大抵理之足以见极者，百家未尝不合也。

阅《淮南子·椒真训》，言"有道之士，亦须遇时"，为之增感。

译文

读《淮南子·精神训》，读到"大禹用尽全力为万民而劳累"句时，若有所感触。

读《淮南子·修务训》中"功可以强行成就，名可以强行建立"句，若有所体会。《淮南子》这部书本是讲道家学说的，而这一篇的宗旨与《荀子》相近。大致说来，将道理探索到极顶时，百家都可以互相吻合。

读《淮南子·椒真训》，其中说"有能力的人，也需要遇到时机"，为这句话而增加感触。

点评

这三段话均为曾氏读《淮南子》的体会。曾氏为大禹的辛苦而感触，也为"遇时"一句而感触；又在比较《淮南子》与《荀子》在对待功名态度的相近处，领悟到倘若将道理的探索进行到极顶时，诸子百家便有许多地方相吻合。这是一个很有意思的领悟，它对后人亦有相当启迪。

《法言》不如《文中子》平实

扬子《法言》究不如《文中子》之平实，盖子云文学中人，非道德中人也。

译文

扬雄的《法言》毕竟不如《文中子》的平实，这是因为扬雄是文学界人士，而不是道德界人士。

点评

《文中子》又名《中说》，是隋朝学者王通的著作。曾氏将扬雄与王通作了比较，认为扬是文学家，而王是道德家，所以扬之作不如王之作的平实。此说颇有道理。

《正蒙》艰深不显豁

船山氏最推重《正蒙》一书，以余观之，亦艰深而不能显豁，其《参两篇》言天地日月五行之理数，尤多障碍。

译文

王船山最推重《正蒙》这部书，以我看来，也是文字艰深而不能明朗，其中《参两篇》说天地日月五行的理数，尤其障碍很多。

点评

这句话批评的是张载《正蒙》艰涩而不易懂的毛病。即便道理很深奥，说者也要做到深入浅出，如此，所讲的道理才易为人理解接受；反之，读都读不懂，再好的道理也传不开，著书立说也便失去其作用。

读《正谊堂丛书》

《正谊堂丛书》凡五十六种，张清恪辑刻，吴竹庄所赠也。因取《正谊堂》中清恪所辑程子二十篇读之，至晡时读毕，凡十卷。取《论语》二十篇之意，编采二程粹言，略分门类，颇为精当。

张清恪公所辑朱子七篇，每篇各分上下，仿《孟子》七篇之意。张公盖以程配孔，以朱配孟也。

译文

《正谊堂丛书》共五十六种，张伯行辑刻，吴竹庄所赠送。抽取《正谊堂》中张伯行所辑的程子文章二十篇阅读，直到黄昏时才读完，共十卷。该书采用《论语》二十篇的体例，摘采程颢、程颐文字中的精粹，略为分门别类，较为精当。

张伯行所辑的朱熹七篇文章，每篇分为上下两部分，仿照《孟子》七篇的形式。张伯行是以程子来比附孔子，以朱子来比附孟子的。

点评

张伯行是康熙时期的官员，官至礼部尚书，清恪是他死后的谥号。他编辑的《正谊堂丛书》，所收起自宋代的周敦颐、二程、张载、朱熹，迄清代汤斌、陆陇其等人的文章，并附有自己的著作，是一部影响较大的丛书。

读《聪训斋语》、《澄怀园语》

读张文端公《聪训斋语》、文和公《澄怀园语》。此老父子学问,亦以"知命"为第一义。

译文

读张英的《聪训斋语》及张廷玉的《澄怀园语》。这位老先生父子二人的学问,也是以"知天命"为第一要义。

点评

张英为康熙年间的大学士,其子张廷玉亦官居大学士。父子俩的著作谈的多是顺其自然的道理,故曾氏说他们以"知命"为第一义。

读罗泽南的《极衍义》、《姚江学辨》

阅罗罗山人《极衍义》、《姚江学辨》等书,服其见理甚真,所志甚大,信为吾乡豪杰之士。

译文

读罗泽南《极衍义》、《姚江学辨》等书,佩服他对道理的见解很真确,他的志向很宏大,的确是我家乡的豪杰之士。

点评

办湘军之前的罗泽南,已是湖南省城里的名教授。在书斋里可以坐而论道,进入社会可以干出实事,这是湖湘士人的特色,罗泽南是这一群体中的杰出代表。

读《钟涵斋迂言》

《钟涵斋迂言》,盖理学之绪余,而参以阴骘果报者。

译文

《钟涵斋迩言》这部书发挥理学的余义，而参杂生死因果报应等内容。

点评

曾氏对此书评价不高。此书没有流传下来，看来也是理所当然的事。

重读《圣武记》

《圣武记》又阅一遍毕，中有《嘉庆川湖陕靖寇记》八篇未阅，以昔年在京阅过，嫌此八篇叙事冗乱也。

译文

《圣武记》又读完一遍，其中《嘉庆川湖陕靖寇记》八篇文章未读，因为先前在京城时读过，不喜欢这八篇叙事冗长且零乱。

点评

魏源的《圣武记》，叙述自清王朝开国至道光年间的重要战事，是研究清代军事史的重要著作。曾氏是第二次阅读这部书了。

读《漫钞》等书

阅曾香墅先生《漫钞》及各种。香墅名廷枚，宾谷之伯父也。其书仿《困学纪闻》、《容斋随笔》之类，特根底不深耳。

莫友芝（字子偲）交出何愿船二信，内有张石洲《蒙古游牧记》四本，又《朔方备乘》凡例数页，信为当世积学之士。

译文

读曾香墅先生的《漫钞》及其他各种。香墅的名字为廷枚，宾谷的伯父。他的书仿照《困学纪闻》、《容斋随笔》之类，只是学问的根底不深。

莫子偲交出何愿船的两封信，其中有张石洲的《蒙古游牧记》四本，又《朔方备乘》的凡例几页纸，的确是今世的饱学之士。

点评

曾氏读这些应酬著作，一年中也要花去不少精力和时间，不知此老当年是发自内心愿意做，还是无可奈何。

论古文之道

古文之道，谋篇布势是一段最大工夫。《书经》、《左传》，每一篇空处较多，实处较少，旁面较多，正面较少，精神注于眉宇目光，不可周身皆眉，到处皆目也。线索要如蛛丝马迹，丝不可过粗，迹不可太密也。

古人文笔，有云属波委、官止神行之象，实从熟后生出，所谓"文人妙来无过熟"者此也。

古文之道，布局须有千岩万壑、重峦复嶂之观，不可一览而尽，又不可杂乱无纪。

古文之道，亦须有奇横之趣、自然之至，二者并进，乃为成体之文。

古文之法，全在气字上用功夫。

为文全在气盛，欲气盛全在段落清。每段分束之际，似断不断，似咽非咽，似吞非吞，似吐非吐。古人无限妙境，难于领取。每段张起之际，似承非承，似提非提，是突非突，似纾非纾，古人无限妙用，亦难领取。

奇辞大句，须得瑰玮飞腾之气驱之以行。凡堆重处，皆化为空虚，乃能为大篇，所谓"气力有余于文之外"也，否则气不能举其体矣。

译文

古文的法则，谋篇布势是一个最重要的工夫。《书经》、《左传》，这两部书中的每一篇文章从空处说较多，从实处说较少，从侧面说较多，从正面说较少，精神贯注在眉宇以及目光中，但不可以全身都是眉毛，到处都是眼睛。线索应当像蛛丝马迹一样，但丝不可以太粗，迹不可以太密。

古人的文笔，有一种云属波委、官止神行的现象，实实在在说，这是熟练后所产生的，所谓"文人的奇妙无非是很熟练"，就是指的这个。

古文的法则，它的布局必须有千岩万壑、重峦复嶂的景观，不可以一览而尽，也不可以杂乱无序。

古文的法则，也必须有奇特横空的趣味、自然而然的走势，二者并进，才成为像样子的文章。

古文的法则，全在一个气字上用功夫。

写文章完全在于气盛，想要气势旺盛充足，则在于段落清楚。每一段结束的时候，像是断裂又不是断裂，像是咽塞又不是咽塞，像是吞纳又不是吞纳，像是吐出又不是吐出。古人无穷无尽的绝妙境地，难以领悟获得。每一段开启之时，像是承接又不是承接，像是提起又不是提起，像是急突又不是急突，像是纡徐又不是纡徐。古人无穷无尽的手法，也难以领悟获取。

奇特的辞语宏大的句子，必须依靠瑰玮飞腾的气势来驱逐它运行。凡是打堆重叠之处，都化为空的虚的，才能成为大文章，所谓"气和力用之在文字之外"，否则气势不能托起辞句。

点评

此处所抄录的这几段为文体会，散见于曾氏不同时期的日记里，可以称之为偶得，或者可依诗话、词话之例，称之为文话。早在三十多岁时，曾氏便自认为已得古人为文的蹊径。对于其他方面的事情，曾氏少有自许，惟独在古文上，曾氏自信心颇强，并很想将它总结出来，以便他一旦撒手时，满肚子的古文经将不会成为广陵散。然而，他始终没有腾出一份时间和心境来做这件事，因此我们看不到一篇系统的曾氏古文写作论，留下来的也只是类似这般的三言两语式的为文偶得。

分析这几则日记，我们可知，曾氏独自探得的古文蹊径，约有这样几条：一、文章要有空有实，有正有旁，而且是空多于实，旁多于正。二、要多写，熟才能生巧。三、文章要有起伏跌宕，不能太平直。四、内容要有奇趣，而行文则须自然。五、文章在于气，气盛则文章好，气主要体现每段的收束与张起之间。有志为文者，可细细咀嚼体悟。

阳刚阴柔与喷薄吞吐

吾尝取姚姬传先生之说，文章之道，分阳刚之美、阴柔之美，大抵阳刚者气势浩翰，阴柔者韵味深美。浩瀚者喷薄而出之，深美者吞吐而出之。就吾所分十一类言之，论著类、词赋类宜喷薄，序跋类宜吞吐，奏议类、哀祭类宜喷薄，诏令类、书牍类宜吞吐，传志类、叙记类宜喷薄，典志类、杂记类宜吞吐。其一类中微有区别者，如哀祭类虽宜喷薄，而祭郊社、祖宗则宜吞吐，诏令类虽宜吞吐，而檄文则宜喷薄，书牍类虽宜吞吐，而论事则宜喷薄。此外各类，皆可以是意推之。

译文

我曾经采取姚鼐先生的说法，将文章分为两大类，一类具有阳刚之美，一类具有阴柔之美。大致说来，阳刚类的文章气势浩大宽广，阴柔类的文章韵味深沉美好。浩大宽广的文章以喷薄形式写出，深沉美好的文章以吞吐的形式写出。拿我所分的十一类来说，论著类、词赋类宜于喷薄，序跋类宜于吞吐，奏议类、哀祭类宜于喷薄，诏令类、书牍类宜于吞吐，传志类、叙记类宜于喷薄，典志类、杂记类宜于吞吐。其中某一类里也略有区别的，如哀祭类虽宜于喷薄，但祭天地、祭祖宗则宜于吞吐，诏令类虽宜于吞吐，但檄文则宜于喷薄，书牍类虽宜于吞吐，但论事则宜于喷薄。此外的各个类别，都可以以此类推。

点评

咸丰十年（1860），曾氏完成一桩文学史上的大事，即选编了一本名为《经史百家杂钞》的书，所选之文皆出自经书、史书和诸子百家之作，分为十一大类，分别命名为论著、词赋、序跋、诏令、奏议、书牍、哀祭、传志、叙记、典志、杂记。这部书后来成为清末民初的一部畅销书，在士人中产生很大的影响。

这段日记在谈到文章的阳刚之美与阴柔之美的时候，以《经史百家杂钞》为例，指出何种文体宜以喷薄手法写浩瀚的阳刚气势，何种文体宜以吞吐手法写出阴柔韵味。至于阳刚、阴柔的体现形式，曾氏自有论叙，留待下面再来评点。

书牍鲜佳者

《类纂》所选书牍，有不尽厌于吾心者，未知古人书牍何者最善。

古文中，惟书牍一门竟鲜佳者。八家中，韩公差胜，然亦非书简正宗，此外则竟无可采。诸葛武侯、王右军两公书翰，风神高远，最惬吾意，然患太少，且乏大篇，皆小简耳。

译文

《古文辞类纂》所选的书牍，有些不完全符合我的心意，不知古人的书牍哪些是最好的。

古文中，惟有书牍这个门类竟然佳作较少。八大家中，韩愈稍稍胜出一筹，但也不是书信的正宗，此外居然没有可采撷的。诸葛亮、王羲之两位的书信，风骨神采高远，最令我心情愉悦，但遗憾的是数量少，而且缺乏大篇幅，都是简短的信函。

点评

这两段话谈的是古人书简。从文章学这个角度来看，曾氏认为书简这个门类，古人缺乏佳作，只有诸葛亮、王羲之两个人的书牍令他喜欢，但仍有遗憾，原因是二位的书信既少又篇幅简短。曾氏没有料到，他所撰写的数百封家书，在其身后却流传海内，直到今天仍为许多中国人所看重。莫非此老生前鉴于书牍类的这一缺陷，而有意自己来填补么？

《骈体文钞》分类繁碎

阅《骈体文钞》，将其所分类归并于吾所分三门十一类之中，嫌其繁碎，不合古义也。

译文

读《骈体文钞》，将它的所分之类归并于我所分的三门十一类之中，不喜欢它的繁琐碎乱而不合古义。

点评

《骈体文钞》系清代学者李兆洛所编，选录自战国至隋朝的骈文，共三十一卷，分上中下三篇三十一类。曾氏嫌他分得太繁碎，故而归并自己所制定的三门（即著述门、告语门、记载门）十一类中。

简编《经史百家杂钞》

余所编《经史百家杂钞》，编成后有文八百篇上下，未免太多，不足备简练揣摩之用，宜另抄小册，选文五十首抄之，朝夕讽诵，庶为守约之道。

译文

我所编纂的《经史百家杂钞》，编成后收有文章八百篇左右，未免太多，不足以作为简练利于揣摩的用途而准备，宜于另外再抄文章五十篇，早晚阅读背诵，以求符合简约原则。

点评

曾氏选编《经史百家杂钞》，后又觉得选得太多，不宜更多人阅读，也突出不了重点，故于次年（咸丰十一年）精选一个只收五十篇的简本，定名为《经史百家简编》。

古文八字诀

往年余思古文有八字诀，曰雄、直、怪、丽、澹、远、茹、雅，近于茹字似更有所得，而音响节奏，须一和字为主，因将澹字改作和字。

文章阳刚之美，莫要于涌、直、怪、丽四字；阴柔之美，莫要于忧、茹、远、洁四字。惜余知其意而不能竟其学。

尝慕古文境之美者，约有八言，阳刚之美，曰雄、直、怪、丽，阴柔之美，曰茹、远、洁、适。蓄之数年，而余未能发其为文章，略得八美之一，以副斯志。是夜将此八言者，各作十六字赞之，至次日辰刻作毕，附录如左。

雄：划然轩昂，尽弃故常，跌宕顿挫，扪之有芒。

直：黄河千曲，其体仍直，山势如龙，转换无迹。

怪：奇趣横生，人骇鬼眩，《易》、《玄》、《山经》，张韩互见。

丽：青春大泽，万卉初葩，《诗》、《骚》之韶，班扬之华。

茹：众义辐凑，吞多吐少，幽独咀含，不求共晓。

远：九天俯视，下界聚蚊，寤寐周孔，落落寡群。

洁：冗意陈言，类字尽芟，慎尔褒贬，神人共监。

适：心境两闲，无营无待，柳记欧跋，得大自在。

译文

往年我思考古文有八字诀窍，称之为雄、直、怪、丽、澹、远、茹、雅，近来对于茹字似乎更加有所收获，至于音响节奏上，必须以一个和字为主，因而将澹字改为和字。

文章的阳刚之美，重要的莫过于涌、直、怪、丽四个字；阴柔之美，重要的莫过于忧、茹、远、洁四个字。可惜的是，我知道它的意思，但不能深究这中间的学问。

曾经追慕古文境界的美好者，约有八个字，在阳刚之美方面，即雄、直、怪、丽，在阴柔之美方面，即茹、远、洁、适。在心中积蓄了几年，我没有将它发挥成为一篇文章，用来略微探索八种美境中的一种，证明我的追慕之志。今夜将这八个字中的每一个字用十六个字来赞扬，到第二天辰时写完，附录于左边。

雄：轩昂挺立，将故常完全抛弃，跌宕顿挫，摸一摸感觉到有刺芒。

直：如同黄河般虽曲折多但主体依旧直挺，又像如龙的山势，转换之际看不出痕迹。

怪：奇特趣味凭空生发，人与鬼都会惊骇眩目。在《易经》、《太玄》、《山海经》及张华、韩愈的作品里都可见到。

丽：如同春天里的大沼泽地，成千上万朵鲜花初吐花蕊，《诗经》、《离骚》以及班固、扬雄的文章里都有这种美好的春光。

茹：各种含义都汇集着，蕴含者多而显露者少，独自幽深地蓄含，不想求得众人知晓。

远：站在九重天上俯视，人间万物如同蚊子聚集，日夜所思索大道理的周公孔子，显得孤独而不合群。

洁：冗长的内意陈旧的语，这类东西全部删除，笔底下的褒贬要谨慎，神与人都在监视着。

适：心与境两者都悠闲，不钻营不期待，如柳宗元的游记与欧阳修的序跋，因此而达到自在大境界。

点评

曾氏很赞同姚鼐将文章分为阳刚之美与阴柔之美两大类的说法，并进而以四个字来表述阳刚之美，以四个字来表述阴柔之美，再进而模仿钟嵘的《诗品》，对这八个字予以四字一句共四句的阐述。虽然曾氏的表述不一定全面准确,但他对文章之道的努力探索,却很有意义。他的关于古文之境的八个字三十二句话,对文章写作也很有启发性。

古文古诗的八种风格

偶思古文古诗,最可学者,占八句云:《诗》之节,《书》之括,《孟》之烈,韩之越,马之咽,《庄》之跌,陶之洁,杜之拙。

译文

偶尔想到古文古诗,其中最可学习的地方,随口念了八句话来表述:《诗经》的节制,《书经》的概括,《孟子》的激烈,韩愈的激越,司马迁的吞咽,《庄子》的跌宕,陶潜的高洁,杜甫的朴拙。

点评

曾氏喜欢思索,也善于用简洁的文字将思索所得予以概括。这八句话是他对古诗古文中的八个(部)经典作家(作品)风格的概括,有的很准确如《孟》之烈,但也有的为了叶韵而显得有点勉强,如马之咽。

老年背《离骚》

《离骚》三百二十四句诵毕。老年读生书成诵,稍补少壮之缺陷,亦一乐也。

译文

《离骚》三百二十四句背诵完毕。老年读过去没有熟读的书能够背诵下来,稍稍弥补少壮时的缺陷,也是一件快乐事。

点评

道光二十四年(1844)三月初十给诸弟家书中,曾氏在"熟读书"一栏中列有《屈子》一种,但此处又称《离骚》为生书。看来,这中间有一段很长时间，曾氏没有温习过《离骚》。相对于杜诗韩文而言，屈原的作品在此老的心目中要低一点。

质疑《狱中上梁王书》

邹阳《狱中上梁王书》千古传诵，余究不知其深处。太史公以邹阳与鲁仲连并列，余亦不知其所以相合之处。

译文

邹阳的《狱中上梁王书》千古传诵，但我毕竟不知此文的深刻处在哪里。司马迁将邹阳与鲁仲连并在一起作列传，我也不知他们二人相吻合之处在哪里。

点评

这是一段对前人质疑的话。读书时心中是应该多有疑点的，有疑然后再化疑，便向前进了一步。曾氏之疑，或许是一种不以为然的态度。不盲从前人，也是一种值得提倡的读书态度。

夜温《长杨赋》

夜温《长杨赋》，于古人行文之气，似有所得。

译文

夜里温习扬雄的《长杨赋》，在古人行文之气这方面，好像有所收获。

点评

曾氏很喜欢扬雄的文章，看重的是他文章中的气势，重温《长杨赋》，其目光亦盯在气字上。

舆中读《上林赋》

舆中读《上林赋》千余言，略能成诵，少时所深以为难者，老年乃颇能之，非聪明进于昔时，乃由稍知其节奏气势与用意之所在，故略记之。

译文

在轿中读司马相如的《上林赋》一千多字，略微能背诵。少年时深感为难的事，老年却颇能做到，不是比过去聪明，而是因为稍微懂得这篇赋的节奏、气势与主题所在，故略为能记住。

点评

弄清《上林赋》的节奏、气势与主题所在后，背诵起来就容易多了。曾氏的心得对于提高背诵能力颇有启发。《上林赋》只千余言，曾氏少年时背诵此文竟深以为难，足见他的记忆力平常。曾氏屡说自己天分不高，看来主要指的这点。

汉魏赋训诂精确声调铿锵

余近年最好扬、马、班、张之赋，未能回环朗诵，偶一诵读，如逢故人，易于熟洽，但衰年读书，未必能久记耳。

汉魏人作赋，一贵训诂精确，一贵声调铿锵。

译文

我近年特别喜爱扬雄、司马相如、班固、张衡的赋，不能反复朗诵，偶尔诵读，像是遇到熟人，容易融洽，只是暮年读书，未必能够长久记住。

汉魏人作赋，一是训诂精确，一是声调铿锵，这两点可贵。

点评

曾氏之所以喜欢扬、马、班、张等四人的赋，原因是汉魏人作赋讲究训诂和声调。赋这种文体，也只有汉魏人运用得好，此后少有名篇佳节。

韩文与《六经》

古文之道，与骈体相通。由徐、庾而进于任、沈，由任、沈而进于潘、陆，由潘、陆而进于左思，由左思而进于班、张，由班、张而进于云、卿。韩退之之文，比云、卿更高一格。解学韩文，则可窥六经之阃奥矣。

译文

古文的法则，与骈文相通。由徐陵、庾信而上溯到任昉、沈约，由任昉、沈约而上溯到潘岳、陆机，由潘岳、陆机而上溯到左思，由左思而上溯到班固、张衡，由班固、张衡而上溯到扬雄、司马相如。韩愈的文章，比扬雄、司马相如更要高出一格。理解韩文，则可略知《六经》的机奥了。

点评

曾氏画出一条从汉到唐的文章演变轨迹，然后再将韩文与六经衔接上。"文起八代之衰"的韩愈是如何接续孔孟道统的，通过这条轨迹可以寻到着落。

对韩文的领悟

二日内，始悟昌黎诸文，皆学《书经》。

二日内，因读辛、刘词，又大悟韩文之妙，实从子云、相如得来。

二日内，觉于古人大有所得，乃悟韩文实从扬、马得来，而参以孔、孟之义理，所以雄视千古。

译文

这两天里，开始领悟韩愈的各种文章，都是学的《书经》。

这两天里，因为读辛弃疾、刘克庄的词，又大为领悟韩愈文章的妙处，确实从扬雄、司马相如那里得来。

这两天里，自觉从古人处获得很多，于是懂得韩文确实是从扬雄、司马相如那里得来，又参以孔、孟的义理，所以能雄视千古。

点评

这几段日记，说的都是曾氏读韩文的体悟：一是韩文学《书经》，一是韩文从扬雄、司马相如来。曾氏酷爱韩文，对韩愈研究较深，他所说韩文的这两个特点应有道理。

文章与情韵声调

韩文《柳州罗池庙碑》，觉情韵不匮，声调铿锵，乃文章中第一妙境。情以生文，文亦以生情，文以引声，声亦足以引文，循环互发，油然不能自已，庶渐渐可入佳境。

译文

读韩愈《柳州罗池庙碑》一文，感觉到该文情韵不绝，声调铿锵，是文章中的第一等妙境。情韵催发好文章，好文章也可以催生情韵，好文章可以引发铿锵声调，铿锵声调也足以引出好文章，循环而互相引发，自然而然地产生不能自己控制，如此或许可渐渐地进入文章佳境。

点评

曾氏认为韩愈《柳州罗池庙碑》是第一等妙文，妙在情韵和声调上。又由此而领悟到情以生文，文以生情，文以引声，声以引文的为文奥妙。这些体会足令喜为文者咀嚼。

韩文技进乎道

阅韩文《送高闲上人》。所谓机应于心，不挫于物，姚氏以为韩公自道作文之旨。余谓机应于心，熟极之候也，《庄子·养生篇》之说也；不挫于物，自慊之候也，《孟子》"养气"章之说也。不挫于物者，体也，道也，本也；机应于心者，用也，技也，末也。韩子之于文，技也进乎道矣！

译文

读韩愈《送高闲上人》一文。所谓机巧与心相应，气不因外物而挫，姚鼐认为这两句话是韩愈老先生关于作文宗旨的夫子自道。我以为所谓机应于心，这是熟练至极的体现，《庄子·养生篇》中的说法；不挫于物，自我感觉很好的体现，《孟子》"养气"的说法。气不因外物而挫，这是本体，是法则；机巧与心相应，是运用，是末技。韩愈对于文章而言，是技巧已进入为文之大道。

点评

《庄子·养生篇》中解牛高手庖丁说："臣之所好道也，进乎技矣。"说的是道在技之上。曾氏所说的"技也进乎道矣"，应化于此典。进乎道的技乃至为高超的技艺，此时的技艺已与大道完全一致。

"周情孔思"乃为文之本

读《原毁》、《伯夷颂》、《获麟解》、《龙杂说》诸首，岸然想见古人，独立千古，确乎不拔之象。

韩公"周情孔思"四字，非李汉知之极深，焉能道得出？为文者要须窥得此四字，乃为知本。

译文

阅读韩愈的《原毁》、《伯夷颂》、《获麟解》、《龙杂说》各篇文章，凛然想到古代的杰出人物独立千古，确实有不可摇动的气象。

韩愈老先生"周情孔思"四个字，不是李汉知道得很深透，又怎么能说得出呢？为文者必须要将这四个字研究清楚，才能说探知了本原。

点评

周情孔思，指的是周公之情孔子之思，意为周公孔子的道统和他们用文章来传授道统的表述手法。曾氏认为，韩愈的这四个字道出千古文章的根本。

韩文的两篇相配现象

韩文志传中，有两篇相配偶者，如"曹成生"、"王宏"两篇为偶，"柳子厚"、"郑群"两篇为偶，"张署"、"张彻"两篇为偶，推此而全集中可以为偶者甚多。古人之文可为偶者甚多，惜不能一一称量而配合之耳。

译文

韩文中的志传有一个现象，即两篇文章互为配偶，如"曹成生"、"王宏"两篇为偶，"柳子厚"、"郑群"两篇为偶，"张署"、"张彻"两篇为偶，以此类推韩愈全集中可以互为配偶者很多。古人的文章像这种可互为配偶者很多，可惜的是不能将它们一一找出来称量配合。

点评

这是曾氏的一个发现，不过也只能算是一家之言吧。

气不在义理字句间

温韩文数篇，若有所得。古人之不可及，全在行气，如列子之御风，不在义理字句间也。

译文

温习韩文几篇，似乎有所收获。古人文章中不可企及的地方，完全在行气这一点上，好像列子的驾着风而奔驰，而不在它的义理与字句之间。

点评

气在义理字句之外。这是曾氏对于文章的又一领悟。

柳宗元山水记文境最高

柳子厚山水记，似有得于陶渊明冲淡之趣，文境最高，不易及。

夜阅古赋《识小录》。深有味于柳子厚之《囚山》篇。

柳宗元的山水游记，似乎从陶渊明的冲淡之趣中有所获得，文章的境界最高，不容易企及。

夜里阅读古赋《识小录》。在柳宗元的《囚山》篇中深有所体味。

曾氏也很喜欢柳宗元的文章，他所喜欢的是柳文的冲和淡静之风格。

苏东坡以文章为鼓吹

姚公谓苏氏学《庄子》外篇之文，实则诙谐处不逮远甚。

苏子由谓东坡晚年，以文章为鼓吹，真知文章中之乐境。余亦微知之，惜无宽闲岁月，竟其所学耳。

姚鼐说苏轼学《庄子·外篇》里的文风，其实苏之诙谐比《庄子·外篇》差远了。

苏辙说苏轼晚年将文章视为合奏器乐，这是真正懂得文章中的快乐境界。我也略微懂得，可惜没宽松清闲岁月，来完成为文的学业。

苏东坡是做文章的千古高手，从他的兄弟的话看来，他是将为文当作欣赏音乐一样，难怪能进入人所不及的境地。曾氏的叹息亦自有道理，倘若让他一辈子做太平京官，说不定为文技巧会大为不同，但文章能否流传下来，则是说不准的事。

归有光文不足以发挥奇趣

读震川文数首，所谓风尘中读之，一似嚼冰雪者。信为清洁，而波澜意度，犹嫌不足以发挥奇趣。

阅震川古文，遂并翻其四书文阅之。其深灏流转之气，乃更胜于古文也。

译文

读归有光文章数篇，人们说身处宦海中读他的文章，好比嚼一块冰雪似的能使头脑清醒。的确他的文章是清纯洁静，但其文章的起伏意境等毕竟有限，还是觉得不足以发挥奇趣。

阅归有光的古文，连带翻看他的四书文。四书文中深广流淌的气势，更要胜过他的古文。

点评

归有光，字熙甫，人称震川先生，明代著名散文家。其为文长于叙事抒情，风格偏于清婉。曾氏文风与归有所不同。他认为归文不足以发挥奇趣，但因归之四书文（即科场中的应试文）中有深灏流传之气，转而又加以赞赏。

读《汤文正集》

阅《汤文正集》，惟传、状、碑、铭之类不惬吾意，余如语录、告谕、书牍之属，皆有诚意挟正气以行。学问本极渊博，讲学又甚公允，不可及也。

译文

读《汤文正集》，只有传、状、碑、铭之类不合我的心意，其他的如语录、告谕、书牍一类，都充满着正气诚意。学问本来就很渊博，讲授学理又很公允，不可以企及。

点评

康熙时官居礼部尚书的汤斌（死后谥文正）是一个理学家，曾氏对他很敬重，认为他的文章诚意挟正气以行，自己远远比不上。

读洪亮吉《上成亲王书》

程伯敷出示洪稚存《上成亲王书》，即嘉庆己未获咎发遣新疆者，当时直声震于天下，今观之，亦无甚触忌讳之处。

译文

程伯敷拿出洪亮吉的《上成亲王书》，即嘉庆己未年获咎发配到新疆的那个人，当时正直的名声震动天下，现在看来，也没有很触犯忌讳的地方。

点评

洪亮吉，字稚存，翰林院编修，著名经学家、文学家。嘉庆四年，他上书批评朝政，后遭发配新疆伊犁的处分，不久又获得赦免回朝。时过境迁，不过几十年光景，曾氏再读当年使龙颜震怒的《上成亲王书》，已不觉得有忌讳之处了。

读梅伯言等人的文章书信

阅《梅伯言文集》，叹其钻研之久，功力之深。

至钱警石先生久谈，得见其族兄衍石先生家书数十封，携归一阅，实嘉道间一硕儒也。

阅钱衍石先生与其弟警石先生家信，服其学问精神，机趣洋溢。

阅陈秋舫、吴伟卿所作应制赋，气势流利，古不乖时，今不同弊，心赏其能，而自愧弗如也。

译文

读《梅伯言文集》，感叹他对文章钻研的长久，功力的深厚。

到钱警石先生处久谈，得以见到他的族兄衍石先生的家书数十封，带回来一看，确实是嘉道年间一位学问广博的儒士。

阅读衍石先生给他的弟弟警石先生的家信，佩服他的学问精深广博，机趣洋溢。

阅读陈秋舫、吴伟卿所作的应试赋，气势流利，如同古赋但又不与时代乖违，与今人赋比又没有他们的弊病，心里很赞赏陈、吴的才能，而自愧不如。

点评

这几段日记记的是曾氏读别人文字时的感叹，流露的是日记主人虚己心而善见人长的性情修养。

梅伯言即当时的著名古文家梅曾亮。对于此人的文章，曾氏的看法前后有很大的转变。赵烈文《能静居日记》同治六年（1867）八月二十一日记载："涤师复来久谈，自言初服官京师，与诸名士游接。时梅伯言以古文、何子贞以学问书法皆负重名，吾时时察其造诣，心独不肯下之。顾自视无多蓄积，思多读书，以为异日若辈不足相伯仲。无何，学未成而官已达，从此与簿书为缘，素植不讲。比咸丰以后，奉命讨贼，驰驱戎马，益不暇。今日复审视梅伯言之文，反觉有过人处，往者之见客气多矣。"这段话可作为此处所抄日记的佐证。

读左宗棠等人的文章

吴竹如文集，方存之代为编出者，计十二卷，粗阅数十页，于儒、释、朱陆之辨，剖晰最精。

阅吴南屏《柈湖文录》数十首，叹其少而能文，老而不倦，为不可及。

左季高信内寄祭胡润帅文稿一篇，情文并茂，殊为杰构。

译文

吴竹如的文集，由方存之代为编辑的，共计十二卷，粗略阅读几十页，对于儒学、佛学以及朱熹、陆九渊两人的学问异同，分析很精当。

读吴南屏《柈湖文录》几十页，感叹他少年时便能文，到老来仍不倦怠，这一点为我所不可及。

左季宗棠里夹寄祭胡林翼文稿一篇，祭文情感与文字并茂，真是一篇杰作。

点评

读吴廷栋、吴敏树、左宗棠三位朋友的文章，一如读别人的文字样，曾氏总是抱着以揄扬为主旨的心态。

别後新詩巧摹寫
古来静治浮清闲

上堂垂诲鉴

涤生曾国藩

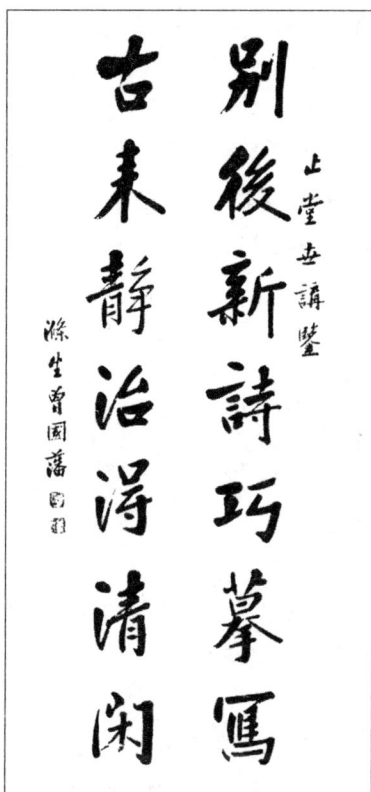

曾国藩手书联语

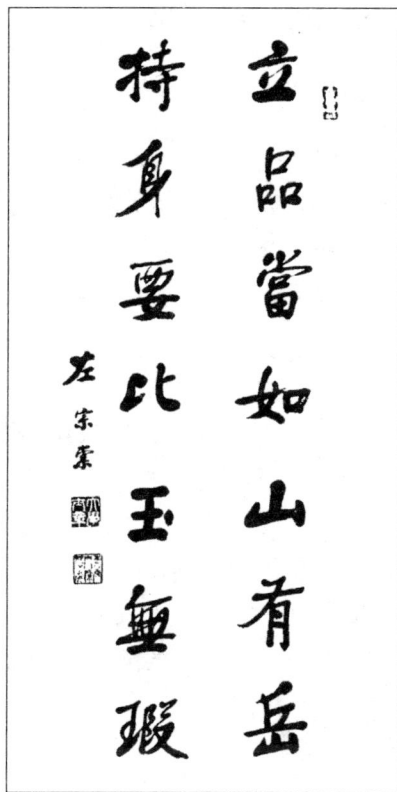

立品当如山有岳
持身要比玉无瑕

左宗棠

左宗棠手书联语

读冯桂芬《校邠庐初稿》等

冯敬亭名桂芬，寄《校邠庐初稿》二册，共议四十二篇。粗读数十篇，虽多难见之施行，然自是名儒之论。

窦兰泉近作辨论十余首，多阅历之言，而文义未能入古。

与次青论古文之法。次青天分高，成就当未可量。

译文

冯敬亭，名桂芬，寄来《校邠庐初稿》二册，共有时议四十二篇。粗略读了其中几十篇，虽然许多想法难以实施，但确实是名家言论。

窦兰泉近作辨论文十多篇，多为有阅历的言论，只是文章中的议论不能进入古人境界。

与李次青谈论古文的法则。次青天分高，将来的成就不可限量。

冯桂芬的《校邠序抗议》是近代一部名著。冯与曾氏为同时代人，曾为救上海上书曾氏，后即入李鸿章幕，晚年主讲金陵、苏州等地书院，在倡导洋务上与曾氏观点一致。窦兰泉即窦垿，曾氏京师时期的理学朋友，以后一直与曾氏有书信往来。李次青即李元度，湘军重要将领之一，一生与曾氏关系密切。李长于著述。

不同意崇宋抑汉

蒋琦龄所陈时政十二事，约计万余言，多可见之施行，文笔亦雅健畅达。末条请崇宋学而压抑汉学，似与各条不类。

申甫在此畅谈，言渠文笔所以不甚畅者，为在己之禁令太多，难于下笔耳。余劝其破除禁令，一以条畅为主。凡办事者，先贵敷陈朗畅也。

译文

蒋琦龄所说的有关时政的十二件事，大约有万多字，其中多数意见可以实行，文笔也雅健畅达。最后一条请求推崇宋学而压抑汉学，好像与其他各条不属同一类。

李申甫在此处畅谈，说他的文笔之所以不很畅达的原因，是因为自己的禁令太多，下笔有困难。我劝他破除这些禁令，一律以条理分明语言畅达为主。凡是办实事的人，最看重的是叙述上的明朗畅达。

点评

曾氏为学，汉宋兼容并蓄，故而不满意蒋琦龄的崇宋抑汉。曾氏既是文章家，更是军政首领，作为一个办实事者，他提倡朗畅文风，有其现实意义。

刘蓉降职不可解

刘霞仙所作辨蔡寿祺诬劾一疏，置身甚高，辞旨深厚，真名作也。

阅邸抄，中见霞仙以本年复奏一疏降调，如此名奏议，而反以获谴，颇不可解。

译文

刘霞仙针对蔡寿祺的诬陷弹劾所写的辨解奏疏，将身置于很高的境地，文章旨意深厚，真是名作。

阅读邸抄，在其中看见刘霞仙因为今年的一封复奏而遭降职处分的调令。如此著名的奏议，反而受到谴责，颇为不可理解。

点评

同治四年（1865）初，翰林院编修蔡寿祺上疏弹劾恭王奕䜣。疏中牵连到陕西巡抚刘蓉，说刘靠夤缘而升官。刘当即上疏辨诬，并攻讦蔡是挟嫌构陷。刘此举遭内阁侍读学士陈廷经所劾。朝廷派大臣按究，以漏泄密折罪将刘降调。陕甘总督杨岳斌为刘说情，乃改为署理巡抚。第二年，刘蓉因兵败革职回籍。刘此时刚五十岁，一生仕途到此结束，七年后病逝。

张裕钊文章有王安石之风

张廉卿文有王介甫之风，日进不已，可畏可爱。

阅张廉卿近所为古文，喜其入古甚深，因为加圈批。

译文

张廉卿的文章有王安石的风格，每天都有进展而不停止，可畏可爱。

读张廉卿所写的古文，对他进入古人境界很深而欣喜，为此而加以圈阅批改。

点评

张裕钊，字廉卿，曾参与曾氏幕府，潜心研究桐城辞章，主讲保定、江宁等地书院，有《濂亭文集》等行世，被世人视为曾氏四大弟子之一。曾氏赏识他的文风。

思作一卷冰雪文

石芸斋所作《房山石经》、《山访碑记》，亦伟观也。

思白香山、陆放翁之襟怀澹宕，殊不可及。古文家胸怀虽淡泊，而笔下难于写出。思一为之，以写淡定之怀，古所谓"一卷冰雪文"者也。

译文

石芸斋所作的《房山石经》、《山访碑记》，也是宏伟的观赏品。

想起白居易、陆游的襟怀散淡悠闲，真是很不可企及。古文家们虽然胸怀淡泊，但笔底之下很难将这种淡泊写出。打算做一件这样的事，专写从容淡定的胸怀，也就是古人所说的"一卷冰雪似的文章"。

点评

长年被卷入政治军事争斗的漩涡，满腹机心，一腔沟壑，故而对于古人的散淡悠闲的生活态度更加向往，曾氏甚至说过，像陶渊明那种"采菊东篱下，悠然见南山"的隐居生涯，是"南面王不足以易其乐"。曾氏写"冰雪文"的宏愿，终其一生未实现，这是因为他一生未有澹宕的心境和处境。

古文写作上的苦恼

古文一事，平日自觉颇有心得，而握管之时，不克殚精极思，作成总不称意，安得屏去万事，酣睡旬日，神完意适，然后作文一首，以摅胸中奇趣？

余于古文一道，十分已得六七，而不能竭智毕力于此，匪特事务相扰，时有未闲，亦实志有未专也。此后精力虽衰，官事虽烦，仍当笃志斯文，以卒吾业。

久不作文，机轴甚生，心思迟钝，尚不能成篇，亦因见客太多，琐事烦渎，神智昏搅故也。

昔年每作一文，辄数日不能成寐，不知老年何以转无此病，岂反健于壮岁耶？抑用心未能锐入耶？

余生平稍致力于古文，思欲有所述作，今耄而一无所成，深用自愧。

与儿子一论所作之文，考据与笔力，两无可取。

每一作文，未下笔之先若有佳境，既下笔则无一是处。由于平日用功浮泛，全无实际故耳。

译文

对于古文写作这件事，平日里自觉颇为有所心得，但到握笔写时，又不能够做到用尽心思来考虑，写好后又总觉得不满意。真想排除一切事务的干扰，美美地睡上十天，使得精神充足，心情闲适，然后再写一篇文章，以发抒胸中的奇趣。

我对于古人写作的法则，十分已得到其中的六七分，但不能做到用尽心智力量来写作，不完全是琐碎事务的干扰，没有空闲时刻，也实在是心志没有专一。以后即使精力虽然衰退，公务虽然烦杂，仍然要定下心来致力古文写作，以完成我的事业。

长久不写文章，技艺已很生疏，思虑显得迟钝，且不能成篇，也是因为接见客人太多，烦琐之事相侵，把神智都搅得昏乱的缘故。

过去每写一篇文章，动辄几天不能睡好觉，到了老年，不知是什么原因没有这个毛病了，难道是反而比壮年时更健壮了吗？还是因为心思上没有用得像过去那样深入了？

我平生于古文写作上曾经稍微用心，想在这方面有所著述，现在疲惫而一无所成，深感自愧。

与儿子谈论自己所作的文章，在考据和文笔两方面都无可取之处。

每一次写文章，没有下笔之前好像觉得心中有好的意境，到了写时则又觉得一无是处。这是因为平日里用功浅且太宽泛，完全没有实际效果的缘故。

点评

此处所抄录的这几段曾氏日记，谈的全是关于作文之事。曾氏军功盖世，封侯拜相，历史对这些说得不少，且多为肯定，但曾氏本人对此少见自矜，并不认为自己是摆弄军政的高手。他自我感觉良好的只有一个方面，即诗文，尤其是文章的写作。这里所说的古文，就是我们通常所说的时文（八股文）之外的文章。但是，一则困于军政事务，一则疲于年衰体弱，曾氏对于古文写作未能达到自己预期目标的现状，十分苦恼。

对所作之文深以为愧

作《孙芝房刍论序》一首，约九百字，至三更始毕。老年作文，愈觉吃力，而机势全不凑泊，总由少作太生之故耳。

作《莫犹人墓表》，文笔平衍，无复昔年傲岸劲折之气，盖老境日增耳。

思作《金陵官绅昭忠祠碑》，而不能成，遂竟日昏睡如醉痴，向来习态如此，而数十年因循不肯苦学作文，至今已衰老，悔无及矣！

作苗君墓志铭毕，细阅竟无一字是处。昔余终年不动笔作文，而自度能知古人之堂奥，以为将来为之必有可观。不料今年试作数首，乃无一合于古人义法，愧赧何极！

作唐公墓志，复视无一是处，乃知吾昔年自诡为知文，而曾不一动笔为之，全不可恃也。天下事知得十分，不如行得七分，非阅历何由大明哉？

郭婿铭辞作毕，全不合古人义法，深以为愧。

思作《江宁府学记》，苦探力索，竟不能成一字，固属衰惫之象，亦由昔年本无实学，故枯竭至此，深为叹愧。

作星冈公墓表，文成，视之无一当意之处。甚矣，余思之钝，学之浅，而精力之衰也！余前有信寄筠仙，云近世达官，无如余之荒陋者。顷接筠仙信，力雪此语之诬。余自知甚明，岂有诬乎？

译文

写《孙芝房刍论序》一篇，约九百字，到三更时才写完。老年写文章，愈加觉得吃力，而在构思上又完全不能得心应手，总是因为写得少太生疏的缘故。

写《莫犹人墓表》，文笔平淡支蔓，没有早年傲岸劲折的气势，原因是老年境况越来越厉害了。

考虑写《金陵官绅昭宗祠碑》，但不能写成，于是像醉汉痴人一样地昏睡一整天，一贯来的习惯都是这样的，几十年来因循旧习不肯用苦功学习写作，到现在已经衰老，后悔来不及了。

写完苗君墓志铭，仔细阅读竟然没有一个字是值得肯定的。先前我一年到头不动笔作文，而自认为能够知道古人为文的诀窍，以为将来写出的文章必定可观。不料今年试着写几篇，而无一点符合古人的法度，羞惭极了！

写唐公墓志，回头再读无一字值得肯定，于是知道我过去自诡称懂得作文，又不动笔写作，完全不可依恃。天下事知道十分，不如做成七分，不是亲自经历怎么能够很明白呢?

郭刚基的墓志铭写完,完全不合古人法度,深以为惭愧。

考虑写作《江宁府学记》,苦苦地探索,竟然不能写出一个字,固然是因为身体衰惫,也是由于早年并没有实际学问,故而思路枯竭到这般地步,深为叹息惭愧。

写星冈公的墓表,写完后,通读一篇竟然无一处满意。我思维的迟钝,学问的浅薄,又加之精力的衰惫真是到太可怕的地步了!我前次寄了一信给郭筠仙,说近世大官,没有哪个像我这样的荒废浅陋。刚才接到筠仙的来信,竭力为这句话辩白。我对自己很明白,怎么会有诬陷呢?

点评

曾氏晚年,因位高名大,求他作序作记作铭文的很多,有的不能推辞,遂只得于忙碌与衰病之中勉力为之。求者或许没有想到,这些应酬文字不仅耗费曾氏许多精力和时间,而且给他增加很重的精神负担。曾氏本自诩善文,到晚年因知自己的名位而对所作要求更高,但苦于久不作文兼之体力衰弱,写出的文章又往往达不到目的,于是很苦恼,甚至连对先前为文的自信心也动摇了。这几段日记,真实地录下他的这种心态,与当年"惟古文各体诗,自觉有进境,将来此事当有成就,恨当世无韩愈、王安石一流人与我相质证耳"相比,简直判若两人。

纪泽部分诗作毁于火

纪泽所作《拟庄》三首,颇能善谈名理,亦略通训诂奇字之学。

译文

纪泽所作的《拟庄》三首,颇为能善于谈论名理,亦略微通晓训诂奇字的学问。

点评

曾纪泽好作诗,有《归朴斋诗集》存世,但此诗集却不见曾氏所说的《拟庄》三首。其弟纪鸿曾为乃兄诗集所作的序言中有这样一段话:"伯氏劼刚先生往年尝为咏史四言诗数十百首,纪游、拟古、友朋酬唱为五言古诗三百余首,藏之箧衍,秘不示人。同治己巳孟夏,奉先姚欧阳侯太夫人板舆,发金陵就保定节署,行次清河,副舟不戒于火,兄之诗文杂草,所著小学、训诂、声韵诸书稿本及手校子史若干部皆荡为煨烬。"看来,《拟庄》三首亦于此次毁于火中了。

《十八家诗钞》

余昔年抄古文,分气势、识度、情韵、趣味为四属,拟再抄古近诗,亦分为四属,而别增一机神之属。机者,无心遇之,偶然触之。姚惜抱谓文王周公系《易》象辞爻辞,其取象亦偶触于其机,假令《易》一日而为之,其机之所触少变,则其辞之取象亦少异矣。余尝叹为知言。神者,人功与天机相凑泊,如卜筮之有繇辞,如《左传》诸史之有童谣,如佛书之有偈语,其义在于可解不可解之间。古人有所托讽,如阮嗣宗之类,或故作神语以乱其辞。唐人如太白之豪,少陵之雄,龙标之逸,昌谷之奇,及元、白、张、王之乐府,亦往往多神到机到之语。即宋世名家之诗,亦皆人巧极而天工错,径路绝而风云通。盖必可与言机,可与用神,而后极诗之能事。余抄诗,拟增此一种,与古文微有异同。

是日思诗既选十八家矣。古文当选百篇,抄置案头,以为揣摩,因自为之记曰:为政十四门,为学十五书,抄文一百首,抄诗十八家。

余既抄选十八家之诗,虽存他乐不请之怀,未免足己自封之陋。乃近日意思尤为简约,五古拟专读陶潜、谢朓两家,七古拟专读韩愈、苏轼两家,五律专读杜甫,七律专读黄庭坚,七绝专读陆游,以一二家为主,而他家则参观互证,庶几用志不纷,然老境侵寻,亦只能长吟以自娱,不能抗乎以入古矣。

译文

我过去抄录古文,分气势、识度、情韵、趣味四个方面,打算再抄录古代近代诗,也分为四个方面,而另外增加一个机神方面。所谓机,不存心而遇到,偶然触及。姚鼐说周文王与周公为《易经》的象辞、爻辞作系辞,其间所取的图象也是偶然触及机,假如令《易经》一天之内而写成,其机的所触及者稍有变动,那么其辞的所取图象也会稍有变异。我曾经感叹说这话体现出对文字的相知。所谓神,指人的功能与天机相偶合,如卜筮中有繇辞,如《左传》等史书上有童谣,如佛书中有偈语。它们的含义在可解与不可解之间。古人有所寄托讽刺,如阮籍一类人，或者是故意假借鬼神之语混在言辞中。唐代人如李白的豪放，杜甫的沉雄、王昌龄的俊逸、李贺的奇诡，以及元稹、白居易、张籍、王维的乐府，也往往多有神到机到之语，即便是宋代名家的诗，也都是人的思索到了灵巧至极而使天工与之相交错，路途看似走到绝处而风云又来与之相沟通。这些名家都是可以与之谈论机神，而后又有能将诗发挥到极点的本事。我抄录打算增加这一种，与古文相比稍微有点不同。

今天想到古诗既然已经选十八家了，古文应当选一百篇，一并抄录置之案头，作为时常揣摩的读本，因而自己为此事写道：致力政务有十四个门类，致力学问有十五种书，抄录古文一百篇，抄录古诗十八家。

我既已抄选十八家的诗，虽然存着其他乐趣都不及此的情怀，也不免有以此自封的孤陋，而近来所想更加简约。五古打算专门读陶潜、谢朓两家，七古打算专门读韩愈、苏轼两家，五律专读杜甫，七律专读黄庭坚，七绝专读陆游，以一两家为主，其他家则作为参读互证，如此或许能做到用功不纷歧，然则老境一天天加重，也只能是以吟诵作为自娱，不能有加入古人行列的雄心了。

点评

于古人诗文，曾氏有两部著名的传世选本，一部为《经史百家杂钞》，一部为《十八家诗钞》。这两部书的设想都起于他在北京城里做京官时。古文选本成书为咸丰十年（1860），而这部诗钞历时更久，直到同治六年（1867）底才基本选完。可见这两部诗文选本耗费了曾氏的巨大心血。《十八家诗钞》中的十八家，即曹植、阮籍、陶潜、谢灵运、鲍照、谢朓、李白、杜甫、王维、孟浩然、韩愈、白居易、李商隐、杜牧、苏轼、黄庭坚、陆游、元好问，共选抄他们的诗作六千五百九十九首。

五言古诗的两种最高境地

五言古诗有二种最高之境，一种比兴之体，始终不说出正意。如《硕人》，但颂庄姜之美盛，而无子兆乱已在言外。《大叔于田》，但夸叔段之雄武，而耦国兆乱已在言外。曹、阮、陈、张、李、杜往往有之。一种盛气喷薄而出，跌宕淋漓，曲折如意，不复知为有韵之文，曹、鲍、杜、韩往往有之。余解此二境，而曾未一作此等诗，自愧亦自憾也。

译文

五言古诗有两种最高的境界。一种是比兴之体，始终不说出诗文所要表达的本意。如《硕人》，只颂扬庄姜的非常美丽，而无子将引发动乱已在言外。如《大叔在田》，只夸耀叔段的雄壮威武，而并立为国将引发动乱已在言外。这种境地在曹植、阮籍、陈子昂、张籍、李商隐、杜牧中往往可见。一种是盛大的气势从诗中喷薄欲出，跌宕淋漓，曲折而如意，令人感觉不出这是有韵的文字，这种境地在曹操、鲍照、杜甫、韩愈的诗中往往可见。我懂得这两种最高境地，只是不曾作过一首这样的诗，既惭愧又遗憾。

点评

这段日记说的是曾氏研究五言古诗的体会。他领悟到五言古诗有两个最高的境地：一是通篇比喻，意在不言中；一是气势雄壮，令人被其气所震撼而不觉得是在读诗。

读陶诗

夜阅陶公《述酒》诗，为南宋鄱阳汤文清公汉所注，于陶公廋词微旨，尽得解释，欣悦无已。

阅陶诗全部，取其闲适者记出，将抄一册，合之杜、韦、白、苏、陆五家之闲适诗，纂成一集，以备朝夕讽诵，洗涤名利争胜之心。

译文

夜晚读陶渊明的《述酒》，这首诗为南宋鄱阳人汤汉所注释，对于陶渊明诗中的隐匿幽赜都给予揭橥，读后欢悦无已。

阅读陶渊明的全部诗作，将其中风格闲适的作品选出，将来抄录一册，与杜牧、韦应物、白居易、苏轼、陆游五人的闲适诗合在一起编成一集，以备早晚诵读，洗净名利与争强好胜之心。

点评

曾氏一生处在名利争胜之中，一颗心长年累月被绷得紧紧的，故而他特别需要借闲适诗作来放松来休闲，陶渊明的诗因此备受他的青睐。他多次要两个儿子读陶诗，借以陶冶心胸："五言诗若能学到陶潜、谢朓一种冲淡之味，和谐之音，亦天下之至乐，人间之奇福也。"（同治元年七月十四日家书）"纪泽于陶诗之识度不能领会，试取《饮酒》二十首、《拟古》九首、《归田园居》五首、《咏贫士》七首等篇反复读之。若能窥其胸襟之广大，寄托之遥深，则知此公于圣贤豪杰皆已升堂入室。"（同治四年七月初三日家书）

古人措词深秀

阅《文选》"杂拟"，古人措词之深秀，实非唐以后人所可及，特气有骞翥骏迈者，亦有不尽然者，或不免为词所累耳。若以颜、谢、鲍、谢之辞，而运之以子云、退之之气，岂不更可贵哉？

译文

读《文选》"杂拟"。古人措词的深远秀雅，实在不是唐代以后的人所可企及的，只不过是气有飞腾奔驰的，也有不尽如意的，或许不免为词藻繁复所拖累。倘若以颜延之、谢灵运、鲍照、谢朓的辞章，而以扬雄、韩愈的气势运用其中，岂不更加可贵吗？

点评

汉魏六朝时期，文人为文特别讲究辞藻的华美，也很注重字词的训诂声韵，但毕竟在风骨上略有欠缺。曾氏此段日记，说的即是这方面的感受。

杜诗句法变幻无穷

批校太白乐府，每日仅校二十首或十余首，盖余于乐府向未用功，兹稍一措意，全无入处也。

日来读杜诗，颇有小得。无事则心头口头不离杜诗，虽细加咀嚼，而究有为人的意思。

杜诗韩文所以能百世不朽者，彼自有知言养气工夫。惟其知言，故常有一二见道语，谈及时事，亦甚识当世要务；惟能养气，故无纤薄之响。

温杜诗五古，观其笔阵伸缩吐茹之际，绝似《史记》。忆古人谓杜少陵似太史公者，不记是东坡之言乎？抑他人之言乎？

阅杜诗五古。古人妙处，只是造句之法，变幻无穷，故终身无一复句，犹之《毛诗》无相袭之调也。昔尝以作古文，宜用杜诗造句之法，近来久未温习及此矣。

温杜诗五古，爱其句法瘦劲，变化通于古文造句之法，憾吾能知之而苦于不能为之耳。

夜诵杜韩七古颇多，似有会于古人沉郁顿挫之义。

译文

批阅校勘李白的乐府，每天仅校勘二十首或者十多首，这是因为我对乐府一向没有用过功，这次一稍微注意，便觉得完全找不到入门处。

近日来读杜甫诗，颇为有些收获。无事则心里嘴上都不离开杜诗，虽然这样做是在咀嚼诗，但毕竟有一点做给别人看的意思。

杜甫的诗韩愈的文章之所以能够百世不朽，是因为杜韩存有知言养气的工夫。因为知言，故而常常有一两句窥见哲理的话语，谈到时事时，也很能对当时的要务有认识；因为养气，故而没有纤薄的声音。

温习杜诗中的五古，看他的遣辞布局中的伸缩与吐纳之间，极似《史记》。想起古人说杜甫像司马迁，不记得是苏轼说的呢？还是别人说的呢？

读杜诗中的五古。古人诗中的妙处，只是在造句的方法上变幻无穷，故而一辈子无一句重复句子，如同《毛诗》没有互相抄袭的调子一样。过去曾经说过写古文宜采用杜诗的造句方法，近来很久没有温习到这方面了。

温习杜诗中的五古，喜爱他句法的简洁劲挺，其变化与古文造句之法相通，遗憾的是我能懂得但苦于不能写出如他那样的五言诗。

夜晚诵读杜甫、韩愈的七古诗颇多，好像对于古人沉郁顿挫的风格有所领会。

点评

此处所抄录的这几段日记，除校勘李白乐府一段外，全是曾氏读杜甫五古、七古诗的体会。曾氏喜读杜甫，对之研究颇深。从这几段日记看来，曾氏特别赞赏杜甫的造句功夫，并认为能与古文相通；当然，也爱杜诗的沉郁风格。

读白苏陆诗开拓胸襟

阅《白香山集》。因近日胸襟郁结不开，故思以陶、白、苏、陆之诗，及张文端公之言解之也。

车中看义山诗，似有所得。夜翻《樊川集》证之，亦然，知何大复《明月篇》之有心得也。

与李眉山谈诗，极佩杜牧之俊伟。

日内于苏诗似有新得，领其冲淡之趣，洒落之机。

温苏诗，朗诵颇久，有声出金石之乐，因思古人文章所以与天地不敝者，实赖气以昌之，声以永之，故读书不能求之声、气二者之间，徒糟粕耳。

放翁七言绝句，实能道得空旷怀出。

译文

读《白香山集》。因为近日里胸襟的郁结打不开，故而想以陶潜、白居易、苏轼、陆游的诗，以及张英的文章来化解。

在车中看李商隐的诗，似乎有所收获。夜里翻开《樊川集》来参证，也有这种感觉，于是知道何景明(号大复山人)《明月篇》是真有心得之作。

与李眉山谈诗，极为佩服杜牧诗的俊朗伟岸风格。

近日里对于苏轼的诗好像有新的收获，领会到他的冲淡洒落的机趣。

温习苏轼的诗，较长时间高声朗诵，有一种声音像出自金石中的乐趣，因而想到古人的文章之所以能与天地不隔离，实在是依仗气势来昌盛、声韵来歌咏，故而读书若不能在声韵、气势二者之间探求，则只能得到糟粕。

陆游的七言绝句，实在是能将空旷的胸怀抒写出来。

点评

这几段日记写的是曾氏读白居易、李商隐、杜牧、苏轼、陆游等人诗作的体会，认为他们的诗作能于人的胸襟的开拓很有帮助，并且特别强调读古诗要讲究对声韵和气势的揣摩。

读祁隽藻等人的诗

将祁文端公诗集阅二三卷。昔年深不以公诗为然，兹多阅数十首，其中多可取者。

朱伯韩诗所诣在韩、白之间。

至易念园处，观渠所为诗，宗法晚唐，颇有法度。予性好言诗，蕙西谓余于诗太自主张，不免自是。细思良然。

吴南屏寄毛西垣诗，翻读一过，信为朋辈中所不可多得，宜南屏之亟称之也。

译文

将祁隽藻（谥文端）的诗集阅读二三卷。过去很不以他的诗为然，这次多阅读几十首，发现其中有许多可取之处。

朱伯韩诗的造诣在韩愈、白居易之间。

到易念园住处，看他所作的诗，以晚唐诗为效法的宗师，颇为有法度。我的性格是喜好说诗，邵蕙西说我对于诗是太自作主张，免不了自以为是。细细思索，的确是这样。

吴南屏寄来毛西垣的诗，翻读一遍，确为朋友辈中不可多得，南屏对他的屡次称赞是对的。

点评

祁、朱、易、吴、毛等人，都是曾氏的师友辈。这里说的是对他们诗作的阅评，评语皆正面肯定。体现作者对友人诗作的一种虚己之怀。

和何栻诗

何廉舫信附七律十六章，才人之笔，人人叹之不置。

作七律五首，和何廉舫诗次韵，同和者是李次青、吴子序、甘子大、许仙屏等数人，而王霞轩、郑弥之、何敬海等亦将和之。余见廉舫诗才轩举，所著骈文乐府皆有可观，悯其阖家殉节，因欲和诗一二章以慰劳之，本无意次韵也。子序、次青诸君皆次其韵，余亦遂勉为之。

何廉舫随信附寄七律十六首，才子之作，人人称叹不已。

依何廉舫的原韵写和诗七律五首，同和者为李次青、吴子序、甘子大、许仙屏等人，王霞轩、郑弥之、何敬海等人也将写诗唱和。我见廉舫的诗才气轩昂，所写的骈文与乐府也都有可观，怜悯他全家殉节，因而想写一二首和诗来安慰他，原本没有步韵的意思。子序、次青等人都依其原韵，我于是也就勉力为之。

何栻，字廉舫，江苏江阴人，道光进士，官至江西吉安知府，与曾氏有诗文交往。曾氏诗集中有送何栻七律十六首，抄录其一以飨读者：山县寒儒守一经，出山姓字名芳馨。要令天下消兵气，争说湘中聚德星。旧雨三年精化碧，孤灯五夜眼常青。书生自有平成量，地脉何曾独效灵。

做诗则不能成寐

阅冯焌诗稿。焌，代州人，字稚华，其七世祖如京，官广东布政使。六世祖壅，以进士官至同知。五世祖光裕，以举人官至湖南巡抚。四世祖祁，官编修。曾祖均弼，以举人荫生，官至湖北按察使。祖宬，以举人官浙江知县。焌为潜山县天堂巡检，又署屯溪巡检，刻诗四卷，清稳不俗。昨和余诗八首，今日问之程伯敷，始知其人。因取其诗披阅数十首，兼阅其曾祖及祖刻诗，乃知其世家渊源有自也。

观李眉生诗，爱其俊拔而有情韵，将来必为诗人。纪泽前后作次莲字韵二首，韵稳而脉清，吐属亦尚名贵，将来或亦为诗人，殊以为慰。

赵惠甫近作《书怀》五章，又录旧作词十调见示，皆才人之笔也。

秋海言七律须讲究藻采声调，不可专言上乘证果，反昧初开，切中予病。又盛赞予五律。

昔年每作一诗，辄不能睡，后遂搁笔不复为诗。今试一为之，又不成寐，岂果体弱不耐苦吟耶？抑机轴太生，成之艰辛耶？

读冯焌的诗稿。冯焌，山西代州人，字稚华。他的七世祖名如京，官至广东布政使。六世祖名雍，以进士官至同知。五世祖名光裕，以举人出身官至湖南巡抚。四世祖如祁，官至翰林院编修。曾祖父名均弼，以举人兼荫生出身，官至湖北按察使。祖父名宬，以举人出身官至浙江知县。冯焯为安徽潜山县天堂镇巡检，又署理屯溪镇巡检。刻印诗集四卷，清爽稳健不俗。日前写了八首和我的诗，今天为此问程伯敷，才知道这个人。因而取他的诗翻阅几十首，同时参阅他的曾祖父、祖父所刻印的诗，于是知道他是有自己的世家渊源的。

看李眉生的诗，喜欢他的风格俊拔而又有情韵，将来必定是个诗人。纪泽前后写了二首押莛字韵诗，韵脚稳当而脉络清楚，语句也还显得名贵，将来或者也可为诗人，很感到欣慰。

赵惠甫近日写了名为《书怀》的诗五首，又抄录先前写的词十首给我看，都是才子文笔。

秋海说七律必须讲究词藻声调，不可以一味去说高妙境界，蒙昧初开，切中我的毛病。又大为称赞我的五律。

过去每写一首诗，动辄不能安安稳稳睡好觉，后来因此停笔不再写诗。今天尝试写一写，又不能安稳睡觉，难道果然是体弱而不能忍耐苦吟呢？还是思维方面太生疏，要成功一首诗太艰辛呢？

点评

这几段日记说的也是诗。曾氏说他每写一诗，则不能安稳入睡，可见他吟诗之苦，同时也可知他体质羸弱且才思不够敏捷。诗文写作依仗才气和勤奋。然诗偏于才气，文则重于勤奋，曾氏才气不算一流，但他勤思勤学，故而其文成就大于其诗。

作字之笔势笔画及心态

作字之法，绵绵如蚕之吐丝，穆穆如玉之成璧。

作字之道，用笔贵勒贵努，而不可过露勒努之迹。精心运之，出以和柔之力，斯善于用勒用努者。

写字之道，如修脚匠之修脚，古人所谓拨镫法较空灵，余所谓修脚法较平稳。

译文

写字的法则，绵绵不断如同春蚕的吐丝，穆穆庄重如同美玉刻琢成璧。

写字的规矩，运用笔画贵在勒和努，但不可过于显露勒与努的痕迹。精心运笔，而以温和柔软的形态展示，这就是善于用勒用努的表现。

写字的方法，好比修脚匠修理脚掌。古人说的拨镫法较为空灵，我所说的修脚法较为平稳。

点评

与那个时代所有翰林出身的高级官员一样，曾氏既长于作字也重视作字。曾氏常常会将他作字的体会及对古今书法作品的评论写在他的日记中。这三段日记，第一段讲的笔势，第二段讲的是笔画，第三段讲的作字人的心态。

识笔之病与因病成妍

凡用之笔，未有十分合手者，往往有小毛病不称人意。善书者于每用一笔，先识其病，即因其病势而用之；或笔之病，次日又有小变，又因其变症而用之；或因病成妍，则善于用笔矣。

用狼笔写新宣纸，悟古人顿挫之法、扑笔之法，只是笔不入纸，使劲扑下耳。

译文

凡写字用的毛笔，没有完完全全与自己书写的习惯相合的，往往有些不称心如意的小毛病。善于写字的人每使用一枝笔，先要看出它的毛病在哪里，再根据它的毛病而因势使用。也有可能笔的毛病到了第二天又小有变化，于是再因它的改变而使用。或许因为它的毛病反而成就另外一种美好，那就是善于使用笔了。

用狼毫笔写新宣纸，去领悟古人的顿挫及扑笔的法则，只是注意笔不要与纸贴得太紧，用劲将笔尖向下扑而已。

点评

这两段日记讲的是对笔的使用。其中所讲的识笔之病而后因病势而用之，进一步而因病成妍，确为行家之谈。

锋芒森森为雄字正宗

京中翰林善写白折者，相传中有一丝牵贯于行间，作大字亦当知此意味。

作书之道，寓沉雄于静穆之中，乃有别味。雄字须有长剑快戟、龙拿虎踞之象，锋芒森森不可逼视者为正宗，不得以剑拔弩张四字相鄙。作一种乡愿字，名为含蓄深厚，举之无举，刺之无刺，终身无入处也。作古文古诗亦然，作人之道亦然，治军亦然。

译文

京城翰林有善于写白折的，相传他们写的白折中有一丝气息牵贯字里行间，写大字也应当知道这中间的意味。

书法艺术，能够将沉雄气骨寄寓于静穆景象之中，则有另外一种味道。沉雄之字必须有长剑快戟、龙拿虎踞的气象，锋芒逼人令人不可近看者是雄字的正宗，不得以剑拔弩张四个字来鄙视。写一种四面讨好如同乡愿那样的字，名为含蓄深厚，但想立起来却没有骨力，想激人眼光却没有锋芒，一辈子都进不了境界。写古文古诗也是这样，做人的道理也是这样，治理军队也是这样。

点评

曾氏一生信奉"男儿以懦弱无刚为耻"的祖训，立身处世以刚强为本，这种风格贯穿在他的方方面面。他为文崇尚气势雄奇的阳刚之美，他的字傲岸挺偓，平时举止厚实稳重。此次日记中更提出"锋芒森森不可逼视"为雄字的正宗，又将"乡愿"的概念引进书法评论，足见他崇尚阳刚的审美观。

艺之精全在微妙处

摹《书谱》一过，乃知艺之精，其致力全在微妙处。若人人共见共闻之处，必无通微合妙之诣，若一向在浮名时誉上措意，岂有是处？

译文

临摹《书谱》一遍，于是懂得艺术的精到，完全应在微妙之处上用力。人人都能见到听到的地方，必定没有与微妙相合的通道，倘若总在浮名时誉上用功，哪里会寻到微妙处呢？

点评

曾氏在这里谈了一点很有见地的体会，即艺术的精到体现在微妙之处，而这种微妙之处却不在人人都能感觉到的地方，因此要有避开浮名时誉的孤独寂寞之心。

字的点画体势

作字之道：点如珠，画如玉，体如鹰，势如龙，四者缺一不可。体者，一字之结构也；势者，数字数行之机势也。

译文

写字的法则是：墨点如珠子的圆满，笔画如玉的光润，结体如鹰的矫健，气势如龙的腾跃。四个方面缺一都不行。体，指一个字的结构；势，指几个字几行之间的内部气势。

点评

点、画、体、势四个方面中的前三个皆有迹可寻，后一个则无迹可寻。有迹之高标准，固然不易达到，而无迹之高标准则更难实现。无数的书法家，竭终身之力所追求的就是这个"无迹"。老子说"有之以为利，无之以为用"，相对于"有"来说，"无"的境界更高。

奇气不令过露

大抵作字，及作诗古文，胸中须有一段奇气盘结于中，而达之笔墨者，却须遏抑掩蔽，不令过露，乃为深至。若将丝毫求知见好之心洗涤净尽，乃有合处，故曰"七均斯无声，五和常主淡"也。

译文

大致说来，写字以及写诗写古文，胸中都必须有一股奇特之气盘旋固结其间，而表现在笔墨上，却必须抑制掩藏，不要令它太暴露，这才是老到。倘若将一丝一毫的求取别人知道称赞的心思都洗涤干净了，才有可能与此相吻合，故而有"七种协调乐器的工具本身都不发出声音，五种调和的佐料都以淡为主"之说。

点评

复出之后的曾氏，为人处世主黄老学说，以藏刚于柔之术应对方方面面。他的审美观亦相与吻合。这段奇气不令过露的作字之道，所体现的审美趣味即属于此类。

有惊心动魄，才能渐入正果

因读李太白、杜子美各大篇，悟作书之道，亦须先有惊心动魄之处，乃能渐入证果。若一向由灵妙处著意，终不免描头画角伎俩。

译文

因为读李白、杜甫两人大篇幅的诗作，领悟写字的法则，也必须先有惊心动魄的内容，才能逐渐获取正果，倘若总是着意在灵妙的手法上，终归脱离不了描画头角的小技巧。

点评

曾氏此处说的是主与次之间的关系。惊心动魄是主，灵妙是次。诗文大制作当以惊心动魄的内容为主，书法亦应以扎实的笔画结构这个内容为主。

写字体悟种种

作字之道，全以笔阵为主，直以取势，横以出力，当少胜矣。

读《孙子》"鸷鸟之疾，至于毁折者，节也"句，悟作字之法，亦有所谓节者，无势则节不紧，无节则势不长。

出笔宜颠腹互用，取势宜正斜并见。用笔之颠，则取正势，有破空而下之状；用笔之腹，则取斜势，有骰属踊趽之象。

夜写零字颇多，略有所会，于昔年"体如鹰"四句之外，又添四句，曰点如珠，画如玉，体如鹰，势如龙，内跌宕，外拙直，鹅转颈，屋漏痕。

古来诗家、文家、书家，皆有所谓笔阵者，厚蓄于阵之初，阵将酣时，又已作变态矣。

作书，思偃笔多用之于横，抽笔多用之于竖，竖法宜努、抽并用，横法宜勒、偃并用。又首贵有俊拔之气，后贵有自然之势。

译文

写字的法则，完全以笔画为主，直笔取的是势，横笔出的是力，明白这个道理，可以稍胜一筹。

读《孙子兵法》"猛禽飞行时速度之快，甚至可以使草木毁掉折断，之所以有如此力量是它能节制以至于猛烈爆发"句子，领悟到写字的道理，也有所谓节制一说，没有笔势则节制不紧凑，没有节制则笔势不长久。

出笔时适宜笔尖与笔腹互相使用，取势时适宜正笔与斜笔同时出现。用笔尖时，则用正面笔势，有一种从空中冲下来的状态；用笔腹时，则用倾斜笔势，有回旋踊趽的形象。

夜晚写零散字较多，略微有些体会，对于过去"体如鹰"四句话之外，又增加四句，即点如珠子的圆满，笔画如玉的光润，结体如鹰的矫健，气势如龙的腾跃，内里跌宕，外表朴拙，像鹅转动长颈，像墙壁上留下的漏痕。

自古来诗人、散文家、书法家，都有所谓笔阵的，厚重的积累于布笔阵之初，当笔阵将要达到酣畅时，又已经改变形式了。

写字时，要想到卧笔多用在横上，抽笔多用在竖上。写竖笔时，宜努、抽并用，写横笔时，宜勒、偃并用。又最可贵的是有英俊挺拔的骨力，然后可贵的是有自然的走笔惯势。

点评

曾氏这几段日记，讲的都是他在写字上所悟出的一些道理，对于喜作字者来说，或许有所启发。

书法不外羲献父子等

大约书法不外羲、献父子。余以师羲不可遽几，则先师欧阳信本；师欧阳不可遽几，则先师李北海。师献不可遽几，则先师虞永兴；师虞不可遽几，则先师黄山谷。二路并进，必有合处。杜陵言书贵瘦硬，乃千古不刊之论，东坡驳之非也。

阅《皇甫碑》，识得欧字意思，知颜柳之硬，褚欧之瘦。学书者，不可不领略也。

因写零字，偶有所得，知欧、虞用笔，与褚相通之故。书家之有欧、虞、褚及李北海，犹诗家之有李、杜、韩、苏，实不祧之祖也。

悟北海上取直势，下取横势，左取直势，右取横势之法，大约直势本于秦篆，横势本于汉隶。直势盛于右军暨东晋诸帖，横势盛于三魏诸碑。唐初欧公用直势，褚公用横势，李公能兼二势。

孔过庭《书谱》，稍得王大令之法。

余往岁好黄鲁直书深得晋人真意，而逸趣横生，当更致力。

译文

大致说来，书法不外乎王羲之、献之父子。我因为师法羲之不可能很快接近，则先师法欧阳询；师法欧阳询不可能很快接近，则先师法李邕；师法王献之不可能很快接近，则先师法虞世南；师法虞世南不可能很快接近，则先师法黄庭坚。两条路同时并进，必定有相会合处。杜陵说写字可贵之处在瘦硬，这是千古不刊之论，东坡反驳得不对。

看《皇甫碑》，领略到欧阳询字的内涵，知道颜真卿、柳公权字的硬，褚遂良、欧阳询字的瘦。学习写字的人，对此不可不领略。

因为写零散字，偶尔有所得。懂得欧阳询、虞世南用笔，与褚遂良相通的缘故。书法家中有欧阳询、虞世南、褚遂良及李邕，好比诗人中有李白、杜甫、韩愈、苏轼，他们实在是诗书两家中的不祧之祖。

领悟到李邕写字上用的是直势，下用的是横势，左用的是直势，右用的是横势的方法。大约直势以秦篆为本，横势以汉隶为本，直势以王羲之及东晋诸帖为盛，横势以三魏（北魏、东魏、西魏）诸碑为盛。唐初欧阳询用直势，褚遂良用横势，李邕并用横直二势。

孙过庭的《书谱》，略微探索到王献之的作字法则。

我往年喜好黄庭坚的书法深得晋人书法艺术的精髓，而飘逸之趣味横空生发，理应更加用功。

点评

这几段话都是曾氏平时作书时的体会。曾氏治学办事都有一个长处，即善于寻觅桥梁，通过这座桥梁而达到有时看起来很遥远或者是很难达到的目标。比如说，他教育子弟要诚。"诚"本来是一个很高远的境界，不易做到，曾氏给子弟指出一座桥梁，即从不打诳语做起。不打诳语这是容易做到的，坚持一辈子不打诳语，也便可以从"不诚"的此岸到达"诚"的彼岸的。在练习书法这方面，他也找到了桥梁：王羲之不易接近，则先学欧阳询，欧阳询不易接近，则先学李邕，通过李、欧两座桥而到达王的身边。

作字之法种种

作书之法，刘石庵善用偃笔，郑板桥善用蹲笔，王梦楼善用缩笔，惟努笔近人无善用者。古人惟米元章最擅胜场，吾当于此自极其思耳。

董香光专用渴笔，以极其纵横使转之力，但少雄直之气。余当以渴笔写吾雄直之气耳。

作书之法，古人师欧、李、柳、黄，今人师邓、郑、刘、王。

作字之法，亦有所谓阳德之美、阴德之美。余所得之意象，为阳德之美者四端：曰直，曰觚，曰勒，曰努；为阴德之美者四端：曰飑，曰偃，曰绵，曰远。兼此八者，庶几其为成体之书。在我者以八德自勖，又古今人中择八家以为法，曰欧、虞、李、黄、邓、刘、郑、王。

作字之道，二者并进，有着力而取险劲之势，有不着力而得自然之味，着力如昌黎之文，不着力如渊明之诗。着力，则右军所称如锥画沙也；不着力，则右军所称如印印泥也。二者阙一不可，犹文家所为阳刚之美、阴柔之美矣。

译文

写字的法则，刘墉善于用偃笔，郑板桥善于用蹲笔，王梦楼善于用缩笔，惟有努笔近人没有善于使用者。古人中惟有米芾最擅长此道。我应当在这点上自己极力思索。

董其昌专用渴笔，用它来极度发挥纵横使转的力量，但缺少雄直的气势。我应当用渴笔来写出雄直的气势。

写字的法则，于古人则师从欧阳询、李邕、柳公权、黄庭坚，于今人则师从邓石如、郑板桥、刘墉、王梦楼。

写字的法则，也有所谓的阳刚之美、阴柔之美。我所感受到的表象，属于阳刚之美方面的有四种，叫做直，叫做軼，叫做勒，叫做努；属于阴柔之美方面的有四种，叫做憇，叫做偓，叫做绵，叫做远。能够兼备这八种，或许可称为自成一体的书法。对我来说，应当以此八种来自我勉励，又从古人今人中选出八个大家作为效法。这八个大家为欧阳询、虞世南、李邕、黄庭坚、邓石如、刘墉、郑板桥、王梦楼。

写字的法则，宜两方面同时并举。有用力而取艰险强劲之势，有不用力而能得自然趣味。用力的，比如韩愈的文章；不用力的，比如陶渊明的诗。用力，即王羲之所比方的用锥子在沙上画；不用力，即王羲之所比方的用印章印在泥上。两者缺一不可，好比文章中有阳刚之美和阴柔之美一样。

点评

这几段日记记的都是曾氏在写字时的一些偶得。他认为，书法审美也可以有阳刚之美和阴柔之美两种，又以"着力"与"不着力"来区别此两种美的用笔方式。这些都可以看出此老的确是一个事事都用心的人。

阅刘墉《清爱堂帖》

阅刘石庵《清爱堂帖》，其起笔多师晋贤及智永《千字文》，用逆蹴之法，故能藏锋。张得天之笔多师褚、颜两家，用直来横受之法，故不藏锋而联丝萦带，以发其机趣。二者其理本一贯，特逆蹴与直来横受，形迹判然，难合而为一耳。

看刘文清公《清爱堂帖》，略得自然之趣，方悟文人技艺佳境有二：曰雄奇，曰淡远。作文然，作诗然，作字亦然。若能含雄奇于淡远之中，尤为可贵。

梦刘文清公，与之周旋良久，说话甚多，都不记忆，惟记问其作字果用纯羊毫乎？抑用纯紫毫乎？文清答以某年到某处道员之任，曾好写某店水笔。梦中记其店名甚确，醒后亦忘之矣。

译文

看刘墉的《清爱堂帖》，他的起笔多师从晋代的先贤以及智永的《千字文》，使用逆蹴之法，故而藏锋。张得天的笔画多师从褚遂良、颜真卿两家，使用直来横受的方法，故不藏锋而丝带相联以发挥他的机趣。两种方法的道理本是一致的，只是在形迹上逆蹴与直来横受截然不同，难以合而为一罢了。

看刘墉的《清爱堂帖》，略微得到其中的自然而然的情趣，于是感悟到文人的技艺有两种佳境：叫做雄奇，叫做淡远。作文是这样，作诗是这样，作字也是这样。若是能将雄奇寓含于淡远之中，则尤其可贵。

梦见刘墉，与他相处很久，说了许多话，醒来后都不记得了，只记得问他写字真的用纯羊毫吗？或者用纯紫毫吗？刘墉回答说，某年到某地任道员，曾经喜欢用某店卖的水笔。梦中对这个店名记得很确切，醒来后也忘记了。

点评

在本朝人当中，曾氏最推崇刘墉的书法。夜梦刘墉，并与之讨论用什么笔，醒后还要将它郑重记在日记中，颇有点孔子梦周公的味道。可见曾氏对刘墉的仰慕之深。他在欣赏刘墉的《清爱堂帖》时，生发出"含雄奇于淡远之中"的感悟，不仅可视为曾氏的美学思想，也可看作是曾氏的人生体验。这是一种很高的为人境界，它要求阳刚与阴柔兼备，且将阳刚藏于阴柔之中。曾氏晚年的这个领悟，很有意蕴。

作字的险与和

作字之法，险字、和字，二者缺一不可。本日阅王箬林《簪语》，亦于此二字三致意焉。

偶思作字之法，可为师资者，作二语云：时贤一石二水，古法二祖六宗。一石谓刘石庵，两水谓李春湖、程春海。二祖谓羲、献。六宗谓欧、虞、褚、李、柳、黄也。

余在三十以前，作字未能尽心，间架不稳，手腕不稳。四十以后，略有长进，而手腕时灵时钝，钝时则如古人所谓姜芽冻痴蝇者，可自笑也。

日内于作字之道，若有所会，惜精神疲乏，目光眵花，老境日臻，不克竟其所学，古人所以贵及时力学也。

译文

写字的法则，用笔险硬与用笔和软，两者缺一不可。今天看王箬林的《誉语》，他也是对这两者再三表示赞赏。

偶尔想到在写字上可当作老师的人，凑了两句话：时贤一石二水，古法二祖六宗。一石，指刘石庵；二水，指李春湖、程春海。二祖，指王羲之、王献之。六宗，即欧阳询、虞世南、褚遂良、李邕、柳公权、黄庭坚。

我在三十岁以前，对书法未能尽心，结构不稳当，手腕不平稳。四十岁以后略有些长进，但手腕有时灵活有时迟钝，迟钝时则像古人所说的手像姜芽、字像冻死的蠢苍蝇，自己都觉得好笑。

近日里对于写字的法则，好像有所领会，可惜精神疲乏，目光昏花，老境一天天逼近，却不能够完成我的学业，怪不得古人看重及时力学啊！

点评

在书法上，曾氏将清代人都视作今人。时贤如刘墉、邓石如等都是乾隆时代的人，距"今"已好几十年了。与王氏父子、欧阳询等人相比，固然也可以算作今人，但可能还有艺术上的分野一层意思在内，即邓、刘等人的书风与曾氏所处时代或许相差无几。

刚健婀娜缺一不可

作字之道，刚健、婀娜，二者阙一不可。余既奉欧阳率更、李北海、黄山谷三家，以为刚健之宗，又当参以褚河南、董思白婀娜之致，庶几成体之书。

余近年始略解书法，而无一定规矩态度，仍归于一无所成。今定以间架师欧阳率更，而辅之以李北海；丰神师虞永兴，而辅之以黄山谷；用墨之松秀，师徐季海所书之《朱巨川告身》，而辅之以赵子昂《天冠山》诸种，庶几其为成体之书。

用狼毫笔写寸以外字，足以发摅心中迈往之气，为之神怡。

久未作小楷，下笔辄重而不入。是日笔轻稍能入纸，乃悟轮扁甘苦徐疾之说，日内作书，常有长进，盖以每日不间断之故。

译文

写字的法则，刚健劲拔与婀娜多姿，两者缺一都不好。我一面将欧阳询、李邕、黄庭坚三家奉为刚健之风的宗师，又应当以褚遂良、董其昌的婀娜多姿的韵致作为参考，这样或许可能自成一体。

我最近几年才略为理解书法，但缺乏一种固定的规矩态度，仍旧是一无所成。今后一定在结构上师从欧阳询，而以李邕为辅助，在神采上师从虞世南，而以黄庭坚为辅助，用墨上的松秀，则师从徐浩所写的《朱巨川告身》，而以赵孟頫的《天冠山》几种字帖作为辅助，或许书法可以自成一体。

用狼毫笔写一寸大以上的字，足可以发舒心中豪迈前进的气概，精神因此而怡乐。

很久没有写小楷，下笔则重却不能入纸。今天下笔轻而能稍稍入纸，于是悟得轮扁关于制轮的一套甘苦疾徐的说法。近日里写字常常有些长进，这是每天不间断写的缘故。

水宽山远烟霞迥
天澹云闲今古同

曾国藩手书联语

点评

轮扁甘苦徐疾之说，见于《庄子·天道》。这实在是一段古往今来不可多得的绝妙文字，现特为照抄一节，以飨读者——

"轮扁曰：臣也以臣之事观之，斫轮徐则甘而不固，疾则苦而不入，不徐不疾，得之于手而应于心，口不能言，有数存焉于其间。臣不能以喻臣之子，臣之子亦不能受之于臣，是以行年七十而老斫轮。"

这段文字之所以好，是它至少说出两层普遍存于世间的道理：一是世间有许多的巧妙是不能用语言文字来表达的，二是世间有许多的巧妙产生于经年不息的手眼操作中而不自知。书法艺术便是其中之一。曾氏以晚年之手每日不间断作字而自觉常有长进，便正是这种现象的很好说明。

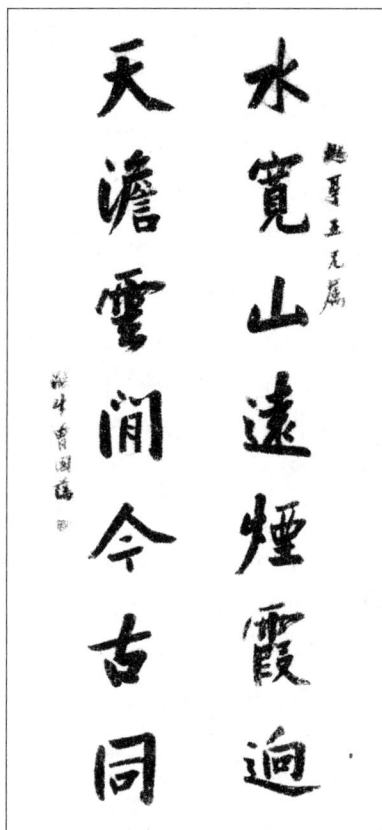

古之书家作品中别有意态

古之书家，字里行间，别有一种意态，如美人之眉目可画者也，其精神意态不可画者也。意态超人者，古人谓之韵胜。余近年于书，略有长进，以后当更于意态上着些体验工夫，因为四语，曰：骹属鹰视，拨镫嚼绒，欲落不落，欲行不行。

近来作书，略有长进，但少萧然物外之致，不能得古人风韵耳。

余作字不专师一家，终无所成。定以后楷书学虞、柳、李、王，取横势以求自然之致，利在稍肥，行书学张、欧、黄、郑，取直势以尽睥视之态，利在稍瘦。二者兼营并进，庶有归于一条鞭之时。

日内作字，手甚吃力，拟用跌、欹、注、卷四字诀为之，用力轻匀，或转可历久不变。

余近习字，非求字佳，老年手指硬拙，有如姜芽，借古帖使运动稍活耳。

习字一纸，似有所会，因就前所作诗二句，复增二句云："侧势远从天上落，横波杂向弩端涵，刷如丹漆轻轻抹，换以龙蛇节节衔。"自此专从侧横刷换致力，不复以他妙杂萦吾虑矣。

子愚处观宋高宗书《豳风》，字画雅洁，图亦工雅绝伦。

译文

古时书法家的字里行间，另外有一种意态，如同美人的眉目是能够画得出来的，而她的风神意态则是不可能画出来的。以意态超过别人，古人称之为以韵味取胜。我近年来对于书法略有些长进，以后应当更加在意态上用一些体验功夫。因为这点感想而写四句话：以雄鹰视物之势展示骹偃，以嚼绒之姿登上烈马，将落而不落，将行而不行。

近来在写字上略有长进，但缺少萧然物外的风致，不能获得古人的风韵。

我写字不专门师从一人，以至于始终没有成就。定下来以后楷书学虞世南、柳公权、李邕、王梦楼，取他们写横笔的自然韵致，以求得笔画稍粗一点。行书学张芝、欧阳询、黄庭坚、郑板桥，取他们写直笔时的睥睨之态，以求得笔画稍细一点。二者兼营并进，或许有横势、直势都收效的时候。

近日里写字，手很吃力，打算用跌、欹、注、卷四字诀来做此事，用力轻而均匀，或许可转为历久不变。

我近来练习写字，不是追求字好，人老了手指头硬拙，好比姜芽，只是借古帖来稍稍活动手指罢了。

练习写了一张字，好像有所领会，因而在先前所作的两句诗上再增加两句：侧势远远地如同天上落下，横波的功夫包涵在端部，将过去如轻轻刷漆的手法换为像龙蛇样的一节节互相衔接。

在子愚处看宋高宗所写的《豳风》，字与画都雅洁，图章也精工雅致绝伦。

点评

艺术与工艺，其中有一个很主要的区别之点，就在于好的艺术作品有一种韵致，即古人所谓的"气韵生动"，而工艺品没有。曾氏所说的"意态"，也是讲的这层意思。

人们都知道宋徽宗擅长书画，由曾氏日记可知其子高宗也善书画。这个宋代天下第一家庭，亦可称得上艺术世家。

观前人书画

黎寿民送手卷，系刘石庵、翁覃溪二公，乾隆四十八年在顺天闱中所写，各临《兰亭》一本，又书诗跋甚多。余以其物尤可珍贵，璧之。

李少荃赠以姚惜抱先生所书草字手卷，书苏公《登径山》诗，中有缺脱。姚君学怀素书，不甚沉着，特字以人重耳。

观钱子密家藏书画二种，一为其太高祖母陈太夫人画册，凡十帧。内一帧画一黑犬，一帧画一蝶未入花丛时，一帧画一虾一蟹二小鱼，一帧花蓝，一帧古柏，一帧梅花仙女，一帧修篁茂林，一帧杨梅、枇杷、二桃，一帧喜雀，一帧萝葡、白菜，皆清华名贵，秀绝人寰。每帧有其夫钱纶光廉江先生题诗二句。乾隆三十一年，其子文端公陈群进呈御览。高宗于每帧题七绝一首，并御题一跋于后发还。文端公及其子侍郎汝诚各作十诗，恭和元韵，而汝诚详跋于后，以志庆幸。逮乾隆四十七年，文端与侍郎皆殁，而高宗因钱选所画鸟犬，偶忆陈太夫人原册，遣人回浙取至京师，再呈御览。高宗再题七律一首，长跋一帧，仍归钱氏。信名迹奇遇也！其一种为《直庐问寝图》，图文端公早朝，先至其母陈太夫人所问安之象，为王肇基所绘，亦非俗笔。

子偲以所藏董香光等尺牍、王孟津草稿，乞与一观，谛观之，非真迹也。

钱子密出示其先世钱文端之母《夜纺受经图》，高宗及诸名臣题咏甚多，观玩甚久，信家宝也。

译文

黎寿民送来两幅手卷，系刘墉、翁方纲两位先生于乾隆四十八年（1783）在顺天乡试闱场中所书写的，各人临《兰亭集序》一本，又写诗及跋文很多。我鉴于物品的珍贵，原璧奉还。

李鸿章送来一卷姚鼐先生所写的草字，抄录苏轼《登径山》诗，其中有缺脱字。姚先生学怀素的草书，不很沉着，只是因为人的缘故而为世所重。

观钱应溥家藏的书画品两种。一是他的太高祖母陈太夫人的画册，共十幅。其中一幅画一条黑狗，一幅画一只还没进入花丛时的蝴蝶，一幅画一只虾一只蟹两条小鱼，一幅画花篮，一幅画古柏，一幅画梅花仙女，一幅画茂盛的竹林，一幅画杨梅、枇杷、两只桃子，一幅画喜鹊，一幅画萝卜、白菜，都画得清华名贵，秀绝人寰。每幅画上都有她的丈夫钱纶光廉江先生的两句题诗。乾隆三十一年（1766），她的儿子文端公陈群呈献给皇上御览。高宗在每幅画上题一首七绝诗，并题写一段跋文于画后再退回给钱家。文端公以及他的儿子侍郎汝诚每人作十首诗，恭和皇上的原韵，汝诚则详细写一段文章记在后面，纪念这桩幸事。到了乾隆四十七年（1782），文端与侍郎都已去世，而高宗因为看到钱选所画的鸟与狗，偶尔想起陈太夫人的原画册，于是钱家派人回浙江取来京师，再次呈给皇上御览。高宗再次题七律诗一首、长跋文一篇，仍送回给钱家。这真是名画奇遇啊！其中有一幅题为《直庐问寝图》。画的是文端公上早朝前先到他的母亲陈太夫人房中请安的形象，系王肇基所画，也不是俗笔。

莫友芝以他所藏董其昌等人的书信、王孟津的草稿，请我看一下。我仔细地看了，不是真迹。

钱应溥拿出他的祖先钱文端的母亲所绘《夜纺受经图》。高宗皇帝以及各位名臣题的诗文很多，欣赏很久，的确是传家宝。

点评

曾氏的两江幕府在当时有"天下人才渊薮"之称，汇集来自全国的各方面人才，钱应溥（字子密）即其中之一。咸丰十一年（1861），钱以军机章京的身份来到曾氏身边襄办营务，因勤勉而累受保举。后回京供职，迁升顺畅，晚年官至军机大臣、兵部尚书。此处所抄录的这五段日记中有两段是关于钱应溥的。从这两段日记中可知钱家祖上不仅官职崇隆，且出了一位擅长绘事的女才人，即钱应溥祖父的曾祖母陈太夫人。这位太夫人的画受到乾隆皇帝的赏识，为之题诗题跋。

十六年后，乾隆皇帝居然还记得此事，又在钱家再次进呈的画册上题诗题跋，足
见这位老夫人在乾隆脑中的印象之深，由此可知其画一定很不错。曾氏在日记中
详细记下每幅画的名字，也可见他的激赏之情。同治四年（1865）五月二十四日，
也就是钱应溥向曾氏出示《夜纺授经图》的第五天，曾氏在日记中说"题钱图诗
二首"。这两首诗可惜不见于曾氏全集，但曾氏全集中收有曾氏所撰的《海宁州
训导钱君墓表》，此钱君即应溥的父亲钱泰吉。文中盛赞钱氏家风及泰吉的学问。
曾氏对海宁钱家的尊崇，于此可见一斑。

世间尤物不敢妄取

　　休宁瞿令福田送右军帖一本，王梦楼跋断为淳化祖本，且定为唐刻，考核未
必确凿。而神采奕奕，如神龙矫变，不可方物，实为希世至宝。余行年五十有一，
得见此奇，可为眼福。瞿令又送赵侍制仲穆所画飞白竹，上有施愚山、沈绛堂诸
先生题跋，亦可宝也。余以世间尤物不敢妄取，审玩片刻，仍亦璧还。去年黎令
福畴送刘石庵、翁覃溪二公在闱中所书手卷，余亦璧却。此三件可称祁门三宝。

译文

　　休宁县令瞿福田送来王羲之字帖一本，王梦楼的跋文判断此帖为淳化祖本，
而且断定所依据的原件为唐朝所刻。王梦楼的考证未必准凿，但帖上的字神采奕
奕，如同神龙矫变，不可想象，实在是稀世至宝。我今年五十一岁，能够看到这
件奇物，可称得上有眼福。瞿县令又送来赵仲穆侍制所画的飞白竹，上面有施愚
山、沈绛堂各位先生的题跋，也是值得宝贵的。我秉世间特别宝贵的东西不敢随
便获取的原则，仔细欣赏一会儿，依旧退还。去年黎县令送来刘墉、翁方纲二位
先生在考场中所写的书法长卷，我也原璧奉还。这三件物品可称之为祁门三宝。

点评

　　好一个"世间尤物不敢妄取"，笔者禁不住为此语击节再三！这段话见于曾
氏咸丰十一年一月二十二日的日记，此时曾氏身为两江总督，驻扎祁门。祁门县
令黎寿民及附近的休宁县令瞿福田送来三件书法珍品，酷爱书法的曾氏却以"世
间尤物不敢妄取"之原则，将这"祁门三宝"璧还。换成别人，他可以心安理得
地收下，甚至还可以欣赏前贤墨宝为由头，招集幕中及地方文人开一个诗酒文

会，大家吟诗题文，相互唱和，以文人之好来为此行贿受贿涂上风雅光环。但曾氏没有这样做，他以"举头三尺有神明"来作为自律的戒尺，既保持自己的清白之身，也为日后不可预测的干求截断了进门之路。

赏玩字帖

庄思永带来法帖多种，中有三希堂帖，又有宋拓皇甫碑，王虚舟跋，非真迹也。又有大观帖，王梦楼、姚姬传手迹，赏玩片刻。

刘伯山携其所藏《西岳华山庙碑》，在世所传三名本之外。三名本者，一长垣本，宋漫堂、成亲王等所递藏，后归刘燕庭者也。一四明本，全谢山及范氏天一阁所递藏，后归阮文达者。一华阴本，王史、朱筠河等所递藏，后归梁茝林者也。刘氏本，则其父文淇孟瞻于扬州市肆得之，久不见称于世，亦可宝也。

杨梅琴信，寄到湖南永州等处金石各种，及汇刻邓石如篆隶，又集《中兴颂》字为联见赠，展玩良久。杨以乙巳翰林，出守永州，性耽金石，新升镇篁道者也。

译文

庄思永带来几种法帖，其中有三希堂帖，又有宋代拓的皇甫碑，王虚舟的跋，不是真迹。又有大观帖，王梦楼、姚姬传的手迹，欣赏了一会儿。

刘伯山带来他所藏的《西岳华山庙碑》，属世间所流传的三个著名版本之外。三个著名的版本，一为长垣本，宋漫堂、成亲王等所递相收藏，后来归刘燕庭所有。一为四明本，全谢山及范钦天一阁所递相收藏，后来归阮元所有。一为华阴本，王史、朱筠河等递相收藏，后归梁章钜所有。刘氏这个版本，则是他的父亲文淇（字孟瞻）在扬州书店里得到的，很久以来不为世所见，也是值得宝贵的。

杨梅琴信中寄来湖南永州等地金石拓片多种，以及汇刻邓石如的篆体隶体，又集《中兴颂》中的字为联语相赠，展开来欣赏很久。杨梅琴以乙巳翰林的身份出京为永州太守，很喜欢金石篆刻，新近晋升为镇篁道员。

点评

唐代诗人元结为道州刺史时，酷爱境内的浯溪水清石峻，在其旁筑室，并镌刻他所写的《大唐中兴颂》于水边崖石上。杨梅琴以一性耽金石的翰林出为此地知府，一定对浯溪两岸的摩崖石刻感兴趣，寄几件拓片给曾氏，当为情理之中事。这种拓片并非珍稀物品，曾氏自可不必璧还。

看李小湖所藏法帖

在李小湖处借得宋拓阁帖，观玩良久。

至李小湖处久谈，观其先人春湖先生所藏四宝中之丁道护书《启法寺碑》，又观明刻本《夏承碑》。

李小湖所藏法帖，一曰褚书《孟法师碑》，笔意似虞永兴，而结体绝似欧阳率更，与褚公他书不类。一曰丁道护书《启法寺碑》，隋碑而字体有类晚唐，矮方而匀整。闻春湖侍郎以千金购之苏州陆恭家。一曰宋拓虞《庙堂碑》，即春湖侍郎曾经翻刻者也。一曰《善才寺碑》，名为褚河南书，实魏栖梧书，仿褚法耳！又有晋唐小楷共十一种，其中《乐毅论》《东方赞》绝佳，乃悟古人用笔之道，如强弩引满，蓄而不发。归途作诗二句云："侧势远从天下落，横波旋向弩端涵。"

观李小湖所藏法帖：一、唐拓虞书《庙堂碑》，一、褚书《孟法师碑》，一、丁道护书《启法寺碑》，一、魏栖梧书《善才寺碑》。余于褚书尤爱不忍释。又观《大观帖》三卷，亦唐拓也，展玩良久。

至李小湖处，看其所藏法帖，如欧书《化度寺碑》、褚书《孟法师碑》、虞书《庙堂碑》，皆天下之至宝也。又有魏栖梧书《善才寺碑》、丁道护书《启法寺碑》、蔡伯喈书《夏承碑》，亦皆上品。

译文

在李小湖住处借来宋代拓的阁帖，欣赏很久。

到李小湖住处谈了很久的话，看他的父亲李春湖先生所收藏四宝中的丁道护书写之碑《启法寺碑》，又看明代刻本《夏承碑》。

李小湖所收藏的法帖，一种是褚遂良书写的《孟法师碑》，笔意像虞世南，而结构上特别像欧阳询，与褚老先生其他的书法不是一类。一种是丁道护书写的《启法寺碑》，是隋碑而字体有点像晚唐，矮矮方方而匀整。听说李春湖侍郎以千金从苏州陆恭家买的。一种是宋代拓的虞世南书写的《庙堂碑》，即李春湖侍郎曾经翻刻的。一种是《善才寺碑》，名为褚遂良书写，实际上是魏栖梧书写，模仿褚遂良的写法罢了！还有晋代唐代的小楷共十一种，其中《乐毅论》、《东方赞》特别好。于是悟到古人用笔的法则，好像强弓拉得满满的，积蓄着而不发射。回家途中作两句诗："侧势取远好像从天上落下似的，横波功夫包涵在端部。"

看李小湖所收藏的法帖：唐代拓的虞世南书《庙堂碑》，褚遂良书《孟法师碑》，丁道护书《启法寺碑》，魏栖梧书《善才寺碑》，我对褚遂良的书法尤其爱不释手。又看《大观帖》三卷，也是唐代拓本，展开来欣赏很久。

到李小湖住处，看他所收藏的法帖，如欧阳询书写的《化度寺碑》、褚遂良书写的《孟法师碑》、虞世南书写的《庙堂碑》，都是天下的至宝。又有魏栖梧书写的《善才寺碑》、丁道护写的《启法寺碑》、蔡伯喈书写的《夏承碑》，也都是书法中的上品。

点评

此处所辑的这五段日记，记的都是曾氏去李小湖住处观赏字帖的事。李小湖是钟山书院的山长。他的父亲李春湖是著名的书法家，曾氏对他的书法评价很高。同治六年（1867）十一月初十日，曾氏在日记中说，近时值得师法的书法家为"一石二水"，二水中的一人即李春湖。李春湖既是书法名家，又是书法作品的收藏家，所收藏的名帖极多，这些名帖在其身后都由儿子李小湖保存着。这便是曾氏以总督之尊频繁光临李家的原因。

不夺人之好

在李壬叔处见陈香泉法帖，见其草书题画一首，飞舞变化，赏玩无已。惜余老年学书，不复能副吾意之所至耳。

莫子偲得唐人写本《说文》，仅木部下半一百八十篆，自作校勘记，比较孙刻大徐本、祁刻小徐本异同，其佳处不可胜举。大喜，以为天下之至宝也！

马征铭有影宋抄本《集韵》，今东南乱后，仅存之本，可贵也！

至莫子偲处，观渠近年所得书，收藏颇富，内有汲古阁开化纸初印《十七史》，天地甚长，又有白纸初印《五礼通考》，其朱字相传系秦文恭公手校，又有通志堂另刻之《礼记释文》，又有明刻《千家注杜诗》，均善本也。归后，子偲以杜诗本见贶，嘉靖丙申玉几山人校刻，竟莫知为何人也。

至丁雨生家，吃饭之后，看渠所藏书，其富甲于江苏之官绅，最精者，有宋刻《世彩堂韩文》、《东都事略》等书。渠欲以之馈余。余素不夺人之好，因取其次等者，如明刻《内经》、《东雅堂韩文》、《笠泽丛书》三种，携之以归。

译文

在李善兰住处见到陈香泉的法帖，看他以草书题画诗一首，书法飞舞变化，欣赏不已。可惜我是到了老年才学书法，不再能达到我心里所想的地步。

莫友芝得到唐代人的手写本《说文解字》，仅仅木部下半部分一百八十个字，自己作校勘记，比较此写本与孙刻大徐（铉）本、祁刻小徐（锴）本的异与同。此写本的佳妙处不可胜举。非常高兴，我认为是天下的至宝。

马征铭有宋代手抄本《集韵》的影本，当今东南战乱后仅为保存的本子，可贵啊！

到莫友芝住处，看他近年来所得到的书籍，收藏颇为丰富，其中有汲古阁开化纸初次印刷的《十七史》，天头地角很宽裕，还有白纸初次印刷的《五礼通考》，上面的红字相传系秦蕙田亲笔写的，还有通志堂另外刻的《礼记释文》，还有明代刻的《千家注杜诗》，都是善本。回来后，莫友芝赠送《千家注杜诗》，上面写着嘉靖丙申玉几山人校刻字样，不知是何人。

到丁日昌家，吃完饭后看他所收藏的书，书之多在江苏的官绅中数第一，其中最为精妙的有宋代刻的《世彩堂韩文》、《东都事略》等书。他想把这两种书赠送给我。我素来不夺人之好，因而取其中次等的，如明代刻的《内经》、《东雅堂韩文》、《笠泽丛书》三种，携带这三种书籍回家。

点评

金银财宝，人人皆爱，以此作为礼品，会令授受双方都蒙上一层铜气、俗气，对于官场商界来说，则有行贿受贿之嫌。但若换上字画、文物或书籍中的稀有版本，似乎就没有了世俗的铜臭味，反而增添几分风雅之气，于是，这些东西便堂而皇之地进入礼品范围。其实，若是有功利目的夹杂其中，作为稀缺珍贵之物，字画、文物或善本书等，一样地会蒙上铜气、俗气，一样地成为贿品。曾氏深知此中微妙，他奉守两个理念，予以自律：一是"世间尤物不可妄取"，一是"不夺人之好"。曾氏的这两点，可引为一切握有实权的风雅君子自惕。

被曾氏视为"天下之至宝"的唐人写本《说文》，现藏于日本大阪杏雨书屋。《中华读书报》2000 年 7 月 5 日刊有叙述此事的长文。据该文说，莫友芝所收藏的这部仅"木部"六页共一百八十八字的唐人写本《说文》，后来到了端方的手中，1926 年后归日本学者内藤湖南所有，现在完好无损地保存在杏雨书屋中。曾国藩所题"唐写本说文"及长诗《题唐本说文木部应莫郘亭孝廉》原件亦藏于此处。

观舆地图

汪梅村寄新刻《皇朝中外一统舆图》，凡三十二册，首册序跋、凡例，中卷为京师北二十度至俄罗斯北海上，南十度至越南国。大致以康熙、乾隆两朝内府图及近人李兆洛图为蓝本，而增小地名颇多，亦巨制也。

与刘开生同观苏、松、常、镇、太五府州新图，东西十九号，每号十格，南北十四排，每排十格，每格见方二里半。中国自有地图以来，以此为最精矣。

译文

汪铎寄来新刻印的《皇朝中外一统舆图》，共三十二册，第一册为序跋、凡例，中卷为北京以北二十度至俄罗斯北海上，以南十度至越南国。大致以康熙、乾隆两朝内府图和近人李兆洛所绘之图为蓝本，而增加小地名较多，这也是地图中的巨制。

与刘开生一同看苏州、松江、常州、镇江、太仓五个府州的新地图。从东到西分为十九号，每号有十格，南北分十四排，每排十格。每一格长宽各对应为二里半。中国自有地图以来，以这张图为最精确。

点评

作为一个长期带兵打仗的军事统帅，曾氏很重视地图，日记中常有他观看地图的记载。曾氏幺女纪芬在她所著的《崇德老人自订年谱》中的"同治七年"一节中说："署（引者注：两江总督官署）中有文正公构造之船厅，中贮制造局所作地球仪器极大，径约六尺，余辈于是粗知地理。"在官署中置放直径长六尺的地球仪，曾氏无疑是第一人。

韩瓶砚

苗仙麓，河间人，精六书谐声之学。观所藏君子馆砖、开元瓦、诗册，属予题诗。

雷藿郊以诚送一砚，云系韩襄毅雍之砚，刻一瓶形，襄毅自题曰"韩瓶砚"。后归王文成公，题砚背数十字。至本朝乾隆中，归阿文成公，王兰泉侍郎昶题砚匣百余字。咸丰中，孔宥涵继镳以赠雷侍郎。今雷又以贻我也。

译文

苗先露，河间人，精通六书谐声之学，看他所收藏的君子馆砖、开元瓦及诗册，要我为此题诗。

雷藿郊名以诚送来一块砚台，说是韩襄毅名雍的砚台，刻成一个瓶形，韩襄毅自己题作"韩瓶砚"。后来此砚为王守仁所有，王在砚背题上几十个字。到了本朝乾隆中期，为阿桂所有，王兰泉侍郎名昶在砚盒题上百多字。咸丰年代，孔宥涵名继镳将它送给雷藿郊。现在雷又将它送给我。

点评

苗夔，字仙麓，又作先麓、先露，是曾氏所尊敬的一个学问上的前辈。曾氏诗文集中收有《题苗先麓寒灯订韵图》、《访苗先麓》、《苗先麓墓志铭》三篇。曾氏在《访苗先麓》一诗的序中说："苗精《说文》之学，著书十年，一贫如洗，今年六十，无子。"于此可知这位学者学问精而处境不佳。

曾氏所作的《苗先麓墓志铭》中说，苗在"河间城外得汉时君子馆砖，又得开元瓦于献王墓旁，私独欣喜，以为神者饷我，以慰寂寞"。日记中所说的"君子馆砖、开元瓦"原来是汉砖唐瓦，故而苗先麓予以珍藏。

明道必精研文字

闻此间有工为古文诗者，就而审之，乃桐城姚郎中鼐之绪论。其言诚有可取，于是取司马迁、班固、杜甫、韩愈、欧阳修、曾巩、王安石及方苞之作，悉心而读之，其他六代之能诗者及李白、苏轼、黄庭坚之徒，亦皆泛其流而究其归，然后知古之知道者，未有不明于文字者也。能文而不能知道者，或有矣，乌有知道而不明文者乎?

古圣观天地之文、兽迒鸟迹而作书契,于是乎有文。文与文相生而为字,字与字相续而成句,句与句相续而成篇。口所不能达者,文字能曲传之,故文字者,所以代口而传之千百世者也。伏羲既深知经纬三才之道,而画八卦以著之,文王、周公恐人之不能明也,于是立文字以彰之,孔子又作《十翼》、定诸经以阐显之,而道之散列于万事万物者,亦略尽于文字中矣。

所贵乎圣人者,谓其立行与万事万物相交错而曲当乎道,其文字可以教后世也。吾儒所赖以学圣贤者,亦借此文字以考古圣之行,以究其用心之所在。然则此句与句相续、字与字相续者,古圣之精神语笑,胥寓于此,差若毫厘,谬以千里。词气之缓急,韵味之厚薄,属文者一不慎,则规模立变,读书者一不慎,则鲁莽无知。故国藩切谓今日欲明先王之道,不得不以精研文字为要务。

三代盛时,圣君贤相,承继熙洽,道德之精,沦于骨髓,而问学之意,达于闾巷,是以其时虽罝兔之野人,汉阳之游女,皆含性贞娴吟咏,若伊、莘、周、召,凡百仲山甫之伦,其道足文工,又不待言。降及春秋,王泽衰竭,道固将废,文亦殆殊已,故孔子睹获麟曰吾道穷矣,畏匡曰斯文将丧。于是慨然发愤,修订六籍,昭百王之法戒,垂千世而不刊,心至苦,事至盛也!

仲尼既殁,徒人分布,转相流衍,厥后聪明魁杰之士,或有识解撰著,大抵孔氏之苗裔,其文之醇驳,一视乎见道之多寡以为差。见道尤多者,文尤醇焉,孟轲是也。次多者,醇次焉。见少者,文驳焉,尤少者,尤驳焉。自荀、扬、庄、列、屈、贾而下,次第等差,略可指数。

夫所谓见道多寡之分数何也?曰:深也,博也。昔者,孔子赞《易》以明天道,作《春秋》以衷人事之至当,可谓深矣!孔子之门有四科。子路知兵,冉求富国,问礼于柱史,论乐于鲁伶,九流之说,皆悉其原,可谓博矣!深则能研万事微芒之几,博则能究万物之情状而不穷于用。后之见道,不及孔氏者,其深有差焉,其博有差焉。能深且博,而属文复不失古圣之谊者,孟氏而下,惟周子之《通书》,张子之《正蒙》,醇厚正大,邈焉寡俦。许、郑亦能深博,而训诂之文或失则碎;程、朱亦且深博,而指示之语或失则隘。其他若杜佑、郑樵、马贵与、王应麟之徒,能博而不能深,则文流于蔓矣。游、杨、金、许、薛、胡之俦,能深而不能博,则文伤于易矣。由是有汉学、宋学之分,断断相角,非一朝矣。

仆窃不自揆,谬欲兼取二者之长,见道既深且博,而为文复臻于无累,区区之心,不胜奢愿,譬若以蚊而负山,盲人而行万里也,亦可哂已!盖上者仰企于

《通书》、《正蒙》，其次则笃嗜司马迁、韩愈之书，谓二子诚亦深博而颇窥古人属文之法，今论者不究二子之识解，辄谓迁之书愤懑不平，愈之书傲兀自喜，而足下或不深察，亦偶同于世人之说，是犹睹《盘》、《诰》之聱牙而谓《尚书》不可读，观郑卫之淫乱而谓全《诗》可删，其毋乃漫于一概而未之细推也乎？孟子曰："君子所性，虽大行不加焉，虽穷居不损焉。"仆则谓君子所性，虽破万卷不加焉，虽一字不识无损焉。离书籍而言道，则仁、义、忠、信，反躬皆备。尧舜孔孟非有余，愚夫愚妇非不足，初不关乎文字也。即书籍而言道，则道犹人心所载之理也，文字犹人身之血气也。血气诚不可以名理矣，然舍血气则性情亦胡以附丽乎？今世雕虫小夫，既溺于声律绘藻之末，而稍知道者，又谓读圣贤书当明其道，不当究其文字。是犹论观人者当观其心所载之理，不当观其耳目言动血气之末也，不亦诬乎？知舍血气无以见心理，则知舍文字无以窥圣人之道矣。

周濂溪氏称文以载道，而以虚车讥俗儒。夫虚车诚不可，无车又可以行远乎？孔孟没而道至今存者，赖有此行远之车也。吾辈今日苟有所见而欲为行远之计，又可不早具坚车乎哉？故凡仆之鄙愿，苟于道有所见，不特见之，必实体行之；不特身行之，必求以文字传之后世。虽曰不逮，志则如斯。其于百家之著述，皆就其文字以校其道之多寡，剖其铢两而殿最焉。于汉、宋二家构讼之端，皆不能左祖以附一哄，于诸儒崇道贬文之说，尤不敢雷同而苟随。极知狂谬，为有道君子所深屏，然默而不宣，其文过弥甚。

译文

听说京师有致力于古文与诗的人，就此事而仔细查访，原来说的是桐城姚鼐郎中的著作。姚鼐的言论的确有可取之处，于是将司马迁、班固、杜甫、韩愈、欧阳修、曾巩、王安石以及方苞的作品用心阅读，其他六朝以来的善于写诗者以及李白、苏轼、黄庭坚等人，也都阅读他们的作品而研究他们的指归，然后懂得古时获道者，没有对文字不明了的人。会写文章而不知道理者，或许有，怎么会有知道理而不会写文章的人呢？

古时的圣贤观天地的纹理、鸟兽飞走的痕迹，而制作书契，于是便有了笔画。笔画与笔画互相交错而成为字，字与字相连续而成为句子，句子与句子相连缀而成为篇章。口头上不能表达的东西，文字能曲意传达，所以文字能代替口头而传之千秋万代。伏羲心里深知处理天地人之间的法则，而又画出八卦来表述。文王、周公担心后人不能明了，于是以文字来彰明它，孔子又作《十翼》、编《六经》来阐述它，于是散见于万事万物中的大道理也便尽可能地见于文字了。

　　圣人之所以可贵，在于他的立身与万事万物相联系，虽不直接体现，但却与大道相符，他的文字可以教育后世。我们士人之所以能够学习圣贤，也是靠着文字来考查古代圣贤的作为，来研究他的用心之所在。如此说来，这些句与句、字与字相连续的篇章，便将古圣贤的精神语言笑貌都寄寓了。倘若差之毫厘，则谬以千里。词气的缓与急，韵味的厚与薄，作文者一有不慎，则面貌立即变化，读书者一有不慎，则于文中之意鲁莽无知。故而国藩恳切地说，今天想要明了先王之道，不能不以精研文字为要务。

　　三代昌盛的那个时代，圣君贤相融洽继承，道德中的精华深深地浸于骨髓，至于寻求学问的风气则到达市井小巷，所以当时猎捕兔子的山野之人，行走在汉水北岸的女子，都性情贞娴而能吟咏，至于伊尹、有莘、周公、召公以及诸如仲山甫这些人，他们的道德充沛文章精工，则更是不用说了。到了春秋时期，王室恩泽衰竭，道德固然将要废止，而文章也很危殆，故而孔子看到麒麟被捕获时说我的学问将要走到穷途了，被匡人拘禁时则说文章将要丧失了。于是慨然发愤修订《六经》，使百代千世有不刊之道德戒律，用心至为艰苦，而事业则极其盛大啊！

　　孔子死后，他的门徒四处分布，各自将学问传授下去，此后特别聪明杰出的人士中有见识能著书立说者，大致说来都是孔子学说的后人，他们文章的醇厚与杂驳，完全可以从他们对道明了的多少来区分。对道明了特别多的人，文章则尤其醇厚，孟轲就是这样的人。次一点的，醇厚上也差一点；对道明了少者，文章则杂驳，尤其少的，则尤其杂驳。从荀子、扬雄、庄周、列子、屈原、贾谊以下，他们的等次差别，大致可以数得出来。

　　那么，明了道的多与少如何来区分呢？回答是：深与博。从前，孔子用称赞《易经》来说明天道，用述《春秋》来探求最为稳当的人事，这就叫做深刻。孔门学问有四科。子路懂得军事，冉求能使国家富裕，向柱史问礼，与鲁伶讨论乐，多种学说都知道它的源头，这就叫做广博。深刻，则能钻研万事万物细微端倪；广博，则能详究万事万物的原委而致用。后来那些对道的明了不及孔子者，在深刻上有差别，在广博上有差别。能够做到深刻而且广博，在文章写作上又不失古代圣贤情怀者，孟子之下，只有周敦颐的《通书》、张载的《正蒙》，醇厚正大，在很长很长的时间里少有人能匹配。许慎、郑玄，也是能深刻广博，但他们详释字义字音的文章或许有所缺失而显得零碎；程颐、程颢、朱熹，也是深刻广博并能给人以指示，他们的语言或许有所缺失而显得狭隘。其他比如杜佑、郑樵、马贵与、王应麟一类人，能够广博但不能深刻，他们的文章流于枝蔓，游酢、杨时、金履祥、许谦、薛季宣、胡宏一类人，能够深刻但不能广博，则文章缺乏变化多姿。于是有了汉学与宋学的区分，互相争辩，已不是一朝一代了。

我不自量力，想兼取二者之长，对道的明了既做到深刻广博，又在为文上达到无累的地步，对于小小的心愿而言，这已是很大的奢望，好比以蚊子之力而想负起大山，又像盲人而想步行万里，真是可笑得很！这是因为我往上看仰慕《通书》、《正蒙》，其次则特别嗜好司马迁、韩愈的书，认为这二位先贤的确是深刻广博而又看出古人为文的法则。现在的评论者不去细究二位的见识学问，动辄说司马迁的书充满愤懑不平之气，韩愈的书则傲岸自以为了不起，而您或许没有深入考察，也赞同世人的这个说法，这好比看到《盘庚》、《汤诰》等语文难懂而说《尚书》不可读，读郑国、卫国那些写淫乱的诗而说整个《诗经》都可删去，岂不是没有细细推究就以偏概全了吗？孟子说："君子所拥有的天性，即便是大为风光也不增加，即便是穷困独居也不减少。"我则说，君子所拥有的天性，即便读破万卷也不增加，即便一字不识也不减少。从这个角度来看，君子可以离开书籍而谈论大道，天性使得他身上具备仁、义、忠、信。对于天性来说，尧舜孔孟等人并非有余，愚夫愚妇也并非不够，本来就与文字无关。面对书籍而谈论大道，则道好比人心所负载的理，文字好比人身上的血气。血气固然不可以承受理，但舍除血气，性情又将以什么为依托呢？当今好雕虫小技的读书人，沉溺于声律词藻的末节，至于有些略微明了道的人，又说读圣贤书应当在于明了道理，不应详究他的文字。这好比讨论看人应当看他的心所负载的理，而不应当看他的举止言行及血气的末节，这话岂不荒谬吗？倘若知道舍除血气则不可能见心中所存之理，则知道舍除文字则不可能见圣人的大道。

周敦颐说文以载道，而用虚车来讽刺世俗读书人。虚车固然不行，而没有车又能远行吗？孔子孟子已经去世而他们的学问流传至今，全靠有这种能远行的车。我们今天倘若有所见解而又想远行的话，又岂能不早早准备坚固的车辆呢？所以我的浅陋心愿是，假若对于大道有所见解的话，不仅仅只是见解，而必须力行；不仅自身力行，还务必求得以文字来传之后世。虽说也可能达不到，但志向则是这样的。对于诸子百家的著述，都依据他的文字来校核他的道理的多与少，剖析他的细微而序列位置，对汉学、宋学两家的争论，都不偏袒而附和起哄，对于众多儒生推崇道理而贬低文字的言论，尤其不敢苟同追随。深知这样做不合时宜，为有道君子所大为屏弃，但保持沉默，不做声，这种态度则是文过饰非，错得更厉害。

点评

此处所抄录的这一大段话，出于道光二十三年（1843）曾氏给刘蓉的信中。刘蓉亦湘乡人，功名虽只秀才，却学问甚好，曾氏很看重他，甚至将他比作诸葛亮（曾氏有一首怀念刘蓉的诗，诗中有句曰："他日余能访，千山捉卧龙"）。刘在咸丰四年（1854）进湘氏戎幕，晚年做到陕西巡抚，因军事不利而免职归里。曾刘后来亦结为儿女亲家。刘堪称曾氏一生的密友。此时，曾氏为京师翰林院侍讲，而刘则在湘乡原籍做塾师。

曾氏很重视文章写作，并于此下过很大的功夫。进京之初，他便告诉诸弟："予文诗极为同课人所赞赏。"三十四岁时，他的文章已经成熟，自认为"将来此事当有成就"。仗打得最艰难时，他不怕死，怕的是心中对古文的研习所得未能尽告世人，而成为广陵散。

一手好文章对曾氏一生事业上的帮助甚大。早年，正是因为文章好，让他赢得很高的知名度，从而仕途上一路顺利亨通。后来组建湘军，他的文名也为他招致海内众多学问优长之士，一时幕府之盛，并世无双。尤其是他一生丰富的思想与深厚的阅历，都能借助于精确传神的文字予以表述，这是他本人之幸，也是后世研究者之幸。

世称曾氏是没有学术著作的学问家，一旦谈起他的学术观念，引用最多的是曾氏给刘蓉的两封论学信。此信为其一，其二则是道光二十五年的一封长信。这封信，此处几乎是全录。曾氏信中所阐述的是文与道之间的关系，引出他重程朱而不薄马郑的汉宋并举的观点。曾氏治学，不仅不偏重汉宋，同时也不贬抑道法。这种早期兼容并蓄的学术气度，也体现在他后期处世待人办事的胸襟上，从而能纳天下之才成天下之功。信中说"仆之鄙愿，苟于道有所见，不特见之，必实体行之；不特身行之，必求以文字传之后世"，这可看作是曾氏的一生大志。此志既鲜明地体现经世致用的湖湘之学特色，又典型地反映借文传世的士人普遍心态。曾氏后来的立德、立功、立言，已在三十三岁时写的这封信上初露端倪。

借文章传名谈何容易

来示甚以抛弃诗书为虑，殊非所宜。将借此以博取青紫，则未得之时，邱若神仙，既得之后，睨如败履。身外浮名，何足加损！若谓积轴在胸，烈芬在后，则传人之目，谈何容易！见有握椠怀铅，穷老尽气，当时自夸，没亦汶汶。凡若此者，不胜数也。

　　来信很以抛弃诗书为担心，这种担心绝没必要。若是以诗书来求得高官厚禄，那么未得到时，则将诗书捧若神仙，得到之后，则视如敝屣。官声这种身外浮名，怎么可以让人的身份如此增加与减弱！倘若说累积许多学问在胸中，著书立说，博得好名声在身后，则可以通过世人的眼目传扬，这谈何容易。倒是有伏案挥墨，用尽一生气力，在生时自我夸许，死后则默默无闻。像这等人，则数不胜数。

　　以《四书》、《五经》为敲门砖，功名之门一旦敲开，则弃而不顾，这本是科举时代普遍存在的现象。曾氏回复友人的关心，申明自己不是这种人，但也同时指出，借文章书籍传世也不容易，许多人辛辛苦苦一辈子"握椠怀铅"，自认为可以扬名，却事与愿违。应当说，曾氏在这方面的头脑是清醒的。

大志与小志

　　凡仆之所志，其大者盖欲行仁义于天下，使凡物各得其分；其小者则欲寡过于身，行道于妻子，立不悖之言以垂教于宗族乡党。其有所成与，以此毕吾生焉；其无所成与，以此毕吾生焉。

　　我的志向，大的方面则希望能行仁义于天下，使天下万物都能得到它们本分所得者；小的方面，则希望自身能少犯过失，在妻和子的面前能行正道，立下能行得通的言论给宗族乡党以教导。这些希望能够有所实现，我将以此来终我一生；这些希望不能实现，我也会以此来终我一生。

　　这是道光二十五年（1845），曾氏与刘蓉论学信中的一段话。一个人的志向，在未来的生命途中能实现多少，实在是难以预计的。不以实现的程度，而是以有益于社会的程度来规划志向，这是曾氏的想法，也是古代许多贤哲的想法。

以大名高位退而求学

昔石徂徕师事孙泰山，汤文正师事孙夏峰，皆以宏名硕学宦成之后，退然自居于弟子之列。贤者之意量，度越寻常万万也。

译文

先前石介师事孙复，汤斌师事孙奇逢，都是在有大名大学问大官职之后，退下来自居于弟子的行列。贤者的气度，超过寻常人的万千倍。

点评

石介，世称徂徕先生，北宋初期的大学问家，官至太子中允。汤斌，清初大官员，官至工部尚书。他们都在有很高声望时，师事地位比他们低的人，自居弟子行列。曾氏很称赞这种谦抑求学的行为。

人事日杂，读书乏力

比岁以来，读书之志愈笃而力愈不副。人事日杂，如暗思语。外若石顽，中极了了也！

译文

近年来，读书的志向愈加笃实而气力愈加不足以配合。人事应酬日益复杂，好比喉嗓失声而想说话。我的外表好像石头一样呆板，内心却对此极为清楚。

点评

做官给个人带来的负面影响，是没有时间和心境静下来好好读书。这是古今好学官员们的共同苦恼。

扫荡旧习，赤地新立

自孔孟以后，惟濂溪《通书》、横渠《正蒙》，道与文可谓兼至交尽。其次如昌黎《原道》、子固《学记》、朱子《大学序》，寥寥数篇而已。此外，则道与文竟不能不离而为二。鄙意欲发明义理，则当法《经说》、《理窟》及各语录札记（如《读书录》、《居业录》、《困知记》、《思辨录》之属）；欲学为文，则当扫荡一副旧习，赤地新立，将前此所业，荡然若丧其所有，乃始别有一番文境。望溪所以不入古人之阃奥者，正为两下兼顾，以致无可怡悦。辄妄施批点，极知无当高深之万一，然各有本师，未敢自诬其家法以从人也。

译文

自孔孟的书籍以后，惟有周敦颐《通书》、张载《正蒙》，道理与文章可以说得上都达到顶点。其次如韩愈《原道》、曾巩《学记》、朱熹《大学序》，不过寥寥数篇而已。此外则道理与文章竟然不得不分开为两个方面。我的心意是，想阐明义理，则应当效法《经说》、《理窟》以及各种语录、札记（如《读书录》、《居业录》、《困知记》、《思辨录》等）；想要学写文章，则应当将旧习扫除干净，在一片赤地上重新立定规模，将从前所操练者一概清除，于是才会另有一番文章境界。方苞之所以不能进入古人的堂奥，正是因为他在理与文两方面都要兼顾，以致没有令人怡悦之处。我这是妄加批评，深知不及高人的万分之一，只是各有自己所师从者，不敢自己败坏家法而顺从别人。

点评

咸丰八年（1858）正月，曾氏在老家守父丧期间，收到老友刘蓉寄来的两篇游记，在指出刘蓉游记"义理多精当之言，文字少强劲之气"后，写了上录的这一段文字。曾氏在此表示出对当时文坛普遍存在的"少强劲之气"的不满，决心"赤地新立"，即自创一种文风。被后世散文界称赞的"湘乡文派"其主要的特色，便在文字"强劲"二字上。

曾氏自认对古文有研究，他的"赤地新立"之说，表示出要自创文风的抱负。值得注意的是，梁启超在此也有一句按语："此又不惟学文为然也。"在梁看来，无论做任何事，要想有所成就，都得有这种"赤地新立"的创新精神。

《资治通鉴》论古折中至当

先哲经世之书，莫善于司马文正公《资治通鉴》，其论古皆折中至当，开拓心胸。如因三家分晋而论名分，因曹魏移祚而论风俗，因蜀汉而论正闰，因樊英而论名实，皆能穷物之理，执圣之权。又好叙兵事所以得失之由，脉络分明。又好详名公巨卿所以兴家败家之故，使士大夫怵然知戒。实《六经》之外不刊之典也。

译文

前代贤哲所写的经世之书，没有能超过司马光《资治通鉴》的。他议论古事都能持中允当，开拓心胸。如就三家分晋而论名分，就曹姓魏国代替汉朝而论风俗，就刘姓蜀国而论正朔，就樊英而论名实，都能够做到穷究事物之道理，执掌最为公正的权衡。又喜好叙说军事得与失的原由，脉络分明。又喜好详析名公巨卿兴家与败家的缘故，使士大夫心存警惕戒备，确实是《六经》之外的不刊之典。

点评

《资治通鉴》刊行近一千年来，备受中国士人的喜爱，尤其受政治家的青睐，据说毛泽东一生读此书达十七遍之多。原因何在？曾氏这段话中说出了其中一个重要点，即论古"折衷至当，开拓心胸"。

做古文者例有傲骨

作古文者，例有傲骨，惟欧阳公较平和。此外皆刚介倔强，与世龃龉。足下傲骨嶙峋，所以为文之质，恰与古人相合，惟病在贪多，动致冗长。可取国朝二十四家古文读之，参以侯朝宗、魏叔子，以写胸中磊落不平之气；参之方望溪、汪钝翁，以药平日浮冗之失。两者并进，所谓自当日深，易以有成也。

译文

写作古文的人，照例身上有傲骨，惟独欧阳修较为平和，此外都是刚介倔强，与世不合者。您是傲骨嶙峋，故而在作文章的本质上与古人相同，只是有贪多的毛病，一动笔则冗长。可以将本朝二十四家古文阅读，再以侯方域、魏禧为参考，借以抒发胸中磊落不平之气；再以方苞、汪琬为参考，借以医治平日于浮冗这点上的缺失。两者并进，在文章写作上的造诣自然日日提高，容易有所成就。

点评

曾氏所说的"傲骨"，应是指作文者的批判态度。对世俗有所看不惯，对官场有所看不惯，发为文章，则多指摘，其辞气也必定多激烈。于是为文者，亦被视为傲岸不群之辈。人们的阅读心理是趋向于这类文章的，所以这种文章中的精品可以传世。反之，歌功颂德、媚俗媚权的文章只在特定场合中起作用，少能被众口传播，故而很快便消失了。从这点上来看，曾氏所谓"作古文者例有傲骨"是有道理的。

书以校刊尚精的初版为妙

阁下读书，专取宋元人佳刻。仆意时代不足计，但取校刊尚精、刷印最初者为妙。苟宋元明之板而刷印于今日，犹汉唐碑帖而今日拓之，剥落补凑，夫何足贵？苟有佳纸初拓，则官板如康熙之《周易折中》、《书画谱》，乾隆之《十三经》、《廿四史》之类，私板如国初之汲古阁、近日之黄丕烈、孙星衍、秦恩复、胡克家、张敦仁诸影宋本，亦何尝不可奉为至宝。

译文

您读书，专门拿宋代元代人的好刻本读，我以为时代不必计较，只读校刊比较精当、初次印刷的版本为最好。假若宋、元、明时代的雕板而今日拿来印刷，则好比汉唐时代的碑帖而今日拿来拓印，其中有剥落有补凑，又有什么可珍贵的呢？若有好纸又初次拓印，则官府雕板如康熙时的《周易折中》、《书画谱》，乾隆时的《十三经》、《二十四史》等，私家雕板如本朝初期的汲古阁，近来的黄丕烈、孙星衍、秦恩复、胡克家、张敦仁等影印宋本，又何尝不可以奉为至宝呢？

点评

所谓秦砖、汉瓦、唐碑、宋椠，是从文物的角度来说的，它们自然是收藏家眼中的珍宝。若从实用来说，就不见得特别宝贵。读书是一种实用性极强的活动，若专取宋元人的刻本，则好比砌房屋用秦时砖汉时瓦一样，是很可笑的事。

诗书能养心凝神

早岁有志著述，自驰驱戎马，此念久废，然亦不敢遂置诗书于不问也。每日稍闲，则取班、马、韩、欧诸家文，旧日所酷好者一一温习之，用此以养吾心而凝吾神。

译文

早年有著书立说的志向，自从带兵来这一念头久已废止，但也不敢放着诗书而不过问。每日稍有空闲，则将班固、司马相如、韩愈、欧阳修等人的文章以及过去所特别喜好的书一一温习，借此来涵养我的心境而凝聚我的神志。

点评

虽在军旅而不废诗书，这是曾氏军营岁月的真实写照。这固然是出于他的文人积习，更重要的是他在这段话中所说的养心凝神。诗书能滋润人的心田，能使人的神志不放纵，这便是诗书带给人们的好处，可惜的是，眼下物欲横流，很多人失去了这个体验。

于有恒二字加意

吾乡读书，间断时多，有恒者少，幸得名师诲导，祈于有恒二字加意，一暴十寒，圣贤所戒。

译文

我先前读书，是间断的时候多，持之有恒的时间少，幸而得到名师的教诲，希望在有恒二字上特别留意，一曝十寒的毛病，这是圣贤都戒惧警惕的。

"靡不有初，鲜克有终"，这是人之常性。正因为此，绝大多数人不能有所成就。

柔和渊懿中有坚劲雄直之气

足下为古文，笔力稍患其弱。昔姚惜抱先生论古文之途，有得于阳与刚之美者，有得于阴与柔之美者，二端判分，划然不谋。余尝数阳刚者约得四家，曰庄子，曰扬雄，曰韩愈，曰柳宗元；阴柔者约得四家，曰司马迁，曰刘向，曰欧阳修，曰曾巩。然柔和渊懿之中，必有坚劲之质，雄直之气，运乎其中，乃有以自立。足下气体近柔，望熟读扬、韩各文，而参以两汉古赋以救其短。何如？

你写的古文，笔力稍微显得弱了一点。过去姚鼐先生议论古文的风格，说有的得阳刚之美，有的得阴柔之美，两种风格很明显，像截然划分开一样。我曾经计算过，属于阳刚之美的大约有四人，为庄子、扬雄、韩愈、柳宗元；属于阴柔之美的大约有四人，为司马迁、刘向、欧阳修、曾巩。然而在柔和渊懿的风格中必定存在着坚劲雄直的气质，才可以自立。您的气质偏近于柔，希望能熟读扬雄、韩愈的一些名文，而参考两汉的古赋来弥补自己的短处。怎么样？

曾氏认为，即便是风格阴柔的文章，也必须要有坚劲雄直的气质在其中，才会是传世的好文章。他的这种审美观有一句更雅的表述，即"含雄奇于淡远之中"。

看读写作缺一不可

学者于看、读、写、作四者，缺一不可。看者，涉猎宜多宜速；读者，讽咏宜熟宜专。看者，日知其所亡；读者，月无忘其所能。看者，如商贾趋利，闻风即往，但求其多；读者，如富人积钱，日夜摩挲，但求其久。看者如攻城拓地，读者如守土防隘，二者截然两事，不可阙，亦不可混。至写字不多则不熟，不熟则不速，无论何事，均不能敏以图功。至作文，则所以瀹此心之灵机也。心常用则活，不用则窒，如泉在地，不凿汲则不得甘醴，如玉在璞，不切磋则不成令器。今古名人，虽韩、欧之文章，范、韩之事业，程、朱之道术，断无久不作文之理。张子云："心有所开，即便札记，不思，则还塞之矣。"

译文

求学者在看、读、写、作四个方面，缺一不可。看，指的是所涉及的书宜多，宜快；读，指的是高声朗诵背诵宜熟练宜专门。看，即每天知道哪些是原先所不知的；读，即每个月不忘记所掌握的。看，好比商人趋于利，闻风即往，但求利多；读，好比富人积累银钱，日夜抚摸它，但求财货长久。看又好比攻城掠地，读又好比守土防隘。这两个方面是截然不同的两件事，不可缺失，也不可混同。至于写字，写得不多则不熟练，不熟练则速度不快，无论做什么事，都不能做到敏捷地获得成功。至于作文，则可以使心中的灵机得到疏通，心经常用则活络，不用则窒息，好比泉水在地下，不凿通汲取则得不到甜美的水，好比玉藏在石头里，不切磋则不能成好器具。古今的名人，即便是韩愈、欧阳修的文章，范仲淹、韩琦的事业，程颐、朱熹的学术，绝对没有许久不作文章的道理。张载说："心里若有所领悟，要随即写下札记，一旦不思索，便又阻塞了。"

点评

曾氏用了不少比喻，又引经据典，讲述看、读、写、作四个方面对为学者的重要性。用今天的语言来说，看即博览群书，读即反复诵读经典，写即写字快速，作即勤于动笔为文。除了"写"字无须强调外，其他三字今天仍可作为参考。

因不敬与无恒而百无一成

国藩生平，坐不敬、无恒二事，行年五十，百无一成，深自愧恨。故近于知交门徒及姻戚子弟，必以此二者相告。敬字，惟"无众寡，无大小，无敢慢"三语，最为切当。仆待人处事，向来多失之慢，今老矣，始改前失，望足下及早勉之。至于有恒二字，尤不易言。大抵看书与读书，须画然分为两事。看书宜多宜速，不速则不能看毕，是无恒也。读书宜精宜熟，而不能完，是亦无恒也。足下现阅八家文选，即须将全部看完，如其中最好欧阳公之文，即将欧文抄读几遍，切不可将看与读混为一事，尤不可因看之无味，遂不看完，致蹈无恒之弊。

译文

我这一生，因为不敬和无恒两桩事，将近五十，百无一成，自己深感惭愧怨恨。故而近来对知交门徒以及亲戚的子弟，必定以这两点相告。敬字，惟有"无论在人多人少的场合，在长辈或晚辈的面前，不敢怠慢"这三句话最为切身。我待人处事，向来在怠慢这点上有所缺失，现在老了，才改变从前的缺点，希望你趁早以此为勉。至于有恒二字，尤其不容易说全面。大致说来，看书与读书，必须截然分开为两桩事。看书则宜多而快，不快则不能看完毕，这就是无恒。读书则宜精而熟，不能读完毕，也是无恒。你现在阅读唐宋八大家文选，就必须将八大家都看完。比如于其中最喜好欧阳修的文章，则将欧文抄录朗读几遍，切不可将看与读混为一桩事，尤其不可以因为看之无味，于是不看完，以至于沾染无恒的毛病。

点评

《论语·尧曰篇》上说："君子无众寡，无小大，无敢慢，斯不亦泰而不骄乎？"孔子认为，无论面对的是人多还是人少，是势力大还是势力小，都不敢予以怠慢，这是一种很好的态度。曾氏认为，这三句话正是对敬字最切当的注解。敬，是指人对社会对宇宙所持的敬重敬畏的心态，具有这种心态者外而端庄、内而纯正。

关于敬与恒，早在京师做小京官时，曾氏便将它列为修身的重要课程。在外人看来，曾氏这两点都做得很好，常人难以企及，但曾氏却把"百无一成"归咎于不敬与无恒。当然，曾氏心中自有他的高标准与严要求，这也是我们凡夫俗子所难以想到的。曾氏在这段信中特别指出，看一部书，则一定要看完，若做不到，即无恒。此话应是他本人的切身体会。

文章以精力盛时易于成功

文章之事，究以精力盛时易于进功。足下年力方强，直趣拔俗，宜趁此时，并日而学，绝尘而奔，虽未必遽跻作者，而看、读、写、作，四者兼营并进，亦自有一番之功效。

译文

写文章这件事，毕竟以精力旺盛时容易进步。你的年岁活力正当强旺，向上提升脱离平俗，宜趁着这个时候，一天当作两天来学习，快速向前奔驰，即便不一定能很快地跻身写作者的行列，而于看、读、写、作四个方面兼营并进，也自然必有一番功效。

点评

干什么事都必须趁着年富力强时用猛攻，过时则心有余而力不足。因为有老杜一句"庾信文章老更成"的诗，有人便认为文章可以老来更成熟。其实，正因为老来更成熟者少之又少，才有杜甫的如此称赞庾信。"诗酒趁年华"，信不诬也。

文章要有骨有肉有声色

退之论文，先贵"沉浸浓郁，含英咀华"。陆士衡、刘舍人辈，皆以骨肉停匀为上。姬传先生亦以格律、声色，与神理、气味四者并称。阁下之文，有骨有肉，似宜于"声色"二字，少加讲求。

译文

韩愈评论文章，先看重"沉浸浓郁，含英咀华"。陆机、刘勰等人，都以骨与肉匀称为上等。姚鼐先生也以格律、声色与神理、气味四者一并称道。你的文章，有骨有肉，但宜在"声色"二字上再稍微讲求讲求。

点评

"沉浸浓郁，含英咀华"是韩愈《进学解》中的话，这八个字的意思是沉浸在醇厚的内容中，玩味文句的精华。意谓文章既要内容好，又要文句美。内容好比骨，文句好比肉，这就是骨肉停匀。至于声色，则指的是平仄四声与词采的讲求，属于更高一层的境界。若骨肉停匀又有声色，那么文章就更好了。

吴南屏真豪杰之士

南屏不愿在桐城诸君子灶下讨生活，真吾乡豪杰之士也。而直以姚氏为吕居仁之比，则贬之已甚。姚氏要为知言君子，特才力薄弱，不足以发之耳。其《古文辞类纂》一书，虽阑入刘海峰氏，稍涉私好，而大体固是有伦。其序跋类，渊源于《易·系辞》，赋类仿刘歆《七略》，则不刊之典也。国藩之为是叙，不过于伯宜处略闻功甫生平之言论风指而纵笔及之，非谓时流诸君子者，果足以名于世而垂于后，不特不和之，且私独薄之。南兄识得鄙意，曰侍郎之心殊未必然。所谓搔着痒处，固当相视而笑，莫逆于心也。

译文

南屏不愿意在桐城派各位君子的炉灶下讨饭过日子，真正是我湖南的豪杰之士，但将姚鼐比之为吕本中（居仁），则将他贬过分了。姚鼐的确是个深知言论的君子，只是才力薄弱，不足以发抒他的识见。他编的《古文辞类纂》一书，虽然选刘大櫆（海峰）稍有点个人私好，但从整体来说，还是有条理的。他的序跋类文章，渊源于《周易·系辞》，他的赋类文章模仿刘歆的《七略》，则是不刊之典。我写这篇叙，不过是在伯宜处略微听说功甫在生时的言谈志向而随笔涉及，并不是说近时诸君子，果真就能闻名于世且传名于后，不但不附合，而且私心还格外鄙薄这些人。南屏兄知道我的私意，说曾侍郎的心里是很不以为然。这话正所谓搔到痒处，的确是应当相视而对笑，彼此莫逆于心。

点评

曾氏有一个布衣知交，此人即欧阳兆熊。兆熊的儿子名欧阳勋，字功甫，有志于文，却在二十多岁时便早逝。兆熊将儿子的文章汇编成集，请曾氏为之作序。曾氏于是写了一篇《欧阳生文集序》。序文从姚鼐开创桐城文派讲起，叙述桐城派在安徽、江苏、江西、广西等省的情况，接下来，将吴敏树、杨彝珍、孙鼎臣、郭嵩焘、舒焘、欧阳勋列为桐城派在湖南的传人。这篇序被吴敏树看到后，他很不满，不承认自己是桐城派的传人，也不愿自己的名字与杨彝珍等人列在一起。曾氏得知此事后，给欧阳兆熊写了一封信。此处所抄录的这段话，即出于这封信中。

吴敏树字南屏，湖南岳州人，比曾氏大六岁，举人出身，大挑为浏阳训导，后辞职，道光末年曾住过北京，与曾氏有所过从。曾氏曾邀吴入幕，吴辞不就。

吴是有名的岳州怪杰，才高而自视更高。他不满意曾氏的说法，是出于他看不上姚鼐，更看不上杨彝珍等人。认为曾氏将他与杨等人并列为姚鼐在湖南的传人，是贬低了他。曾氏心中其实也并不将姚的高足梅曾亮等人怎么看重，同治六年他与机要秘书赵烈文私下谈话时说到："初服官京师，与诸名士接游，时梅伯言（即梅曾亮）以古文、何子贞以学问书法皆负重名，我时时察其造诣，心独不肯下之。"这些话，想必二十年前曾、吴同在京师时，曾氏也曾在吴的面前流露过，所以吴能说出"侍郎之心殊未必然"的话来，而曾氏的确是赞同吴的此说的。但曾氏对桐城文派的宗师姚鼐本人却是佩服的，故而对吴将姚比之如吕本中一类人，他不能赞同。

同列并不一定同等

仆尝称古文之道，无施不可，但不宜说理耳。送人序，退之为之最多且善，然仆意，宇宙间乃不应有此一种文体。后世生日有寿序，迁官有贺序，上梁有序，字号有序，皆此体滥觞，至于不可究诘。昔年作《书归熙甫文集后》，曾持此论，讥世人不能纠正退之谬，而逐其波而拾其沉。

尊书以弟所作《欧阳生文集序》中，称引并世文家，妄将大名胪于诸君子之次，见谓不伦。李耳与韩非同传，诚为失当，然赞末一语曰："而老子深远矣。"子长胸中，固非全无泾渭。今之属辞连类，或亦同科，至姚惜抱氏虽不可遽语于古之作者，尊兄比之吕居仁，则亦未为明允。惜抱于刘才甫不无阿私，而辨文章之源流，识古书之真伪，亦实有突过归、方之处，尊兄鄙其宗派之说，而并没其笃古之功，揆之事理，宁可谓平？

译文

我曾经说过古文这种文体什么地方都可以用，只是不适合于说道理。送人的序文，韩愈写得最多而且好，但我认为，宇宙间是不应该有这一种文体的。后世生日有寿序，升官有贺序，起屋上梁有序，取字号有序，都是这种文体的滥觞，以至于后来无法去追究指斥。我先前写《书归熙甫文集后》，在文中曾持有这个议论，批评世人不能纠正韩愈的错误，反而随波逐流，反而拾其沉渣。

您的信认为弟所作的《欧阳生文集序》中列举当世的一些文章家，不妥当地将您的大名摆在这些人的行列中，没有道理。李耳与韩非同在一个传中，固然不当，但赞语末尾一句说："然而老子的学说深远啊。"司马迁的心里，并非完全分不出清与浊。今天在写到文章风格分类上，也是有视为同类可能性的，至于姚鼐虽不可能判定能与古代著述者相当，您将他比为吕本中，那也不能算作公允。姚鼐对待刘大櫆不免有点偏私，但他考辨文章的源流，识别古籍的真伪，在这点上实在有超过归有光、方苞的地方。您瞧不起姚鼐关于宗派的说法，而一并掩没他笃实研究古籍的功劳，实事求是地说，您这话算得公平吗？

点评

前段评点说到吴敏树不满意将自己的名字被划入杨彝珍等人行列中一事，一个多月后，曾氏给吴本人回了一封信，谈的主要内容便在此处所抄录的这两段话中，只是这两段话被先后倒置了。曾氏先说吴不满事，承认自己做得不妥，但接下来便拿《史记》为自己辩护。司马迁的《史记》有一章命名为《老子韩非列传》，传中老子、庄周、申不害、韩非四人同传，将老庄与申韩并列，确为不妥，但在传末的赞语中，司马迁对四个人的评价还是有高下之分的，一句"老子深远"的话，充分表明他对老子学说的敬仰。曾氏以此为例，意在说明吴虽与杨等人同列在一起，但吴还是要比杨等人高出一筹。

这一段话的后面还有几句，此处没有抄："吾乡富人畏为命案所污累，至靡钱五百千，摘除其名。尊兄畏拙文将来援为案据，何不捐输巨资，摘除大名，亦一法也。"曾氏这几句话是说：我们家乡的有钱人，倘若一旦牵涉到命案，担心自己的名字列在其中有损声誉，于是拿出五百千钱来贿赂官府，请官府在案卷中将自己的名消去。您如果害怕别人将来会因我的这篇文章而视您为桐城派在湖南的传人，何不学湘乡有钱人的样，捐一大笔银子给湘军，那我就在文章中除掉你的名字。这显然是玩笑话。笔者之所以要将这几句话补抄出来，意在告诉读者，曾氏这个人并非为大家所想象的那样，什么时候都是一本正经不苟言笑的理学家。他也有调侃、幽默的一面，他也善于用说笑话的方式来化解过结，来为自己摆脱窘境的。

近时所作不称意

清劲为尊兄本色，所短者乃在声色之间。弟尝劝人读《汉书》、《文选》，以日渐于腴润。姚惜抱论诗文，每称当从声音证入，尊兄或可以此二义参证得失。弟夙昔好扬雄、韩愈瑰玮奇崛之文，而近时所作，率伤平直，不称鄙意，亦云军中日接俗务，不克精心营度耳。

译文

文风清劲是您的本色，所短缺的是在声与色方面。我曾经劝别人读《汉书》、《文选》，以慢慢地使文章丰腴滋润。姚鼐议论诗文，每每说应当从声音这一点上切入，您或许可以从声与色这两点上参证自己的得失。我一向喜好扬雄、韩愈瑰玮奇崛的为文风格，而近来所写的文章都失之于平直，自己不满意，这也是因为身在军营中每天与俗事打交道，而不能精心构思的缘故。

点评

戎马倥偬，不能让曾氏静下心来好好写文章，这确实是他后半生中常常吐露的苦衷，但金戈铁马又的确能催生人的豪壮之气；对文章而言，气势又似乎更为重要。这中间的一得一失，想必曾氏心中亦有称量。

谈隶书

尊书隶字，似不如草、篆。少陵"瘦硬通神"专为隶字言之，东坡欲泛及于真、草诸体，以为未公不凭，非至论也。仆不解作字，昔年治《说文》，曾广购汉魏各碑，讨寻源流，如《礼器碑》结体方雅，要为隶家正范。《张猛龙碑》将隶、楷融成一气，尤足津逮来学。唐隶稍肥，有乖大雅，敢为足下陈一戒律。近姚伯昂先生专师《曹全碑》，相沿成风，亦旁门也。

译文

你书法中的隶体，似乎不如草体、篆体。杜甫"瘦硬通神"的话是专门针对隶体而说的，苏东坡想把这句话扩大到真体、草体等各种字体，并从而认为此说不公允缺乏根据，这不是很正确的观点。我不懂写字，过去研究《说文解字》，曾经广为购买汉魏时期的各种碑帖，探寻字的源流。比如《礼器碑》结构方正秀雅，实在是学隶体的规矩范本。《张猛龙碑》将隶体与楷体融成一气，尤其能成为引导后来学者的津渡。唐朝的隶体较为肥厚，与大雅风格有所违背，我大胆为你指出这个警戒。近世姚伯昂先生专门师法《曹全碑》，相沿而成为风气，也属旁门左道。

点评

曾氏晚年，曾较多用功于书法，并时有体悟。他不赞同苏轼认为各体书法均要瘦硬，便是他的体悟之一。曾氏传世书法作品多为行书，然其风格亦可归之于瘦劲一类。

自为之书不过数十部

四部之书，浩如烟海，而其中自为之书有原之水，不过数十部耳。经则《十三经》是已，史则《廿四史》暨《通鉴》是已，子则五子暨《管》、《晏》、《韩非》、《淮南》、《吕览》等十余是已，集则《汉魏六朝百三家》之外，唐宋以来，廿余家而已。此外，入子、集部之书，皆赝作也，皆剿袭也；入经、史部之书，皆类书也，不特《太平御览》、《事文类聚》等为类书，即"三通"亦类书也，《小学近思录》、《衍义》、《衍义补》亦类书也，故尝谬论修艺文志四库书目者，当以古人自为之书，有原之川渎，另行编列别自而定一尊。其分门别类，杂纂古人成书者，别为一编，则荡除廓清，而书之可存者日少矣。

译文

经、史、子、集四部所收之书浩如烟海，而其中原创书有源头的水，不过几十部而已。经部则只有《十三经》属这一类，史部则《二十四史》及《资治通鉴》属这一类，子部则五子及《管子》、《晏氏春秋》、《韩非子》、《淮南子》、《吕氏春秋》等十余家属这一类，集部则《汉魏六朝百三名家集》之外，唐宋以来二十余家而已。此外，收入子部、集部的书皆假冒之作，皆抄袭之作；收入经部、史部的书都是类书，不仅《太平御览》、《事文类聚》等是类书，即便"三通"也是类书，《小学近思录》、《衍义》、《衍义补》也是类书。故而我曾经发谬论说，修艺文志四库书目者，应当以古人原创书有源头的水，另行编列定为一尊，那些分门别类抄摘古人成书的，再行成为一编，如此则将书海予以廓清，那么可存之书则日渐减少。

点评

中国有史以来的书籍，人们常用浩如烟海来形容，的确是多得不可胜数，然真正称得上经典的则不多。现在印刷业发达，出书已成为一件很平常的事，故而许多书籍被人称为泡沫书、垃圾书。对于此类书，人们已见怪不怪，接下来则是"开卷有益"这句成语也就不再一律正确。泡沫、垃圾这一类书，开卷又有何益呢？

读书贵于得间

凡读书笔记，贵于得间。戴东原谓阎百诗善看书，以其能蹈瑕抵隙，能环攻古人之短也。近世如高邮王氏，凡读一书，于正文注文一一求其至是，其疑者非者，不敢苟同，以乱古人之真，而欺方寸之知。若专校异同某字某本作某，则谓之考异，谓之校对，不得与精核大义参稽疑误者同日而语。当时批写书眉，本不以为著述之事，后人概以编入笔记之内，殆非姜坞及惜抱之意。

译文

大凡读书笔记，可贵的是发现书中的间隙。戴震说阎若璩善于看书，是因为阎能发现书中的瑕疵以及漏隙，能够四面出击古人的短缺处。近世如高邮王念孙，每读一书，对于正文注文一一探求它的最精当的地方，以及值得怀疑处不是处，不敢苟且赞同，以纷乱古人的真义而欺骗自心。若是专门校勘异与同以及某字在某个版本中作某，这叫做考异，叫做校对，不能与精核大义稽查疑误来相提并论。当时写眉批，本来不是为了著述，后人一概编在笔记中，恐怕不是姜坞及惜抱的本意。

点评

读书得间，是古人读书的一条重要经验。所谓间，便是空隙，也就是著书者考虑不周之处、错谬之处、遗漏之处。读者能够发现，便意味着在这一点上读者有高过作者之处，若把它挑出来，并能予以修正弥补的话，则无疑对学术大有裨益。这种文字简短的读书笔记，自然要胜过洋洋万言的空泛论文。

本根之书不过数十种

古今书籍浩如烟海，而本根之书不过数十种。经，则《十三经》是已；史，则《廿四史》暨《通鉴》是已；子，则十子是已（五子之外，《管》、《列》、《韩非》、《淮南》、《鹖冠》）；集，则《文选》、《百三名家》，暨唐宋以来专集数十家是已。自斯以外，皆剿袭前人之说以为言，编采众家之精以为书。本根之书犹山之干龙也，编集者犹枝龙护沙也。

译文

古今书籍浩如烟海，而有本有根的书不过数十种。经部，则是《十三经》；史部，则是《二十四史》及《资治通鉴》；子部，则是十子（五子之外，加上《管子》、《列子》、《韩非子》、《淮南子》、《鹖冠子》）；集部，则是《文选》、《汉魏六朝百三名家》及唐宋以来数十家专集而已。自此以外都是以抄袭别人的话作为自己的文字，或者是编摘众家的精华而汇成一本新书。有本有根的书好比山的主脉，编集者好比山之支脉护沙。

点评

这段话与前面的一段话，几乎完全一样，这是曾氏就一个内容分别给两个人所写的信。大约辑录者特别赞同曾氏的看法，故不惜又抄一段。

打通汉宋两家之结

乾嘉以来，士大夫为训诂之学者，薄宋儒为空疏；为性理之学者，又薄汉儒为支离。鄙意由博乃能返约，格物乃能正心，必从事于《礼经》，考核于三千三百之详，博稽乎一名一物之细，然后本末兼赅，源流毕贯。虽极军旅、战争、食货凌杂，皆礼家所应讨论之事，故尝谓江氏《礼书纲目》、秦氏《五礼通考》，可以通汉宋二家之结而息顿诸说之争。

译文

乾隆嘉庆以来，士大夫研习训诂之学的，则轻视宋代儒者，认为他们空疏；研习性理之学的，则又轻视汉代儒者，认为他们支离。我认为由广博才能返到简约，穷究名物才能端正心意，必须这样来研究《礼经》，即从极广极博的方面予以考核，从一名一物的细微上予以稽查，然后才能够本末兼备，源流毕贯。即便是军旅、战争、食货那样的凌乱，都是研究礼的人所应该讨论的事情，故而说江永的《礼书纲目》、秦蕙田的《五礼通考》，可以打通汉宋二家的纽结而息弭各种学说的争论。

点评

宋代学者讲性理，其末则流入空疏，汉代学者讲训诂，其末则流入支离，这是事实；但性理之说不等于空疏，训诂亦不等于支离，两家学说都自有它立学成说的精粹所在。曾氏为学，主张打通汉宋，这是他高于俗儒之处。

古文写作的指引

古文者，韩退之氏厌弃魏晋六朝骈俪之文，而反之于《六经》两汉从而名焉者也。名号虽殊，而其积字而为句，积句而为段，积段而为篇，则天下之凡名为文者一也。国藩以为欲着字之古，宜研究《尔雅》、《说文》小学训诂之书，故尝好观近人王氏、段氏之说；欲造句之古，宜仿效《汉书》、《文选》，而后可砭俗而裁伪；欲分段之古，宜熟读班、马、韩、欧之作，审其行气之短长，自然之节奏；欲谋篇之古，则群经、诸子以至近世名家，莫不各有匠心以成章法，如人之有肢体，室之有结构，衣之有要领。大抵以力去陈言戛戛独造为始事，以声调铿锵包蕴不尽为终事。

译文

所谓古文，系韩愈因厌弃魏晋六朝骈俪之文，而追回到《六经》两汉时期的文体而立的名字。名号虽然有别，但积字而为句，积句而为段，积段而为篇，这个套路凡天下的文章都一样。我认为，用字若要古，则宜研究《尔雅》、《说文》小学训诂之书，故而曾经爱好读近人王念孙、段玉裁的书；造句若要古，则宜仿效《汉书》、《文选》，而后可以医治庸俗而去掉虚伪；分段若要古，则宜熟读班固、司马相如、韩愈、欧阳修的作品，研究在行气上的短与长、节奏上的自然；谋篇想要古，则群经、诸子以至于近世的名家，莫不各有自己的匠心以成章法，好比人有肢体，房屋有结构，衣服有衣领一样。大致说来，竭力去掉陈言旧句戛戛独造，这是为文时先所要想到的事，声调铿锵动听内容含量大且有余韵，这是文章写成后所要想到的事。

点评

天下文章莫不积字为句，积句为段，积段为篇。这是将一篇文章解剖后的分析，曾氏治事治学擅长这种解剖法。曾氏曾经说过，面临着一桩事，不妨将一析为二，二析为四，四析为八，这样细细地一剖开，便可以化繁为简，由粗及精，其本质便逐渐暴露出来，解决的办法也便随即产生。将文章之篇析为段，将段析为句，将句析为字，于是对应的提高之途也便出来了：练字宜研究《尔雅》、《说文》，练句宜仿效《汉书》、《文选》，练段宜熟读班、马、韩、欧，练篇则效仿群经、诸子。津渡指明，桥梁搭成，为文之路便成坦途。

熟读《文选》

《文选》纵不能全读，其中诗数本，则须全卷熟读，不可删减一字，余文亦以多读为妙。盖《京都》、《田猎》、《江》、《海》诸赋，虽难于成诵，而造字、形声、训诂之学，即已不待他求。此外各文，则并无难成诵者也。

译文

《文选》纵然不能全部读，其中的几本诗集，则必须全部熟读，不可以删减一字，其余的文章也以多读为妙。这是因为像《京都》、《田猎》、《江》、《海》等赋，虽然难于背诵，但造字、形声、训诂之学，都已包括，不必再从他篇寻求了。此外其他文章，则并没有难以背诵的。

点评

梁昭明太子所编的《文选》是一部很好的诗文总汇，曾氏自己酷爱，也常常将它推荐给二子及亲朋僚属。曾氏之所以成为文章大家，看来《文选》对他帮助甚大。

礼

古之君子之所以尽其心养其性者，不可得而见，其修身、齐家、治国、平天下，则一秉乎礼。自内焉者言之，舍礼无所谓道德；自外焉者言之，舍礼无所谓政事。故六官经制大备，而以《周礼》名书。春秋之世，士大夫知礼善说辞者，常足以服人而强国。战国以后，以仪文之琐为礼，是女叔齐之所讥也。荀卿、张、戴，兢兢以礼为务，可谓知本好古，不逐乎流俗。近世张尔岐氏作《中庸论》、凌廷堪氏作《复礼论》，亦有以窥见先王之大原。秦蕙田氏辑《五礼通考》，以天文、算学录入为观象授时门，以地理州郡录入为体国经野门，于著书之例义，则或驳而不精，其于经世之礼之无所不赅，则未为失也。

译文

古代的君子是如何尽心养性的，不可能看到，而他的修身、齐家、治国、平天下，则完全是依礼而行。从内心这个角度来说，除礼外无所谓道德，从外部世界这个角度来说，除礼无所谓政事，故而关于六官制度大全的书，是以《周礼》来命名的。春秋时代，士大夫中知礼会说话的人，常常足以使人佩服而使国家强大。战国以后，以仪式文采这些琐碎为礼，这便是女叔齐所讥嘲的，荀卿、张良、戴德、戴圣就兢兢业业以礼为要务，可谓知本好古，不与时俗随波逐流。近世张尔岐作《中庸论》、凌廷堪作《复礼论》，也能有一些探悉先王大本大原的发现。秦蕙田编辑《五礼通考》，将天文、算学编入观象授时门，将地理州郡编入体国经野门，从著述的体例来说，或许有些驳杂不精，从将经世之礼全部收集这点来说，则不能说是过失。

点评

这段话出自曾氏全集中的《杂著》。《杂著》收集曾氏诗文之外的一些零杂文章，内有曾氏的笔记三十九则，此为其一的第一篇。作为一个以经世致用为目标的儒学弟子，一个政府的高级官员，曾氏深知礼的重要性。打下南京后，他所做的第一桩文化大事，便是在南京城内创办金陵书局，刻印王夫之的著作。在《王船山遗书序》中，他点明亲为此事的目的："圣王所以平物我之情而息天下之争，内之莫大于仁，外之莫急于礼。""船山先生注《正蒙》数万言，注《礼记》数十万言，出以究民物之同原，显以纲维万事，弭世乱于无形。"原来，他要靠船山所阐明的仁与礼来息天下之争，来弭世道之乱。

赦

牧马者，去其害马者而已；牧羊者，去其乱群者而已。牧民之道，何独不然？诸葛武侯治蜀，有言公惜赦者，答曰治世以大德，不以小惠。故匡衡、吴汉，不愿为赦。先帝亦言吾周旋陈元方、郑康成间，每见启告治乱之道悉矣，曾不语赦也。若刘景升、季玉父子，岁岁赦宥，何益于治？蜀人称亮之贤。厥后费祎秉政，大赦。河南孟光责费祎曰："赦者偏枯之物，非明世所宜有也。"国藩尝见家有不肖之子，其父曲宥其过，众子相率而流于不肖。又见军士有失律者，主者鞭责不及数，又故轻贳之，厥后众士傲慢，日常戏侮其管辖之官。故知小仁者大仁之贼，多赦不可以治民，溺爱不可以治家，宽纵不可以治军。

译文

牧马这件事，在于除掉害马而已；牧羊这件事，在于除掉扰乱群体者而已。管理人群的法则，怎么能单独不这样呢？诸葛亮治理蜀国时，有人对他谈到珍惜赦免的事。他回答说治理国家靠的是大德，而不是小恩小惠，故而匡衡、吴汉不愿意使用赦免。先帝也说过我在陈元方、郑康成之间相处过，每每见他们于治乱之道的措施都很周全，只是不曾说到赦免。像刘景升、刘季玉父子，每年都实行赦免，对于治理国家又有何益？蜀国人称赞诸葛亮的贤明。以后费祎执政，大赦天下。河南孟光指责费祎说："赦免这种方式，只能用于纠偏，不是清明时期所宜有的。"我曾经见过有的家里出了不肖之子，他的父亲袒护而宽免他的过错，于是别的儿子相继效法他而一天天流于不肖。又曾经看到过军士有违犯军律的，主事者不仅没有按军法如数打鞭子，反而找个借口轻易赦免，以后其他军士则态度傲慢，常常戏侮所管辖他的官员。所以由此可知，小仁是大仁的贼害，多采取赦免则不可治理百姓，溺爱则不能治理家庭，宽容放纵则不可以治理军队。

点评

在"治理"二字上，曾氏主张用申韩之法，即行事从严。咸丰二年（1852）冬天，曾氏奉旨出山，在湖南这块混乱的土地上，赤手空拳筹建一支新的军事力量，不用严刑峻法简直寸步难行。这篇笔记由不能轻易用赦，谈到治世的大德与小德、大仁与小仁等话题，对负有整治社会的读者来说不无启示。

世　泽

士大夫之志趣、学术，果有异于人者，则修之于身，式之于家，必将有流风余韵传之子孙，化行乡里，所谓君子之泽也。就其最善者约有三端，曰诗书之泽、礼让之泽、稼穑之泽。

诗书之泽，如韦玄成议礼，王吉传经，虞、魏之昆，顾、陆之裔，代有名家，不可殚述。我朝如桐城张氏，自文端公而下，巨卿硕学，世济其美。宣城梅氏，自定九征君以下，世精算学，其六世孙梅伯言郎中曾亮，自谓莫绍先绪，而所为文章诗篇，一时推为祭酒。高邮王氏，自文肃公安国以下，世为名儒，而怀祖先生训诂之学，实集古今之大成。国藩于此三家者，常低回叹仰，以为不可及。礼让之泽，如万石君之廉谨，富平侯之敬慎，唐之河东柳氏，宋之蓝田吕氏，门庭之内，彬彬焉有君子之风。余所见近时搢绅，未有崇礼法而不兴习傲慢而不败者。稼穑之泽，惟周家开国，《豳风》陈业，述生理之艰难，导民风于淳厚，有味乎其言之。近世张敦复之《恒产琐言》，张杨园之《农书》，用意至为深远。国藩窃以为稼穑之泽，视诗书、礼让之泽，尤为可大可久。吾祖光禄大夫星岗公尝有言曰："吾子孙虽至大官，家中不可废祖宗旧业。"懿哉至训！可为万世法已。

译文

士大夫的志趣、学术，果真有超过寻常人的，则可以使自身得到修炼，给家庭立楷模，必然将有流风余韵传给子孙后代，影响乡里，这就是所谓的君子之泽。君子之泽中约有三个方面最值得称善，即诗书之泽、礼让之泽、稼穑之泽。

诗书之泽这方面，比如韦玄成议礼，王吉传经，虞家、魏家子孙，顾家、陆家后裔，代代有名人，无法尽述。我们这个朝代比如桐城张氏，自张英之后，高官大学者，世代增添张英的美名。宣城梅氏，自梅文鼎之后，世代精研算学。他的六世孙郎中梅曾亮，自称没有继承先人的事业，但他所写的古文及诗篇，一时间被公认为第一。高邮王氏，自王安国之后，世代为名儒，而王念孙的训诂之学，确实集古今之大成。我在张、梅、王三家面前常常低回感叹仰望，认为不可企及。礼让之泽这方面，比如万石君的廉法严谨，富平侯的庄敬慎重，唐朝河东柳氏、宋朝蓝田吕氏，一家内部彬彬有礼，有君子之风。我所见到的近时官吏，没有崇尚礼法而不兴旺习于傲慢而不失败的。稼穑之泽，如

《豳风·七月》述周朝以农事创立王业的艰苦，将民风导向于淳厚，在诵读中可体味出。近世如张敦复的《恒产琐言》、张杨园的《农书》，用意非常深远。我私下认为稼穑之泽比诗书、礼让之泽更加宽广长久。我的祖父光禄大夫星冈公曾经说过："我的子孙即便做大官，家中不废除祖宗旧业。"美好的最高家训啊！可以作为万世法则。

曾氏所说的可泽被后世的君子之泽中，最值得称道的三个方面，用今天的话来说，即文化教育、礼仪谦让、重视农耕。前者属于学的范畴，中者属于德的范畴，后者属于事的范畴，此中没有官位、权势与财富这些世人所特别看重的东西。至于把稼穑视为第一的说法，显然是数千年来以农立邦的传统观念之深重烙印。

悔 吝

吉、凶、悔、吝四者相为循环。吉，非有祥瑞之可言，但行事措之咸宜，无有人非鬼责，是即谓之吉。过是，则为吝矣。天道忌满，鬼神害盈，日中则昃，月盈则亏。《易》爻多言贞吝。《易》之道，当随时变易以处中，当变而守此不变，则贞而吝矣。凡行之而过，无论其非义也，即尽善之举，盛德之事，稍过则吝随之。余官京师，自名所居之室曰"求阙斋"，恐以满盈致吝也。人无贤愚，遇凶皆知自悔，悔则可免于灾戾，故曰震无咎者存乎悔，动心忍性，斯大任之基，侧身修行，乃中兴之本。自古成大业者，未有不自困心横虑觉悟知非而来者也。吝则驯致于凶，悔则渐趋于吉，故大易之道，莫善于悔，莫不善于吝。吾家子弟，将欲自修而免于愆尤，有二语焉，曰："无好快意之事，常存省过之心。"

译文

吉、凶、悔、吝四者互相循环。吉，并非只有祥瑞才可以说得上，只有行事举措都得宜，没有世人非难神鬼谴责，这就叫做吉。越过这一点，就是吝了。天道忌妒溢满，鬼神谋害盈裕，太阳过了正午则偏斜，月亮圆满后立即亏缺，《易经》中的爻辞多说贞与吝。《易经》里所要阐明的处世之道，即宜随时变化而达到处中的状态，应当变化而死守不变，则属于贞却又泥执了。凡行事而过头，不去说不义的事，即便是非常好有着盛德的事情，稍微过头，则过分而产生的不利将随之而来。我在京师做官，自己为所居之室命名为"求阙斋"，这是我担心追求盈满而招致过分。人无论贤还是愚，遇到凶危都知道自我悔改，悔改则可以免于灾祸，故而说行动中没有过失在于能够悔改。震动心意，坚韧性情，这是担当大任的基础。修炼身心检束行为，是中兴的根本。自古来成就大事业的，没有不经受心智遭受困厄，没有不从错误中觉悟过来的。困患使得渐渐招至凶危，而悔改则使得逐日趋于吉顺。故而变化的最大法则，没有比悔改更好的，没有比过分更不好的。我家子弟，若要自修免于过错的话，有两句话要记住："不要沉溺于享乐之中，常常保持反省过失的心态。"

点评

这则笔记，是曾氏的读《易》感悟，说的是事物对立面的互相转换：处置不当，吉变成凶；处置得当，凶化为吉。其中他特别强调悔、吝二字在其中所起的作用。悔包含悔改、反省、自我检讨等意思在内，吝则包含过头、泥执、过分等意思在内。曾氏认为，"悔"是"得当"的主要方式，而"吝"则是"不当"的主要表现，故而他教训子弟不要沉溺而常持反省之心。

儒　缓

《论语》两称"敏则有功"。敏有得之天事者，才艺赡给，裁决如流，此不数数觏也；有得之人事者，人十己千，习勤不辍，中材以下皆可勉焉而几。余性鲁钝，他人目下二三行，余或疾读不能终一行。他人顷刻立办者，余或沉吟数时不能了。友人阳湖周弢甫腾虎尝谓余儒缓不及事，余亦深以舒缓自愧。

《左传》齐人责鲁君不答稽首，因歌之曰："鲁人之皋，数年不觉，使我高蹈，惟其儒书，以为二国忧。"言鲁人好儒术而失之皋缓，故二国兴师来问也。《汉书·朱博传》：齐部舒缓养名，博奋髯抵几曰：观齐儿欲以此为俗耶？皆斥罢诸吏。门下掾赣遂，耆老大儒，拜起舒迟。博谓赣老生不习吏礼，令主簿教之，拜起闲习。又以功曹官属，多褒衣大袑，不中节度，敕令掾史衣皆去地二尺。此亦恶儒术之舒缓不足了事也。《通鉴》凉骠骑大将军宋混曰："臣弟澄，政事愈于臣，但恐儒缓，机事不称耳。"胡三省注曰："凡儒者多务为舒缓，而不能应机以趋事赴功。"大抵儒术非病，儒而失之疏缓，则从政多积滞之事，治军少可趁之功。

译文

《论语》两次说到"敏捷则有功效"。敏捷有从先天那里得到的，如才艺丰富，裁定决断快如流水，这不是常常能遇到的。有从人事的努力而得到的，如别人付出十分我付出千分，习惯勤劳不中断，如此则中等才智以下的人都可以勉强而达到敏捷。我秉性鲁钝，别人一目而二三行，我有时快速阅读甚至连一行都不能读完。别人顷刻工夫可以立即办好的，我有时会沉思几个时辰不能了决。朋友阳湖人周腾虎（字弢甫）曾经说过我儒缓不能及时办事，我自己也深以舒缓而惭愧。

《左传》中齐国人责备鲁国君主不回应稽首之礼，因而作歌唱道："鲁国人迂缓，面对一件事，好几年都不能明白，可以让我们远图，因为他们读儒书，深以二国的行动为忧虑。"这首歌说的是鲁国人爱好儒术从而有皋缓的缺失，故而二国前来兴师问罪。《汉书·朱博传》载：齐部借舒缓来培育名望。朱博将起胡须靠近几案说，看来齐国人是想以此作为地方风俗吗？于是全部罢斥所有的随员。门下随员赣遂是个年岁高的大儒，跪拜起身舒缓迟慢。朱博说赣老先生不熟习吏员礼节，命令主簿教授他，闲时练习跪拜起身。又认为各部门官员多穿宽袍大裤，不符合节度，下命令所有随员的衣都要离开地面二尺。这也是厌恶儒学礼仪的舒缓不足以成事。《通鉴》中记载凉骠骑大将军宋混说："臣的弟弟宋澄，处理政事的能力超过臣，但担心他办事儒缓，临机处决一类的事不能称职。"胡三省注释说："大凡儒者多习于舒缓，而不能抓住时机去办事获得功效。"大致说来，儒术不是毛病，遵儒术而导致疏缓，则从政多积压未办的公事，治军则缺少可以乘机获取的功劳。

点评

儒家讲究礼。礼的核心在于区分次第等级，为了区分则需制定相应的仪式。仪式重形式和过程，在形式与过程中，礼的负面影响便随之产生，缓慢即其一。因为是儒家所特有的现象，这种缓慢也便称之为儒缓。曾氏这篇笔记说的就是读书人所常见的处事缓慢的毛病。在非常时期，比如战争年代，士人的儒缓便极不受欢迎。刘邦将儒士的帽子扔到尿桶里，朱元璋讨厌好儒学的太子以至于令其致死，便是历史上有名的例子。作为军队统帅，曾氏也深知儒缓于事不利，但作为忠实的儒家弟子，他还是将儒与缓分别对待，不承认儒则必缓，或缓从儒来。

名 望

知识愈高，则天之所以责之者愈厚；名望愈重，鬼神之所以伺察者愈严。故君子之自处，不肯与众人絜量长短，以为己之素所自期者大，不肯自欺其知识以欺天也。己之名望素尊，不肯更以鄙小之见贻讥于神明也。

译文

知识程度越高，天对他的要求也便越苛严；社会名望越大，鬼神对他的监督也便越严密。故而君子对待自己，不愿意与普通人来计较长短，这是因为他对于自己的期望历来很大，不愿意对自己的所知所识予以自欺来借以欺天。自己的名望素来尊贵，不愿意因鄙薄短浅的见识来让神明讥嘲。

点评

这则笔记，实际上是曾氏的夫子自道。曾氏在名望越来越大的时候，对自己的要求也越来越严：不与别人计较，不自高自大，不坠入流俗。

居 业

古者英雄立事，必有基业。如高祖之关中，光武之河内，魏之衮州，唐之晋阳，皆先据此为基，然后进可以战，退可以守。君子之学道也，亦必有所谓基业者。大抵以规模宏大、言词诚信为本，如居室然，宏大则所宅者广，托庇者众，诚信则置址甚固，结构甚牢。《易》曰"宽以居之"，谓宏大也。"修辞立其诚，所以居业"，谓诚信也。大程子曰："道之浩浩何处下手，惟立诚才有可居之处。诚便是忠信，修省言辞，便是要立得这忠信。若口不择言，逢事便说，则忠信亦被汩没动荡立不住了。"国藩按：立得住，即所谓居业也。今世俗言"兴家立业"是也。子张曰："执德不宏，信道不笃，焉能为有？焉能为亡？"亦谓苟不能宏大诚信，则在我之知识浮泛动荡，指为我之所有也不可，指为我之所无也亦不可，是则终身无可居之业，程子所谓"立不住"者耳。

译文

古代的英雄办成大事业，必定有基业。如汉高祖的关中，汉光武帝的河内，魏的衮州，唐的晋阳，都必须先占住这块土地作为基础，然后前进可以打仗，后退可以有所守。君子学习为人处世的大道理，也必须有所谓的基业才行。大致说来，以规模宏大、言词诚信为根本，好比房屋，宏大则住所广阔，庇护的人则多，诚信则屋脚很稳固，结构很牢靠。《易经》说"宽宽敞敞以便于居住"，说的是宏大；又说"修饰文辞写出真实，这就是可居之业"，说的是诚信。程颢说："道浩浩荡荡，从何处下手？惟有立诚才有可以有安居的地方。诚即是忠信，仔细斟酌言辞，便是为着要立得住这忠信。若是口不择言，遇到什么事就说，那么忠信也会被消没动摇立不住了。"国藩按：立得住，就是所谓居业，即当今世俗话说"兴家立业"的意思。子张说："所执的德性不宏大，所信的道理不笃实，怎能说拥有？又怎能说没有？"也是说如果不能宏大诚信，则我的知识便是浮泛动荡的，说我拥有也不可，说我没有也不可，如此则终身无可立得住的事业。这就是程子所说的立不住。

点评

所谓居业，就是可居之业。对于事业而言，指能立得住的事业，对于道德而言，指能立得住的道德。曾氏认为，道德须宏大诚信，才可立得住。

英雄诫子弟

古之英雄，意量恢拓，规模宏远，而其训诫子弟，恒有恭谨敛退之象。

刘先主临终，敕太子曰："勉之勉之！勿以恶小而为之，勿以善小而不为。惟贤惟德，可以服人。汝父德薄，不足效也。汝与丞相从事，事之如父。"西凉李暠手令戒诸子，以为"从政者当审慎赏罚，勿任爱憎，近忠正，远佞谀，勿使左右窃弄威福。毁誉之来，当研核真伪，听讼折狱，必和颜任理，慎勿逆诈亿必，轻加声色，务广咨询，勿自专用。吾莅事五年，虽未能息民，然含垢匿瑕，朝为寇仇，夕委心膂，粗无负于新旧，事任公平，坦然无类，初不容怀有所损益。计近则如不足，经远乃为有余，庶亦无愧前人也。"

宋文帝以弟江夏王义恭都督荆、湘等八州诸军事，为书诫之曰："天下艰难，国家事重，虽曰守成，实亦未易。隆替安危，在吾曹耳！岂可不感寻王业大惧负荷？汝性褊急，志之所滞，其欲必行，意所不存，从物回改，此最弊事！宜念裁抑。卫青遇士大夫以礼，与小人有恩，西门安于矫性齐美，关公、张飞任偏同弊，行己举事，深宜鉴此！若事异今日，嗣子幼蒙，司徒当周公之事，汝不可不尽祗顺之理，尔时天下安危，决汝二人耳。汝一月用钱，不可过三十万，皆能省此益美。西楚府舍，略所谙究，计当不须改作，日求新异。凡讯狱多决，当时难可逆虑，此实为难，至讯日，虚怀博尽，慎无以喜怒加人。能择善者而从之，美归自己，不可专意自决，以矜独断之明也。名器深宜慎惜，不可妄以假人，昵近爵赐，犹应裁量。吾于左右，虽为少恩，如闻外论，不以为非也。以贵凌物物不服，以威加人人不厌，此易达事耳。声乐嬉游，不宜令过，蒲酒渔猎，一切勿为，供用奉身，皆有节度，奇服异器，不宜兴长。又宜数引见佐史，相见不数，则彼我不亲。不亲，无因得尽人情，人情不尽，复何由知众事也！"

数君者，皆雄才大略，有经营四海之志，而其教诫子弟，则约旨卑思，敛抑已甚。伏波将军马援，亦旷代英杰，而其诫兄子书曰："吾欲汝曹闻人过失，如闻父母之名，耳可得闻，口不可得言也。好议论人长短，妄是非政法，此吾所大恶也，宁死不愿子孙有此行也！龙伯高敦厚周慎，口无择言，谦约节俭，廉公有威。吾爱之重之，愿汝曹效之。杜季良豪侠好义，忧人之忧，乐人之乐，父丧致客，数郡毕至。吾爱之重之，不愿汝曹效也。效伯高不得，犹为谨敕之士，所谓刻鹄不成尚类鹜者也；效季良不得，陷为天下轻薄子，所谓画虎不成反类狗者也。"此亦谦谨自将，敛其高远之怀，即于卑迩之道。盖不如是，则不足以自致于久大。藏之不密，则放之不准。苏轼诗"始知真放本精微"，即此义也。

古代的英雄心胸气量恢宏，规模远大，但他教育子弟，常常有恭谨收敛退让的表现。

刘备临终时对太子说："勉励啊勉励，不要因错恶小就可以做，不要因良善小而不为。只有贤与德，才可以使人心服。你的父亲德行浅薄，不值得效法。你与丞相共事，要像对父亲样的对待他。"西凉国李暠亲手写下教诫诸子的命令，认为"从政者，应当慎重对待赏罚，不要听任于自己的爱与憎，亲近忠诚正直，远离阿谀奉承，不要让身边人借用权力作威作福。面对毁与誉，应当研究审核真伪。处理案子，必须和颜悦色依从法理，切不要猜测、恐诈、揣臆、固执，只能轻微地加以声色，一定要广泛咨询，不要自我专断。我主事五年，虽然未能让百姓安宁，但做到宽宏大度，早上是我寇仇，晚上可委为心腹，无论是旧时袍泽还是新归附的朋友，基本上都没有辜负。处置事情公平，心怀坦荡不分派系，本来就不容许对这些原则有所增减。谋划眼前的事可能有不足，经略长远则为有余。

我这样处理国事，大概也无愧于前人"。

宋文帝委派弟弟江夏王刘义恭统领荆、湘等八州军事，写信告诫说："天下正在艰难时期，国家事业重大，虽说是守成，却实在不容易，兴衰安危，在我们这些人的身上担着，怎么可以为着王业而对身上的沉重担子不恐惧呢？你的性情褊急，自己的志愿受到阻滞，一定要使它通行，所意想的一旦不能兑现，又立即听从别人的意见改变，这些于事最为有害，宜改掉抑制。卫青以礼节对待士大夫，以恩惠对待小人物，西门安于因改变自己的性格而一齐获得美誉，关羽与张飞，任人偏于私情同样不好。自己的行为，举办事情，都要切切以此为鉴。倘若有不测之事发生，继位的儿子年幼无知，司徒承当周公的职责，你不可对新主不恭顺。那时天下的安危，取决于你们二人了。你一个月的自我费用，不可超过三十万，若能少于这个数更好。西楚的府舍，我略为熟悉，应当不需要求取新异而改造。凡审讯狱案宜多有决断，但当时难以预料，做到这样实在很难。到审讯那一天，要虚心多询问，谨慎着不要以己之喜怒加于别人。能够做到择善而从，最后的美誉自然归于自己，不可专依靠自己的意志决断，借以夸耀独断的英明。名器特别要珍惜，不可随便借人使用，亲近者的封爵赏赐，尤其应当仔细考量。我对于身边的人虽然少恩，但如果听到不悦耳的议论，却不会加以指责。以身份尊贵欺凌外界，外界则不服，以威力加在别人头上，别人则不安宁。这些都是容易明白的事。歌舞玩乐，不宜过头，赌博酗酒荒淫打猎，这一切都不要去做。给自己的供用，都要有所节制。奇怪服饰异常器具，不宜提倡。又当常常引见僚属，见面不多，则彼此不亲。不亲，无法尽知人的性情，人之性情不能尽知，又如何来得知所有的事情呢？"

这几位君王，都是雄才大略，有经营四海的志量，但他们教育子弟，则主旨不多，思虑平易，收敛抑制很突出。伏波将军马援，也是一个旷代英杰，但他告诫侄儿的信上说："我希望你们听到别人的过失，如听到说父母的名字一样，耳朵可以听，嘴巴上却不可以说。喜欢议论别人的长短，妄自评说政法的是非，这是我最大的厌恶，宁肯死也不愿子孙有这等行为。龙伯高敦厚周到慎重，口里没有不加思考的话，谦虚简约节俭，廉洁公正有威信。我喜爱他器重他，希望你们效法他。杜季良豪侠好义，忧别人的忧，乐别人的乐，父亲去世请客吊丧，几个郡的人都来了。吾喜爱他器重他，但不希望你们效法他。学伯高不成，尚可成为严谨人，所谓雕刻鸿鹄不成尚可像野鸭子；学季良不成，则坠落为天下一个轻薄子弟，所谓画老虎不成反而像一只狗了。"这也是谦虚谨慎地对待自己，收敛他的高远情怀，靠近于平实的道理。这是因为不这样，则不足以靠自己努力达到远大。隐藏得不严密，投放出来则不会准确。苏轼的诗"于是知道真正的宽大本出于精微"，就是说的这个意思。

点评

这则笔记列举历史上好些个雄才大略者，在对子弟的教育上，说的却多是平近庸常的细节琐事，他们并不希望子弟轰轰烈烈，却期盼他们平平凡凡。曾氏赞成他们的观点，他自己对子弟的要求也如此。他有句名言："吾不愿子孙为大官，但愿为读书明理之君子。"这话的实质与刘备、李暠、刘义隆、马援等人对子弟的告诫是一致的。

为什么这些做出一番大事业的帝王将相，在教导子弟上，与他们自己的行事有这样的不同呢？笔者冒昧作一点揣测。一、这些人深知"伟大出于平凡"的道理，没有平凡凡凡的细节琐事，也就不可能有宏伟高大的事业。二、好高骛远是人性的一个特点，富贵家子弟于此更甚，所以更需要对他们多谈从小事从眼前做起的道理。三、这些英雄比别人更懂得大事业的成功中有一个极重要的因素，那就是机遇。机遇可遇而不可求，所以不能向子弟提出一定要建立大功大业的要求；至于实实在在做一个能干好本分工作的人，则是依靠自己的努力可以做到的。因为有这些原因，历来明智的伟大父兄并不以"伟大"要求子弟，而只是一再叮嘱他们要平实。这就是胡林翼所说的：圣贤千言万语，最后落到两个字上，那就是"平实"。

气节与傲

自好之士，多讲气节，讲之不精，则流于傲而不自觉。风节，守于己者也；傲，则加于人者也。汉萧望之初见霍大将军光，不肯露索挟持，王仲翁讥之。望之曰："各从其志。"魏孙资、刘放用事，辛毗不与往来，子敞谏之。毗正色曰："吾立身自有本末，就与孙、刘不平，不过令吾不作三公而已。"宋顾恺之不屑降意于戴法兴等，蔡兴宗嫌其风节太峻。恺之曰："辛毗有言，孙、刘不过使我不作三公耳。人禀命有定分，非智力可移。"因命弟子原著《定命论》以释之。此三事者，皆风节之守于己者也。若汲黯不下张汤，宋璟不礼王毛仲，此自位高望重，得行其志，已不得以风节目之矣，然犹不可谓之傲也。

以傲加人者，若盖宽饶之于许伯，孔融之于曹操，此傲在言词者也。嵇康之于钟会，谢灵运之于孟顗，此傲在神理者也。殷仲文之于何无忌，王僧达之于路琼之，此傲在仪节者也。息夫躬历诋诸公，暨艳弹射百寮，此傲在奏议者也。此数人者，皆不得令终。大抵人道害盈，鬼神福谦，傲者内恃其才，外溢其气，其心已不固矣。如盖、孔、嵇、谢、殷、王等，仅以加诸一二人，犹且无德不报，有毒必发，若息夫躬、暨艳之遍忤同列，安有幸全之理哉？

裴子野曰："夫有逸群之才，必思冲天之据，盖俗之量，则偾常均之下，其能守之以道，将之以礼，殆为鲜乎？"大抵怀材负奇，恒冀人以异眼相看，若一概以平等视之，非所愿也。韩信含羞于哙等，彭宠积望于无异，彼其素所挟持者高，诚不欲与庸庸者齐耳！君子之道，莫善于能下人，莫不善于矜。以齐桓公之盛业，葵丘之会，微有振矜，而叛者九国。以关公之忠勇，一念之矜，则身败于徐晃，地丧于吕蒙。以大禹之圣，而伯益赞之以满招损谦受益。以郑伯之弱，而楚庄王曰："其君能下人，必能信用其民矣。"不自恃者，虽危而得安；自恃者，虽安而易危。自古国家，往往然也。故挟贵，挟长，挟贤，挟故勋劳，皆孟子之所不答；而怙宠，怙侈，怙非，怙乱，皆春秋士大夫之所深讥耳。

译文

洁身自好的士人，多讲气节，但若是讲的不妥当，则流于傲而自己并没有觉察。风骨气节是自己所把守的，傲则是加在别人身上的。汉代萧望之初次见大将军霍光，不愿意露索去刀而由两吏挟持。王仲翁讥笑他。望之说："各人有各人的志向。"魏时孙资、刘放主事，辛毗不与他们二人往来，子敞规劝他。辛毗正色说："我立身处世自有我的本末，就是与孙、刘二人不同，大不了不过让我做不成三公而已。"宋时顾恺之不屑于在戴法兴等人面前降低身份。蔡兴宗嫌他的风骨气节太峻厉。顾恺之说："辛毗说过，孙、刘二人不过使我做不成三公罢了。人的禀性命运自有定数，不是智力可以改变的。"因而命令弟子原写《定命论》来解释。这三件事，都属于风骨气节把守自身。如汲黯不愿居张汤之下，宋璟不礼遇王毛仲，这是因为他们位高望重，按自己的意愿行事，不能看作是风骨气节的表现，但也不能说他们傲。

以傲加于别人身上的，如盖宽饶对许伯，孔融对曹操。这种傲表现在言词上。嵇康对钟会，谢灵运对孟𫖮，这种傲表现在神态上。殷仲文对何无忌，王僧达对路琼之，这种傲表现在礼节上。息夫躬历次诋毁朝中大臣，暨艳弹劾百官，这种傲体现在奏议上。这几个人，最后都没能寿终正寝。大致说来，人世间忌恨盈满，鬼神庇佑谦抑，傲者内心里自恃有才，流露在外则张扬气势，他的心已不牢固了。如盖、孔、嵇、谢、殷、王等人，仅仅将傲加在一二人身上，尚且遭到报复，至于息夫躬、暨艳的广为得罪同事，岂有侥幸保全的道理？

裴子野说："若有超出一般的才能，必定想有出人头地的地位。有盖过世俗的志量，则不愿处在一般人的下面。这类人中能以道相守，以礼待人者恐怕是很少的。"大致说来，怀抱着奇才的人，都希望别人另眼相看，若一概以平等相待，不是他的愿望。韩信以与樊哙等人同列为羞耻，彭宠怨恨的累积是因为光武帝对他的赏赐与别人无异。他们素来自我期许高，实在是不想与平庸之辈平齐。君子处世的法则，莫好过能安处于人之下，莫不好过自以为是骄傲自大。以齐桓公建立那样的盛业，葵丘之会上稍微有些矜持，便招致九国背叛。以关羽那样的忠勇，一个念头的骄矜，则招来被徐晃战败，被吕蒙夺城。以大禹那样的圣贤，而伯益还用满招损谦受益这样的话来赞美他。以郑伯那样的弱国君主，而楚庄王还说："郑国之君能处于人下，必能取信用于他的人民。"不自我矜持，即便遭到危难也能转为安全；自我骄矜，即便看来安全也易招致危难。自古无论是国还是家，往往都如此。故而挟持尊贵，挟持年长，挟持贤能，挟持曾经有勋劳，这都是孟子所不容许的；有所凭恃而骄宠，有所凭恃而奢侈，有所凭恃而为非，有所凭恃而作乱，这都是春秋时期士大夫所深为讥刺的对象。

点评

有气节与性格骄傲，在某些时候有着相似的外部表现形式，但实质上有很大的区别。曾氏指出，这种区别体现在守己与对人上：守住自己做人做事的原则，不趋权趋利趋时，谓之有气节；将自己的盛气加于别人的身上，让别人失去自尊或引起不快，谓之骄傲。笔记援引众多史实，所阐明的全是作者的这个认识。

每天每月应做的事

课程十二条

一、敬（整齐严肃，无时不惧。无事时，心在腔子里，应事时，专一不杂，清明在躬，如日之升）。

二、静坐（每日不拘何时，静坐四刻，体验来复之仁心，正位凝命，如鼎之镇）。

三、早起（黎明即起，醒后勿霑恋）。

四、读书不二（一书未完，不看他书，东翻西阅，徒徇外为人）。

五、读史（丙申年购《廿三史》，大人曰："尔借钱买书，吾不惜极力为尔弥缝。尔能圈点一遍，则不负我矣！"嗣后每日圈点十页，间断不孝）。

六、谨言（刻刻留心，第一功夫）。

七、养气（气藏丹田，无不可对人言之事）。

八、保身（十月二十二日奉大人手谕曰："节劳、节欲、节饮食。"时时当作养病）。

九、日知所亡（每日读书，记录心得语，有求深意是徇人）。

十、月无亡所能（每月作诗文数首，以验积理之多寡，养气之盛否，不可一味耽着，最易溺心丧志）。

十一、作字（饭后写字半时，凡笔墨应酬，当作自己课程。凡事不可待明日，愈积愈难清）。

十二、夜不出门（旷功疲神，切戒切戒）。

译文

课程十二条

一、敬（整齐严肃，无时不存畏惧之心。无事时，心在胸腔里，应对事情时，心专一不杂。一身清白，如日之升）。

二、静坐（不拘限在哪个时候，每日静坐四刻钟，体验回归的仁心。凝神端坐，像宝鼎镇地似的）。

三、早起（黎明即起身，醒后不恋床）。

四、读书不二（一种书未读完，不读别种书，东翻西阅，则徒然是在为别人而生活）。

五、读史（丙申年购买《二十三史》。父亲说："你借钱买书，我不惜尽力为你还债。你能圈点一遍，则不辜负我了。以后每天圈点十页，间断则为不孝）。

六、谨言（时时刻刻留心，这是第一工夫）。

七、养气（气藏于丹田。没有不可以对人说的事）。

八、保身（十月二十二日收到父亲亲笔信说："节制劳累，节制欲念，节制饮食。"时时将这几句话当作养病之药）。

九、日知所亡（每天读书，记录读书心得。刻意去求取深意则是以身殉书的人）。

十、月无亡所能（每个月写作诗文几篇，以检验心中所累积的道理的多少，所培养的气盛不盛，不可一味耽搁着，这最容易让心沉溺而丧失志向）。

十一、作字（饭后写字半个时辰，凡是应人所请写字都当作是自己的练字功课。凡事不可留待明天，愈堆积则愈难清理）。

十二、夜不出门（浪费时间疲劳神志，切切戒除）。

点评

这份《课程十二条》出自于曾氏的杂著中，末尾自注：道光二十二年（1842）在京日记。查曾氏道光二十二年十二月七日的日记中果然有这份课程表，只是自注文中有极个别的字不同而已。这天日记中还有这样一些话："寝不寐，有游思，殆夜气不足以存矣。何以遂至于是！不圣则狂，不上达则下达，危矣哉！自十月朔立志自新以来，两月余渐渐疏散，不严肃，不谨言，不改过，仍故我矣。树堂于昨初一重立功课，新换一个人，何我遂甘堕落矣？从此谨立课程，新换为人，毋为禽兽。"从这段话中，可知曾氏订下这十二条课程的背景。这些课程不仅仅在于规定每天应做的事，更重要的是在于改变自身的人格状态。难能可贵的是，在以后的三十年中，曾氏大致将这些课程坚持了下来，并获得修身与事功上的双重巨大成就。

劝学篇示直隶士子

人才随士风为转移，信乎？曰：是不尽然，然大较莫能外也。前史称燕赵慷慨悲歌，敢于急人之难，盖有豪侠之风。余观直隶先正，若杨忠愍、赵忠毅、鹿忠节、孙征君诸贤，其后所诣各殊，其初皆于豪侠为近，即今日士林，亦多刚而不摇，质而好义，犹有豪侠之遗。才质本于士风，殆不诬与。豪侠之质，可与入圣人之道者，约有数端。侠者薄视财利，弃万金而不眄，而圣贤则富贵不处，贫贱不去，痛恶夫墦间之食，龙断之登。虽精粗不同，而轻财好义之迹则略近矣！侠者忘己济物，不惜苦志脱人于厄，而圣贤以博济为怀，邹鲁之汲汲皇皇，与夫禹之犹己溺，稷之犹己饥，伊尹之犹己推之沟中，曾无少异，彼其能力救穷交者，即其可以进援天下者也。侠者轻死重气，圣贤罕言及此，然孔曰成仁，孟曰取义，坚确不移之操，亦未尝不与之相类。昔人讥太史公好称任侠，以余观此数者，乃不悖于圣贤之道。然则豪侠之徒，未可深贬，而直隶之士，其为学当较易于他省，乌可以不致力乎哉？

致力如何，为学之术有四，曰义理，曰考据，曰辞章，曰经济。义理者，在孔门为德行之科，今世目为宋学者也。考据者，在孔门为文学之科，今世目为汉学者也。辞章者，在孔门为言语之科，从古艺文，及今世制义诗赋皆是也。经济者，在孔门为政事之科，前代典礼政书及当世掌故皆是也。

人之才智，上哲少而中下多，有生又不过数十寒暑，势不能求此四术遍观而尽取之。是以君子贵慎其所择，而先其所急。择其切于吾身心不可造次离者，则莫急于义理之学。凡人身所自具者，有耳、目、口、体、心、思，日接于吾前者，有父、子、兄、弟、夫、妇，稍远者有君臣，有朋友。为义理之学者，盖将使耳、目、口、体、心、思各敬其职，而五伦各尽其分。又将推以及物，使凡民皆有以善其身，而无憾于伦纪。夫使举世皆无憾于伦纪，虽唐虞之盛，有不能逮。苟通义理之学，而经济赅乎其中矣！程朱诸子遗书具在，曷尝舍末而求本，遗新民而专事明德？观其雅言，推阐反复而不厌者，大抵不外立志以植基，居敬以养德，穷理以致知，克己以力行，成物以致用。义理与经济，初无两术之可分，特其施功之序，详于体而略于用耳！

今与直隶多士约：以义理之学为先，以立志为本，取乡先达杨、赵、鹿、孙数君子者为之表，彼能艰苦困饿坚忍以成业，而吾何为不能？彼能置穷通荣辱祸福生死于度外，而吾何为不能？彼能以功绩称当时，教泽牖后世，而吾何为不能？

洗除旧日晻昧卑污之见，矫然直趋广大光明之域，视人世之浮荣微利，若蝇蚋之触于目而不留，不忧所如不耦，而忧节概之少贬，不耻冻馁在室，而耻德不被于生民。志之所向，金石为开，谁能御之？志既定矣，然后取程、朱所谓居敬、穷理、力行、成物云者，精研而实体之。然后求先儒所谓考据者，使吾之所见，证诸古制而不谬；然后求所谓辞章者，使吾之所获，达诸笔札而不差。择一术以坚持，而他术固未敢竟废也。其或多士之中，质性所近，师友所渐，有偏于考据之学，有偏于辞章之学，亦不必遽易前辙，即二途皆可入圣人之道。其文经史百家，其业学问思辨，其事始于修身，终于济世。百川异派，何必同哉，同达于海而已。

若夫风气无常，随人事而变迁，有一二人好学，则数辈皆思力追先哲，有一二人好仁，则数辈皆思康济斯民。倡者启其绪，和者衍其波；倡者可传诸同志，和者又可禋诸无穷；倡者如有本之泉，放乎川渎，和者如支河沟浍，交汇旁流。先觉后觉，互相劝诱，譬之大水小水，互相灌注。以直隶之士风，诚得有志者导夫先路，不过数年，必有体用兼备之才，彬蔚而四出，泉涌而云兴。

余忝官斯土，自愧学无本原，不足仪型多士，嘉此邦有刚方质实之资，乡贤多坚苦卓绝之行，粗述旧闻，以勖群士，亦冀通才硕彦，告我昌言，上下交相劝勉。仰希古昔与人为善、取人为善之轨，于化民成俗之道，或不无小补云。

译文

人才随着风气为转移，是这样的吗？回答是：不完全这样，但大致差不多。史书说燕赵之人慷慨悲歌，敢于以别人的危难为自己的急务，有着豪侠之风。我看直隶的前代表率，如杨继盛、赵南星、鹿善继、孙承宗等贤达，他们后来所走的道路各有不同，当初都与豪侠的性情接近。即便今日士林，也多有刚强而不动摇、质朴而好情义的人，仍有豪侠的遗风。才质的根本在于士风，这话不虚假。

豪侠的气质，可以进入圣人之道的，约有几个方面。豪侠者看轻财产利益，丢弃的黄金，眼睛都不看一下，至于圣贤虽富贵而不停留，虽贫贱而不离去，痛恨吃坟墓前的祭食与独占利益，虽然这中间有精与粗的区别，而轻财好义的表现则略微接近。豪侠者忘我而周济别人，不惜自己受苦而解除别人危难，至于圣贤则以广施恩泽为己任，邹衍、鲁仲连的四处奔波排难解纷，与禹视别人溺水如自己溺水，稷视别人饥饿如自己饥饿，伊尹视别人被推入沟中如自己被推入沟中没有多大的不同，他们能尽力救援处于困境的朋友，也就可以进而救援天下。豪侠者轻死重意气，这一点圣贤很少说到，但孔子说成仁、孟子说取义，那种坚定不移的操守，也未尝不与他们的意气属于同一类。前人讥笑司马迁喜欢称赞游侠，以我看来，这并不与圣贤之道相违离。因而豪侠这种人不可以太贬责，而直隶士子，在求学上与他省比有优势，岂能不致力呢？

从哪些方面致力呢？学问有四个方面，叫做义理、考据、辞章、经济。义理，在孔门中列为德行科，今世称之为宋学。考据，在孔门中列为文学科，今世称为汉学。辞章，在孔门中列为言语科，从古时的艺文到今世的制义诗赋都属这一类。经济，在孔门中列为政事科，前代的典礼政书以及今世的掌故都属这一类。

人的才智，上等明哲的少而中下等的多，有生之年又不过几十个寒暑，势必不能要求对这四门学问都阅遍而尽掌握，所以君子贵在慎重对待他的选择，先选择他的急务。选择对自己的身心不可一刻离开的，莫急于义理之学。凡人的身体所已具备的，有耳、目、口、体、心、思，每天都要接触的，有父、子、兄、弟、夫、妇，稍稍远一点的，有君臣，有朋友。研习义理之学的，要让他的耳、目、口、体、心、思各自敬守本职，让他的五伦各自尽其本。又将此推及他物，使人都能善待其身，而在伦理纲纪上无遗憾。使得举世都于伦理纲纪无遗憾，即便唐虞那样的盛世都不能做到。倘若通晓义理之学，则经济之学就全部包括在其中了。程朱诸子的书籍都存在着，何尝舍掉末而求本，遗漏新民而专讲明德了？读他们的高雅言论，推断阐述反复而不厌者，大致不外乎立志以培植根基，立身庄敬以养育德性，穷究道理以求取知识，克制自己以竭力实行，成就事业以致用于社会。义理与经济，本就没有必要分为两种学问，只是表现在功效上，于本体研究较详备而于实用较简略罢了。

现在与直隶各位士子相约定：以义理之学为先务，以立志为根本，奉直隶先贤杨继盛、赵南星、鹿善继、孙承宗等人为表率，他们能够忍耐艰苦困饿以成事业，我们为何不能？他们能将穷通、荣辱、祸福、生死等置于度外，我们为何不能？他们能以功绩称赞于当时，以教化泽被后世，我们为何不能？

洗除往日琐屑卑污的念头，昂首挺胸直奔广大光明的境地，将人世间的浮荣微利，视为苍蝇蚊虫在眼前而不愿意多看，不去担忧所追求的不能如愿，而担忧为人气节略遭贬斥，不以在家挨冻受饿为耻，而以道德不能泽被百姓为耻。立定志愿去努力奔向，即便是金石也会因此被打开，谁能够抵挡得了？志向决定后，再取程朱所说的居敬、穷理、力行、成物这一套学问去精心研究而亲自实行，然后去研习先儒所说的考据学，使自己的见识与古制不相违背，然后去研习先儒所说的辞章学，使我所得到的收获，用笔札完好地表达出来。选择一门学问坚持下去，至于其他学问也不能废除。在众多士人中，有的因性情爱好接近，有的因师友的影响，或偏向于考据学，或偏向于辞章学，也不必立即就改变方向，这两条途径皆可通往圣人的大道上。对为文而言有经史百家，对学业而言有学问思辨，对事业而言，从修身开始而达到经邦济世。百川异途，又何必都相同呢，共同流向大海而已。

至于风气，它是没有固定的，随着人事而变迁。有一两个人爱学习，则有许多人都跟随着而想努力追寻先哲，有一两个人爱好仁义，则有许多人都跟随着而想为百姓求福祉。提倡者开启源头，附合者延扩水波；提倡者可向自己的同志传达所好，附合者则可向无数人承递所好。提倡者如有源的泉水，投放于河川，附合者如同小溪支流，一同汇合。先觉悟与后觉悟，互相规劝诱导，好像大河小河，互相灌注。以直隶的士风来说，倘若得到有志者在前面引导，不过几年间，必定有体用兼备之才蔚然四出，像泉水喷涌像云霞蒸兴。

我来到这块土地上做官，自愧学问上无本原，不足以为广大士人的榜样，美慕此地有刚方朴实的资质，乡贤中多坚苦卓绝的实际作为，略微讲叙点往事，借以勉励诸位，也借此希望学问渊博者能向我提供好的建议，上下互相劝勉。对于将先贤所走过的与人为善、取人为善的途径转化为直隶士人风俗的大道而言，或者不无小补。

点评

同治八年（1869）初，曾氏就任直隶总督。直隶包括战国时期的燕国、赵国。"燕赵多慷慨悲歌之士"，自古以来，这块土地便以多豪侠英烈而出名。豪侠之风兴盛是直隶民风的一个重要特点。翰林出身的曾氏历来重视士人，信任士人，他希望直隶士子能担负起树立良好社会风气的责任。但直隶士子却是从小便生长在豪侠之风中，于是善于因材施教的曾氏便从直隶的豪侠谈起，先说直隶士子所普遍尊敬的杨、赵、鹿、孙等人都与"豪侠为近"，再说豪侠之质也有与圣人之道相通之处，后说直隶士子具有天然优势易于入圣，最后归结到以求学入圣，做民众的表率，导民风于正途的主题。如此一番苦口婆心的劝导，想必可入直隶士人之心。其实，曾氏用人素厌豪侠，曾经有人多次向他推荐一些江湖大侠，他都断然拒绝。他怕的是这些游侠将流氓无政府习气带进湘军军营，但是作为外省人的直隶总督，若一上任便将直隶人奉为英雄的荆轲等侠士予以斥责，那社会效果将会怎样呢？能起到劝导直隶士子求学上进的作用吗？这便是此文告给从政者的启示。

唐浩明

点评

曾国藩语录

下

华东师范大学出版社

目 录 ————— 唐浩明点评曾国藩语录

治 家

治　世

治　政

治　军

嘉言钞

凡人多望子孙为大官，余不愿为大官，但愿为读书明理之君子。勤俭自持，习劳习苦，可以处乐，可以处约，此君子也。余服官二十年，不敢稍染官宦气习，饮食起居，尚守寒素家风，极俭也可，略丰也可，太丰则我不敢也。凡仕宦之家，由俭入奢易，由奢返俭难。尔年尚幼，一切不可贪爱奢华，不可惯习懒惰。无论大家小家，士农工商，勤苦俭约，未有不兴，骄奢倦怠，未有不败。

善待兄弟即是孝

予生平于伦常中，惟兄弟一伦，抱愧尤深。盖父亲以其所知者尽以教我，而我不能以吾所知者尽教诸弟，是不孝之大者也！

余欲尽孝道，更无他事，我能教诸弟进德业一分，则我之孝有一分，能教诸弟进十分，则我孝有十分。若全不能教弟成名，则我大不孝矣。

闻四妹起最晏，往往其姑反服侍他。此反常之事最足折福。天下未有不孝之妇而可得好处者。

为人子者，若使父母见得我好些，谓诸兄弟俱不及我，这便是不孝；若使族党称道我好些，谓诸兄弟俱不如我，这便是不弟。何也？盖使父母心中有贤愚之分，使族党口中有贤愚之分，则必其平日有讨好底意思，暗用机计，使自己得好名声，而使其兄弟得坏名声，必其后日之嫌隙由此而生也。

但愿兄弟五人，各各明白这道理，彼此互相原谅，兄以弟得坏名为忧，弟以兄得好名为快。兄不能使弟尽道得令名，是兄之罪；弟不能使兄尽道得令名，是弟之罪。若各如此存心，则亿万年无纤芥之嫌矣。

译文

我这一生在伦常方面，只有于兄弟这一伦很惭愧。这是因为父亲以他所知道的尽以教给我，而我却不能以我所知道的完全教给诸弟。这是不孝中最大的。

我想要尽孝道，没有其他的事，我若能教导诸弟在德业上有一分长进，则我的孝道便有了一分，若能教导诸弟长进十分，则我的孝道有了十分。若是完全不能教诸弟成名，那么我就大为不孝了。

听说四妹起床最晚，往往是她的婆母反来服侍她。这种反常的事最足以折掉人的福气。天下没有不孝的妇人而能得到好处的。

为人之子的，倘若使父母觉得我好一些，说诸兄弟都不及我，这便是不孝。若使同族人称赞我好一些，说诸兄弟都不如我，这便是不弟。为什么呢？这便是使得父母心中有好与差之分，使得同族人的口中有好与差之分，那么他平日必定怀有讨好的意思，暗地里用心机，使自己得了好名声，而使他的兄弟得了坏名声，日后的嫌隙也便由此而生发了。

曾氏故居富厚堂中的部分建筑

　　但愿兄弟五人每人都明白这个道理，彼此互相原谅，兄以弟得坏名为忧虑，弟以兄得好名为快乐。兄不能使弟完全得到好名声，则是兄的罪过；弟不能使兄完全得到好名，则是弟的罪过。倘若每人都如此存心，则亿万年无丝毫的嫌隙了。

点评

　　这几段文字出自于道光二十二年（1842）九月至道光二十三年正月之间给诸弟的信中。曾氏治家思想中有一个重要的内容即孝致祥，意谓孝顺招致家庭的祥和，这是完全遵照儒家学说的观念。孝是对父母等长辈而言的，对父母本人好，固然是孝顺，若是因别的事情而让父母高兴，也是孝的一种方式。《礼记》中说孝子"道而不径，舟而不游"，爱惜自身，同样也是孝，因为自身就是父母的骨肉，这份骨肉好，父母心里自然很高兴。兄弟姐妹同样是父母的骨肉，爱护他们，也便是孝的体现。曾氏就是从这个层面上来谈对诸弟的友好，以及兄弟们互相都友好的意义之所在。

慎交朋友

　　凡人必有师，若无师，则严惮之心不生，即以丁君为师。此外，择友则慎之又慎。昌黎曰："善不吾与，吾强与之附；不善不吾恶，吾强与之拒。"一生之成败，皆关乎朋友之贤否，不可不慎也！

信中有云："于兄弟则直达其隐，父子祖孙间，不得不曲致其情。"此数语有大道理。余之行事，每自以为至诚可质天地，何妨直情径行。

若果威仪可则，淳实宏通，师之可也。若仅博雅能文，友之可也。或师或友，皆宜常存敬畏之心，不宜视为等夷，渐至慢亵，则不复能受其益矣。

译文

每个人都必须有老师，倘若无师，则从严及畏惮之心不能产生，即刻拜丁叙忠为师。此外，在选择朋友这点上则须慎之又慎。韩愈说："好的东西不跟我在一起，我要努力去与它附和；不好的东西不为我所讨厌，但我强行抗拒它。"一生的成败，都与朋友的贤否有关系，不可不慎重对待。

信中说："对于兄弟之间，可以直接说出其中的隐情，在父子与祖孙之间，则不得不委婉曲折地表达其情。"这几句话很有道理。我办事，每每自以为至诚可以对质天地，何妨直截了当地说出。

倘若果然人品威仪可作为榜样，学问纯良宏通，可以老师相待。倘若仅仅只是博雅善于为文，则以朋友相待就行了。或待之以师或待之以友，都应该常存敬畏之心，不宜平平常常地看待，慢慢地便会变得轻慢随便，那么就不能得到他的益处了。

点评

第一段话出自曾氏道光二十三年正月给诸弟的信，第二、三段出于道光二十三年六月给温弟的信。三段话中有两段说的是关于师友的事。曾氏自己很注重拜师交友这桩事。在道光二十二年九月的一封给诸弟的信中说："镜海先生可以师事，倭艮峰先生、窦兰泉先生可以友事。师友挟持，虽懦夫亦有立志。"在此前后，曾氏还在信中提到一大批朋友的名字，如吴廷栋、邵懿辰、吴子序、何绍基、陈岱云、冯树堂、汤海秋等人，这些人中日后有的成了朝廷重臣（如倭仁），有的成了大学者（如邵懿辰），有的成了大名士（如何绍基）。这些人在当时对曾氏研习程朱理学修身养性都起了扶持作用。尤其重要的是，曾氏这种好交朋友的性格、善交朋友的能力，在他后来的大事业中起了重要作用。

家庭日用中有学问

今人都将学字看错了，若细读"贤贤易色"一章，则绝大学问，即在家庭日用之间。于孝弟两字上尽一分便是一分学，尽十分便是十分学。今人读书，皆为科名起见，于孝弟伦纪之大，反似与书不相关。殊不知书上所载的，作文时所代圣贤说的，无非要明白这个道理。若果事事做得，即下笔说不出何妨？若事事不能做，并有亏于伦纪之大，则文章说得好，亦只算个名教中之罪人。贤弟性情真挚，而短于诗文，何不日日在孝弟两字上用功？《曲礼》、《内则》所说的，句句依他做出，务使祖父母、父母、叔父母无一时不安乐，无一时不顺适；下而兄弟妻子，皆蔼然有恩，秩然有序，此真大学问也。若诗文不好，此小事不足计，即好极，亦不值一钱。不知贤弟肯听此语否？

科名之所以可贵者，谓其足以承堂上之欢也，谓禄仕可以养亲也，今吾得之矣。即使诸弟不得，亦可以承欢，可以养亲，何必兄弟尽得哉？贤弟若细思此理，但于孝弟上用功，不于诗文上用功，则诗文不期进而自进矣。

译文

今人都把学字看错了，倘若细读"贤贤易色"这一章，那么可以知道绝大学问就在家庭日用之间。在孝弟两个字上尽一分努力便是一分学问，尽十分努力便是十分学问。今人读书都是为了科名，至于孝弟伦理纲纪这些大事，反倒认为与读书不相关。殊不知书上所记载的，做文章时代替圣贤所立言的，无非是要让人明白这个道理。倘若果然事事都做得好，即便笔下用文字表达不出又有何妨！倘若事事都不能够做得好，而且还在伦理纪纲等大事上有亏缺的话，即使文章中说得好，也只是算一个名教中的罪人。贤弟性情真挚，只是做诗文的能力短缺，那何不日日在孝弟两个字上用功？《曲礼》、《内则》中所说的那些，每一句都照着去做，务必使祖父母、父母、叔父母无一刻不安乐，无一刻不顺适；下而兄弟妻子都蔼然有恩，秩然有序，这是真正的大学问。若是诗文不好，这只是小事，不足以计较，即便好到极点，也不值一钱。不知贤弟愿意听这番话否？

科名之所以可贵，是说它足以使长辈获得欢乐，是说俸禄可以用来奉养双亲。现在我已得到了，即便诸弟没有得到，也可以让长辈承欢，可以有钱奉养双亲，何必兄弟们都得到呢？贤弟若细细想通这个道理，但在孝弟上用功，不在诗文上用功，则诗文可以在不刻意期待中而自然长进。

点评

　　这段话是道光二十三年六月曾氏给诸弟信中，专门针对四弟的来信而写的。当年二十三岁的四弟国潢为诗文功名所困，向大哥写信道心中的苦恼。对于文才短缺而又不很热衷科名的老四，曾氏说了这一番话。这番话既有目的性很明确的指向，也同时具有普遍的意义，尤其是"绝大学问即在家庭日用之间"这句话，是很有道理的。在曾氏那个时代，学问的最大体现便是在于能很好地处理方方面面的人事关系。家庭虽小，日用虽细，但也存在并不简单的人事，要将这些处置得妥当熨帖，也不容易，这里面大有学问。当然，我们现在所说的学问还增加了科学技术这一门类，相对于人事而言，可称之为物事。有的人人事不行，物事好，你不能说他没学问；但既然身为一个人，便不能超越于人事之外，物事学问再好，也得要有起码的人事学问，否则物事学问的发挥也会受到影响，故而家庭日常中的学问是每个人都不能忽视的。

联姻但求勤俭孝友之家

　　儿女联姻，但求勤俭孝友之家，不愿与宦家结契联婚，不使子弟长奢惰之习。

　　兄妹之子女，犹然骨肉也。古者婚姻之道，所以厚别也，故同姓不婚。中表为婚，此俗礼之大失。譬如嫁女而号泣，奠礼而三献，丧事而用乐，此皆俗礼之失，我辈不可不力辨之。

译文

　　儿女联姻，只求勤俭孝友的家庭，不想与官宦家结儿女亲家，不使子弟增加奢惰的习气。

　　兄妹的子女，与亲骨肉一个样。古代婚姻的原则，特别注重在区别上，故而同姓不婚。表亲之间联姻，这是世俗礼数的一大失误。又比如嫁女则大哭，祭奠用三献礼，丧事而用音乐，这些都是世俗礼数中的失误，我们不可不努力加以分辨。

点评

　　不愿与官宦家联姻，而愿与勤俭孝友之家结儿女亲，这是曾氏出于理论上的思考，事实上，曾氏二子五女所带来的八个亲家，清一色的都是官宦。长子先娶贺长龄之女（贺官至总督），后娶刘蓉之女（刘官至巡抚）。次子娶郭霈霖之女（郭官至两淮盐运使）。长女嫁袁芳瑛之子（袁官至知府），次女嫁陈源兖之子（陈官至知府），三女嫁罗泽南之子（罗官至道员），四女嫁郭嵩焘之子（郭官至侍郎），五女嫁聂亦峰之子（聂官至知府）。五个女婿除聂氏子外，都不理想，或荒唐，或羸弱，或平庸，可见曾氏选择亲家的理论思考是不错的，惜实行起来却又从俗。

曾氏的大舅子欧阳牧云曾经有过与妹家订儿女亲家的考虑，曾氏婉拒，其理由便是他所说"中表为婚，此俗礼之大失"。表兄表妹结婚，在过去常见，其实这种血缘关系很近的联姻，是很不好的。曾氏在当时能有这种科学认识，实为明智。

处非常顺境而战栗恐惧

毫无学识，而官至学士，频邀非分之荣，祖父母、父母皆康强，可谓极盛矣。现在京官翰林中无重庆下者，惟我家独享难得之福。是以男栗栗恐惧，不敢求分外之荣，但求堂上大人眠食如常，合家平安，即为至幸。

译文

毫无学识，而官至侍讲学士，频频获得非分之荣，祖父母、父母都康强，可谓极为兴盛。现在京城里的官员翰林中没有一人家中重庆的，惟独我家享受到这样难得的福气。因此儿子战战栗栗，不敢求分外的荣誉，但求得家中长辈眠食如常，合家平安，这就是最大的幸事。

点评

此段话出自道光二十六年（1846）九月写给父母的家信。此时曾氏官翰林院侍讲学士，从四品，年纪三十六岁。家中祖父母、父母都健在，兄弟姊妹俱全，膝下又有儿有女。翰林院中享有这等福分的仅曾氏一人。曾氏为此作《求阙斋记》："国藩不肖，备员东宫之末，世之所谓清秩。家承余荫，自王父母以下并康强安顺。孟子称父母俱存兄弟无故，抑又过之。""于是名其所居曰求阙斋。凡外至之荣，耳目百体之者，皆使留其缺陷。"处非常顺境而战栗恐惧，不求增荣而求缺陷，这是曾氏留给世人的一种人生态度。

若骄奢淫佚则兴旺立见消散

家中蒙祖父厚德余荫，我得忝列卿贰，若使兄弟姒娌不和睦，后辈子女无法则，则骄奢淫佚，立见消败，虽贵为宰相，何足取哉！我家祖父、父亲、叔父三位大人，规矩极严，榜样极好，我辈踵而行之，极易为力。

译文

家中蒙受祖父的厚德余荫，我得以不称职地列入朝廷大员中，倘若兄弟姒娌之间不和睦，后辈儿女的行为没有约束的法则，则家中出现骄奢淫佚，兴旺的气象便会立即消散，即便贵为宰相，又有什么可取的呢？我家祖父、父亲、叔父三位长辈，都有极严格的规矩，极好的榜样，我们只要跟着他们的脚步就行了，极容易做到。

点评

这是道光二十七年（1847）七月写给诸弟信中的一段话。一个多月前，曾氏以九年翰林的资历，三十七岁的年纪，连升四级，由四品跃为二品，成为朝廷中的大员。他的这种际遇，在湖南系空前绝后，在全国连他在内也仅止三人。面对如此巨大的荣耀，曾氏决不得意忘形，而是对自己对家中要求更为严厉。他给祖父的信上说："迁擢不次，惶悚实深。"给叔父的信上说："侄何德何能堪此殊荣！常恐祖宗积累之福，自我一人享尽，大可惧也。"给诸弟的信上说："顾影扪心，实深惭悚。"对家中子弟后辈，则敲响切戒骄奢淫佚的警钟。

不以做官发财，不以宦囊遗子孙

温弟天分本高，若能改去荡佚一路，归入勤俭一边，则兄弟之幸也，合家之福也。我待温弟，似乎近于严刻，然我自问此心，尚觉无愧于兄弟者，盖有说焉。

大凡做官的人，往往厚于妻子，而薄于兄弟，私肥于一家，而刻薄于亲戚族党。予自三十岁以来，即以做官发财为可耻，以宦囊积金遗子孙为可羞可恨，故私心立誓，总不靠做官发财，以遗后人。神明鉴临，予不食言。此时侍奉高堂，每年仅寄些须，以为甘旨之佐。族戚中之穷者，亦即每年各分少许，以尽吾区区之意。盖即多寄家中，而堂上所食所衣，亦不能因而加丰，与其独肥一家，使戚族因怨我而并恨堂上，何如分润戚族，使戚族戴我堂上之德，而更加一番钦敬乎！将来若作外官，禄入较丰，自誓除廉俸之外，不取一钱。廉俸若日多，则周济亲戚族党者日广，断不蓄积银钱为儿子衣食之需。盖儿子若贤，则不靠宦囊，亦能自觅衣食；儿子若不肖，则多积一钱，渠将多造一孽，后来淫佚作恶，必且大玷家声。故立定此志，决不肯以做官发财，决不肯留银钱与后人。若禄入较丰，除堂上甘旨之外，尽以周济亲戚族党之穷者。此我之素志也。

至于兄弟之际，吾亦惟爱之以德，不欲爱之以姑息。教之以勤俭，劝之以习劳守朴，爱兄弟以德也。丰衣美食，俯仰如意，爱兄弟以姑息也。姑息之爱，使兄弟惰肢体，长骄气，将来丧德亏行，是即我率兄弟以不孝也，吾不敢也。我仕宦十余年，现在京寓所有，惟书籍衣服二者。衣服则当差者必不可少，书籍则我生平嗜好在此，是以二物略多。将来我罢官归家，我夫妇所有之衣服，则与五兄弟拈阄均分。我所办之书籍，则存贮"利见斋"中，兄弟及后辈，皆不私取一本。除此二者，予断不别存一物以为宦囊，一丝一粟不以自私。此又我待兄弟之素志也。

译文

温弟的天资本来就高，若能从放荡回归到勤俭，则是兄弟们的幸事，全家的福气。我对待温弟，好像有点严刻，但我自问心里无愧于兄弟，我把我的想法说给大家听听吧。

大多数做官的人，往往厚待妻与子，而薄待兄与弟，对自己家里私肥，而对亲戚族党刻薄。我自三十岁以来，便以做官发财为可耻，以宦囊积金遗子孙为可羞可恨，故而自己在心中立誓，总不靠以做官发的财来遗留后人。请神明来做监督，我决不食言。现在要侍奉长辈，每年仅仅寄一些银子，作为他们日常开支的辅佐。族戚中的贫穷者，也每年各分得一点，以尽我小小的心意。这是因为多寄钱给家中，而长辈们所吃所穿的，也不能因此而更加丰裕，与其独肥一家，使得戚族因此怨恨我而一并怨恨长辈，何不分润戚族，使戚族感戴长辈们的恩德，而更增加一份钦敬呢？将来若做地方官，俸禄较多，自己发誓除养廉费和俸禄外不收取一文钱。养廉费和俸禄若日渐增多，则周济亲戚族党的人也日渐扩大，断不积蓄银钱给儿子在穿衣吃饭方面的花费。这是因为，儿子若是贤良，则不依靠我的官俸，也能自己找到饭吃；儿子若不贤良，则多积蓄一分钱，他们将多造一分孽，将来骄奢淫佚做坏事，必定大大玷污家族名声。故而立定这个志向，决不以做官来求取发财，决不留下银钱给后人。倘若俸禄收入较为丰裕，除满足长辈的日常开支外，全部拿出来周济亲戚族党中的贫穷者。这是我一向的志向。

至于兄弟之间，我也是惟有以德来相爱，不想以姑息来相爱。以勤俭来教导，以习劳守朴来规劝，这是以德爱兄弟；好衣好食，一切满足，这是以姑息来爱兄弟。这种姑息之爱，使得兄弟肢体懒惰，骄气滋生，将来使得德行亏丧。这便是我带领兄弟于不孝，我不敢做这种事。我做官十多年，现在京师家中所有惟书籍与衣服两种。衣服，这是因为当差必不可少；书籍，这是我平生所嗜好的物品。故而这两种略多些。将来我罢官回家，我夫妇所有的衣服，则与五兄弟拈阄平均分配。我所买的书籍，则存放在"利见斋"里，兄弟以及各辈子弟都不得私自拿一本。除这两种外，我断不保存一样物品作为自己的财产，一丝一粟不用来自私。这也是我对待兄弟一向的志愿。

点评

道光二十九年（1849）三月，曾氏给诸弟写了一封长信，这段话即此信的核心部分。

道光二十五年九月，曾氏的四弟澄侯、六弟温甫结伴来到京城，在大哥家读书。第二年十月，为使祖母在八十寿辰前看到诰封，澄侯提前离京回家，温甫则依旧留在京城。曾氏花钱为温甫捐了个监生，以便在京参加直隶乡试，结果未中。二十八年正月，温甫去另一京官家做塾师，十月离京回家。温甫在京城住了三年，功名上无任何长进，心中满是牢骚，扬言进家门之前先买一个猪肚子蒙面。又说他的功名不利是因为家中无悍厉之妇的缘故，暗示大嫂悍厉。可知他在京师三年，与大哥家相处亦不太和谐。这段话的一开头就说"我待温弟近于严刻"，大约便是针对温甫的不满而言。

这段文字中最值得注意的是曾氏所说的"以做官发财为可耻，以宦囊积金遗子孙为可羞可恨"两句话。曾氏晚年曾说过，他一生的积蓄只有两万两银子。对于一个带兵多年的军事统帅、一个做了十多年总督的封疆大吏来说，曾氏可谓一个积蓄甚少的人。他用他的事实履行了自己的诺言。

孝友之家可绵延十代八代

吾细思凡天下官宦之家，多只一代享用便尽。其子孙始而骄佚，继而流荡，终而沟壑，而庆延一二代鲜矣。商贾之家，勤俭者能延三四代；耕读之家，谨朴者能延五六代；孝友之家，则可以绵延十代八代。我今赖祖宗之积累，少年早达，深恐其以一身享用殆尽，故教诸弟及儿辈，但愿其为耕读、孝友之家，不愿其为仕宦之家。

译文

我仔细想过，大凡天下官宦之家，多只一代便将福分享用完了。他们的子孙开始骄佚，接下来便四处流荡，最后死无葬身之地，福分延至一二代的很少。商贾之家，勤俭的则可将福分延至三四代；耕读之家，谨朴者能将福分延至五六代，孝友之家则可将福分绵延到十代八代。我现在靠着祖宗的积累，年纪轻轻便得到功名，深恐自己一个人将祖宗的积累享用尽，故而教导诸弟及儿辈，但愿为耕读之家、孝友之家，不愿为仕宦之家。

点评

曾氏列出四种家庭，即官宦之家、商贾之家、耕读之家及孝友之家。其实，官宦、商贾、耕读，指的是家庭赖以生存的收入来源，孝友指的是家庭内部的伦理和谐。它不宜与前三种并列为一种家庭形式。理论上说，孝友可在官宦、商贾家中体现，也可在耕读家中体现，但事实上，权、钱易于使人堕落，故而孝友在官家商家中少见，家贫则反而易出孝子。如果家庭内部真正做到了孝友，无论是官是商，还是耕读，家中的福分都是可以多绵延几代的。

思为曾氏家族置义田

吾自入官以来，即思为曾氏置一义田，以赡救孟学公以下贫民，为本境置义田，以赡救廿四都贫民。不料世道日衰，余之处境未裕，无论京官者自治不暇，即此外放，或为学政，或为督抚，而如今年三江两湖之大水灾，几于嗷鸿半天下，为大官者，更何忍于廉俸之外，多取半文乎？是义田之愿，恐终不能偿。然余之定计，苟仕宦所入，每年除供奉堂上甘旨外，或稍有赢余，断不肯买一亩田，积一文钱，必皆留为义田之用。我之定计，望诸弟皆体谅之。

译文

我自从做官以来，便想着要为曾氏家族置一份义田，用以救济孟学公以下的贫民，为本地区置一份义田，用以救济二十四都的贫民。不料世道日渐衰落，我自己的处境没有富裕，不要说做京官自我照顾尚无余力，即便就此外放，或者做学政，或者做巡抚总督，像眼下三江两湖发大水灾，几乎半个中国是哀鸿遍野，做大官的又怎能忍心在廉俸之外再多取半文呢？这样看来置义田的想法恐怕始终不能实现。但我已作出决定，倘若做官的收入，每年除供奉长辈吃好的外，稍有盈余，决不去买一亩田，积一文钱，一定留作置义田用。我这个决定，希望诸弟都能体谅。

点评

这段话是道光二十九年七月对诸弟说的。咸丰元年（1851）四月，他又对诸弟说起置义仓的事。这两件事，后来都没办成。但他所说的"不买一亩田"的话，后来却被欧阳夫人瞒着他私自破坏了。咸丰五年十二月，曾氏在给诸弟信中提到："闻屡次长夫言及我家去年在衡阳五马冲买田一所，系国藩私分等语，并云系澄侯弟玉成其事。"曾氏对此很生气，批评欧阳夫人不明大义，"求澄侯弟将五马冲田产为我设法出脱"。

迁善改过，修德读书

乡间若有孝友书香之家，不必问其贫富，亦可结亲。

凡人一身，只有迁善改过四字可靠；凡人一家，只有修德读书四字可靠。此八字者，能尽一分，必有一分之庆，不尽一分，必有一分之殃。其或休咎相反，必其中有不诚，而所谓改过修德者，不足以质诸鬼神也。吾与诸弟勉之又勉！务求有为善之实，不使我家高曾祖父之积累，自我兄弟而剥丧，此则余家之幸也。

译文

乡间若是有风气孝友的读书家庭，不必问他的贫与富，也可结为儿女亲家。

大凡一个人，只有迁善改过四个字可靠；大凡一个家庭，只有修德读书四个字可靠。这八个字，能做到一分，必有一分的好处，有一分没有做到，便会遭到一分的灾殃。这中间也许有善恶相反的情况出现，那一定是有不诚之意包含在其中，而所谓的改过修德，是不足以在鬼神面前对质的。我与诸弟宜勉之又勉，务必求得为善的实效，不使我家从高祖、曾祖、祖父以来所积累的福分，到我兄弟这一辈便剥丧，这才是我家的幸运。

点评

对一身来说，迁善改过这四个字可不受别的因素的干扰，想做就可以做到；对一家来说，修德读书这四个字也可不受别的因素的干扰，想做就可以做到。相对社会来说，一人一家的力量都极为有限，许多事情并不是你想做就能做到的，所想倘若过分高蹈，则会因达不到反而使人沮丧。曾氏的几个弟弟都程度不等地有着眼高手低的毛病，耽于幻想而忽视切实且又可为的有益于自身及家庭的要务。这种毛病，许多年轻人都易犯，读读这段话，当有启益。

半耕半读

子侄半耕半读，以守先人之旧，慎无存半点官气，不许坐轿，不许唤人取水添茶等事。其拾柴收粪等事，须一一为之，插田莳禾等事，亦时时学之，庶渐渐务本，而不习淫佚矣。

儿侄辈，总须教之读书。凡事当有收拾，宜令勤慎，无作欠伸懒慢样子，至要至要！吾兄弟中惟澄弟较勤，吾近日亦勉为勤敬，即令世运艰屯，而一家之中，勤则兴，懒则败，一定之理，愿吾弟及儿侄等听之省之。

诸弟在家教子侄，总须有勤敬二字。无论治世乱世，凡一家之中，能勤能敬未有不兴者，不勤不敬未有不败者。至切至切！余深悔往日，未能实行此二字也。千万叮嘱！

家中兄弟子侄，总宜以勤敬二字为法。一家能勤能敬，虽乱世亦有兴旺气象；一身能勤能敬，虽愚人亦有贤智风味。吾生平于此二字少工夫，今谆谆以训吾昆弟子侄，务宜刻刻遵守。至要至要！

诸子侄辈于勤敬二字，略有长进否？若尽与此二字相反，其家未有不落者；若个个勤而且敬，其家未有不兴者，无论世乱与世治也。诸弟须刻刻留心，为子孙作榜样。

诸弟及儿侄辈务宜体我寸心，于父亲饮食起居十分检点，无稍疏忽；于母亲祭品礼仪，必洁必诚；于叔父处敬爱兼至，无稍隔阂。兄弟妯娌，总不可有半点不和之气。凡一家之中，勤敬二字，能守得几分，未有不兴，若全无一分，未有不败。和字能守得几分，未有不兴，不和未有不败者。诸弟试在乡间将此二字，于族戚人家历历验之，必以吾言为不谬也。

译文

子侄们边种田边读书，以此来守住前人的风气，态度谨慎地不存半点官气，不许坐轿，不许叫唤别人取水添茶等等，拾柴拾粪这些事，必须一一亲自去做，插秧苗这些事，也要时时学习，或许可以因此而渐渐做到务本，而不染上淫佚等毛病。

儿侄这一辈人，总归要教他们读书。凡事应当收拾整齐，宜令他们勤俭谨慎，不要有懒惰怠慢的模样，至要至要。我们兄弟中惟澄侯较勤快，我近来也较为勤勉恭敬，即便世运艰难，但一家之中勤则兴旺，懒则衰败，这是一定的道理，愿我的弟弟们及儿侄们听得进且能自我反省。

诸弟在家中教子侄，总必须要有勤与敬两点内容。无论是治世还是乱世，凡是能够做到勤与敬的家庭没有不兴旺的，不勤不敬的家庭没有不败落的。至为切要。我深悔过去未能实行这两个字。千叮万嘱！

家中兄弟子侄，总宜于以勤与敬二字为准则。一个家庭能做到勤与敬，即使是乱世也有兴旺气象；一个人能做到勤与敬，即便是愚人也有贤智风味。我平生在这两个字上用的功夫少，现在谆谆教导我的诸弟及子侄，务必时时遵守。至要至要。

子侄们在勤与敬两个字上，略微有点长进吗？倘若完全与这两个字相反，家族没有不衰落的；倘若每个人都又勤又敬，家族没有不兴旺的，无论治世与乱世都如此。诸弟必须时时留心，为子孙作榜样。

诸弟及儿侄们务必要体谅我的心意，在父亲的饮食起居方面要十分检点，不能稍微疏忽；在对待母亲的祭奠礼仪方面，必须做到器具洁净心意诚恳；对待叔父要敬爱兼至，不要稍存隔阂。兄弟姒娌之间，不能有半点不和之气存在。凡是一个家庭中，勤与敬这两个字，能够做到几分，没有不兴旺的，倘若一点都做不到，则没有不衰败的。和字能够保住几分，没有不兴旺的，不和则没有不衰败的。诸弟不妨在乡间将这两个字，在族戚中一一试验，必定会认为我的话不荒谬了。

点评

这几段话反反复复讲的就是勤与敬两个字。勤即勤快、勤奋、勤勉，与懒惰相对应。敬即敬畏、敬慎、敬业，与轻慢相对应。勤指的是行动，敬指的是心态。富贵家子弟最容易在这两个字上令世人失望。曾氏说这些话时，他已身为朝廷大员，其在湘乡的老家也便随之而升为地方上的望族。曾氏深恐家中染上世俗陋习，不惜在家书中喋喋不休地一再重复其治家之道。

母丧未除不受官职

母丧未除，断不敢受官职，若一经受职，则二年来之苦心孤诣，似全为博取高官美职，何以对吾母于地下？何以对宗族乡党？方寸之地，何以自安？

译文

为母守丧的时期没有结束，断然不敢接受官职，若一旦接受，则两年来的苦心孤诣，好像全是为了博取高官美职，何以对得起在地下的母亲？何以对得起宗族乡党？我的这颗心又如何能安？

点评

咸丰四年（1854）八月二十三日，湘军一举收复武昌、汉阳。二十七日，曾氏具折报捷。九月初五日，清廷给曾氏以"二品顶戴、署理湖北巡抚，并加恩赏戴花翎"的奖赏。十一日，曾氏接到这个嘉奖令。十三日，他上疏请辞署鄂巡抚，其理由即"母丧未除"。但此折尚未拜发，曾氏即收到"毋庸署理湖北巡抚"的圣旨，曾氏为此赶紧再补一个"申谢天恩"。"毋庸"旨下在九月十二日，也就是离前者仅仅七天，这意味曾氏只做了七天代理湖北巡抚。二十四岁的咸丰皇帝为什么如此快的出尔反尔呢？据薛福成的记载，原来是有人在咸丰帝面前说了话。咸丰帝在得知武昌、汉阳克复的消息后说："不意曾国藩一书生，乃能建此奇功。"当时某军机大臣在侧说："曾国藩以侍郎在籍，犹匹夫耳。匹夫居闾里一呼，蹶起从之者万余人，恐非国家福也。"咸丰帝听后默然变色者久之，于是有改赏兵部侍郎之后命。

不积银钱遗子弟

仁宦之家，不蓄积银钱，使子弟自觉一无可恃。一日不勤，则将有饥寒之患，则子弟渐渐勤劳，知谋所以自立矣。

译文

有仁心的官员家，不积蓄银钱，让子弟自觉没有任何东西可以作为依恃的。一天不勤奋，则将有饥寒的担忧，如此子弟则渐渐地变得勤劳，知道如何来自立了。

点评

好逸恶劳，是人的本性，若有钱，则不愿意劳作吃苦。不如不给他们坐享安逸的凭恃，逼他们去以劳作而自立。这就是有见识的父母的良苦用心。

以勤俭教导新媳妇

纪泽儿授室太早，经书尚未读完。上溯江太夫人来嫔之年，吾父亲亦系十八岁，然常就外傅读书，未久耽搁。纪泽上绳祖武，亦宜速就外傅，慎无虚度光阴。闻贺夫人博通经史，深明礼法。纪泽至岳家，须缄默寡言，循循规矩。其应行仪节，宜详问谙习，无临时忙乱，为岳母所鄙笑。

新妇始至吾家，教以勤俭。纺织以事缝纫，下厨以议酒食。此二者，妇职之最要者也。孝敬以奉长上，温和以待同辈。此二者，妇道之最要者也。但须教之以渐。渠系富贵子女，未习劳苦，由渐而习，则日变月化，而迁善不知；若改之太骤，则难期有恒。

新妇初来，宜教之入厨作羹，勤于纺织，不宜因其为富贵子女，不事操作。大、二、三诸女，已能做大鞋否？三姑一嫂，每年做鞋一双寄余，各表孝敬之忱，各争针黹之工。所织之布，做成衣袜寄来。余亦得察闺门以内之勤惰也。

译文

纪泽儿结婚太早，经书尚未读完。上溯到江太夫人过门的时候，我的父亲也是十八岁，但经常出门跟从外面的师傅读书，没有过多耽搁。纪泽要以祖父为榜样，也宜赶早去随外面的师傅读书，慎无虚度光阴。听说贺夫人博通经史，深明礼法。纪泽到岳母家必须沉默寡言，循规蹈矩，应该照行的礼仪，要详细询问熟习，不可临时忙乱，为岳母所鄙薄讥笑。

新媳妇刚到我家，以勤俭治家来教育她。亲自纺织缝纫，亲自下厨房整治酒食。这两点，是妇职中的最重要部分。对长辈孝敬，对同辈温和。这两点，是妇道中的最重要部分。但必须逐渐来教导。她是富贵家庭中的女儿，未习劳苦，渐渐地熟悉，则每一天每一个月都有变化，从而不知不觉地予以迁善；若改变的速度太快，则难以期望她持之以恒。

新媳妇初来，宜教她下厨房做饭菜，勤于纺织，不宜因为她是富贵家的女儿，便不让她亲自动手。大女、二女、三女，已经能做大人的鞋子了吗？三姑一嫂，每年做鞋子一双寄给我，各人表达自己的孝敬心意，互相之间竞争针线功夫的高下。自己织的布，做成衣袜寄给我。我也可以借此检查闺门中的勤与惰。

点评

咸丰六年（1856）三月，虚岁十八岁的曾家长孙纪泽结婚，娶的是长沙城里的贺氏。贺氏是做过云贵总督的贺长龄的庶出女。贺长龄已去世六七年，贺家自然冷落了许多，但仍然是长沙城里的富贵大家。只是贺氏命薄，第二年便因难产去世。

读者先前只看到曾氏对子弟的要求，这里可见出曾氏对女儿及媳妇的要求。曾氏还要夫人以身作则，故而欧阳夫人贵为总督府里的内当家，也亲自纺纱织布，倡导勤俭家风。

曾纪琛终生抑郁

近世人家一入宦途，即习于骄奢，吾深以为戒。三女许字，意欲择一俭朴耕读之家，不必定富室名门也。

余之第三女，即另行择婿，望弟详禀父大人，可将此事中辍。纵已通女庚，亦可取还，缘罗子系恩赐举人，恐人疑为佳婿而争之也。

译文

近世风气，一进入官场，家中人便习于骄奢，我深以为戒。三女儿的婆家，我的意思是选一个俭朴耕读之家，不一定要是富贵人家。

我的第三个女儿，即另外再选择夫婿，请弟详细禀告父亲大人，可将这事中止。纵然已将女儿的庚书送过去了，也可以再取回，这是因为罗家之子是恩赐举人，恐怕别人怀疑是佳婿而争抢过来的。

点评

曾氏的第三女纪琛最后嫁的还是罗泽南的次子兆升。罗泽南咸丰六年战死后，他的两个儿子都被朝廷赏赐举人。功臣之子且为举人，在当时被世人认为是女婿的最佳人选，但纪琛嫁罗家，实在是没有嫁得好。纪琛所生的惟一儿子早夭，夫妻不和，后罗纳二妾，又中年早逝。纪琛终生心情抑郁，六十八岁那年去世。

鱼猪竹蔬

家中种蔬一事，千万不可怠忽。屋门首塘养鱼，亦有一种生机。养猪亦内政之要者。下首台上新竹，过伏天后，有枯者否？此四事者，可以觇人家兴衰气象。

家中养鱼、养猪、种竹、种蔬四事，皆不可忽。一则上接祖父以来相承之家风，二则望其外而有一种生气，登其庭而有一种旺气，虽多花几个钱，多请几个工，但用在此四事上，总是无妨。

译文

家中种蔬菜这件事，千万不可以怠慢疏忽。屋门口池塘里养鱼，也有一种生机。养猪也是家庭内政的重要内容。下首台上的新竹，过伏天后有没有枯萎的？这四件事，可以看出一个人家的兴衰气象。

家中养鱼、养猪、种竹、种蔬四件事，都不可忽视。一则上接祖父以来相承继的家风，二则看它的外表便有一种生气，登上它的庭院便有一种旺气。虽然多花去几个钱，多请几个工，但用在这四件事上，总是没有妨碍的。

点评

鱼、猪、蔬三件事被写进曾氏的治家八字（即早、扫、考、宝、书、蔬、鱼、猪）。竹，没有列进去。估计"竹"毕竟不属于立家的根本，而更多的是一种风雅情趣的表现。

出门宜常走路

后辈子侄总宜教之以礼，出门宜常走路，不可动用舆马，长其骄惰之气。一次姑息，二次三次姑息，以后骄惯难改，不可不慎。

译文

后辈子侄，总宜以礼相教，出门宜常步行，不可动用轿子车马，从而增长骄惰之气。若一次姑息，二次三次再予以姑息，则以后骄惰的习气难以改变，不可不谨慎。

点评

安步当车，不但可以少骄惰之气，还可健身，只是富贵子弟因为有钱而不愿吃眼前苦，往往做不到这一点。曾家因曾氏本人一再叮嘱，风气略好些，但实际上也没有完全做到不动用舆马。

和气致祥，乖气致戾

去年在家，因小事而生嫌衅，实吾度量不闳，辞气不平，有以致之，实有愧于为长兄之道。千愧万悔，夫复何言？

去年我兄弟意见不和，今遭温弟之大变，和气致祥，乖气致戾，果有明征。嗣后我兄弟当以去年为戒，力求和睦。

祸福由天主之，善恶由人主之。由天主者无可如何，只得听之。由人主者，尽得一分算一分，撑得一日算一日。吾兄弟断不可不洗心涤虑，以求力挽家运。第一，贵兄弟和睦。去年兄弟不和，以致今冬三河之变，嗣后兄弟当以去年为戒。凡吾有过失，澄、沅、洪三弟，各进箴规之言，余必力为惩改。三弟有过，亦当互相箴规而惩改之。第二，贵体孝道。推祖父母之爱以爱叔父，推父母之爱以爱温弟之妻妾儿女，及兰、蕙二家。又，父母坟域必须改葬，请沅弟作主，澄弟不可过执。第三，要实行勤、俭二字，内间妯娌不可多写铺账，后辈诸儿须走路，不可坐轿骑马，诸女莫太懒，宜学烧茶煮菜。书、蔬、鱼、猪，一家之生气；少睡多做，一人之生气。勤者生动之气，俭者收敛之气。有此二字，家运断无不兴之理。余去年在家未将此二字切实做工夫，至今愧恨，是以谆谆言之。

译文

去年在家时，因小事而导致兄弟间生嫌隙，实在是我的度量不宽广，口气不平和，因而出现这种事，实在是有愧于做大哥的道理。千愧万悔，还有什么可说的呢？

去年我们兄弟之间意见不和，现在遭遇温甫弟的大变故。和气招致吉祥，乖气招致罪戾，果然有明确的见证。以后我们兄弟当以去年为戒，力求和睦。

祸与福是由天来做主的，善与恶是人来作主的。由天做主的，人则无可奈何，只得听之；由人做主的，则做到一分是一分，撑得一天算一天。我们兄弟断然不可不洗去焦虑，以求得力挽家运。第一，贵在兄弟和睦。去年兄弟不和，以致招来今冬三河之变，以后兄弟当以去年为戒。凡是我有过失，澄侯、沅甫、季洪三弟每人都进规劝之言，我务必竭力改正。三位弟弟有过失，也应当互相规劝而改正。第二，贵在力行孝道。将对祖父母的爱推及到叔父身上，将对父母的爱推及到温甫弟的妻妾儿女身上，以及国兰、国蕙两家。再者，父母的坟茔必须改葬，请沅甫弟做主，澄侯弟不要太固执了。第三，要实行勤俭二字。妯娌的用途不可太铺张，后辈各儿郎都要以步当车，不可坐轿骑马。各女儿不要太懒，宜学会烧菜煮茶。书、蔬、鱼、猪，体现一个家庭的生气，少睡多做，体现一个人的生气。勤是生动之气，俭是收敛之气。做到这两个字，家运断没有不兴旺的道理。我去年在家没有将这二字切实做到，至今惭愧悔恨，故而谆谆告诫你们。

点评

咸丰七年（1857）二月，曾氏父亲病逝于家，曾氏立即率诸弟回家守丧。咸丰八年六月，他再次奉旨出山。这年十月，李续宾、曾国华统率的湘军中的一支劲旅，被太平军大败于安徽三河镇。六千湘军几乎全部死在三河，李续宾未能幸免，而打扫战场时，却并未看到曾国华的尸体，直到三个月后，才寻到曾国华没有头的尸体。曾氏连同他的三个弟弟都在军营，老六是第一个死在战场的曾家子弟，对湘乡曾氏老宅而言，这是一个重大的变故。作为湘军的最高统帅，作为曾氏家族的掌门人，曾氏心中自然十分悲痛。这三段话便出自咸丰八年底的家信。面临家门的大不幸，曾氏的应对方法是，一检查自己的不是，二借此整顿家政，强调和、孝、勤、俭对家庭的重要性。

家庭不可说利害话

居家要勤俭。吾家后辈子女，皆趋于逸欲奢华，享福太过，将来恐难到老。嗣后诸男在家勤洒扫，出门莫坐轿，诸女学洗衣，学煮菜烧茶。少劳而老逸犹可，少甘而老苦则难矣。至于家中用度，断不可不分。凡吃药染布，及在省在县托买货物，若不分明，则彼此以多为贵，以奢为尚，漫无节制，此败家之气象也！

运气不来，徒然怄气，帮人则委曲从人，尚未必果能相合，独立则劳心劳力，尚未必果能自立。如真能受委曲，能吃辛苦，则家庭亦未始不可处也。

沅弟信言家庭不可说利害话。此言精当之至，足抵万金。余生平在家在外，行事尚不十分悖谬，惟说些利害话，至今悔憾无极。

译文

居家过日子要勤俭。我家后辈子女都往逸欲奢华方向走，享福太过头了，将来恐难一直好到老。以后，每个男人在家要勤洒扫，出门不要坐轿，每个女人要学洗衣，学煮菜烧茶。少年劳苦而老来安逸还可以，少年甘甜而老来受苦则难了。至于家中开支，决不可不分开。凡是吃药染布，以及在省城县城托人买货物，若是不分开，则彼此之间以多为贵，以奢华为时尚，漫无节制，这是败家的气象。

运气没有来到时，只能是白白地怄气，帮助别人即使委曲顺从人家，尚且不一定就能很好合作，自己独自做事，则劳心劳力，尚且不一定真能自立。如果真能受得了委曲，能吃得了辛劳，则在家中未必就不能安然相处。

沅弟信上说家庭中不可以说伤感情的话，此言非常精当，足以抵万两黄金。我生平在家也好在外也好，做事尚且不很错谬，只是容易说些伤感情的话，至今悔恨无极。

点评

曾氏父亲在时，曾氏诸兄弟并未分家，仍在一个大家庭中过日子。查曾氏咸丰十年（1860）正月二十四日给澄弟沅弟信，其中有这样的话："沅弟信中有分关田单，一一读悉。我于家中毫无补益而得此厚产，亦惟学早三爹频称多多谢而已。"可知咸丰九年底，曾氏兄弟在友好的气氛中分了家。在此之前，三兄弟数十口人生活在一起，难免因攀比而引发一些矛盾，于是曾氏在咸丰八年十一月的一封家信中提出部分开支分开的办法。

兄弟姐妹之间吵架，是世间常事，但毕竟是手足之亲，血脉相连，俗话说打断骨头连着筋。所以，再怎么争吵也不要说"利害话"即伤感情话。这的确是很重要的一点。据曾氏小女儿纪芬在《崇德老人自订年谱》中的"咸丰七年"一节中说："初，黄金堂之宅相传不吉，贺夫人即卒于是，其母亦卒于是。忠襄夫人方有身，恶之，延巫师禳祓。时文正丁艰家居，心殊忧郁，偶昼寝，闻其扰，怒斥之。未几，忠襄遂迁居焉。"曾纪芬晚年述往事，在咸丰七年这一年中什么事都不记，惟独记下这件事，可见曾氏与老九夫人当时的争吵闹得很大，造成的后果是没有多久老九一家便迁出老宅另择居处。此事在曾氏心中也留下很重的阴影，以至于他一再检讨，这次又说"至今悔憾无极"。

不求好地，但求平安

不求好地，但求平安。"洪夏"之地，余心不甚愿。一则嫌其经过之处，山岭太多，一则既经争讼，恐非吉壤。地者，鬼神造化之所秘惜，不轻予人者也。人力所能谋，只能求免水、蚁、凶煞三事，断不能求富贵利达。明此理，绝此念，然后能寻平稳之地；不明此理，不绝此念，则并平稳者亦不可得。

吾乡僻陋，眼界甚浅，稍有修造已骇听闻，若太闳丽，则传播尤过。苟为一方首屈一指，即乱世恐难幸免。

改葬先人之事，须将求富求贵之念，消除净尽，但求免水、蚁以妥先灵，免凶煞以安后嗣而已。若存一丝求富求贵之念，则必为造物鬼神所忌。以吾所见所闻，凡已发之家，未有续寻得大地者。

译文

不求好地，但求能保平安。"洪夏"这块地，我心里很不愿意要。一则嫌它经过之处，山岭太多，一则这块地有过争吵诉讼，恐怕不是吉地。说到地，这是鬼神造化特别秘惜之物，是不轻易给人的。人力所能图谋的，只能求得免去水淹、蚁蛀以及易遭凶煞三件事，断不能求取富贵利达。明白这个道理，绝去这个念头，然后才能寻到平稳之地；不明白这个道理，不绝去这个念头，则连平稳之地也不可能得到。

我们的家乡地处偏僻，人的眼界特别浅，稍微有点大的建设便已骇听闻，若

曾氏旧居思云馆

是太宏大壮丽，则传播更厉害。倘若为地方上的第一关注对象，在乱世中则就难得幸免灾难了。

改葬先人这件事，必须将求富求贵的念头消除干净，但求得能免去水淹、免遭蚁蛀，以使先人灵魂安妥，免去凶煞让后人能平平安安就行了。若存一丝一毫求富求贵的念头，则必将为造物及鬼神所忌恨。以我的所见所闻来看，凡是已经发达的家庭，并没有继续寻到极好地的。

点评

咸丰八年（1858）十月，曾国荃从江西前线回到老家。老九此次回家要办两件大事，一是改葬父母，二是为自己的小家建新房子。关于曾氏父母的葬地，咸丰七年也即在守父丧期间，曾氏几兄弟之间有过争论。老六强烈主张将母亲棺木取出，与父亲合葬于另一块地上，老四则坚决不同意。曾氏的态度如何，未见明确文字记载，以他一贯的个性推测，大约是赞同老四的观点，所以改葬一事未果。待到咸丰八年十月三河之变出来，曾氏的观点完全改变了，确信必须改葬，于是劝老四放弃陈见，老四当然也不能再坚持了。老九于是肩负这件家族重任。改葬首在择地。第一、第三段讲的便是曾氏对择地一事的看法。

老九将自己要砌的房子，画了个图样送给大哥看，曾氏认为规模太大了。咸丰九年元旦，曾氏在给诸弟的家信中也谈到对起屋的看法："我家若太修造壮丽，则沅弟必为众人所指摘，且乱世而居华屋广厦，尤非所宜。"

治家八字诀

家中一切，自沅弟去冬归去，规模大备，惟书、蔬、鱼、猪及扫屋、种竹等事，系祖父以来相传家法，无论世界之兴衰，此数事不可不尽心。

凡屋高而天井小者，风难入，日亦难入，必须设法祛散湿气，乃不生病。至嘱至嘱。

余与沅弟论治家之道，一切以星冈公为法，大约有八字诀，其四字，即上年所称"书、蔬、鱼、猪"也，又四字，则曰"早、扫、考、宝"。早者，起早也；扫者，扫屋也；考者，祖先祭祀，敬奉显考、王考、曾祖考，而妣可该也；宝者，亲族乡里，时时周旋，贺喜吊丧，问疾济急。星冈公尝曰："人待人，无价之宝也。"星冈公生平于此数端，最为认真，故余戏述为八字诀曰书、蔬、鱼、猪、早、扫、考、宝也。

译文

家中的一切，自从沅弟去年冬天回去后规模大为完备，惟有读书、种蔬菜、养鱼、养猪以及扫屋、种竹子等事，是祖父以来相传的家法，无论世界是兴是衰，这几件事都不可不尽心。

凡房屋高而天井小的，风难吹进来，阳光也难照进来，必须设法驱散湿气，才不会生病。至嘱至嘱。

我与沅弟谈论治家之道，应一切以星冈公为榜样，大约有八字口诀，其中四个字，即上年所说的"书、蔬、鱼、猪"，还有四个字，那就是"早、扫、考、宝"。所谓早，即起床早。所谓扫，即打扫庭院。所谓考，即对祖先的祭祀，敬奉父亲、祖父、曾祖父，用一个"考"字，"妣"也包括在内。所谓宝，即亲族邻里，要时时周旋，贺喜吊丧，询问疾病，救济危难。星冈公曾说过："人与人之间的好好相处，这是无价之宝。"星冈公一生对这几件事最为认真，故而我戏称为八字诀，叫做书、蔬、鱼、猪、早、扫、考、宝。

点评

曾氏一再称他的治家之道是从他的祖父星冈公那里学来的，相信他说的是事实。不过笔者认为，曾氏对乃祖的家法在继承的基础上一定有许多发展与提高，至少他加以条理化、系统化、理论化了。这八字诀就是其中一个典型例子。

情意宜厚，用度宜俭

家中之事，望贤弟力为主持，切不可日趋于奢华。子弟不可学大家口吻，动辄笑人之鄙陋，笑人之寒碜，日习于骄纵而不自知。至戒至嘱。

照料家事，总以俭字为主，情意宜厚，用度宜俭。此居家居乡之要诀也。

当此大乱之世，兴造过于壮丽，殊非所宜，恐劫数未满，或有他虑。弟与邑中诸位贤绅熟商。去年沅弟起屋太大，余至今以为隐虑。此事又系沅弟与弟作主，不可不慎之于始。弟向来于"盈虚消长"之机，颇知留心，此事亦当三思。至嘱至嘱。

译文

家中的事情，希望贤弟竭力主持，切不可日趋于奢侈华丽，子弟不可以学大家族人说话的口气，动辄笑别人鄙陋，笑别人寒酸，每天习惯于骄纵而自己却不知道。至嘱至嘱。

照料家中的事，总要以俭字为主。情意上宜厚实，花销上宜省俭。这是在家里过日子在乡村里过日子的要诀。

处在现在这个大乱的世道中，修建房屋过于壮丽，很不适宜，恐怕我们遭遇的劫数还未满期，或许还会有别的忧虑。弟与地方上的各位贤良绅士仔细商量。去年沅弟砌屋太大，我至今认为这是一个隐虑。这件事又是沅弟与弟做的主，不可不在一开始时便慎重。弟一向对于"盈虚消长"这个机奥颇为留心，此事也应当三思。至嘱至嘱。

点评

曾氏苦口婆心，不惜一而再、再而三、三而四，甚至几乎在每封信中都说要省俭莫奢华，但家中的几个弟弟似乎并没有听进去多少，一个个我行我素。老九起了一个宏大壮丽的新居，名曰大夫第。大哥一再规劝要谨防外人议论，老九却一点也不在乎，说"外间訾议，沅自任之"。老九的这种态度，倒是让老四很欣赏，他接下来就学样，也起了一座闳丽的新居，名曰万谊堂。在以后的岁月中，老幺和已故去的老六家都大兴土木，老幺起新宅名曰有恒堂，老六家则翻修白玉堂。到了同治五年（1866），在欧阳夫人的主持下，曾氏家也花费七千串钱起了一座气魄不凡的大宅院，名曰富贵堂。曾氏本人对此也无可奈何，只能在家信中表示一下自己的态度："富圫修理旧屋，何以花钱至七千串之多？即新造一屋，

亦不应费钱许多。余生平以大官之家买田起屋为可愧之事，不料我家竟尔行之。"（同治六年二月十三日致纪泽）

由此可知，即便有曾氏这样的家长在时时刻刻提醒，对于一个有权有势的家庭来说，要真正地去奢从俭，的确是一件很难的事。

勤苦为体，谦逊为用

余在京十四年，从未得人二百金之赠，余亦未尝以此数赠人。虽由余交游太寡，而物力艰难，亦可概见。余家后辈子弟，全未见过艰苦模样，眼孔大，口气大，呼奴喝婢，习惯自然，骄傲之气，入于膏肓而不自觉。吾深以为虑。前函以傲字箴规两弟，两弟不深信，犹能自省自惕。若以傲字诰诫子侄，则全然不解。盖自出世以来，只做过大，并未作过小，故一切茫然，不似两弟做过小，吃过苦也。

教训后辈子弟，总以勤苦为体，谦逊为用，以药佚骄之积习，余无他嘱。

总怕子侄习于骄、奢、佚三字，家败离不得个奢字，人败离不得个佚字，讨人嫌离不得个骄字。

子侄须教一勤字一谦字。谦者骄之反也，勤者佚之反也。骄奢淫佚四字，惟首尾二字，尤宜切戒！至诸弟中外家居之法，则以考、宝、早、扫、书、蔬、鱼、猪八字为本，千万勿忘。

译文

我在京城住了十四年，从来没有得过别人二百两银子的馈赠，我也没有送过二百两银子给别人，虽然是因为我的交游太少，而银钱上的艰难也由此可以见一个大概。我家后辈子弟，完全没有见过艰苦时的样子，眼界大，口气大，呼奴喝婢，已成习惯自然，骄傲之气，已进入膏肓而不自知，我深以为忧虑。前次信中以傲字规劝两弟，两弟虽然不深信，但还是能以此自我反省警惕。若是以傲字教育子侄，他们则完全不能理解。这是因为他们从出生以来，便只做过人上人，而没做过人下人，故而对世事一切都茫然不懂，不像两弟做过人下人，吃过苦。

教训后辈子弟，总是要告诉他们勤苦是人的根本，与人打交道则要谦逊，借以医治懒散骄傲的积习，其他则没有别的嘱咐了。

我总是当心子侄习惯于骄、奢、佚三个字。家败则离不开一个奢字，人败则离不开一个佚字，使人觉得不愉快离不开一个骄字。

对于子侄，必须将一个勤字一个谦字教给他们。谦是骄傲的反面，勤是懒散的反面。骄奢淫佚四个字，惟有首尾两个字尤其要切切戒除。至于诸弟对内对外治家之法，则以考、宝、早、扫、书、蔬、鱼、猪八个字为根本，千万不要忘记。

点评

咸丰十年（1860）四月，朝廷命曾氏署理两江总督。这年六月下旬，曾纪泽由湖南来到安徽祁门，探视驻节此地的父亲。九月初，曾氏命纪泽先到安庆，看望正率军围城的九叔国荃和幺叔国葆，然后再回湘。离祁门时，曾氏送纪泽二百两银子，离开安庆时，国葆又送给侄儿一大笔钱。十月初四，曾氏给两弟写信，说赠纪泽的银钱太多，于是引出"在京十四年从未得人二百金之赠"的一段话来。曾氏时刻当心家中因权势的增加而日趋骄奢，尤其是后辈子侄，从未有过艰苦的经历，反倒是一生下来就被众人捧着抬着，以至于"骄傲之气入于膏肓而不自觉"。我们读这几段家信，真感觉到曾氏在千叮咛万嘱咐。

不信补药僧巫地仙

吾祖星冈公在时，不信医药，不信僧巫，不信地仙。此三者，弟必能一一记忆。今我辈兄弟，亦宜略法此意，以绍家风。

合家大小老幼，几于无人不药，无药不贵，迨至补药吃出毛病，则又服凉药以攻伐之，阳药吃出毛病，则又服阴药以清润之。展转差误，不至大病大弱不止。

地仙、僧巫二者，弟向来不甚深信，近日亦不免为习俗所移。以后尚祈卓识坚定，略存祖父家风为要。天下信地信僧之人，曾见有一家不败者乎？

译文

我的祖父星冈公在世时，不信医药，不信僧巫，不信地仙。这三点，弟想必能一一有记忆。现在我辈兄弟，也应该略微效法祖父，以接续家风。

全家大小老幼，几乎无人不吃药，无药不贵，待到吃补药吃出毛病，则又服凉药来调和，补阳的药吃出毛病了，又吃补阴的药来加以清润。就这样反复失误，不到身体大病大弱不停止。

地仙、僧巫两类人，弟一向不很相信，近来也不免为习俗所改变，以后还希望坚定自己的正确认识，略微保存祖父所开创的家风为重要。天下相信地仙僧巫的人，能看到其中有一家不失败吗？

点评

湖南人称以看风水寻好地为职业的人为地仙。此处将僧巫合称，指的是这样一类人：作法事超度亡灵的和尚，作道场消灾祈福的道士，以及装神弄鬼推测占卜的巫婆。至于此处所讲的医药，看来主要指补药。曾氏的祖父不相信地仙、僧巫、补药，曾氏本人也不相信，他希望家里人都不要相信。

不非笑人，少坐轿

凡畏人不敢妄议论者，谦谨者也；凡好讥评人短者，骄傲者也。谚云："富家子弟多骄，贵家子弟多傲。"非必锦衣玉食、动手打人而后谓之骄傲也，但使志得意满，毫无忌畏，开口讥人短长，即是极骄极傲耳！余正月初四信中，言戒骄字，以不轻非笑人为第一义；戒惰字，以不晏起为第一义。望弟常常猛省，并戒子侄也。

家中兄弟子侄，惟当记祖父之八个字，曰考、宝、早、扫、书、蔬、鱼、猪，又谨记三不信，曰不信地仙、不信医药、不信僧巫。余日记册中，又有八本之说，曰读书以训诂为本，作诗文以声调为本，事亲以得欢心为本，养生以戒恼怒为本，立身以不妄语为本，居家以不晏起为本，作官以不要钱为本，行军以不扰民为本。

家中无论老少男妇，总以习勤劳为第一义，谦谨为第二义。劳则不佚，谦则不傲，万善皆从此生矣。

大抵富贵人家气习，礼物厚而情意薄，使人多而亲到少。吾兄弟若能彼此常常互相规诫，必有裨益。

傲为凶德，惰为衰气，二者皆败家之道。戒惰莫如早起，戒傲莫如多走路、少坐轿。望弟留心儆戒。

译文

凡是对别人心存畏惧不敢随便议论的人，是谦谨者；凡喜欢讥评别人短处的人，是骄傲者。谚语说："富家子弟多骄奢，贵家子弟多傲慢。"不一定锦衣玉食、动手打人之后才能说是骄傲，只要是志得意满，毫无畏惧之心，开口便讥笑别人的短长，这便是极其骄傲的表现。我在正月初四的信中说到戒除骄字，以不轻易讥笑别人为第一等重要，戒除惰字，以不晚起床为第一等重要。希望弟能常常猛然省悟，并以此为子侄之戒。

家中的兄弟子侄，惟一要记住的是祖父的八个字，叫做考、宝、早、扫、书、蔬、鱼、猪，还要谨记三个不信，叫做不信地仙、不信医药、不信僧巫。我的日记中，还有八本之说，叫做读书以训诂为本，作诗文以声调为本，侍奉双亲以得欢心为本，养生以戒恼怒为本，立身以不妄语为本，居家以不晚起床为本，做官以不贪污为本，行军以不扰民为本。

家中无论老少男女，总要以习惯于勤劳为第一层意义，以谦谨为第二层意义。勤劳则不会放荡，谦谨则不会骄傲，万种善性都从这里生发。

大致说来，富贵人家的习气是礼物上表现得隆厚，但情意上却显得淡薄，打发别人送礼慰问的多，而自己亲自到场的少。我们兄弟若是能彼此常常互相规劝告诫，必定有所裨益。

骄傲为带来凶险的品性，懒惰则使气象衰落，这两点都将导致家败。戒除懒惰则不如早起床，戒除骄傲则不如多走路、少坐轿。希望弟留心对自己加以戒备。

点评

前面说到曾氏常给人指引从此岸到彼岸的津渡。这里所抄录的几段话中又有两处新的津渡，一是不轻非笑人是戒骄的津渡，一是多走路少坐轿是戒傲的津渡。

不待天概人概先自概

日中则昃，月盈则亏，吾家亦盈时矣。管子云："斗斛满，则人概之；人满，则天概之。"余谓天之概无形，仍假手于人以概之。霍氏盈满，魏相概之，宣帝概之；诸葛恪盈满，孙峻概之，吴主概之。待他人之来概而后悔之，则已晚矣。

吾家方丰盈之际，不待天之来概，人之来概，吾与诸弟当设法先自概之。自概之道云何？亦不外清、慎、勤三字而已。吾近将清字改为廉字，慎字改为谦字，勤字改为劳字，尤为明浅，确有可下手之处。

沅弟昔年于银取与之际，不甚斟酌，朋辈之讥议非薄，其根实在于此。去冬之买犁头嘴、栗子山，余亦大不谓然，以后宜不妄取分毫。不寄银回家，不多赠亲族，此廉字工夫也。谦之存诸中者不可知，其著于外者约有四端：曰面色，曰言语，曰书函，曰仆从属员。沅弟一次添招六千人，季弟并未禀明，径招三千人，此在他统领所断做不到者。在弟尚能集事，亦算顺手。而弟等每次来信，索取帐棚子药等件，常多讥讽之词、不平之语，在兄处书函如此，则与别处书函更可知已。沅弟之仆从随员，颇有气焰，面色言语，与人酬接时，吾未及见，而申夫曾述及往年对渠之词气，至今钦憾。以后宜于此四端，痛加克治，此谦字工夫也。每日临睡之时，默数本日劳心者几件，劳力者几件，则知宣勤王事之处无多，更竭诚以图之，此劳字工夫也。余以名位太隆，常恐祖宗留诒之福，自我一人享尽，故将劳、谦、廉三字，时时自惕，亦愿两贤弟之用以自惕，且即以自概耳。

良田美宅，来人指摘，弟当三思，不可自是。吾位固高，弟位亦实不卑，吾名固大，弟名亦实不小，而犹沾沾培坟墓以永富贵，谋田庐以贻子孙，岂非过计哉？

译文

太阳到了正午便向西偏斜，月亮到了圆满时便会亏缺，我们家现在也可以算得上盈满了。管子说："斗斛装满过头了，人就会用概（量米粟时刮平斗斛用的木板）来将它抹平；人如果盈满过头了，天就会用概来将它抹平。"我说天的概是无形的，它要假人之手来用。霍光盈满，魏相就来用概抹平，汉宣帝就来用概抹平；诸葛恪盈满，孙峻就来用概抹平，吴国君主就来用概抹平。等到别人来用概才后悔，后悔就晚了。

我们家正处丰盈的时候，不要等到天来用概，别人来用概，我与诸弟想办法先来自己抹平。自己抹平的办法在哪里呢？也不外乎清、慎、勤三个字而已。我近来将清字改为廉字，将慎字改为谦字，将勤字改为劳字，尤其显得明白浅易，的确有可以做到的地方。

沅弟往年在银钱收支上考虑不周到，朋辈中的议论指责，它的根源就在这里。去年冬天买犁头嘴、栗子山，我也不大以为然，以后应该不随便收取分毫。不寄银钱回家，不多送银钱给亲族，这是廉字上的功夫。谦虚在自己心中存在的程度别人不可知，表现在外的大约有四个方面：即面色、言语、信函、仆从属员。沅弟一次增加招勇六千人，季弟没有向我禀报，就直接招勇三千人，这是其他统领所绝对做不到的事。弟能够办成这事，可以算是顺手。但每次来信，索取帐棚子药等军需品时，常常多讥讽之词与不平之语，给哥哥的信尚且这样写，给别人的信函更可想而知。沅弟的仆从随员都存有气焰，与人相见时的面色言语我没有看到，但李申夫曾经说到往年对他的语气，他至今尚有不满。以后应该在四个方面上痛加整治。这是谦字上的工夫。每天临睡的时候，默默地在心中数着今天劳心事做了几件，劳力事做了几件，则知道勤王公事做得不多，更加要竭诚谋事。这就是劳字上的功夫。我因为名位太崇隆，常常担心祖宗留下的福分，到我一个人的身上便享尽了，故而将劳、谦、廉三个字时时自我警惕，也愿两位老弟用来自我警惕，并且用它们作为概来自我抹平。

良田美宅，远来的人指摘，弟应当三思，不可自以为是。我的地位固然高，弟的地位也不低。我的名声固然大，弟的名声也不小。还这样自喜于以培植坟墓来求永远富贵，谋求田地房屋留给子孙，岂不太过分了吗？

点评

与大哥性格截然相反，老九曾国荃（沅甫）是个对银钱大手出进并我行我素不在乎舆情的人，当时被称为三如将军，即杀人如麻、挥金如土、爱才如命。又被称为老饕，即特别贪婪者。大概是曾氏听到许多人都这么说他的这个沅弟的，故而这两段话说得比往常都要更具体又更严厉。

与地方官相处之法

弟晨起极早，饭后始天明，甚为喜慰。吾辈仰法家训，惟早起、务农、疏医、远巫四者，尤为切要！

莫买田产，莫管公事，吾所嘱者，二语而已。盛时常作衰时想，上场当念下场时。富贵人家，不可不牢记此二语也。

为兄弟者，总宜奖其所长而兼规其短。若明知其错，而一概不说，则非特一人之错，而一家之错也。吾家于本县父母官，不必力赞其贤，不可力诋其非，与之相处，宜在若远若近、不亲不疏之间。渠有庆吊，吾家必到。渠有公事，须绅士助力者，吾家不出头，亦不躲避。渠于前后任之交代，上司衙门之请托，则吾家丝毫不可与闻。弟既如此，并告子侄辈常常如此。子侄若与官相见，总以谦谨二字为主。

译文

弟早晨起床很早，吃完饭后才天明，我非常高兴欣慰。我们以家训为准则，惟有早起床、务农活、疏离医、远隔巫四点，尤为切实重要。

不要买田产，不要管公事，我所叮嘱的，只有这两句话而已。兴旺时心中常存有衰败时怎么办的想法，上到台面时心中常存有下台时怎么办的想法。富贵人家，不可不牢记这两句话。

作为兄弟，总是应该表扬长处而兼规劝短处，若是明明知道他有错误，而一句话都不说，如此不仅仅是一个人的错，而是一家的错。我们家对待本县的父母官，不必去竭力赞扬他的贤能，不可竭力指摘他的不是，与他相处，宜在不远不近、不亲不疏之间。他家有喜庆有丧事，我们家一定参加。他有公事，需要绅士们帮助的，我们家不出头，也不躲避。他关于前任与后任的交待事，关于请求去上级衙门帮他说话办事等，我们家则丝毫不可参与。弟要这样做，并且告诉子侄辈也要这样做。子侄们若与官府打交道，总以谦谨两个字为主。

点评

不参与地方公事，这是曾氏对家里的一贯要求，当年曾家老太爷在世时，曾氏便叮嘱其父杜门谢客。在家的老四，是个喜欢揽事的人，曾氏时常叫他"莫管公事"。与本县官府打交道，取一种"若远若近、不亲不疏"的方式，以曾氏家族在当地的处境，这是一种最好的方式。其实，仔细想一想，未尝不是社会名流与官家相处的一种好状态！

祭不欲数

古人云："祭不欲数，数则烦，烦则不敬。"祭尚不可烦渎，况丧礼而可烦渎乎？

古人说："祭祀不能过多，多则麻烦，一旦有了嫌麻烦的念头，典礼则不能做到恭敬。"祭祀尚且不可以因烦而轻慢，何况丧礼能因烦而轻慢吗？

点评

凡慎重之事都不宜举行得太频繁，这是因为频繁会带来人心的烦躁，慎重之事便因此而变味了。这些年来，各地频频办什么什么节，开什么什么会，而收效甚微，"祭不欲数"的古训宜再次温习。

收啬与节制

弟之志事，颇近春夏发舒之气，余之志事，颇近秋冬收啬之气。弟意以发舒而生机乃旺，余意以收啬而生机乃厚。平日最好以昔人"花未全开月未圆"七字，以为惜福之道、保泰之法莫精于此。曾屡次以此七字教诫春霆，不知与弟道及否？星冈公昔年待人，无论贵贱老少，纯是一团和气，独对子孙诸侄，则严肃异常，遇佳时令节，尤为凛不可犯，盖亦具一种收啬之气，不使家中欢乐过节，流于放肆也！余于弟营保举、银钱、军械等事，每每稍示节制，亦犹本"花未全开月未圆"之义，至危迫之际，则救焚拯溺，不复稍有所吝矣。

生日在即，万不可宴客称庆。此间谋送礼者，余已力辞之，弟在营亦宜婉辞而严却之。家门太盛，常存日慎一日而恐其不终之念，或可自保，否则颠蹶之速，有非意计所能及者。

译文

弟的习性，颇为接近春夏之间的发舒之气，我的习性，颇为接近秋冬之间收啬之气。弟的意思是以发舒才能让生机旺盛，我的意思是以收啬才可以使生机得到培植。平日里，我最喜爱前人所说的"花未全开月未圆"七个字，认为惜福、保泰的道理，以此话说得最精彩，曾经多次用这七个字教诫鲍春霆，不知与弟提到否？星冈公从前待人，无论对待贵贱老少，都是一团和气，独独对子孙及诸侄，则异常严肃，遇到喜庆日子和节日，尤其凛然不可侵犯，这也是因为具有一种收啬之气，不使得家中在欢乐时过于放肆。我对于弟的军营中有关保举、银钱、军械等事，每每稍稍表示节制，也是本着"花未全开月未圆"之义，至于危难紧迫时候，那是好比救拯火烧水淹，则不再稍有吝啬了。

生日快到了，万万不可摆宴席请客庆贺。这里有人想借此送礼，我已竭力辞谢，弟在军营也应婉言严辞。家门太兴盛，常常存着谨慎地度过每一天而担心不能善终的念头，或许可以自保，否则垮台之快，甚至都不能意料到。

点评

关于"花未全开月未圆"这句诗，笔者已在评点曾氏家书中说到，此处不再重复。所录的这两段话，说的是曾氏处顺境时的恐惧之心，以及用收啬、节制来求取平衡的应对方式。

有福不可享尽，有势不可使尽

余往年撰联赠弟，有"俭以养廉，直而能忍"二语。弟之直，人人知之，其能忍，则为阿兄所独知；弟之廉，人人料之，其不俭则阿兄所不及料也。以后望弟于俭字加一番工夫，用一番苦心，不特家常用度宜俭，即修造、公费、周济、人情，亦须有一俭字意思。总之，爱惜物力，不失寒士之家风而已。吾弟以为然否？

弟家之渐趋于奢华，即因人客太多之故。此后总须步步收紧，切不可步步放松。总之，家门太盛，有福不可享尽，有势不可使尽。人人须记此二语也。

余身体平安，合署内外俱好，惟俭字日减一日。余兄弟无论在官在家，彼此常以俭字相勖，则可久矣。

吾不欲多寄银物至家，总恐老辈失之奢，后辈失之骄，未有钱多而子弟不骄者也。吾兄弟欲为先人留遗泽，为后人惜余福，除却俭勤二字，别无做法。弟与沅弟皆能勤而不能俭，余微俭而不甚俭。子侄看大眼，吃大口，后来恐难挽回，弟须时时留心。

后辈兄弟，极为和睦，行坐不离，共被而寝，亦是家庭兴旺之象。

新正人客甚多，不似往年军营光景，余虽力求节俭，总不免失之奢靡。日日以俭字告诫妻子，现略知遵守，亦望吾弟常告内外周知也。

闻家中内外大小，及姊妹亲戚，无一不和睦整齐，皆弟连年筹画之功。愿弟出以广大之胸，再进以俭约之诚，则尽善矣。

后辈体气，远不如吾兄弟之强壮。吾所以屡教家人崇俭习劳，盖艰苦则筋力渐强，娇养则筋力愈弱也。

俭之一字，弟言时时用功，极慰极慰！然此事殊不易易，由既奢之后而返之于俭，若登天然。即如雇夫赴县，昔年仅轿夫二名，挑夫一名，今已增至十余名，欲挽回仅用七八名，且不可得，况挽回三四名乎？随处留心，牢记有减无增四字，便极好耳。

译文

我往年撰写联语送弟，其中有"俭以养廉，直而能忍"两句话。弟的直爽，人人都知道；弟的忍耐，则为做兄长的所独知。弟的廉洁，人人都能料得到，弟的不节俭则为做兄长的所不及料。以后希望弟在俭字上还要增加一番功夫，用一番苦心。不只是日常里家庭用度要俭朴，即便是修理建造方面、为公益事出钱、周济贫困、人情往来，也必须有一个俭字的意识。总之，爱惜物力，不失去寒士的家风而已。贤弟是否同意呢？

弟家之所以渐渐走向奢华，是因为人客太多的缘故，以后总须步步收紧，切不可以步步放松。总之，家门太盛了，有福不可以享尽，有势不可以使尽。人人都要记住这两句话。

我身体平安，整个官署内外都好，只有在俭字上是日减一日。我们兄弟无论做官还是做老百姓，彼此经常以俭字互相勉励，则可以将安宁日子维持久远。

我不愿意多给家里寄银钱货物，总是担心上辈人失之于奢，后辈人失之于骄，没有家里钱多而子弟不骄傲的。我们兄弟希望为先人留下遗泽，为后人增添福分，除勤俭两个字外，没有别的做法。弟与沅弟都能勤但不能俭，我则稍微能俭但不很俭。至于子侄们，则是眼界大，胃口大，这种状态以后恐怕难以挽回，弟必须时时留心。

后辈兄弟极为和睦，行坐都不分离，共一床被子睡觉，这也是家庭兴旺的现象。

新年正月里人客很多，不像往年军营的光景，我虽然力求节俭，总不免有点奢靡。每天以俭字告诫妻与子，现在大家都稍微知道遵守，也望我的弟弟常常告诉家庭里里外外都知道。

听说家中里外大大小小，以及姊妹亲戚，无一不和睦整齐，都是弟连年筹划的功劳。愿弟以广阔的胸怀对外应接，又以俭约训诫家中，那么则尽善了。

后辈子侄的身体，远不如我们兄弟的强壮，我之所以屡屡教家人崇俭习劳，是因为艰苦则筋力日渐强壮,娇养则筋力日渐虚弱。

俭这个字,弟说时时在用功,极为欣慰!但此事很不容易,已经奢侈而再返回俭朴,好比登天。比如说雇脚力到县城,过去只有轿夫二名,挑夫一名,现在已增加到十多名,想要挽回到七八名,且不可能,何况挽回到三四名呢?随处留心,牢牢记住只减不增四个字,便是极好了。

点评

此处所抄录的九段话,都出自于曾氏同治二三年写给家里的信,说的内容归纳起来可以一字概括,即俭。因官位的崇隆及军事的胜利,曾氏家族不乏地位与金钱,奢侈不但在老四、老六家中已成常态,即便曾氏自己的小家庭,也是日常开支渐趋庞大,这是晚年曾氏所极不愿看到的现象,故而在家信中不厌其烦地反复申述。

患难风波之兄弟

弟军今年饷项之少,为历年所无,吾岂忍更有挑剔?况近来外侮纷至迭乘,余日夜战兢恐惧,若有大祸即临眉睫者,即兄弟同心御侮,尚恐众推墙倒,岂肯微生芥蒂?又岂肯因弟词气稍戆藏诸胸臆?又岂肯受他人千言万怄,遂不容胞弟片语乎?老弟千万放心,千万保养。此时之兄弟,实患难风波之兄弟,惟有互劝互勖互恭维而已。

弟之声名,即余之声名也。弟之性命,即余之性命也。二者比较,究以保重身体为大。弟自问身体足以久磨久炼,则余自放心矣。

译文

弟军今年饷银之少为历年来所没有的,我岂忍心还来挑剔?况且近来外侮频繁,我日夜战战兢兢心怀恐惧,好像大祸迫在眉睫,即便兄弟俩同心御侮,尚且担心众人推倒这面墙,又岂能稍微生发一点芥蒂?又岂能因胞弟说话语气稍戆愚而记在心中?又岂能受得了别人万千语言上的怄气,却不能容下胞弟片言只语呢?老弟你千万放心,千万保养。此时的兄弟,实在是患难风波中的兄弟,惟有互相劝解互相勉励互相恭维而已。

弟的名声,就是我的名声,弟的性命,就是我的性命,二者相比较,毕竟以保重身体为重要。弟自己认为身体足以经得起久磨久炼,则我自然放心了。

点评

这两段话都出自同治三年曾氏写给老九的信，前信写于四月初三，后信写于五月十五。当时的背景是，驻扎南京城外的曾老九，军事上正处在极为严峻的关键时刻。老九自从同治元年五月初兵临南京城下，至今已有两年了。南京城号称天下第一城，城墙周长九十里，城内有上百万居民，有十二十万太平军将士，老九的吉字营只有五万人。老九心大，要独占打下南京的第一功。因此，他一是坚持在南京城下，不管多大的艰难困苦，不退不撤，二是在长期包围而无进展招致内外指责时，他仍拒绝别人插手攻城之事，以至于奉朝廷援助之命的李鸿章不敢带兵前去南京。前一段话是曾氏对身处破城前夕的老九的宽慰，后一段话是劝老九在名声与身体两者中以身体为重。两段话都说得充满手足真情，可见在那段决定命运的日子里，曾氏兄弟将国事与家事捆绑在一起的特殊情感。

门庭太盛，非勤俭难久支

余中厅悬八本堂扁，跋云："养生以少恼怒为本，事亲以得欢心为本。"弟久劳之躯，当极力求少恼怒。

余于家庭，有一欣慰之端，闻妯娌及子侄辈和睦异常，科一、三、四有姜被同眠之风，甲三、五等亦爱敬兼至，此足卜家道之兴，然亦全赖老弟分家时，布置妥善，乃克臻此。

余蒙先人余荫，忝居高位，与诸弟及子侄谆谆慎守者，但有二语，曰"有福不可享尽，有势不可使尽"而已。福不多享，故总以俭字为主，少用仆婢，少花银钱，自然惜福矣。势不多使，则少管闲事，少断是非，无感者亦无怕者，自然悠久矣。

殊恩异数，萃于一门，祖宗积累阴德，吾辈食此厚报，感激之余，弥增歉悚。

余欲上不愧先人，下不愧沅弟，惟以力教家中勤俭为主。余于俭字，做到六七分，勤字则尚无五分工夫。弟与沅弟于勤字做到六七分，俭字则尚欠工夫。以后各勉其所长，各戒其所短。弟每用一钱，均须三思。

近日家中内外大小，勤俭二字，做得几分？门第太盛，非此二字，断难久支。

吾家子侄，人人须以勤俭二字自勉，庶几长保盛美。观《汉书》霍光传，而知大家所以速败之故，取金日磾、张世安二传，解示后辈可也。

吾不望代代得富贵，但愿代代有秀才。秀才者，读书之种子也，世家之招牌也，礼仪之旗帜也。

为人与为学并进，切戒骄奢二字，则家中风气日厚，而诸子侄争相磨矣。

译文

我家中厅悬有八本堂匾，跋语说："养生以少恼怒为本，侍奉双亲以得欢心为本。"弟的身体久经劳累，当极力求得少恼怒。

对于家庭，我有一个感到欣慰之处，即听说家中妯娌及子侄辈和睦异常，科一与科三、科四有同盖一被的亲热，甲三与甲五等人也互相敬爱。凭这一点，可看出家道的兴旺。之所以能如此，也是全赖着老弟在分家时的妥善布置。

我蒙受先人的余荫，不称职地居于高位，与诸弟及子侄们所能谨慎把守的，也只有二句话，即"有福不可以享尽，有势不可以用尽"而已。福分不多享受，故而总应当以俭字为主，少用仆婢，少花银钱，自然就惜福了。势不多使用，则做到少管闲事，少去断人家的是非，没有感谢者也没有害怕者，自然日子便悠闲长久。

特殊的恩眷异常的命数，都集于我曾氏一门，祖宗所积累的阴德，让我们这一代承受如此的厚报，感激之余，更增加歉疚恐惧。

我想上不愧于先人，下不愧于沅弟，惟一可做到的是努力教导家中以勤俭为主。我于俭字，已做到六七分，于勤字则尚无五分工夫。弟与沅弟于勤字则做到六七分，于俭字则尚欠工夫。以后各人勉励长处，告诫短处。弟每花费一钱，都要三思。

近来家中里外与大人小孩，在勤俭这两个字上，做到了几分？门第太兴盛，若不按这两个字做，兴盛局面断难长久保持。

我家的子侄，人人都必须用勤俭两个字来自我勉励，或许可以长保兴盛美满。读《汉书》中的《霍光传》，而后知大家族之所以迅速破败的缘故，可以取出金日磾、张世安两人的传给后辈解读。

我不指望代代都富贵，但愿代代都有秀才。所谓秀才，就是读书的种子，世家的招牌，礼仪中的旗帜。

做人与求学并进，切戒骄奢二字，则家中风气日益厚重，子侄们都会争相磨砺。

点评

　　此处所抄录的这几段话，均出自于同治三年五、六、七月间曾氏给家中的信。六月十六日，曾老九率领吉字营攻破南京城。那么五、六、七这三个月，正是大功即将告成及大功已获的时期。就在这样的时候，曾氏仍是一贯地将勤、俭、谦、谨这些话告诫子弟。

六分天生，四分家教

　　余与沅弟同时封爵开府，门庭可谓极盛，然非可常恃之道。记得己亥正月，星冈公训竹亭公曰："宽一虽点翰林，我家乃靠作田为业，不可靠他吃饭。"此语最有道理。今亦当守此二语为命脉，望吾弟专在作田上用些工夫，辅之以书、蔬、鱼、猪、早、扫、考、宝八字，任凭家中如何贵盛，切莫全改道光初年之规模。凡家道所以可久者，不恃一时之官爵，而恃长远之家规，不恃一二人之骤发，而恃大众之维持。我若有福，罢官回家，与弟当竭力维持。老亲旧眷，贫贱族党，不可怠慢。待贫者亦与富者一般，当盛时预作衰时之想，自有深固之基矣。

　　吾兄弟处此时世，居此重名，总以钱少产薄为妙。一则平日免于觊觎，仓卒免于抢掠；二则子弟略见窘状，不至一味奢侈。

　　吾自嘉庆末年至道光十九年，见王考星冈公日日有常，不改此度，不信医药、地仙、和尚、师巫、祷祝等事，亦弟所一一亲见者。吾辈守得一分，则家道多保得几年。

　　木器但求坚实，不尚雕镂，漆水却须略好，乃可经久；屋宇不尚华丽，却须多种竹柏，多种菜园，即占去田亩，亦自无妨。

　　家中妇女渐多，外则讲究种蔬，内则讲究晒小菜、腌菜之类，乃是兴家气象。请弟倡之。

　　星冈公之家法，后世当守者极多，而其不信巫医地仙，吾兄弟尤当竭力守之。

　　处兹乱世，钱愈多则患愈大，兄家与弟家，总不宜多存现银，现钱每年足敷一年之用，便是天下之大富，人间之大福。家中要得兴旺，全靠出贤子弟。若子弟不贤不才，虽多积银、积钱、积谷、积产、积衣、积书，总是枉然。子弟之贤否，六分本于天生，四分由于家教。吾家代代，皆有世德明训，惟星冈公之教，尤应谨守牢记。吾近将星冈公之家规，编成八字句云："书、蔬、鱼、猪、考、宝、早、扫。常说常行，八者都好。地、命、医理、僧巫、祈祷、留客久住，六者俱恼。"盖星冈公于地、命、医、僧、巫五项人，进门便恼，即亲友远客，久住亦恼。此八好六恼者，我家世世守之，永为家训，子孙虽愚，亦必略有范围也。

吾家现虽鼎盛，不可忘寒士家风味，子弟力戒傲惰。戒傲以不大声骂仆从为首，戒惰以不晏起为首。吾则不忘蒋市街卖菜篮情景，弟则不忘竹山坳拖碑车风景。昔日苦况，安知异日不再尝之？自知谨慎矣！

吾自五十以后，百无所求，惟望星冈公之后，丁口繁盛，此念刻刻不忘。吾德不及祖父远甚，惟此心则与祖父无殊。弟与沅弟，望后辈添丁之念，又与阿兄无殊，或者天从人愿，鉴我三兄弟之诚心，从此丁口日盛，亦未可知。且即此一念，足见吾兄弟之同心，无论哪房添丁，皆有至乐。和气致祥，自有可卜昌盛之理。

译文

我与沅弟同时封爵开府，门庭可谓极其旺盛，但这不可以长久依恃。记得己亥年正月，星冈公教训竹亭公说："宽一虽然点了翰林，但我们家靠作田为职业，不可以依靠他吃饭。"这话最有道理。现在依旧守住这句话作为命脉，希望我的弟弟专门在作田上用些功夫，以书、蔬、鱼、猪、早、扫、考、宝八个字为辅助，不管家中如何富贵兴盛，切莫完全改变道光初年时的规模。大凡家道之所以能够长久保持的，不依恃一时的官爵，而是依恃长远的家规，不依恃一二人的骤然发迹，而是依恃众人的维持。我若是有福气罢官回家，当与弟竭力维持家风。老旧亲眷，贫贱族党，不可以怠慢。对待贫困人也与对待富贵人一个样，处于兴盛时要预先想到衰落时。如此，自然家业基础便深固了。

我们兄弟处在这样的时代，获得这样的大名，总以银钱少田产薄为好。一则平日里免去别人的窥视，混乱时免遭人抢掠；二则子弟稍微见到家里经济上的窘迫，不至于一味奢侈。

我自嘉庆末年到道光十九年，见祖父星冈公每天生活有规律，不改变他的处世原则，不相信医药、地仙、和尚、师公巫婆、作道场法事等，这些也是弟一一亲眼见到的。我们这一代守住一分，家道则可多保得几年。

木器只求坚实，不必追求雕镂，用漆却必须比较好，才可经久耐用。屋宇不必追求华丽，却必须多种竹子柏树，多种蔬菜，即便占去一些稻田也无妨。

家中妇女渐渐增多，外务则需讲究种蔬菜，内务则需讲究晒菜腌菜这些事，才是家庭兴旺的气象，请弟提倡这种风气。

星冈公的家法，后世应当遵守的极多，他不相信巫医地仙这一点，我们兄弟尤其应当竭力守住。

处在这样的乱世，钱愈多则祸患愈大，我家与弟家，总不应多存现金。每年的现金能够一年的开支，便是天下的大富、人间的大福。家里要想兴旺，完全靠出贤良子弟，若子弟不贤良没有才干，即便多积蓄银钱、积蓄粮食田产、积蓄衣物书籍，总是枉然。子弟贤与不贤，六分源于天生，四分由于家教。我们家代代都有好的德行严明的家训，特别是星冈公的教导，尤其应当谨守牢记。我近来将星冈公的家教编成八句，叫做："书、蔬、鱼、猪、考、宝、早、扫，经常说经常做，八个方面都是好的。地仙、算命、医药、僧人巫婆，作道场法事、留客人久住，这六者都烦恼。"这是因为星冈公对地、命、医、僧、巫五类人，一进门便恼火他们，即便是亲友远客，住久了也恼火。这八好与六恼，我家要世代守住，永远作为家训，子孙即便愚蠢，也会大致有个谱。

我家现在虽然鼎盛，不可以忘记寒士家的风味，子弟要力戒骄傲懒惰。戒傲以不大声骂仆从为第一点，戒惰以不晚起床为第一点。我则不忘当年蒋市街卖菜篮子的情景，弟则不忘当年竹山坳拖碑车的情景。从前的苦境，又怎么能知道今后就不会再出现？自己要知道谨慎啊！

我自五十以后百无所求，惟希望星冈公的后代人丁兴旺，这个念头时刻不忘。我的德行不及祖父很远，只有这颗心与祖父没有区别。弟与沅弟希望后辈生儿子的念头与你老哥也没有区别。或者天从人愿，鉴于我三兄弟的诚意，从此以后人丁日盛也未可知。况且即便就是这个念头，也足以看到我们兄弟的同心。无论哪一房生儿子，都有很大的快乐。和气致祥，自有可预卜家道昌盛的道理。

点评

此处所抄录的九段话中，有五段提到星冈公。星冈公是曾氏的祖父。曾氏说他治家的那一套，完全来源于祖父，并常常自愧远不如祖父，在读者的心目中，这位星冈公一定是个了不起的人。殊不知这位曾氏的偶像，在年轻时竟是个浮荡子弟。这话就出自于曾氏本人的笔下，应当是千真万确的。笔者抄一段曾氏的《大界墓表》，以便让读者对星冈公有个全面的了解："府君言之曰：吾少耽游惰，往还湘潭市肆，与裘马少年相逐，或日高酣寝。长老有讥以浮薄，将覆其家者。

余闻而立起自责，贷马徒行。自是终身未明而起。余年三十五，始讲求农事。"
从这段话可知，三十五岁前的星冈公不务正业，浮薄放荡，三十五岁后才走正路。可贵的是，他一旦醒悟，便能终身向善。这位身居僻乡的农民，居然能有不靠做官而靠作田吃饭的见识，在那个时代，也的确算得上一个很有头脑的人了。

以耕读为本

内人率儿妇辈久居乡间，将一切规模立定，以耕读二字为本，乃是长久之计。

吾兄弟叨忝爵赏，亦望后嗣子孙，读书敦品，略有成立，乃不负祖宗培植之德。吾自问服官三十余年，无一毫德泽及人，且愆咎丛积，恐罚及于后裔，老年痛自惩责，思盖前愆，望两弟于吾之过失，时寄箴言，并望互相切磋，以勤俭自持，以忠恕教子，要令后辈洗净骄惰之气，各执恭谨之风，庶几不坠家声耳。

细思吾兄弟三人之信，断未有不互观者，仍以共写一封为妥。两弟信皆甚密，阿兄目病，而又懒惰，去信较稀，致弟殷殷悬盼，殊抱不安。

译文

我的太太率领儿媳妇们长久地居住乡间，将一切规模制定，以耕读两个字为根本，才是长治久安之计。

我们兄弟侥幸得爵位赏赐，还是希望后辈子孙，读书培育好品德，略微有点成绩，这样才不辜负祖宗的培植恩德。我自认为做官三十多年，没有一点德行可以惠泽别人，而且过失很多，恐怕让后人遭到惩罚，老来自己痛加惩责，希望能掩盖先前的差错，希望两弟对我的过失，时时寄来规劝之言，并希望互相切磋，以勤俭来自持，以忠恕来教子，要令后辈彻底清除骄惰之气，大家都推行恭敬谨慎之风，或许可以不坠家庭的名声。

细细地想我们兄弟三人的信，断然没有不能互相看的，依旧以共同写一封信为妥当。两弟的信很多，为兄的眼睛有病，又加以懒惰，回信较少，使得弟殷勤盼望，心里很不安。

曾氏夫妇一辈子，只有京师居住的十二年中，天天厮守一起，此外一直是分多聚少。同治四年五月，曾氏奉旨北上剿捻，次年五月，欧阳夫人率全家回湘乡老家。按曾氏的想法，是夫人从此就在乡间长久住下，他也早日辞官回里。同治六年五月他在给夫人的信中说："余亦不愿久居此官，不欲再接家眷东来。"但曾氏两江总督的官没有辞掉，第二年二月，欧阳夫人又率子女回到南京督署。

仕途关乎时运

仕途巨细，皆关时运，余持此说久矣。然亦只可言于仕宦，若家事亦虽有运，然以尽人事为主，不可信运矣。

仕途上的大事小事，都与时运相关，我持此说已很久了。但这话也只可对仕宦而言，若是针对家事，虽有时运的关系，但应以尽人事为主，不可以相信命运。

曾氏曾说过"不信书，信运气，公之言，传万世"的话，结合这段家书文字，可知他这话是针对仕途而言的，至于其他方面，比如家事，他还是主张"尽人事为主，不可信运"。当然，即便是对仕途而言，曾氏这样说也似乎有点过头了。曾氏为什么这样说，中国的仕途为什么会让曾氏产生这样的看法，他这话究竟说没说中中国仕途的本质，诸如此类，都是值得思索的有趣问题，限于篇幅，此处就不再谈论了。

儿侄辈多不长寿

吾见家中后辈体皆虚弱，读书不甚长进，曾以养生六事勖儿辈：一曰饭后千步，一曰将睡洗脚，一曰胸无恼怒，一曰静坐有常时，一曰习射有常时（射足以习威仪，强筋力，子弟宜多习），一曰黎明吃白饭一碗，不沾点菜。

译文

我见家中后辈的身体都虚弱，读书长进不大，曾经以六件有利养生的事情勉励儿辈：一为饭后走一千步，一为临睡时洗脚，一为胸中不烦恼，一为坚持按时静坐，一为按时练习射箭（射箭很能培养仪态威严，强壮筋骨，子弟适宜多操习），一为黎明时吃白饭一碗，不沾一点菜。

点评

曾氏苦口婆心将养生之方传授后辈，但收效甚微。他的两个儿子都可说是英年早逝：纪泽只活了五十一岁，纪鸿仅三十三岁。但曾氏毕竟幸运，这是因为两个儿子都死在他的身后。最可怜的是老九，在他五十七岁、五十八岁时连丧两个儿子：一个三十一岁，一个二十九岁。到他死时，一等伯的爵位竟无儿子承袭，只能传给长孙曾广汉。

由俭入奢易，由奢返俭难

凡人多望子孙为大官，余不愿为大官，但愿为读书明理之君子。勤俭自持，习劳习苦，可以处乐，可以处约，此君子也。余服官二十年，不敢稍染官宦气习，饮食起居，尚守寒素家风，极俭也可，略丰也可，太丰则我不敢也。凡仕宦之家，由俭入奢易，由奢返俭难。尔年尚幼，一切不可贪爱奢华，不可惯习懒惰。无论大家小家，士农工商，勤苦俭约，未有不兴；骄奢倦怠，未有不败。

译文

大多数人都希望子孙为大官，我不愿子孙为大官，但愿为读书懂道理的君子。勤俭自立，习于劳苦，可以过快乐的生活，也可过俭朴的生活，这就是君子。我做官二十年，不敢稍稍沾染官场习气，饮食起居，依旧守住寒素家风，极为俭朴也可以，略为丰盈也可以，太丰盈我则不敢为。凡官宦之家，由俭入奢容易，由奢返回到俭则困难。你年龄还小，一切都不可以贪求奢华，不可以习惯于懒惰。无论是大家族还是小家庭，无论是读书人还是农、工、商人，勤苦俭约，没有不兴盛的，骄奢倦怠，没有不失败的。

点评

　　这是咸丰六年九月曾氏写给次子纪鸿信中的一段话。收信人尚不到九岁，自然对信中的话不能理解透彻，但对于读者来说，这确是一段金玉良言，尤其是"不愿为大官，但愿为读书明理之君子"这句话，很值得望子成龙的天下父母们深思。

继承家风，强调劳俭

　　尔当体我此意，于叔祖各叔父母前，尽些爱敬之心，常存休戚一体之念，无怀彼此歧视之见，则老辈内外必器爱尔，后辈兄弟姊妹必以尔为榜样，日处日亲，愈久愈敬。若使宗族乡党，皆曰纪泽之量大于其父之量，则余欣然矣。

　　我家高曾祖考，相传早起，吾得见竟希公、星冈公皆未明即起，冬寒起坐，约一个时辰，始见天亮。吾父竹亭公亦甫黎明即起，有事则不待黎明，每夜必起看一二次不等。余近亦黎明即起，思有以绍先人之家风。既冠受室，当以早起为第一先务，自力行之，亦率新妇力行之。

　　昔吾祖星冈公，最讲治家之法，第一起早，第二打扫干净，第三诚修祭祀，第四善待亲族邻里。凡亲族邻里来家，无不恭敬款待，有急必周济之，有讼必排解之，有善必庆贺之，有疾必问，有丧必吊。此四事之外，于读书种菜等事，尤为刻刻留心，故写家信，常常提及书蔬鱼猪四端者，盖祖父相传之家法也。

　　银钱田产，最易长骄气惰气。我家中断不可积钱，断不可买田。尔兄弟努力读书，决不怕没饭吃。至嘱！

　　吾教子弟，不离八本、三致祥。八者：曰读古书以训诂为本，作诗文以声调为本，养亲以得欢心为本，养生以少恼怒为本，立身以不妄语为本，治家以不晏起为本，居官以不要钱为本，行军以不扰民为本。三者：曰孝致祥，勤致祥，恕致祥。吾父竹亭公之教人，则专重孝字，其少壮敬亲，暮年爱亲，出于至诚，故吾纂墓志仅叙一事。吾祖星冈公之教人，则有八字、三不信。八者，曰考、宝、早、扫、书、蔬、鱼、猪。三者，曰僧巫、地仙、医药皆不信也。处兹乱世，银钱愈少，则愈可免祸；用度愈省，则愈可养福。尔兄弟奉母，除劳字俭字之外，别无安身之法。吾当军事极危，辄将此二字叮嘱一遍，此外亦别无遗训之语。

译文

你应当体谅我的这个心意，在叔祖及各叔父母面前，尽一些敬爱之心，常常存着休戚一体的念头，不要怀着彼此歧视的俗见，那么老辈及家里家外都必然器重你爱护你，后辈兄弟姐妹必定会以你作为榜样，相处则日见亲密，愈久则愈敬爱。若使宗族乡里都说纪泽的度量大过他父亲的度量，我则高兴了。

我家高祖、曾祖、祖父，相传都起床早。吾亲眼看见过竟希公、星冈公都是未明即起。冬天寒冷时起来坐在屋里，约两个钟头后才见天亮。我的父亲竹亭公也是天刚亮便起床，有事则不等到黎明，每夜必起床看一二次不等。我近来也是黎明即起，想以此来继承先人的家风。刚到十八岁就结婚，应当以早起为第一要务，自己力行，也要率领新媳妇力行。

我的祖父星冈公，最讲求治家的方法。第一早起床，第二打扫干净，第三祭祀虔诚，第四善待亲族邻里。凡是亲族邻里来到家里，无不恭敬款待，若有急难则必予以救济，有纠纷必予以排解，有喜事必予以庆贺，有疾病必予以慰问，有丧事必予以吊唁。这四件事外，对于读书、种菜等事，尤其时刻留心。故而我给你们写信，常常提到书、蔬、鱼、猪四个方面，是因为这是祖父相传的家法。

银钱田产，最容易滋长人的骄气惰气。我家里断不可积蓄银钱，断不可买田地，你们兄弟努力读书，决不怕没饭吃。至嘱！

我教育子弟，不要背离八本、三致祥。八本：读古书以训诂为本，作诗文以声调为本，侍奉双亲以得欢心为本，养生以减少恼怒为本，立身以不妄语为本，治家以不晚起床为本，做官以不贪钱为本，行军以不扰民为本。三致祥：孝顺致祥，勤奋致祥，宽恕致祥。我的父亲竹亭公教育人，则专门看重孝字。他少壮时孝敬父母亲，暮年爱护子孙，都出于至诚。故而我撰写墓志时只叙述一件事。我的祖父星冈公教育人，则有八个字、三不信。八个字即考、宝、早、扫、书、蔬、鱼、猪。三不信即僧巫、地仙、医药都不相信。处在这个乱世时代，银钱越少，则越可免除灾祸；开支越省俭，则越可以培养福分。你们兄弟侍奉母亲，除劳字俭字外，别无其他安身之法。我在军事极危难时，将这两个字叮嘱，此外则没有别的遗训了。

点评

这几段话，均出自于咸丰八年至十一年（1858—1861），曾氏给二子的家信。从中可以看出，曾氏希望二子继承家风。他所说的家风，即八字、八本、三致祥等。此外，他更强调勤劳与俭朴的重要。对富贵家子弟来说，最易犯的毛病便是懒散与奢侈。劳、俭二字对曾家的二位少爷来说，可谓对症下药。

辟菜园雇人种菜

乡间早起之家，蔬菜茂盛之家，类多兴旺，晏起、无蔬之家，类多衰弱。尔于省城菜园中，用重价雇人至家种蔬，或二人亦可。

省雇园丁来家，宜废田一二丘，用为菜园。吾现在营，课勇夫种菜，每块土约三丈长，五尺宽，窄者四尺余宽，务使芸草及摘蔬之时，人足行两边沟内，不践菜土之内，沟宽一尺六寸，足容便桶。大小横直，有沟有浍，下雨则水有所归，不使积潦伤菜。四川菜园极大，沟浍终岁引水长流，颇得古人井田遗法。吾乡一家园土有限，断无横沟，而直沟则不可少。吾乡老农虽不甚精，犹颇认真，老圃则全不讲究。吾家开此风气，将来荒山旷土，尽可开垦，种百谷杂蔬之类，如种茶，亦获利极大。吾乡无人试行，吾家若有山地，可试种之。

译文

乡间早起的人家，蔬菜茂盛的人家，大多兴旺；晚起、无蔬菜的人家，大多衰弱。你从省城的菜园中，用高价雇人到家里种蔬菜，或者雇两个人也可以。

从省城里雇园丁来家种菜，宜废除一二丘田，将它辟为菜园。我现在军营，督促勇夫种菜，每块土约三丈长五尺宽，窄的四尺多宽，务必使得在除草及摘蔬菜的时候，人的脚走在两边沟里，不践踏菜土上。沟宽一尺六寸，足够放得下粪桶，大大小小横横直直的，有沟有浍，下雨则水有所归属，不会因涝而伤害蔬菜。四川的菜园子极大，沟浍一年到头引水长流，颇得古人的井田遗法。我家乡一户人家的菜园有限，完全没有横沟，但直沟则不可少。我家乡的老种田人虽然农务不精，但较为认真，老菜农则完全不讲究园艺。我家开这个风气，将来荒山旷土尽可以开垦，种杂粮蔬菜之类。如果种茶叶，也获利很大。我家乡还没有人试验过，我家若有山地，可试着种种。

点评

身为三军统帅，却对家里辟菜园种菜一事，如此关心，如此心细，除见出对家中的关爱外，亦可见曾氏的农家子弟本色。

崇俭可以长久

居家之道，惟崇俭可以长久。处乱世尤以戒奢侈为要义，衣服不宜多制，尤不宜大镶大缘，过于绚烂。尔教导诸妹，敬听父训，自有可久之理。

译文

在家过日子的法则，惟崇尚俭朴可以长久。身处乱世，尤其以戒除奢侈为要务，衣服不宜多缝制，尤其不适宜镶缘太绚烂的花边。你要教导妹妹们，敬听父训，自有可长久的道理。

点评

曾氏出身农家，农家的一些优良品德在他的一生中烙下极深的印记，如俭朴习性便跟随他始终。他自己所珍重的，他也希望子孙能珍重。他的家书中喋喋不休所谈论的大多属于此类。

大家都贫寒，一家独富有，则格外遭忌；乱世无法度，更易招致打劫。曾氏的处乱世之方是有道理的。

虽烦劳却远胜寒士的困苦

古今文人学人，莫不有家常琐事之劳其身，莫不有世态冷暖之搅其心。尔现当家门鼎盛之时，炎凉之状不接于目，衣食之谋不萦于怀，虽奔走烦劳，犹远胜于寒士困苦之境也。

译文

古今的文人学者，莫不有家常琐事使得他们身体劳累，莫不有世态炎凉使得他们的心受到侵扰。你现在正处家门鼎盛的时候，眼睛看不到世态的炎凉，心里也用不着去想着衣食之谋，虽奔走烦劳，也要远胜过寒士的困苦之境。

点评

曾纪泽身为曾氏大家族的长房长孙，又是个娶了媳妇的成年人，于是便有了许多自身之外的家族事务社会事务，也便有了奔走烦劳。父亲把儿子的视野开拓到寒士的困苦一面去，以此作为宽慰。的确，比起受冷遇谋稻粮来说，这点烦劳算什么！但曾家的大公子从未有过这种人生体验，父辈不说，他又何曾知道？

对袁榆生不宜过露痕迹

尔等在家却不宜过露痕迹。人所以稍顾体面者，冀人之敬重也。若人之傲惰鄙弃业已露出，则索性荡然无耻，拼弃不愿，甘与正人为仇，而以后不可救药矣。大约世家子弟，钱不可多，衣不可多，事虽至小，所关颇大。

译文

你们在家中却不宜过于露出鄙薄的痕迹。一个人之所以能稍稍顾惜脸面，是希望得到别人的敬重。假若别人在他面前已表露出傲惰鄙弃的神色，这个人就会干脆公开无耻，丢掉脸面，心甘情愿与正人君子为仇敌，那样则以后不可救药了。大致说来，世家子弟，钱不能太多，衣不能太多，事情虽然小，但它所关系的却较大。

点评

这是同治元年（1862）五月间写给儿子纪泽的信，说的是大女婿袁榆生的事情。袁是曾氏翰林院时代的朋友袁芳瑛的儿子。袁小时聪明可爱，不料长大后却是个放荡子弟。曾家大小姐遇人不淑，几年后终因忧郁而死。

不沾富贵气习

凡世家子弟，衣食起居，无一不与寒士相同，庶可以成大器。若沾染富贵气习，则难望有成。吾忝为将相，而所有衣服，不值三百金，愿尔等常守此俭朴之风，亦惜福之道也。其照例应用之钱，不可过啬。

余每见嫁女，贪恋母家富贵而忘其翁姑者，其后必无好处。余家诸女，当教之孝顺翁姑，敬事丈夫，慎无重母家而轻夫家，效浇俗小家之陋习也。

译文

凡世家子弟的衣食起居，无一不与贫寒之士相同，或者可以成大器。若是沾染富贵习气，则难以期望有所成就。我不称职地身为将相，而所有的衣服值不了三百两银子。愿你们常常守住这种俭朴之风，这也是惜福的方式。当然，那些照例应用的钱，也不可太吝啬。

我常见出嫁的女儿，贪恋母家的富贵，而忘记她的公婆的，以后必无好处。我家的各位女儿，应当教她们孝顺公婆，敬事丈夫，特别注意不要重母家而轻夫家，效世俗间小家子的陋习。

点评

富贵家的子弟，男儿要与寒士同，女儿不要重母家而轻夫家。这是曾氏对自家儿女的告诫，意在打消他们的特权意识，保持平民心态。

人肯立志，凡事都可做到

吾家累世以来，孝弟俭勤。辅臣公以上，吾不及见，竟希公、星冈公，皆未明即起，竟日无片刻暇逸。竟希公少时，在陈氏宗祠读书，正月上学，辅臣公给钱一百，为零用之需，五月归时，仅用去二文，尚余九十八文还其父。其俭如此！星冈公，当孙入翰林之后，犹亲自种菜收粪。吾父竹亭公之勤俭，则尔等所及见也。今家中境地，虽渐宽裕，侄与诸昆弟，切不可忘却先世之艰难，有福不可享尽，有势不可使尽。勤字工夫，第一贵早起，第二贵有恒；俭字工夫，第一莫着华丽衣服，第二莫多用仆婢雇工。凡将相无种，圣贤豪杰亦无种，只要人肯立志，都可做得到的。

译文

我家累世以来最是孝悌勤俭的。辅臣公以上我来不及见到，竟希公、星冈公都是天不亮即起床，一天到晚无片刻闲暇。竟希公少时，在陈氏宗祠里读书。正月里开学时，辅臣公给一百文钱，作为零用。五月放假回来，只用去两文，还剩下九十八文还给他父亲。他的俭朴就是这样的！星冈公在他的孙子入翰林院之后，还亲自种菜拾粪。我父亲竹亭公的勤俭，则是你们所亲眼看见的。现在家中的境遇虽然渐渐宽裕，侄儿你与各位兄弟切不可忘记先人的艰难，有福不可享尽，有势不可使尽。勤字上的工夫，第一可贵的是早起床，第二可贵的是持之以恒。俭字上的工夫，第一是不要穿华丽的衣服，第二不要多用仆人多雇工人。将相无种，圣贤豪杰也无种，一个人只要肯立志，就都可以做得到的。

点评

现在的曾氏家书集中，只收有惟一的一封给侄儿的信。这封信是同治二年（1863）十二月间写给曾纪瑞的。纪瑞是老九的长子，这年他十五岁。教侄之语与教子同，仍强调勤俭二字。给侄儿叙述历代先人的勤俭品德，细说勤俭的种种可做到的小事，真可谓娓娓说来，慈爱亲切！

考前不可递条子

世家子弟门第过盛，万目所瞩。临行时，教以三戒之首末二条，及力去傲惰二弊，当已牢记之矣。场前不可与州县来往，不可送条子，进身之始，务知自重。

译文

世家子弟因门第过于兴盛，为万目所瞩。临行时，我教导你三戒的首末二戒，以及力去骄傲与懒惰两种弊病，应当已经牢记了。进考场前不可以与州县官来往，不可送请托的条子，提高身份的初始，即务必要知道自重。

点评

同治三年秋，十七岁的曾纪鸿在长沙参加乡试。此时正当金陵克复，曾氏家族如日中天之际，曾氏深恐儿子不懂事，在乡试期间依仗家庭势力营私，遂来信告诫儿子不可与州县往来，不可递条子，半个月后又再次来信，重申"断不可送条子，致腾物议"。

夜饭不荤

尔等奉母在寓，总以勤俭二字自惕，而接物出以谦慎。凡世家之不勤不俭者，验之于内眷而毕露。余在家深以妇女之奢逸为虑，尔二人立志，撑持门户，亦宜自端内教始也。

吾近夜饭不用荤菜，以肉汤炖蔬菜一二种，令极烂如粥，味美无比，必可以资培养。菜不必贵，适口则足养人，试炖尔母食之。星冈公好于日入时，手摘鲜菜，以供夜餐。吾当时侍食，实觉津津有味，今则加以肉汤，而味尚不逮于昔时。后辈则夜饭不荤，专食蔬而不用肉汤，亦养生之宜，且崇俭之道也。颜黄门之推《颜氏家训》作于乱离之世，张文端英《聪训斋语》作于承平之世，所以教家者极精。

仕宦之家，往往贪恋外省，轻弃其乡，目前之快意甚少，将来之受累甚大。吾家宜力矫此弊。

译文

你们侍奉母亲在家，总要以勤俭两个字来自我警惕，对外则以谦慎态度接待别人。世家凡不勤不俭的，从内眷身上就完全可以看得出来。我在家时就深以妇女们的奢华安逸为忧虑。你们二人立定志向，支撑门户，也应从端正家庭内部的教育开始。

我近来夜晚吃饭不用荤菜，以肉汤炖一二种蔬菜，炖得像粥一样烂，味美无比，一定可以滋补身体。菜不必贵，适合口味就足以滋养人。你们可以试着炖给母亲吃。星冈公喜欢在日落时亲手摘蔬菜，用来做夜餐。我当时陪在旁边吃，确实觉得津津有味，现在加上肉汤，味道还比不上过去。后辈夜饭不吃荤菜，专吃蔬菜而不用肉汤，也是对养生有益，而且是崇尚俭朴的一种方法。颜之推的《颜氏家训》作于乱离之世，张英的《聪训斋语》作于承平之世，关于家庭教育方面都有很精当的言论。

仕宦之家，往往贪恋外省而轻易放弃老家。眼下的快乐感觉很少，而将来的受累则很大。我家应竭力矫正这个弊端。

点评

晚餐宜少宜清淡，这是现代保养身体的常识。百多年前曾氏所说的"夜饭不荤"，与此意相同。

文中提到的《颜氏家训》与《聪训斋语》，在过去都是治家良书。前者的影响更大些，后者作者张英的门庭则极为显赫。张英本人官至文华殿大学士兼礼部尚书，儿子张廷玉官至保和殿大学士、军机大臣，并担任《明史》总裁。曾氏似乎更喜爱张英之书。他曾对二子说过："张文端公（英）所著《聪训斋语》皆教子之言，其中言养身、择友、观玩山水花竹，纯是一片太和生机，尔宜常常省览。鸿儿身体亦单弱，亦宜常看此书。""张文端公《聪训斋语》，兹付去二本。尔兄弟细心省览，不特于德业有益，实于养生有益。""《聪训斋语》，余以为可却病延年。"

家中兴衰，全系于内政之整散

吾家门第鼎盛，而居家规模礼节未能认真讲求。历观古来世家长久者，男子须讲求耕读二事，妇女须讲求纺绩酒食二事。《斯干》之诗，言帝王居室之事，而女子重在酒食是议。《家人》卦以二爻为主，重在中馈。《内则》一篇，言酒食者居半。故吾屡教儿妇诸女，亲主中馈，后辈视之若不要紧。此后还乡居家，妇女纵不能精于烹调，必须常至厨房，必须讲求作酒作醯醢、小菜、换茶之类。尔等可须留心于莳蔬养鱼，此一家兴旺气象，断不可忽。纺绩虽不能多，亦不可间断。大房唱之，四房皆和之，家风自厚矣。

家之兴衰，人之穷通，皆于勤惰卜之。泽儿习勤有恒，则诸弟七八人皆学样矣。

吾家妇女，须讲求作小菜，如腐乳、酱油、酱菜、好醋、倒笋之类，常常做些，寄与我吃。《内则》言事父母舅姑，以此为重。若外间买者，则不寄可也。

家中外须讲求莳蔬，内须讲求晒小菜，此足验人家之兴衰，不可忽也。

家中兴衰，全系乎内政之整散。尔母率二妇诸女，于酒食、纺绩二事，断不可不常常勤习。目下官虽无恙，须时时作罢官衰替之想。

译文

我家门第鼎盛，但居家的规模礼节却未能认真讲求。历观古来世家中能长久的，男子必须讲求耕与读两件事，妇女必须讲求纺绩与酒食两件事。《斯干》这首诗讲的是帝王家中的事，说女子应着重计议酒食。《家人》卦以二爻为主，看重的是酒食。《内则》这篇文章说到酒食的占一半。故而我屡屡教导各位儿媳妇和女儿，都要亲自主掌酒食，后辈看待这事好像不要紧。此后回到乡下居家过日子，妇女纵使不能精于烹调，也必须常到厨房去，必须讲求酿酒制酱醋、做小菜、糕点之类。你们须留心于种蔬菜养鱼。这都是一家兴旺的表现，断不可忽视。纺绩虽不能多做，也不可以间断。大房提倡，其他四房附和，家风自然厚实了。

家庭的兴与衰，人的穷厄与顺利，都可以从勤与惰上来预卜。纪泽儿习于勤劳持之有恒，则七八个弟弟都会学样。

我家的妇女，必须讲求做小菜，比如腐乳、酱油、酱菜、好醋、倒笋之类，常常做些寄给我吃。《内则》里说侍奉父母公婆，以这方面为重。若是从外面买来的，则不寄也可以。

家中外务必须讲求种蔬菜，内务必须讲求晒小菜。这些都足以检验一个人家的兴衰，不可忽视。

家中的兴与衰，全系乎内政的整与散。你母亲率领两个媳妇及各女儿，在酒食、纺绩两件事上，断不可不常常勤奋操习。目前仕途上虽没出问题，但必须时时作罢官衰落之想。

点评

曾氏治家，不但注重家中的男人和外务，也很注重家中的妇女和内务。对妇女总的要求也是勤俭两个字，具体要求是在纺绩、酒食等方面。曾氏满女曾纪芬在她的自订年谱"同治七年"中有这样的记载："文正公为余辈定功课单如下：早饭后做小菜点心酒酱之类（食事），巳午刻纺花或绩麻（衣事），中饭后做针黹刺绣之类（细工），酉刻过二更后做男鞋女鞋或缝衣（粗工）。吾家男子于看读写作四字缺一不可，妇女于衣食粗细四字缺一不可。吾已教训多年，总未做出一定规矩。自后每日立定功课，吾亲自验功。食事则每日验一次，衣事则三日验一次，纺者验线子，绩者验鹅蛋，细工则五日验一次，粗工则每月验一次。每月须做成男鞋一双，女鞋不验。上验功课单谕儿妇侄妇满女知之，甥妇到日亦照此遵行。同治七年五月二十四日。家勤则兴，人勤则健，能勤能俭，永不贫贱。"

以大学士一等侯两江总督之贵，亲自为家中妇女制订功课，并亲自检验，甚至来家做客的外甥媳妇也得遵守。中国历史上，除了这位曾氏，大概再难找出第二人了！

对近邻酒饭宜松礼貌宜恭

李申夫之母，尝有二语云："有钱有酒款远亲，火烧盗抢喊四邻。"戒富贵之家，不可敬远亲而慢近邻也。我家初移富圫，不可轻慢近邻，酒饭宜松，礼貌宜恭，或另请一人款待宾客亦可。除不管闲事不帮官司外，有可行方便之处，亦无咎也。

译文

李申夫的母亲曾经说过两句话："有钱有酒款远亲，火烧盗抢喊四邻。"这话是告诫富贵人家不可只敬待远亲而慢待近邻。我家刚搬到富圫，不可轻慢近邻。酒饭接待亦放宽松，礼貌上亦取恭敬态度，或者专门请一个人来招待宾客也行。除了不管闲事不帮官司外，有可行方便的地方，也不要吝啬。

点评

曾氏治家八字中有一字为"宝"，即将邻里当作宝贝，也就是善待邻里的意思。四邻八舍若都处在大致差不多的水平线上，彼此关系会亲近些，若社会地位、财产相差太大，则联系不多。这时往往需要社会地位高者、经济富有者主动与别人联络，否则便反而会被孤立。曾氏这段话便是要家人放下架子，主动与近邻建立亲善关系，具体的做法是"酒饭宜松，礼貌宜恭"。

为各房及子孙榜样

家中遇祭酒菜，必须夫人率妇女亲自经手。祭祀之器皿，另作一箱收之，平日不可动用。内而纺绩做小菜，外而蔬菜养鱼，款待人客，夫人均须留心。吾夫妇居心行事，各房及子孙皆依为榜样，不可不劳苦，不可不谨慎。

读书乃寒士本业，切不可有官家风味。吾于书箱及文房器具，但求为寒士所能备者，不求珍异也。

夫人率儿妇辈在家，事事须立个一定章程，做官不过偶然之事，居家乃是长久之计，能从勤俭耕读上做出好规模，虽一旦罢官，尚不失为兴旺气象。若贪图衙门之热闹，不立家乡之基业，则罢官之后，便觉气象萧索。凡有盛必有衰，不可不预为之计，望夫人教训子孙妇女，常常作家中无官之想，时时有谦恭省俭之意，则福泽悠久，余心大慰矣。

译文

家中遇到祭祀时的酒菜，必须由夫人率领妇女亲自经手，祭祀用的器皿，另外放到一个箱子里收藏，平日不可动用。内务方面纺绩、做小菜，外务方面种蔬菜养鱼、接待客人，夫人都必须留心。我们夫妇居心行事，各房及子孙都将会当作榜样，因此不可不劳苦，不可不谨慎。

读书是贫寒士人的本业，切不可有官宦家的风味。我对于书箱及文房器具的要求，只是能让贫寒士人备得起就行了，不追求珍异。

夫人率领儿女、媳妇们在家，事事都必须立下一个章程，做官不过是偶然的事，居家才是长久之计，能够从勤俭耕读上做出好规模来，即便一旦失去官职，也不失为兴旺气象。若是贪图衙门的热闹，不立家乡之基业，那么罢官之后，便会觉得气象萧条。凡事都有盛有衰，不可不预作考虑。希望夫人教训子孙妇女，常常作家中无官的考虑，时时有谦恭省俭的念头，如此则福泽悠久，我心里大为欣慰。

点评

此处所抄录的这三段话，前后两段都是写给夫人欧阳氏的，前段出自同治五年（1866）十二月的信，后段出自同治六年五月的信。道光十三年（1833），曾氏与欧阳氏结婚，其时曾氏二十三岁，欧阳氏十八岁。欧阳氏乃衡阳人，其父欧阳凝祉系曾氏父亲的朋友，以秀才身份为衡阳塾师。曾氏十四岁时，欧阳以"共登青云梯"为题令他做律诗一首，诗成，甚赞之，叹曰"此固金华殿中人语也"，遂决定嫁以女儿。欧阳氏与曾氏共育三子四女。欧阳氏卒于同治十三年，得年五十九。夫妇合葬于今湖南望城县坪塘镇。

家庭多获九弟之助

孝友为家庭之祥瑞，凡所称因果报应，他事或不尽验，独孝友则立获吉庆，反是则立获殃祸，无不验者。吾早岁久宦京师，于孝养之道多疏，后来辗转兵间，多获诸弟之助，而吾毫无裨益于诸弟。余兄弟姊妹各家，均有田宅之安，大抵皆九弟扶助之力。我身殁之后，尔等事两叔如父，事叔母如母，视堂兄弟如手足。凡事皆从省啬，独待诸叔之家，则处处从厚，待堂兄弟以德业相助，过失相规，期于彼此有成，为第一要义。其次则亲之欲其贵，爱之欲其富，常常以吉祥善事，代诸昆季默为祷祝，自当神人共钦。

译文

孝顺长辈友爱兄弟，这是家庭的祥瑞，人们所说的因果报应，其他事或许不完全应验，独独孝友则立即可获得吉利，反之则立即遭遇祸殃，没有不应验的。我早年长期在京城做官，在孝养方面多有疏忽，后来辗转于军营，获得诸弟的很多援助，而我对诸弟毫无裨益。我的兄弟姊妹各家，都有田产房屋，大抵都是九弟的扶助。我死后，你们侍奉两位叔父如同父亲，侍奉叔母如同母亲，待堂兄弟如同亲兄弟。凡事都要省俭，独独对待各位叔父家里，则应处处从厚。对待堂兄弟，则以德业相扶助，互相规劝过失，彼此以成就作为期望，这些作为兄弟相处的第一义。其次，以祝愿富贵作为亲与爱的表示，常常祷告希望各位兄弟家都吉祥喜庆，这样做自然神人共钦。

点评

曾氏以廉洁自律，但对包括他九弟在内的其他湘军将领则采取听之由之的态度，以至于十多年战争下来，所有从军的人都程度不等地发了财，有的则富甲一方。曾氏这种对己对人的两种态度，也是不得已的产物。他自己要做圣贤，可以自律，但别人都不想做圣贤，拿自律那一套去律人则做不到，一是别人从心里就不会接受，二是若发不了财便没有打仗的积极性，打不赢仗，对他也不利。对于他自己的那个大家庭，他还常有对兄弟姊妹扶助不够的亏欠之感。因此，同一个曾家，有一尘不染的老大，也有被骂作"老饕"的老九。从这段话中，也可以明白地感觉到曾氏对老九的感激和对兄弟姊妹的歉疚。这的确与曾氏一贯的主张有矛盾。这个矛盾的存在，正说明中国文化中的复杂一面，也说明在中国这块土地上，要做一个真正一尘不染的清官是多么的困难！

晚年亦常服补药

治家贵严，严父常多孝子，不严则子弟之习气日就佚惰，而流弊不可胜言矣。故《易》曰"威如吉"。欲严而有威，必本于庄敬，不苟言，不苟笑，故曰"威如之吉，反身之谓也"。

书味深者，面目粹润；保养完者，神自充足。此不可以伪为，必火候既到，乃有此验。

吾祖父星冈公在时，不信医药，不信僧巫，不信地仙，卓识定志，确乎不可摇夺，实为子孙者所当遵守。近年家中兄弟子侄，于此三者皆不免相反，余之不信僧巫，不信地仙，颇能谨遵祖训父训，而不能不信药。自八年秋起，常服鹿茸丸，是亦不能继志之一端也。以后当渐渐戒止，并函诫诸弟，戒信僧巫、地仙等事，以绍家风。

《家人》上九曰："有孚威加。"《论语》曰："望之俨然。"要使房闼之际，仆婢之前，燕昵之友，常以此等气象对之方好。独居则火灭修容。切记切记！此予第一要药，能如此乃有转机，否则堕落下流，不必问其他矣。

余德薄能鲜，忝窃高位，又窃虚名，已为造物之忌，恐家中老少习于骄、奢、佚三字。实深悚惧。

译文

治家贵在严格，严父常常多有孝子。不严格，则子弟日渐养成懒散习气，其流弊将不可胜言。故而《易经》上说"威严如吉"。若想严厉而有威信，必须本之于庄敬，不苟言笑，故而说"威严带来的吉利，是对自身而言的"。

学养深厚的，他的面目纯粹温润；保养完好的，精神自然充足。这些是不可做假的，必须要火候到了才有应验。

我的祖父星冈公在时，不相信医药，不相信僧人巫师，不相信地仙，他的卓越见识坚定心志，的确是不可动摇改变的，子孙们实在是应当遵守。近年来家中的兄弟子侄在这三点上都不免相反。余在不信僧人巫师、不信地仙上较能谨遵祖训与父训，但不能不信药。自同治八年秋天起，常服鹿茸丸，这也是不能继承遗训的一个原因。以后当渐渐戒除，并以信告诫诸弟，不信僧巫、地仙等等，以求继承家风。

《家人》卦上九爻说："有信则威加。"《论语》说："看着便觉得庄严。"要在内室之中，仆婢之前，亲密的朋友面前，常常以这样的形象对待较好。独居则火灭修容，切记切记，这是我给你的第一要紧的药。能这样才有转机，否则将堕落于下流，不必再问其他了。

我的德行薄才少，不称职地居于高位，又得虚名，已为造物所忌，担心家中习惯于骄、奢、佚三字，想起这些心里实在很恐惧。

点评

不信僧巫、地仙是有道理的，但不信医药，则失之偏颇。庸医固然害人，补药固然多半无益，但明医可以诊疾，良药可以治病，这都是不可否定的。曾氏晚年多病多痛，从日记中可知，他也时常请医生来家看病，补药他也没一概拒绝，鹿茸即是一例。

内眷不穿绸缎不用荤

吾平日以俭字教人，而吾近来饮食起居殊太丰富。昨闻魁时若将军言，渠家四代一品，而妇女在家，并未穿着绸缎软料。吾家妇女亦过于讲究，深恐享受太过足以折福。

与万篪轩偶谈家常。渠家百万之富，而日用极俭，其内眷终年不办荤菜，每日书房先生所吃之荤菜余剩者，撤下则内室吃之。其母过六十后，篪轩苦求，始准添荤菜一样。今乱后而家不甚破，子孙俱好，皆省俭所惜之福也。

译文

我平日以俭字教育别人，但我近来饮食起居特别丰富。昨天听魁时若将军说，他家四代官居一品，但妇女在家却并未穿绸缎软料。我家的妇女也过于讲究，深为担心享受太过足以折掉福分。

与万篪轩偶尔谈起家常。他家有百万财富，而日常用度极俭朴。他们家的内眷一年到头不专门办荤菜。每天书房里的教书先生吃剩的荤菜，从书房撤下后再给内眷吃。他母亲年过六十后，篪轩苦苦请求，才准许添一样荤菜。现在经战乱后家不太破败，子孙都好，都是因为省俭所惜来的福分。

点评

四代官居一品，而内眷不穿绸缎则可，然家有百万，内眷不吃荤菜，母亲年过六十才用一荤，以今日眼光看来，则省俭得近于荒唐。

常怀愧对之意

心绪憧憧，如有所失，念人生苦不知足。方望溪谓汉文帝之终身常若自觉不胜天子之任者，为最善形容古人心曲。大抵人常怀愧对之意，便是载福之器，人德之门。如觉天之待我甚厚，我愧对天；君之待我过优，我愧对君；父母之待我过慈，我愧对父母；兄弟之待我过爱，我愧对兄弟；朋友之待我过重，我愧对朋友。便觉处处皆有善气相逢。如自觉我已无愧无怍，但觉他人待我太薄，天待我太啬，则处处皆有戾气相逢。德以满而损，福以骄而减矣。此念愿刻刻懔之。

译文

心情不安，像有所丢失一样，感念人生苦于许多人常常不知满足。方望溪说汉文帝一辈子常常觉得自己不能胜任天子之职，这句话最能形容古人的心曲。大致说来，人常怀有愧对的心情，便是承载福分的工具，便是进入道德的门槛。譬如觉得天待我很厚，我愧对天；君王待我过于优待，我愧对君王；父母待我过于慈爱，我愧对父母；兄弟待我过于亲爱，我愧对兄弟；朋友待我过于情重，我愧对朋友。若这样，则处处有善气相逢。如果我自己觉得已对什么都不惭愧，只觉得别人待我太薄，天待我太吝啬，则处处皆有戾气相逢。道德因盈满而亏损，福分因骄傲而减杀。这个念头但愿能时刻懔然存着。

点评

基督教义中有一个重要内容，即感恩。人要时时怀着感恩的心情，感谢上帝的赐与，因为上帝赐给了你的吃穿住行，上帝赐给了你的健康，上帝赐给了你一个好的环境。总之，你的一切都是上帝的恩赐，所以要对上帝感恩。其实没有上帝，《圣经》反复说这些，其目的是要培植信徒们的感恩心态。这种感恩心态，是一种非常好的心态，它让人在充塞满足感中度过生命的每一天。曾氏所说的愧对，与《圣经》所说的感恩，本质上是一致的，只是表述的方式不同而已。东西方文化，其本质是相通的，愧对与感恩相通，便是一例。

居官四败与居家四败

昔年曾以居官四败、居家四败书于日记，以自儆惕。兹恐久而遗忘，再书于此，与前次微有不同。居官四败曰：昏惰任下者败，傲狠妄为者败，贪鄙无忌者败，反复多诈者败。居家四败曰：妇女奢淫者败，子弟骄怠者败，兄弟不和者败，侮师慢客者败。仕宦之家不犯此八败，庶有悠久气象。

译文

先前曾经以居官四败、居家四败写在日记中，借以自我警惕。现在担心时间久了忘记，再次写在这里，与前次写的稍微有点不同。居官四败说的是：昏愦懒惰放任下属者败，骄傲狠悍胡作非为者败，贪婪鄙陋无所顾忌者败，反复无常多奸诈者败。居家四败说的是：妇女奢侈淫荡者败，子弟骄傲怠慢者败，兄弟之间不和睦者败，欺侮老师慢待客人者败。官宦家庭不犯这八败毛病的，或许有家业悠久的气象。

点评

这八败乃曾氏长期对官宦家庭的观察分析所得出的结论，至今对富贵之家仍有启示，其宗旨依旧不离曾氏所常强调的勤、俭、谦、谨、诚、和几个字。

盖屋摆地球仪

余盖屋三间，上为摆设地球之用，不料工料过于坚致，檐过于深，费钱太多，而地球仍将黑暗，不能明朗，心为悔慊。余好以俭字教人，而自己实不能俭。傍夕与纪泽谈，令其将银钱账目自行经理，讲求俭约之法。

译文

我盖了三间房屋，用于摆设地球仪，不料所用的材料过于坚固精致，屋檐过于深，费钱太多，而地球仪依旧黑暗，不能看明朗，心里为此悔恨。我喜欢以俭字教人，而自己实在不能节俭。傍晚时与纪泽谈话，令他自己经理银钱账目，讲求节俭简约的办法。

点评

因战争的需要，使得曾氏成为近代中国实办洋务的第一人。他在安庆建立中国第一所现代兵工厂，又托容闳在美国购买大批机器，于是曾氏有机会较别的地方大员更多地接触洋人西学，更具有现代眼光。两江总督衙门因此有了当时中国第一个大型地球仪，连李鸿章也曾借去观看。曾氏小女的回忆录中有一幅《侍文正公看地球图》的插图（可参见本社《唐浩明点评曾国藩家书》第608页）。此地球仪当时摆在南京两江总督衙门里。

纪官考取案首

纪官侄得取县案首，县令考试甚严，当可免于物议，甚以为慰。吾母虑吾兄弟功名太盛，发泄殆尽。观近年添丁渐多，子弟之向学，或者祖泽尚厚，方兴未艾，且喜且惴惴也。

译文

纪官侄儿取得县试第一名。县令考试极严格，应当可以免于外人的议论，很感到欣慰。我母亲曾担心我们兄弟功名太盛，将祖宗的积德完全发泄掉。看近来生男孩的渐多，子弟的好学，或者祖宗的恩泽还厚，方兴未艾，一面欣喜一面又感到惴惴不安。

点评

县案首，即县里考试的第一名，获此成绩即可进学，也就是常说的考取秀才。纪官是老九的次子。曾氏的长子纪泽没有县试的经历，他做官凭的是荫生资格。同治二年（1863）正月，曾氏在给老九的信中说："余此次应得一品荫生，已于去年八月咨部，以纪瑞侄承荫。"由此可知，老九的长子纪瑞也是荫生。当然，秀才是考取的，比起凭父辈的余荫而得来的荫生，在出身上自然要过硬些，所以曾氏说"可免于物议，甚以为慰"。

京师势利之薮

在京酒食应酬虽不甚多，而每日疲精以徇物，远不如外省之得以自由。自问胸次添出鄙俗之见，殊无谓也。

余生平于酬酢之际，好察人情之顺逆厚薄。京师势利之薮，处处皆有冷暖向背之分。余老矣，尚存于心而不能化，甚矣，余之鄙也。

译文

在京城酒席方面的应酬虽不很多，但还是每天要精疲力竭去应付世俗的客套，远不如在外省的自由自在。自己觉得胸中增添鄙俗之见，很没有意思。

我平生在应酬之际，喜欢观察人情的顺与逆、厚与薄。京城是最势利的地

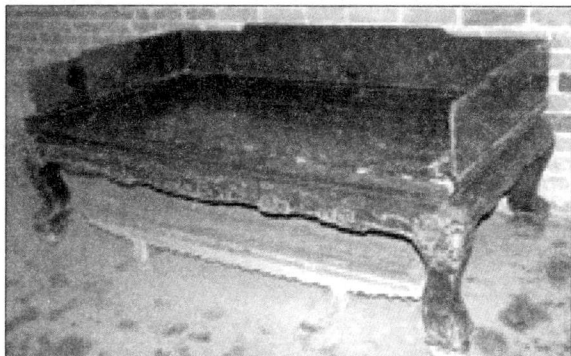

曾氏故居富厚堂放置的坐床

方，处处都存在着冷与热、逢迎与违背的区别。我已经老了，还将这些存于心中而不能化去，我的鄙俗之心也太过分了。

点评

曾氏是在检讨自己的世俗之念未泯，而笔者读后是更加感觉到京师的势利之态，真正是"长安居大不易"！

败叶满山，全无归宿

余以老年吃斋，风中行路，殊非所堪。又念百姓麦稼已失，稷粱不能下种，将成非常之灾。又念纪泽儿在运河一带，风大河浅，家眷各船，胶滞难行。又念施占琦运书箱在海中，恐有不测。种种悬念，不胜焦灼。

人而不勤，则万事俱废，一家俱有衰象。余于三四月内不治一事，于居家之道大有所损，愧悚无已。

至花园一览，园在署西，现在修工未毕，正值赶办之时，偶一观玩，深愧居处太崇，享用太过。

余精神散漫已久，凡遇应了结之件，久不能完，应收拾之件，久不能检，如败叶满山，全无归宿。通籍三十余年，官至极品，而学业一无所成，德行一无可许。老大徒悲伤，不胜悚惶惭赧。

译文

我因为老年吃斋，在风中行远路，很觉得不能承受。又想起百姓麦子的收成已受损失，小米、高粱等杂粮又不能下种，将可能酿成非常之灾。又挂念纪泽在运河行驶，风大河水浅，家眷坐的各种船难以航行。又挂念施占琦运书的箱子在海里行走，恐怕遇到不测。种种悬念，焦灼不已。

人若不勤快，则万事俱废，整个家庭都有衰败之象。我在三四个月里都不能做事，对于居家之道已大有所损，惭愧恐惧不已。

到花园里看了看，花园在督署的西面，现在修理工程尚未完成，正值赶办的时候，偶尔游玩一下，深为惭愧住的地方太高太宽阔，享用太过了。

我的精神散漫已久，凡遇到应了结的事情，久不能完结，应收拾的物品，久不能检点，好像满山的落叶，四处飘散没有归着。做官三十多年，官至极品，而学业上一无所成就，德行上一无所称许。老大徒悲伤，不胜惶恐惭愧。

点评

这几段话均出自于曾氏晚年的日记，于此可见曾氏晚年的身体状况和精神状况。一句"如败叶满山，全无归宿"的话，可见曾氏晚年两方面的状况都很不佳。身体不佳尚可理解，而精神状况如此不佳，则令人唏嘘。天津教案固然是一个大的打击，内心追求的标准太高，是不是画地为牢的主要原因呢？

以身作则与用人

万化始于闺门，除刑于以外无政化，除用贤以外无经济。

所贵乎世家者，不在多置良田美宅，亦不在多蓄书籍字画，在乎子孙能独自树立，多读书，无骄矜习气。

译文

万种教化始于家中的闺门，除以身作则之外无政治教化，除用贤任能之外无经邦济世之策。

世家之所以可贵，不在于良田美宅多，也不在于藏的书籍字画多，而在于子孙能够独自有所建树，能够多读书，无骄矜习气。

点评

刑通型，示范的意思。"刑于"出于《诗·思齐》："刑于寡妻，至于兄弟，以御于家邦。"以身作则，从作妻子的典范做起，推及兄弟，再推向全国。"刑于"是一切教化的起点。至于经邦济世这样的大事，曾氏则指出，关键在于会用人。以身作则，属于德行方面的修养；用人，属于能力方面的训练。曾氏用极精练的语言，将一个领导者所应具备的最基本的两大素质说得十分到位。

悼念温甫

闻温弟信，国家事故，忧郁填膺，不能办一事，夜不成寐。

念温弟不得归骨，其赋命太苦。余于手足之间抱愧多矣。

四弟所写温甫哀辞，字秀劲近古，刻工亦佳，家有贤子弟，为之欣然。

译文

听到关于温甫的消息，于国于家都是一场大事故，忧郁填胸，心情乱，不能够办一件事，夜不成寐。

想到温弟死后不得归骨于祖茔，他的命太苦了。我对于兄弟之间所抱的惭愧太多了。

四弟所写的温甫哀辞，字迹秀劲与古人相近，刻工也好，家里有贤子弟，为此而欣慰。

点评

咸丰八年（1858）九月所发生的三河之役，是湘军史上最大的一次败仗。战争结束三个多月后，才发现曾氏之六弟国华（字温甫）的无头尸体，曾氏为此悲愤填膺。他也写了一篇《母弟温甫哀词》。哀词的结尾曰："积骸成岳，孰辨弟骨。骨不可收，魂不可招。峥嵘废垒，雪渍风飘。生也何雄，死也何苦！我实负弟，茹恨终古。"作为湘军的统帅，作为家中的大哥，曾氏觉得自己有负于温甫。

手足情重

沅弟专二人送信，劝我速移东流、建德，情词恳恻，令人不忍卒读。余复信云："读《出师表》而不动心者，其人必不忠；读《陈情表》而不动心者，其人必不孝；读沅季此信而不动心者，其人必不友。"遂定于二十四日，移营去东流，以慰两弟之心。

沅弟来久谈，教以胸襟宜淡远，游心虚静之域，独立万物之表。又每日宜读书少许，以扩识见。弟围安庆，前后皆有强寇，人数甚单，地段甚广，昼夜辛勤，事事躬亲，虽酷暑大雨，而每日奔驰往返常五六十里。余怜其太劳，故欲其以虚静养心也。

译文

沅弟专门打发两人送信来，劝我迅速移营东流、建德，情词恳切，令人不忍卒读。我回信说："读《出师表》而不动心，这个人必定不忠；读《陈情表》而不动心，这个人必定不孝。读沅甫、季洪这封信而不动心，这个人必定不友爱兄弟。"于是决定于二十四日移营东流，以此安慰两个弟弟的心。

沅弟来营，谈了很久的话，教他胸襟宜淡泊远大，将心游弋于清虚宁静的境界，独立于世俗万物之外。另外，每天宜读一点书，借以扩大见识。沅弟围安庆，前后都有强敌，人数很单薄，地段很广阔，昼夜辛勤，事事躬亲，即便是极热及下大雨，也每日奔驰往返常常达五六十里之多。我怜惜他太劳累，故而希望他能以虚静来养心。

点评

咸丰十年（1860）四月，曾氏署理两江总督，不久即扎老营于安徽南部的祁门县。据野史载，祁门四面环山，形如锅底，只有一条水路与外面相连，极易遭围困，包括李鸿章在内的众多幕僚都认为此地不宜扎大营，但曾氏坚持自己的意见不改，以至于许多幕僚偷偷溜走，最后连李鸿章也借故离开。后来果然遭围，情形十分危急，曾氏作了最坏准备：将一柄剑藏于枕下，老营一旦被攻破，即以此剑自刎。幸而因种种原因，最后终于转危为安。但此事给曾氏以深刻教训，再加上两个弟弟的苦劝，次年四月，遂从祁门迁出，移营长江岸边的东流县。此时老九与国葆（即季洪）正带兵围困安徽省城安庆，与东流相隔不远。八月中旬，老九来到军营与大哥相见。曾氏以虚静养心劝老九。但以老九的个性及围城的艰难现实，大哥的这套虚静之说，对他可谓基本上不起作用。

超然对待荣观

纪泽儿体气清瘦，系念殊深。或称其读书太勤，用心太过，因教以游心虚静，虽有荣观，晏处超然之义。

译文

纪泽儿体气清瘦，深为挂念。有人说他读书太勤奋，用心太过了，因而教他将心游弋于虚静境界，即便有荣华景观，也要平淡超然对待。

点评

曾纪泽从小体气单薄，不耐繁剧，曾氏每每以这种虚静之说教导。比如要他读书不必死记，劝他莳花种竹游山玩水，还要他多读陶渊明、谢朓："能学到陶潜、谢朓一种冲淡之味和谐之音，亦天下之至乐，人间之奇福也。"

子弟骄多因父兄骄

阅张清恪之子张懿敬公师载所辑《课子随笔》，皆节抄古人家训名言。大约兴家之道，不外内外勤俭，兄弟和睦，子弟谦谨等事，败家则反是。夜接周中堂之子文翕谢余致赙仪之信，则别字甚多，字迹恶劣不堪，大抵门客为之，主人全未寓目。闻周少君平日眼孔甚高，口好雌黄，而丧事潦草如此，殊为可叹！盖达官之子弟，听惯高议论，见惯大排场，往往轻慢师长，讥弹人短，所谓骄也。由骄而奢而淫而佚，以致于无恶不作，皆从骄字生出之弊。而子弟之骄，又多由于父兄为达官者，得运乘时，幸致显宦，遂自忘其本领之低，学识之陋，自骄自满，以致子弟效其骄而不觉。吾家子侄辈亦多轻慢师长，讥弹人短之恶习，欲求稍有成立，必先力除此习，力戒其骄。欲禁子弟之骄，先戒吾心之自骄自满，愿终身自勉之。因周少君之荒谬不堪，既以面谕纪泽，又详记于此。

译文

读张清恪的儿子张懿敬公（师载）所辑录的《课子随笔》，都是节抄古人的家训名言。大约家庭兴旺之道，不外乎内外勤俭、兄弟和睦、子弟谦谨等方面，家庭衰败则是反其道。夜晚接到周中堂之子文翕谢我送赙仪的信，信里错别字很多，字迹又写得很恶劣，大概是门下的清客办的，主人完全没有过目。听说周家的少爷平日眼界很高，好信口雌黄，但丧事却办得如此潦草，真正可为叹息！达官家子弟，听惯高议论，见惯大排场，往往轻慢师长，讥弹别人的短处，这就是骄傲。由骄傲而奢侈而淫荡而懒散，以至于无恶不作，都是由骄字而生出的弊病。而子弟的骄傲，又多因为做大官的父兄，得运乘时，侥幸而做到显贵的职位，于是忘记了自己本领的低下，学识的浅陋，自骄自满，以至于子弟学他的骄傲而不自觉。我家子侄辈也多有轻慢师长、讥弹人短的恶习，想要稍稍能有所树立，必须先要竭力除掉这种恶习，竭力戒掉骄傲。要想禁子弟的骄傲，先要戒除我自己心中的骄傲，但愿终身自我勉励。因为周家少爷的荒谬不堪，既以当面告诚纪泽，又详细记录于此。

点评

同治七年（1868）正月十七日夜，因接到周祖培的儿子周文翕文字错劣的信，曾氏大有感慨，写了一段长长的日记。官家子弟大多骄傲，其原因，人们多注意在家境的优越上，很少去追究一家之主即官员本人所负的责。曾氏这段话最精彩之处便在于他看到了，而且击中了要害："得运乘时，幸致显宦，遂自忘其本领之低、学识之陋。"信哉斯言，一个正处时运高峰的达官显宦，能有如此清醒的认识，真是难得！

晚年心态：盼添丁、重亲情、读理学

接沅弟信，知纪官侄于正月初九日申刻生子，欣慰之至！吾兄弟共得五孙，丁口渐盛，只望儿侄辈读书少有所成，将来孙辈看作榜样，便是世家好气象。若儿侄辈不能发奋用功，文理不通，则榜样太坏，将来孙辈断难成立。此中关键，全在纪鸿、纪瑞二人。吾家后辈之兴衰，视此二人为转移也。

与纪泽一谈，嘱其看理学书，俾志气日趋于刚大，心思日入于沉细。

鸿儿禀称，澄弟临别以火狐马褂送我，盖眉生述杜小舫之言，谓天下之最暖者莫如火狐，胜于紫貂玄狐云。余曾两次述此言与澄弟听，或弟意疑我畏寒，遂解己所着衣以赠我耶？余本有貂马褂、猞猁马褂，而弟归途少此御寒之具，寸心十分不安。

接澄、沅两弟信，澄劝送眷回籍，沅拟以晚女许聂家，皆有肫诚顾恤之意。

久宦于外，疾病相寻，如舟行海中，不得停泊，惟兄弟骨肉至亲能亮之也。

译文

接到沅弟的信，知纪官俦于正月初九日申刻生儿子，非常欣慰！我兄弟共有五个孙子，人丁渐兴旺，只是希望儿俦辈读书能稍微有所成立，将来孙辈视为榜样，便是世家的好气象。若儿俦辈不能发奋用功，文理不通，则榜样太坏，将来孙辈绝对难以成立。这中间的关键，全在纪鸿、纪瑞二人。我家后辈的兴与衰，将以他们二人为转移。

与纪泽谈一会儿话，叮嘱他看理学书，使志气日渐趋于刚强宏大，心思日渐进入沉静细致。

鸿儿来禀称，澄弟临别时以火狐马褂送我。盖金眉生转述杜小舫的话，说天下最暖和的莫如火狐，胜过紫貂与黑狐。我曾经两次将这句话说与澄弟听，或许弟怀疑我畏寒，于是解下自己所穿的衣来送我吗？我本有貂皮马褂、猞猁马褂，而弟回家途中少掉这一件御寒之衣，心中十分不安。

接到澄、沅两弟的信，澄弟劝我送眷属回老家，沅弟打算将晚女许聂家，都是诚恳关爱之意。在外做官日久，又患有疾病，如同船航行在海中，不得停泊，只有兄弟骨肉至亲能体谅。

点评

这几段话均出于曾氏晚年的日记，可见他晚年的部分心态：巴望家中添丁添口，希望纪鸿、纪瑞做后辈的榜样，珍惜兄弟情谊，期盼回到老家养老休息，以及看重理学方面的书。曾氏的日记写到他临终的前一天，这一天他三次阅读的书即《理学宗传》。

收管好寄回的信函奏稿

但求安先人之体魄而无毫发富贵之见者存，此人子心根上工夫，当与鬼神相质证者。此宜时时自省。

舍间凡事费用，日趋奢靡，殊以为虑。莳蔬养鱼二事，先人累代皆时时认真经理，敬求足下代我照料，各种书籍，亦求恒拂尘埃，勿令潮湿。即贱兄弟在外寄回信缄奏稿等件，亦宜聚置一处，免致散失。致人客来往，非房族即亲友，切不可稍稍怠慢，求恭敬相待，虽舍弟等不在家，亦可款留酒饭也。

译文

但求得能安放先人的遗体而没有一丝毫求富贵的想法，这是作人子的要从心窝里去下的工夫，应当可与鬼神相质证。这方面宜时时自省。

我的家中凡事的费用日趋奢靡，很以此为忧虑。种蔬菜养鱼两件事，是先人世代都时时认真做的事，敬求你代我照料，各种书籍，也求常常扫去灰尘，不要让它潮湿。即便我的兄弟在外寄回的信函奏稿等等，也宜合起来放在一个地方，以免散失。至于人客来往，不是本房本族，就是亲戚朋友，切不可稍稍怠慢，求你恭敬接待，即便我的弟弟不在家，也可留饭款待。

点评

这是两段曾氏给别人信中的话。前段说的是寻地只求安稳、不求富贵，后段说的请收信者妥为照管他的老家，特别是收管好寄回的信函奏稿一事，可见曾氏的档案意识。

曾氏故居富厚堂内放置的凳桌

治世

——唐浩明点评曾国藩语录

天下事无所为而成者极少，有所贪有所利而成者居其半，有所激有所逼而成者居其半。

当今之世，富贵无所图，功名亦断难就。惟有自正其心，以维风俗，或可补救于万一。所谓正心者，曰厚曰实。厚者，恕也，己欲立而立人，己欲达而达人，己所不欲，勿施于人，存心之厚，可以少正天下浇薄之风。实者，不说大话，不务虚名，不行驾空之事，不谈过高之理，如此可以少正天下浮伪之习。

以宽厚之心待人

近来闻好友甚多，予不欲先去拜别人，恐徒标榜虚声。盖求友以匡己之不逮，此大益也，标榜以盗虚名，是大损也。天下有益之事，即有足损者寓乎其中，不可不辨。

凡有借我钱者，皆光景甚窘之人。此时我虽窘迫，亦不必向人索取。

凡与人交际，当求其诚信之素孚，求其协助，当亮其力量所能为。弟每求人，好开大口，尚不能脱官场陋习。余本不敢开大口，而人亦不能一一应付，但略亮我之诚实耳。

媚嫉倾轧，从古以来共事者，皆所不免。吾辈当躬自厚而薄责于人耳。

悠悠之口，本难尽信，然君子爱惜声名，常存冰渊惴惴之心。盖古今因名望之劣而获罪者极多，不能不慎修以远罪。吾兄弟于有才而无德者，亦当不没其长而稍远其人。

大抵清议所不容者，断非一口一疏所能挽回，只好徐徐以待其自定。近世保人，亦有多少为难之处。有保之而旁人不以为然，反累斯人者。有保之而本人不以为德，反成仇隙者。余阅世已深，即荐贤亦多顾忌，非昔厚而今薄也。

末世好以不肖之心待人，欲媒蘖老弟之短者，必先说与阿兄不睦。吾常常欲弟检点者，即所以杜小人之谗口也。

译文

近来听说好的朋友很多，我不想先去拜访别人，担心只是靠标榜来获得虚名声。这是因为交朋友是要借以匡正自己的不是之处，这才是有大益，而靠标榜来盗得虚名声，这是有大损。天下有益的事中便寓有足以损伤的事，不可不辨。

凡向我借银钱的人，都是光景窘迫的人。现在我虽窘迫，也不必向别人去索取。

凡与人打交道，应当看重他的一向讲诚信，请人帮助，应当视其力量的能否作为。弟每次求人，喜好开大口，还不能脱离官场的陋习。我本来就是不敢开大口的人，而别人也不能对我一一应付，但能略微体谅我的诚实。

嫉妒倾轧，自古以来共事者都难免。我们应当责己厚而责人薄。

悠悠之口，本难完全相信，但君子爱惜名声，常常存着临深履薄的心态。这是因为古今因名望的恶劣而获罪者很多，不能不谨慎修身借以远离罪恶。我们兄弟对于有才而无德的人，也应当不埋没他的长处而稍稍疏远这个人。

大致说来清议所不能宽容的，绝对不是一个人的话一道奏疏所能挽回的，只好慢慢地等待它自己来平息。近世保举人，也有很多为难的地方。有保举一个人却别人不以为然，反而连累此人的。有保举一个人而本人不认为是恩德，反而成仇怨的。我阅世已很深，即使是保荐贤才也多顾忌，并不是过去厚道而现在刻薄。

处在混乱世道的人好以不肖之心待人，想要寻找老弟的短处的，则必定先说他与老兄不和睦。我常常希望弟能检点，也就是借以杜绝小人的谗言挑拨。

点评

此处所抄录的这几段话，均出自家书。有写给弟弟的，也有写给儿子的，说的都是与人相处的态度，无论是不向借钱者索账、不求无力者帮忙，还是厚责己薄责人、慎修以远罪、自我检点等等，都体现的是一种以宽厚之心待人的态度。笔者以为，这是人与人相处最宜提倡的姿态。

用人听言皆难

用人极难，听言亦殊不易，全赖见多识广，熟思审处，方寸中有一定之权衡。

译文

用人非常难，听取别人的建言也极不容易，完全依赖见多识广、反复思考而慎重对待，自己心中有一个固定的权衡标准。

点评

岳飞有一句名言，道是"运用之妙，存乎一心"。曾氏所说的"方寸中有一定之权衡"，与岳飞的"存乎一心"异曲同工。至于方寸权衡的水平如何，则取决于阅历与智慧。见多识广即阅历，熟思审处可归之于智慧的大范畴中。

曾氏以知人著称于世，此处谈的便是他知人学问中的一个方面。

小心安命，埋头任事

事至今日，惟有"小心安命，埋头任事"二语，兄弟互相劝勉，舍此更无立脚之处。据窦兰泉云："大丹将成，众魔环伺，必思所以败之。"

译文

事情到了今天，惟有"小心翼翼安心听命，埋头做事"两句话作为兄弟的互相勉励，除此之外更无立脚之处。据窦兰泉说："大丹将要炼成的时候，众魔都在一旁围着窥察，想着如何来破坏它。"

点评

此为同治三年（1864）四月间给老九的信。离破金陵城只有两个月了，各种冲突都到了极点，此正所谓大丹将成之时，要有一种格外谨慎的态度，切防"为山九仞，功亏一篑"的后果出现。

盛时预为衰时想

凡官运极盛之时，子弟经手公事格外顺手，一倡百和，然闲言即由此起，怨谤即由此兴。吾兄弟当于极盛之时预作衰时设想，当盛时百事平顺之际，预为衰时拂逆地步。弟此后若到长沙、衡州、湘乡等处，总以不干预公事为第一义。

译文

凡是官运极盛的时候，子弟办起公事来都格外顺手，一倡百和，但是闲言杂语也便由此而起，怨恨诽谤也便由此而兴。我们兄弟在极盛的时候，要预先作衰落时的设想，在兴盛时百事顺利的情况下，预先想到衰落时处处不顺利的地步。弟此后若到长沙、衡州、湘乡县城等地，总以不干预为第一义。

点评

在家的曾四爷将赴衡州城经营捐米之事，曾氏得知后给他写了这段话，劝他不要参与地方官府的这类公事。曾四爷在家乡办各种事情都很顺利，这是因为他有两个有权有势的兄弟。在顺利的表象下，必定伏有闲言怨谤。当权势旺时它不出来，权势衰时便都出来了。许多人看不到这一层，盛时任意乱来，给自己埋下隐患，后来吞食苦果时已悔之晚矣。曾氏这段话，可为一切得意走红者的清凉剂。

郁怒最易伤人

独享大名，为折福之道；与人分名，即受福之道矣。

凡郁怒最易伤人。余有错处，弟尽可一一直说。人之忌我者，惟愿弟做错事，惟愿弟之不恭；人之忌弟者，惟愿兄做错事，惟愿兄之不友。弟看破此等物情，则知世路之艰险，而心愈抑畏，气反愈平和矣。

天下之道，无感不应，无绌不伸。以吾心之且怜且敬，知外间必千里应之，亦必怜弟敬弟，万口同声。弟少耐数月以待之，而后知吾言之不谬也。

建非常之功勋而疑谤交集，虽贤哲处此，亦不免于抑郁牢骚。然盖世之事业既已成就，寸心究可自怡而自慰，悠悠疑忌之来，只堪付之一笑。

译文

一个人独享大名，为折福之道；与别人分享名誉，则是受福之道了。

大凡抑郁忿怒最容易伤害人。我有错处，弟完全可以一一直说。世人忌恨我的，则惟愿弟做错事，惟愿弟对兄不恭敬；世人忌恨弟的，则惟愿为兄的做错事，惟愿为兄的对弟不友爱。弟要看破这些世态人情，则知道人世间道路的艰险，从而内心则愈加懂得抑制和畏惧，气反而愈加平和了。

天下之道，有感必有应，有绌必有伸。从我心又怜又敬来看，知道外间必定千里之外都有应和，也必定是怜惜弟敬重弟，万口同声。弟稍稍忍耐几个月安心等待，而后知道我所说的不错谬。

建立了非常的功勋反而怀疑诽谤交集，即便是贤哲处在这种地步，也免不了会感到抑郁有牢骚。然而盖世事业既然已经成就了，一颗心毕竟可以自我欣慰，对悠悠疑忌，只堪付之一笑。

点评

这几段话，是劝老九不要抑郁。打下南京城建天下第一功的老九为何抑郁？这是因为他面临两大无可辩解的指责。一放走了幼天王和李秀成，二打劫城内的金银财宝，并放火烧房灭迹。对这两点，曾氏本人也感到遗憾，但南京城毕竟打下来了，老九已费尽了千辛万苦，作为兄长，怎么能再说他？惟有的是一安慰，二表彰。故而在多次家书中，曾氏一再表示自己的侯爵是老九送的，老九是曾家的最大功臣等等。

天道忌巧、盈、贰

吾常言天道忌巧，天道忌盈，天道忌贰。若甫在飨用之际，而遽萌前却之见，是贰也。即与他人交际，亦须略省己之不是。

译文

我常说天道忌恨乖巧，天道忌恨盈满，天道忌恨二心。若是正在享受的时候，又突然萌发出退却的念头，这就是二心。即使是与他人打交道，也必须略微反省自己的不是。

点评

关于天道忌恨巧、盈、贰这样的话，曾氏在咸丰九年（1859）五月初八日的日记也出现过，也是对老九说的："夜与沅弟论为人道有四知，天道有三恶。三恶之目曰天道恶巧，天道恶盈，天道恶贰。贰者，多猜忌也，不忠诚也，无恒心也。"曾氏一向提倡拙诚，就是针对世人多巧、贰而言。他主张求缺，便是针对世风喜盈满而言。人们常说有人有小聪明，有人有大智慧。什么是小聪明？乖巧、灵泛、善看脸色风向等等，即巧、贰之谓也；什么是大智慧？笨拙而持之不懈，诚实而善于思索等等，即拙、诚之谓也。不过多地索求，知有缺才是天地人间之常道，当让则让，当止则止，这些便是为人之绝大智慧。

居乡居城，利害参半

欲求学问文章之日进，又似宜在省会，多求良友，以扩充其识，而激发其志。二者利害参半。若不得良友而亲损友，则居省之利少矣。

译文

希望求得学问文章一天天进步，则又似乎适宜住省会，多访良友，借以扩大学识，激发志气。居乡居省二者利与害各半。若是访不到良友，反而亲近损友，则居住省会的利益就少了。

点评

曾氏不喜欢湖南的省会长沙，他说过"余意不愿在长沙住，以风俗华靡，一家不能独俭"（同治四年八月谕纪泽、纪鸿），但省会毕竟人才多，故而良友多，良友虽多却并非一定能得到，如不得良友，比较起来，还是住乡下好。揣摸曾氏内心深处，还是认为家眷居乡比居大城市为宜。这一点也比较典型地体现曾氏的小农意识。

庸医多而良医少

药能活人，亦能害人。良医则活人者十之七，害人者十之三；庸医则害人者十之七，活人者十之三。余在乡在外，凡目所见者，皆庸医也。余深恐其害人，故近三年来，决计不服医生所开之方药。见理极明，故言之极切。

译文

药能救活人，也能够害人。一个良医，在他的行医生涯中，大约能使病人得生的占十之七，能使病人得害的占十之三。庸医则使病人得害的十之七，能使病人得生的占十之三。我无论住家乡还是做官在外，凡亲眼所见的都是庸医。我很担心他们害人，故而近三年来，坚决不服医生所开的药方。因为我看得极为清楚，故而言之极为恳切。

点评

现在我们终于知道，曾氏之所以秉承祖父家训不信医药，其原因是他所见到的都是害人十之七的庸医。平心而论，过去中国之所以庸医多，不能全怪行医者个人的医德和医能，实乃中医整体上的落后。缺乏科学的检测仪器，缺乏对症的速效药品，加之不能开刀动手术，是中医的三大致命弊病，而西医恰好在这三点上强过中医。稍后一点的西医西药大规模地进入中国，实为中国医药史上的一次巨大飞跃。

成事的动力：贪利激逼

天下事无所为而成者极少，有所贪有所利而成者居其半，有所激有所逼而成者居其半。

译文

天下的事情，从事者无所求而成功者极少，因为从事者本人的贪心和想得到利益，而使事情成功的居其中之一半，因为受刺激受逼迫而使事情成功的居其中之一半。

点评

湘乡修县志，推举家居的曾纪泽为头。曾纪泽感到有点为难，怕文章写不好失面子。曾氏便写了这段话鼓励儿子，说"尔惮于作文，正好借此逼出几篇"。曾氏这话虽是对儿子所说，却很有普遍意义。他分析人成事的动力，有四个方面：贪、利、激、逼。虽不全面，且"一半"之说稍嫌武断，却基本上接近事物的本相。他自己曾对幕僚赵烈文坦言，他当年大办湘军就是被湖南文武官场的刺激逼出来的，别人都说他不行，他就偏要做出个样子来让大家看看！

君子不谓命

竹如言交情有天有人，凡事皆然。然人定亦可胜天，不可以适然者委之数，如知人之哲，友朋之投契，君臣之遇合，本有定分，然亦可以积诚而致之，故曰："命也，有性焉，君子不谓命也。"

译文

吴竹如说过，在交朋友这方面，有天意安排也有人事为之，凡事都这样。但人定也可以胜天，不可以完全交给天数。如知人上的睿智，与朋友之间的投合，君臣之间的遇合，原本有定数，然而也可以积累诚意而得到，故而说："属于命运，但也有天性在起作用，所以君子不把它归于命运一类。"

点评

世间凡大一点的事，其成与败，都有"天与人"两个因素在共同起着作用。有些事，"天"的影响大一些；有些事，"人"的作为大一些。笔者认为，对于前者，则宜采取尽人事而听天命的态度；对于后者，则宜取人定胜天的态度。

读书贵有心得

镜丈言："读书贵有心得，不必轻言著述。注经者依经求义，不敢支蔓；说经者置身经外，与经相附丽，不背可也，不必说此句即解此句也。"

译文

镜海老先生说："读书贵在有心得，不必轻易言著书立说。注释经文的则应依照经文本身来研究其含义，不能支蔓；解说经义的则可置身于经之外，与经相结合，不违背经的本义就行了，不必要说到这句时就要解释这一句。"

点评

这段话出自道光二十三年（1843）二月二十九日的日记。这几年，曾氏一面供职于翰林院，一面与师友们研习程朱理学。唐鉴（字镜海）是曾氏心仪的老师。唐氏此话说的是注释经文与讲解经书之间的区别，一重在忠实原文，一重在探求经义。

良友及不测之祸与窒欲惩忿

今早友人见示一文稿，读之使人忠义之气勃然而生，鄙私之萌斩焉而灭。甚矣，人之不可无良友也！

盗虚名者，有不测之祸；负隐匿者，有不测之祸；怀忮心者，有不测之祸。

是夜思人之见信于朋友，见信于君父，见信于外人，皆丝毫不可勉强，犹四时之运，渐推渐移而成岁功，自是不可欲速，不可助长。

窒欲常念男儿泪，惩忿当思属纩时。

译文

今天早上一位朋友拿来一篇文章给我看，读后使人蓬勃而生忠义之气，立即斩灭卑鄙私念的萌发。启迪很大啊，人真的不能没有良友！

盗窃虚名的，有不测之祸；隐藏过失的，有不测之祸；怀有忌恨心的，有不测之祸。

今天夜里想着人在被朋友相信，被君父相信，被外人相信这一点上，都丝毫不能有勉强，好比四季的运行，慢慢地推移自然而成功一年的光阴，不可以人为地加快，不可拔苗助长。

控制欲念时，常常想着男儿弹泪时的情景；惩治忿怒时，当想着临终时的情景。

点评

这几段话均出自曾氏早年的日记。曾氏日记中的内容主要是两大块，一是记事，一是记所思所感所获。从史学研究的角度来说，前者提供了丰富的第一手资料，从一般阅读的角度来看，后者更能给今天的读者以启发。从日记中可知曾氏是一个勤于思索、善于总结的人。勤于思索，培养他在细致与深刻方面的能力，善于总结则使他在整合与提炼方面有自己的独到之处。这两点，都是芸芸众生所缺乏却又极希望得到的才干。细细地咀嚼曾氏的传世文字，能于此有所裨益。

古人胸次潇洒旷远

读东坡"但寻牛矢觅归路"诗、陆放翁"斜阳古柳赵家庄"诗、杜工部"黄四娘家花满溪"诗，念古人胸次潇洒旷远，毫无渣滓，何其大也！余饱历世故，而胸中犹不免计较将迎，何其小也！沉吟玩味久之。

译文

读苏东坡"但寻牛矢觅归路"诗、陆游"斜阳古柳赵家庄"诗、杜甫"黄四娘家花满溪"诗，想到古人的胸襟潇洒旷远，毫无一点渣滓，这种胸襟多么阔大！我虽饱历世故，然而胸中还不免对世俗应酬有所计较，这种胸襟又是何等的狭小！沉吟玩味很久。

点评

"将迎"一词典出《庄子》。其《知北游》中说"无有所将，无有所迎"，指迎来送往之类的应酬。曾氏所列的这三句诗，都有一种村夫野老口中的家常话味道，与通常人们心中的高雅文绉的诗句，在风格上有明显的不同。这种诗，非大诗人不能为。这固然是因为大诗人在诗坛的地位已被确定，人们不会因这种诗而认为作者无学问无才华，更重要的是这种诗本身是去雕饰后的天然产物，看似世俗其实脱俗，正是大诗人潇洒胸次澄净心灵的自然流露。这种潇洒澄净是与簿书打交道、与计谋相伴随的文武官员所难以拥有的。

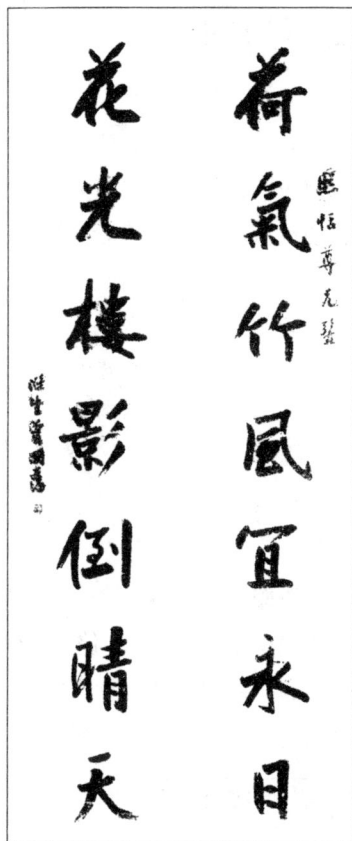

荷氣竹風宜永日
花光樓影倒晴天

曾国藩手书联语

为势所驱

思夫人皆为名所驱，为利所驱，而尤为势所驱。当孟子之时，苏秦、张仪、公孙衍辈，有排山倒海、飞沙走石之势，而孟子能不为所摇，真豪杰之士，足以振厉百世矣！

译文

想到人都是为名所驱使，为利所驱使，尤其是为势所驱使。在孟子那个时代，苏秦、张仪、公孙衍一班人，有着排山倒海、飞沙走石的势力，而孟子能够做到不为这种势力所动摇，真正是豪杰之士，足以激励千秋万代！

点评

曾氏指出，驱使人活动的力量，除名和利之外，还有一种叫做势。孟子不受势所动，所以可贵。仔细琢磨曾氏所说的势，属于势力的范畴，是指一个人或一个团伙，因为有权有钱或有刀枪而形成的一种力量。此外，势还有一层含义，即社会或人群因为大多数人的价值取向而形成的一种定势，这种势通常叫做形势。常听说的"受形势所迫"，即此种驱使力所导致的人的活动。名、利是诱惑，它往往通过主观意识而引发行动，多为主动的。势是约束，它往往通过外界的压迫而引发行动，多为被动。

两副联语

夜阅《荀子》三篇。三更尽睡，四更即醒，又作一联云："天下无易境，天下无难境；终身有乐处，终身有忧处。"至五更，又改作二联，一云："取人为善，与人为善；乐以终身，忧以终身。"一云："天下断无易处之境遇，人间哪有空闲的光阴。"

译文

夜读《荀子》中的三篇文章。三更末睡，四更就醒来了，醒后又作一副联语："天下无易境，天下无难境；终身有乐处，终身有忧处。"到五更时又改作两副联语。一副是："取人为善，与人为善；乐以终身，忧以终身。"一副是："天下断无易处之境遇，人间哪有空闲的光阴。"

点评

曾氏喜制联，也善制联，早年在京师为官，士人中便有"包作挽联曾涤生"的说法。因为喜制善制，所以他常常会将自己的所思所感所获用联语形式表达，并随手记在日记中，故而他的日记便多有这种联语，大多率直随意，通俗如同口语。如"不为圣贤，便为禽兽；莫问收获，但问耕耘"，"世事多因忙里错，好人半从苦中来"等，都广为传诵。

不要求取回报

天下事一一责报，则必有大失所望之时。佛氏因果之说，不可尽信，亦有有因而无果者。忆苏子瞻诗云："治生不求富，读书不求官，譬如饮不醉，陶然有余欢。"吾更为添数句云："治生不求富，读书不求官，修德不求报，为文不求传，譬如饮不醉，陶然有余欢，中含不尽意，欲辨已忘言。"

译文

天下的事要想一一都有回报，则必定会有大失所望的时候。佛教的因果之说不可尽信，也有有因而无果的。想起苏东坡的诗："治生不求富，读书不求官。譬如饮不醉，陶然有余欢。"我在此基础上再添几句："治生不求富，读书不求官，修德不求报，为文不求传。譬如饮不醉，陶然有余欢。中含不尽意，欲辨已忘言。"

点评

人之所以失望，是因为有望，若此望大，则失望也大，故而去失望的釜底抽薪之法，是不要有过多过大的希望。不求取回报，此之谓也。

思得一二好友

安得一二好友，胸襟旷达、萧然自得者，与人相处，砭我之短。其次则博学能文、精通训诂者，亦可助益于我。

译文

怎么能得到一二个好朋友，他们胸襟旷达、萧然自得，能够指出我在与人相处时的短处。或者稍次一点，他们博学能文、精通训诂，也可于我有帮助。

点评

从这段日记中可看出，曾氏很渴望能有在胸襟上给他以开启的朋友。曾氏很看重胸襟，他曾多次说过"人生做事仗的是胸襟"的话。

以厚实矫世之浇薄浮伪等

读书之道，以胡氏之科条论之，则经义当分小学、理学、词章、典礼四门，治事当分吏治、军务、食货、地理四门。

凡做好人，做好官，做名将，俱要好师、好友、好榜样。

当今之世，富贵无所图，功名亦断难就。惟有自正其心，以维风俗，或可补救于万一。所谓正心者，曰厚曰实。厚者，恕也，己欲立而立人，己欲达而达人，己所不欲，勿施于人，存心之厚，可以少正天下浇薄之风。实者，不说大话，不务虚名，不行驾空之事，不谈过高之理，如此可以少正天下浮伪之习。

送人银钱，随人用情之厚薄、一言之轻重。父不能代子谋，兄不能代弟谋，譬如饮水，冷暖自知而已。

与人为善取人为善之道，如大河水盛，足以浸灌小河，小河水盛，亦足以浸灌大河，无论为上为下，为师为弟，为长为幼，彼此以善相浸灌，即日见其益而不自知矣。

译文

读书的方法，按照胡氏的分类来说，经义方面应当分为小学、理学、词章、典礼四个门类，治事方面应当分为吏治、军务、食货、地理四个门类。

凡是做一个好人，做一个好官，做一个名将，都要有好老师、好朋友、好榜样。

当今这个世道，富贵是无法图谋的，功名亦绝对难以成就，唯有自我正心，借以维护风俗，或者可以补救于万一。所谓正心，在厚与实两点上。厚即恕，自己想成立而让别人成立，自己想通达而让别人通达，自己所不想的，不要加于别人的身上。存心的厚道，可以稍稍矫正天下浇薄的风气。实即不说大话，不务虚名，不做架空的事，不说过高的理论，如此可以稍稍矫正天下浮躁虚伪的习气。

送别人银钱的多少，要看别人用情的厚与薄、说话之间的轻与重来加以区别。这件事上，父不能代替子谋划，兄不能代替弟谋划，好比饮水，冷暖只有自己才知道。

与人为善取人为善中的道理，好比大河水满，足以浸灌支流小河，支流小河的水满，也同样可以浸灌大河，无论为上为下，为师为弟，为长为幼，彼此之间用善来互相浸灌，便可以一天天看到收益而不自知了。

点评

这几段话说的都是曾氏在平日读书察世方面的感想体会，尤其是其中所说的以厚与实去矫世风之浇薄浮伪，以善来互相影响而彼此获益，都是人世间的金玉良言。

光明俊伟之文章

孟子光明俊伟之气，惟庄子与韩退之得其仿佛。近世如王阳明亦殊磊落，但文辞不如三子者之跌宕耳。

译文

孟子文章的光明俊伟气象，惟有庄子与韩愈与它较为相像。近世如王阳明的文气也很磊落，只是章句不如这三个人的起伏跌宕罢了。

点评

曾氏很欣赏光明俊伟的为文风格。他在《鸣原堂论文》中选了王阳明的《申明赏罚以励人心疏》，并为此文写下一段评语。该评语可视为这句话的展述。现摘录如次："文章之道，以气象光明俊伟为最难而可贵。如久雨初晴，登高山而望旷野；如楼俯大江，独坐明窗净几之下，而可以远眺；如英雄侠士褐裘而来，绝无龌龊猥鄙之态。此三者皆光明俊伟之象，文中有此气象者，大抵得于天授，不尽关乎学术。自孟子、韩子而外，惟贾生及陆敬舆、苏子瞻得此气象最多。阳明之文亦有光明俊伟之象，虽辞旨不甚渊雅，而其轩爽洞达如与晓事人语，表里粲然，中边俱彻，固自不可几及也。"

静中细思人生之有限

静中细思古今亿万年，无有穷期，人生其间，数十寒暑，仅须臾耳。大地数万里不可纪极，人于其中，寝处游息，昼仅一室耳，夜仅一榻耳！古人书籍，近人著述，浩如烟海，人生目光之所能及者，不过九牛之一毛耳。事变万端，美名百途，人生才力之所能办者，不过太仓之一粒耳。知天之长而吾所历者短，则遇忧患横逆之来，当少忍以待其定。知地之大而吾所居者小，则遇荣利争夺之境，当退让守其雌。知书籍之多而吾所见者寡，则不敢以一得自喜，而当思择善而守约之。知事变之多而吾所办者少，则不敢以功名自矜，而当思举贤而共图之。夫如是，则自私自满之见，可渐渐蠲除矣。

译文

　　安静时细思古往今来亿万年没有穷期，人生在其间只有数十个寒暑，仅一刻光阴罢了。大地数万里不可丈量，人处在其中，生活安息，白天仅需一个房间，夜晚仅需一张床而已。古人近人所写的书浩如烟海，人生目光所能看得到的，不过九牛一毛而已。事情千千万万、美名可从各种途径上获得，人生才力所能办得到的，不过太仓一粒粟而已。知道天的长远，而我所经历的时间很短，那么遇到忧患不顺心事来到时，应当稍稍忍耐而等待它的平息。知道地的广大，而我所居处很小，那么处于荣利争夺的境地时，应当退让而甘居低下地位。知道书籍的多，而我能见到的少，则不敢以一得而自喜，应当想到要选择好的而精读。知道事情的多，而我所能够办的只是少数，则不敢以所获的功名而自矜，应当想到推举贤能共同谋划。只有这样，则自私自满之见，可以渐渐消除了。

点评

　　这一大段话出于曾氏同治元年（1862）四月十一日的日记，历来研究者都将它视为曾氏晚年思想变化的证明。曾氏好友欧阳兆熊曾说曾氏在治学上一生有过三变。早年由词章之学变为程朱之学，中年出京办团练，则由程朱之学变为申韩之学，晚年第二次出山，则变为老庄之学。从第一次出山到第二次出山，这中间的六年里，曾氏经历过大成功大挫折。咸丰七年（1857）在父丧期间，他反思这些年来的所作所为，终于"大悔大悟"。这大悔大悟的内容，基本上就体现在这段日记中。

读韩文岸然想见古人

　　读《原毁》、《伯夷颂》、《获麟解》、《龙杂说》诸首，岸然想见古人独立千古确乎不拔之象。

译文

读《原毁》、《伯夷颂》、《获麟解》、《龙杂说》诸篇，心中涌出挺拔卓立的感觉，如同见到古人独立千古坚定而不可动摇的形象。

点评

曾氏读的这四篇文章都是韩愈所作。他曾说过，他平生最喜欢的四种书是《史记》、《汉书》、杜诗、韩文，其中韩愈的文章对他的影响更大。曾氏以古文写作而在近代文学史上占有一席地位。他的古文长在气势上，而这种气势，很大程度得力于韩文的熏染。

检讨与小珊争吵的不是

小珊前与予有隙，细思皆我之不是。苟我素以忠信待人，何至人不见信？苟我素能礼人以敬，何至人有慢言？且即令人有不是，何至肆口谩骂，忿戾不顾，几于忘身及亲若此？此事余有三大过。平日不信不敬，相恃太深，一也；比时一语不合，忿狠无礼，二也；龃龉之后，人反平易，我反悍然，不近人情，三也。

凡睽起于相疑，相疑由于自矜明察。我之于小珊，其如上九之于六三乎？吴氏谓合睽之道，在乎推诚守正，委曲含宏，而无私意猜疑之弊。戒之勉之！此我之要药也。

译文

小珊先前与我有嫌隙，仔细想来都是我的不是。假若我一向以忠信对待别人，何至于别人不相信？假若我一向能以敬重之态礼貌待人，何至于别人有轻慢之言？况且即便是别人有不是，何至于就要肆口谩骂，愤恨暴戾以至于忘记自己的身份和亲人到这等地步？在这件事上，我有三点过失。平日里缺乏信任缺乏敬重，彼此对恃太厉害，是第一点。当时一句话不合便愤怒无礼，是第二点。争吵之后，别人反而平易，我反而悍然不消，不近人情，是第三点。

凡违离起源于互相怀疑，互相怀疑是由于自以为明察。我与小珊之间，就像《睽卦》中的上九爻与六三爻吗？吴竹如说合好之道，在于推诚心守正位，心境婉转宏大而又无自私猜疑的毛病。警戒吧勉励吧！这是我的要紧良药。

郑小珊是曾氏在翰林院做官时的朋友，此人擅长医术，常给曾氏一家人把脉诊疾，两人情谊很好。但有一次却发生了争吵，从"肆口谩骂"一词来看，这个架吵得还不小。事后，曾氏在日记中认真检讨了自己的不是，过几天又亲自登小珊的门赔礼道歉，从而消除了意见，和好如初。

誉人言不由衷

客来，示以时艺，赞叹语不由衷。余此病甚深。孔子之所谓"巧令"，孟子之所谓"餂"，其我之谓乎？以为人情好誉，非是不足以悦其心。试思此求悦于人之念，君子乎？女子小人乎？且我诚能言必忠信，不欺人，不妄语，积久人自知之，不赞，人亦不怪。苟有试而誉人，人且引以为重；若日日誉人，人不必重我言矣。欺人自欺，灭忠信，丧廉耻，皆在于此。切戒切戒！

译文

客人来家，拿他写的时艺给我看，我的赞叹是言不由衷。我这个毛病很深。孔子所说的"巧言令色"，孟子所说的"言餂"，是说的我吗？以为人都喜好称誉，不这样不足以取悦他的心。试想有这种求悦于人的念头，是君子呢？还是女子与小人呢？况且我真正言必忠信，不欺骗人，不乱说话，时间久后别人自然知道，即便不称赞，别人也不会见怪。倘若偶尔试着称誉别人，别人将会引以为重；倘若天天称誉别人，别人一定不会看重我的话。欺骗人最后将欺骗自己，灭掉忠信，丧失廉耻，都在这点上。切戒切戒！

点评

誉人而言不由衷这种毛病广为存在，许多人不将它视为毛病。曾氏却毫不留情地解剖，并痛加指责，严戒再犯。曾氏的人生境界之所以比常人高，其原因便在这里。

内讼种种

竹如说理，实有体验，言舍敬字别无下手之方，总以严肃为要。自问亦深知敬字是吃紧下手处，然每日自旦至夜，瑟倜赫喧之意曾不可得行坐自如，总有放松的意思。及见君子时，又偏觉整齐些，是非所谓掩着者耶？

予与人往还，最好小处计较，意欲俟人先施，纯是和意萦绕，克去一念，旋生一念。饭后静坐，即已成寐，神昏不振，一至于此！

早起心多游思，因算去年共用银数，抛却一早，可惜！

会客时，有一语极失检。由忿字伏根甚深，故有触即发耳。

饭后语及小故，予大发忿语，不可遏，有忘身及亲之忿，虽经友人理谕，犹复肆口谩骂，此时绝无忌惮。树堂昨夜云："心中根子未尽，久必一发。发则救之无及矣。"我自蓄此忿，仅自反数次，余则但知尤人。本年立志重新换一个人，才过两天，便决裂至此。虽痛哭而悔，岂有及乎？真所谓"与禽兽奚择"者矣？

车中无戒惧意，为下人不得力屡动气，每日间总是忿字欲字，往往知而不克去，总是此字颓放耳。可憾可耻！

坐车中频生气，虽下人不甚能干，实由惩忿绝无工夫，遂至琐细，足以累其心。

自去年十二月二十后，心常忡忡不自持，若有所失亡者，至今如故。盖志不能立时易放倒，故心无定向。无定向则不能静，不静则不安，其根只在志之不立耳。又有鄙陋之见。检点细事，不忍小忿，故一毫之细竟夕踌躇，一端之忤终日沾恋，坐是所以忡忡也。志不立，识又鄙，欲求心之安，不可得矣。是夜竟不成寐，辗转千思，俱是鄙夫之见。于应酬小处计较，遂以小故引伸成忿，惩之不暇，而更引之，是引盗入室矣。

言多谐谑，又不出自心中之诚。每日言语之失，直是鬼蜮情状，遑问其他！

观人作应制诗，面谀之。不忠不信，何以为友！圣人所谓善柔便佞之损友，我之谓矣。

年在壮岁而颓惰称病，可耻孰甚？今年瞥已四十日矣，一事不成，晏安自甘，再不惩戒，天其殃汝。惕之惕之！

予对客有怠慢之容。对此良友，不能生严惮之心，何以取人之益？是将拒人于千里之外矣。况见宾如此，遑问闲居火灭修容之谓何？小人哉！

作梅言见得天下皆是坏人，不如见得天下皆是好人，存一番熏陶玉成之心，使人乐于为善云云。盖讽余近日好言人之短，见得人多不是也。

洪琴西来，与之言风俗移人，凡才人皆随风气为移，虽贤者不能自拔于风尚之外，因言："余老无能有所树立，但不欲开坏风气，导天下以恶习耳。"

见隋观察时，词色太厉，令人难堪，退而悔之。

近来事有不如意者，方寸郁塞殊甚，亦足见器量之不闳，养气之不深也。

译文

吴竹如说道理，确实自己有体验，他说舍除敬字则无别的致力处，总是应以严肃为紧要。自问也深知敬字是紧要致力处，但每天从早到晚，肃穆清冷的意态不可能做到行坐自如，总有放松的想法。到了会见君子时，又偏偏觉得要整齐些，这是不是人们所说的掩掩藏藏呢？

我与别人交往，最喜欢在小处计较，心里想着要别人先表示友好，纯粹是和意环绕，去掉一个念头，很快又生出一个念头。饭后行静坐功夫，很快就睡着了，神志昏昏不振作，到了这个地步！

早上起床心里便有许多游弋心思，因为盘算去年共用去的银钱数目，丢掉了一个早晨，可惜！

会见客人时，有一句话极失检点。这是由于忿字伏下的根子很深，故而一触即发。

饭后说到一件小事，我大发愤恨语，不可遏止，有忘掉自身以及亲人的忿恨，虽经朋友以理晓谕，仍然肆口谩骂。这时完全没有了顾忌。冯树堂昨夜说："心中的根子没有除尽，久后必有一次爆发。爆发时要挽救则来不及了。"我自从积蓄了这个忿恨，仅仅自我反省数次，剩下的只知埋怨别人。今年立志要重新做一个人，才过了两天，便与所立的志向决裂至此。即便痛哭悔恨，又怎能挽救呢？真正所谓"与禽兽有何不同"啊！

坐在车中没有戒惧之心，因为下人不得力屡次动气。每天总是一个忿字一个欲字在作怪，往往明白又不能克服。总是因为这两个字而使人颜放，可憾可耻！

坐在车中频繁生气，虽然是下人不很能干，实在也是因为惩治忿恨完全没有工夫，于是到了琐琐细细地步，足以让心因此劳累。

自从去年十二月二十日后，心里常忧忡不能自我把持，好像丢失了什么，至今如故。这是因为志向不能立定，容易放倒，故心无定向。无定向则不能宁静，不宁静则不能安心，这里的根子只是由于志向没有立定的缘故。还有一点便是见识鄙陋。对小事特别计较，不能忍耐小忿恨，故而像一根头发样的细事也能使一个夜晚踌躇不安，一件事情不顺心，一天到晚老想着。因此而所以忧忡。志向不立定，见识又鄙陋，想求得心的安定，不可得到啊！今夜竟然睡不着，辗转反复思想，都是鄙夫之见。在应酬的小事上计较，于是以小事引发成忿恨，惩治不及时，又更加延伸，这好比引盗入室。

话语中多不庄重，又不是出自心中的诚意。每天在言语上的过失，真像鬼蜮缠身一样，岂能有心来做其他！

看别人作应制诗，当面吹捧。不忠不信，何以为朋友！圣人所谓的善于顺从讨好的损友，就是说的我。

正当壮年而颓废懒惰称病，还有比这更可耻的吗？今年转眼已四十天了，一事不成，安逸自得，若再不惩戒，上天将给你祸殃。警惕警惕！

我对客人有怠慢的表现。对这样的良友，不能生出严厉畏惧之心，何以从他的身上获益？这是将人拒之于千里之外了。何况会见客人都如此，哪能再问闲居时的火灭修容是什么？小人啊！

陈作梅说觉得天下都是坏人，不如反过来觉得天下都是好人，存一番熏陶玉成的心，使人都乐于为善等等。这是他在讽刺我近来喜欢说别人的短处，观察人多看到的是别人的不是。

洪琴西来访，与他说到风俗能影响人，凡人才都是受着风气的影响，即便贤者也不能自拔于风尚之外，因而说："我已老了，不能有所树立，只是求得不开坏风气，以恶劣习气引导天下罢了。"

会见隋姓道员时，语气太严厉，令别人难堪，会见结束时觉得后悔。

近来遇到不顺心意的事，则胸臆间郁塞厉害，也足见器量不大，修养不深。

点评

此处所抄录的十多段话，几乎都是曾氏内心的自我反思，自我检讨。从这些日记中来看，曾氏当时对自己的不满意之处主要在两个方面：一是心怀褊急，好计较，不容人，多忿怨。二是思虑繁杂，多欲念，不能做到清心寡欲。

不做权臣

寸心郁郁不自得，因思日内以金陵、宁国危险之状，忧灼过度，又以江西诸事掣肘，闷损不堪，皆由平日于养气上欠功夫，故不能不动心。欲求养气，不外"自反而缩"、"行慊于心"两句，欲求行慊于心，不外清、慎、勤三字，因将此三字各缀数句，为之疏解。清字曰：名利两淡，寡欲清心，一介不苟，鬼伏神钦。慎字曰：战战兢兢，死而后已，行有不得，反求诸己。勤字曰：手眼俱到，心力交瘁，困知勉行，夜以继日。此十二语者，吾当守之终身，遇大忧患大拂逆之时，庶几免于尤悔耳。

五更醒，辗转不能成寐，盖寸心为金陵、宁国之贼忧悸者十分之七八，而因僚属不和顺恩怨愤懑者，亦十之二三。实则处大乱之时，余所遇之僚属，尚不十分傲慢无礼，而鄙怀忿恚若此，甚矣，余之隘也！余天性褊急，痛自刻责惩治者有年，而有触即发仍不可遏，殆将终身不改矣。愧悚何已！

古人办事掣肘之处，拂逆之端，世世有之，人人不免。恶其拂逆为必欲顺从，设法以诛锄异己者，权臣之行径也；听其拂逆而动心忍性，委曲求全，且以无敌国外患而亡为虑者，圣贤之用心也。吾正可借人拂逆以磨砺我之德性，其庶几乎！

近日心绪之恶，襟怀之隘，可鄙可耻。甚矣，变化气质之难也！

译文

心情抑郁不能放松，因为想到近日金陵、宁国府军情危险情况，忧愁焦灼过度，又因为江西各种事掣肘，烦闷不堪，这都是因为平时在养气上欠缺功夫，故而不能做到不动心。想要求得养气，不外乎"问心无愧"与"行为能让心惬意"两句话。想要求得行为让内心得到惬意，不外乎清、慎、勤三个字。因此将这三个字各自再联缀数句话，作为疏解。清字：淡薄名与利，清心寡欲，一丝不苟，鬼神都钦伏。慎字：战战兢兢，死而后已，做的事情达不到愿望，反身作自我检查。勤字：手到眼到，心力交瘁，困知勉行，夜以继日。这十二句话，我应当终身守住，遇到大忧患大不顺心时，或许可以免去怨尤悔恨。

五更时醒来，在床上辗转睡不着，这是因为忧惧金陵、宁国之贼势浩大占了十之七八，因为僚属的不和顺恩恩怨怨而愤懑占了十之二三。实际上处于现在这种大乱之时，我所遇到的僚属还不至于十分傲慢无礼，但我却怀着这等忿恨之心，太过分了，我的心太狭隘了。我的天性褊急，自己痛加指责惩治有不少年了，仍然一触即发不可遏止，恐怕是终身改不掉了，惭愧悚惧不已！

从古来办事遇掣肘不顺心，每个朝代都有，人人都不能避免。厌恶违抗一定要别人顺从，于是想方设法清除异己，这是权臣的做法；任凭别人违抗而忍耐，委曲求全，并且从无敌国外患国将易亡这个角度来思虑，这是圣贤的用心。我正好借别人的违抗来磨砺我的道德品性，或许可以有所帮助吧！

近来心绪的恶劣，胸襟的狭隘，真是可鄙可耻。哎呀，改变气质真难啊！

点评

权这个字，古往今来，为多少男人所梦想所追求。有了权，就可以让别人听自己的话，指使别人为自己办事，可以越分地得到名誉、地位、财富、女人。这是一个方面。另一方面，有了权也可以为团体办好事，谋福祉。对于前者，人们称之为弄权，地位极高的弄权者，则称之为权臣。曾氏位极人臣，大权在握，有条件做权臣，却不做权臣。这固然是道德上的自律，也是识见上的高明。从古到今，许许多多的权臣其实生活得并不快乐，死后则更受到历史的指责。道德和识见的双重提升，可以使人获得境界的升华。

于勤俭谨信外加忍浑

光阴似箭，冉冉又过十年，念德业之不进，愧名位之久窃，此后当于勤、俭、谨、信四字之外，加以忍字浑字，痛自箴砭，以求益秉烛之明，作补牢之计。

近日常见得人多不是，郁郁不平，毋乃明于责人而暗于责己乎？

译文

光阴似箭，不知不觉又过了十年，想起道德事业上没有长进，惭愧占有大名高位很久，此后应当在勤、俭、谨、信四个字外再加上忍字浑字，严厉地对自己加以针砭，以求得增加老年的秉烛之明，作亡羊补牢的考虑。

近日里常常看到别人总是不行，心里郁郁不平，这不是明于责人而暗于责己吗？

点评

勤、俭、谨、信、忍这五个字都好理解，浑字是什么意思？曾氏所说的浑，多指浑厚、浑含、不必太精明太剔透这些方面的意义。精明、剔透不容易做到，许多时候都需要它，但过于精明、剔透在某些时候又不十分合宜，这就需要浑。什么时候什么环境需要精明，什么时候什么环境需要浑含，这是一个很难用语言文字来说明白的问题，要靠人的灵活把握。若把握得恰到好处，则进入智慧的领域。

何绍基与冯树堂、吴廷栋

何子贞来谈诗文，甚知要，得艺通于道之旨。子贞能自树立者也。

树堂至情动人，惜不得使舍弟见之兴感，又惜不得使霞仙见之也。说到家庭，诚有味乎言之。

看子贞所批圈古文及《史记》，信乎其能自立者。扬子云云："其为人也多暇日者，其过人也不远矣。"自念如此悠忽，何以自立者？子贞者，名不苟立，可敬也！

竹如兄与人交，虽人极浓厚，渠常冷淡，使人穆然与之俱深，真是可敬。

何子贞来，谈及渠在国史馆，每天手抄书十页，录《东华录》所不载而事有关系者，约五千字。闻之服其敏而好学。予前冬入史馆，而绝不供职，对之愧杀！

译文

何绍基（字子贞）来谈诗文，很知要领，得到了艺通于道的旨意。他是个能够自我树立的人。

冯树堂的至情能打动人，可惜不能让我的弟弟见到他受他的感染，又可惜不能让刘蓉（字霞仙）见到他。说到家庭，他是真能说得很有兴味。

看何绍基所批解圈点的古文以及《史记》，确信他是能自立的人。扬雄（字子云）说："一个人若多闲暇的日子，那么他的过人之处也便不多。"自思这样悠悠忽忽地过日子，何以能自立？子贞这个人，名不是随随便便立的，可敬啊！

吴廷栋（字竹如）兄与人交往，即便别人态度很浓厚，他也是常常冷淡对应，使别人神情肃穆从而能与他一道深沉，真是可敬。

何绍基来，谈到他在国史馆每天抄书十页，抄录《东华录》中所没有记载而事有关系的，约五千字。听后佩服他的敏捷而好学。我前年冬天进入国史馆，但完全不做职业所要做的事，对照他真是惭愧得要死！

点评

这五段日记中有三段是说的何绍基。何绍基是近代文化史上的名人。在《点评家书》中，笔者介绍了他，着重说的是书法。前人说他"其学邃于经史百子许郑诸字，旁及金石篆刻历算"，"诗有色有声，有韵有味，纵横如意，直迈苏黄。其不以诗名者，殆为书名所掩也"（见《湘雅摭残》），可见何的学问和诗也都有很高的造诣，只是因为他的书法太有名了，这些方面的长处被书名所掩了。曾氏称赞何的诗文"得艺通于道之旨"，那么我们来读两首他的诗，借以管中窥豹——

荥 泽

黄沙极目浩无边，望断归鸦塞草连。

斜日西飞千嶂转，大河南倚一城悬。

人将诗酒填歧路，天以风霜铸少年。

广厦长裘他日事，且寻芳屋枕鞍眠。

春 江

几处渔村欸乃歌，轻烟染就万峰螺。

乌篷摇入潇湘路，才知春江是绿波。

良友言行之启迪

罗椒生来久谈。有志之士，暗然日彰，不胜钦服。

朱廉甫得福建道御史，有志献纳，得居言路，可喜也！读廉甫诗数首，知其用力已深，其心血亦足，可以力战不衰，予所不及。

吴子序言，贤人言保国保天下，老氏言取国取天下，吾道只自守，老氏有杀机云云，其义甚精。好学深思，子序不愧。

接霞仙书，恳恳千余言，识见博大而平实，其文气深稳，多养到之言。一别四年，其所造遽已臻此，对之惭愧无地，再不努力，他日何目面见故人耶？

刘荫渠自新城来见，六年不面，一面即深相爱重，喜其与三十年在京相见无异，仍是朴讷书生气象，未染军营气息，亦无官场气息也。

孙芝房信，寄近作古文一本。夜阅"论治"六首，通达事理，文亦劲快，杰作也。

译文

罗椒生来访，谈了很久的话。这是个有志之士，暗然自处而日见彰显，不胜钦服。

朱廉甫获得都察院福建道御史一职。他有志于献纳，现在能官居言路，可喜！读廉甫诗几首，知道他于诗用功很深，他的心血也旺盛，可以做到力战不衰，我不能及。

吴子序说，贤人说的是保护国保护天下，老子说的是夺取国夺取天下，我的原则只是自守而已，老子话里有杀机等等。他这番话意义很精确，子序不愧为好学深思者。

接刘霞仙的信，恳挚地写了千多字，他的识见博大而又平实，文字深刻稳重，多有养气功夫到位的言论。一别四年，他的造诣就很快到了如此高度，面对此事惭愧得很，再不努力，他日有何面目见老朋友呢？

刘荫渠从新城来与我相见，六年不见面了，一见面就深为喜爱敬重，喜爱他与道光三十年（1850）在京城相见时没有变化，依旧是朴讷书生模样，没有染上军营气息，也没有染上官场气息。

接到孙芝房的信，寄来近日所作的古文一本。夜里阅读其中六篇"论治"方面的文章，对事理看得通达，文风也劲健畅快，是杰作。

点评

这六段日记，有的记于道光年间的京城，有的记于咸丰年间的军营，先后提到的六人均与曾氏有较深的交情。现作一点简单的介绍。罗椒生名惇衍，广东人，晚年官至户部尚书，当时与曾氏同官翰林院。道光二十三年（1843）三月大考翰詹，曾氏名列二等第一，而罗则名列一等第五，名次在曾氏前。曾氏对罗很尊敬，认为他的学问在自己之上。朱廉甫名琦，广西人，是一个敢于直言的言官，曾氏与他很相投合，诗文集中收有题朱诗集十首。称赞朱："桂林天下秀，生才雅见毅。"仰慕他的敢言："君试腾汗漫，我当借羽翼。"吴子序名嘉宾，江西人，曾氏会试同年。吴的官运很不好，到后来竟然以落职编修的身份做曾氏的幕僚。刘霞仙即刘蓉，前面已有过介绍。刘荫渠即刘长佑，湘军中另一支人马的统领，晚年官居直隶总督。孙芝房名鼎臣，湖南善化人，小时便有神童之称，道光二十五年为会试朝元。这一科湖南籍十人考中进士，状元萧锦忠也是湖南人，先一年湖南乡试解元周寿昌也在这科点翰林。应该说这是湖南人在科举史上最有脸面的一次大胜，同乡会的主持人曾氏为此撰联："同科十进士，庆榜三名元。"此联传诵一时。

曾氏在谈到这些人时，一律是称赞敬慕的口吻，且皆具体指出他们的长处所在。此六人固然都是人群中的精英，长处自然不少，但发现与否，也要看观察者的心态。有的人习惯于看别人的短处，也有的人明知别人行却偏偏不买账。这些人则很难在极为私人化的日记中会如此赞美别人。

饱学之士汪梅村

汪梅村名士铎，绩学士也。江宁人，庚子举人，出胡中丞门下。江宁城破，陷贼中年余，后逃出，至绩溪山中。去年胡中丞请之来鄂署，修《读史兵略》一书。其学精于舆地，曾补画《水经注》图。又精于小学，又曾作《南北史补注》。其师友为胡竹庄培翚、胡墨庄承珙、陈硕甫焕、徐惺伯松、张石舟穆之属。又言胡墨庄六种、胡竹庄《礼仪》及焦理堂《群经宫室图》等书最好。

译文

汪梅村名士铎，是个饱学之士。江宁人，道光二十年中举，出于胡林翼门下。江宁城被攻破时，陷在太平军中一年多，后逃出城到了绩溪山中。去年胡林翼请他到湖北巡抚衙门，编《读史兵略》一书。他的学问是精于舆地，曾经补画《水经注》图，又精于小学，又曾经作《南北史补注》。他的师友为胡培翚（字竹庄）、胡承珙（字墨庄）、陈焕（字硕甫）、徐松（字惺伯）、张穆（字石舟）等人。又说胡墨庄六种、胡竹庄《礼仪》以及焦循（理堂）《群经宫室图》等书最好。

点评

咸丰九年（1859）八月二十五日，曾氏奉旨由江西赴四川途中，在武昌城里会见胡林翼的幕僚汪士铎。汪此时正在鄂抚衙门编辑《读史兵略》。胡林翼有志于从前代军事中汲取用兵打仗的智慧，遂策划了这部书，由汪任总编辑，参与此事的有张裕钊、莫友芝、丁取忠等人。主要从《左传》、《资治通鉴》两书中摘录有关资料。咸丰十年冬刊行，"一时四海风行，不胫而走"（俞樾语）。光绪二十六年（1900），此书的续编亦问世。

日记与人才夹袋

马征麟业师陈雪楼名世镕，乙未进士，曾任甘肃知县，著有《周易廓》及《求志居诗集》、古文。马读书颇有渊源，曾著《三立明辩》，谓立德、立功、立言三者，各纂集诸书，自为条例。又有马寿华号小坡，马复震号星平，皆桐城人，在此投效，志趣亦不卑近。

邓守之颇通小学，盖其父完白先生与其师李申耆先生，皆当代名宿，濡染较深也。

译文

马征麟的业师陈世镕字雪楼，道光十五年（1835）进士，曾做过甘肃省的知县，著有《周易廓》以及《求志居诗集》、古文。马征麟读书比较有渊源，曾著有《三立明辨》一书，说的是立德、立功、立言三方面，每方面都从有关书里选编，自己拟定条例。还有马寿华号小坡，马复震号星平，都是桐城人，在我这里做事，志趣也都不低浅。

邓守之比较通晓小学，这是因为他的父亲完白先生与老师李申耆先生，都是当代的名儒，受的熏陶较深的缘故。

点评

马征麟、马寿华、马复震、邓守之等人都是职务不高的下属，曾氏在与他们见面之后，均在当天的日记中记下他们的字号籍贯以及师承、学问渊源等。类似这样的记载，在曾氏的日记中随处可见俯首可拾。曾氏自称他有一个"人才夹袋"，即我们今天所说的人才档案。其日记，应是他的人才夹袋中的重要部分。

吃苦与不留钱财给子孙

与季高、次青刍谈，夜又与季高久谈。季高言凡人贵从吃苦中来，又言收积银钱货物，固无益于子孙，即收积书籍字画，亦未必不为子孙之累云云，多见道之语。

译文

与左季高、李次青畅谈。夜里又与季高久谈。季高说凡人可贵的是经历过苦，积蓄银钱货物，固然无益于子孙，即便是收藏书籍字画，也未必不为子孙的牵累等等，多是有道理的话。

点评

咸丰九年年底，左宗棠因樊燮一案离湘北上，次年闰三月下旬来到曾氏所在的宿松军营，在营中住了二十多天。曾氏与左几乎天天见面谈话，这二十多天是曾左两人一生中关系最为密切的一段时期。在人要有吃过苦的阶段以及不留银钱财富给子孙这两点上，曾左两人的看法完全吻合。这两点"见道之语"很值得今人体味。

罗遵殿是当世第一清官

罗澹村中丞，以乙未进士历官直隶、湖北、浙江等省，凡二十五年，家无一钱，旧屋数椽，极为狭陋。闻前后仅寄银三百两到家，夫人终身未着皮袄，真当世第一清官，可敬也！

译文

罗澹村中丞，以道光十五年进士的身份历任直隶、湖北、浙江等省，共二十五年，家中无一余钱，旧房子几间，极为狭窄简陋。听说前后只寄过三百两银子给家里，他的夫人一辈子没有穿过皮袄，真正是当今第一清官，可敬啊！

点评

罗遵殿字澹村，咸丰九年出任浙江巡抚，次年太平军攻克杭州时自杀。罗是安徽宿松人，曾氏当时便驻军于此，所说的"家无一钱，旧屋数椽"应是事实。这样的清官的确世间少有，令人尊敬。

与胡林翼互许为知言

与胡中丞熟商江南军事，夜胡公谈及，凡事皆须精神贯注，心有二用则不能成。余亦言军事不日进则日退，断无中立之理。二人者皆许为知言。

译文

与胡林翼反复商量江南地区的用兵情况。夜里胡公

曾国藩手书挽罗遵殿联

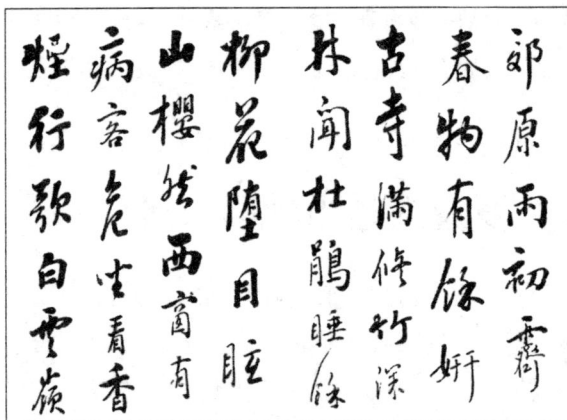

胡林翼书法

谈到，凡事都必须精神贯注，心有二用则不能成事。我也说军事上若不日进则日退，绝没有中立的道理。两个人都互称对方是知言。

点评

因为罗遵殿的死，湖北巡抚胡林翼从靠近安徽的牌石来到宿松凭吊罗，住在曾氏军营中。

此期间，胡与曾、左、李元度等人反复讨论江南的军事情况。这几位湘军的最高层人士，对时局的看法有着极大的一致，都认为江南大营的彻底崩溃，如同脓包穿了孔，将给湘军的崛起带来千载难遇的机会。

周弢甫颇习洋务

周弢甫颇习夷务，所言亦晓畅事理。

译文

周弢甫比较熟悉洋务，所说的话也通达事理。

点评

咸丰十年十一月，曾氏上了一道名曰《遵旨复奏借俄兵助剿发逆并代运南漕折》，提出"目前资夷力以助剿济运，得纾一时之忧，将来师夷智以造炮制船，尤可期永远之利"的重要观点，朝廷立即给予回应，并很快在京师成立总理各国通商事务衙门，曾氏亦遵旨在安庆建立中国第一所现代意义的兵工厂，影响近代中国极为深巨的洋务运动就这样拉开了序幕。曾氏无疑是近代中国最具世界眼光的人中之一。咸丰十一年十月，江苏人周腾虎（字弢甫）来到曾氏军营，曾氏对他熟悉洋务的特长颇为欣赏。

演奏浏阳古乐

贺宏勋带浏阳精于古乐者邱庆籥等六人来。邱系谷士先生之子，六人者，皆承谷士之教，讲求古乐，带来乐器：琴一、瑟一、凤箫一、洞箫一、匏一、埙一、篪一、笙一，因令奏乐，以鼓节之，音节清雅，穆然令人想三代之盛。古昔圣王修己治人之术，其精者全存乎乐，而后世人独阙者，乃首在乐。余因古人治兵之道作诗之法，皆与音乐相通，而懵然不知，深以为耻。思访寻谷士先生之徒党，相与讲求一二，故招集六人者自浏阳来皖。儿子纪泽粗晓音律，明年当令其来营，究心兹事。

译文

贺宏勋带领浏阳县精于古乐者邱庆籥等六人来。邱系谷士先生的儿子，六个人都接受过谷士的指教，讲求古乐，带来的乐器有：琴一张、瑟一张、凤箫一管、洞箫一管、匏一个、埙一个、篪一个、笙一管。于是令他们奏乐，以击鼓来节制。音节清雅，使人肃穆而遥想三代时的盛世光景。古时候圣贤君王修炼自身、治理他人的方法，其中的精华全部保存在音乐中，至于后世人们所独缺的，首在音乐，我因为古人治兵之道作诗之法，都与音乐相通，而我则懵然不知道，深以为耻。想着寻访谷士先生的弟子同行与他们谈论一二，故而招集这六个人从浏阳来皖。儿子纪泽大致懂得些音律，明年应当叫他来军营，究心这件事。

点评

咸丰十一年（1861）十月，曾氏从湖南浏阳招集一个六人乐队来到安庆。乐在儒家学说中，是起着教化与陶冶双重作用的一门重要功课。古乐中的内容，后世失传甚多。浏阳古乐则保存得较好。浏阳的祭孔乐舞源远流长，久负盛名。道光九年，浏阳县成立了专门练习礼仪和乐舞的礼乐局，每年分春秋两季，举办大型的祭孔活动。曾氏对浏阳古乐向来很重视，其年谱在"道光十七年"中记载："公闻浏阳文庙用古乐，诣浏阳县，与其邑举人贺以南等咨考声音律吕之源流，留两月乃归。"

严树森效胡林翼而适得其反

钱子密送其尊甫钱警石先生《泰吉文稿》。泰吉为香树先生之曾孙，衍石先生之弟，为海宁教官二十七年，在海宁为山长九年，现避乱寓江西新建乡间。生平最喜校书，所校各本题识名曰《曝书杂记》。

严渭春中丞信中，抄寄渠与司道论湖北军务一函，地势之熟词气之谦，均不可及。

译文

钱子密送来他父亲钱警石先生的《泰吉文稿》。泰吉为香树先生的曾孙，衍石先生的弟弟，做海宁教官二十七年，又在海宁做山长九年，现避乱暂住江西新建县乡间。生平最喜欢校书，所校各种版本上的题识汇集取名叫《曝书杂记》。

严渭春中丞的信中，抄来他与司道官员们讨论湖北军务的一封信。他对地势的熟悉及遣词的谦虚，我都比不上。

点评

关于曾氏的幕僚钱应溥（字子密）的情况，前面已说过，此处不再说了。胡林翼在咸丰十一年（1861）八月病逝于湖北巡抚任上。严树森（字渭春）以河南巡抚的身份平调湖北接替胡林翼。严与湖广总督官文不合。在官的弹劾下，由巡抚降为道员。后再逐步起复，临终前一年又回到巡抚的位置上。《清史稿》说他"恃才器小，效胡林翼而适得其反"。

称赞李鸿章杀降

李少荃杀苏州降王八人，殊为眼明手辣。

译文

李少荃杀苏州城里的降王八人，很是眼明手辣。

点评

同治二年（1863）十一月，李鸿章（字少荃）在围攻苏州城时，以重赏引诱太平军守将纳王郜云官等八个王献城。等到郜等人献城后，李违背诺言又将他们杀害了。李这种杀降的做法有悖打仗常规且不仁道，当时参与其事的常胜军首领英国人戈登就大为不满，声言要上国际法庭告李。但曾氏却称赞李的做法是"眼明手辣"。曾氏、李鸿章与戈登在同一件事上的两种态度，固然出于个人的不同心性，但可能更多的是源于中西文化上的差异。

李善兰与张斯桂、张文虎

李善兰壬叔、杨岘见山来坐，携陈硕甫先生觅片一纸，知已由贼中逃出至沪，言将来皖。年八十二岁，段茂堂之弟子，东南之精于经学、小学，岿然仅存矣。

李壬叔带来二人。一张斯桂，浙江萧山人，工于制造洋器之法。一张文虎，江苏南汇人，精于算法，兼通经学、小学，为阮文达公所器赏。

柳宾叔名兴恩，丹徒壬辰举人，七十六岁，精于《穀梁》之学，曾在阮文达家，课读十余年，学术颇有家法也。

译文

李善兰（字壬叔）、杨岘（字见山）来衙门一坐，携带陈觅（字硕甫）名片一张，知道他已经从贼人中逃到上海，说要来安徽。陈已八十二岁，段玉裁（字茂堂）的弟子，东南一带精通经学、小学者，只他一人岿然存在。

李善兰带来两个人。一为张斯桂，浙江萧山人，

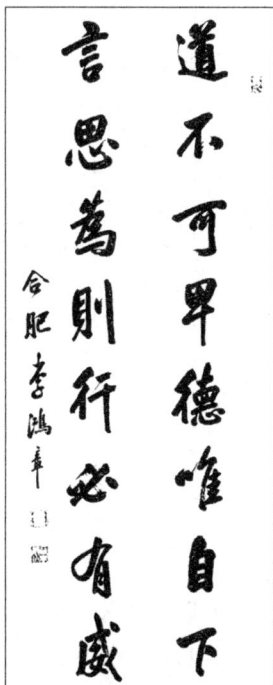

李鸿章手书对联

工于制造洋器之法；一为张文虎，江苏南汇人，精于算术，兼通经学、小学，为阮元所器重赏识。

柳宾叔名兴恩，江苏丹徒人，道光十二年（1832）举人，七十六岁，精于《穀梁》之学，曾在阮元家做塾师十多年，学术上较有家庭传授。

点评

李善兰、杨岘、陈奂、张斯桂、张文虎、柳兴恩都是曾氏眼中的人才，这几段话也都是曾氏的人才档案。

老辈好善

单地山尚书于席间盛称余所作《江忠烈神道碑》，背诵如流。老辈好善，不可及也。

译文

单地山尚书在席间大为称赞我所写的《江忠烈神道碑》，背诵如流。老辈对为善的爱好这种品德，不可企及。

点评

同治七年（1868）年底，曾氏在由南京赴保定出任直隶总督途中路过北京。次年正月初十晚上赴礼部宴席，席上吏部尚书单懋谦（字地山）当面背诵曾氏所写的《江忠烈神道碑》，并大为称赞。曾氏很高兴，回来后记在当天日记上。他将单的此举叫做"老辈好善"，又检查自己在这方面的不及。曾氏这样写，体现着他一贯的谦逊反省。

人才档案

冯树堂来久谈。三十年前老友，自祁门一别，至是忽十余年矣。畅叙一切，渠殊无老态，在山中善于调养也。

阅霞仙近来所作诗文，渊懿畅达，较昔年已大进。

邵蕙西来，示以方世兄所作论，年方十五而才华如此。黄子寿来，示以所作《选将论》，真奇才也！

吴翔冈言："识见高明者，特患践履不平实。"高明则崇效天，平实则卑法地，因进之以脚踏实地，事事就平实上用功。

次青又作怀人诗十六首，再用何廉舫原韵，绵丽遒劲，才人之笔。

观邓弥之、吴竹庄和诗。竹庄诗牢骚喷薄而出，不忍卒读，盖其中郁抑深矣。

接何廉舫信，写作俱佳，依恋之意，溢于言表，才士不遇，读之慨然。

张廉卿近日好学不倦，作古文亦极精进，余门徒中望有成就者，端推此人。临别依依，余亦笃爱不忍舍去。求为其祖作墓志，近日当应之也。

陈大力来，与之言襟怀贵宏大，世俗之功名得失，须看得略平淡些。

赵蕙甫上条陈一篇，识解闳远，文辞通雅，逸才也。

刘仲良庶常秉璋，庐江人，李少荃之门生，气象峥嵘，志意沉着，美才也。

严仙舫信来，荐其内侄向师棣，果令器也。

郭雨三之胞弟用中，与其子阶自东台来，谈最久。阶字慕徐，其业师为扬州刘孟瞻文淇之子，经学已有师法矣。

阅严秋农《先器识而后文艺论》。严系仙舫通政之子，乐园廉访之孙。年十八中咸丰丁巳举人，今仅二十三岁，而史事烂熟，识见远大，洵吾乡英俊也。

与许仙屏谈气节、文章，二者缺一不可，嘱其勉于此，以与乡人相切磋。

歙人汪宗沂者，王子怀之婿，呈所作《礼乐一贯录》，虽学识尚浅，而颇有心得。

张文川、贾钟麟，皆绅士之有才者也。

薛晓帆之子薛福成所递条陈，约万余言，阅毕，嘉赏无已。

戴醇士之长子有恒、季子穗孙来见，尚能世其家学，穗孙新得优贡，器宇轩昂，可喜也。

其地系蒙阴管，县令福曜，河南驻防，系倭艮峰相国之胞侄，福新伯观察咸之堂弟，字焕臣，颇雅饬，有循吏风。

石琢堂之曾孙，名师铸字似梅者，自湖南来，筠仙有书荐之，盛称其才，果俊才也。

雷州举人陈侨森，谈甚久。陈号逸仙，许仙屏有书，极赞其文行不群也。

译文

冯树堂来访，谈了很久的话。三十年前的老朋友，自从祁门一别，到今天已是十多年了。畅谈一切，他很没有老态，在山里住善于调养。

读刘霞仙近来所作的诗文，渊懿畅达，比过去大有长进。

邵蕙西来访，把方家的儿子所作的论文给我看。年方十五岁而才华竟然这样好。黄子寿来访，将他写的《选将论》给我看，真是奇才！

吴翔冈说："识见高明的，则特别担心不能脚踏实地。"高明则崇隆，出于效法天，平实则卑近，出于效法地，因而以脚踏实地，事事在平实上用功这些话来勉励。

李次青又作了怀人诗十六首，再次用何廉舫的原韵，绵丽而遒劲，是才人的文笔。

看邓弥之、吴竹庄的和诗。竹庄的诗中牢骚喷薄而出，不忍心读完，这是因为他心中的郁抑很深。

接到何廉舫的信，书法和内容都好，依恋之意溢于言表，有才的人没有遇到机会，读了心中很感慨。

张廉卿近来好学不倦，作古文也很精到上进。我的门徒中指望能有成就的，真的首推此人。临别时依依不舍，我也很喜爱他不忍让他走。他求我为他的祖父作墓志铭，这几天当为他撰写。

陈大力来访，对他说胸怀贵在宏大，世俗的功名得失必须看得略为平淡些。

赵蕙甫呈上条陈一篇，识见宏阔远大，文辞通顺雅致，是个俊逸之才。

刘仲良庶常名秉璋，安徽庐江人，李少荃的门生，气象峥嵘，志意沉着，是个优秀人才。

严仙舫来信推荐他的内侄向师棣，果然是个有才具的人。

郭雨三的胞弟用中，与他的儿子郭阶从东台来。谈话时间最久。阶字慕徐，他的业师为扬州刘文淇字孟瞻之子，在经学上已有师承了。

读严秋农的《先器识而后文艺论》。严秋农系严仙舫通政的儿子，严乐园廉访的孙子。十八岁中咸丰七年的举人，今年仅二十三岁，然而史事烂熟，识见远大，真是我们家乡的英俊之才。

与许仙屏谈气节与文章，二者缺一不可，嘱咐他在这方面用功，并以此与家乡人互相切磋。

安徽歙县人汪宗沂是王子怀的女婿，呈上所作的《礼乐一贯录》，虽然学识尚浅薄，但较为有心得。

张文川、贾钟麟，都是绅士中有才干的。

薛晓帆的儿子薛福成所递上的条陈，大约有万多字，读完后十分欣赏。

戴醇士的大儿子有恒、小儿子穗孙来拜见，尚能传承戴氏的家学。穗孙新近获得优贡，器宇轩昂，可喜。

这个地方属蒙阴县管辖，县令福曜，驻防在河南，是倭艮峰大学士的胞侄，福咸（字新伯）道员的堂弟，字焕臣，颇为文雅规矩，有良吏之风。

石琢堂的曾孙，名师铸字似梅的，从湖南来，郭筠仙有信荐举他，大为称赞他的才华，果然是个俊才。

雷州的举人陈侨森来访，交谈很久。陈号逸仙，许仙屏在信中极为称赞他的为文为人不一般。

点评

这二十余段日记，记下了二十多个人。有的是曾氏几十年来的老朋友，有的是下属，有的是门生，有的是趋势慕名之来访者。对待这些人，曾氏有一个共同点，即用心读他们所送的诗文条陈，用心与他们谈话。对于一个普通人来说，做到这样并不难，但对一个日理万机的军事统帅、行政长官而言，能长期坚持如此，则极不容易。在曾氏那个时代，位高权重者与平民布衣之间，是不存在着平等、民主这些意识的。曾氏能这样做，显然也不是出于此种意识，而是出于他真心实意地爱才惜才。

叹惜友人凋落

监印委员莫祥芝，患病入城医治，求一见。语言时明时昧，颠连可悯。

黎宗铭，零陵人，向在王璞山营，聪明警敏，字仿左季高，体绝肖，志趣高亢。方期渐进于诚实，遽以疾殁，殊为可惜。

成章鉴在吴城病故，不胜悲悼。成以武弁而知忠义爱民，谋勇兼优，方冀其继塔、杨而起，不意其遽逝也。

梦江岷樵，如平生欢。多年未入一梦，兹忽梦之，不胜伤感，但不知温甫弟果尚生存否，温与岷亦至交也。

接孙芝房信，告病势垂危，托以身后之事，并请作其父墓志，及刻所著诗十卷、《河防纪略》四卷、散文六卷。又请邵位西作墓志，亦自为手书别之，托余转寄。又接意诚信，告芝房死矣。芝房于去岁六月，面求作其父墓志，余已许之。十一月，又寄作古文一本，求余作序。余因循未及即为，而芝房遽归道山，负此良友，疚憾何极！芝房十三岁入县学，十六岁登乡举，二十六岁入翰林。少有神童之目，好学励品，同辈所钦。近岁家运极蹇，其胞弟鳌洲主事、叔孚孝廉，相继下世，又丧其长子、次子，又丁母忧，又丧其妻，又丧其妾，皆在此十年之内，忧能伤人，遂以陨生。如此美才，天不假之以年，俾成大器，可悲可悯。因忆道光二十八年刘茮云将死之时，亦先为一书寄京以告别，请余为作墓志。凡内伤病，神气清明不乱，使生者愈难为情耳。

子序寄其侄昌筹之文，因阅一过，识见卓越，有子序之风，惜其早死也。

袁漱六有志读书，期至于古之作者，而竟百不能偿其一二，良可痛惜。今年六月，郭雨三亲家阵亡，兹又闻漱六之丧，中年哀乐，触绪生感，古人所云："既悲逝者，行自念也。"

胡宫保于八月廿八日亥时去世，哀痛不已。赤心以忧国家，小心以事友生，苦心以护诸将，天下宁复有似斯人者哉？

罗伯宜来谈甚久，深叹黎寿民之敦厚早逝为可惜。

周弢甫在沪沦逝。老年一膺荐牍，遽被参劾，抑郁潦倒以死。悠悠毁誉，竟足杀人，良可怜伤。

赵景贤竹生以一在籍绅士，苦守孤城，四面援绝至半年之久，城陷身殉，良可痛悯。拟为一疏，历叙其贤行勋绩，而自请不能赴援之咎。

闻姚秋浦之丧，深以为忧。姚自去年五月署皖南道，至今年余，无日不在艰难困苦之中，兹于疫病，四日不起，可胜悲惋！

邓守之子解字作卿，于本日寅正在公馆内去世，完白先生之孙也。余派人料理殓殡，未刻舁出。其父曾谆托教训培植，余以公私繁冗，久未一省视，不知其一病不起，有负重托，殊为歉疚。

至杨朴庵处看病，观其安闲淡定，视死如归，不愧学道君子之自然。病则十分沉重，无可挽回矣。

袁午桥临终有遗函寄余，中云："勿以苗逆为易剪，勿以长淮为易收。"读之悚动哀感。

李希庵于十月廿八日子刻弃世，苦战多年，家无长物，忠荩廉介，可敬可伤。旋又闻钱警石先生仙逝，老成凋谢，弥深怅惘。

范云吉于十二日戌刻弃世。仁厚正派，而有识见，方意其大有为于时，而止于此，良可痛也。

闻张炼渠没于安庆，为之怛然不释。盖炼渠于徽、休闹饷时，百计维持，大受殴辱，而余查办之札，复过于严厉也。

至塔军门家，直延入上房，具酒相待。其母八十岁，相对涕泣。其三弟咸丰四年已死，其次弟本年八月十三日亦死，其两弟妇寡居，并出拜见。三兄弟皆无子，仅塔军门一女、次弟阿陵布四女，亲房无可承继之人，实为可惨。其妹其女，并出拜见，泣求提拔其婿等。

译文

监印委员莫祥芝，生病进城医治，请求见一面。说话时明朗时隐晦，他的痛苦令人怜悯。

黎宗铭，零陵人，一向在王璞山的军营，聪明警敏，写字模仿左宗棠，结体像极了，志趣高亢。正期待他在诚实上慢慢增进，却突然病故，很是可惜。

成章鉴在吴城病故，不胜悲伤。成章鉴以一个武弁的身份而知道忠义爱民，且谋勇兼优，正企盼他继塔齐布、杨载福而担当重任，却不料他突然逝世。

梦见江岷樵，像过去一样的彼此欢快。多年来他未曾进入梦境，这次忽然梦见，不胜伤感。但不知道温甫弟是真的还在世不，温甫与岷樵也是至交。

接到孙芝房的信，告诉我他的病势已垂危，以身后之事相托，并请为他的父亲作墓志铭，以及帮他所著的诗十卷、《河防纪略》四卷、散文六卷刻印出来，又请求邵位西为他作墓志铭，也亲自写了一封信与邵告别，托我转寄。又接到郭意诚的信，告诉我芝房已死。芝房在去年六月，当面求我为他父亲作墓志铭，我已答应他。十一月，又寄来所作的古文一本，求我作序。我因为一些事没有即时作，而芝房突然间辞世。辜负了这样的好朋友，惭愧遗憾何极！芝房十三岁中秀才，十六岁中举人，二十六岁入翰林院。小时便有神童的称呼。勤奋好学砥砺品性，为同辈所钦佩。近年家运极为不好，他的胞弟鳌洲主事、叔孚举人，相继去世，又丧长子、次子，又丧母亲，又丧妻子，又丧妾，都在这十年内发生。忧愁能伤害人，于是失掉生命。这样的优秀人才，天不能给他以更多的生年，使他成为大器，可悲可悯。因为孙的死又想起道光二十八年（1848）刘荛云将死的时候，也是先寄信到北京作为告别，请我为他作墓志铭。凡是因内伤而起的病，至死都神志清楚不糊涂，使得在生者心里更难受。

吴子序寄来他的侄儿昌筹的文章，于是读了一遍，识见卓越，有子序的风范，可惜他早死了。

袁漱六有志读书，期望能达到古时著作者的水平，然而竟然百分之一二的程度都达不到，很是值得痛惜。今年六月，亲家郭雨三死于战场，现在又听到漱六的死讯。中年的哀与乐，是有所触及而生发，正如古人所说的："既为逝者悲痛，又想到自己。"

胡林翼（封太子少保）于八月二十八日亥时去世，哀痛不已。赤胆忠心忧虑国家，小心翼翼对待朋友，用心良苦保护诸将，天下能再有像这样的人吗？

罗伯宜来访，交谈很久，深为叹息黎寿民的人品敦厚却早逝之可惜。

周弢甫在上海病逝。到了老年刚获得荐举，便遭参劾，抑郁潦倒而死。悠悠毁言竟然足以杀人，真是值得怜伤。

赵景贤字竹生，以一个在籍绅士的身份苦守孤城，四面的支援皆断绝达半年之久，城陷落后以身相殉，确实值得敬悯。拟上一疏，历述他的贤良行为与功绩，并自请承担不能赴援的咎责。

闻姚秋浦去世的消息，深以为忧郁。姚自去年五月代理皖南道员至今一年多，无日不在艰难困苦中，这次得了疫病，病四天后终于不治，多么悲痛惋惜！

邓守之的儿子解字作卿，于今日凌晨四点钟在公馆内去世，系完白先生的孙子。我派人料理殓葬事，午后抬出。他的父亲曾谆谆托付我教育培植他，我因为公务私事繁忙，很久没有去看一次了，不知道他一病不起，有负重托，心里很觉得不安。

到杨朴庵处看他的病况，见他安闲淡定视死如归的神态，不愧学道君子的自然本色。病情则是十分沉重，不可挽回了。

袁午桥临终时有遗信寄给我，信中说："不要以为苗霈霖易于剪灭，不要以为长江淮河一带易于收回。"读后悚然而起哀痛之感。

李希庵于十月二十八日半夜逝世，苦战多年，家中并无多余的财物，忠诚廉介，可敬可伤。接着又听说钱警石先生仙逝，有成就的老一辈倒下，更令人怅惘。

范云吉于十二日晚上八九点钟去世。范仁厚正派，又有见识，正想着他对时代会大有作为，然而停止于这个地步，确实痛心。

听说张炼渠死于安庆，心里为这事悲痛不已。这是因为炼渠在徽州、休宁一带闹饷时千方百计维持，大受殴打侮辱，而我的查办札子中的话又说得过于严厉了。

到塔齐布军门的家里，一直被请入上房，以酒食款待。他的母亲八十岁，当着我的面哭泣。他的三弟咸丰四年已死，其次弟今年八月十三日也死了。他的两个弟媳妇寡居，一起出来拜见我。三兄弟都没有儿子，仅塔齐布一个女儿、次弟阿陵布四个女儿，嫡亲房内没有承继香火的人，实在可惨。他的妹妹和女儿，一道出来拜见，哭着请求提拔他的女婿。

点评

　　此处辑录这十几段日记绝大部分属于悼亡类文字。曾氏身为群伦领袖，与许多人有着这样那样的联系，社会交往面比一般人要宽广得多，在分享因情谊而带来的喜悦的同时，也自然要分担着因情谊而带来的诀别伤痛，这好比双刃剑，是无法剥离的。道光晚年，京师流传一句话，说是"包作挽联曾涤生"。这话固然说明曾氏善于制联、制挽联，更说明曾氏重视人类这种永别的悲哀。悲哀的本质乃是对生命的珍惜。南京城打下后不久，在曾氏的领导下立即抢修被战争损坏的城墙。面对修复的城墙，他没有颂扬"天下第一功"的辉煌，而是哀悼为复城而死的将士。毫无疑问，对生命的珍重此时已置于军功之上。当然，曾氏哀悼的仅只是湘军战士，须知太平军将士为此而死的人更多，他们同样也是生命。从人本这个角度来看，曾氏自然也逃脱不了谴责。

取笃实践履之士

　　盖尝抉剔平生之病源，养痈藏瘤，百孔杂出，而其要在不诚而已矣。窃以为天地之所以不息，国之所以立，贤人之德业之所以可大可久，皆诚为之也。故曰："诚者，物之终始，不诚无物。"今之学者，言考据，则持为骋辩之柄；讲经济，则据为猎名之津。言之者不怍，信之者贵耳，转相欺谩，不以为耻。至如仕途积习，益尚虚文，奸弊所在，蹈之而不怪，知之而不言，彼此涂饰，聊以自保。泄泄成风，阿同骇异，故每私发狂议，谓今日而言治术，则莫若综核名实；今日而言学术，则莫若取笃实践履之士。物穷则变，救浮华者莫如质，积玩之后，振之以猛，意在斯乎！方今时事孔棘，追究厉阶之生，何尝不归咎于发难者，彼岂实见天下之大计，当痛惩而廓清之哉？岂预知今日之变，实能自我收之哉？不过以语言欺人，思先登要路耳。国藩以兹内省早岁所为，涉览书册讲求众艺者，何一非欺人之事？所为高谈古今嘐嘐自许者，何一非欺人之言？中夜以思，汗下如雷，顷观先生所为楹帖"道在存诚"云云，旨哉，其奄然君子之言乎！果存诚而不自欺，则圣学王道又有他哉？

译文

我曾经解剖平生毛病的根源,之所以养痛藏患,有许多漏洞,最主要的是在不诚这一点上。我私下认为,天地之所以不止息,国家之所以蠹立,贤人的德业之所以可大可久,都是以诚为之。故而说:"诚,始终贯穿事物中,不诚则无物。"今天的学者,说考据,则拿来作为辩论的依据;说经济,则据此作为博得名声的工具。说的人不惭愧,相信的人还以此为贵,互相欺骗,不以为耻。至于官场上的积习,是更加崇尚虚文,面对着各种奸弊,涉及者不以为怪,知道的人也不去指出,彼此互相涂抹掩饰,聊借以自保。疲塌而成风气,大家都认同,稍有不同则会感到诧异。故而我每每私下发出狂论,说今日讲求治术,则不如考察名实之间相符与否;今日讲求学术,则不如去拔取笃实做事的士人。事物到了极端则生变化,挽救浮华不如质朴,玩忽习气积累已久,必须以猛烈来振作,其意就在这里。当今时事危迫,追究恶劣状况产生的原因,何尝不归咎于发难者,他们能说确实看到整治天下的大计,应当痛加检讨并予以廓清吗?哪能就预知今日的变故,确实可由我们自己来收拾呢?不过是以语言欺骗人,为了抢先升得要职罢了。国藩以此反思自己早年的作为,博览群书操习众艺的努力,其中有哪一点不是为了欺骗别人?所做的那些高谈古今夸夸自许的事情,其中有哪一点不是欺人之谈?半夜想起来,汗如水滴,刚才看先生所写的楹帖中"道在存诚"等等,说得很中肯啊,俨然君子的言论!果真心存诚意而不自欺,则圣贤之学王政之道还有别的吗?

曾国藩画像

商务版《曾文正公嘉言钞》

![点评]

这段话出自道光二十三年（1843）曾氏给贵州巡抚贺长龄的信中。从这段话中，我们可以依稀看到一个年轻位卑却不同流俗旨趣远大者的踔厉风姿。

在曾、左大显之前，湖南先后出现过四个著名的督抚。他们是陶澍、贺长龄、李星沅、劳崇光，均为湘中士人集团所尊敬的人物。这四人中，名声最大的是陶澍，影响最大的则是贺长龄，甚至可以说，贺是早期湘中士人集团的领袖。这是因为，一则贺是《皇朝经世文编》的主编，对于以经世致用为价值追求的湖湘士人来说，这部书乃他们的必读之书，且贺人品端方，为官有政绩，于是自然成了他们的精神领袖。二则贺氏家族势力强大，人脉广泛。贺的弟弟熙龄、丹麓等或为朝中御史，或为社会名士，都有相当高的时望。贺家还在长沙城里办学经商，财力雄厚。湘中士人里的头面人物如左宗棠兄弟、罗泽南师生、江忠源、刘蓉、欧阳兆熊以及湘阴郭家（郭嵩焘兄弟）、善化孙家（孙鼎臣兄弟）、茶陵陈家（陈源兖兄弟）等都与贺家关系密切，有的还在贺家做过西席。所有这些，使得贺长龄在当时三湘士林中有着极高的声望。

贺长龄官运亨通，由翰林而知府而按察使而布政使而巡抚而总督，但晚年却因镇压地方动乱不力遭劾革职，回家后不久便抑郁去世，终年六十六岁。咸丰元年（1851），家道已明显走下坡路的贺家，主动与官运日隆的曾氏结儿女亲家。贺家试图通过这种联姻来重振家道，但可惜的是贺家之女在过门一年后便难产去世，不久其弟丹麓与嗣子少庚亦相继去世。曾氏在给儿子的信中说："耦耕先生学问文章卓绝辈流，居官亦恺恻慈祥，而家运若此，是不可解！"

贺长龄生前家道兴旺四十余年，死后仅十年便气象凋落，这在官场中并不少见。曾氏说："凡天下官宦之家，多只一代享用便尽。"贺家为"一代享用便尽"又提供一个例证。

君子之看待施与报

君子之自处常严重而不可干。其待人也，以敬其身者敬之，道胜己者，抑志事之。仆虽蠢顽，亦颇识轻重之分。

缓急之求，无贵贱贤否皆有之者也。求人而甘言谢之，夫人而能也；德于人而责报，亦夫人而能也。至知道者，有进焉，其受人赐，中心藏之，不以口舌云报也；其忠于谋人，过辄忘之。彼德我，吾安焉，彼不德我，吾安焉。徐以观其他，他行合义，友之如故，他行不义，而后绝之，终不相督责也，所谓"道济万物而不自居，施及后世而不伐"，皆自于此。

君子有高世独立之志，而不予人以易窥；有藐万乘却三军之气，而未尝轻于一发。道之未光，忠信之未孚，而欲人之坦坦以相谅，盖其难矣。

译文

君子对待自己的处世，常谨严持重而不可冒犯。他对待别人，以尊重自己之心来尊重，对于道德超过自己的，则降低身份来师事。我虽愚蠢顽劣，也稍稍懂得轻重之分。

遇到急事求人，这是无论贵与贱贤与不贤都有的事。求过别人后好言感谢，这是一个人可能做的，有恩德于别人而希望获得报答，这也是一个人可能想的，至于那些明道的人，则又有更进一步的表现。他受到别人的恩德，心里记住，而不以言语来表示回报。他忠心给人办事，过后则将它忘掉。别人感谢他，他安然接受，别人不感谢他，他心里也安然，慢慢地观察那个人，他的行为合乎道义，则以朋友相待如故，他若行不义，则与断绝友情，始终不去责备他。所谓"道拯救万物但自己不居功，施惠泽于后世而自己不矜伐"，都源于此。

君子有高出世俗、独立特行的志向，然而却使别人不容易看到；有藐视万乘斥退三军的气概，然而却未尝轻易发露。德行未显现出来，忠信未取得接受，然而却希望别人坦诚地予以体谅，这是难事。

点评

这三段话都出自于道光二十四年（1844），曾氏写给王拯的信。王拯字定甫，号少鹤，广西人，当时与曾氏同在翰林院供职。通读曾氏全信，可知事情原来是这样的：翰林院编修陈源充的妻子产子后不久去世。曾氏与陈同乡同年，关系密切（后又结为儿女亲家），听说王拯为人仗义，便请他代陈买棺木。王买了棺木，又亲去凭吊。但陈之前并不认识王，曾氏又未将此事告诉陈，于是陈家的仆人没有及时通报，陈也未对王言谢。王遂极不舒服，写了一封言辞激烈的信责备曾氏。曾氏回信道歉。在道歉的同时，曾氏说了所抄的这几段话。曾氏所说的这几段话，对今天的读者也有启迪，即应当怎样看待人与人之间的施与报。

以朱子之说格物致知

天下之道，非两不立，是以立天之道，曰阴与阳；立地之道，曰柔与刚；立人之道，曰仁与义。乾坤毁则无以见《易》，仁义不明，则亦无所谓道者。《传》曰天地温厚之气，始于东北，而盛于东南，此天地之盛德气也，此天地之仁气也。天地严凝之气，始于西南，而盛于西北，此天地之尊严气也，此天地之义气也。斯二气者，自其后而言之，因仁以育物，则庆赏之事起，因义以正物，则刑罚之事起，中则治，偏而乱。自其初而言之，太和氤氲，流行而不息，人也，物也，圣人也，常人也，始所得者均耳。人得其全，物得其偏，圣人者既得其全，而其气质又最清且厚，而其习又无毫发累，于是曲践乎所谓仁义者，夫是之谓尽性也。推而放之凡民而准，推而放之庶物而准，夫是之谓尽人性尽物性也。常人者，虽得其全，而气质拘之，习气蔽之，好不当则贼仁，恶不当则贼义，贼者日盛，本性日微，盖学问之事，自此兴也。

学者何？复性而已矣。所以学者何？格物诚意而已矣。格物，则剖仁义之差等而缕析之；诚意，则举好恶之当于仁义者而力卒之。兹其所以难也。吾之身，与万物之生，其理本同一源，乃若其分，则纷然而殊矣。亲亲与民殊，仁民与物殊，乡邻与同室殊，亲有杀，贤有等，或相倍蓰，或相什百，或相千万，如此其不齐也。不知其分而妄施焉，过乎仁，其流为墨，过乎义，其流为杨。生于心，害于政，其极皆可以乱天下，不至率兽食人不止。故凡格物之事，所为委曲繁重者，剖判其不齐之分焉尔。

朱子曰："人心之灵，莫不有知。"此言好恶之良知也。曰天下之物，莫不有理，惟于理有未穷，故其知未尽。此言吾心之故有限，万物之分无穷，不究乎至殊之分，无以洞乎至一之理也。今王氏之说，曰致良知而已，则是任心之明，而遂曲当乎万物之分，果可信乎？冠履不同位，凤凰鸱鸮不同栖，物所自具之分殊也。瞽瞍杀人，皋陶执之，舜负之；鲧堙洪水，舜殛之，禹郊之。物与我相际之分殊也。

仁义之异施，即物而区之也。今乃以即物穷理为支离，则是吾心虚悬一成之知于此，与凡物了不相涉，而谓皆当乎物之分，又可信乎？朱子曰："知为善以去恶，则当实用其力，务决去而求必得之。"此言仁义之分既明，则当毕吾好恶以既其事也。今王氏之说，曰即知即行、格致即诚意工夫，则是任心之明，别无所谓实行。心苟明矣，不必屑屑于外之迹，而迹虽不仁不义，亦无损于心之明，是何其简捷而易从也！循是说而不辨，几何不胥天下而浮屠之趋哉？尧、舜、禹、汤、文、武、周公、孔子之学，岂有他与，即物求道而已。

物无穷，则分殊者无极，则格焉者无已时，一息而不格，则仁有所不熟，而义有所不精。彼数圣人者，惟息息格物而又以好色恶臭者竟之，乃其所以圣也。不如是，吾未见其圣也。自大贤以下，知有精粗，行有实不实，而贤否以次区焉。

国藩不肖，亦谬欲从事于此。凡伦类之酬酢，庶务之磨砻，虽不克衷之于仁，将必求所谓蔼然者焉；虽不克裁之于义，将必求所谓秩然者焉。日往月来，业不加修，意言意行，尤悔丛集，求付一物之当其分而不可得，盖陷溺者深矣。自维此身纵能穷万一之理，亦不过窥钻奇零，无由底于逢原之域，然终不敢弃此而他求捷径，谓灵心一觉，立地成圣也。下愚之人，甘守下愚已耳。智有所不照，行有所不慊，故常馁焉，不敢取彼说者廓清而力排之。愚者多柔，理有固然。

译文

天地间的法则，没有对称则不成立，所以使天得以立的法则是阴与阳，使地得以立的法则是柔与刚，使人得以立的法则是仁与义。乾坤破坏则不可见到《易经》这部书，仁义不彰显，则也无所谓道德。《易传》说，天地的温厚之气，起始于东北，而旺盛于东南。这是天地之间旺盛的道德之气，这是天地之间的仁气。天地之间的严凝之气，起始于西南，而旺盛于西北，这是天地之间的尊严气，这是天地之间的义气。这两种气，从它后来的作用来说，因为仁用来哺育万物，则庆赏方面的事兴起；因为义用来匡正万物，则刑罚方面的事兴起。居中则安定，偏斜则混乱。从它初始的状态来说，太和之气弥漫于宇宙，人也好，物也好，圣人也好，常人也好，最先所得到的多少都一样。人得到它的全部，物体得到它的部分，圣人不但得到它的全部，而且他的气质又最清纯最厚实，他的习性又没有毫发拖累，于是所谓践行仁义，就是尽性。推而广之所有人都如此，推而广之所有物体都如此。这就叫做尽人性尽物性。普通人虽然得到它的全部，但因其气质和习性的拘蔽，表现在庆赏方面不恰当则贼害仁，表现在刑罚方面不当则贼害义。贼害若一天天加大，则本性一天天减弱，于是学问方面的事情则由此而兴起。

学习的目的是什么？恢复本性罢了。学习的途径在哪里？格物诚意罢了。格物，则剖分仁义上的差别等级而加以缕析；诚意，则是用仁义来衡量好恶之当否而加以力促。此事之所以困难。我的身体与生长着的万物，在道理上是同出一个源头，若是加以分析，则复杂而彼此不同了。亲爱自己的血亲与对待别的人则不同，仁爱人民与对待物体则不同，乡邻与同室者有不同，血亲上也有血缘远近的区别，贤良的人也有等级上的高低，或差一倍，或相差十倍百倍，或相差千倍万倍，就因为这样而不齐了。如果不知道区别而随意作为，仁上过了头，则流为墨翟，义上过了头，则流为杨朱，这些都生发于心中，而遗害于政事，它的极端也可以使得天下混乱，不到导致野兽吃人不停止。所以格物上的事，做起来曲折麻烦之处，是在剖析判别它的不一致的区分上。

朱子说："人心的灵明，在于有知。"这话说的是人对好与恶的良知。又说："天下的物体，都有它的存在道理，只是因为道理本身无穷无尽，故而知识无穷无尽。"这话说的是我们的心所知有限，万事万物的区分是无穷无尽的，若不研究差别上的精细，则没办法洞察最高的道理。现在王阳明的学派说致力于良知罢了，则是听任心的灵明，于是便可以将万物区分允当，果真能相信吗？帽子与鞋子穿戴在不同的体位上，凤凰与鸱鸮不住在同一个窝里，事物本身所具备的差别是很大的。瞽瞍杀人，皋陶将他抓起来，舜则背着他逃走；鲧治洪水不成，舜对他处以极刑，禹则郊祭他。别人与我之间的差别是很大的。

仁义的不同施与，也就是因物体的不同而区分。现在有人将穷究物体的道理视为支离破碎，认为我的心一旦虚悬即可认识到，与一切事物不相联系，而说我对事物的处置都允当，又可能相信吗？朱子说："知道以为善来去掉恶，则应当实实在在用力，务必坚决去掉而所求一定要得到。"这话说在仁义上的区分既已明朗，则应当竭尽我对此的好与恶之心来从事。现在王阳明的学派说知即是行，格物就是诚意的功夫，则是只听任心的明朗，再没有所谓的实行；心如果明朗了，就不必要再很在乎外表上的行为，甚至行为上虽然不仁不义，也无损于心灵的明朗，这是何等简捷而易于做到！听从这个学说而不加分辨，岂不是带领天下去走向佛教吗？尧、舜、禹、汤、文、武、周公、孔子的学说，岂有别的，就是即物求道而已。

事物无穷，则差异无穷，则研究无止境，一刻不研究，则于仁上便有所不熟悉之处，在义上便有所不精通之处。那几个圣人，他们只是时时刻刻在研究事物，而又以喜好美色厌恶臭味的态度来做到底，于是才成为圣人。不这样，我未见到他们的圣贤之处。自大贤以下，知识上有精与粗，行动上有实与不实，而贤与不贤则以此次第区分。

国藩无能，也想勉强从事这件事。凡人群中的应酬，日常琐事的麻烦，虽然不能以仁折中，但务必求得神情蔼然；虽不能以义裁决，但务必求得秩序井然。年年月月，学业的修理没有增加，言行随意，悔怨交集，求得允当处置一物而不可能，这是因为陷溺深的缘故。自认此身纵使能够穷究万分之一的道理，也不过是窥视得一点零头，没有办法到达左右逢源的境地，然而毕竟不敢放弃此途而另求捷径，说什么灵心一旦觉悟便可立地成圣。我是一个下等愚蠢者，心甘情愿去死守愚蠢。智慧有所不能照应，行为有所不能满足，故而心里常不得充实，不敢将异端学说予以廓清而力排其非。愚蠢者多柔弱，从道理上讲有它的必然。

点评

世人批评曾氏，说他是没有理学著作的理学家，若一定要找他的理学著作，则只有零散的几篇书信、短文。这话是不错的。曾氏算不上理学的理论家，他是理学的践履者。在学问上他没有创新与发展，但在实行上却少有人能及。但凡研究曾氏的理学观念，一定会提到道光二十五年（1845）他写给刘蓉的信。这段话即出于此信。从这段话中可看出曾氏从朱子而去阳明的理学信念。

生平重视友谊

仆寡昧之资，不自振厉，恒资辅车以自强，故生平于友谊兢兢焉。尝自虑执德不宏，量既隘而不足以来天下之善，故不敢执一律求之。虽偏长薄善，苟其有裨于吾，未尝不博取焉以自资益。其有以谠言诤论陈于前者，即不必有当于吾，未尝不深感其意，以为彼之所以爱我者，异于众人泛然相遇之情也。

译文

我是德寡智昧的资质，不能自我振励，常常想有所借助而达到自强，故而生平对于友谊怀战战兢兢之心。曾自虑所拥有的道德不宏大，器量狭隘而不足以招致天下的良善，故而不敢坚持以一律求之。即便是偏激缺乏善意的言语，假如对我有益，未尝不广为获取以使自己得益。他若有正直亢爽的言论出现在眼前，即便对我并非适合，未尝不深为感谢他的好意，认为他对我的关爱，不同于那些泛泛相交者的感情。

点评

这是道光二十七年（1847）写给欧阳勋的信。勋为曾氏好友欧阳兆熊的儿子，此时年仅二十一岁，比曾氏小了十六岁。勋为湖南一布衣书生，曾氏已是朝中二品大员。无论从辈分年龄，还是从功名地位来说，二人之间相距甚大，但曾氏却以平等之态度待勋。此固出于曾氏的修养，亦缘于曾氏甚为欣赏勋，他视勋为桐城文派在湖南的传人。惜勋不到三十便去世，文章未大成。

转机始赖一二人

大抵事机之转，其始赖一二人者，默运于深渊微莫之中，而其后，人亦为之和，天亦为之应。

译文

大凡事机的转变，它的开始靠着一二个人默默地在深入细微之中致力，到了后来，人也为他唱和，天也为他呼应。

点评

这里说的是人群中先知先觉者的重要性。当然，先知先觉者后来也要取得大多数人的应和，否则，便只能成为卓越的思想家，而不能成为有实效的政治家。譬如引进西方科技以图自强一事，魏源便只能称之为卓越的思想家，曾氏才是有实效的政治家。

不忧兵与饷而叹人才缺

无兵不足深忧，无饷不足痛哭，独举目斯世，求一攘利不先、赴义恐后、忠愤耿耿者不可亟得，或仅得之而又屈居卑下，往往抑郁不伸，以挫，以去，以死；而贪饕退缩者，果骧首而上腾，而富贵，而名誉，而老健不死。此其可为浩叹者也。

译文

没有兵员不足以深忧，没有饷银不足以痛哭，惟有放眼看当今世道，要求得一个揽取利益不走在前、奔赴正义惟恐在后、忠愤耿耿的人不可很快得到，或者只是仅仅得到却又屈居卑下，往往心情抑郁不伸，从而遭受挫折，从而因此离开，从而因此死去；而那些贪婪退缩者，却昂首而迁升，而富贵，而获得名誉，而老健不死。这是可为之浩叹的事。

点评

咸丰二年（1852）十二月，曾氏奉旨出山，办理湘省团练事务。时局混乱，办事极难。陶澍的女婿彭申甫致信给曾氏，说："今日不可救药之端，惟在人心陷溺，绝无廉耻。"这话与曾氏的看法完全一致。曾氏遂复信彭，同意他的意见，认为当今办团练，无兵无饷都不是最大的困难，最大的困难是缺乏勇赴公义的人才。将人才视为第一要素，这是曾氏事业成功之秘诀。

官府若不悔改则乱萌未息

干戈之后，自缙绅先生下逮厮役走卒，皆宜有怵惕创痛之意，以惩前而毖后。若仍酣歌恒舞，事过忘忧，漫无悔祸之意，而各逞亡等之欲，则此间之乱萌，尚恐未能遽息。

译文

战争爆发后，自官员到下面的办事人员，都应该有遭受伤痛的恐惧感觉，借以惩前毖后。假若依旧沉醉在歌舞升平中，事情一过则忘记忧虑，毫无悔过之心，而都沉溺于自我戕害的欲念中，那么这里的混乱迹象，恐怕未能很快息灭。

点评

为什么会有这场战争的爆发？关键的原因是社会上有一部分人无法正常生活下去，于是抱团揭竿起义。对于此，官府要负极大的责任。若官府在事过之后依旧醉生梦死毫无悔改之心，则混乱决不会止息。作为官场中的一员，曾氏此种认识可谓难得。

希图挽回天心

今日百废莫举，千疮并溃，无可收拾，独赖此精忠耿耿之寸衷，与斯民相对于骨岳血渊之中，冀其塞绝横流之人欲，以挽回厌乱之天心，庶几万有一补。不然，但就局势而论之，则滔滔者，吾不知其所底也。

译文

眼下百废不能复兴，千疮一齐溃烂，无可收拾，独独依靠这颗耿耿忠心，与老百姓一道处在骨山血海之中，希望能够堵塞横流的人欲，借以挽回厌乱的天心，或许能补救万分之一。不然的话，但就局势而论，则目前好比遇上滔滔洪水，我不知它的止境在哪儿。

点评

这是咸丰三年（1853）二月对江忠源、左宗棠说的。此信系劝新宁团勇头领江忠源接受向荣所奏请的翼长一职，希望他借翼长职务来施展凤抱，即便不为重用，也可据此"尽究军情得失"。

太平天国事起，代理浙江秀水知县的江忠源最先在家乡（湖南新宁）办起团练，并带领团勇与太平军交战。左宗棠则被湖南巡抚聘为幕僚，佐理军务。江、左二位都是曾氏所器重的有大志大才的人，且对时局的看法又多有相同之处。他们有一个共同的观点，即国家遭此大变，都是因为人欲横流的缘故，若不从这点下手，则无可救药。而当时的官场，更是深受人欲之害，京官推诿、琐屑，外官敷衍、颟顸，体制内几无人才可用。挽救时艰，必须着眼于体制外。

正是基于这种认识，曾氏出山办事初期较为相信书生，大量起用书生带兵。他也较为信任绅士，每到一处都注意借用绅士的力量，来打开当地的局面。然而，像彭玉麟那样愿以寒士始寒士终的书生毕竟极为罕见，像欧阳兆熊那样不做官只做事的绅士也并不多见，绝大多数书生做了官以后，便很快忘掉血性，绝大多数绅士在有了实权之后也随即变质，曾氏心中那种始终如一的"忠愤耿耿"者，竟然难求难遇。权与利对人的腐蚀，看来几乎是不可抵御的。

直道而行

君子直道而行，岂肯以机械崄巇与人相竞御哉？

译文

君子以直爽之道而行世，岂愿意以复杂机心来与人相竞争？

点评

曾氏后来说过以至诚应至伪、以至拙应至巧的话，其用意与此话同。

讨厌宽厚论说模棱气象

国藩入世已深，厌阅一种宽厚论说、模棱气象，养成不黑不白不痛不痒之世界，误人家国已非一日，偶有所触，则轮困肝胆又与掀振一番。

译文

我进入这个世界已经很深了，讨厌看到一种宽厚论说、模棱两可的现象，因为此而造成不黑不白不痛不痒的世界，误人误家与误国已非一日，偶尔有所感触，则自己的五脏六腑又要被掀揭一次。

点评

欧阳兆熊曾说过，曾氏办团练之初，奉行的是申韩法家之术，即以霹雳手段行严刑峻法来整治乱世。凭着这种血性，曾氏迅速开创了局面；也因为这种血性，让曾氏得罪了当时的腐败官场。上面这段对好友刘蓉说的话，正是法家信徒的内心表白。这年二月，他在《严办土匪以靖地方折》中也向朝廷表明自己的态度："盖缘近年有司亦深知会匪之不可遏，特不欲其祸自我而发，相与掩饰弥缝，以苟且一日之安，积数十年应办不办之案而任其延宕，积数十年应杀不杀之人而任其横行，遂以酿成目今之巨寇。今乡里无赖之民，嚣然而不靖……平居造作谣言，煽惑人心，白日抢劫，毫无忌惮。若非严刑峻法，痛加诛戮，必无以折其不逞之志，而销其逆乱之萌。臣之愚见，欲纯用重典以锄强暴。"

相信与相疑

平昔有相信之素，则臭腐皆变芬芳；平昔有相疑之端，则见闻无非荆棘。

译文

平时有相互信任的经历，则臭腐都变成芬芳；平时有相互怀疑的念头，则所见所闻都是荆棘。

点评

疑人偷斧，乃人性中的普遍现象。

窗棂愈多则愈蔽明

两心炯炯，各有深信之处，为非毁所不能入，金石所不能穿者，别自有在。今欲多言，则反以晦真至之情，古人所谓"窗棂愈多则愈蔽明"者也。

译文

两颗心光亮，各自有深信之处，为非议毁谤所不能进入，金石所不能穿破，另有一种坚硬所在。现在想要用语言来表白，则反而将使至真之情变得晦暗，正是古人所谓的"窗棂越多则越遮蔽光明"。

点评

所谓两心相印，是人与人相处最难达到也最为可贵的境界；若要靠语言来表白，则已落入低一个层面了。

荆轲之心，苌宏之血

虹贯荆卿之心，而见者以为淫氛而薄之；碧化苌宏之血，而览者以为顽石而弃之。古今同慨，我岂伊殊？屈累之所以一沉而万世不复返顾者，良有以也。仆之不能推诚与人，盖有岁年，今欲矫揉而妁妁向人，是再伪耳！

译文

荆轲的心化为长虹贯于天空，但看见者却将它视为怪异之气而鄙薄；苌宏的血化为碧玉，但鉴赏者却将它视为顽石而丢弃。无论是古代还是现在，这种事情都常有，我又怎能够与人不同？屈原之所以毅然决然地投水自沉，虽千年万世也不回顾，的确是有他的原因的。我的不能推诚待人有不少年了，现在想要改变个性委屈自己顺从别人，不过是再次作伪罢了！

点评

这是几句很沉痛的话，长为后世所提起。曾氏为国为民的一片苦心不为众人谅解，反而经常遭人讥讽怀疑，心中郁闷。咸丰四年二月，他在给挚友刘蓉的信里透露这种遭受委屈的苦恼。

屈累即屈原。古称不以罪死曰累。屈原无罪而死于湘江，故称屈累，又称湘累。曾氏此时正在衡阳训练湘军，即将开拔出征。他为什么会有这种"世混浊而不分兮，好蔽美而嫉妒"的屈原式的遭遇呢？除了当时官场腐败、不干事者优容养望干事者处处受掣肘外，还有一个重要的原因是曾氏所做的许多事情，与国家体制相背离，很多人不能理解或根本就反对他的那一套"别树一帜"、"另起炉灶"。赵烈文曾当面对曾氏说过："师历年辛苦，与贼战者不过十之三四，与世俗文法战者不啻十之五六。"（见《能静居日记》"同治六年"）世俗文法，即当时所实行的体制，以及与这个体制相一致的理念和规章制度。

士各有志

蟾蜍触沙而不行，於菟腾风而万里。士各有志，不相及也。

译文

蟾蜍爬在泥沙上而不能远行，老虎借助风势而奔跑万里。士各有志，彼此不相干。

点评

志趣不同，导致人的不同行为取向，故立志最重要。

互相箴规

吾乡数人，均有薄名，尚在中年，正可圣可狂之际，惟当兢兢业业、互相箴规，不特不宜自是，并不宜过于奖许，长友朋自是之心。彼此恒以过相砭，以善相养，千里同心，庶不终为小人之归。

译文

我们家乡几个人都有薄名，尚处在中年，正是可以做圣人也可以做狂人的时候，惟独应当兢兢业业，互相规谏，不但不宜自以为是，而且不宜过于夸奖，从而促长朋友的自以为是之心。彼此之间常常互相批评过失，互相培植良善，千里之外同心同德，这样或许最终不会变成小人。

点评

咸丰八年（1858）七月，胡林翼之母病逝于鄂抚衙门。胡即日上奏辞职守制。朝廷不允，只给他半年假期。据《胡林翼年谱》载："自公忧归，海内有识者佥谓公身系东南安危，不当拘牵文义，致误事机，宜夺情起复，以副中外之望。"曾氏更是盼望胡能夺情，因为他此时刚刚复出，亟须得到胡的支援；但曾氏又是虔诚的理学信徒，而夺情于礼不合，对于胡的坚持守制，曾氏在心里则是赞许的。八月，他在给李续宜的信中说，我们既然深爱胡，也就不能勉强他夺情，让他受名教之讥。接下来便有上录这段话。

战乱发生后，湖南一时人物勃兴，皆在三四十岁左右，此时既可以圣贤为榜样，成就一番大业，也可因军功而狂妄放纵，结果事业不成。曾氏清醒地看到这一点，希望朋友之间互相规谏，俱入正途。此正体现曾氏的领袖风范。"可圣可狂"四字，很值得少年得志、中年有成者记取。

以得人为强

国家之强，以得人为强，所谓"无竞维人"也。若不得其人，则毛羽未满，亦似难以高飞。昔在宣宗皇帝亦尝切齿发愤，屡悔和议而主战守，卒以无良将帅，不获大雪国耻。今欲罢和主战，亦必得三数引重致远折冲御侮之人以拟之。

若仅恃区区楚材目下知名之数人，则干将、莫邪恐亦未必终不刓折，且取数太少，亦不足以分布海隅。

译文

国家的强大，以得到人才乃可称之为强大，所谓"不能竞争的只有人"。若是不能得到这样的人，则羽毛未丰满，也似乎难以高飞。先前，宣宗皇帝也曾经切齿发愤，屡屡后悔和议而主张以战争来守卫国家，终于因为没有好的将帅，没有获得大雪国耻的成功。现在若要罢和而主战，也必须得到几个能够负重致远、折冲御侮的人来担负此事。若仅仅只依靠区区楚地眼下著名的几个人，则即使是干将、莫邪这样的宝剑恐怕也未必始终不会钝折，而且为数太少，也不足以分发到偏远地方去。

点评

"无竞维人"一语，出自《诗经·大雅》中《抑》。诗里说"无竞维人，四方其训之"。意谓有了人才国力强盛，四方诸侯都来归顺。人是第一要素，这是古往今来人们在理论上的共识，但在具体实施过程中，却有不同的做法，从而引发不同的结果。曾氏在识人用人上有许多独到之处，很值得当今团队领袖们研究。

渐实则能渐平

高明、平实二义，张杨园先生尝言之矣。大抵莅事以明字为第一要义。明有二：曰高明，曰精明。同一境，而登山者独见其远，乘城者独觉其旷，此高明之说也；同一物，而臆度者不如权衡之审，目巧者不如尺度之确，此精明之说也。凡高明者，欲降心抑志以遽趋于平实，颇不易易。若能事事求精，轻重长短一丝不差，则渐实矣，能实则渐平矣。

译文

高明、平实两个词的含义，张杨园先生曾经说过了。大凡临事以明字为第一重要。明有两种，叫做高明，叫做精明。同一个环境，登到山顶上的人独独看到它的辽远，踏上城墙的人独独感觉到它的空旷。这说的是高明。同一个事物，随心猜测则不如仔细权衡的精审，眼睛厉害不如以尺度量的精确。这说的是精明。

凡是高明者，想要降压心志立即趋于平实，颇为不容易。若是能够事事求精，轻重长短一丝不差，则能渐渐做到实在，能够实在也便能渐渐做到平常。

点评

这段话典型地勾勒出曾氏的思维过程：面对复杂现象，先抉出其中的要害之处，再加以剖析，然后找出由此及彼的津梁。曾氏翰林出身，有长达十年的词臣经历，通常说来，应长于笔墨而短于办事，但后来他不仅能遍兼五部侍郎，而且办成天下至难至艰的实事，这得力于他莅事时清晰而精审的思维。

现实中，高明者难平实，平实者亦难高明。曾氏却认为，真正把高明做到家，即将高明引向精明发展，事事求精，则可渐实渐平。于是，高明与平实可兼而得之。

饱谙世态

耿介人类不耐事，从古已然。更与饱谙世态，当无是虑。

译文

性格耿介的人大多不耐烦做具体事，自古以来便是这样。待到饱经世态之后，应当没有这个顾虑了。

点评

社会是人生的最好课堂，它能教给人以实实在在的生存理念与生存方式。所以，人在饱谙世态后，多能弥补不足，逐渐成熟。

礼义法度当应时而变

庄生有言礼义法度者，应时而变者也。行周于鲁，犹推舟于陆也。古今之异，犹猨狙之异乎周公也。

译文

庄子曾经说过，礼义法度这些东西，是顺应时代而变化的。将周可行的礼法移到鲁，好比推船在陆地上行走。古与今之间的差别，好比猿猴与周公之间差别一样。

点评

礼义法度，是人制定出来的。鉴于当下人类社会所出现的问题，负有治理责任的人制定一些规范出来，企图使用这些规范来使人类社会和谐、稳定、有序地存在。这些规范便是礼义法度，它来源于当时的人类社会，服务于当时的人类社会。明白了这个道理，便可知道，古人的礼义法度是那个时代的产物，时代变了，礼义法度也需要变化，否则便是推舟于陆——行不通。

湘军兵勇体质荏弱

来示谓"求才之效，不可必得，求才之道，仍须自尽"，自是破的之论。近好求筋力健整能吃辛苦之人，一药吾党荏弱之风，尚未遽见。

译文

来信说"求取人才的效果，不可能一定就得到，求取人才的途径，仍需要加以完善"，自是说得很准确。近来很想求得筋力健全能耐辛苦的人，用来医治我们这个团体的柔弱之风，但尚未很快见到。

点评

咸丰三年（1853）十一月，曾氏在给刘蓉的信中谈到湘军的长处与短处，其短处之一为："体质薄脆，不耐劳苦，动多疾病。"此段话中所说的"好求筋力健整能吃辛苦之人"，即基于此。曾氏后来决定组建淮军，其动因之一亦由此。他认为江淮人剽悍，一过江北后，湘人体质薄脆更显突出。

穷途白眼

近来饱尝艰险，穷途白眼所在多有。渠自赋诗有云"沉舟转侧波涛里，败絮周旋荆棘中"，盖实录也。

译文

近来饱尝艰难危险，无路可走与遭人白眼等处境随时遇到。他自己写诗，诗中说"将沉的船翻倒在波涛里，飘落的花絮周旋在荆棘中"，这是真实的纪录。

点评

湘军在十余年与太平军的角逐中，败多胜少，因而遭遇白眼是常事，曾氏就说过他"几为通国不容"，可见道路穷迫之至。

此处好比夷齐之垅

惠书称申夫有揽辔澄清之志，只愧尺波不足以纵巨鳞，陋邦不足以发盛业。昔有巨盗发冢，椎掘方毕，棺中人忽欠身起坐曰："我乃伯夷，何为见访？"盗逡巡去。易一丘，方开凿墓门，见前欠伸者随至曰："此舍弟叔齐冢也。"今将施巨钩馋饵于蹄涔之水，是犹索珠襦玉押于伯夷之垅，多恐有辜荐贤之盛心。至于推诚扬善，力所能勉，不敢或忽。

译文

来信说李申夫有指挥军队澄清天下的志向，只是惭愧我这里仅一尺的波澜，不足以让大鱼纵身腾跃，卑陋的地方不足以创造盛业。从前有大盗窃墓，挖掘刚完成，棺木中的人忽然起身坐起说："我是伯夷，为何来拜访我？"盗贼四处看看后离开了。换一个山包，正在开凿墓门时，见刚才起身坐起者随后跟来说："这是我的弟弟叔齐的墓。"现在垂下巨钩钓于马蹄大的水坑，正好比索取珠服玉匣于伯夷的墓中，恐怕多半会辜负你的荐贤美意。至于以诚相待表扬良善，这是努力而可勉强做到的事，不敢有所疏忽。

点评

这段话中的比喻极富幽默感。伯夷、叔齐兄弟因不食周粟而饿死在首阳山，其墓中自然无分文可取，盗墓者盗夷、齐之墓，可谓完全找错了目标。曾氏出名后，从各地来投靠者络绎不绝，投奔的目的也各有不同，不少人是怀着获取大利的心愿而来，故而与早期不同，曾氏此时对前来投靠者往往先泼点冷水，压一压他的胃口，以免到时失望。以夷、齐墓来比喻他这块地盘，其用意便在此。李榕四川人，字申夫，以礼部主事身份来到曾氏幕中后，与曾氏很是投契。曾氏很欣赏他的才具，但他只做到湖南布政使，便被弹劾丢了官，并未做出"揽辔澄清"的事业来，晚年更因贫困而就食于老朋友处。

懵懂祓不祥

手示敬悉。安乐弃予，世态之常，侍去年过此，与今年情形迥异。所示"莫危于渐"，诚为笃论，然此时只当用老僧不见不闻法。天下惟忘机可以消众机，惟懵懂可以祓不祥也。万事无成四字，是鄙人一生考语，公安得攘而有之？

译文

来信敬悉。安乐厌弃我，这是世间的常态。我去年经过这里，与今年情形完全不同。信中所说"危险莫过于在渐变中产生"，的确是笃实之论，但此时只能采用老僧的不见不闻之法。天下的法则，惟有忘掉自己的机心才能消除众人的机心，惟有懵懂可以祓去不祥。万事无成这四个字，是我一生的评语，您怎能抢夺呢？

点评

《庄子·天地篇》说："机心存于胸中，则纯白不备；纯白不备，则神生不定；神生不定者，道之所不载也。"所谓机心，即算计别人的心思，与道心相违背。曾氏所谓的"忘机"、"懵懂"，是指不存机心而保全道心，这才是应对别人算计的根本之方。他提倡拙诚，即以至拙应天下之至巧，以至诚应天下之至伪，说的也是这个意思。

湖南有句俚语，叫做"阴阳怕懵懂"。面对着太多的钩心斗角、攻击中伤，曾氏已见怪不怪，惟有采取浑然不知的态度去应付，这就是他所说的懵懂。他还说过"惟大愚可治大奸"的话，也是这个意思。

曾氏与胡林翼的关系极为密切，故而这段对胡说的话也说得很贴心。

取人小处实处，与人大处空处

前曾语阁下以"取人为善，与人为善"，阁下默记。近数日内，取诸人者若干事，与人者若干事？大抵取诸人者，当在小处实处，与人者，当在大处空处。

译文

先前曾对你说过"取人为善"、"与人为善"的话。大致说来，从别人处取来的应当在小处实处，给予别人的应当在大处空处。

点评

曾氏自制格言"取人为善，与人为善；乐以终身，忧以终身"，借以自勉且勉励别人。这里的"阁下"指的是幕僚李榕。无论小处实处，还是大处空处，都指的是"善"。细揣文义，大约是说从细小处学习别人的优长，从立身修养处给人以教益。

这里再录几首曾氏类似格言，以飨诸君：

战战兢兢，即生时不忘地狱；坦坦荡荡，虽逆境亦畅天怀。

好人半从苦中来，莫图便益；世事多因忙里错，且更从容。

丈夫当死中求生，祸中求福；古人有困而修德，穷而著书。

天下事理皆成两片

昔邵子将天下万事万理看成四片，近姚惜抱论古文之法，有阳刚、阴柔两端。国藩亦看得天下万事万理皆成两片，与友石所云"阳智阴智"殆有同符。第邵子四片之说，颇多安排附会，友石亦不免此弊。能进于自然，则几矣。

曾国藩手书联语

译文

从前邵雍先生将天下万事万理看成四片，近世姚鼐论古文之法有阳刚、阴柔两端之说。国藩也认为天下万事万物皆成两片，与友石所说的"阳智阴智"略相符合。但邵雍先生的四片之说，较多附会，友石也不免有这样的弊病。能够进到自然而然的地步，则差不多了。

点评

关于天下事理皆成两片之说，曾氏道光二十五年（1845）给刘蓉的信中表述得较为详细："天下之道，非两不立，是以立天之道，曰阴与阳；立地之道，曰柔与刚；立人之道，曰仁与义。"其源则出于《易·系辞》："一阴一阳之谓道。"

忠于统领

既隶其麾下，尚祈忠于所事，无存歧异之见。古人有言"行衢路者不至，事两君者不容"，"锲而舍之，朽木不折，锲而不舍，金石可镂"。"其仪一兮，心如结兮"，窃愿以《尸鸠》之诗奉勖也。

译文

既然属于他的部下，尚请忠于他的事情，不要在意见上存有分歧。古人说过"走交叉道路到不了目的地，服务于两个君王则不能容许"，"镂刻而又舍弃，朽木都不能折断；镂刻而不停止，则金石都可雕琢"。"他的言行一致，心如固结"，我私下愿以《尸鸠》这首诗赠送给你作为勖勉。

点评

湘军的特点是"兵为将有"，说白点，即军队为将领的私家财产，故而部属必须忠于首领。曾氏之所以参劾李元度，背后的真正原因是李以湘籍人员改投浙江体系，为他所恼恨。湘军在改变清朝廷的世兵制之后，无形开启了后来的军阀制。

祸生于舌端笔端

阁下昔年舌端或有弹射，笔端亦颇刻酷，若祸生有胎，则亦不可不自省而敛抑也。

译文

阁下先前说话或许有伤害性，笔下的文字也较为刻薄严酷，倘若祸起有其原由的话，则也不可不自我反省且加以收敛抑制。

点评

以言沽祸，以文沽祸，古往今来不知多少！正因为此，便有"沉默是金"之说。即便如此，许多人仍然不爱沉默之金，好说话，好舞文弄墨。这是为何？或许出于人之好表现的本性吧！

君子愈让，小人愈妄

大抵乱世之所以弥乱者，第一在黑白混淆，第二在君子愈让，小人愈妄。侍不如往年风力之劲，正坐好让。公之稍逊昔年，亦坐此耳。

译文

大凡之所以使乱世更乱的原因，第一在黑白混淆，第二在君子愈加谦让，小人愈加狂妄。我的风力不如往年的强劲，正是因为好谦让。您的稍逊从前，也是因为这个缘故。

点评

曾氏的一个部将战败投敌，引来一些人的指责，他心里既恼火又有委屈感。咸丰十一年四月在给胡林翼信中写下这段话。当然，话说得也有道理，但更多地是在发牢骚。别看曾氏天天谈修炼，遇到窝心事，他一样地也会有气。

曾氏出山办团练之初，秉一腔护卫正义的血性，在与太平军作战的同时，也与同一营垒的不正之风作斗争。面对这两股力量，他都采取不妥让的态度。这里所说的"君子愈让，小人愈妄"，就是在此背景下说的话。然而，太平军可消弭，不正之风却不可消弭。晚期的曾氏，在强大的世风面前，也只得步步退让了。

功　效

天下之事，有其功必有其效，功未至而求效之遽臻，则妄矣。未施敬于民，而欲民之敬我；未施信于民，而欲民之信我；鲁莽而耕，灭裂而耘，而欲收丰穰十倍之利，此必不得之数也。

在《易·恒》之初六曰："浚恒贞凶，无攸利。"胡瑗释之曰："天下之事，必皆有渐，在乎积日累久而后能成其功。"是故为学既久，则道业可成，圣贤可到；为治既久，则教化可行，尧舜可至。若是之类，莫不由积日累久而后至，固非骤而及也。

初六，居下卦之初，为事之始，责其长久之道、永远之效，是犹为学之始，欲亟至于周孔，为治之始，欲化及于尧舜。不能积久其事，而求常道之深，故于贞正之道见其凶也。"无攸利"者，以此而往，必无所利。孔子曰"欲速则不达"也。是故君子之用功也，如鸡伏卵，不舍而生气渐充；如燕营巢，不息而结构渐牢；如滋培之木，不见其长，有时而大；如有本之泉，不舍昼夜，盈科而后进，放乎四海。但知所谓功，不知所谓效，而效亦徐徐以至也。

嵇康曰："夫为稼于汤之世，偏有一溉之功者，虽终归于焦烂，必一溉者后枯，然则一溉之益，固不可诬也。"此言有一分之功，必有一分之效也。程子曰："修养之所以引年，国祚之所以祈天永命，常人之至于圣贤，皆工夫到这里，则自有此应。"此言有真积力久之功，而后有高厚悠远之效也。孟子曰："宋人有闵其苗之不长而揠之者，其谓人曰予助苗长矣。其子趋而往视之，苗则槁矣。"此言不俟功候之至，而遽其速效，反以害之也。苏轼曰："南方多没人，日与水居也。七岁而能涉，十岁而能浮，十五而能没矣。北方之勇者，生不识水，问于没水，而求所以没，以其言试之河，未有不溺者也。"此言不知致功之方而但求速效，亦反以害之也。

译文

天下的事情，有它的功夫在内就必定有它的效果，功夫未到而求效果的很快到来，则是无知。没有给民众以尊敬，而希望民众尊敬我；没有给民众以信任，而希望民众信任我；以鲁莽的方式耕种，以粗暴的方式耘田，而希望得到十倍的收获。这些都是必定得不到的。

《易经》中的《恒卦》初六爻说："破坏常规为凶险，没有任何好处。"胡瑗解释说："天下的事情，必定是渐进的，要有日积月累的工夫而后才能成功。"所以治学长久，学业才可望有成，圣贤榜样才有可能接近；治政长久，教化才可望实行，尧舜时代的风气才可望到来。诸如此类，莫不由于日积月累的功夫之后才能获得，决不是骤然之间便可达到的。

初六爻居于下卦的开初，是事情的起始，指望它有长久之道、永远之效，这好比为学的初始，便想立刻到达周公孔子的地步，治政的初始，便想把国家教化得如同尧舜时代。不能做到累积长久的事功，而想求得常道的深厚，故而将会在正大之道上遇到凶险。"无攸利"，是指按照这样做下去，必将得不到利益。这就是孔子所说的"想快则反而达不到"。所以君子的用功，好比母鸡伏在蛋上，日夜不舍，于是生气渐渐充实蛋中；好比燕子经营窝巢，天天不息，于是窝巢结构逐渐牢固；好比培植树木，似乎看不到它在生长，但到时它却长大了；如有源头的泉水，昼夜不舍，盈满前面的坑坑坎坎后再流进江河，最后归于四海。只知道去用功，而不去时时计较它的效果，而效果慢慢地也就有了。

嵇康说："在大旱年代做农民，下过一次灌溉功夫的，虽然到头来禾苗还是焦烂，但它必定是在这次浇灌之后才枯萎，然则这一次灌溉的好处，确实不应该否定。"这话说的是有一分功夫，必有一分效益。程子说："修养之所以延长寿命，国家的寿命之所以能够长久，常人之所以到达圣贤的境地，都是因为功夫到了这一步，则自然有这样的照应。"这话说的是真正有累积之功夫，而后便有高厚悠远的效果。孟子说："宋国有一个忧虑他的禾苗不长而拔它的人，他对人说我已帮助禾苗长高了。他的儿子赶快去看，发现禾苗已经枯槁了。"这说的是不等功夫的火候来到，而加快它的速度以求得效果，反而害了它。苏轼说："南方多潜水的人，每天与水相居。七岁便能在水中行走，十岁就能浮在水面，十五岁便能潜伏于水中。北方的勇敢者，生来便不识水性，询问潜水一事，从而求取潜水的方法。用别人所教的方法到河里去试验，没有不被河水淹溺的。"这话说的是不懂得用功的方法，但求获得速效，也会反而害了他。

点评

这是一则笔记。先提出积功才能奏效的论点，然后以现实以典册以圣贤之言来层层论证，又穿插一连串的比喻来加深读者的印象。整篇笔记对论点的论述，既厚实又生动，毫无说教之味。

治政

唐浩明点评曾国藩语录

事断不可求速效，求速效必助长，非徒无益，而又害之。只要日积月累，如愚公之移山，终久必有豁然贯通之候，愈欲速则愈锢蔽矣。

办大事者，以多选替手为第一义，满意之选不可得，姑节取其次，以待徐徐教育可也。

盛时创业垂统之英雄，以襟怀豁达为第一义；末世扶危救难之英雄，以心力劳苦为第一义。

不轻受人惠

我自从己亥年在外把戏，至今以为恨事，将来万一作外官，或督抚，或学政，从前施情于我者，或数百，或数千，皆钓饵也。渠若到任上来，不应则失之刻薄，应之则施一报十，尚不足以满其欲。故自庚子到京以来，于今八年，不肯轻受人惠，情愿人占我的便益，断不肯我占人的便益。

译文

道光十九年我在外面应酬，至今引以为遗恨的事，将来万一作地方官员，或者总督巡抚，或者学政，从前送人情给我的，或几百，或几千，都是钓饵。他若是到我的上任之地来，不应付则失之刻薄，应付则施一而报十，尚且不足以满足他的要求。故自道光二十年到京师以来，到现在已经八年，不愿意轻易接受别人的恩惠，情愿别人占我的便宜，决不想我占别人的便宜。

点评

曾氏道光十八年（1838）中进士点翰林，随即回家读书。道光十九年这一年，曾氏以一个即将赴任的官员身份在家乡度过。湘乡乃至长沙府识与不识者，纷纷前来与曾氏攀上关系，送钱送物，其中固然不乏诚心诚意祝贺的，但更多的则另有目的。其目的即曾氏这段家书中所指出的。但此目的，无法让他们达到，故曾氏将那一年所接送的馈赠引为"恨事"。从那以后，他就再不接受人惠，不让这种恨事再出现。曾氏所遇到的这个麻烦事，想必一切有权者都会遇到，因此他的这段话很值得人们特别是有权者重视。

不得罪东家，好来好去

见可而留，知难而退，但不得罪东家，好去好来，即无不可耳。

译文

见情形可留则留下，发现难相处时则退出，但求不得罪主人，好去好来，如此则无论留与退都无不可。

点评

曾氏的六弟国华是个心高气傲却才又不足以副之的人，屡试不中后于道光二十五年（1845）九月进京入国子监，次年参加直隶乡试，又不中。二十七年底在京自行谋馆。曾氏知老六的性格不宜为塾师，故只希望他能"好去好来"，"不得罪东家"就可以了。"好来好去"，应是一种人群相处的原则，看似容易，做起来也并不容易。

愚公移山

事断不可求速效，求速效必助长，非徒无益，而又害之。只要日积月累，如愚公之移山，终久必有豁然贯通之候，愈欲速则愈锢蔽矣。

译文

办事断不可求速效，想求速效则必定会拔苗助长，不但无益，反而有害。只要日积月累，如愚公移山，最终必定有豁然贯通的时候，愈想求快则愈会感到受禁锢掩蔽。

点评

在笔记《功效》篇中，曾氏详细说明积功才能奏效的道理。这次又以愚公移山为例，说明持恒持久的重要。

凡事皆贵专

凡事皆贵专。求师不专，则受益也不久；求友不专，则博爱不亲。心有所专宗而博观他途，以扩其识，亦无不可；无所专宗，而见异思迁，此眩彼夺，则大不可。

译文

凡事都可贵在专。求师不专，则受益不长久；求友不专，则广泛友好而不能亲密。心有所专宗，又能博览其他途径，以求扩大见识，也无不可，若无所专宗而见异思迁，目光为这为那所眩夺，则大为不可。

点评

人生的精力和时间都有限，而所办的事情又大多不易，故而有识者都认为办事宜专一，不宜泛众，专一可望有所成，泛众则往往一事无成。

在外与居乡不同

在外与居乡不同。居乡者紧守银钱，自可致富；在外有紧有松，有发有收，所谓大门无出，耳门亦无入。全仗名声好，乃扯得活；若名声不好，专靠自己收藏之银，则不过一年即用尽矣。

译文

在外做事与居乡间不一样。居乡间的人只要紧守银钱，自然可以致富；在外做事于银钱上有时紧有时松，有时发出有时收进，所谓大门不送出，小门也就没有收入。全仗名声好，才可以拉扯得活泛；若名声不好，全靠自己收藏的银子过日子，则不过一年就用完了。

点评

曾氏刚去北京那几年待遇并不高，常常要靠东拉西扯来应付，老家亲人担心他负债，于是曾氏在家书中以这段话作答。在外与居乡最大的差别是，居乡乃典型的自给自足的小农经济，"守"乃过日子的要诀；在外近于开放性的经营，交流更显得重要。交流的基础在信誉，即这段话中的"名声"。

风水未可尽信

山向吉凶之说，亦未可尽信。山向之说，地理也；祖父有命而子孙从之，天理也。祖父之意已坚，而为子孙者，乃拂违其意，而改卜他处，则祖父一怒，肝气必郁，病势必加，是已大逆天理，虽得吉地，犹将变凶，而况未必吉乎？自今以后，不必再提改葬之说，或吉或凶，听天由命，只要事事不违天理，则地理之说可置之不论不议矣。

译文

山向吉凶这些说法，也不可全信。山向之说，属于地理，祖父有命令而子孙顺从，属于天理。祖父的心意已经坚定，而作为子孙的违背他的心意，改为选择另外一处，那么祖父一怒，肝气必然郁积，病势必定加重，这样便是已经大为违逆天理，即便得到好地，也将变为凶地，何况未必是吉地呢？从今以后不要再提改葬之说，或吉或凶，听天由命，只要事事不违背天理，则地理之说可放置一边不去议论了。

点评

关于阴宅，过去也有一套系统的学问，然而这一套学问完全出自活人的感觉。比如说"山环水抱"、"气势团聚"等等，带给活人的感觉是好的，于是风水家便说这是好地，是吉壤。至于死去的人葬在此处会好，子孙后代会发达等等，这纯粹是没有根据的臆测。故而选择墓地，活人觉得好就好，而将要葬于此地的活人认为好就更没有理由反对。曾氏要说的其实就是这个意思，他换成地理、天命之类的说法，只是看起来更具有理论性罢了。

大员之家，不涉公庭

凡大员之家无半字涉公庭，乃为得体。为民除害之说，为所辖之属言之，非谓去本地方官也。

译文

凡大官员的家庭若无半个字牵涉到官司，才是得体。为民除害之说，针对的是官府所辖的下属部门，不是说不要本地的主管官员。

点评

大官的家属若参与当地官府诉讼，有许多不便之处。地方官员与老百姓都会有许多说词，而这些说词往往是贬多褒少。故为名声着想，以不涉及官府政务为得体。

不贪财，不失信，不自是

不贪财，不失信，不自是，有此三者，自然鬼伏神钦，到处人皆敬重。此刻初出茅庐，尤宜慎之又慎。若三者有一，则不为人所与也。

译文

不贪钱财，不失诚信，不自以为是，有此三者，自然鬼神钦伏，随便到哪里人人都敬重。此时初出来办事，尤其宜慎之又慎。若三者中有一者未做到，则得不到别人的赞许了。

点评

这是道光二十八年（1848）六月给诸弟家信中的话。老四国潢近来在县城和邻乡帮人打官司，能取信于人，曾氏在信中称赞他。曾氏本不情愿家人涉及官司一类事，但随着他本人官位的显赫，曾家在湘乡县境也相应显赫起来。于是，上门求助者也便增多，老太爷可以杜门谢客，少爷们却不能不问，而应酬社会，本亦是极重要的历练。曾氏因此教诸弟守住"不贪财，不失信，不自是"三点，作为与社会打交道的三条原则。

并非升官即贤肖

澄弟每以我升官得差，便谓我是肖子贤孙，殊不知此非贤肖也。如以此为贤肖，则李林甫、卢怀慎辈何尝不位极人臣，舄弈一时，讵得谓之贤肖哉？要令罢官家居之日，己身可以淡泊，妻子可以服劳，可以对祖父兄弟，可以对宗族乡党，如是而已。

译文

澄侯弟每每因我升官得差，便说我是肖子贤孙，岂不知这并不是贤肖。若以此为贤肖，则李林甫、卢怀慎辈何尝不位极人臣，神气一时，怎么能就称之为贤肖呢？只是要求自己罢官家居的时候，自身可以淡泊，妻与子可以做粗事，可以对得起祖父与父亲兄弟，可以对得起宗族乡党，如此而已。

点评

升官发财，历来为社会所看重。儿孙若升官发财，父祖们既得实利，又脸上极有光彩。从这个层面来说，升官发财的儿孙，的确是父祖辈的肖子贤孙。但曾氏是以圣贤为榜样，故而他的眼界更高一层。他有更高的追求，并不把升官发财的本身视为贤肖。应当说，曾氏的观点是对的。若仅从升官发财一点来看的话，秦桧、李林甫这些人的官位都够高了，山大王、江洋大盗的钱也够多了，他们能算父祖辈的肖子贤孙吗？

拟办社仓

予又思得一法。如朱子社仓之制，若能仿而行之，则更为可久。朱子之制，先捐谷数十石，或数百石，贮一公仓内，青黄不接之月，借贷与饥民，冬月取息二分收还（每石加二斗）。若遇小歉，则蠲其息之半（每石加一斗），大凶年，则全蠲之（借一石还一石），但取耗谷三升而已。朱子此法，行之福建，其后天下法之，后世效之。今各县所谓社仓谷者是也，其实名存实亡，每遇凶年，小民曾不得借贷颗粒，且并社仓而无之，仅有常平仓谷，前后任尚算交代，小民亦不得过而问焉。盖事经官吏，则良法美政，后皆归于子虚乌有。

国藩今欲取社仓之法，而私行之我境。我家先捐谷二十石，附近各富家，亦劝其量为捐谷。于夏月借与贫户，秋冬月取一分息收还（每石加一斗），丰年不增，凶年不减。凡贫户来借者，须于四月初间，告知经管社仓之人。经管人量谷之多少，分布于各借户，令每人书券一纸，冬月还谷销券。如有不还者，同社皆理斥议罚加倍。以后每年我家量力添捐几石，或有地方争讼理曲者，罚令量捐社谷少许，每年增加，不过十年，可积至数百石，则我境可无饥民矣。盖夏月谷价昂贵，秋冬价渐平落，数月之内，一转移之间，而贫民已大占便宜，受惠无量矣。

译文

我又想到一个办法。比如朱熹的社仓之制，若是仿照它实行，则更加能够做到长久。朱熹的制度是，先捐谷数十石，或数百石，贮放在一个公共的仓库里，到了青黄不接的月份，则拿出来借贷给饥民。冬天还谷时收取二分利息（即每石加二斗）。若遇到程度较轻的歉收的年景，则减去利息的一半（即每石加一斗），若遇到灾荒年景，则利息全减去（即借一石还一石），只收取所损耗的三升而已。朱熹此法，在福建推行，这之后天下模仿，后世效法。但现在各县所谓的社仓谷，其实已名存实亡，每遇到灾荒年景，普通百姓借不到一粒谷，而且连同社仓都不存在，仅有往常的平仓谷，前后任交接时还算有交代，普通百姓也不得过问此事。这是因为事情一旦经过官吏之手，则良法美政，到了后来都归于子虚乌有。

国藩现在想实行社仓之法，私下里在我居住的境内推行。我家先捐谷二十石，附近各富裕家庭，也劝他们酌量捐谷，在夏月借给贫户，秋冬月收还时加一分利息（每石加一斗）。丰收年景不增加，灾荒年景也不减少。凡是贫户来借的，必须在四月初告诉经管社仓的人。经管人依谷的多少，分发给各个借户，令每人写借据一张，冬月还谷时销毁借据。若有不还的，同社皆据理斥责并加倍处罚。以后我家每年量力加捐几石，或者是地方上闹纠纷理曲者，罚他酌量捐谷少许。

曾氏故居富厚堂一角

这样每年增加，不过十年，便可积累到数百石，则我境便可没有饥民了。这是因为夏月谷价贵，秋冬谷价渐渐回落。数月之内，转手之间，而贫民已大占便宜，受惠不可估量了。

点评

咸丰元年（1851），身为侍郎的曾氏觉得自己有为家乡做点实事的地位和实力了，于是在与诸弟的家书中提出建朱子社仓的想法。曾氏自以为设想得很周到，做起来也不会难，谁知架不住诸弟的一句话：社仓虽好，但有借无还，不可长久。简直如釜底抽薪，一下子就把曾氏的满腔热情完全打掉了。湘乡县二十四都的曾家昆仲，远比礼部衙门里的侍郎爷现实，在绝大多数人都处于朝不保夕的状态时，这种社仓怎么能办？他原本就不可能有多余的粮谷，借后如何能还？所谓"大占便宜，受惠无量"云云，纯是书生的一厢情愿！

上疏批评皇上的用意

现在人才不振，皆谨小而忽于大，人人皆习脂韦唯阿之风，欲以此疏，稍挽风气，冀在廷皆趋于骨鲠，而遇事不敢退缩。此余区区之余意也。

译文

现在人才不振作，都在小事上谨慎而在大事上玩忽，人人都习惯于顺从听命的风气，想以这道疏稍稍挽回风气，希望在朝廷上做官的都向骨鲠之士看齐，遇事不敢退缩。这是我的一点小小的另外的心愿。

点评

咸丰元年四月二十六日，曾氏上《敬呈圣德三端预防流弊疏》。关于这道折子，笔者在《点评奏折》一书中有较为详细的评述。上折十多天后，曾氏在诸弟的家书中谈到上此折的目的，即所抄的这段话。接下来，他写道："折子初上之时，余意恐犯不测之威，业将得失祸福置之度外矣，不意圣慈含宏，曲赐矜全。自是以后，余益当尽忠报国，不得复顾身家之私矣。"曾氏后来组建湘军驰驱沙场，遇难不退，受屈不怨，可从这几句话中找到答案。

乡民可与谋始，难与乐成

乡民可与谋始，难与乐成，恐历时稍久，不能人人踊跃输将，亦未必奏效无滞。我家倡义，风示一邑，但期鼓舞风声，而不必总揽全局，庶可进可退，绰绰余裕耳。

译文

乡下老百姓可与他们商议初始阶段，却难于与他们共同快乐地享受成功，恐怕历时稍久，不能做到人人踊跃共赴，也未必能不断奏效。我们家倡议，影响一方，只是期望鼓动情绪，不必总揽全局，或许今后可进可退，游刃有余。

点评

有始无终，这是人之常性，作为普通人的群体——乡民，在这一点上，必定会因互相影响而显得更为突出。故而"可与谋始，难与乐成"，是一个对民众的清醒认识。从事公众事业的人，在办事之初都必须要有此认识，方不会在事情举办后便立即有受打击，以至于有沮丧、心灰意冷等情绪出现。

以写日记治无恒之弊

余向来有无恒之弊，自此写日课本子起，可保终身有恒矣。盖明师益友，重重挟持，能进不能退也。

译文

我向来有无恒心的弊病，自从写日记起，可保证终身有恒心了。这是因为明师益友重重挟持，只能进不能退。

点评

以写日记来培养恒心，的确是一个好办法。咸丰八年（1858）复出之后的曾氏日记写到临终前一天，也算得上持之以恒了。

书吏中饱

向来书吏之中饱，上则吃官，下则吃民，名为包征包解，其实当征之时，则以百姓为鱼肉而吞噬之，当解之时，则以官为雌媒而播弄之。官索钱粮于书吏之手，犹索食于虎狼之口，再四求之，而终不肯吐，所以积成巨亏，并非实欠在民，亦非官之侵蚀入己也。

译文

向来书吏的中饱，是向上则吃官，向下则吃民。名义说是包征包解，其实，当征的时候，则把百姓当作鱼肉来吞噬，当解的时候，则把官员当作雌媒而玩弄。官府从书吏手中索取钱粮，好比从虎狼口中索取食物，再四恳求而终于不肯吐出，所以积压成巨大亏空，并非百姓拖欠，也不是官员的侵吞贪污。

点评

曾氏所说的书吏中饱，颇近似当代的经办人弄权。古今一理，痼疾难消。

惜 物

可珍之物，固应爱惜，即寻常器件，亦当汇集品分，有条有理。竹头木屑皆为有用，则随处皆取携不穷也。

译文

值得珍贵的物品，固然应当爱惜，即便寻常的器件，也应当汇集起来按类区分，有条有理。竹头木屑都看成有用之物，则随处都有收取不尽的东西。

点评

曾氏出身清寒农家，深知一丝一粟来之不易，故而节俭惜物成为习惯。后来虽贵为将相，亦不改农家子弟本色，生平极为服膺陶侃"竹头木屑皆为有用"的观点，并时时以俭字教育儿侄辈。

功名之地难居

功名之地自古难居。兄以在籍之官，募勇造船，成此一番事业，名震一时。人之好名，谁不如我？我有美名，则人必有受不美之名者，相形之际，盖难为情。兄惟谨慎谦虚，时时省惕而已。

但愿官阶不再进，虚名不再张，常保此以无咎，即是持身守家之道。

名者造物所珍重爱惜，不轻以予人者。余德薄能鲜，而享天下之大名，虽由高曾祖父累世积德所致，而自问总觉不称，故不敢稍涉骄奢。家中自父亲叔父奉餐宜隆外，凡诸弟及吾妻吾子吾侄吾诸女侄女辈，概愿俭于自奉，不可倚势骄人。古人云无实而享大名者必有奇祸，吾常常以此儆惧，故不能不详告贤弟，尤望贤弟时时教戒吾子吾侄也。

译文

功名场自古难以居留。兄以去职在籍的官员身份，募勇造船，成就了这一番事业，名震一时。人的好名，谁不如我？我有美名，则别人必有遭受不美名的，相互一比较，别人就难为情。兄惟有谨慎谦虚，时时反省警惕而已。

但愿官职不再提升，虚名不再张扬，常常保持这个状态不获咎责，这就是持身守家的原则。

名为造物者所珍重爱惜，是不轻易给予人的。我德行浅薄能力不强，却享受天下之大名，虽然是由高祖、曾祖、祖父与父亲累世积德所招致，但自问总觉得不相称，故而不敢稍稍涉及骄傲奢侈。家中除父亲叔父吃饭宜丰盛外，凡各位老弟以及我的妻与子各位侄辈我的女儿们各位侄女辈，一概希望他们自奉俭朴，不可倚势骄人。古人说没有实绩而享受大名的必有奇祸，我常常以此作为儆惧，故而不能不详告贤弟，尤望贤弟时时刻刻教育我的子侄们。

点评

湘军在衡州府粗粗练就，便于咸丰四年（1854）正月底誓师北上，经过几次败仗后，于该年八月二十七日一举收复武昌、汉阳。这既是湘军组建以来的最大胜利，也是太平军起事以来朝廷方面的最大军事胜利。一时间湘军声名鹊起，作为湘军首领，曾氏也自然声名鹊起。朝廷大为嘉奖，并任命曾氏为代理湖北巡抚。曾氏此时尚在母丧未除期间，不便接受，乃上疏辞谢。在九月十三日的家信中，曾氏谈到辞谢的原因，并接下来写了这段话。初获大胜，曾氏便有如此清醒认识，实为明白人。然而事实上，不待曾氏辞谢，任命书下达七天后，咸丰帝便改变主意，取消前命而令其率勇沿江东下。据野史记载，咸丰帝之所以改变主意，是身边有人说曾氏的坏话。此人提醒咸丰帝，不能授曾氏以地方实权。

对世态的略识与不识

用绅士不比用官，彼本无任事之责，又有避嫌之念，谁肯挺身出力以急公者？贵在奖之以好言，优之以廪给，见一善者，则痛誉之，见一不善者，则浑藏而不露一字。久久，善者劝，而不善者亦潜移而默转矣。

官场交接，吾兄弟患在略识世态，而又怀一肚皮不合时宜，既不能硬，又不能软，所以到处寡合。迪庵妙在全不识世态，其腹中虽也怀些不合时宜，却一味浑含，永不发露，我兄弟则时时发露，终非载福之道。

译文

用绅士与用官不同，他们本就没有做事情的责任，又存有避嫌疑的念头，谁愿意挺身而出为公众的事着急？重在以好言来奖励他们，给他们以优厚的待遇，见到一个好绅士，则竭力称誉，见到一个不好的绅士，则持浑含的态度而不以一字批评。久而久之，好的得到鼓励，而不好的也渐渐潜移默化了。

与官场交往，我们兄弟所患在于略为懂得点世态，而又怀着一肚子不合时宜，既不能做到硬，又不能做到软，所以到处落落寡合。李续宾（迪庵）妙就妙在完全不识世态，其腹中虽然也怀有些不合时宜，却一味浑含，永不发露出来，我们兄弟则时时都在发露，终究不是载福的做法。

点评

这两段话，都是咸丰七年（1857）间写给老九的，前段说的是与绅士打交道的办法，后段说的是与官场打交道的法则。绅士，即非官员却又有声望有才干的人士。鉴于当时官场的腐败，曾氏力主使用这批人。但因为他们无职责，亦不拿俸禄，故宜优待。对于官场，曾氏教老九以浑含姿态与人相处。这是曾氏出山办团练五年来，与地方官场打交道办实事后得出的切身体验。要说中国官场的特色，用浑含二字，可以影绘出其中的许多内容。此二字大可研究。

等差与仪文

民宜爱，而刁民不必爱；绅宜敬，而劣绅不宜敬。弟在外能如此调理分明，则凡兄之缺憾，弟可一一为我弥缝而匡救之矣。昨信言无本不立，无文不行，大抵与兵勇及百姓交际，则心虽有等差，而外之仪文不可不稍隆。余之所以不获于官场者，此也。去年与弟握别之时，谆谆嘱弟，以效我之长，戒我之短，数月以来，视弟一切施行，果能体此二语，欣慰之至！惟作事贵于有恒，精力难于持久，必须日新又新，慎而加慎，庶几常保令名，益崇德业。

译文

民众宜爱惜，但刁民不必爱惜；绅士宜尊敬，但劣绅不宜敬重。弟在外面能够像这样处置分明，则凡是为兄的缺憾，弟都可以一一为我弥补，并加以匡正挽救。昨日的信中说没有根本则不可能成立，没有文采不可能远行，大致说来，与兵勇及百姓打交道，则心中即便存在等级区别，但外面的形式不可不稍稍隆重。我之所以在官场上没有什么获取，就是因为此。去年与弟握手告别之时，谆谆嘱咐弟，要学习我的长处，戒除我的短处，这几个月来，看弟的一切行动，果然能够体悟到这两句话，非常欣慰！只是要注意做事情贵在有恒，精力难以持久，则必须天天要有新的气象，谨慎而又谨慎，才有可能常常保持好的名望，更加提高德业。

点评

曾氏六弟国华咸丰六年（1856）三月募勇组营、九弟国荃同年八月募勇组营。咸丰八年十月，老六死于三河之役。在长达两年半的时间里，同时有两个弟弟带兵打仗，然此期间，曾氏给老六的信仅一封，给老九的信却多达七十余封，可见他于两弟之间的情谊厚薄相差之大。从所抄的这段话中，也足见曾氏对老九的情之厚、望之重。与老九的这段谈心，其关键词在"心虽有等差，而外之仪文不可不稍隆"这句话里。

随缘布施

先星冈公云济人，须济急时无。又云随缘布施，专以目之所触为主，即孟子所称是乃仁术也。若目无所触，而泛求被害之家而济之，与造册发赈一例，则带兵者专行沽名之事，必为地方官所议，且有挂一漏万之虑。

译文

故去的星冈公说救济别人，必须救济他在急难时所缺乏的。又说随着缘分布施，专以眼睛看到的为主，即孟子所说的这就是仁的行为。若眼睛没有看到，而广泛地寻找被害之家来救济，这与造册发赈是一回事，带兵者专门做获取名声的事，必定为地方官所议论，而且有挂一漏万的担心。

点评

对于有心行善的人，如何行善也是一个值得思考的问题。任何事都有它的两面性，即便行善这样的大好事亦不例外。笔者很赞成这种随缘布施、目触为主的行善方式，因为这样可以最大限度地减少其负面影响。

耐 烦

昔耿恭简公谓居官以耐烦为第一要义，带勇亦然。兄之短处在此，屡次谆谆教弟亦在此。二十七日来书有云："仰鼻息于傀儡𦦆腥之辈，又岂吾心之所乐？"此已露出不耐烦之端倪，将来恐不免于龃龉。去岁握别时，曾以惩余之短相箴，乞无忘也。

译文

以前耿恭简公说做官以耐烦为第一等重要事，带勇也是这样。兄的短处在这里，屡次谆谆教弟的也在这里。二十七日的来信有这样的话："处在傀儡与𦦆腥这一类人中间，仰他们的鼻息，又哪里是我心中的快乐？"这话已流露出不耐烦的迹象，将来恐怕免不了彼此有冲突。去年握手告别时，曾以避免我的短处相规谏，请莫忘记。

点评

傀儡，指尸位素餐者，当时官场多这种只拿俸禄而不做事的官员。𦦆腥，指好吃羊肉的满蒙人。满蒙官员依仗血统高贵，不学无术却颐指气使。老九夹在这两种人中间，心里很憋气，但既要出山办事，便不能不与他们打交道，所以得耐烦。

去冗员浮杂

善觇国者，睹贤哲在位，则卜其将兴；见冗员浮杂，则知其将替。善觇军者亦然，似宜略为分别。其极无用者，或厚给途费，遣之归里；或酌赁民房，令住营外，不使军中有惰慢喧杂之象，庶为得宜。

译文

善于预测国运的，看到贤哲在位，则可以预卜国运将兴；见人浮于事，则知国运将衰落。善于预测军事的也是这样，但似乎还要略为加以区别。那些特别无用的，或是多给途费，打发他回家；或是斟酌租民房，令他住在营房外，不使得军中有懒惰喧杂的现象，或许较为得宜。

点评

咸丰七年二月底至三年六月初，曾氏为守父丧在家居住约一年半。此期间，他为自己出山五年来所做的一切予以检讨反思，且常常将反思所得告诉诸弟，其中与老九所谈最多。这段话便是咸丰八年三月写给老九的。作为团队首领，特别注意要用人才而不用庸才，即便牛骥同槽，也将令英雄气短。

声闻可恃又不可恃

声闻之美，可恃而不可恃。兄昔在京中，颇著清望，近在军营，亦获殊誉。善始者不必善终，行百里者半九十里。誉望一损，远近滋疑，弟目下名望正隆，务宜力持不懈，有始有卒。

译文

声望之好，可以凭恃也不可以凭恃。兄先前在京师时，较为有清望，近年在军营，也获得特别好的赞誉。善于开始的不一定善于结束，百里路的行程九十里才是它的一半。名誉声望一旦损折，远远近近都会产生怀疑。弟眼下名望正兴隆，务必坚持不懈，有始有终。

点评

声望属无形资产一类。无形资产与有形资产相较，有它的特殊性。善于使用，可能大有收获；不善使用，也许一文不值。善与不善，关乎智慧，非言语文字所能表达也。

去阘冗

当常以求才为急，其阘冗者，虽至亲密友，不宜久留，恐贤者不愿共事一方也。

译文

应当常常以求取人才作为急务，那些无才无德者，即便是至亲密友，也不宜长期收留，恐怕贤能者不愿与他们在一起共事。

点评

一个团体当达到一定规模时，便自然有了冗员。裁汰阘冗，往往是首领的棘手事。能不能对阘冗中的至亲密友下手，便成为考验首领的难题。忘恩负义、刻薄寡恩、六亲不认等等，如飞矢利箭，寻常人能挡得住吗？

不要钱，不怕死

余在外，未付银至家，实因初出之时，默立此誓。又于发州县信中，以"不要钱，不怕死"六字自明。不欲自欺其志，而令老父在家受尽窘迫，百计经营，至今以为深痛。

译文

我在外面做事，没有寄银钱给家里，实在因为初出山的时候，默默地立下这个誓言，又在发给各州县官的信中，以"不要钱，不怕死"六字自为明志，不愿意自己欺骗自己，而令老父亲在家受尽窘迫，以至于要多方经营过日子，至今以为深重的痛苦。

点评

曾氏就任团练大臣之初，曾发出一份《与湖南各州县公正绅耆书》，此信实为他的就职文告。信中的最后一段为："国藩奉命以来，日夜悚惕，自度才能浅薄，不足谋事，惟有'不要钱，不怕死'六字，时时自矢，以质鬼神，以对君父，即借以号召吾乡之豪杰。湖南之大，岂乏忠义贯金石、肝胆照日星之人？相与倡明大义，辅正除邪，不特保桑梓于万全，亦可荡平贼氛，我国家重有赖焉者也。""不要钱，不怕死"，说得轻易，行之则难。曾氏不寄银钱至家，借以验证不要钱；后来两次兵败投江，借以表明不怕死。凡此种种，意在言行一致也。

抓住时机做成一个局面

现在上下交誉，军民咸服，颇称适意，不可错过时会，当尽心竭力，做成一个局面。圣门教人，不外敬、恕二字。天德王道，彻始彻终，性功事功，俱可包括。余生平于敬字无工夫，是以五十而无所成。至于恕字，在京时亦曾讲求及之，近岁在外，恶人以白眼藐视京官，又因本性倔强，渐近于愎，不知不觉，做出许多不恕之事，说出许多不恕之话，至今愧耻无已。弟于恕字颇有工夫，天质胜于阿兄一筹，至于敬字，则亦未尝用力，宜从此日致其功，于《论语》之"九思"、《玉藻》之"九容"，勉强行之，临之以庄，则下自加敬，习惯自然，久久遂成德器，庶不至徒做一场话说，四十五十而无闻也。

译文

现在上下交相称赞，军队百姓都拥服，较为称心适意，不可以错过时会，应当尽心竭力做成一个局面。儒家学派教育人，不外乎敬与恕两个字。仁义道德须贯彻始终，人格修炼与事功建立都应将敬、恕包括在内。我平生在敬字上没有下功夫，所以到了五十岁还无所成就。至于恕字，在京师时也曾经注意讲求，近年来在外面做事，厌恶别人用白眼藐视京官，又因为本性倔强，逐渐近于刚愎，不知不觉间做出许多不恕的事，说出许多不恕的话，至今惭愧不已。弟在恕字上较为有功夫，天生性格上胜过为兄的一筹，至于敬字，则同样也没有用力，宜于从此每天用功，按照《论语》中所说的"九思"、《玉藻》中所说的"九容"，勉力实行。以庄敬的态度待人，则下属们自然恭敬，习惯成为自然，久而久之于是成为好的本性，或许不至于只是说说而已，到四十五十岁还不为人知。

点评

有一句话说得好："播下习惯的种子，将有命运的收获。"这话说的是习惯对人生影响的巨大。曾氏说"习惯自然，久久遂成德器"，即此话的另一种表述。

勉力去做而不计成效祸福

以精力极疲之际，肩艰大难胜之任，深恐竭蹶，贻笑大方。然时事如此，惟有勉力作去，成效祸福，不敢计也。

以私事言之，则余为地方官，若仅带一胞弟在身边，则好事未必见九弟之功，坏事必专指九弟之过。嫌疑之际，不可不慎。

译文

在精力极为疲倦的时候，肩负着艰巨难以胜任的重任，深怕遭受挫折失败，贻笑大方。但是时事如此，惟有勉力去做，至于成效如何是祸是福则不去计较。

以私事而言，则我为地方官，若是仅仅只带一个胞弟在身边，则有好事未必能看出九弟的功劳，有了坏事别人一定专门指责九弟的过失。容易招致嫌疑的地方，不能不慎重。

点评

咸丰十年（1860）四月二十八日，曾氏奉到署理两江总督的任命，朝廷命令他带兵立即前赴江苏，以救苏南的危急。第二天以及五月初四日，曾氏给在家主事的老四写了两封信，这里所抄录的两段话，即分别出于这两封信中。读前段话很令人想起林则徐的诗："苟利国家生死以，不因祸福避趋之。"林则徐以湖广总督的身份前往广州禁烟，曾氏以两江总督的身份带兵去收复失地，事虽不一，责任之重大是一样的。一个真诚地以国事为重的大员，此时不将一己私利置于国家利益之上，这种态度，即便像笔者这样的一介书生，也是可以理解的。老九这个时候正屯兵安庆城外，准备拿下这座安徽省垣。曾氏不调动老九的吉字营，无论于公于私都是明智的决策。

做湖南出色之人

弟此次出山，行事则不激不随，处位则可高可卑，上下大小，无人不翕然悦服。因而凡事皆不拂意，而官阶亦由之而晋，或者前数年抑塞之气，至是将畅然大舒乎！《易》曰："天之所助者顺也，人之所助者信也。"我弟若常常履信思顺，如此，名位岂可限量！

吾湖南近日风气蒸蒸日上，凡在行间，人人讲求将略，讲求品行，并请求学术。弟与沅弟既在行间，望以讲求将略为第一义，点名看操等粗浅之事，必躬亲之，练胆料敌等精微之事，必苦思之。品学二者，亦宜以力余自励。目前能做到湖南出色之人，后世即推为天下罕见之人矣。大哥岂不欣然哉？

译文

弟这次出山办军务，做事则采取不激烈也不随声附和的态度，处位则采取能上能下的态度。如此，则上上下下没有人不欣然悦服的。所以凡事都不会不顺心，而官阶也便因此晋升，或许前几年的抑郁受阻之气，到现在将会大为舒畅吧！《易经》说："天所帮助的是顺其自然的人，人所帮助的是诚信者。"我的弟弟若常常守信用并顺其自然，如此，名与位岂可限量！

我们湖南近日风气蒸蒸日上，凡是在军营中的人，个个讲求为将方略，讲求品行，并且讲求学术。弟与沅弟既然在军营中，希望以讲求将略为第一要务，点名看操等粗浅事，务必亲自办理，训练胆量预料敌情等精微事，务必苦苦思索。品行与学术两者，也宜以余力自我勉励。目前能做一个湖南的出色之人，后世则将推举为天下罕见之人。做大哥的岂不欣然啊！

点评

这是曾氏在咸丰十年六月给他最小的弟弟国葆写的。曾氏很少单独给国葆写信，这是因为他很少独立行动。咸丰二年底，曾氏出山办团练时曾带他在身边，后又任命他为营官，但国葆仗打得不好，故而在咸丰四年整顿时被裁撤回家，直到咸丰九年才再次出山，投靠在湖北巡抚胡林翼的帐下。胡林翼给他一支人马，由他统领。不久，他的这支人马与沅甫的吉字营合为一体，围攻安庆。此时，他正与沅甫同在安庆城外军营。早两天，国葆升了官：以训导加国子监学正衔。曾氏写信祝贺，这两段话即此信的基本内容。国葆比曾氏小十八岁，故而此信的语气极为和缓温婉，犹如对子侄言，每句话都说得实实在在，不讲大道理，其中关于湘军将领人人讲求将略、品行、学术的几句话，更为我们留下当年湖湘从军士人崭新风貌的实录。"目前能做到湖南出色之人，后世即推为天下罕见之人"两句，固然是曾氏对小弟的鼓励期望，但也可从中看出湘军在当时海内的特殊地位。

力除官气

吾批二李详文云："须冗员少而能事者多，入款多而坐支者少。"又批云："力除官气，严裁浮费。"弟须嘱辅卿二语："无官气，有条理。"守此行之，虽至封疆不可改也。

译文

我批复二李所上的报告说："必须冗员少而能干事的多，进的银子多而支出的银子少。"又说："竭力除掉官气，严格裁减不必要的开支。"弟必须叮嘱文辅卿两句话："没有官气，办事要有条理。"守着这几句话行事，即便做到封疆大吏也不可改变。

点评

什么是官气？从曾氏的批文中可知当时官气主要的表现有：不干事，开支大，无条理。衡之于今日的衙门机关，实有惊人相似之处。看来官气的根除，有赖于行政管理体制上的根本改变。

痛恨不爱民之官

凡养兵以为民，设官亦为民也。官不爱民，余所痛恨。

译文

凡养兵是为了民众，设置官府也是为了民众。官员不爱民众，这是我所深为痛恨的事。

点评

兵为民所供养，官亦为民所供养，兵要爱民，官亦要爱民，这本是天经地义又简单至极的道理。但事实上，许多兵不爱民，许多官亦不爱民，此中原因何在？在于手中有刀，手中有权，便有所依恃，便可以做出不讲道理的事来。归根结底，是强势和权力使之异化了。

天下似无戡定之理

默观近日之吏治人心，及各省之督抚将帅，天下似无戡定之理。吾惟以一勤字报吾君，以爱民二字报吾亲。才识平常，断难立功，但守勤一字，终日劳苦，以少分宵旰之忧。行军本扰民之事，但刻刻存爱民之心，不使先人之积累，自我一人耗尽。

译文

默默观察近日的吏治与人心，以及各省的督抚将帅，天下好像没有戡定的道理。我惟有以一个勤字来报答我的君王，以爱民二个字来报答我的双亲。我的才识平平常常，断难立功，但守住一个勤字，终日劳苦，借以稍微分担朝廷的忧虑。行军本是扰民的事情，只能时刻存着爱民的心，不让先人的积累，在我一个人的身上耗尽。

点评

一个青年时代便立定澄清天下之志的孔孟信徒，一个对君王忠心耿耿的朝廷大员，在带兵七八年后，居然得出"天下似无戡定之理"的结论，而这个结论又是在默观吏治人心及督抚将帅的基础之上，可见当时的政局是何等的腐败！天下乱到这般地步，第一个要负责任的便是这个政局的总管，也就是曾氏的"吾君"。不知曾氏的心里想没想到这一层。

不轻进人，不妄亲人

然不轻进人，即异日不轻退人之本；不妄亲人，即异日不妄疏人之本。

译文

然则不轻易进人，即是将来不轻易退人的基础；不随便亲近人，即是将来不随便疏远人的基础。

点评

不轻不妄，说的都是慎重、稳重、郑重方面的意思。古人说为政在稳，曾氏向来推崇一个重字，其原由即在此。

勤王宜兄弟同行

为平世之官，则兄弟同省必须回避；为勤王之兵，兄弟同行愈觉体面。

译文

为承平时期的官，则兄弟同在一个省必须回避；为勤王的将士，则兄弟同行愈觉得体面。

点评

承平时的官员面对的是权利，"回避"是免于官官相护、兄弟联手谋利之嫌。勤王的将士面对的是血火生死，"体面"是因为兄弟共赴危难，国事、亲情两者兼顾。

接洋人条款，知大局已坏

余近年在外，问心无愧，死生祸福，不甚介意，惟接到英、法、美各国通商条款，大局已坏，令人心灰。时事日非，吾家子侄辈总以谦、勤二字为主，戒傲戒惰，保家之道也。

译文

我近年在外问心无愧，对于死生祸福不很介意，惟有接到英、法、美各国通商条款，知道大局已坏，令人心灰。时事日非，我家的子侄辈总以谦、勤二字为主，戒傲戒惰，这是保守家业的法则。

点评

中国近代的洋务运动，为什么会发轫于曾国藩、左宗棠、李鸿章等人，就是因为他们身为带兵统帅兼地方督抚的缘故。因为身为带兵统帅，他们深知洋人坚船利炮的威力；因为身为地方督抚，他们在与洋人打交道中深受强权政治的压抑，而在晚清，他们又是最有实力的人物。于是他们自然而然地承担起开创一个时代的历史重任。

择术不慎

吾家兄弟带兵，以杀人为业，择术已自不慎，惟于禁止扰民、解散胁从、保全乡官三端，痛下工夫，庶几于杀人之中寓止暴之意。

译文

我家兄弟带兵打仗，以杀人作为职业，选择的工作已是不慎重了，只有在禁止扰民、解散胁从、保全地方官三点上痛下功夫，或许可以在杀人之中寄寓止暴的意思。

点评

曾氏所说的杀人，自然是指的杀太平军将士。对于太平军将士，曾氏一贯主张痛加诛戮，甚至对待俘虏，也曾说过"一律剜目凌迟"这样血淋淋的话。但读这段话，又可见他并不以此为好事。过去的研究者，一定认为曾氏"择术""不慎"的话是虚伪。其实，对曾氏来说，并不存在虚伪不虚伪的问题。站在维护纲纪的立场，他对叛乱分子要坚决镇压；站在人性的立场，他毕竟对人的生命心有怜惜。

说话要中事理、担斤两

凡说话不中事理、不担斤两者，其下必不服，故《说文》"君"字"后"字从口，言在上位者出口号令，足以服众也。

译文

凡说话不中事理、没有分量的，他的下属必不服气。故而《说文》的"君"字"后"字都从口，意思是说在上位者从口里发出命令，足以服众。

点评

曾氏看人口诀中有两句话："若要看条理，全在言语中。"这的确是经验之谈。言语是思维的外在表现，没有言语上东拉西扯、前后矛盾而思维上清晰明了、有条有理的。

不忍独处富饶

近世所称羡督抚之荣，不外宫室衣服安富尊荣等事，而侄则受任于败军之际，奉命于危难之间，所居仅营中茅屋三间，瓦屋一间，所服较往岁在京尤为减省。自去冬至三月，常有贼党十余万，环绕于祁门之左右前后，几无日不战，无一路不梗，昼无甘食，宵有警梦，军士欠饷至五月六月之久，侄亦不忍独处富饶，故年来不敢多寄银钱回家，并不敢分润宗族乡党者，非矫情也。一则目击军士穷窘异常，不忍彼苦而我独甘，一则上念高曾以来，历代寒素，国藩虽忝食旧德，不欲飨受太过，为一己存惜福之心，为阖族留不尽之泽。此侄之微意，十叔如访得营中家中，有与此论不相符合之处，即请赐书诘责，侄当猛省惩改。

译文

近世所称赞美慕总督巡抚的荣耀，不外乎宫室壮丽衣服豪华安富尊荣等，但侄儿则是在军事失败、时事危难的时候受任奉命，所居住的仅军营中的三间茅屋、一间瓦屋，所穿的比先前在京师更为节省。自去年冬天到今年三月，常有贼众十多万，环绕在祁门的前后左右，几乎没有哪天不打仗，没有一条路不遭到梗阻，白天食则无味，夜里不能安睡，军士欠饷达五六个月之久，侄儿也不能一个人独自富饶。故而近年来不敢多寄银钱回家，也不敢分赠各位亲戚同乡，这并不是矫情。一则眼见军士们异常艰苦，不忍心他们苦而我独好，一则想到高祖、曾祖以来历代皆清寒，国藩虽然蒙受祖宗世德，但也不想享受太过，为一己保存惜福之心，为曾氏全族留下享用不尽的福泽。这是侄儿的微意，十叔您若访得军营中的情况及家里的情况，有与所说的不相符合之处，即请寄信来指责，侄儿当猛省而痛加改正。

点评

这是曾氏写给他的堂叔曾丹阁的信。曾丹阁与曾氏年纪相仿佛，二人同学达十年之久，但他的功名只止于秀才。道光二十四年（1844）四月，曾氏在给诸弟的家信中提到他的情况："丹阁叔与宝田表叔昔与同砚席十年，岂意今日云泥隔绝至此！知其窘迫难堪之时，必有饮恨于实命之不犹者矣。丹阁戊戌年曾以钱八千贺我。贤弟谅其景况，岂易办八千者乎？以为喜极，固可感也，以为钓饵，则亦可怜也。"曾丹阁不仅功名不顺，且经济状况也不好。曾氏中进士时他送钱，其目的有钓鱼之嫌。了解这个背景后，便知曾丹阁很可能是向曾氏开口要一笔钱，曾氏便以此信回复他。

一门之内，迭被殊恩

一门之内，迭被殊恩，无功无德，忝窃至此，惭悚何极！惟当同心努力，仍就"拼命报国侧身修行"八字上切实做去。

译文

一家之中接连蒙受殊恩，无功无德而得到此荣，惭愧恐惧何极！只有同心努力，依旧在"拼命报国侧身修行"八个字上切切实实去做。

点评

同治元年（1862）二月，曾氏奉旨升协办大学士，其九弟沅甫升浙江按察使。曾氏之职已属拜相，而曾国荃以从军仅五六年的资历便已升为正三品的省级官员，也属升迁迅速，故而曾氏有"一门之内迭被殊恩"的感叹！

多选替手为第一义

办大事者，以多选替手为第一义，满意之选不可得，姑节取其次，以待徐徐教育可也。

办大事的人以多选拔替手为第一要务。满意之选不可能得到，姑且节选其次等的，以待慢慢教育，这样也是可以的。

所谓替手，就是能够代替自己的人，部分代替的人即部下，全部代替的人即接班人。办大事的人因为事大事繁，必须要有很多能干的人来代替自己，所以要"多选替手"。曾氏历来十分重视人的作用，故而他将此事列为"第一义"。曾氏的这个观点，道出了他成大事的秘诀，也向来为办大事者所称道所重视。

强矫与谦退

势利之天下，强陵弱之天下，此岂今日始哉，盖从古已然矣。从古帝王将相，无人不由自立自强做出，即为圣贤者，亦各有自立自强之道，故能独立不惧，确乎不拔。昔余在京，好与诸有大名大位者为仇，亦未始无挺然特立不畏强御之意。近来见得天地之道，刚柔互用，不可偏废，太柔则靡，太刚则折。刚非暴虐之谓也，强矫而已；柔非卑弱之谓也，谦退而已。趋事赴公，则当强矫，争名逐利，则当谦退；开创家业，则当强矫，守成安乐，则当谦退；出与人物应接，则当强矫，入与妻孥享受，则当谦退。若一面建功立业，外享大名，一面求田问舍，内图厚实，二者皆有盈满之象，全无谦退之意，则断不能久。

势利的天下，以强凌弱的天下，这哪里是今天才开始的，而是自古以来就是这样的。自古帝王将相，没有哪个不从自立自强做出，即便做圣贤的，也各有自立自强的方法，所以能够独立不惧，坚定不移。过去我在京师，喜欢与那些有大名大位者作对，也未尝没有卓然特立不畏豪强的意思。近来悟到天地的大道是刚柔相济，不可偏废，太柔则委靡，太刚则易折。刚不是指的暴虐，雄强矫健而已；柔不是指的卑弱，谦虚退让而已。办事为公义，则当雄强矫健，争名逐利，则当谦虚退让；开创家业，则当雄强矫健，守成安乐，则当谦虚退让；外出应对人事，则当雄强矫健，回家与妻儿子女享受家庭之乐，则当谦虚退让。若一面建功立业，享大名于外界，一面又买田起屋，图厚实为家内，这二者都有盈满的迹象，完全没有谦虚退让的意思，则断然不能长久。

点评

　　同治元年五月十五日，曾氏给国荃、国葆的信中说到曾家目前正处鼎盛之际，他本人位居将相，国荃统兵二万，国葆统兵四五千，此种状况，近世没有几家。月盈则亏，日中则昃，一旦盈满，接下来的将是亏损。曾氏引用管子的话："斗满则人概之，人满则天概之。"又引霍光、诸葛恪之例为证，意在警告国荃要谦虚谨慎，不要大举买田起屋，招致众人非议。曾国荃却不以大哥的话为然，回信说当今天下本就是势利的，本就是以强凌弱的。于是曾氏在二十八日又给两弟一信，信中的内容即所抄的这段话。曾氏并不否认"强"的重要，但不能事事都强，要"强矫"与"谦退"相济互用。

盐务利弊

　　盐物利弊，万言难尽，然扼要亦不过数语。太平之世两语曰："出处防偷漏，售处防侵占。"乱离之世两语曰："暗贩抽散厘，明贩收总税。"

　　何谓出处防偷漏？盐出于海滨场灶，商贩赴场买盐，每斤完盐价二三文，交灶丁收，纳官课五六文，交院司收，其有专完灶丁之盐价，不纳院司之官课者，谓之私盐，即偷漏也。何谓售处防侵占？如两湖、江西，均系应销淮盐引之地，主持淮政者，即须霸住三省之地，只许民食淮盐，不许鄂民食川私，湘民食粤私，江民食闽私，亦不许川、粤、闽各贩侵我淮地。此所谓防侵占也。

　　何谓暗贩抽散厘？军兴以来，细民在下游贩盐，经过贼中金陵、安庆等处，售于上游华阳、吴城、武穴等处，无引无票无照，是为暗贩，无论贼卡官卡，到处完厘，是谓抽散厘也。何谓明贩收总税？去年官帅给票与商人和意诚号，本年乔公给票与商人和骏发号，目下余亦给票与和骏发，皆令其在泰州运盐，在运司纳课，用洋船拖过九洑洲，在于上游售卖。售于湖北者，在安庆收税，每斤十文半，在武昌收九文半；售于江西者，在安庆每斤收十四文，在吴城收八文。此所谓明贩收总税也。

译文

盐类物品的利与弊，万言难尽，然而扼要之处也不过几句话。太平时代两句话："出产地防止偷漏，销售地防止侵占。"乱离时代两句话："非法商贩抽散厘，合法商贩抽总税。"

什么叫出产地防止偷漏？盐出于海边的场灶，商贩到盐场去买盐，每斤盐价二三文，交给灶丁收，纳官税五六文，交给院司收。其中有的只交灶丁买盐的钱，不交院司的官税，这就是私盐，即偷漏。什么叫销售地防止侵占？比如湖南、湖北、江西这些省份，都是应该销售淮盐的地方。主持淮盐事务的，则必须守住这三省，只许民众食淮盐，不许湖北民众食四川的私盐，湖南民众食广东的私盐，江西民众食福建的私盐，也不许四川、广东、福建的商贩侵占我淮盐的销售地。这就是所谓的防止侵占。

什么叫暗贩收散厘？战争爆发以来，小百姓在长江下游一带贩盐，经过贼军占领的金陵、安庆等地，销售到上游的华阳、吴城、武穴等地，没有证件票据，这就是暗贩，无论是贼军还是官军设的厘卡，所到之处都要交厘金，这就叫抽散厘。什么叫明贩收总税？去年官文将票给与商人和意诚号，今年乔松年将票给与商人和骏发号，眼下我也将票给与和骏发，都令他们在泰州运盐，在运司交税，用洋人的船拖过九洑洲，到上游去卖。在湖北销售的，在安庆收税，每斤十文半，在武昌收九文半；在江西销售的，在安庆每斤收十四文，在吴城收八文。这就叫做明贩收总税。

点评

老九带领吉字营围攻安庆，所遇到的难事，除打仗艰苦外，其次便是饷银欠缺，他有意在盐场上打主意。私贩、明贩他都做过，试图以偷税漏税来获利发军饷。曾氏写信给他，在详述盐务的利弊后，劝他不要再打盐的主意。因为淮盐归两江总督管，偷漏所造成亏损最终都归到两江总督的头上，也就是曾氏的头上，岂不是"大水冲了龙王庙"？同时，还给兄弟两人都留下坏名声。所以这封信的最后，曾氏明确对老九说"弟以后专管军事，莫管饷事"。

怀临深履薄之惧

古来成大功大名者，除千载一郭汾阳外，恒有多少风波，多少灾难，谈何容易！愿与吾弟兢兢业业，各怀临深履薄之惧，以冀免于大戾。

吾兄弟誓拼命报国，然须常存避名之念，总从冷淡处着笔，积劳而使人不知其劳，则善矣。

译文

古来成就大功大名的，除了千年一个郭子仪以外，常有多少风波，多少灾难，谈何容易！愿与我弟兢兢业业，各自怀着临深履薄的恐惧之心，以求得免于大灾难。

我们兄弟发誓拼命报国，然而也必须常常存着避名的念头，总是要从冷淡之处致力，积劳而又让人不知道你在劳苦，这样才好。

点评

作为一个成就大功大名的人，曾氏能常存临深履薄之心，这是他的过人之处。避名避利，即临履心态表现在外的两个重要方面。其实，不必有大功大名才如此，即便是小有功名也得有这种心态才好。

死在金陵，不失为志士

不带勇则已，带勇则死于金陵，犹不失为志士。弟以季之殁于金陵，为悔为憾，则不可也。袁简斋诗云："男儿欲报君恩重，死到沙场是善终。"当时以为名句。

译文

不带勇则已，带勇则死在金陵，还不失为志士。弟因季弟之死于金陵为后悔遗憾，则不可以。袁枚（字简斋）诗说："男儿欲报君恩重，死到沙场是善终。"当时将此视为名句。

点评

同治元年七八月间，金陵城内外瘟疫盛行，湘军和太平军都死了许多人。曾氏最小的弟弟国葆（字季洪）也染病身亡，年仅三十四岁。国葆无子，将两个哥哥的一子一女（国潢之子纪渠及曾氏之小女纪芬）过继为子女。国葆死后，朝廷追赠为按察使，照按察使军营立功病故例议恤。

乱政与善政

余三年以来，因位高望重，时时战兢省察，默思所行之事，惟保举太滥，是余乱政，不办团不开捐，是余善政。此外尚不了了。

译文

这三年来，我因为位高望重，时刻战战兢兢自我反省，默默思考过去所做过的事，惟有保举太滥，是我做的错事，不办团练不开捐局，是我做的好事。此外则属一般般。

点评

咸丰七年，曾氏守父丧时曾反思自己之所以得不到支持，是因为保举太拘泥，故而再次出山后从当时的习气，放宽保举。从这段话看来，曾氏这种做法完全是为风气所迫，他的心里其实并不认可。

不恃无意外之罚

两宫太后及恭邸，力求激浊扬清，赏罚严明，但患无可赏之实，不患无不次之赏，而罚罪亦毫不假借。如去年之诛二王一相，今年之戮林、米与何，近日拿问胜帅，又拿问前任苏藩司蔡映斗进京，谕旨皆严切异常。吾辈忝当重任，不恃无意外之罚，而恃无可罚之实。

译文

两宫太后及恭王，力求激浊扬清，赏罚分明，只是担心没有奖赏的实绩，不担心没有超过常规的奖赏，而惩罚有罪也毫不含糊。如去年之诛灭两个王爷一个协办大学士，今年之杀戮林福祥、米兴朝与何桂清，近日拿问胜保，又捉拿前任江苏藩司蔡映斗进京，谕旨都异常严厉。我们担当重任，不去依恃不会有意外的处罚，依恃的是没有可以处罚的事实。

点评

这段话出于同治元年十二月给老九的信。信由李鸿章上折为曾国葆请求赠予谥号并建祠堂一事讲起，曾氏认为国葆本人立的功不够予谥建祠，今后在他们兄弟克复金陵后再请求，则或许有可能。接下来便是这段话。细读这段话，曾氏的重点是落在惩罚上，意在敲敲这个心高气傲的九弟，不要重蹈载垣、端华、肃顺、胜保等人的覆辙。

处大位大权能善末路者少

处大位大仅而兼享大名，自古曾有几人能善其末路者？总须设法将权、位二字，推让少许，减去几成，则晚节渐渐可以收场耳。

译文

处在高位拥有大权又兼享大名的人，自古以来曾有几个下场好的？总得设法将权与位两个字推让一些，减去几成，则晚节可以渐渐保住。

点评

有的人处高位还想更高，拥重权还想更重，享大名还想再大，但曾氏却认为这样做难善末路，因而他要推让要减去，对待权、位、名如此不同的态度，显现出人的不同境界和追求。

上奏折是人臣要事

吾兄弟报称之道，仍不外"拼命报国侧身修行"八字。至军务之要，亦有二语曰："坚守已得之地，多筹游击之师"而已。

初膺开府重任，心中如有欲说之话，思自献于君父之前者，尽可随时陈奏。奏议是人臣最要之事，弟须加一番工夫。弟文笔不患不详明，但患不简洁，以后从简当二字上着力。

译文

我们兄弟报答的方法，仍然不外乎"拼命报国侧身修行"八个字。至于军务上的要点，也有两句话，叫做"坚守已获得的地方，多筹划游击之师"而已。

刚刚肩负起巡抚的重任，心里如果有想说的话要呈献给皇上，尽可随时上奏。拟奏折是做人臣的最重要的事情，弟必须为此再多用一番功夫。弟的文笔不怕不详尽明白，怕的是不简洁，以后要从简当二字上用功。

点评

同治二年三月二十八日，曾氏接到任命老九为浙江巡抚的谕旨，当天写信告诉身在雨花台军营的九弟，信中勉励以尽心于军事和个人修养来报答君恩。四月初一日，由谢恩折而谈到奏折事，希望九弟今后在这方面多下点功夫。为帮助老九提高办折的水平，曾氏后来专门从历代好的奏折之中挑选十九篇经典之作，分段予以讲解，又作总体评析，为之取名曰《鸣原堂论文》。

以明强为本

来信"乱世功名之际尤为难处"十字，实获我心。本日余有一片，亦请将钦篆、督篆二者，分出一席，另简大员。吾兄弟常存此兢兢业业之心，将来遇有机缘，即便抽身引退，庶几善始善终，免蹈大庆乎！至于担当大事，全在明强二字。《中庸》学、问、思、辨、行五者，其要归于"愚必明，柔必强"。弟向来倔强之气，却不可因位高而顿改。凡事非气不举，非刚不济，即修身齐家，亦须以"明强"为本。

译文

来信中的"乱世功名之际尤为难处"十个字，确实很合我的心思。今天我有一道奏片，也请将钦差大臣与两江总督两个职务分出一个，另委派一个大员承担。我们兄弟常常存着这份兢兢业业的心，将来遇到机会，便脱身引退，或许能够善始善终，免于碰上大祸灾。至于担当大事，则全在明强两个字上。《中庸》里说的学、问、思、辨、行五个方面，其重点要落脚在"虽愚但必须明，虽柔但必须强"这个道理上。弟向来有一股倔强之气，不要因为官位高而立即改变。凡事没有气则不能办，没有刚则不能成功，即便是修身齐家，也必须以明强为本。

点评

《中庸》说："博学之，审问之，慎思之，明辨之，笃行之。有弗学，学之弗能，弗措也。有弗问，问之弗知，弗措也。有弗思，思之弗得，弗措也。有弗辨，辨之不明，弗措也。有弗行，行之不笃，弗措也。人一能之，己百之；人十能之，己千之。果能此道矣，虽愚必明，虽柔必强。"这段话的意思是，若真正做到博学、审问、慎思、明辨、笃行，则即便愚蠢者也会聪明，柔弱者也会刚强。明与强，乃学、问、思、辨、行的最终目的，也是担当大事者所应具备的素质。

倔强好胜，是曾氏与其九弟在性格上的相同之处。曾氏说他们兄弟的这种性格是"秉母德"。只是因为曾氏仕途早达且更事多，加之智慧上要高出一筹，故而能将此一性格的负面看得较为透彻，于是后来屡屡对自己强行检束，并时常以此劝谕老九。现在看到身为巡抚的弟弟能有"乱世功名之际尤为难处"的感慨，他很高兴，欣喜兄弟对世事的认识已渐成熟。但此时的老九毕竟担负攻坚重任，处在与对手拼倔拼强非胜不可的关键时刻，决不能有因"难处"而萌发的退缩心态，故而要以明强来予以止住。

不表无形之功

无形之功，吾辈不宜形诸奏牍，并不必腾诸口说见诸书牍。此是谦字之真功大，所谓君子之所不可及，在人之所不见也。

译文

没有形迹的功劳，我们不宜写在奏折上，而且也不必说出来表现在书信中。这是谦字的真功夫，所谓君子的不可企及之处，是在别人看不见的那些地方。

点评

因为老九强围强攻南京城，将太平军的兵力都吸引到南京附近，于是间接支援了在其他地方与太平军作战的友军，使他们的军事进展顺利。在他们的功劳中

无疑有老九的一份在内，但这些都属于"无形之功"。对于这种无形之功，老九
比较计较，曾氏劝他不要计较，一则别人所不见之功不说是真谦虚，二则这种功
既然无形，若对方不承认，你也拿不出过硬的实据，最后只落得个彼此都不愉
快，所以任何情况下都不要提及。

每折看两遍

凡有咨送折稿到弟处者，弟皆视如学生之文，圈点批抹。每折看二次，一次
看其办事之主意，大局之结构，一次看其造句下字之稳否。一日看一二折，不过
月余，即可周知时贤之底蕴，然后参看古人奏稿，自有进益。

译文

凡有咨送到弟处的奏稿，弟都将它当作是学生送上的作文，仔细审读圈点批
改。每一道折子看两次，一次看他办事的主意，文章总体的结构，一次看他遣词
造句稳妥不稳妥。一天看一二道折子，不过一个多月，便可完全知道目前这些出
头露面人的底蕴，然后再参看古人的奏稿，自然会有进益。

点评

老九以贡生身份组建吉字营，因军功频频升官。一天衙门都没坐过，一点
行政经历都没有，便授予掌管一省钱粮民政重任的巡抚之职，虽说眼下不必就
任，但一旦战事结束，就要赴任就职，身为总督的大哥很替九弟思虑此事，办
折即为其中一项重要内容。前次已谈到了，此次又提奏折事。曾氏教老九细细
揣摩别人的奏折。他的"看二次"，也适宜揣摩一般文章。有心写好文章的人，
读别人的好文章，也可采取这种方法：第一遍看通篇的立意和布局，第二遍看
遣词造句。

居上位而不骄极难

弟于吾劝诚之信，每不肯虚心体验，动辄辩论，此最不可。吾辈居此高位，
万目所瞻。凡督抚是己非人、自满自足者，千人一律。君子大过人处，只在虚心

而已，不特吾之言当细心寻绎，凡外间有逆耳之言，皆当平心考究一番，故古人以居上位而不骄为极难。

译文

弟对于我的规劝告诫的信，每每不肯虚心体会，动辄辩论，这是最不可以的事。我们居此高位，万目所瞻视。大凡总督巡抚自以为是指责别人、自我满足这种现象，一千个都是一样的。君子大过于别人的地方，只是在虚心而已。不仅我的话应当细心研究，凡是外间有逆耳之言，都应当平心静气地考察一番，故而古人认为居上位而不骄矜是极难做到的。

点评

做了巡抚的老九，未免官大气粗，常常要与大哥分辩分辩，年长十四岁的大哥心里不大乐意。但即使是这种时候的批评，曾氏也能从大处远处着眼，指出虚心是君子的过人之处，对于身处高位的人来说，这点更为重要。

不可市恩

凡大臣密保人员，终身不宜提及一字，否则近于挟长，近于市恩。此后予与湘中函牍，不敢多索协饷，以避挟长市恩之嫌。弟亦不宜求之过厚，以避尽欢竭忠之嫌。

译文

凡大臣密保人员，一辈子都不宜在此事上提一个字，否则近于挟功，近于要人家感谢恩德。此后我与湖南的书信，不敢多索取协助之饷，以避开挟功要人感谢的嫌疑。弟也不宜索求过多，以避开人家要竭力讨好你的嫌疑。

点评

这段话的前面有一句"恽中丞余曾保过"的话。恽中丞即恽光辰，曾经得到过曾氏的保荐，也就是说受过曾氏的恩惠，此时恽正做湖南巡抚。大臣向朝廷保荐人员，这是大臣为国举贤，乃本身职责，不应因此而向被保的人索取报答，而且不宜对人说起这事，因为一旦说出，便有希望别人答谢的一层意思在内。曾氏说的是一种很高的境界，事实上一般人很难做到。当今世道，保人荐人，只要是出以公心不为私利，透露出来只是为了让人心里明白而不索取钱物或其他好处，这种人大概也就是君子了。

江西盐务

江西自道光年间，从无销足额引之事，乱后人口减少，即令全食淮引官盐，亦不能销至六万大引之多，况引地被邻私侵占殆尽，焉能一一骤尔夺回？商人奏办三万引之成本四十余万已极不易，二分之利，又不能动其涎羡之心，加以引地毫无把握，销售难期畅旺，时日稍滞，获利日微。商利既薄，则所谓包缴厘金盈余者，皆成拖欠展缓之局。

译文

江西省自从道光年间起，从来没有将所定的数额销售足够的事，战争造成动乱后人口减少，即便令全省都食官府定的淮盐，也不能销售到六万引这样的大数，何况规定食淮盐的地方被邻近省份的私盐侵吞得差不多了，岂能一一立刻夺回？商人凑齐四十余万银子成本奏请办三万引盐已经极不容易，二分的利息，又不能打动他们垂涎美慕之心，加之销售的地区毫无把握，销售难以期待畅旺，在时间上稍稍停滞，获利就会愈加微薄。商人的利息既微薄，则所谓包缴厘金盈余这些话，结果都会成拖欠展缓的局面。

点评

这是同治二年七月间写给老九的信。信中所谈乃江西的盐务，谈盐务的原因是筹军饷。当时军饷中的很大部分来自厘金，而盐务又是厘金收入的大头。

大事有天运与国运主之

不特余之并未身临前敌者，不敢涉一毫矜张之念，即弟备尝艰苦，亦须知谋事在人成事在天、劳绩在臣福祚在国之义，刻刻存一有天下而不与之意，存一盛名难副、成功难居之意。蕴蓄于方寸者既深，则侥幸克成之日，自有一段谦光，见于面而益于背。

大事实有天意与国运为之主持，非吾辈所能为力所能自主者。虚心实力勤苦谨慎八字，尽其在我者而已。

余昨日具疏告病，一则以用事太久，恐中外疑我兵权太重，利权太大，不能不缩手以释群疑。一则金陵幸克，兄弟皆当引退，即以此为张本也。

事事落人后着，不必追悔，不必怨人，此等处，总须守定畏天知命四字。金陵之克，亦本朝之大勋，千古之大名，全凭天意主张，岂尽关乎人力？天于大名吝之惜之，千磨百折，艰难拂乱而后予之。老氏所谓不敢为天下先者，即不敢居第一等大名之意。弟前岁初进金陵，余屡信多危悚儆戒之辞，亦深知大名之不可强求。今少荃二年以来，屡立奇功，肃清全苏，吾兄弟名望虽减，尚不致身败名裂，便是家门之福。老师虽久而朝廷无贬辞，大局无他变，即为吾兄弟之幸。只可畏天知命，不可怨天尤人，所以养身却病在此，所以持盈保泰亦在此。千嘱千嘱，无煎迫而致疾也。

译文

不仅我这个并未身临前敌者，不敢有一丝毫骄矜夸耀的念头，即便是弟备尝艰苦，也必须知道谋事在人成事在天、劳苦在人臣福气在国家的道理，时刻存一个即便有天下也不参与的念头，存一个盛名难副、成功难居的念头。这些念头蕴蓄于心中深入了，则在大功告成的时候，自然有一种谦虚之光，显露出举止言行的各个方面。

大事确实是有天意与国运在主持，不是我们所能为力所能自行做主的，只有虚心实力勤苦谨慎这八个字，是我们所要尽力的。

我昨天上折报告病情，一则因为任事太久，担心朝中及外省怀疑我的兵权太重、利权太大，不能不将手缩回以释群疑。一则金陵城幸而克复，我们兄弟都应当引退。这道折子即预为张本。

事事落在别人的后面不必追悔，不必怨人，这些地方总是要守定畏天知命四个字。金陵的攻克，也是本朝的大功勋，千古的大名，全凭天意来主张，哪里是完全关系到人力？天对于大名是吝惜的，千磨百折，艰难困苦坎坷曲折而后才给予。老子所谓不敢为天下先这句话，即不敢居第一等大名的意思。弟前年刚进驻金陵城下，我屡次信中多说的是危悚儆戒的话，也是出于对大名不可强求的深知。现在李少荃两年来屡立奇功，肃清整个苏州地区，我们兄弟的名望虽然减退，尚不至于身败名裂，这便是家门之福。军队虽驻城外很久但朝廷没有贬辞，大局没有其他的变化，这就是我兄弟的幸运。只可畏天知命，不可怨天尤人，养身去病在这里，持盈保泰也在这里。千嘱千嘱，不要使心受煎迫而招致疾病。

点评

此处所抄录的这四段话，分别出自同治三年（1864）正月二十三日、三月十二日、三月二十六日、四月二十日，曾氏给老九的家信。老九在六月十六日那天用炸药炸开金陵城墙，算是拿下这座围了整整两年的太平天国都城。在此之前，以一个吉字营（刚开始兵力不足二万，最后增至近五万）围困周长九十里的天下第一城，朝野内外普遍都不看好，只是一则碍于曾氏的面子，二则鉴于老九有打下安庆的经验在前，故而不公开提出异议。进入同治三年，浙江、苏南的战事已十分利于清廷。二月，左宗棠收复杭州，四月，李鸿章继先前十月收复苏州后又收回常州，左、李的频频得手对老九既有利又不利。有利，是因此进一步瓦解太平军的军心，不利是将太平军都赶到金陵城内城外，对老九的压力更大。金陵战役随时都有可能出现意外，围城两年的辛劳随时都有可能功亏一篑，而随着江南各城一座座的收复，认为老九劳师耗饷的人开始从腹诽到公开的议论。到了四月，便有李鸿章援助攻金陵的说法出来，令老九在强大的压力下又增添几分恼怒。这便是曾氏这段时期的家书背景。曾氏所说的"谋事在人，成事在天"、"大事实有天意与国运为之主持"等，意在松弛老九的焦灼，而"不敢为天下先"等，意在劝老九不必独占天下第一功，与人合攻金陵的意见也是可以接受的。

何必郁郁

弟肝气不能平伏，深为可虑，究之弟何必郁郁？从古有大勋劳者，不过本身一爵耳。吾弟于国事家事，可谓有志必成，有谋必就，何郁郁之有？

译文

弟的肝气不能平复，深为可虑。细细追究，弟又何必郁闷呢？自古立有大功劳的人，不过是自身得到一个爵位罢了。我弟于国事家事，可以说得上有志必成，有谋必就，哪里来的郁闷呢？

点评

这段话见于同治三年七月二十九日，曾氏给老九的家信。此时老九已大功告成，朝廷也封他一等伯爵，加太子少保衔，赏戴双眼花翎。按理说，老九应该是志得意满欢天喜地才对，但他却心情郁闷。究竟郁闷什么呢？曾氏虽然这样反问老九，然则自己心中是清楚的，只不过没有挑明罢了。笔者略知一二，不妨说与诸位听听。老九的郁闷，首先是因为打下金陵城这个天下第一功立得并不圆满，城破之时没有抓住幼天王和李秀成。其次，吉字营将士们大抢金银财宝，放火焚毁城内王府仓库的举动遭受指摘。第三，大封时封了三个伯爵，即官文、李鸿章与老九。老九自认功在官、李之上，朝廷将他与官、李同封一等伯爵，不公平。当然，老九心中的郁闷还有一些，但主要的应不出于这三个方面。关于这三个方面，曾氏都不好说什么。附和老九的不满将违心，指责老九的失误说他本就不应该不满则不忍心，所以只能说一些泛泛之言。这些话对老九的释怀，显然是没有多大帮助的。

沅甫恐难久甘寂寞

大凡才大之人，每不甘于岑寂，如孔翠洒屏，好自耀其文采。林文忠晚年在家，好与大吏议论时政，以致与刘玉坡制军不合，复思出山。近徐松龛中丞与地方官不合，复行出山。二人皆有过人之才，又为本籍之官所挤，故不愿久居林下。沅弟虽积劳已久，而才调实未能尽展其长，恐难久甘枯寂。

不如兄弟尽力王事，各怀鞠躬尽瘁死而后已之志，终不失为上策。

吾兄弟受厚恩，享大名，终不能退藏避事，亦惟循沅前信所言，置祸福毁誉于度外，坦然做去，行法俟命而已。

译文

大凡才能大的人，每每不甘于寂寞，好比孔雀开屏喜欢自己夸耀文采。林则徐晚年家居时，喜欢与大官员议论时政，以至于与刘韵珂总督不合，再想出山。近来徐继畲巡抚与地方官不合，再行出山。这两个人都有过人之才，又为在原籍任职的官员所排挤，故而不愿意久居山林。沅弟虽积劳很久，但才干确实未能尽展，恐怕难以长久甘于枯寂。

不如兄弟都尽力于国事，各自怀着鞠躬尽瘁死而后已的志向，终究不失为上策。

我们兄弟享受厚恩大名，终究不能隐藏起来逃避责任，也只有按照沅甫前信所说的，将祸福毁誉置之于度外，坦然去做，按照法规听任命运罢了。

点评

金陵打下不久，老九即上疏朝廷：因病情严重请开除浙江巡抚之职回家养病。老九此举的真正原因，是以辞职来避开朝野的指摘。朝廷顺水推舟，很快即批准。老九十月初离开金陵，十一月中旬抵达湘乡老家。

第二年三月，老九奉到朝廷命他"来京陛见"的上谕，他以病辞。五月，又奉"即日北上"之旨，他又以病辞。七月，朝廷授老九山西巡抚之职。他又以病重未逾推辞，朝廷同意他暂不赴任，再赏假六个月。看来朝廷是一定要用老九了，于是兄弟之间的家书便时常会讨论老九的出与处的事。同治四年十二月十五日，曾氏在家书中"劝弟出山不过十分之三四，劝弟潜藏竟居十分之六七"。曾氏为什么会这样考虑，乃是出于"言路于任事有功之臣责备甚苛，措辞甚厉，令人寒心"。但他想到老九的个性，有点像林则徐、徐继畲等人一样喜展才任事，估计"恐难久甘枯寂"。于是十天后的家书中变了腔调，认为"尽力王事"是上策。又过十天，他在家书中明确表示赞同老九的意见，"置祸福毁誉于度外"，伺机再度出山。不久，老久奉旨赴湖北巡抚任，结束一年多的家居生涯。

林则徐手迹

天下多有不深知之人事

弟此次赴鄂，虽不必效沈、蒋之枉道干誉，然亦不可如云仙之讥侮绅士，动成荆棘，大约礼貌宜恭，银钱宜松，背后不宜多着贬词，纵不见德，亦可以远怨矣。

督抚本不易做，近则多事之秋，必须筹兵筹饷。筹兵则恐以败挫而致谤，筹饷则恐以搜括而致怨，二者皆易坏声名。而其物议沸腾，被人参劾者，每在于用人之不当。沅弟爱博而面软，向来用人失之于率，失之于冗，以后宜慎选贤员，以救率字之弊，少用数员，以救冗字之弊。位高而资浅，貌贵温恭，心贵谦下。天下之事理人才，为吾辈所不深知不及料者多矣，切勿存一自是之见。用人不率冗，心存不自满，二者本末俱到，必可免于咎戾，不坠令名。

谢绝陋习，慎重公事，严密以防门内，推诚以待制府，数者皆与余见相合，声誉亦必隆隆日起矣。

译文

弟此次去湖北，虽然不必要效法沈葆桢、蒋益澧那样以不正派的作法赚得称誉，但也不可像郭嵩焘那样讥笑侮辱绅士，与别人相处很不好。大约礼貌上宜恭敬，银钱上宜宽松，背后不宜多使用贬词，纵使没有恩德，也可以远离怨尤。

总督、巡抚这个官本不容易做，近世则是多事之秋，必须筹兵筹饷。筹兵则惟恐因为打败仗而招致谤谪，筹饷则惟恐因为搜括银钱而招致怨恨，这两点都容易败坏名声。至于议论纷纷，被人参劾，则每每在于用人的不当。沅弟的爱心广博而情面重，向来在用人上失之于轻率，失之于冗杂。以后宜慎选贤良人员，借以挽救轻率的弊病；少用几个人，以挽救冗杂的弊病。职位高而资历浅，外貌上贵在温和恭敬，心思上贵在谦逊平易。天下的事理人才，为我们所不深知不及料到的很多，切勿存一点自以为是的想法。用人上不轻率冗杂，心里不存自我满足，这两点上的方方面面若都做到了，必定可以免去咎戾，不损毁好名声。

拒绝接受陋习，谨慎郑重办理公事，严格要求家人及仆役，与制台、府、县等推诚相待，这几点都与我的看法相合，声誉也必定会一天天隆重兴起。

点评

同治五年（1866）三月中旬，老九来到武昌，接任湖北巡抚一职。朝廷之所以任命老九为鄂抚，主要目的还是想借重他的军事才干，配合正在剿捻战场上的曾氏。老九无一天地方行政官员的经历，一上任便做一省之长，身为大哥的曾氏免不了要在这方面为弟弟指点一番。这几段分别见于该年三月十六、三月二十六、四月二十一日家信中的话，说的便是这些指点。归纳起来，其要点在：一善待绅士，二用人慎重，三对人谦敬，四拒绝陋习，五严防门内，尤其是"天下之事理人才为吾辈所不深知不及料者多矣"这句话，真可为一切处高位者之座右铭。

湘军中的哥老会

提镇副将，官阶已大，苟非有叛逆之实迹实据，似不必轻言正法。如王清泉，系克复金陵有功之人，在湖北散营，欠饷尚有数成未发，既打金陵，则欠饷不清，不能全归咎于湖北，余亦与有过焉。因欠饷不清，则军装不能全缴，自是意中之事。即实缺提镇之最可信为心腹者，如萧孚泗、朱南桂、唐义训、熊登武等，若有意搜求，其家亦未必全无军装，亦难保别人不诬之为哥老会首。余意凡保至一、二、三品武职，总须以礼貌待之，以诚意感之，如有犯事到官，弟在家常常缓颊而保全之。即明知其哥老会，唤至密室，恳切劝谕，令其自悔而贷其一死。惟柔可以制刚狠之事，惟诚可以化顽梗之民。即以吾一家而论，兄与沅弟带兵，皆以杀人为业，以自强为本，弟在家当以生人为心，以柔弱为用，庶相反适以相成也。

译文

提督、总兵、副将，官阶已高，倘若不是叛逆行为确有实据，似乎不必轻言正法。如王清泉，是克复金陵的有功之人，在湖北解散军营时，欠饷还有几成未发，既然是攻打金陵，那么欠饷不清，不能完全归咎于湖北，我也有过错。因为欠饷不清，则军装不愿完全上缴，自是意料中的事。即便是担任提督、总兵实职最可相信引为心腹的，如萧孚泗、朱南桂、唐义训、熊登武等，若有意搜求，他们家中也未必就完全没有军装，也难保别人不诬陷他们为哥老会的首领。我的意思是凡保举至一、二、三品武职者，总须以礼貌对待，以诚意感化。如果有犯了事被召到官府，弟在家常常为他们说些好话保全。即便明知他们是哥老会，叫到密室，恳切劝告，令他们自己悔改而免除一死。惟有柔可以制止刚烈猛狠之事，惟有诚可以教化顽固横梗之民。就拿我们家来说，为兄的与沅弟带兵，都以杀人作为职业，以自强为根本，弟在家应当以让人活命作为存心，以柔弱作为手段，这样或许借相反的做法而导致家庭的成功。

点评

哥老会是清代民间的秘密团体，属天地会的支派，在四川盛行，后由鲍超带到湘军。从将官到士兵，湘军中有不少人加入哥老会，尽管后来湘军大规模裁撤，但哥老会却依旧秘密存在。哥老会为朝廷所不容，湘军中的哥老会屡屡遭人告发，湖南官府也不得不做点表面文章。主持家政的曾家四爷不明究里，对查办湘军哥老会一事很积极。曾氏心里其实不满意老四的作为，但又不便说得太明白，于是只能说些"缓颊而保全"、"以生人为心"之类的话。

学郭子仪

古称郭子仪功高望重，招之未尝不来，麾之未尝不去。余之所处，亦不能不如此。

译文

古时说郭子仪功高望重，尚且招之没有不来，挥之没有不离开。以我目前的处境，也不能不这样。

点评

郭子仪功大位高而能持盈保泰，仗的是他不居功不自傲，始终对上司（皇上）谦恭尽职。曾氏很钦佩郭子仪，时时以郭为表率。

调度文书以少为好

以后调度文书，以少为好。昔胡文忠亦失之多，多则未有不纷乱者。殄灭等字，不可轻用也。

译文

以后调度文书，以少为好。过去胡林翼也失在调度文书多，多则没有不纷乱的。殄灭这一类字，不可轻用。

点评

调度文书多，不但纷乱，而且也减少下级的自主空间，不是好事。殄灭乃杀尽杀绝的意思，在曾氏看来，这样的话是说得过头了，也绝对了，因为事实上做不到，故而不可轻用。

从波平浪静处安身

嗣后奏事，宜请人细阅熟商，不可壹意孤行是己非人为嘱。弟克复两省，勋业断难磨灭，根基极为深固，但患不能达，不患不能立，但患不稳适，不患不峥嵘。此后总从波平浪静处安身，莫从掀天揭地处着想。吾亦不甘为庸庸者，近来阅历万变，一味向平实处用功，非萎靡也，位太高，名太重，不如是，皆危道也。

译文

以后上奏言事，宜请人仔细阅读反复商量，不可一意孤行肯定自己指责别人，这是我的叮嘱。弟收复两个省城，勋业绝对难以磨灭，根基极为深固，只怕不能通达，不怕不能成立，只怕不稳妥，不怕不峥嵘。从此以后总要从波平浪静处安身，不要从掀天揭地处着想。我也是不甘于做一个平庸的人，只是因为近来阅历了许多变故，于是一味向平实处用功，这并不是精神萎靡，而是因为职位太高，名望太重，不如此，则都是危险的道路。

点评

老九三月到武昌接任，八月便上疏参劾官文。官文在武昌做了十年的湖广总督，是个满人大学士，虽无能，却还能与胡林翼长期共事，没想到曾老九一来便与他闹翻了。且看老九是如何告状的。

老九为官文列了四条罪状：贪庸骄蹇、欺罔徇私、宠任家丁、贻误军政，并附官文劣迹事实。这些劣迹分为六个方面：滥支军饷、冒保私人、公行贿赂、添受陋规、弥缝要路、习尚骄矜。奏疏中还说官文"贿通肃顺"。肃顺是慈禧最恨的人，"贿通肃顺"便有肃党之嫌，这有点将官文往死里整的味道。这道弹章确实够厉害。老九之所以要弹劾官文，是因为官文贻误他的军情。曾氏虽然也讨厌官文，但他却不同意老九这样做。事前就表示异议，而老九不听劝告，一意孤行。

曾氏看到老九抄送的副本后，很生气。他在正月十七日给纪泽的信中说得很明白："沅叔劾官相之事，此间平日相知者如少泉、雨生、眉生皆不以为然，其疏者亦复同辞。闻京师物论亦深责沅叔而共怨官相，八旗颇有恨者。尔当时何以全不谏阻？顷见邸抄，官相处分当不甚重，而沅叔构怨颇多，将来仕途易逢荆棘矣。"五天后，曾氏给老九写信，此处所抄的这段话，几乎为该信的全部内容。

"壹意孤行是己非人"八个字，已明确表示他不赞同老九的这份让内外议论纷纷的《劾督臣疏》。

疏语不可太坚

少荃屡言"疏语不可太坚，徒觉痕迹太重，而未必能即退休。即使退休，一二年而他处或有兵事，仍不免诏旨促行，尤为进退两难"等语，皆属切中事理。余是以反复筹思，迄无善策。

译文

李少荃屡次说"奏疏中的话不可以说得太绝对，只能使人觉得做作功夫太重，而事实上也不能保证就能退休，即使退休，过一二年或许别的地方有战事，仍不免有圣旨催促前行，到那时尤为进退两难"等话，都属于切中事理的话。我于是反复筹思，迄今尚无良法。

点评

李鸿章这句话，道出一种"人在江湖，身不由己"的无奈。官员食朝廷俸禄，是没有个人意志的，对朝廷说"太坚"的话，一无必要，二无可能。

富贵常蹈危机

大约凡做大官，处安荣之境，即时时有可危可辱之道，古人所谓"富贵常蹈危机"也。纪泽腊月信言宜坚辞江省，余亦思之烂熟，平世辞荣避位，即为安身良策，乱世辞荣避位，尚非良策也。

译文

大约凡作大官，身处安适荣耀的境地，即时时有可能发生危险出现耻辱，这就是古人所说的"富贵常常导致危机"。纪泽腊月信里说宜坚决辞去两江总督职务，对此我也思之烂熟，承平时回避荣誉高位，即是安身的良策，混乱时回避荣誉高位，尚非良策。

██ 点评

大富大贵为许多人所羡慕所追求，其实，若不懂得善处富贵，则反而易招
致危机。这是因为富贵容易转手，它不像智慧、才能等虽也为人所羡慕追求，
但不易于转手。转手之际，原主便不免受危受辱。所以拥有富贵，不如拥有
才智。

乱世为司命是人生之不幸

吾所过之处，千里萧条，民不聊生。当乱世，处大位而为军民之司命者，殆
人生之不幸耳。弟信云英气为之一沮，若兄，则不特气沮而已，直觉无处不疼
心，无日不惧祸也。

██ 译文

我所经过的地方，千里萧条，民不聊生。生逢乱世，身处主宰军队百姓性命
的高位，真的是人生的不幸。弟信中说英迈之气因为此而沮丧，对于兄来说，则
不仅仅是志气沮丧而已，简直觉得无处不使心里疼痛，无日不惧怕灾祸发生。

██ 点评

男儿英气多体现在军旅上，所以从古到今，许多男人都渴望杀敌建军功。然
而，长年战争带给世界的是什么呢？正是曾氏所说的"千里萧条，民不聊生"。
曾氏身为军营统帅，却认为这是"人生之不幸"，与那些以军功而沾沾自喜的人
相比，的确展现出的是两种不同的人生境界。

处此乱世，寸心惕惕

余意此时名望大损，断无遽退之理，必须忍辱负重，咬牙做去，待军务稍
转，人言稍息，再谋奉身而退。处兹乱世，凡高位、大名、重权三者皆在忧危之
中。余已于三月六日入金陵城，寸心惕惕，恒惧罹于大戾。弟来信劝我总宜遵旨
办理，万不可自出主意。余必依弟策而行，尽可放心。祸咎之来，本难逆料，然

惟不贪财、不取巧、不沽名、不骄盈四者，究可弥缝一二。

译文

我认为这个时候名望大受损伤，绝对没有立即退休的道理，必须忍辱负重，咬紧牙关去做，待军情稍有变化，别人的指责稍有停止，再思考如何保全自身而退休。身处如此乱世，凡高位、大名、重权这三者都在忧虑危险当中。我已在三月六日进入金陵城，心里警惕，时常担心遭遇大祸。弟来信劝我总宜遵照圣旨办事，万不可自己出主意。我必会依照弟的计策而行事，尽可放心。灾祸的到来，本难预料，然而惟有不贪财、不取巧、不沽名钓誉、不骄傲自满这四者，究竟可以弥补一二。

点评

拥有高位、大名、重权却常存警惕惧祸之心，这便是曾氏的与众不同之处。以修身来减轻灾祸，这是曾氏面临不测之局所采取的应对。

辞职难以允准

弟自任鄂抚不名一钱，整顿吏治，外间知者甚多，并非全无公道。从此反求诸己，切实做去，安知大堑之后无大伸之日耶？

大局日坏，气机不如辛、壬、癸、甲等年之顺，与其在任而日日如坐针毡，不如引退而寸心少受煎逼，亦未始非福。惟余辞江督、筠仙辞淮运司，均不能如愿，恐弟事亦难必允准。至于官相入觐，第一日未蒙召见，圣眷亦殊平平。弟谓其受恩弥重，系阅历太少之故。大抵中外人心皆以弟之弹章多系实情，而圣意必留此公，为旗人稍存体面，亦中外人所共亮也。

世局日变，物论日淆，吾兄弟高爵显官，为天下第一指目之家，总须于奏疏中加意检点，不求获福，但求免祸。

译文

弟自从出任湖北巡抚以来不贪污一文钱，整顿吏治，这些外间知道的人很多，并不是全无公道。从此以后多从自身检查，切实去做，怎么知道在经历大挫折之后没有大伸展的时候呢？

大局日益变坏，气机不如咸丰十一年，同治元年、二年、三年（1851—1854）的顺利，与其在任而天天觉得如坐针毡，不如引退而心里少受煎逼，也未必不是福气。只是我辞江督、郭嵩焘辞两淮盐运使，都不能如愿，恐怕弟的辞职也难以必定同意。至于官文进京陛见，第一天没有受到召见，可见皇上的眷顾也只是平平。弟说他受恩更重，这是因为阅历太少的缘故。大抵朝野内外的人心认为弟的弹劾奏疏中所说的都是实话，但皇上的意思是必定要挽留他，为旗人稍稍保存体面，这也是京城内外的人所都能体谅的。

时局日益变坏，舆论日益混乱，我们兄弟高爵显官，为天下人的眼光所关注的第一家，总必须在奏疏中格外注意检点，不求得到福气，但求免去灾祸。

点评

老九因战事不利而怪罪官文，但参劾官文后战事不仅没有得到好转，反而更坏，这让老九心里沮丧。何况皇上并不认为官文有什么不好，将他调离武昌后不久又任命他为直隶总督，这更让老九心中压抑。这几段话，便是此时做大哥的安慰与劝说。

此中透露一个历史研究者会颇有兴趣的信息，即当时外官入觐，皇上召见的早晚是圣眷浓淡的体现。这里所说的"第一日"，应不是我们今天所说的"当天"的意思，而是抵京安顿后的第一日，实为第二日。同治七年（1868）底，曾氏奉调直隶总督，进北京的次日得蒙召见一事，可为佐证。

做一日和尚撞一日钟

诸事棘手焦灼之际，未尝不思遁入眼闭箱子之中，昂然甘寝，万事不视，或比今日人世差觉快乐，乃焦灼愈甚，公事愈烦，而长夜快乐之期，杳无音信，且又晋阶端揆，责任愈重，指摘愈多。人以极品为荣，吾今实以为苦恼之境。然时势所处，万不能置身事外，亦惟有做一日和尚撞一日钟而已。

阅历数十年，岂不知宦途有夷必有险，有兴必有衰？而当前有不能遽释者，但求不大干咎戾为宗族乡党之羞足矣。

宦途险巇，在官一日，即一日在风波之中，能妥帖登岸者，实不易易。

译文

诸事棘手心里焦灼的时候，未尝不想躲进棺材里昂然酣睡，万事不管，或许比今天活在人世还要快乐。只是焦灼越厉害，公事越烦躁，而一死了之的快乐则遥遥无期。而且又晋升大学士，所负的责任更加重，指摘也更多。人们都以官做到极品为荣耀，我现在实在认为这是苦恼的境地。但处于现在这种时候，万万不能置身于事外，也只有做一天和尚撞一天钟而已。

阅历几十年，岂不知仕途有平顺就必有危险，有兴盛就必有衰减，而当前又有不能立即辞职的缘故在，但求不遭遇大灾祸而让宗族乡党蒙羞就足够了。

仕途危险，在职一天，即一天在风波之中，能够稳当着陆，确实不容易。

点评

这三段话，分别出自同治六年（1867）六月、同治十年（1871）八月、同治十年十一月曾氏给澄、沅两弟的信中，它比较真实地反映出晚年曾氏的为官心态。曾氏晚年，因为办事不顺、身体衰弱，故而心绪多不佳，对待工作和生活，他的态度颇为消极，即便是面对大学士这样的人臣最高职位，他也不以为荣，甚至还视为"苦恼之境"。当然，假若曾氏晚年办事顺心身体健康，他也可能在殊荣崇职的状态中，自我感觉会好一些。然而，即便如此，对一个夕阳暮年者来说，再好的荣职，大概也带不来发自内心的极大喜悦与快乐。任何外来的力量都阻挡不了生命力的日渐衰减，而这种生命力的衰减才是老年人心境苍凉的真正原因。财富改变不了，权力也改变不了，这是人类的悲哀；若换一个角度来看，这又是上帝对每一个人的最大公平之处。

以菲材居高位

自以菲材久窃高位，兢兢栗栗，惟是不贪安逸，不图丰豫，以是报国家之厚恩，即以是稍息祖宗之余泽。

译文

我自认为是以菲薄之材而长久占据高位，战战兢兢，因而不贪安逸，不图丰豫，以此来报答国家的厚恩，也即以此来稍稍延长祖宗的余泽。

点评

大凡做大官者都自以为才高，许多事便坏在这个自以为上。曾氏居高位却自以为才不高，故而有愧歉之感，心存谨慎，不贪享乐，于是能够持盈保泰。

查阅《清会典》及《明史》

凡经制之现行者查典，凡因革之有由者查事例。武职养廉，记始于乾隆四十七年补足名粮案内，文职养廉，记始于雍正五年耗羡归公案内。尔细查武养廉数目，即日先寄。又提督之官，见《明史·职官志》"都察院"条内，本与总督、巡抚等官，皆系文职而带兵者，不知何时改为武职？

译文

凡现行的正常制度查典，凡有来由的变迁查事例。武职养廉事，记载始于乾隆四十七年（1782）补足名粮案内，文职养廉事，记载始于雍正五年（1727）耗羡归公案内。你细查武职养廉费的数目，即日先寄来。还有提督的官职，见于《明史·职官志》"都察院"条目内，本来与总督、巡抚一样都是文职而带兵的，不知何时改为武职？

点评

同治四年（1865）十一月初，曾氏在徐州最后核定长江水师章程。考虑到提督、总兵以下至千总、把总每年养廉费的发放，身边无资料可查，于是写信叫金陵城里的纪泽查《清会典》。又让他查《明史》，借以弄清提督是何时由文职改为武职的。曾氏在叫儿子查书时，又告诉他怎样查。想必经过这样的查阅，纪泽对使用《清会典》、《明史》的能力会有些提高。

清介谦谨

沿途州县有送迎者，除不受礼物酒席外，尔兄弟遇之，须有一种谦谨气象，勿恃其清介而生傲惰也。

译文

沿途州县官员有送迎的，除不接受礼物和赴酒席外，你们兄弟遇到这种场合，必须有一种谦虚谨慎的态度，不要依恃自己的清介而生发出傲慢的情绪来。

点评

清介固然好，而冷淡傲慢等态度又常常是它的伴生物，这种态度显然不好。故曾氏提醒儿子，在与官场打交道时，既要清介，又要谦谨。

以散员留营

余决计此后不复作官，亦不作回籍安逸之想，但在营中照料杂事，维系军心。不居大位享大名，或可免于大祸大谤，若小小凶咎，则亦听之而已。

译文

我决定此后不再做官，也不作回原籍过安逸日子的想法，只在军营中照料杂事，维系军心。不居高位享大名，或许可以免去大灾祸大诽谤，至于小小的灾难指责，则也只有听之而已。

点评

同治四年五月，曾氏奉旨离开金陵北上剿捻。与捻军在苏鲁豫鄂战场周旋了一年多，在军事上，曾氏几无成绩可言。同治五年（1865）八月，捻军冲破曾氏精心布置的防线，河防之策失败。曾氏自己很失面子，各方指责亦不少，加之身体病痛日增。十月中，曾氏上奏朝廷，请开协办大学士与两江总督之缺，并请另简钦差大臣接办军务，自己以散员身份留营效力。又请将所得封爵暂行注销，以表示自贬。十一月初，朝廷命曾氏回两江总督本任，授李鸿章为钦差大臣接办军务。此处所抄的这段话即出于这段时期曾氏给儿子的家书。

危难之际断不可吝于一死

余自咸丰三年募勇以来，即自誓效命疆场，今老年病躯，危难之际，断不肯吝于一死，以自负其初心。

译文

我自从咸丰三年（1854）募勇以来，即自我发誓以性命效力于战场，现在已是老年又兼病躯，在国家危难的时候决不愿舍不得一死，而违背自己当初的心愿。

点评

同治九年（1870）夏，天津城爆发大教案，正在休病假的直督曾氏，不顾自身的重病，决计奉旨赴天津处理此事。临行时，给两个儿子留下一封类似遗书的信件。其中便有上面的这几句话。其"效命疆场"的话，可参见黎庶昌编的曾氏年谱"咸丰三年"一节：曾氏"又以书遍致各府州县、士绅……其书中有'不要钱，不怕死'二语，公所自矢者，一时称诵之"。

外官有景况苦的

闻刘觉香先生言渠作外官景况之苦，愈知我辈舍节俭别无可以自立。若冀幸得一外官以弥缝罅漏，缺瘠则无以自存，缺肥则不堪问矣，可不惧哉？

译文

听刘觉香先生说他做外官景况的苦处，越加知道我们这些人舍节俭外则没有别的办法可以自立。若希望侥幸得一个外官的缺来弥补银钱上的欠漏，遇到贫瘠的地方则无以自存，富裕的地方，则又不敢问津，难道不值得畏惧吗？

点评

这是曾氏道光二十三年（1843）正月的一篇日记。此时曾氏供职翰林院，品衔为六品，属于小京官一类。清朝官员正俸并不高，养廉费及分外进贡是他们收入的主要部分。翰林院是一个没有实权的清闲衙门，正俸之外的收入不多，故而翰林多清贫。早期曾氏的家书中在谈到经济状况时，"借"、"欠"、"窘"这样的字眼时常出现。抄录一段道光二十二年十二月曾氏给诸弟信中的话，借以窥视其大概："今年冬间，贺耦庚先生寄三十金，李双圃先生寄二十金，其余尚有小进项。汤海秋又自言借百金给我用。计还清兰溪、寄云外，尚可宽裕过年。统计今年除借会馆房钱外，仅借百五十金。岱云则略多些。岱云言在京已该账九百余金，家中亦有此数，将来正不易还。寒士出身，不知何日是了也！我在京该账尚不过四百金，然苟不得差，则日见日紧矣。"这封家信可以帮助我们理解这段日记。

居敬大有益于身心

自正月以来，日日颓放，遂已一月，志之不立，一至于此！每观此册，不知所谓，可以为人乎！聊存为吾朔之饩羊尔。

看书眼蒙如老人，盖安肆日偷，积偷之至，腠理都极懈弛，不复足以固肌肤束筋骸，于是风寒易侵，日见疲软。此不能居敬者之不能养小体也。又心不专一，则杂而无主，积之既久，必且忮求迭至，忿欲纷来。其究也，则摇摇如悬旌，皇皇如有所失。总之，曰无主而已，而乃酿为心病。此不能居敬者之不能养大体也。是故吾人行父母之遗体，舍居敬更无他法，内则专静纯一以养大体，外则整齐严肃以养小体。如是而不日强，吾不信也。呜呼，言出汝口，而汝背之，是何肺肠！

译文

自从正月以来，日日颓唐放纵，已经一个月了，志向不立到了这种地步。每每看到这本日记册，不知说什么为好，能算是个人吗！姑且把它保存当作每月初一祭告祖宗的活羊。

看书时眼睛昏蒙如同老人。这是因为安逸放纵每天偷懒，累积懒惰到了顶点，身上肌肤之间的空隙纹理都极为松懈，不再足以固束肌肤筋骸。于是风寒容易侵入，一天天疲软。这是不能庄敬自居而导致不能保养肢体。还有心不专一，则杂乱无主。积累久后，必定嫉妒贪求等各种欲望纷至沓来。追究其原，是因为心摇摆如高悬的旗帜，惶惶然若有所失。总之一句，叫做心中无主而已，于是酿为心病。这是不能庄敬自居而导致不能保养心境。所以，我们延续父母的遗体，舍除居敬则更无别的办法。内心则专静纯一，用来保养心境；外表则整齐严肃，以保养肢体。若这样还不能一天天强壮，我不相信。啊，话出自你的口中，而你又违背，这是什么样的心肺！

点评

这两段话分别出自道光二十三年（1843）正月三十日、二月初一日两天的日记。此时他正跟随唐鉴，致力程朱理学，并身体力行，"居敬"是他日常的重要功课之一。曾氏认为，人一旦处于"敬"的状态，外则强身，内则纯心，于心身均大有益处。曾氏此时不过三十三四岁，却"看书眼蒙如老人"，这是不正常的。他归之于不敬的缘故，其实，应归之于体弱。三十岁那年，他得肺病几于不治，看来至今尚未复原。

盛气与自是

见罗、瞿、江三县令，因语言不合理，余怒斥之甚厉，颇失为人上者泰而不骄、威而不猛之义。

九弟信言古称君有铮臣，今兄有诤弟。余近以居位太高，虚名太大，不得闻规谏之言为虑。若九弟果能随事规谏，又得一二严惮之友，时以正言相劝勖，内有直弟，外有畏友，庶几其免于大戾乎！居高位者，何人不败于自是？何人不败于恶闻正言哉？

译文

见罗姓、瞿姓、江姓三位县令，因为说话不合道理，我愤怒斥责他们，态度很严厉，颇为有失处于上位者，应该安泰而不骄肆、威严而不猛烈之本义。

九弟信中讲，古人说君有铮臣，现在兄有诤弟。我近来所居的官位太高，虚名太大，以听不到规谏之言而忧虑。若是九弟果然能遇事规谏，又能得到一二个令我敬畏的朋友，时时以正言激励，内有直言的弟弟，外有令我敬畏的朋友，或许可以免去大过失！居高位者，何人不因自以为是而失败？何人不因讨厌听正直的话而失败？

点评

咸丰十年（1860）四月，朝廷任命曾氏署理两江总督，很快又令他正式担任江督之职，并带兵火速救援苏南。这是曾氏带兵七八年来所日夜渴望的地方实职，但在不知不觉间，因为实职实权的到来又增加了曾氏的盛气凌人与自大自是之感。这两段写于咸丰十年九月及十一月的日记，便是他对自己这种暗中所滋生的情绪的反思，并因此总结出"自是"、"恶闻正言"是居高位者失败的主要原因。

睡梦缺好意味

古人言昼课妻子夜课梦寐，吾于睡中梦中总乏一种好意味，盖犹未免为乡人也。

译文

古人说白天考核妻与子，夜晚考核梦境，我在睡梦中总缺乏一种好的意味，这是因为我依旧不免是个乡下人的缘故。

点评

曾氏此言有误。倘若他真的是一个纯粹乡下人，其睡梦一定香甜。他的睡眠不好，恰恰是他缺乏纯粹乡下人的单纯质朴的缘故。

力戒争胜之心

夜因武宁杨令与郑奠互讦之案，颇为郁屈不平，继思谦抑之道，凡事须力戒争胜之心，痛自惩艾。

译文

夜晚因武宁杨县令与郑奠互相攻讦之案而心中颇为郁闷，继而想到谦抑之道，凡事须力戒争强好胜之心，并对自己痛加惩戒。

点评

因争强好胜而引起诉讼，实在是多出的事。曾氏在审理别人的案子后对自己加以警惕。

奄奄思睡

身体若有病者，奄奄思睡，或以积搁文牍太多，此心歉然，若有所负疚者而然与？

译文

身体像是有病的样子，奄奄的老想睡觉，或是因为积压的文卷太多，心里有歉意，像是有负愧而引起的吗？

点评

以曾氏的身体状况，他确实不能担负如此重大的担子，但他认为一个人的精力好比井中之水，是越汲越有，故而勉力去做。从精神上说固然可佳，但从健康上说则不宜提倡。

儒缓

少荃论及余之短处总是儒缓，与往年周弢甫所论略同。

译文

李鸿章谈到我的短处往往体现在拘谨缓慢上，与往年周弢甫所说的大致相同。

点评

李鸿章为人较为圆滑而果敢，所以对儒缓感觉敏锐。

诚中形外

诚中形外，根心生色。古来有道之士，其淡雅和润无不达于面貌。余气象未稍进，岂嗜欲有未淡邪？机心

官秩旧叅苟祕监
篇章高挹谢宣城

曾国藩手书联语

未消邪？当猛省于寸衷，而取验于颜面。

修诚于内则表现于外，扎根于心则生色于面。古来有道的人，他的淡雅和润无不表现在外貌上。我的气色没有稍稍进步，难道是欲望没有淡薄吗？机心没有消除吗？应当在心中努力反省，并在颜面上表现出来。

人的内心与外表是紧密相联的。外表安详，内心多半宁静；外表灿烂，内心多半光明。曾氏以淡嗜欲消机心来增进自己的外在气象，可谓中的之举。

公私事繁

二日因作折，将公事抛荒未断。古人有兼人之材，余不特不能兼人，即一日兼治数事，尚有未逮。甚矣，余之钝也。

日内应酬繁多，神昏气乏，若不克支持者，然后知高官巨职，足以损人之智，而长人之傲也。

古人云其为人也多暇日者，其出人也不远矣。余身当大任，而月余以来，竟日暇逸不事事，公私废搁，实深惭惧。惟当迅速投劾去位，冀免愆尤耳。

是日应办奏稿，方不误次日发报之期。一念之惰，遂废本日之常课，又愆奏事之定期，乃知天下百病生于懒也。

近日省察自己短处：每日息玩时多，治事时少。看书作字治私事时多，察人看稿治公事时少。职分所在，虽日读古书，其旷官废弛与废于酒色游戏者一也。庄子所谓臧穀所业不同，其于亡羊均也。本无知人察吏之才，而又度外置之，对京察褒嘉之语，殊有愧矣。

这两天因为拟奏折，将公事抛在一旁未了断。古人有兼人之材，我不仅不能兼人，即便一天里兼治几件事，尚有没完成的。我的鲁钝真是太严重了！

近日里应酬繁多，神气昏乏，就像不能支持了一样，亲身经历这种状况后才知道高官巨职，足以损伤人的才智，而助长人的骄傲。

古人说一个人若是有许多空余的时间，那么他高出别人的地方也就不多了。我身当大任，而一个多月来竟然每天悠闲无所事事，公事私事都贻误耽搁，实在是很惭愧。惟有立即上疏自劾离位，借以免去过失和指责。

今天应该办理奏稿，才不误第二天发报日期。这个念头一产生人便懒惰，于是耽误今天的常课，又延误了上奏的日期，于是知道天下百病都由懒而生发。

近日里反省自己的短处：每天怠慢玩逸的时间多，治事的时间少；看书写字治私事的时间多，察看别人审核文稿治公事的时间少。职责在这里，即便每天读古书，对官守的荒废与因酒色游戏所造成的后果是一样的。这就是庄子所说的臧穀所做的事不同，但他丢失羊的后果是一样的。本来就没有知人察吏的才能，而又将它置于度外，面对京察的褒奖之语，很是惭愧。

点评

我们读这几段日记，可知曾氏当时在安庆两江总督衙门里的日常情形：公私事均多，精力不旺，神气昏惰，高任重权似乎并没有给曾氏本人带来什么乐趣。笔者想，凡责任心强的高级官员，其日常心情大概都不如普通百姓的悠闲自在。由此而悟到，官是做亦可，不做亦可。

大胜前的处境与心境

日内郁郁不自得愁肠九回者，一则饷项太绌，恐金陵兵哗，功败垂成。徽州贼多，恐三城全失，贻患江西。一则用事太久，恐中外疑我擅权专利。江西争厘之事，不胜则饷缺而兵溃，固属可虑；胜则专利之名尤著，亦为可惧。反复筹思，惟告病引退，少息二三年，庶几害取其轻之义。若能从此事机日顺，四海销兵不用，吾引退而长终山林，不复出而与闻政事，则公私之幸也。

户部奏折似有意与此间为难，寸心抑郁不自得。用事太久，恐人疑我兵权太重，利权太大，意欲解去兵权，引退数年，以息疑谤，故本日具折请病，以明不敢久握重柄之义。

自古高位重权，盖无日不在忧患之中，其成败祸福，则天也。

因念家中多故，纪泽儿病未全愈，心中焦虑之至。而天气阴雨作寒，恐伤麦收，又不知兵事之变态何如，弥觉忧惶，不能自宁。因集古人成语，作一联以自箴曰："强勉行道，庄敬日强。"上句箴余近有郁抑不平之气，不能强勉以安命，下句箴余近有懒散不振之气，不能庄敬以自奋，惜强字相同，不得因发音变读而易用耳。

译文

近几天郁郁不自得而愁肠九曲的原因，一是军饷太短缺，担心围金陵的兵士哗变，功败垂成。徽州一带贼军多，当心三座城市都丢失，贻患江西。一是因为用事太久，担心朝廷内外怀疑我擅权专利。江西争厘金之事，官司打不赢则军饷缺失而引起兵溃，固然是可虑，打赢了则专利之名尤其显著，也可害怕。反复思量，惟有告病引退，稍稍休息二三年，或者可以做到两害相权取其轻。若能从此战事一天天顺利，四海罢兵不用，我退休而终老于山林，不再出山与闻政事，则于公于私都是幸事。

户部的奏折好像有意与我这里为难，心里郁郁不自得。用事太久，担心别人怀疑我兵权太重，利权太大，心里想解去兵权，引退几年，借以止息怀疑诽谤，故而今日上折请病假，借以表明不敢久掌重权的意思。

自古来高位重权的人，都无日不在忧患之中，他的成败祸福，只有听之于天。

因为念及家中多变故，纪泽儿病未完全好，心中焦虑得很。而天气又阴雨变冷，担心伤及麦收，又不知军事上的变数如何，尤其觉得忧愁惶恐而不能安静。故而集古人的成语，作一联语借以自箴："强勉行道，庄敬日强。"上句规谏我近来所有的郁抑不平之气，不能做到强勉以安命，下句规谏我近来所有的懒散不振之气，不能做到庄敬以自奋。可惜的是两个强字相同，但因读音不同故而不再改用另外一个字。

曾国藩手迹

点评

这几段日记出自同治三年三四月间。这正是金陵城将要攻破的前夕。大胜即将到来的时候，湘军统帅处境之艰难和心境之忧郁，或许都出于常人的想像。感谢曾氏当年的详细记录，它让我们由此推想到，历史上许多政治、军事的所谓大胜利，其风光的背后大约都有类似的情况。对于那些英雄心强烈的人来说，这无疑是一帖清醒剂。

老九谏大哥之短

沅弟谈久，稍发摅其抑郁不平之气，余稍阻止劝解，仍令毕其说以畅其怀。沅弟所陈，多切中事理之言，遂相与纵谈至二更。其谏余之短，言处兄弟骨肉之间，不能养其生机而使之畅，遂深为忠告曲尽。

译文

沅弟说了很久，稍稍抒发他心中的抑郁不平之气，我稍加阻止劝解，还是让他说完，借以舒畅他的胸怀。沅弟所陈述的多切中事理，于是互相纵谈到二更天。他规谏我的不是处，说我处兄弟骨肉之间而不能使他们培养生机心情畅达，于是深以此言作为忠告且曲尽其意。

点评

在曾氏自己的文字中，可以见到别人对他的批评，这是很值得重视的文字，只可惜这类记载太少了。保存在早年日记中的有朋友的批评，保存在早期家书中的有弟弟们的批评，到了后期，曾氏名位崇隆，这些批评便很少能当面说出，故而曾氏自己的文字中便见不到了。这段话出于同治三年九月初八日日记。南京刚刚收复不久，曾氏便将江督衙门从安庆迁到南京。安顿下来的次日，他去看望老九，兄弟俩长谈。老九批评大哥不能使兄弟之间生机舒畅，意谓大哥要求太严、限制太多，让诸弟在他面前不自在、不能畅述心怀。笔者以为老九的这个批评是很中肯的，不仅兄弟之间，恐怕是夫妻之间、父子之间也都会有这种沟通障碍。什么事都有其负面性，"不能养其生机而使之畅"，这大概就是曾氏理性为人所带来的负面。

修建富厚堂用钱七千串

闻家中修整富厚堂屋宇，用钱共七千串之多，不知何以浩费如此，深为骇叹。余生平以起屋买田，为仕宦之恶习，誓不为之，不料奢靡若此，何颜见人？平日所说之话，全不践言，可羞孰甚！

译文

听说家中修整富厚堂房屋，用钱共七千串之多，不知何有这样大的花费，深

曾氏故居富厚堂全貌

为此事恐惧叹息。我平生将起屋买田视为官场的恶习，发誓不为，不料家里竟奢侈靡费如此，何颜面见人？平时所说的话，完全不实行，还有比这更羞愧的吗？

点评

同治五年（1866），欧阳夫人率子女离开南京回湘乡。这年冬天，在家建成新居，名曰富厚堂。这座建筑规模宏大，至今大致保持完好。现在所说的曾氏故居，就是富厚堂，但实际上，曾氏本人从未在此住过。曾氏一向节俭，花这么多的钱起屋，是与他的作风相违背的。过几天曾氏给儿子写了封信，信上说："富圫修理旧屋，何以花钱至七千串之多？即新造一屋，亦不应费钱许多。余生平以大官之家买田起屋为可愧之事，不料我家竟尔行之。澄叔诸事皆能体我之心，独用财太奢与我意大不相合。凡居官不可有清名，若名清而实不清，尤为造物所怒。我家欠澄叔一千余金，将来余必寄还，而目下实不能遽还。"可知富厚堂的修建，在家主事的老四起了很大的作用，并且还借给大哥家一千多两银子，当然，欧阳夫人和纪泽、纪鸿兄弟一定是热心操办者。由此可知，即便是曾氏这样的表率，要做到"刑于寡妻，以至于兄弟"，也是很难的。

愧悔八两银子打造银壶

李翥汉言照李希帅之样打银壶一把，为炖人参燕窝之用，费银八两有奇，深为愧悔。今小民皆食草根，官员亦多穷困，而吾居高位骄奢若此，且盗廉俭之虚名，惭愧何地！以后当于此等处痛下针砭。

译文

　　李蕭汉说按照李希庵的样子打造银壶一把，作为炖人参燕窝之用，花费银子八两多，深为惭愧悔恨。眼下小老百姓都吃草根，官员也多穷困，而我身居高位骄奢如此，而且偷得廉洁节俭的虚名，惭愧何极！以后应当在这些地方痛加检讨。

点评

　　历史上处曾氏权位的人，家中食用器皿全是金银的也不少，但曾氏却由八两银子打造银壶一事，想到食草根的小民，并因此而深为愧悔，的确难能可贵。

曾氏故居富厚堂大门上的竖匾

对德业和学业的愧悔

　　初到直隶，颇有民望，今诸事皆难振作，恐虎头蛇尾，为人所笑，尤为内疚于心，辗转惭沮，刻不自安。

　　日月如流，倏已秋分，学业既一无所成，而德行不修，尤悔丛集，自顾竟无湔除改徙之时，忧愧曷已。

　　梦在场中考试，枯涩不能下笔，不能完卷，焦急之至惊醒。余以读书科第官跻极品，而于学术一无所成，亦不能完卷之象也，愧叹无已。

　　余年来出处之间，多可愧者，为之踧踖不安，如负重疚。年老位高，岂堪常有咎悔之事？

　　到江宁任又已两月余，应办之事全未料理，悠悠忽忽，忝居高位，每日饱食酣眠，惭愧至矣。

　　阅温公谨习疏，慨然有感。

译文

　　初到直隶时较有民望，现在各种事情都难以振作起来，担心变成虎头蛇尾，为别人所讥笑，这点尤其让我心里内疚，辗转惭愧沮丧，一刻都不能自安。

日月如同流水，转眼已是秋分，学业既一无所成，德行上又不曾修炼，怨尤悔恨交集，自思竟然连消除改变的时候都没有了，忧伤惭愧不已。

梦见在科场上考试，文思枯涩不能下笔，不能完卷，非常焦急而惊醒。我靠读书得科名而位居极品，但在学术上一无所成，这也是不能完卷的征象，惭愧叹息不已。

我近年来在出与处上多有惭愧的地方，为之局促不安，如同负有深深的歉疚。年老而处高位，哪里能承受得了经常有的咎悔之事？

到江宁任上又已有两个多月，应办的事完全未料理，悠悠忽忽，不称职地占着高位，每天饱食酣眠，非常惭愧！

阅读司马温公谨习疏，慨然而有感。

点评

这几段日记写于出任直隶总督及再任两江总督时期。对曾氏而言，已进入生命晚期。曾氏长年带病工作，这时身体已十分衰弱，同治九年的天津教案又让他雪上加霜。元气的散失，加之性格上的日益拘谨，使得曾氏晚年的心境在局面上呈现收缩的状态，其表现之一即常常愧悔，尤其是在德业和学业两个方面愧悔更多。此处所抄录的这几段日记即属于此类。

君主的用心用人

隋开皇之十二年，有司家府藏皆满，无所容，积于廊庑。曾不一纪，炀帝嗣位，东征高丽，南幸江都，遂至困穷。唐天宝之八载，帝观帑藏金帛充牣，古今罕俦。曾不数年，禄山反叛，九庙焚毁，六飞播迁，遂以大变。故国之富不足恃，独恃人主有兢兢业业之一心耳。

李牧在赵，匈奴不侵；汲黯在朝，淮南寝谋；林甫为相，阁凤反；卢杞柄政，李怀光叛。反叛，非其本心也，故人君谨置左右之臣，其益于人国者多矣。

译文

隋开皇十二年（592），官员们家里的库房都是满的，库房装不下了，则堆积于走廊。但不到十二年，隋炀帝继位，东征高丽，南游江都，于是到了穷困地步。唐天宝八年（749），皇帝观看国库里充塞的金银财宝，古今少有可比。但不过几年时间，安禄山反叛，祖庙被焚烧，皇帝迁徙，于是出现大变故。故而国家的富裕不足以凭恃，独独可以依恃的是君主有兢兢业业的一颗心而已。

李牧在赵国，匈奴则不敢入侵；汲黯在朝，淮南王谋反的意图则止息；李林甫为相，阎凤造反；卢杞主持国政，李怀光叛乱。反叛，本不是阎、李等人的本性，故君主要谨慎地安置左右之臣，他们对人对国家的益处很多。

点评

这里列举六个前朝事例，用来说明君主慎重用心用人的重要性。因为心思不正，国库里堆积如山的金银财货可以很快化为乌有，安定有序的社会可以立即陷于战乱。因为用人得当，敌国不敢入侵，国内不敢谋反；因为用人不当，则狼烟四起，反旗高举。君主毕竟一时只有一个，然而一省之主，一县之主，一单位之主，一家之主，却可以有数不清的数量，所主的范围虽然有大有小，但为人之主所应当遵守的原则却是一样的，用心用人都不可不慎重。

宰相妨功者多

陈汤斩郅支单于之首，匡衡抑其功，仅得封关内侯；郝灵荃得突厥默啜之首，宋璟抑其功，仅得授郎将。其后汤以非罪而流，灵荃以恸哭而死。宰相妨功，病能人之得伸于其志者多矣。

译文

陈汤斩郅支单于的脑袋，匡衡压抑他的功劳，仅得到关内侯的封爵；郝灵荃获得突厥默啜的首级，宋璟压抑他的功劳，仅得郎将的授与。之后陈汤以无罪而流放，郝灵荃以恸哭而死。宰相妨碍别人的功劳，害怕能干人伸展他的志向，这种事例很多。

点评

宰相乃人臣之极，他的职责为调和阴阳，用现代语言表述即为协调、平衡、整合国家大计。这种职能意味不必自己亲身建立多大的功业，而在于综合别人的功劳，于是宰相之选首在贤德。胸怀宽广，不忌贤妒能，便是贤德的重要内容。

曾氏晚年官拜武英殿大学士，也就是宰相了。这段读史札记，显然意在以匡衡、宋璟为戒。

功高震主

唐宣宗之立，不能平于李德裕至毛发为之洒淅，此与霍光骖乘而宣帝芒刺在背者何以异？功高震主，或不无自伐之容，"公孙硕肤，赤舄几几"。此周公所以为大圣也。

译文

唐宣宗继位时，因李德裕权势煊赫心中不平以至于毛发寒栗，这与因霍光陪同而使得汉宣帝有芒刺在背之感有什么不同？功高震主，免不了有自我矜耀的表现，如同《诗经》中所说的"公孙壮健威武，脚上赤鞋高高翘起"。这就是周公之所以为大圣人的原因。

点评

功高震主，后果不妙。这一中国历史上常见的现象，翰林出身的曾氏是牢牢记在心中的，尤其在金陵打下后，他处处防患此一现象在他身上重演。曾氏为此给中国史册提供了一份成功避免功高震主现象再次出现的范例。

改进漕运的设想

裴耀卿置谕场于河口。河口，即汴水达于黄河之口也。南人舟运江淮之米，自汴以达河口。吴人不习海漕，便令输米于河口之仓而去，则吴人便矣。三门，即砥柱山，在洛阳之东，地最险，不可行舟，耀卿于三门之东西各置一仓，又凿山开车路十八里，以避三门之险。江淮之米既输于河口之仓矣，官为别雇舟，溯河漕至三门之东，视水可通，则径以舟过三门，水险则由车路挽过三门，输入三门以西之太原仓，然后入渭，以漕关中。自江淮至河口，自河口至三门，自三门入渭至长安，凡三次转搬，乃得达也。今天下之漕粮，概用长运，漕至袁浦，黄高于清，则百端营谋，行灌塘渡舟之下策。虞黄倒污湖之巨患，种种敝坏，未知所底。故鄙意常欲行搬运之法，于袁浦置仓，杨庄各仓亦修葺之，分天下之漕艘，半置河以南，半置河以北，每年各运两次。为河帅者，治河则不顾淮，治淮则不顾河，治运则不顾河淮，庶几易为力乎？

译文

裴耀卿将谕场置于河口。河口，即汴水流入黄河的口道。南方人用船运江淮的稻米，从开封到达河口。吴地人不习惯从海道运漕粮，便令输送稻米到河口之仓库就回去了，这样吴地人就方便了。三门即砥柱山，在洛阳的东面，地势最为险阻，不可以行船，裴耀卿在三门的东面西面各设置一个仓库，又凿山开辟车路十八里，以避开三门的险阻。江淮之米既已输送到河口的仓库，官府再从别处雇船，溯河漕到达三门之东，看水势情况若可以通行，则直接用船载过三门，水势若险则由车路运过三门，输送到三门以西之太原仓库，然后进入渭水，将漕粮送到关中。从江淮到河口，从河口到三门，自三门进入渭水到长安，经过三次转搬，才得以到达。当今天下的漕粮一概用长途运输，漕运至袁浦，黄高于清，如此千方百计营谋，行的灌塘渡舟的下策，担心黄河水倒灌污坏湖水的大害，种种坏处，不知如何处置才到底。故而我常常思考若要实行搬运的办法，在袁浦设置仓库，杨庄各个仓库也修理好，将天下的漕船一半放在黄河以南，一半放在黄河以北，每年各运两次。做河道总督的，治理黄河则不顾淮河，治理淮河则不顾黄河，治理运河则不顾黄河淮河，这样就可以省力吗？

点评

这是曾氏对改进漕运的设想。他引历史上的事例，说明当今概用长途运输的办法不好，宜分段转运。

天下大事十四宗

天下之大事，宜考究者，凡十四宗：曰官制，曰财用，曰盐政，曰漕务，曰钱法，曰冠礼，曰昏礼，曰丧礼，曰祭礼，曰兵制，曰兵法，曰刑律，曰地舆，曰河渠。皆以本朝为主，而历溯前代之沿革本末，衷之以仁义，归之以易简，前世所袭误者，可以自我更之，前世所未及者，可以自我创之。其苟且者，知将来之必敝；其至当者，知将来之必因，所谓"虽百世可知也"。

译文

天下的大事宜于考究的有十四宗：官制、财用、盐政、漕务、钱法、冠礼、婚礼、丧礼、祭礼、兵制、兵法、刑律、地舆、河渠。都应以本朝为主，而追溯前代的沿革本末，从仁义出发，归结于简单易行。前代所沿袭的错误，可以从我们这里予以更改，前世所没有涉及的，可以从我们这里创造。其中有苟且于一时的，则可知道后世一定出现弊病；那些很妥当的，则可知道后世一定沿用，这就是所说的"即便百世之后也可知晓"。

点评

曾氏所说的天下大事十四件，在今天看来固然变更甚多，但他追根溯源详察流变，以此知其利弊的思路是很有道理的。他的革故鼎新的观点也值得肯定。

官员的养廉费

文官加养廉，始于雍正三年之耗羡归公，武官加养廉，始于乾隆四十六年之补缺额名粮。

译文

文官增加养廉费，始于雍正三年的耗羡归公，武官增加养廉费，始于乾隆四十六年的补缺额名粮。

点评

清代官员的收入分正薪和养廉费两块。养廉费极类似今天的年终奖，而其数额又远大于正薪。比如，清代的县令一年的正薪为四十五两银子，而养廉费视县的大小及治理的难易，为四百两至两千两不等。

用绅士之法

王霞轩来辞行，将以明日往南丰。余告以用绅士之法，宜少予以名利，而仍不说破，以养其廉耻。霞轩深以为然。

译文

王霞轩前来辞行，将在明天去江西南丰县。我告诉他使用绅士的方法，宜少给予名利，给名利时也仍然不说破，以培护他的廉耻。王霞轩深以为然。

点评

王霞轩即王必达，广西人，他去南丰是赴县令任的。当时，非官非民、亦官亦民的绅士在社会上起着重要的作用，曾氏很重视这类人，用他们办事。这类人的特点是比较看重自己的声望，曾氏提醒王在这方面用心思。

法立令行，整齐严肃

温《循吏传》。太史公所谓循吏者，法立令行、能识大体而已。后世专尚慈惠，或以煦煦为仁者当之，失循吏之义矣。思为将帅之道，亦以法立令行、整齐严肃为先，不贵煦妪也。

译文

温习《循吏传》。太史公司马迁说过所谓循吏，是指立定法规畅通命令、能识大体而已。后世专门崇尚慈惠，或者将和煦温暖仁慈的人看作循吏，这是失去循吏的本义。思考作为将帅的原则，也是以立定法则畅通命令、军容整齐严肃为先，不以和煦慈爱为贵。

点评

仁爱是人类所追求的最高目标，但为政与治军者是通过法令来最终体现仁爱的。法令是严酷的，守法行令的过程应将仁爱排除在外。只有先严酷，才能后仁爱。

矫激得美名，要结得民心

三代下，不矫激不足以得美名，不要结不足以得民心。

译文

三代之下，不激励则不足以获得美名，不结纳则不足以获得民心。

点评

在儒家理论中，尧、舜、禹三代时期风气最为淳良，种种不良风气则都是三代以下的产物。这两句话，是感叹世风的不纯朴，人心趋善非出自内心的需要，而是要靠外力的驱动。

人才以陶冶而成

人才以陶冶而成，不可眼孔甚高，动谓无人可用。

译文

人才靠培养而成，不可以眼界很高，动不动就说没有人可以用。

点评

这是曾氏人才思想的一个很重要的内容，即领导者要主动培养人才，他曾经说过"山不能为大匠别生奇木，天亦不能为贤主更生异人"，而在于主事者去发现去培养。

所费与所报相差三四十倍

胡中丞言："州县办上司衙门之差，差费不过百千，而其差总家丁开报，至三四千串之多。县令无所出，则于钱粮不解，积为亏空，皆天家受其弊。故湖北州县，现无丝毫差事，如有向例由州县办差者，皆由藩库发实银与州县，令其发给，不使州县赔垫分毫，其名则天家吃亏，其实则州县无可借口，钱漕扫数清解，为天家添出数十倍之利。"信为知言。

译文

胡林翼中丞说："州县办上级衙门的差事，差事的费用不过百把千钱，但差事总办家丁来报销，则至三四千串钱之多。县令无所支付，则将应解的钱粮不上解，积累下就是亏空，最后都是皇家接受这种舞弊。故而湖北州县现在没有丝毫的差事。如有成例由州县办差的，都是藩库发放现银给州县，令州县发给办差者，不让州县赔垫分毫。其名义上是皇家吃亏，其实则州县没有了借口，钱与漕粮全部清解，为皇家增加几十倍的利来。"确实是知下情者的话。

点评

胡林翼是一个处理政事的干练之才。他之所以干练，其中一个重要原因是他谙熟人情、社情、下情。这里所说的便是胡对州县办差内情的熟悉。所报与所费竟然相差三四十倍，晚清官场财务上的混乱到了何等地步。

不与不终不胜

居高位之道，约有三端：一曰不与，《论语》所谓"巍巍乎舜禹之有天下也而不与焉"者，谓若于己毫无交涉也；二曰不终，古人所谓"日慎一日而恐其不终"，盖居高履危而能善其终者鲜矣；三曰不胜，古人所谓"懔乎若朽索之驭六马，栗栗危惧，若将陨于深渊"，盖惟恐其不胜任也。鼎折足，覆公𫗧，其形渥，凶，言不胜其任也。方望溪言汉文帝之为君，时时有谦让，若不克居之意，其有得于"不胜"之义者乎？孟子谓周公有不合者，仰而思之，夜以继日，其有得于"惟恐不终"之义者乎？

译文

身居高位之道约有三点：一叫做不与，《论语》所说"伟大啊舜禹拥有天下，却视这种权位与自己无关"，说的是好像与己毫无关联；二叫做不终，古人所说"每天谨慎，担心不能很好终结"，这是因为处高位脚踏危境而能善终的很少；三叫做不胜，古人所说"心里戒惧如同朽坏的绳索拉着六匹奔马，十分恐惧，好像就要掉入深渊"，这是因为惟恐不能胜任。《易经》上说鼎的脚折断，食物倾覆在地，情形凶险，说的是不胜其任。方苞说汉文帝做皇帝，时时存谦让之心，就像不够资格居此位的样子。他是领悟了"不胜"的精义吗？孟子说周公遇到不顺心的事，则仰而思索，夜以继日，他是领悟了"惟恐不终"的精义吗？

点评

咸丰十年（1860）四月，曾氏就任两江总督，全面负责江南战事。就在六月十二日的日记中，他写下了上面这段话，提醒自己"不与"，意谓总督所带来的权益与自己无关；不终，时刻谨慎，不可翘尾巴；不胜，保持清醒的头脑，知道自己的能力不足以胜任如此大事。曾氏这"三不"，对于所有居高位者都有清冷剂的作用。

襟怀豁达与心力劳苦

盛时创业垂统之英雄，以襟怀豁达为第一义；末世扶危救难之英雄，以心力劳苦为第一义。

译文

盛时创业打下江山的英雄，以襟怀豁达为第一等重要；末世扶危救难的英雄，以心力劳苦为第一等重要。

点评

这是曾氏接合自身阅历的读史体会。创事业打江山，要集众人之力，故胸襟豁达最为重要。扶危救难是极辛苦艰难的事，故而身心两个方面的吃苦耐劳为第一等重要。

夜间功课

料理官事，摘由备查，一也；圈点京报，二也；注解《缙绅》，三也。此三者，夜间之功课，亦留心庶事之一法也。

译文

料理公事，摘录事由以备查询，第一件事；圈点京报，第二件事；注解《缙绅》，第三件事。这三件事是夜间的功课，也是留心庶杂事务的一个办法。

点评

这三件事情办下来，大概也要到十一二点钟了。如今的官员，夜间大多耗在交际宴饮娱乐场所里，像曾氏这样办公事的恐怕少之又少了。

文人空虚

沅弟信极论文士之涉于空虚，不可用其言，颇切当。

译文

沅弟信中大谈文人言论空虚方面的毛病，不可以采用他们所说的话，颇为切当。

点评

空虚而不着实处，是文人的通病，这是因为文人注重的是言与文，他们没有操作落实的责任，所以担负具体办事的人，对于文人所说的话只能抱着参考的态度来对待。第二天的日记中，曾氏又写道："文人好为大言，毫无实用者，戒其勿近，与沅弟意若同。"

与李元度约法五章

李次青赴徽州，余与之约法五章：

曰戒浮，谓不用文人之好大言者；曰戒过谦，谓次青好为逾恒之谦，启宠纳侮也；曰戒滥，谓银钱保举宜有限制也；曰戒反复，谓次青好朝令暮改也；曰戒私，谓用人当为官择人，不为人择官也。

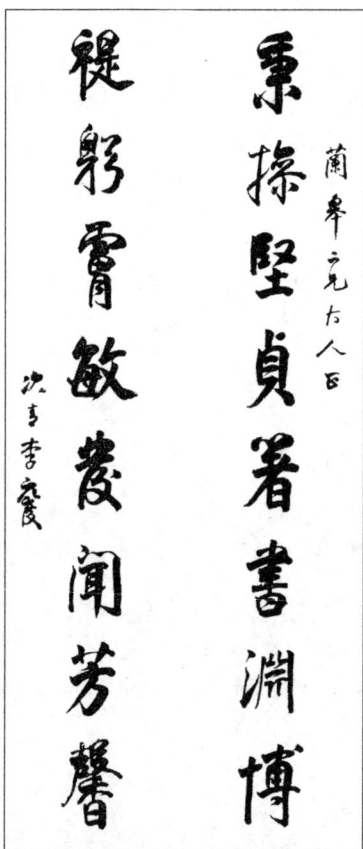

李元度手书联语

译文

李次青到徽州去，我与他约法五章：戒浮，意思是说不用好说大话的文人；戒过谦，意思是说次青喜欢过分的谦虚，如此虽易得宠信，也易招致侮辱；戒滥，意思是说在银钱与保举上宜有限制；戒反复，意思是说次青喜欢朝令夕改；戒私，意思是说按官职的要求来选择人，不能为人来选择官职。

点评

李元度这次的徽州之行是彻底失败了，不但丢失徽州府，而且临阵弃逃，直到二十多天后，才到祁门见曾氏。曾氏气得一纸参劾了他。李元度书读得好，又长于著述，尤善属联，从小便有"神对"之称。若是专心致志治学作文，很可能有较大的成就，但他选择带兵的职业，结果给他一生带来很多挫折，最终也谈不上有多大的事业。

委员与绅士的职责

委员之道，以四者为最要，一曰习劳苦以尽职，一曰崇俭约以养廉，一曰勤学问以广才，一曰戒傲惰以正俗。绅士之道，以四者为要，一曰保愚懦以庇乡，一曰崇廉让以奉公，一曰禁大言以务实，一曰扩才识以待用。

译文

关于委员的职责有四点最为重要：一是以能耐得劳苦来尽职，一是以崇尚俭朴来养廉，一是以勤学好问来广招人才，一是以戒除傲慢来矫正风俗。关于绅士的职责，有四点最为重要：一是为保护弱势来庇佑乡里，一是以崇尚廉耻来办公事，一是以禁止大话来务实，一是以扩展才识来做好委用的准备。

点评

　　咸丰十一年（1861）八月十七日，担负江南战事最高统帅重任的曾氏，在日记中写下关于州县官员及带兵将领职责的四个要点。州县官员职责的要点为：整躬以治署内，明刑以清狱讼，课农以尽地力，崇俭以兴廉让。将领职责的要点为：戒骚扰以安民，禁烟赌以儆惰，勤训练以御寇，尚廉俭以率下。次日又写下关于委员和绅士的四点。后来，他将这些思考刊布出来作为条规，令他们一一照办。值得注意的是无论州县还是将官，无论委员还是绅士，有一点是共同的，即必须俭朴廉洁。

明不傍烛，则严不中礼

　　九弟临别深言驭下宜严治事宜速。余亦深知驭军驭吏，皆莫先于严，特恐明不傍烛，则严不中礼耳。

译文

　　九弟临别时很深入地谈到驭下宜严办事宜速这些方面。我也很懂得驾驭军队和官吏以严格为先的道理，只是担心没有蜡烛可借的光明，会使得严格却有失合情合理。

点评

　　曾氏已经是够严够速的人了，而老九还要以此来规谏，可见老九带兵的作风，一定是特别严峻与雷厉风行。

一省风气依乎数人

　　治世之道，专以致贤养民为本。其风气之正与否，则丝毫皆推本于一己之身与心，一举一动，一语一默，人皆化之，以成风气。故为人上者专重修身，以下之效之者速而且广也。

　　一省风气，依乎督、抚、司、道及首府数人，此外官绅，皆随风俗为转移者也。周弢甫将赴上海催饷，禀辞畅谈。余勉之以维持风教，勿自菲薄，引顾亭林《日知录》"匹夫之贱与有责焉"一节以勖之。

译文

治理社会的办法，一心以致贤养民为本。它的风气正还是不正，则点点滴滴都在于一己的身与心，一举一动，一句话一次沉默，别人皆受影响，以形成风气，故而处于众人之上者一心一意注重修身，以使得属下学习成效快而且广。

一个省的风气，依赖于总督、巡抚、两司、道员及首府几个人，此外的官吏绅士，都随风俗而转移。周弢甫将到上海催饷，前来辞行，彼此畅谈。我勉励他维持风俗教化，不要妄自菲薄，引顾炎武《日知录》中的"匹夫虽贱也有责任"一节来鼓励他。

点评

古话说"贤者在位，能者在职"，在位者尤其是在高位者，不仅有决策和指导的作用，更有引导人心的作用。多数人心之所向，即为一时之风俗，所以处高位者贤德最为重要。

督抚之道与师道无异

为督抚之道，即与师道无异。其训饬属员殷殷之意，即与人为善之意，孔子所谓诲人不倦也；其广咨忠益，以身作则，即取人为善之意，孔子所谓为之不厌也。为将帅者之于偏裨亦如此，为父兄者之于子弟亦如此，为帝王者之于臣工亦如此，此皆以君道兼师道，故曰"作之君，作之师"，又曰"民生于三，事之如一"，皆此义尔。

译文

做督抚与做教师，这中间的道理没有不同。他训饬下属的殷切之情，即是与人为善之意，也就是孔子所说的诲人不倦；他广泛咨询有益的忠告，以身作则，即是取人为善之意，也就是孔子所说的为之不厌。做将帅的对偏裨也是这样，做父兄的对于子弟也是这样，做帝王的对臣子也是这样。这都是以为君之道而兼为师之道，故而说"作为君王，作为教师"，又说"民众对于君、亲、师，服事的心态是一样的”，都是说的这个意思。

点评

　　督抚与教师，有相同处，有不相同处。相同处即曾氏这段话中所说的，不同处是督抚握有大权，他可以使属下得到荣耀和俸禄，做教师的没有这个权，但做教师的通常对弟子有情义，而这一点做督抚的没有。曾氏之所以要将督抚与教师连在一起，即希望督抚也能像教师一样对属下有情义。曾氏自己做到了。人们称赞他对部属“有师弟督课之风，有父兄期望之意”。

办事的方法

　　为政之道，得人、治事二者并重。得人不外四事，曰广收、慎用、勤教、严绳；治事不外四端，曰经分、纶合、详思、约守。操斯八术以往，其无所失矣。

　　近日公事不甚认真，人客颇多，志趣较前散漫。大约吏事、军事、饷事、文事，每日须以精心果力，独造幽奥，直凑单微，以求进境。一日无进境，则日日渐退矣。以后每日留心吏事，须从勤见僚属、多问外事下手；留心军事，须从教训将领、屡阅操练下手；留心饷事，须从慎择卡员、比较入数下手；留心文事，须从恬吟声调、广征古训下手。每日午前于吏事、军事加意，午后于饷事加意，灯后于文事加意。以一缕精心，用于幽微之境，纵不日进，或可免于退乎！

　　每日应办之事，积搁甚多。当于清早，单开本日应了之件，日内了之，如农家早起分派本日之事，无本日不了者，庶积压较少。

译文

　　处理政事的法则，是得人与治事二者并重。得人不外乎四件事，即广泛收受、谨慎使用、勤加教诲、严格管理；治事不外乎四点，即分析、综合、详细思考、简约把守。掌握这八种方法去处理政事，则不会有失手的。

　　近日里对公事不很认真，人客较多，志趣比以前散漫。大约吏事、军事、饷事、文事，每天必须以精心强力去独自走进幽深，直奔细微之处，以求得进一步的境地。一日没有进步，则一天天地渐渐退后了。以后每天留心吏事，必须从勤于接见僚属、多询外间事情下手；留心军事，必须从教训将领、多次检阅操练下手；留心饷事，必须从谨慎选择厘卡办事人员、比较进款下手；留心文事，必须从长吟声调、广泛征考古训下手。每天午前在吏事、军事上多加注意，午后在饷事上多加注意，上灯后在文事上多加注意，以一股子精心用在深入细致之处，即便不每天进步，或许可以免于退后吧！

每天应办的事积压很多，应当在一清早开出清单来，写明今天应了结的事，则本日内了结，好像农家早上起来分派今天的事情一样，没有今天不了结的，这样或许积压较少。

点评

这三段日记说的是办事。曾氏每天面对的公务自然多得很，他怎么来处置呢？这里告诉我们：一要找出本职工作的最主要事情是什么，办这些事情的最重要的方法是什么；二是办好事情的实处应落在哪里；三要制定每天的工作指标。

通常官员都只把治事作为为政的主要内容，这是因为政事本来就繁多，每一桩每一件都实实在在地摆在眼前，逼得你非办不可。重治事原本不错。不过，事情要靠人去办，而"人"又不仅仅只是自己一个，故而为政在治事外还有一个重要的内容，便是得人。这一点，常常易于被忽视。曾氏有一套得人的本领和经验，此乃其成功之本。这段话说到他得人的四条经验，看似无奇特之处，若要真正做到，则颇不容易。譬如拿勤教一条来说，许多为政者就做不到，即便想教，也教不出一个名堂来。曾氏认为，山不能为大匠别生奇木，天不能为贤主更生异才，人才要靠培养教育而成。曾氏教育人才的方法很多，"宏奖"是他使用得最多最为得手的一种，他甚至把"宏奖人才，诱人日进"视为自己的一大乐趣。在治事上，他对"经分"、"纶合"有独到认识。咸丰十年（1860）六月二十九日，曾氏在日记中这样说道："剖析者，如治骨角者之切，如治玉石者之琢。每一事来，先须剖成两片，由两片而剖成四片，由四片而剖成八片，愈剖愈悬绝，愈剖愈细密，如纪昌之视虱如轮，如庖丁之批隙导窾，总不使有一处之颟顸，一丝之含混。""综核者，如为学之道，既日知所亡，又须月无忘其所能。每日所治之事，至一月两月，又当综核一次。军事、吏事，则月有课，岁有考；饷事，则平日有流水之数，数月有总汇之账。总以后胜于前为进境。"对于约守，他在当天的日记中也有很好的阐述："简要者，事虽千端万绪，而其要处不过一二语可了。如人身虽大，而脉络针穴不过数处，万卷虽多，而提要钩玄不过数句。凡御众之道，教下之法，易则易知，简则易从，稍繁难则人不信不从矣。"

保举太滥

国家以生杀予夺之权授之督抚将帅，犹东家以银钱货物授之店中众伙。若保举太滥，视名器不甚爱惜，犹之贱售浪费，视东家之货财不甚爱惜也。介之推曰："窃人之财，犹谓之盗，况贪天之功以为己力乎！"余则略改之曰："窃人之财，犹谓之盗，况假国家之名器，以市一己之私恩乎！"余忝居高位，惟此事不能力挽颓风，深为惭愧。

译文

国家将生杀予夺的权力交给督抚将帅，好比东家将银钱财物交给店中的众伙计。若是保举太滥，不爱惜名器，好比贱卖浪费，对东家的财物不很爱惜。介之推说："偷别人的财物，都称之为盗窃，何况贪天之功据为己有哩！"我则略微改动，说："偷别人的财物，都称之为盗窃，何况借国家的名器，来换取别人对你一人的感激哩！"我忝居高位，惟有此事不能力挽颓风，深引为惭愧。

点评

湘军军营的保举之风，曾泛滥到令人难以相信的地步。每打一仗，保举单内的人名多达数百，连从未进过军营的人也在保举之列，甚至刚生下来的小孩名字也造进去了。之所以如此，原因虽多种多样，但为了私利而败坏国家法规这一点是相同的，其结果是造成晚清吏治的腐败透顶。曾氏一人也无法扭转这股风气，作为湘军统帅，他只有惭愧而已。

全仗年丰民乐

是日在途中，见麦稼为旱所伤，高不过二三寸，节气已届收割，而吐穗极少。间有用人力施水灌溉者，高或六七寸，色青而穗亦可观。嵇康所云"一溉者后亡"，信人力足以补天事之穷，然百分中不过二三分，余则立见黄槁，纵三日之内大雨，亦无救矣。目击心伤，不忍细看。

为疆吏者，全仗年丰民乐，此心乃可以自恬。若事事棘手，则竟日如在桎梏中矣。

今天在途中见麦苗被旱灾所伤害，高不过二三寸，节气已到收割时期，但吐穗极少。间或有人工施水灌溉的，高或六七寸，颜色青而且穗子也可观。嵇康所说"受过一次灌溉的后死亡"，的确是人力足以弥补天事的不足，但不过百分之二三而已，其余的立即就会枯槁，纵使三天之内下大雨，也不可挽救了。目击而心里伤痛，不忍细看。

身为疆吏的，全仗年成丰收百姓快乐，自己这颗心才可恬适。倘若事事棘手，则每天好比生活在囚禁中一样。

身为一个地方的最高行政长官，该地方的一切都与他关联，这正是县令时期的郑板桥所说的"一枝一叶总关情"。至于地方上最大的事情，莫过于农事与治安，这两桩大事好了，即"年丰民乐"，长官之心才可"自恬"。当然，这些都是对有责任心的长官而言，没有责任心的长官，即便是"路有冻死骨"，他也可以照样"朱门酒肉臭"。

读吴文镕批文

阅《吴文节公集》，观其批属员之禀，甚为严明，对之有愧。吾今日之为督抚，真尸位耳！

读《吴文节公集》，看他批写下属的禀帖很严明，面对这些批文感到惭愧。我今天做督抚，真是尸位素餐了。

吴文节公即吴文镕。他是当年曾氏会试时的座师。咸丰四年（1854）六月，太平军再次打下武昌，时任湖广总督的吴文镕自杀身亡。这年八月，湘军收回武汉三镇。不久，曾氏上折奏明吴文镕是被湖北巡抚崇纶忌害而死，并为吴说了不少好话。因为曾氏此折，朝廷罢免崇纶职务，又命有关方面逮捕他。崇纶得知后服毒自杀。

同治九年（1870）闰十月，曾氏在赴两江总督任途中，于扬州见到吴文镕的儿子吴丙湘。这部《吴文节公集》，估计即此时吴丙湘所赠送。

不轻于兴作

古圣王制作之事，无论大小精粗，大抵皆本于平争、因势、善习、从俗、便民、救敝，非此六者，则不轻于制作也。吾曩者志事，以老庄为体，禹墨为用，以不与、不遑、不称三者为法，若再深求六者之旨，而不轻于有所兴作，则咎戾鲜矣。

译文

古代圣明君王关于制作方面的事无论大小精粗，大致都本着平争、因势、善习、从俗、便民、救敝六个原则，不属于这六点，则不轻于制作。我过去的想法是以老庄之道为体，以大禹墨子的行为为用，以不占有、不安逸、自认不称职为准则，若是再深为探求这六点的要旨而不轻于兴作，则获咎就少了。

点评

曾氏一生崇尚俭朴，拒绝奢华。家中兴建房屋耗钱七千串，他深为恐骇。身处两江总督衙门，他偶至西花园观玩，便"深愧居处太崇，享用太过"（同治十年十一月二十九日记）。这段日记所说的"不轻于兴作"，出于他一贯的作风。

苏州城里的官场特色

苏垣为仕宦鳞萃之场，以弟所闻，大抵挥霍者蒙卓声，谨守者沉散佚；生辣者鹊起，和厚者蠖伏；标榜者互相援引，务实者独守岑寂。揆斯三者，于吾兄俱未为谐叶，然君子之道，不汲汲于名望。

译文

苏州为官员聚集之地，据我所听说，大致是挥霍者得到卓越的名声，谨守本分者则沉默无闻；厉害者声誉鹊起，和善厚道者则不为人知；好标榜者互相援助推引，务实者则独自守寂寞。对照这三个方面，于您都不很合适，然而君子所奉行的做人之道，是不汲汲于名利。

点评

苏州既是当时江苏的省会，更是江南文化负面的典型代表：奢华、精明、标榜。作为谨守湖湘农耕文化，以俭朴务实为立身之本的曾氏，在这里明显地表示对此种风尚的不认同。

忍　耐

耐乎！不为大府所器重，则耐冷为要；薪米或时迫窘，则耐苦为要；听鼓不胜其烦，酬应不胜其扰，则耐劳为要；与我辈者，或以声气得利，在我后者，或以干请得荣，则耐闲为要。安分竭力，泊然如一无所求者，不过二年，则必为上官僚友所钦属矣。此二年中，悉力讲求捕盗之法，催科之方，此两事为江南尤急之务。一旦莅任，则措之裕如。人见其耐也如此，又见其有为如彼，虽欲不彪炳，其可得乎？

译文

忍耐吧！不为上司所器重，则以忍耐冷寂为要务；银钱上可能有时窘迫，则以忍耐清苦为要务；公事不胜其烦，应酬不胜其扰，则以忍耐劳累为要务；同辈的或许有以名声得利益，后进的或许有以巴结而得荣耀，则以忍耐闲散为要务。安于分内所得竭尽全力去做事，淡泊得好像一无所求的人，不过两年，则必定会被上司和同事所钦佩。这两年中，努力去讲求抓捕盗贼、催收钱粮的方法，这两件事在江南尤为急务。一旦到任视事，则会处置自如。别人见到这个人在忍耐上能那样，在办事上又能这样，即便不想有好名声，可能吗？

点评

这段话与上面所抄的那段话，都出自道光二十六年（1846）给黄廷赞的信。

道光二十六年，友人黄廷赞任职苏州，曾氏在给黄的信中勉励他要耐得住冷、苦、劳、闲："弟有一言，奉吾兄于数年之内行之者，其曰耐乎。不为大府所器重，则耐冷为要；薪米时或迫窘，则耐苦为要；听鼓不胜其烦，酬应不胜其扰，则耐劳为要；与我辈者或以声气得利，在我后者或以干请得荣，则耐闲为要。"六年后，曾氏在长沙办团练，黄廷赞以在籍江苏候补知州的身份协助。由此可知，黄去苏州任职时官阶不高，既为候补，则权位亦不重。黄应是苏州官场上一个不甚起眼的人物。所以，曾氏以耐字相送。

官场是最为露骨最为严酷的名利场。此场可得名与利，但不是人人均分，厚此薄彼、尔荣我枯是它最大的特点。志得意满者从来都是少数，压抑郁闷者却是多数。黄廷赞既然在官场上不起眼，那压抑郁闷一定是少不了的。笔者由此想到，自古官吏都对老百姓作威作福，这事除了道德的原因外，还得从心理上去寻找原因。小官小吏在场内屡屡受上司的训斥，时时没有自我，心里的委屈、愤懑和自尊的失落感，便只好对场外的平民百姓去发泄，借别人在他面前的卑躬屈膝来求得心理上的平衡。由此看来，官吏欺负百姓的现象，似乎永远无法根绝。其实，整个人类社会就是一个名利场，只是相对于官场来说，显得较为隐晦一点罢了。它同样存在着冷与热、苦与甜、劳与逸、清闲与显要等不平等，在许多时候，个人对这种不平等是无力改变的，也只能奉一言以行之，曰耐。

忍耐是什么？忍耐即接受自己所不愿意接受者。为什么要忍耐？因为忍耐可以给人带来好处。有些职业特别需要忍耐，而忍耐之后又能给人带来特别大的好处，做官便是一例，故而许多做官者或本身就具备或磨炼后再具备这种本事。有许多人天生没有这种本事，故而无论如何不进官场，王冕是个典型；也有许多人再怎么磨炼也炼不出这种本事，于是半途辞官，陶渊明是个典型。王冕、陶渊明被抬得很高，说他们人品高洁，其实，或许不是人品的问题，而是他们性格的问题，即他们性格上缺乏忍耐这一点。

璞玉之浑含

外吏之难，盖十倍于京辇。大约佩韦多休，佩弦多咎，而阁下尤为要务。语曰"察见渊中鱼者不祥"，愿阁下为璞玉之浑含，不为水晶之光明，则有以自全而亦不失已。

译文

在地方上做官，其困难十倍于京官。大约是性子慢则事不成，性子急则多差错，而您尤其要注意这一点。古话说"把深水中的鱼看得很清楚则招致不祥"，愿您做浑含的璞玉，不做剔透的水晶，如此则可以自我保全而不会有过失。

点评

曾氏认为君子所应具有的美德有八种，其一为浑，即浑含，也就是说有时需要模糊一点，不必时时事事都精明剔透。聪明固然好，但有时聪明反被聪明累。水晶固然耀眼，但过于耀眼者则易于遭损害，反不如藏在石头中的美玉能自爱自保。

持其大端

国家政体，当持其大端，不宜区区频施周罔，遮人于过。即清厘籍贯一事，亦谓宜崇宽大，未可操之太切，使人欲归不得，欲留不许，进退获尤，非盛朝宏采庶士之谊。

译文

国家的体制应当注重掌握大计，不宜在小处频繁设置网罗，逮住别人的过失。即就清理籍贯一事而言，也应该推崇宽大的政策，不可操之太切，使人归留都不得许可，进退都获咎，这不是兴旺王朝对待普通士人的做法。

点评

治理国家，当持大端，当取宽大，不宜过于苛严。这是由历史证明的经验。法家之所以不能长久，其失便在于"频施周罔"。

命数有定

命数有定。李林甫、秦桧，自以为得之人谋，而不知其纵不奔营，亦自得为宰相，徒枉为小人，丛诟骂也。

译文

命数早有安排。李林甫、秦桧，自以为是得之于人的谋划，却不知即便不奔走钻营，也自然可以做宰相，白白地做了小人，遭受唾骂。

点评

曾氏有拼搏自强的一面，也有极信命运的一面。到了晚年，后者更居主导地位。笔者很重视曾氏这种思想变化的过程，甚至也认为，人在五十岁之前应以拼搏自强为主，五十岁之后应以安于命数为主。

不收分外银钱

国藩近况本窘迫，然际此岁年，即更得江浙试学差，尚忍于廉俸之外丝毫有所取耶？外顾斯民，内顾身累，虽同一无可奈何，然当此之时，区区身家之困穷，奚足言哉？况困穷尚未甚耶！

译文

我近来的经济状况是窘迫，但处在这样的年月，即便再得一次江浙一带的乡试主考或学政之差，还能够忍心于养廉费与俸禄之外收取丝毫银钱吗？外看看百姓，内看看自家，虽然都无可奈何，但在目前的情况下，区区一家的穷困又算得什么？何况穷困还不至于很厉害。

点评

翰林时期的曾氏，收入来源不多，家境并不宽余，这是因为翰林院清闲无实权，翰林的额外收入主要靠外放主考或学差，凭此差事可以收取廉俸之外的银钱。曾氏认为，当此国困民穷的时期，若自己即便放差江浙富裕之地，也不应收分外之银钱。

书生血诚徒供唾弃之具

自客春求言以来，在廷献纳，不下数百余章，其中岂乏嘉谟至计？或下所司核议，辄以"毋庸议"三字了之，或者通谕直省，则奉行一文之后，已复高阁束置，若风马牛之不相及。如足下所条数事，盖亦不能出乎交议通谕之外，其究亦归于簿书尘积堆中，而书生之血诚，徒以供胥吏唾弃之具。每念及兹，可为愤懑。

译文

自从去年春天皇上下诏求言以来，在朝官员的建言不少于数百余篇，其中岂没有很好的意见？有该发到有关衙门审议的，动辄以"毋庸议"三个字了结，或有该通知各省的，则接到文件之后便置之高阁，彼此好像风马牛不相及。譬如您所条列的几件事，大概也不外乎交给审议或通知外省，最终也归之于灰尘堆积的档案里，至于书生的一番血诚，则白白地成为胥吏们所唾弃的对象。每每想到这里，心里愤怨。

点评

道光三十年（1850）正月，道光皇帝去世，二十岁的皇四子奕詝继位，即咸丰皇帝。刚登基的咸丰帝也颇思有所作为，下诏文武大臣献策建言，时任礼部侍郎的曾氏为此先后写了五道奏疏，内容涉及汰兵、平银价、民生疾苦及向皇上本人提意见等等，这五道奏疏除为曾氏赢来直言的美名外，于国事无任何补益，因为它根本就没有付诸实现。大清王朝的国家机器此时已锈迹斑斑，运转不灵，加之接踵而来的东南战事，曾氏的奏疏与所有其他人的献纳一样，都被束之高阁。他这个书生的血诚，也毫无例外地徒供胥吏唾弃之具。

三大患

国藩尝私虑以为天下有三大患，一曰人才，二曰财用，三曰兵力。

译文

我曾私下考虑到天下有三大忧患，一为人才，一为财用，一为兵力。

点评

曾氏的私下忧虑，后来公开地向咸丰皇帝陈述。道光三十年三月，他在《应诏陈言疏》中说："今日所当讲求者，惟在用人一端耳。"又说："将来一有艰巨，国家必有乏才之患。"咸丰元年三月，他在《议汰名疏》中说："臣窃维天下之大患，盖有两端：一曰国用不足，一曰兵伍不精。"国用即财用，故而他接下来说：

"至于财用之不足，内外臣工，人人忧虑。"不久的事实便充分证明曾氏指出的这三点，正是当时最为要紧的三大弊端。

捐去陋伪

簪绂之荣，骄人之态，虽在不肖，犹能涤此腥秽。足下乃以衔版见投，毋乃细人视我而鄙为不足深语，今亦不复相璧。但求捐此陋伪，而时以德言箴我，幸甚无量！

译文

仗着高官的荣耀，露出骄人的态度，即便是我这样的不肖者也能洗去这种恶习。你将我的信件再装好寄回，岂不是以小人看待我，鄙视我不足以与你深谈吗？我现在也不把你的信退还，请去掉这种丑陋的虚伪，而时常以道德良言规劝我，那将是太好的事了。

点评

清代的习俗，对于达官贵人的来信要退回，意味我不敢收受你的信件。曾氏视此为"陋伪"，劝友人今后再不要这样做。

非好为高论

"有所畏而不敢言者，人臣贪位之私心也；不务其本而从言其末者，后世苟且之学也"四语，国藩读之尤复悚感。盖古之君子，不鄙其君为不可与语尧舜之道，不薄其友为不足与言孔孟之学，不自菲其身不可为圣贤，而姑悠悠浮沉于庸众之中。岂好为高论哉，非此则不完其本然之量，是不敬其君不敬其友，而自蹈其身于僇辱之途者也。

译文

"有所畏惧而不敢直言这种现象，出于人臣贪恋官位的私心；不去致力于研究本体而跟从别人谈论枝节，这是后世草率之学"这四句话，我读后尤其感到惶恐。古时的君子，不鄙视他的君王为不可与之语尧舜治国之道，不轻薄他的朋友为不足与之言孔孟修身之学，不妄自菲薄他自身不可以做圣贤，从而姑且随心浮沉于普通民众中。哪里是喜好说大话啊，是因为非此则不能使他本来的胸襟完好保存，非此则不尊敬他的君王他的朋友，而让自己走上自身受辱的道路。

点评

　　曾氏进京后拜唐鉴为师，研习程朱理学，眼界和心胸从而大为拓展，人的精神境界进入一个新的领域。这段话其实是一段夫子道白，道的是他自身的体会。他这段时期给诸弟的家信和日记，也大多谈的是自己修身立志上的体会。譬如道光二十二年（1842）二月的家信中说："君子之立志也，有民胞物与之量，有内圣外王之业，而后不忝于父母之生，不愧为天地之完人。故其为忧也，以不如舜不如周公为忧也，以德不修学不讲为忧也。是故顽民梗化则忧之，蛮夷猾夏则忧之，小人在位贤才否闭则忧之，匹夫匹妇不被己泽则忧之，所谓悲天命而悯人穷。"这些话，若不是出自心扉，则流为高论大言，然对于曾氏来说，的确是肺腑之语。

乱世须用重典

　　方今之务，莫急于剿办土匪一节。会匪、邪教、盗贼、痞棍数者，在在多有，或啸聚山谷，纠结党羽，地方官明明知之而不敢严办者，其故何哉？盖搜其巢穴，有拒捕之患；畏其伙党，有报复之惧；上宪勘转，有文书之烦；解犯往来，有需索之费。以此数者踌躇于心，是以隐忍不办。幸其伏而未动，姑相安于无事而已。岂知一旦窃发，辄酿成巨案，劫狱戕官，即此伏而未动之土匪也。然后悔隐忍慈柔之过，不已晚哉？自粤匪滋事以来，各省莠民，常怀不肖之心，狡焉思犯上而作乱，一次不惩，则胆大藐法，二次不惩，则聚众横行矣。

　　刻下所急，惟在练兵、除暴二事。练兵，则犹七年之病，求三年之艾；除暴，则借一方之良，锄一方之莠。故急急访求各州县公正绅耆，佐我不逮，先与以一书，然后剀切示谕之。

　　自知百无一能，聊贡此不敢畏死之身，以与城中父老，共此患难。

　　义不敢潜身顾私，以自邻于退缩畏死者之所为。

　　三四十年来，一种风气，凡凶顽丑类，概优容而待以不死，自谓宽厚载福，而不知万事堕坏于冥昧之中，浸渍以酿今日之流寇，岂复可暗弱宽纵，又令鼠子锋起？

三四十年来，应杀不杀之人，充满山谷，遂以酿成今日流寇之祸，岂复可姑息优容，养贼作子，重兴萌蘖而贻大患乎？

二三十年来，应办不办之案，应杀不杀之人，充塞于郡县山谷之间。民见夫命案、盗案之首犯，皆得逍遥法外，固已藐视王章而弁髦官长矣。又见夫粤匪之横行，土匪之屡发，乃益嚣然不靖，痞棍四出，劫抢风起，各霸一方，凌籍小民而鱼肉之。鄙意以为宜大加惩创，择其残害于乡里者，重则处以斩枭，轻亦立毙杖下。戮其尤凶横者，而其党始稍戢，诛其尤害民者，而良民始稍息。但求于孱弱之百姓少得安恬，即吾身得武健严酷之名，或有损于阴隲慈祥之说，亦不敢辞。

世风既薄，人人各挟不靖之志，平居造作谣言，幸四方有事而欲为乱，稍待之以宽仁，愈嚣然自肆，白昼劫掠都市，视官长蔑如也。不治以严刑峻法，则鼠子纷起，将来无复措手之处，是以壹意残忍，冀回颓风于万一。书生岂解好杀，要以时势所迫，非是则无以锄强暴而安我孱弱之民。

译文

当今的要务，莫急于剿办土匪一事。会党、邪教、盗贼、痞棍等等，各地多有，或者啸聚于山林之中，纠合结成党羽，地方官明明知道而不敢严厉办理，原因在哪里呢？这是因为搜查他们的巢穴，则有拒捕的担心；害怕他们的同伙，则是恐惧于他们的报复；上司查勘，则有文书往返的麻烦；押解罪犯，则会有银钱的开支。有这几点在心里考虑，于是隐瞒忍耐而不办理。庆幸他们潜伏而未犯事，则姑且彼此相安无事。谁知一旦发作，辄酿成大案，那时的劫牢房杀官吏，就是现在潜伏未动的土匪。然而到时后悔隐忍仁慈的过失，不是已经晚了吗？自从粤省匪徒闹事以来，各省坏人常怀不测之心，狡诈地想着要犯上作乱，一次不惩办，则胆大藐视法律，二次不惩办，则聚众横行霸道了。

眼下所急的，惟在练兵与除暴两件事。练兵，则好比患了七年的老病，要求取长了三年的艾蒿；除暴，则是借一方之良才，锄一方之莠草。所以急切访求各州县的公正绅士耆宿，对我的能力所不及处予以帮助，先给各位一封信，然后再恳切地告谕大众。

我自知百无一能，姑且贡献这具不敢怕死的身躯，借以与城中父老共度患难。受道义责备不敢隐居山乡只顾一己之私，从而与畏缩怕死者的作为相近。

三四十年来已形成一种风气，凡是凶狠顽梗的坏人，一概优容对待不杀，自以为是宽厚载福，而不知万事都坏在不知不觉中，逐渐积累而酿成今天的流寇，怎么能再加以软弱宽纵，又令鼠辈涌起呢？

三四十年来，应该诛杀却没有诛杀的人，充满山林，于是酿成今日的流寇之祸，怎么可以再姑息优容，养贼作子，重新生发新芽而贻下大患吗？

二三十年来，应该办理而没有办理的案件，应该诛杀而没有诛杀的人，充塞于府县山林之中，百姓看到那些命案、盗案的首犯们都得以逍遥法外，已经是藐视王法而看不起官长了。现在又看到粤匪的横行霸道、土匪的屡屡闹事，于是更加气势嚣张，痞子四处活动，抢劫成风，各霸一方，欺凌百姓，将他们当作砧板上的鱼肉看待。我的意思是应该大加惩处，选择那些残害乡里者，重则杀头示众，轻则立即用棍子打死。杀戮那些特别凶恶横蛮的，他的党羽便会稍稍收敛；诛杀那些特别危害民众的，则良民才可得到稍稍安息。但求孱弱的老百姓稍微得到一点安宁，即便我一人得严酷好用刑戮的名声，或者招来有损于阴德与慈祥的指责，也不敢推辞。

世风既已浇薄，人人各自挟着不安宁的心愿，平日里制造谣言惑众，侥幸四方闹事而乘机作乱，稍稍以宽仁相待，则愈加嚣张不已，大白天抢劫都市，无视官长的存在。若不以严刑峻法治理，则鼠辈群起，将来则找不到下手之处，于是一意孤行残忍，希望能挽回颓风于万分之一。哪里是书生喜好杀人，的确是为时势所迫，不如此则无以锄去强暴而安定我孱弱民众。

点评

这几段话均出自于咸丰二年（1852）十二月至咸丰三年二月间曾氏的书信。这些书信有的是致友人的私信，有的是致州县官吏的公信。咸丰二年十二月，曾氏几经思考后，终于奉旨出山，担任湖南的团练大臣。当时的背景是，太平军于五月间从广西进入湖南，一路北上，七月抵达长沙城外，攻城八十多天未下，不得已放弃长沙，绕道益阳、岳州，大军于十一月离开湖南占领武汉。经过半年战争的破坏，旧秩序遭受致命冲击，面临着摇摇欲坠的形势，各种旧秩序的反对者毫无顾忌地纷纷出动，湖南的局面尤其是乡村的局面完全失控。处在这种形势下，初出山的曾氏决心以申韩法家之术来整治社会，即严刑峻法，大开杀戒。即便由此招来指责，他亦在所不惜。所录的这几段话说的都是这个大宗旨。

慎行保甲制

保甲之法，诚为善政，然刊定科条散布乡愚，求能行法之人不苛敛于民间，盖或百里而不得一贤焉。世教既衰，人人各逞其亡等之欲，鱼肉孱民而刀匕之，官司布一甲令，徒以供若辈横索暴敛之名目。故团练保甲为今日之要务，而鄙人妄谓皆不可鲁莽以行，灭裂以举，人心陷溺，固已抵此。独严缚匪党，动与礤死，差令乡里善良，得以伸彼之气而应吾之令耳。

译文

保甲之法，固然是好措施，但制定科目条款通告乡民，能够求到执法而又不从民间苛刻聚敛的人，或许方圆百里都得不到一个贤者。教化既已衰败，人人都各自强烈表现他的不安分，甚至将百姓视为鱼肉而用刀砍，官府公布一个甲令，白白提供这班人横征暴敛的名目。故而团练与保甲是今天的要务，但我认为都不可鲁莽草率举行，人心沉沦，的确已到这般地步。独独严厉捕捉匪党，抓到则杀头，勉强可以使得乡村良民得以伸口气，而使我的命令得到响应。

点评

朝廷命令江南各县办团练，行保甲制度，借以安定社会，但曾氏并不太主张这样做。他的理由是乱世中人心变坏，办事者只会借机勒索百姓而达不到预期效果，只有严办匪徒才是安定社会的正途。

内持定见，外广延纳

集思广益，本非易事，而施之于城会之内，尤易为人欺蔽。日之抵吾门者，或上书献策，或面陈机宜，大抵不出尊书三端之外，抑所谓阳鲋者也。然因此而尽废吐握之风，则又不可，要当内持定见而六辔在手，外广延纳而万流赴壑，乃为尽善。我思古人殆应如此，而区区则未逮矣。

译文

集思广益，本不是容易的事，而在都市里实行，更加容易被人欺骗。每天到我这里来的，或是上书献策，或是当面陈说机宜，大抵不出您信中所说的三点之外，这些或许就是所谓的阳鲔一类人。但也不能因此就废掉招贤纳言的作风，重要的是自己内持定见像六匹马的绳子都握手里一样，外而广为延纳如同万水流向沟壑一样，才是最好。我想古人大概是这样的，只是我尚未做到。

点评

这段话与上段话一道出自于咸丰三年二月给欧阳兆熊的信。钦命办理团练大臣曾国藩答复好友欧阳兆熊来信中所说的几桩事，其中一桩便是"集思广益"。集思广益乃领导者的一个重要素质，办理团练之初，好友以此四字相赠，曾氏自然是感激的。集思广益指的是"广为延纳"之意，而曾氏却又格外指出"内持定见"。从道理上来说，曾氏所指出的这点很值得重视。若自己毫无定见，则所听愈多则愈打不定主意，其结果是更坏事，正所谓筑室道谋也。从曾氏当时的心态来说，他其实早已成竹在胸，决心不顾世俗之见而要特立独行地做一番大事业。这种心态淋漓尽致地表现在他同一时间的奏折中："臣之愚见，欲纯用重典以锄强暴，但愿良民有安生之日，即臣身得残忍严酷之名亦不敢辞；但愿通省无不破之案，即剿办有棘手万难之处亦不敢辞。"

去害安民

方今民穷财困，吾辈势不能别有噢咻生息之术，计惟力去害民之人，以听吾民之自摰自活而已矣。

译文

当今民众穷苦财物困难，我们势不能另外有创造财富的办法，惟有竭力锄去害民之人，借以让百姓自己休养生息而已。

点评

鉴于秦朝暴政给百姓带来的苦难，汉初统治者实行"与民休息"的国策，从而很快使经济得到复苏。这种看似无为的黄老之术，其实远比那些轻举妄动要好得多。只是"与民休息"得有一个安宁的环境，而"去害民之人"，则是维护安宁环境的重要手段。除暴则良民自安。

严而有律

用法从严，非漫无条律一师屠伯之为，要以精微之意行吾威厉之事，期于死者无怨，生者知警，而后寸心乃安。

译文

执法从严，也不是漫无条律而专学屠伯的作为，重要的是以精微之意来推行我的威厉之事，期望达到所杀的人无怨言，活着的人知道警惕，而后才心安。

点评

此时的曾氏因杀人多而得"曾剃头"之骂名。这段话说他在行严法时并非毫无节制，是有条律限制的。屠伯，本名严延年，西汉酷吏，杀人无数，人称"屠伯"。

劝 捐

劝捐一事，此间亦自有藩篱。过尔浅易，则小民有以朝廷之陋而视名器为无足轻重。捐输本非民所乐从，即奏请别树一帜，遍札州县委员守催，官样愈多，去题愈远。不若择好友较多、地方较富之县，以鄙人肫肫之意，宣布于人，精卫填海，杜鹃泣血，或者谅我寸诚，犹有一二起而应者，亦未可知。绅以通其情，官以助其势。其并无交好，官亦隔阂之县，则不复过而相问，非爱惜道学门面，亦实见官样文章之不足集事。刍狗已陈，斯民之厌弃也久矣。

译文

劝捐之事，我这里也自有规矩。过于浅显容易，则民众中有人因为朝廷的陋规而视官职官衔为无足轻重。捐输这事本不是民众所乐意听从的，即便奏请另行一套，到处写信叫州县官委派人去守着催促，官样形式愈多，离开正题则愈远。不如选择好友较多、地方较富的县，将我的诚意告诉别人，学精卫填海，效杜鹃泣血，或者能体谅我的至诚，能有一二个响应者，也未可知。借绅士来沟通情感，靠官吏来助长气势。那些既没有好朋友、官吏也无联系的县，则用不着去过问。并非爱惜道学家的面子，也是看到官样文章实在是不足以成事。形式已经陈旧，民众也早已厌倦了。

点评

正式的公文不中用，要靠私人的关系去办事。

成败利钝，付之不问

今大局糜烂至此，不欲复执守制不出之初心，能尽一分力，必须拼命效此一分，成败利钝，付之不问。

译文

现在大局已烂到这个地步，不想再坚持守制不出的初心，能尽一分力量，则拼命去做一分事，至于成败利钝，则置之一旁不去问。

点评

咸丰二年十二月十三日，曾氏接到命他办团练的谕旨，他以守制为由草疏推辞。疏未发，得知武汉已丢人心惶恐，于是不再犹豫，遂毁疏于十七日启程赴任。

刲骨和羹

家有父兄病势沉重，众子弟祷神求医，昼夜拯治。不得谓子弟愚陋，遂不使与闻医药之事，亦不得令愚陋之子弟攘臂专主乱投药剂。国藩亦子弟中之愚陋者也。攘臂乱投，则吾岂敢？若刲股和羹，吁诚请代之事，则亦尝闻古人之风。跛者未尝不思千里，眇者未尝不慕离朱也。

译文

家中父兄病势沉重，子弟们祷告神灵求访医生，日夜医治。不能说子弟愚陋，就不让他们参与医治之事，也不能令愚陋子弟自己做主乱投医。我也是子弟中的愚陋者，做主乱投医，我哪里敢？至于割肉熬汤，请求自代去死这些事，也曾听说过古人的风范。脚跛者未尝不想走千里，眼瞎者未尝不羡慕离朱的眼睛明亮。

点评

这段话的意思是说，靖难是自己不可推卸的责任，虽无本事，但可贡献血诚，也极想做成大事。

痛恨不白不黑不痛不痒之风

二三十年来，士大夫习于优容苟安，揄修袂而养姁步，倡为一种不白不黑不痛不痒之风，见有慷慨感激以鸣不平者，则相与议其后，以为是不更事，轻浅而好自见。国藩昔厕六曹，目击此等风味，盖已痛恨刺骨。今年承乏团务，见一二当轴者，自藩弥善，深闭固拒，若惟恐人之攘臂而与其间也者。欲固执谦德，则于事无济，而于心亦多不可耐，于是攘臂越俎诛斩匪徒，处分重案，不复以相关白。方今主忧国弱，仆以近臣而与闻四方之事，苟利民人，即先部治而后上闻。岂为一己自专威福，所以尊朝廷也。

国藩从宦有年，饱阅京洛风尘，达官贵人，优容养望，与在下者软熟和同之象，盖已稔知之而惯尝之。积不能平，乃变而为慷慨激烈轩爽肮脏之一途，思欲稍易三四十年来不白不黑不痛不痒牢不可破之习而矫枉过正，或不免流于意气之偏，以是屡蹈愆尤，丛讥取戾。而仁人君子，固不当责以中庸之道，且当怜其有所激而矫之之苦衷也。大局糜烂至此，志士仁人，又岂宜晏然袖视，坐听狂贼之屠戮生灵，而不一省顾耶？

译文

二三十年来，士大夫习惯于优裕苟且偷安，崇尚宽袍大袖而修养和悦舒缓的步履，提倡一种不白不黑不痛不痒的风气，看到有慷慨激昂打抱不平的人，则互相议论于后，以为这是不懂事轻薄疏浅而好表现。我先前任职六部，眼见这种风气，已痛恨刺骨。今年办理团练，看到一二个负重责者，自我防范甚严，深自封闭顽固拒绝他人，惟恐别人奋臂在他的辖地似的。倘若固执谦虚美德，则于事无补，而自己的心也多有不可忍耐，于是奋臂越俎代办诛杀匪徒，处理重大案件，不再通告有关衙门。当今皇上忧愁国势屡弱，我以天子近臣而参与地方之事，只要于民众有利，即先部署处治而后报告朝廷。哪里是想自己一人专断威福，是为了尊重朝廷啊！

我做官多年，饱阅京城风俗，对于达官贵人过着优裕而培养声望的日子，与下属们和和气气抱成团的现象，已经很清楚并且经常体会到。长久的不平积于胸中，于是变而为慷慨激烈轩昂刚直一路，想稍稍改变三四十年来不白不黑不痛不痒又牢不可破的习俗，于是矫枉过正，或者不免有些意气用事，因为此屡次招致罪责埋怨，以及讥讽谩骂。至于仁人君子，本不应该以中庸之道来责备，而且应当怜悯他是有所逼激而矫枉过正的苦衷。大局糜烂到这种地步，志士仁人又岂能安然袖手旁观，坐视狂贼屠杀生灵而不一顾念呢？

点评

这两段话都写在咸丰三年十二月，一是写给龙启瑞的，一是写给黄淳熙的。

几个月前，曾氏在给刘蓉的信中，就表示了对"不白不黑不痛不痒"世界的反感，这次给龙启瑞的信，更强烈表示对此种风气的痛恨。当时是一种什么样的社会风气？我们从龚自珍作于道光十九年（己亥）的一首著名的诗中可以想象得到。诗是这样写的："九州生气恃风雷，万马齐喑究可哀。我劝天公重抖擞，不拘一格降人才。"由此可以看出当时的政治气氛是沉闷窒息的。道光三十年三月，身为礼部侍郎的曾氏在一道奏折中写得更明白："十余年间，九卿无一人陈时政之得失，司道无一折言地方之利病，相率缄默。一时之风气，有不解其所以然者。"原来，这种沉闷，源于当时的君臣都没有一份对国家对政事的责任心。养尊处优，苟且偷安，虽尸其位却不负其责，君不君，臣不臣。这是一种极为疲沓极为朽烂的风气。不久后的大乱，其根源就在这里。

曾氏当时尽管痛恨彻骨，但无可奈何。身为团练大臣后，他自认为可以由自己来做一番事业，遂下决心与二三十年来所养成的优容苟安不思作为的风气开战。曾氏没有料到，他这样做的结果是，"曾剃头"的恶名随之而来，与湖南官场亦如同水火，使得他终于在长沙城呆不下去了。这年七月，曾氏离开长沙移署衡州府。为什么离开省城呢？原来，曾氏因行严刑峻法而与长沙文武官场不和，当时的湖南巡抚骆秉章又偏袒对方，令曾氏心中压抑愤懑。刚到衡州府不久，曾氏给骆写了一封信。信中说："侍今年在省所办之事，强半皆侵官越俎之事。以为苟利于国苟利于民，何嫌疑之可避，是以贸然为之。自六月以来，外人咎我不应干预兵事。永顺一案，竟难穷究。省中文武员弁皆知事涉兵者，侍不得过而问焉。此语揭破，侍虽欲竭尽心血，果何益乎？是以抽挈来此。"当时官场的风气便是不白不黑不痛不痒，长沙作为湖南的省会，此种风气尤为明显，曾氏终于孤掌难鸣，遂避走衡州。然此心耿耿，这两段话便是对朋友的内心发泄。

在与湘军果毅营营官黄淳熙的信中，曾氏再次表达对"不白不黑不痛不痒"

世风的不满，决心改变这种现状，甚至不惜以矫枉过正来达到目的。值得我们注意的是，作为维新派的领袖，梁启超一而再、再而三地抄录曾氏这方面的语录，正好透露了他们之间在这点上的心心相印。

战时人道

伪军帅旅帅之怙恶者，鄙意诛其身，不必及其孥，戮其人，不必焚其屋。大江南北，陷入贼中数十州县，每县污伪命受伪职者，不下千家，每家皆有亲党，有仇怨。亲党则谓其被胁可怜，仇怨则言其从逆可诛。欲一一宥过刑故，情真罪当，实非易易。

译文

伪军帅旅帅之作恶者，我的意思是杀他本人，不必牵连到他的妻子，砍他的头，不必烧他的房屋。大江南北，陷于贼人手中的有数十州县，每县受伪职伪命的不下千家，每家都有亲戚，有仇家。亲戚则说他是被胁迫的可怜，仇家则说他从逆该杀。想一一按情罪予以审判定刑，实在不容易。

点评

人道必须讲，即便是打仗这种专门杀人的事，它也有人道，譬如缴枪不杀、不杀降等等，就是交战时的人道。曾氏这里所说"诛其身不必及其孥，戮其人不必焚其屋"也是一种人道。

戒惧惕厉与傲兀郁积

时事愈艰，则挽回之道，自须先之以戒惧惕厉。傲兀郁积之气，足以肩任艰巨，然视事太易，亦是一弊。

译文

时事越艰难，则挽回的办法，自然必须以怀着敬畏危惧之心为先。胸有愤傲郁积之气，足可以担负艰巨，但将事情看得太容易，也是一个毛病。

点评

这段话是咸丰五年九月对刘蓉说的。曾氏看重的是戒惧惕厉之心与傲兀郁积之气，认为乱世之际担任艰巨者所必须具备。戒惧惕厉之心，即孔孟程朱之学所强调的"敬"，它说的是人临事时的心态。傲兀郁积之气，即孟子所常说的"浩然之气"的一种表现形式，它指的是人立世的精神状态。乱世中的人与事都更复杂甚或险恶，故更需要"敬"，更需要"气"。

无地方实权不能带兵

"讨贼则可，服官则不可"，义正辞严，何能更赞一语？惟今日受讨贼之任者，不若地方官之确有凭借。晋宋以后之都督三州、四州、六州、八州军事者，必求领一州刺史。唐末之招讨使、统军使、团练使、防御史、处置应援等使，远不如节度使之得势，皆以得治土地人民故也。

译文

"讨伐贼军则可，做官则不可"，义正辞严，何能再说一句话呢？只是今日接受讨贼之任的人，不如地方官的确有依凭。晋、宋以后的统率三州、四州、六州、八州军事者，必定请求担任一州刺史。唐末的招讨使、统军使、团练使、防御使、处置应援等使，远不如节度使的得势，都是因为刺史、节度使直接治理土地人民的缘故。

点评

这是咸丰八年（1858）九月给胡林翼信中的一段话。这年七月，胡之老母病逝，胡辞职回原籍守丧。身任鄂抚之职的胡林翼关系重大，许多人都劝他夺情起复，曾氏更是盼望胡早日回任。胡回信给曾，说"讨贼则可，服官则不可"。针对这两句话，曾氏发表了自己的看法，认为若不任实职，则讨贼多受掣肘。曾氏引前史为例，实际上吐的是自己的苦水。曾氏领军多年，至今仍无地方实职，诸多不便。咸丰七年六月，在籍守职的曾氏，向朝廷讲述他带湘军五年来的难处，最后总结为："以臣细察今日局势，非位任巡抚有察吏之权者，决不能以治军。"

非从利者可从权

细绎孔子所称"从其利者，吾弗知也"，似苟非从其利者，圣人犹将许其舍礼而行权，后世不讲于此心之谋利与否，而概援一权字以自覆，往往为史氏所讥，或称阴规起复，或称风某某奏请起复。覆轨相寻，虽以安溪之贤，而彭古愚弹章，不能无登于青简。

译文

细细地体会孔子所说"从其利益的人，我不知道"这句话，好像假若不从其利益的人，圣人还允许他暂将礼教放弃而行权宜之事，后世则不讲这颗心是不是在谋利，而一概引一个权字来自我掩盖，往往为治史者所讥讽，或者说偷偷规划起复，或者说风闻某某奏请起复，掩盖的法子互相追寻，虽以李光地的贤良，而彭古愚的参劾，也不能不载于史册。

点评

这是咸丰八年（1858）十月给张曜孙信中的话，说的仍是胡林翼的起复事。曾氏从孔子的话中找来根据，说若不是为自己谋利，是可以舍礼而从权的，所以此信接下来便说："鄙人去岁迟疑审慎，盖亦自虑其从利也。胡公之关系安危，百倍于鄙人，若因皖北之挫而强起，则非从利者皎然无疑。"

先乱是非而后政治颠倒

窃观自古大乱之世，必先变乱是非，而后政治颠倒，灾害从之。屈平之所以愤激沉身而不悔者，亦当日是非淆乱为至痛，故曰"兰芷变而不芳，荃蕙化而为茅"，又曰"固时俗之从流，又孰能无变化"，伤是非之日移日淆，而几不能自主也。后世如汉、晋、唐、宋之末造，亦由朝廷之是非先紊，而后小人得志，君子有皇皇无依之象。推而至于一省之中，一军之内，亦必是非不诡于正，而后其政绩少有可观。赏罚之任，视乎权位，有得行，有不得行。至于维持是非之公，则吾辈皆有不可辞之任，顾亭林先生所称"匹夫与有责焉"者也。

译文

我私下观察自古来大乱之世，必定首先乱了是非，而后政治颠倒，灾害跟从而来。屈原之所以因激愤投江而不后悔，也是以当时是非淆乱为最大痛苦，故而说"兰芷变得不芳香，荃蕙化为茅草"，又说"时俗是随从大流的，又怎能不变化"，哀伤是非一天天变化淆乱，自己几乎不能做主。后世如汉、晋、唐、宋之末世，也是因为朝廷的是非先混乱，而后小人得志，君子则有惶惶无依附的感觉。推而至于一省之中、一军之内，也必定因是非不正，而后政绩少有可观。赏罚的执行，要看权与位，有的得以行，有的不得以行，至于维持是非的公道，则我们都有不可推卸的责任，这就是顾炎武所说的"匹夫有责"也。

点评

这是咸丰八年十一月写给沈葆桢的信，此时沈在江西做广信知府。沈能干而性情狷介，与流俗不合。大约他向曾氏述说遭遇是非不公等等，曾氏遂写了这样一封谈是非的信。勉励他尽力做好自己能做到的事，即维持是非的公道。顾炎武的"天下兴亡，匹夫有责"，早已成为名言，激励过许许多多的普通人。然而，实实在在地讲，一个匹夫，对天下的兴亡究竟能起多大的作用，顾老夫子的心里大概也清楚。曾氏头脑很清醒。他知道赏罚视乎权位。其实，维持是非之公也得视乎权位。沈当时是四品衔的知府，也有权位，远非匹夫所比。曾氏引用顾炎武的话，是对乱世权力圈而言的。在此权力圈中，沈的权位眼下还不够。

信中所说大乱之世必先乱是非而后政治颠倒，的确乃不刊之论。这实际上是把乱的责任推到当政者身上。

再次出山改变做法

国藩昔年锐意讨贼，思虑颇专，而事机未顺，援助过少。拂乱之余百务俱废，接人应事恒多怠慢，公牍私书，或未酬答。坐是与时乖舛，动多龃龉。此次再赴军中，销除事求可功求成之宿见，虚与委蛇，绝去町畦，无不复之缄咨，无不批之禀牍，小物克勤，酬应少周，借以稍息浮言。

译文

我过去锐意征讨贼军，思虑上颇为专一，但事机不顺，援助很少。不顺心时百务俱废，接人待物多有怠慢，公牍私函，有的也没酬答。因为此而与时乖舛，动辄多龃龉。此次再次领军，消除事情求办好功业求获得的成见，虚情假意应付，根除心中的芥蒂，没有不回复的信件，没有不批答的禀牍，小事上都做到勤勉，应酬稍微周到，借以略为止息浮言闲语。

点评

曾氏领军五年，挫折多多。咸丰七年二月回籍守父丧期间，痛定思痛，终于大悔大悟，其原盖因过于刚直，过于操之急迫。咸丰八年六月再度出山时，遂一改旧习，着力在人事关系上下功夫。其好友欧阳兆熊称他是从申韩之学变为老庄之学。

用 人

取利多而民怨，参劾多而官诽，有以此见告者，非不当自省，但不宜以郁畜心中耳。吾辈所慎之又慎者，只在用人二字上，此外竟无可着力之处。古人云："若从流俗毁誉上讨消息，必至站脚不牢。"侍平日短处，亦只是在毁誉上讨消息，近则思在用人当否上讨消息耳。

译文

从百姓中获取利益多则民众怨恨，参劾别人多则官员诽谤，有将这方面消息来告知者，不是不应当自我反省，只是不宜将郁闷之情长留心中。我们慎之又慎的，只在用人二个字上，此外竟然没有可致力之处。古人说："若是从流俗的毁与誉上来思考，必然会导致站不牢脚跟。"我平日里的不足之处，也只是在毁与誉上思考，近日则在用人当否上思考。

点评

凡做事的官员必定会招来指责，所以当有"不从流俗毁誉上讨消息"的气度，不过，做事的动机和目的都应当是正大光明的。这个宗旨明确之后，剩下第一须注意的便是用人。倘若用个歪嘴和尚念经，再好的经书也会被他读歪了。

仪文与真意

迩来仪文弥加检点，而真意反逊于前。将求一中行之道而从事，又不可以遽几，盖嗛然也。

译文

近来形式上的东西比先前更加检点，但戮力做事的真意反不如先前。打算探求一条中行之道来办事，又不可以立刻做到，故而惭愧。

点评

复出之后，在行事待人上，曾氏有较大的变化。他自己感觉到在形式上是注意多了，但真意有所减退。这究竟是好还是不好且不去说，有一点可以肯定，即毕竟几年后曾氏因此获得成功。

宦途人情薄如纸

宦途人情，薄本似纸，不独苏省为然，即他省亦如出一辙，不独节寿各例款为然，即借出之项，赔出之款，一旦本官物故，便尔百呼罔应。

译文

官场上的人情本来就像纸一样的薄，不独江苏省这样，即使别的省也一个样，不独过节祝寿各项例款是这样，即使是借款赔款，一旦经手的官员去世，便随之百呼不应。

点评

人情薄如纸，本是人世通例，然在官场上，这点尤为明显。这是因为官场是通过权势来运作利益的。此人听从彼人，并非出自于情感上的敬或爱，而是由于利益的驱使，若彼人不能再给此人利益，此人也便不需再听从彼人了。通常造成这种情形的出现，是因为彼人权势的失落。故而做官者一旦失去权势，便立刻门前冷落车马稀，乃是最正常不过的事了。

人心日非，吏治日坏

惟志所规，实不克践，推之齐家、治身、读书之道，何一不然？故弟近不课功效之多寡，但课每日之勤惰，来示企望鄙人于将来者，即以此语卜之。自揣此后更无可望，但当守一勤字以终吾身而已。至于千羊之裘，非一腋可成，大厦之倾，非一木可支，今人心日非，吏治日坏，军兴十年，而内外臣工惕厉悔祸者殆不多见，纵有大力匡持，尚恐澜狂莫挽，况如弟之碌碌乎！

译文

只是心中所规划的，实在是不能实现，推之于齐家、治身、读书方面的道理，哪一样不如此？故而我近来不去考查功效的多少，但考查每天的勤惰，来信对我将来的期望，也用这句话来预作安排。自我揣测以后更没有可指望的，只是守定一个勤字以终此生罢了。至于千张羊皮缝就的大袍，不是一个腋窝的羊皮所能成就的；一座大厦将要倾倒，不是一根木头可以支撑的。现在人心日非，吏治日坏，战争爆发十年，而朝廷内外的官员警惕忏悔者不多见，纵有大力来扶持，尚且或许不能挽回狂澜，何况像我这样的碌碌无为者呢！

点评

这是咸丰九年（1859）十二月写给吴廷栋的一段话。吴是曾氏当年在京师时的好朋友，一起研习程朱理学。对这样的老朋友，曾氏说的是推心置腹的话。曾氏认为时局不可挽回，其原因是"人心日非，吏治日坏"。将人心与吏治联系起来考虑是很有道理的。倘若人心已非而吏治不坏的话，时局还是有指望的，因为有好的管理者，混乱的秩序和纲纪还可以重新整治；若吏治一坏即管理者自身混乱的话，则天下就将大乱不已，要想再澄清，便只有来一番彻底改造，也就是说整个的管理系统要全盘更换。

屏去虚文，力求实际

方今东南糜烂，时局多艰，吾辈当屏去虚文，力求实际，或者保全江西、两湖，以为规复三吴之本。整躬率属，黜浮崇真，想阁下亦有同情也。

译文

当今东南一带已完全烂掉，时局多艰，我们应当去掉虚华形式，力求实际，或者可以保全江西及湖南湖北，作为收复三吴的根本。整治自身率领部属，罢除浮华崇尚本真，想必您对此亦有同感。

点评

咸丰十年（1860）闰三月，太平军一举荡平江南大营，并乘胜连下丹阳、常州、无锡、苏州、江阴等城市，这就是曾氏所说的"东南糜烂"。四月下旬，朝廷命曾氏署理两江总督，迅速带兵赶赴苏南。五月中旬，曾氏写信给湘军水师统领杨岳斌，说他将要到水师去考察，"请阁下告诫各营，无迎接，无办席，无放大炮，除黄石矶三五里外，上下游各营，均不必禀见"，接下来便有了上录的这段话。其要旨为，时局艰难，当办实事而力去虚文。

留意人才

三年之艾，不以未病而不蓄；九畹之兰，不以无人而不芳。至要至要！

译文

三年长成的艾蒿，不能因为未生病而不蓄养；二三百亩的兰草，不会因为无人而不芳香。至要至要！

点评

咸丰十年六月，曾氏写信给昔日好友而今任职地方的毛鸿宾，告诉他乱世地方官亦须主持军事，故宜留意人才，以备不时之需。这两句话，前句说的是未雨绸缪，后句说的是真正有才干的人总会显露圭角的。

有操守而无官气，多条理而少大言

道光十九年，在汉口长沙会馆见抽船厘，收者出者皆卖买微贱之人，坦然交易，无诈无虞。今虽以官抽济饷，仍须带几分卖买交易气象，不宜多涉官气，牙帖尤卖买场中鄙琐之事，尤不可经衙门人手。"减冗员，裁浮费"二语似迂，而关系极巨。批中所谓坐支者少，即去浮费也。

楚材晋用，但当礼罗江西贤绅，兼进并收，不宜过示偏重，使豫章才俊有向隅之感。其自湘来者，先给薪水，优加礼貌，不必遽授以事。收之欲其广，用之欲其慎，大约有操守而无官气，多条理而少大言。本此四者以衡人，而于抽厘之道思过半矣。

译文

道光十九年（1839），在汉口长沙会馆看见抽取货船厘金，收的出的都是做小买卖的人，坦然交易，毫无欺诈。现在虽然以官府名义抽厘金接济军饷，仍要带有几分卖卖交易的气象，不宜多涉官气。中介商行的行为尤其是买卖场中鄙陋琐碎的事情，尤其不可以由衙门人经手。"减掉冗员，裁除浮费"两句话虽近于迂腐，但关系极大。批文中所谓坐支薪水者少，即去浮费的意思。

楚材晋用，但应当以礼罗致江西的贤绅，一并收取，不宜过分显出偏重，使得江西才俊有向隅而泣之感。那些从湖南来的，先给薪水，给以优厚的礼貌，却不必立即将事情交付。收取上宜广泛，使用时宜谨慎，大致说来应有操守而无官气，多条理而少说大话。依据这四点来衡量人，则于抽厘之道得到多半了。

点评

咸丰十年六月七月，曾氏两次写信给在江西办厘务的李瀚章，谈关于厘金方面的事。这里谈到的识人用人，虽是对厘局而言，实际上可广而用之。有操守而无官气，多条理而少大言，是曾氏人才观的一个重要内容，他多次提到过。身为官场中的重要角色，却非常厌恶官场中的一套做法，这是曾氏头脑清晰的表现。

朴实廉介为人之好本质

如有文可为牧令、武可为将领者，望无惜时时汲引，冀收拔茅连茹之效。若无实在出色之处，介乎有用无用之间，则可不必多荐，以不收则空劳往返，收之则渐成冗员也。大抵观人之道，以朴实廉介为质，有其质而更傅以他长，斯为可贵，无其质则长处亦不足恃。甘受和，白受采，古人所谓无本不立，义或在此。

军兴太久，地方糜烂，鄙意一面治军剿贼，一面择吏安民，二者断断不可偏重。择吏之道，亦不外乎"有操守而无官气，多条理而少大言"二语。

细观今日局势，若不从吏治人心上痛下工夫，涤肠荡胃，断无挽回之理。

次青擅长过人处极多，惟弟与阁下知之最深，而短处，则患在无知人之明。于在高位者，犹或留心察看，分别贞邪，至于位卑职小出己之下者，则一概援善善从长之义，无复觉有奸邪情伪，凡有请托，无不曲从，即有诡状发露，亦必多方徇容。此次青之短，将来位望愈高，终不免为其所累。

译文

若有文可以为知府县令、武可为将领的，希望不要吝惜您的精力而时时引进，借以收拔茅草带出根部的效果。若无实在的出色地方，在有用无用之间，则不必多推荐，因为不收取则空劳往返，收取则慢慢地就成了冗员。大致说来，观人之道，以朴实廉洁耿介为本质。有这个本质而加以其他的长处，这就可贵，没有这个本质，则长处也不足以依恃。甘草可以调和诸药，白质可以接受多种色彩。古人所谓无本则不立，意义或许就在这里。

仗打得太久，地方糜烂，我的想法是一面治军剿贼，一面择吏安民，二者绝对不可偏重。选择官吏的原则，也不外乎"有操守而无官气，多条理而少大言"两句话。

细看今日局势，若不从吏治与人心两个方面痛下工夫，洗心革面，天下绝无挽回的道理。

李元度所擅长所过人的地方很多，惟有我与您知之最深，至于短处，则表现在无知人之明上。对于处高位的，或许尚留心察看，分别优劣；至于职位卑小在自己之下的，则一概援引善待良善发挥长处的意义，不觉得有奸邪巧伪存于其中，凡有请托，无不曲意依从，即使有诡诈发露，也必定多方包容。这是李元度的短处，将来位望越来越高，终究免不了成为他的牵累。

点评

这几段话谈的都是人事。除重申"有操守而无官气，多条理而少大言"两句话外，又强调人的质地，即人的品性的重要。李元度用人过于仁厚而不识奸伪，这也是曾氏所反对的。

想学战又想读书

吾辈均属有志之士，亦忍辱耐苦之士，所差者，咬文嚼字习气未除，一心想学战，一心又想读书，所谓鼫鼠五技而穷也。

译文

我们都属于有志之士，也是能够吃苦耐劳之士，所欠缺的，是咬文嚼字的习气未除掉，一心想学习打仗，一心又想读书，正所谓鼫鼠有五种技能而最后无出路。

点评

此乃书生带兵的另一面。

宁取乡气，不取官气

求人之道，须如白圭之治生，如鹰隼之击物，不得不休。又如蚨之有母，雊之有媒，以类相求，以气相引，庶几得一而可及其余。大抵人才约有两种，一种官气较多，一种乡气较多。官气多者，好讲资格，好问样子，办事无惊世骇俗之象，语言无此防彼碍之弊。其失也，奄奄无气，凡遇一事，但凭书办、家人之口说出，凭文书写出，不能身到、心到、口到、眼到，尤不能苦下身段，去事上体察一番。乡气多者，好逞才能，好出新样，行事则知己不知人，语言则顾前不顾后。其失也，一事未成物议先腾。两者之失，厥咎维均。人非大贤，亦断难出此两失之外。吾欲以劳苦忍辱四字教人，故且戒官气而姑用乡气之人，必取遇事体察，身到、心到、口到、眼到者。赵广汉好用新进少年，刘晏好用士人理财，窃愿师之。

译文

寻求人才的法则，必须像白圭的经商，像老鹰的夺物，不得到决不休止。又好比青蚨的有母，雊类的有雊媒，以类属互相追求，以声气互相吸引，如此或许得一个而可旁及其余。大抵人才有两种类型，一种是官气较多，一种是乡气较多。官气多的，好讲资格，好在乎表面模样，办事无惊世骇俗的表现，说话没有伤及别人的弊病。他的缺失，在于奄奄无气，凡遇到一件事，仅凭秘书、家人的话为定，依靠文书来办公文，不能自己身到、心到、口到、眼到，尤其不能放下身段去吃苦，去为此事体验一番。乡气多者，好逞才能，好出新样，做事则只知道自己不顾别人，说话则顾前不顾后。其缺失在一事未成则外界的议论已蜂起。两者在缺失上都差不多。人不是大贤，也绝对难出这两个缺失之外。我希望以劳苦忍辱四个字教人，所以且戒官气而姑且用乡气之人，必须用遇事能亲身体察，能身到、心到、口到、眼到者。赵广汉好用新进少年，刘晏好用士人理财，我愿意师从他们。

点评

曾氏将人才分为官气与乡气两大类。所谓官气，即官场习气。所谓乡气，即乡野习气。沾染官气的人，虽有稳重、圆熟的优点，却有天生不愿亲身吃苦办事的大缺点。曾氏组建湘军，其目的在于办实事，尽管乡气者也有许多缺点，却有肯任事的优点，故而他宁愿用乡气者。

人才的获得，要靠领袖去主动寻求，曾氏自己做到了。如请彭玉麟，则不惜屡次劝谕，甚至"强令入营"，这便是"不得不休"。如初识江忠源，是因郭嵩焘的引见，这便是"以类相求"。

不可背后攻人之短

公事知而不言，坐视成败，自非所宜。阁下今补赣南实缺，尤可不必过涉客气。凡正话实话，多说几句，久之人自能谅其心，即直话亦不妨多说，但不可以讦为直，尤不可背后攻人之短。除二戒外，概宜知无不言、言无不尽。

译文

对于公事，采取知而不言坐视成败的态度，自然不合适。你现在已补赣南道实缺，尤其不必过于客气。凡正话实话，多说几句，久而久之，别人自然能体谅你的用心，即使是直话，也不妨多说，只是不可以攻讦作为直话，尤其不可以背后攻击别人的短处。除这两点应戒除外，一概应取知无不言、言无不尽的态度。

点评

李瀚章放江西赣南道员，曾氏针对李为人较为圆滑的缺点，告诫他多说正话实话，不要太客气，不要怕得罪人。

高明者与卑琐者

大抵人才约有两种。高明者好顾体面，耻居人后，奖之以忠，则勉而为忠，许之以廉，则勉而为廉。若是者，当以吾前信之法行之，即薪或稍优，夸许稍过，冀有一二人才出乎其间，不妨略示假借。卑琐者本无远志，但计锱铢，驭之以严则生惮，防之稍宽则日肆。若是者，当以两君此信之法行之，俾得循循于规矩之中。以官阶论，州县以上类多自爱，佐杂以下类多算细。以厘务论，大卡总局，必求自爱之士，宜用鄙信之说，小卡分局不乏算细之员，宜用来信之说。

译文

大抵人才约有两种。高明者喜好顾全体面，耻于居别人之后，以忠来奖励，则勉强而为忠，以廉来赞许，则勉强而为廉。若是这一类，应当以我前信的办法实行，即薪水稍微多点，夸奖稍微过头点，希望能有一二个人才出于其间，不妨略微示以假借。卑琐者本来就没有远大的志向，只斤斤计较。管得严则有畏惧，防备稍宽则日益放肆。若是这一类，应当以你们两位这封信的办法去实行，以便使他们循规蹈矩。从官阶来说，州县以上的官员大多自爱，佐杂以下的吏员大多爱计较。从厘务来说，大卡总局，必须寻求自爱之士，宜用我信上所说的办法，小卡分局有不少爱计较者，宜用来信所说的办法。

点评

这段话也是写给李瀚章的。这里又说了两类人，一类是自尊自爱者，一类是斤斤计较于利益者。曾氏认为，对于前者，宜用宏奖；对于后者，则宜用严管。

儒生气象

尝熟思袁绍之诛除宦竖，陈元礼之迫胁马嵬，虽一时快心之举，然岂稍有儒生气象者所能为哉？又岂有儒生气象者所应为哉？

译文

曾经仔细思考过袁绍诛除宦官势力、陈元礼在马嵬迫胁唐玄宗杀杨玉环这两件往事，虽然是一时心里痛快的举动，但这又哪里是稍有点儒生气象的人所能做的事？又哪里是具有儒生气象者所应该做的事？

点评

非常之时当用非常之法。人们常说儒者迂缓，便是指的当非常之时，儒者因顾虑多而乏应急机变之才。曾氏自认有迂缓之病，故而他有这样的思考，至于袁绍、陈元礼等人，本就不是儒生，他们行事之时也便根本没有此种思考。

在乎得人而不在乎得地

中兴在乎得人，不在乎得地。汉迁许都而亡，晋迁金陵而存；拓拔迁云中而兴，迁洛阳而衰；唐明皇、德宗再迁而皆振，僖宗、昭宗再迁而遂灭；宋迁临安而盛昌，金迁蔡州而沦胥。大抵有忧勤之君贤劳之臣，迁亦可保，不迁亦可保；无其君无其臣，迁亦可危，不迁亦可危。鄙人阅历世变，但觉除得人以外，无一事可持。

译文

中兴在于得人，而不在于得地。东汉迁都许昌而亡，东晋迁都金陵而存；拓拔迁都云中而兴，迁都洛阳而衰；唐明皇、唐德宗两次迁徙而都振兴，唐僖宗、唐昭宗两次迁徙而遭灭亡；南宋迁都临安而盛昌，金迁都蔡州而沦亡。大抵有忧患勤政的君王贤良耐劳的大臣，迁都也可保全，不迁都也可保全；没有这样的君这样的臣，迁都也危险，不迁都也危险。我阅历世变，只觉得除得人之外，无任何一件事可以依恃。

点评

这是咸丰十一年（1861）正月，曾氏写给方翊元的一段话。当时的情况是，因英法联军攻打北京，咸丰帝匆匆离京逃往承德避暑山庄。尽管此时英法军队已退出京城，但咸丰帝惊魂未定，仍不愿回銮。于是许多人建议迁都长安，方也持此说。曾氏不同意迁都，并历数前代史实，来论证其"中兴在乎得人，不在乎得地"的观点。当然，后来并没有迁都，看来朝廷最高层也不同意迁都。

世间一切事都是人做出来的。得人则得一切，失人也便失去一切。这话从理论上讲很容易，在现实中实行却不容易。首先是人太多了，多则不值钱。其次是人才难辨，珠目混杂，失去几个鱼目算什么！这样一来，人也不"可恃"了，反而其他东西"可恃"。于是，人才被埋没被冷落被排挤被打压的事，便成了现实中的常事惯事。

成败无定

汉晁错建议削藩，厥后吴楚七国反，景帝诛错而事以成；明齐泰、黄子澄建议削藩，厥后燕王南犯，建文诛齐、黄而事以败。我朝米思翰等议削藩，厥后吴、耿三叛并起，圣祖不诛米思翰而事以成。此三案者最相类，或诛或宥，或成或败，咸参差不一。士大夫处大事决大疑，但当熟思是非，不必泥于往事之成败，以迁就一时之利害也。

唐昭宗以王室日卑，发愤欲讨李茂贞，责宰相杜让能专主兵事。杜让能再三辞谢，言他日臣徒受晁错之诛，不能弭七国之祸。厥后李茂贞进逼兴平，禁军败溃，京师大震。茂贞表请诛让能。让能曰："臣固先言之矣。"上涕下不能禁，曰："与卿诀矣。"是日贬让能梧州刺史，寻赐自尽。斯则无故受诛，其差有甚于晁错、齐泰、黄子澄。昭宗既强之于前，复诛之于后。此所以为亡国之君也。国藩在军时，有一时与人定议，厥后挫败，或少归咎于人，不能无稍露于辞颜者，亦以见理未明之故耳。

后唐潞王虑石敬瑭之将反，李崧、吕琦劝帝与契丹和亲，薛文遇沮之。帝欲移石敬瑭镇郓州，文遇力赞成之。厥后敬瑭果反，引契丹大破唐兵，唐王见薛文遇曰："我见此物肉颤，几欲抽佩刀刺之。"大抵事败而归咎于谋主者，庸人之恒情也。

译文

西汉晁错建议削减诸侯王国的封地，此后吴楚七国反叛，景帝杀晁错而叛乱平定。明代齐泰、黄子澄建议削减藩王封地，此后燕王南攻，建文帝诛齐、黄但失败了。我朝米思翰等建议削去藩王封地，此后吴三桂、耿精忠等三个叛王并起，康熙不杀米思翰而叛乱平息。这三个案子最为相似，或诛杀或宽宥，或成或败，参差不一。士大夫处置大事，决释大疑，只应当仔细思考是非，不必拘泥往事的成与败，从而迁就一时的利害。

唐昭宗鉴于王室日益卑弱，发愤想讨伐李茂贞，责令宰相杜让能专门主持军事。杜让能再三辞谢，说："日后臣徒然遭受晁错那样的诛杀，而不能消弭吴楚七国的祸乱。"此后李茂贞进逼兴平，禁军败溃，京城大为震动。李茂贞请皇上杀杜让能。让能说："我确实早就说了。"皇上流泪不止，说："与你永诀了！"这一天贬杜让能为梧州刺史，不久即命他自尽。这是无故受诛，他的冤屈又超过晁错、齐泰、黄子澄。唐昭宗既逞强于前，又诛杀于后。这就是他之所以为亡国之君的缘故。我在军中时，有时与人商定的决议，此后失败或受挫，或许稍稍归咎于别人，不能做到一点都不在辞色上表露出来，也是因为见理不明彻的缘故。

后唐潞王考虑石敬塘将要反叛，李崧、吕琦劝皇上与契丹和亲，薛文遇阻止。皇上想将石敬塘调到郓州，薛文遇极力赞成。此后石敬塘果然反叛，引契丹兵大破唐兵。唐王见到薛文遇时说："我看到此人肉发颤，几乎想抽出佩刀刺他（薛文遇）。"大抵事情失败后而归咎于主谋者，是平庸人的常情。

点评

这是曾氏的一则读史笔记。谋划一桩事，由主谋者提出方案，主事者最后拍板定夺。事有可能成，也有可能不成，无论成与不成，主要责任都应由主事者承担。但古往今来，许多主事者，当事成时则将功劳归于己，事败则将责任推给主谋者。这种主事者乃庸人，汉景帝、明建文帝、唐昭宗、后唐潞王即此类庸人；相比之下，康熙则是明君。曾氏检讨自己在这点上也有不完美处。

劝诫浅语十六条

劝诫州县四条（上而道府，下而佐杂，以此类推）

一曰治署内以端本

宅门以内，曰上房，曰官亲，曰幕友，曰家丁；头门以内，曰书办，曰差役。此六项者，皆署内之人也。为官者，欲治此六项人，须先自治其身，凡银钱一分一毫一出一入，无不可对人言之处，则身边之人不敢妄取，而上房、官亲、幕友、家丁四者皆治矣。凡文书案牍，无一不躬亲检点，则承办之人不敢舞弊，而书办、差役二者，皆治矣。

二曰明刑法以清讼

管子、荀子、文中子之书，皆以严刑为是，以赦宥为非。子产治郑，诸葛治蜀，王猛治秦，皆用严刑以致乂安。为州县者，苟尽心于民事，是非不得不剖辨，谳结不得不迅速。既求迅速，不得不刑恶人以伸善人之气。非虐也，除莠所以爱苗也，惩恶所以安良也。若一案到署，不讯不结，不分是非，不用刑法，名为宽和，实糊涂耳懒惰耳，纵奸恶以害善良耳。

三曰重农事以厚生

军兴以来，士与工商，生计或未尽绝，惟农夫则无一人不苦，无一处不苦。农夫受苦太久，则必荒田不耕，军无粮则必扰民，民无粮则必从贼，贼无粮则必变流贼，而大乱无了日矣。故今日之州县，以重农为第一要务。病商之钱可取，病农之钱不可取，薄敛以纾其力，减役以安其身，无牛之家，设法购买，有水之田，设法疏消，要使农夫稍有生聚之乐，庶几不至逃徙一空。

四曰崇俭朴以养廉

近日州县廉俸入款，皆无着落，而出款仍未尽裁，是以艰窘异常。计惟有节用之一法，尚可公私两全。节用之道，莫先于人少。官亲少，则无需索酬应之繁，幕友、家丁少，则减薪工杂支之费。官厨少一双之箸，民间宽一分之力。此外衣服饮食，事事俭约，声色洋烟，一一禁绝，不献上司，不肥家产，用之于己者有节，则取之于民者有制矣。

劝诫营官四条（上而统领，下而哨弁，以此类推）

一曰禁骚扰以安民

所恶乎贼匪者，以其淫掳焚杀扰民害民也；所贵乎官兵者，以其救民安民也。若官兵扰害百姓，则与贼匪无殊矣。故带兵之道，以禁止骚扰为第一义。百姓最怕者，惟强掳民夫、强占民房二事。掳夫则行者辛苦，居者愁思，占房则器物毁坏，家口流离。为营官者，先禁此二事，更于淫抢压买等事一一禁止，则造福无穷矣。

二曰戒烟赌以防惰

战守乃极劳苦之事，全仗身体强壮，精神完足，方能敬慎不败。洋烟、赌博二者，既费银钱，又耗精神，不能起早，不能守夜，断无不误军事之理。军事最喜朝气，最忌暮气，惰则皆暮气也。洋烟瘾发之人，涕泪交流，遍身瘫软，赌博劳夜之人，神魂颠倒，竟日痴迷，全是一种暮气。久骄而不败者容或有之，久惰则立见败亡矣。故欲保军士常新之朝气，必自戒烟赌始。

三曰勤训练以御寇

训有两端：一曰训营规，二曰训家规。练有二端：一曰练技艺，二曰练阵法。点名演操，巡更放哨，此将领教兵勇之营规也；禁嫖赌，戒游惰，慎语言，敬尊长，此父兄教子弟之家规也。为营官者，待兵勇如子弟，使人人学好，个个成名，则众勇感之矣。练技艺者，刀矛能保身能刺人，枪炮能命中能及远；练阵法者，进则同进，站则同站，登山不乱，越水不杂，总不外一熟字。技艺极熟，则一人可敌数十人；阵法极熟，则千万人可使如一人。

四曰尚廉俭以服众

兵勇心目之中，专从银钱上着意。如营官于银钱不苟，则兵勇畏而且服；若银钱苟且，则兵勇心中不服，口中讥议，不特扣减口粮、缺额截旷而后议之也，即营官好多用亲戚本家，好应酬上司朋友，用营中之公钱，谋一身之私事，也算是虚糜饷银，也难免兵勇讥议。欲服军心，必先尚廉介，欲求廉介，必先崇俭朴。不妄花一钱，则一身廉；不私用一人，则一营廉；不独兵勇畏服，亦且鬼神钦伏矣。

劝诫委员四条（向无额缺，现有职事之员，皆归此类）

一曰习勤劳以尽职

观于田夫农父终岁勤劳而少疾病，则知劳者所以养身也；观于舜、禹、周公终身忧劳而享寿考，则知劳者所以养心也。大抵勤则难朽，逸则易腐，凡物皆然。勤之道有五：一曰身勤，险远之路，身往验之；艰苦之境，身亲尝之。二曰眼勤，遇一人必详细察看，接一文必反复审阅。三曰手勤，易弃之物，随手收拾；易忘之事，随笔记载。四曰口勤，待同僚则互相规劝，待下属则再三训导。五曰心勤，精诚所至，金石亦开，苦思所积，鬼神亦通。五者皆到，无不尽之职矣。

二曰崇俭约以养廉

昔年州县佐杂，在省当差，并无薪水银两，今则月支数十金，而犹嫌其少；昔年举贡生员，在外坐馆，不过每月数金，今则增至一两倍而嫌其少。此所谓不知足也。欲学廉介，必先知足。观于各处难民，遍地饿殍，则吾辈之安居衣食已属至幸，尚何奢望哉？尚敢暴殄哉？不特当廉于取利，并当廉于取名，毋贪保举，毋好虚誉，事事知足，人人守约，则气运可挽回矣。

三曰勤学问以广才

今世万事纷纭，要之不外四端：曰军事、曰吏事、曰饷事、曰文事而已。凡来此者，于此四端之中，各宜精习一事。习军事则讲究战攻、防守、地势、贼情等件，习吏事则讲究抚字、催科、听讼、劝农等件，习饷事则讲究丁漕、厘捐、开源节流等件，习文事则讲究奏疏、条教、公牍、书函等件。讲究之法，不外学、问二字。学于古则多看书籍，学于今则多觅榜样。问于当局则知其甘苦，问于旁观则知其效验。勤习不已，才自广而不觉矣。

四曰戒傲惰以正俗

余在军日久，不识术数占验，而颇能预知败征，大约将士有骄傲气者必败，有怠惰气者必败。不独将士然也，凡委员有傲气者亦必偾事，有惰气者亦必获咎。傲惰之所起者微，而积久遂成风俗。一人自是，将举国予圣自雄矣；一人晏起，将举国俾昼作夜矣。今与诸君约：多做实事，少说大话，有劳不避，有功不矜。人人如此存心，则勋业自此出，风俗自此正，人才亦自此盛矣。

劝诫绅士四条（本省乡绅、外省客游之士，皆归此类）

一曰保愚懦以庇乡

军兴以来，各县皆有绅局，或筹办团练，或支应官军，大抵皆敛钱以集事，或酌量捐资，或按亩派费，名为均分匀派，实则高下参差。在局之绅者少出，不在局之愚懦多出；与局绅有声气者少出，与局绅无瓜葛者多出，与局绅有夙怨者，不惟勒派多出，而且严催凌辱，是亦未尝不害民也。欲选绅士，以能保本乡愚懦者为上等。能保愚懦，虽伪职亦尚可恕，凌辱愚懦，虽巨绅亦属可诛。

二曰崇廉让以奉公

凡有公局，即有专管银钱之权，又有劳绩保举之望，同列之人，或争利权而相怨，或争保举而相轧，此不廉也。始则求县官之一札以为荣，继则大柄下移，毫无忌惮，衙门食用之需，仰给绅士之手，擅作威福，藐视官长，此不逊也。今特申戒各属绅士，以敬畏官长为第一义。财利之权，归之于官；赏罚之柄，操之自上。即同列众绅亦互相推让，不争权势。绅士能洁己而奉公，则庶民皆尊君而亲上矣。

三曰禁大言以务实

以诸葛之智勇，不能克魏之一城，以范、韩之经纶，不能制夏之一隅，是知兵事之成败利钝，皆天也，非人之所能为也。近年书生侈口谈兵，动辄曰克城若干，拓地若干，此大言也。孔子曰："攻其恶，无攻人之恶。"近年书生，多好攻人之短，轻诋古贤，苛责时彦，此亦大言也。好谈兵事者，其阅历必浅，好攻人短者，其自修必疏。今与诸君子约，为务实之学，请自禁大言始；欲禁大言，请自不轻论兵始，自不道人短始。

四曰扩才识以待用

天下无现成之人才，亦无生知之卓识，大抵皆由勉强磨炼而出耳。《淮南子》曰："功可强成，名可强立。"董子曰："强勉学问，则闻见博；强勉行道，则德日起。"《中庸》所谓："人一己百，人十己千。"即勉强工夫也。今士人皆思见用于世，而乏用世之具。诚能考信于载籍，问途于已经，苦思以求其通，躬行以试其效，勉之又勉，则识可渐进，才必渐充。才识足以济世，何患世莫己知哉？

以上十六条，分之则每一等人各守四条，合之则凡诸色人皆可参观。圣贤之格言甚多，难以备述，朝廷之律例甚密，亦难周知。只此浅近之语，科条在此，黜陟亦在此，愿我同人共勉焉。咸丰十一年九月曾国藩识。

译文

劝诫知州县令四条（上至道员、知府，下至佐杂吏员，以此类推）

一、整治官署内部以端正根本

宅门以内的上房、官亲、幕友、家丁，头门以内的书办、差役，这六类，都是官署内部的人。为官者要想整治这六类人，必须先整治自身。凡银钱一分一毫一出一入，没有不可以对别人说的，则身边人不敢乱取，于是上房、官亲、幕友、家丁四类人都治理好了。凡文书案牍，没有一件不亲身检点，则经办人不敢舞弊，于是书办、差役两类人都治理好了。

二、明了刑法以清理官司

管子、荀子、文中子的书，都以严刑为是，以赦免宽宥为非。子产治理郑国，诸葛亮治理蜀国，王猛治理前秦，都用严刑，以至于社会安定。为州县官员的，倘若尽心于民事，是非则不得不剖析辨别，官司结案不得不迅速。既求迅速结案，不得不惩办恶人，以伸展善人的心气。这不是残虐，除掉莠草是为了爱护禾苗，惩办恶人是为了安宁良民。若是一个案子到官署，不审讯不了结，不分是非，不用刑法，名义上是宽和，实则糊涂懒惰，是纵容奸恶来残害善良。

三、重视农事以培厚民生

战争爆发以来，士人与工商者生计或许没有完全断绝，惟独农夫则无一人不苦，无一处不苦。农夫受苦太久，则必定田地荒芜而不耕种，军队无粮则必扰乱民众，民众无粮则必定依附贼人，贼人无粮则必定变为流寇，于是大乱就没有了结的时候了！故今日的州县官员，以重视农业为第一要务。伤害商人的钱可获取，伤害农民的钱不可获取。薄赋税以宽舒农民之力，减徭役以安定农民之身，没有牛的农家，设法为之购买，有水的田地，设法为之疏通，要让农民稍有一点活着的快乐，这样才不至于逼他们逃徙一空。

四、崇尚俭朴用以保养廉洁

近日州县官员的养廉费及俸禄，这些收入都没有着落，而支出依旧没有裁减，故而非常艰难窘迫。思量惟有节省花费这个办法，尚可以做到公私两全。节省花费的原则，莫先于人少。官亲少，则没有索求应酬的频繁；幕友家丁少，则减少薪水杂支等开销。官府厨房少一双筷子，民间则宽松一分气力。此外衣服饮食，事事都俭约，声色洋烟，一一皆禁绝，不向上司贡献，不增加自家财产，使用在自身上有所节省，则取之于民的就有所制约了。

劝诫营官四条（上至统领，下至哨长，以此类推）

一、禁止骚扰以安定民心

贼匪之所以该憎恶，是因为他们淫掳焚杀，扰民害民。官兵之所以可贵，是因为他们救民安民。若是官兵扰害百姓，则与贼匪没有区别了。故带兵的原则，以禁止骚扰为第一要务。百姓最怕的，惟有强掳民夫、强占民房两件事。掳民夫则随行的辛苦，在家的愁思；占民房则器物损坏，家中人口流离。做营官的，先要禁止这两件事，再加上奸淫抢掠强买等事一一禁止，则造福无穷了。

二、戒除鸦片赌博以防止懒惰

战与守都是极劳苦的事，全仗身体强壮，精神完足，才能庄敬慎重而不败。吸食鸦片、赌博这两桩事，既花费银钱，又损耗精神，使人不能起早，不能守夜，绝对没有不耽误军事的道理。军事最喜朝气蓬勃，最忌讳暮气沉沉，懒惰则都是暮气。鸦片瘾发作的人，涕泪交流，浑身瘫软，赌博熬夜的人，神魂颠倒，整天神情痴迷，都是一种暮气。长期骄傲而不失败的或许有，长期懒惰则立刻就会失败灭亡。所以要想保全军士常新之气，必定从戒除烟赌开始。

三、勤奋训练以防御敌寇

训有两点：一为训军营规则，二为训家庭规则。练有两点：一为练技艺，二为练阵法。点名演操，巡更放哨，这是将领教兵勇的军营规则；禁止嫖赌，戒除游荡懒惰，谨慎言语，敬重尊长，这是父兄教导子弟的家规。为营官的，待兵勇如同子弟，使得他们人人学好，个个成名，则兵勇们都感激。练习技艺，用刀矛能保身刺人，用枪炮能命中及远；练习阵法，使得兵勇们进则同进，站则同站，登山不乱，涉水不杂，总之不外乎一个熟字。技艺极为熟练，则一个可敌数十人；阵法极为熟练，则千万人可令步伐一致如一个人。

四、崇尚廉俭以服众

兵勇心目中只是着意于银钱，如果营官在银钱上不苟且，则兵勇们畏惧而且佩服；如果在银钱上苟且，则兵勇们心中不服，口里讥议，不仅仅因为克扣口粮、缺额裁旷而后才议论，即便营官喜欢多用亲戚本家，喜欢应酬上司朋友，用军营里的公款来办自身的私事，也算是虚糜军饷，也难免兵勇们讥议。想要军心佩服，必须先崇尚廉洁贞介；想要求得廉洁贞介，必先崇尚俭朴。不乱花一文钱，则一身廉洁；不用一个私人，则一个军营廉洁。不仅仅兵勇畏惧佩服，而且鬼神钦伏。

劝诫委员四条（一直没有得过实缺，现在有职事在身的人，都归于此类）

一、习于勤劳以尽职责

看种田的农民一年到头勤劳而少疾病，则知劳动是可以养身的。看舜、禹与周公一辈子忧劳而享高寿，则知劳动是可以养心的。大抵勤劳则难朽，安逸则易坏，所有的物体都如此。勤劳之道有五点：一为身勤，危险遥远之路，亲身去体验；艰苦的环境，亲身去尝试。二为眼勤，遇见一个人，必须详细察看，接到一卷公文，必须反复审阅。三为手勤，容易丢弃的物品，随手收拾；容易忘记的事，随笔记载。四为口勤，对待同事则互相规劝，对待下属，则再三训导。五为心勤，精诚所至，金石亦开，苦苦的思索积累下来，即便是鬼神那里也可以获得通过。五种勤都到场，没有什么职责不可以尽。

二、崇尚俭约以养廉

过去州县的辅助临时人员，在省衙门里承当差使，并无薪水银两，现在则每月支取数十两银子，还嫌少；过去举人、贡生、秀才在外面做塾师，每月不过几两银子，现在则增加一二倍还嫌少。这叫做不知足。想要学习廉洁贞介，必定先要知足。看看各处难民，看看遍地饿殍，则我们安居且有衣有食已属至幸，尚有何奢望呢？尚敢暴殄天物吗？不仅仅应当在获取利益上廉洁，也应当在获取名誉上廉洁，不要贪求保举，不要爱好虚荣，事事知足，人人守约，则国家的气运可以挽回。

三、勤求学问以拓宽才能

当今万事纷纭，重要的不外乎四个方面，即军事、吏事、饷事、文事而已。凡是来到这里的，于此四个方面中，各人宜精习一个方面。习军事则要讲究攻战、防守、地势、贼情等等。习吏事则要讲究安抚民众及催征赋税、断审官司、奖劝农桑等等。习饷事则要讲究征收丁粮漕粮、厘务、捐务及开源节流等等。习文事则讲究草拟奏疏、条款教义及公牍、书函等等。讲究的办法，不外乎学与问两个字。向古代学习，则多看书籍，向今时学习，则多寻找榜样。向当局者求问，则知道其中的甘苦，向旁观者求问，则知道它的效应。勤奋学习不已，才识自然宽广而不自觉。

四、戒除骄傲懒惰以矫正习俗

我在军队中时间很久，不识术数与占验，却比较能预知失败的征兆。大约将士们有骄傲之气的必败，有怠慢懒惰之气的必败。不仅仅将士们，凡委员有骄傲之气的也必定坏事，有懒惰之气的必定会遭遇灾祸。傲惰刚出现时表现在小事上，久而久之于是成为风俗。一个人自以为是，则举国皆自以为圣贤英雄；一个人晚起床，则举国皆将白天当作黑夜。现在与各位约定：多做实事，少说大话，有劳作不躲避，有功绩不矜夸。每个人若都这样存心，则勋业便会从这里产生，风俗便会从这里矫正，人才也会从这里而茂盛。

劝诫绅士四条（本省的乡绅，外省来的客游之士，都归于此类）

一、保护弱势以庇佑乡里

战争爆发以来，各县都有绅士团体。它们或筹办团练，或支应官军，大抵都靠收集银钱来办事。或者视情况捐资，或者按田亩分摊费用，名为均匀分派，实则高下很有不同。在团体内的绅士少出，不在团体的弱势者多出；与团体内的绅士有联系的少出，与团体内的绅士没有瓜葛的则多出；与团体内的绅士有夙怨的不仅强行勒索多出，而且严加催逼凌辱，这也未尝不是残害民众。若要挑选绅士，应以那些能够保护本乡弱势者为上等。能够保护弱势，即便任过伪职也还可宽恕；凌虐弱势，即便是大绅士也属可诛。

二、推崇廉洁谦让以奉公

凡有公共团体，便有经管银钱的权利，又有劳绩保举的声望。同一个序列的人，或者因争夺利权而互相怨恨，或者因争夺保举而互相倾轧，此为不廉洁。开始是求得县官一函书札为光荣，继而大权下移，就毫无忌惮。衙门食和用的需求，仰仗绅士之手，于是擅自作威作福，藐视官长。这是不谦逊。现在特为申诫各属绅士，以敬畏官长为第一义。财物利益的权力，归于官府；赏罚的权柄，由上面操纵。即便是同列的绅士们，也要互相推让，不争权势。绅士能做到自己廉洁而奉公，那么普通百姓都能做到尊君而亲上。

三、禁止说大话以务实

以诸葛亮的智勇，不能攻克魏国的一个城池；以范仲淹、韩琦的经纶，不能制服西夏的一方边隅。由此可知兵事的成败利钝，都由天意所定，不是人力所能为的。近年书生信口谈兵，动辄说攻克城池若干座，拓展土地若干里。这是大话。孔子说："攻击那些丑恶的东西，但不要攻击有丑恶的那个人。"近年书生喜好攻击别人的短处，轻易诋毁古代的贤者，苛责时下的才俊。这也是大言。喜好谈兵事的人，他的阅历必浅；喜好攻击别人短处的，他的自修必定粗疏。现在与各位君子相约为务实之学，请从禁止大言开始。想要禁止大言，请从不轻易论兵开始，从不说人短处开始。

四、扩展才识以待使用

天下没有现成的人才，也没有生来就有知识的卓异，大抵都从勉强磨炼而产生。《淮南子》说："功绩可从强力中成就，名望可从强力中出来。"董子说："强勉去求取学问，则闻见广博；强勉去按大道行事，则德性一天天培植。"《中庸》所说的"别人为一自己则为百，别人为十自己则为千"，这就是勉强功夫。当今士人都想为世所用，但却缺乏为世所用的才具。真正能从书籍中考求征信，从已往的历史中寻找途径，苦苦思索以求取畅通，亲身实行以检验效应，勉之又勉，则见识可逐渐长进，才能也能逐渐充裕。才识足以济世，又何必担心世人不知道自己呢？

以上十六条，分开则每一类型的人各自守住四条，综合起来则凡这几类人都可互相参观。圣贤的格言很多，难以完全述说，朝廷的律例很多，也难做到都知晓。只这些浅显易懂的话一条条规范在此，罢黜与迁升的依据也在此，但愿我的同事们共同勉励。咸丰十一年（1861）九月曾国藩记。

点评

咸丰十年四月，曾氏被任命为两江总督，从此开始他握有地方军政实权的晚年岁月。曾氏一向认为，国家的混乱是源于吏治的混乱，故而他在执掌实权之后，除倾力于军事外，更倾心于吏治的整顿，甚至期望能培养一批好官种子，撒向全国各地，试图挽回吏治上的颓风。这里所抄录的十六条劝诫浅语，应视为他整顿吏治事业中的一个重要内容。笔者在阅读中有一个发现，即不管对哪个类型人的劝诫，其中有一点是共同的，那就是关于俭朴廉洁方面的要求。无论州县营官，还是委员绅士，都是社会的上层人，都是有权者，也就是说都具备谋私的可能，故而对他们来说最大的自律便是廉洁；要想廉洁，首要俭朴。俭朴者花费较少，靠官俸足以度日，不必再在银钱上打主意，廉洁的官守便容易保住；相反，奢华挥霍欲求过多，则官俸不足以维持，则易产生分外捞钱的想法，而掌握权力的人容易使这种想法变为现实。于是，一个公务员便成了贪官。所以，俭朴实为廉洁的源头。

笔者还有一个强烈的感觉：作为高级官员，曾氏具备极强的综合能力和深入浅出的表达能力。针对四种不同类型的管理者，曾氏分别提出四条不同的要求，这四条即为该类型管理者的基本职守，以及导引此职守得以履行的正确途径。这些都需要由高度的综合而产生。如何表达，也极为重要。对道理的阐述，有各种各样的方式，即便是最深奥的大道理，也可以用最浅显的语言表达出来，关键在于表达者本人对道理理解的程度如何。有时候恰恰是那些最深刻的理解者，才能用最浅显易懂的语言来表达。这十六条劝诫语以及曾氏其他一些文字（如《爱民歌》、《保守平安歌》、《水师得胜歌》、《陆军得胜歌》等）都浅近而易读易懂易记，这都需要很圆熟的表达能力。当然，浅出乃源于深入。

治军

————

唐浩明点评曾国藩

语录

凡办大事，以识为主，以才为辅；凡成大事，人谋居半，天意居半。

带勇之人，第一要才堪治民，第二要不怕死，第三要不急急名利，第四要耐受辛苦。治民之才，不外公、明、勤三字，不公不明，则诸勇必不悦服，不勤，则营务细巨皆废弛不治，故第一要务在此。不怕死，则临阵当先，士卒乃可效命，故次之。为名利而出者，保举稍迟则怨，稍不如意则怨，与同辈争薪水，与士卒争毫厘，故又次之。身体羸弱者，过劳则病，精神短缺者，久用则散，故又次之。故弟尝谓，带勇须智深勇沉之士，文经武纬之才。

训诫军中要务

一、"营中吃饭宜早。"此一定不易之理，即现在粤匪暴乱，为神人所共怒，而其行军，亦系四更吃饭，五更起行。营中起太晏，吃饭太晏，是一大坏事，营规振刷不起，即是此咎。

二、扎营一事，男每苦口教各营官，又下札教之，言"筑墙须八尺高，三尺厚，壕沟须八尺宽，六尺深。墙内有内壕一道，墙外有外壕二道或三道，壕内须密钉竹签"云云。岳州之溃败，即系未能扎营之故。嗣后当严戒各营也。

三、"调军出战，不可太散。"此后不敢分散。然即合为一气，而我军仅五千人，贼尚多至六七倍，拟添募陆勇万人，乃足以供分布耳。

四、破贼阵法，平日男训诫极多，兼画图训诸营官。二月十三日，男亲画贼之莲花抄尾阵，寄交璞山。璞山并不回信。寄交季弟。季弟回信，言贼了无伎俩，并无所谓抄尾阵。寄交杨名声、邹寿璋等，回信言当留心。慈训言当用常山蛇阵法，必须极熟极精之兵勇，乃能如此。昨日岳州之败，贼并未用抄尾法，交手不过一个时辰，即纷纷奔退，若使贼用抄尾法，则我兵更胆怯矣。若兵勇无胆无艺，任凭好阵法，他也不管，临阵总是奔回，实可痛恨。

五、拿获可疑之人，以后必严办之，断不姑息。

译文

一、"军营中吃饭要早。"这是一定的不能改变的道理，即便是现在粤匪暴乱，为神人所共怒，但他们行军时，也是四更吃饭，五更起行。军营中起床太晚，吃饭太晚，是一大坏事。军营规矩不能振兴，便是因为这个原因。

二、扎营一事，儿每每苦口教导各营官，又下文教导他们，说"筑墙必须要有八尺高，三尺厚，壕沟必须八尺宽，六尺深。墙内有内壕一道，墙外有外壕两道或三道，壕内必须密密地钉下竹签"等等。岳州的溃败，就是未能扎下坚实营盘的缘故。今后当严厉训诫各营。

三、"调动军队出去打仗，不可太分散。"此后不敢再分散。但是即便合在一起，我军仅五千人，贼军还多到六七倍，打算增募陆勇万人，才足以供分布。

四、破贼军的阵法，平日里儿训诫极多，还兼带画图教导各位营官。二月十三日，儿亲自画贼军的莲法抄尾阵寄给王璞山，璞山并不回信。寄给季弟，季弟回信，却说贼军没有什么伎俩，并没有所说的抄尾阵。寄给杨名声、邹寿璋等，回信说当留心。父亲信上说应当用常山蛇阵法，但必须要极为精熟的兵勇才能布下此阵。昨天岳州的失败，贼军并没有用抄尾法，交战不到一个时辰，便纷纷奔退，假若贼军用抄尾法，则我军士更加胆怯了。兵勇若是无胆无艺，任凭好阵法，他也顾不上，临阵总是往回逃，实在可痛恨。

五、捉到可疑的人，以后必定严办，绝不姑息。

点评

咸丰三年（1853）八月下旬，曾氏从长沙来到衡州府，短短的四个多月里，他将湘军扩大为陆军十营、水师十营，共一万人，加上夫役七千多，号称二万人马。咸丰四年正月，曾氏率领这支人马出师北上。三月初，湘军在岳州城外遭遇不利，中旬，再次失利，遂由岳州退回长沙。本月二十二日，曾氏接到他的父亲曾麟书从家中写来的信，信中谈到军营中的几点要务。二十五日，曾氏回禀父亲，对父信中所谈的几点一一作了答复。此处所抄的这段话即出于此信。

曾麟书乃一乡村塾师。太平军起事后，他名为湘乡县的团练老总，实则未参与其事，对于军营，他是一个真正的外行。他所说的这几点，一半出自于阅读，一半出自于日常经验，并非亲历戎行所得。应该说这几点，对于曾兼任过兵部侍郎且又有一年多办团练经历的曾氏来说，并无新意，但曾氏却郑重其事地一一回复。这一则出于对父亲的尊重，二则这几点本身既有道理，加之经父亲提示后则更宜注意。值得后人记取的是，曾氏在后来领导湘军十多年的日子里，一以贯之地推行"吃饭宜早"、"扎营宜硬"两条父训，使之成为湘军成功的两条重要原因。

何必与兵事为缘

大乱之弭，岂尽由人力，亦苍苍者有以主之耳。

余食禄有年，受国厚恩，自当尽心竭力办理军务，一息尚存，此志不懈。

此事登场甚易，收身甚难。锋镝至危，家庭至乐，何必与兵事为缘？兵，犹火也，易于见过，难于见功。

译文

大乱的平定，哪里完全由得人力，也是由上天所主持的。

我食朝廷俸禄多年，受国家的厚恩，自然应当尽心竭力办理军务，只要一口气尚在，这个志向不会懈怠。

这件事上场很容易，体面下场却很难。刀锋箭镝很危险，家庭生活很快乐，何必要与军事扯上关系？用兵打仗，好比玩火，容易犯过错，难于见功效。

点评

这三段话，出自于咸丰五年及六年这段时期，曾氏给诸弟的家信。三段话表达出一个共同的心态，即对战争的畏惧。曾氏的畏惧，既有普通人恋生怕死的成分在内，也含有他对人类这种互相残杀行为的深刻认识；同时，还与他所拥有的社会资源有关。他的弟弟们并没有听从他的劝告，一个个铤而走险。他们何尝不知道锋镝至危家庭至乐，但他们更需要名利权位！

用兵种种

扎营不可离城太近，宁先远而渐移向近，不可先近而后退向远。

多则不悍，悍则不多。盖贼多，则中有裹胁之人。彼亦有生手，彼亦有破绽，吾转得乘隙而入矣。

军中器械，其略精者，宜另立一簿，亲自记注，择人而授之。古人以铠仗鲜明，为威敌之要务，恒以取胜。

进兵须由自己做主，不可因他人之言，而受其牵制。非特进兵为然，即寻常出队开仗，亦不可受人牵制。应战时，虽他营不愿，而我营亦必接战；不应战时，虽他营催促，我亦且持重不进。若彼此皆牵率出队，视用兵为应酬之文，则不复能出奇制胜矣。

余昔在营中，诫诸将曰："尔可数月不开一仗，不可开仗而毫无安排算计。"

扎营不可离城太近。盖地太逼，则贼匪偷营，难以防范，奸细混入，难于查察。节太短，则我军出队，难于取势，各营同战，难于分股。一经扎营之后，再行退远，则足馁士气，不如先远之为愈也。牵率出队之弊，所以难于变革者，盖此营出队之时，未经知会彼营，一遇贼匪接仗，或小有差挫，即用令箭飞请彼营前来接应，来则感其相援，不来则怨其不救；甚或并未差挫，并未接仗，亦以令箭报马，预请他营来接应。习惯为常，视为固然，既恐惹人之怨憾，又虑他日之报复，于是不敢不去，不忍不去。夫战阵呼吸之际，其几甚微，若尽听他营之令箭，牵率出队，一遇大敌，必致误事。弟思力革此弊，必须与各营委曲说明，三令五申，又必多发哨探，细侦贼情，耳目较各营为确，则人皆信从，而前弊可除矣。

译文

扎营不可以离城池太近，宁可先扎在远处，再逐渐移近，不可以先扎在近处而后再退向远处。

人多则不精悍，精悍则人不多。贼军人多，是因为其中有裹胁之人。他们也有生手，他们也有破绽，我们反而可以乘隙而入。

军营中的器械，那些略微好一些的，宜另立一个登记簿，亲自登记，有所选择地发给别人。古人将铠仗鲜明作为威慑敌人的要务，常常靠此而取胜。

进兵必须由自己做主，不可听别人的话而受他的牵制。不只进兵是这样，即平时出队打仗，也不可受人牵制。应该战时，即便别人的军营不愿参战，我自己的军营也必须开仗；不该应战时，即便别人的军营催促，我自己的军营也必须持重不进。若彼此都因互相率而出队打仗，如此则将用兵视为应酬虚文，那就不能出奇制胜了。

我过去在军营中，告诫诸将说："你可以几个月不打一仗，但不可打仗而毫无安排算计。"

扎营不可以离城池太近，这是因为距离太逼近，则贼军偷营难以防范，奸细混入难以盘查。相距太短，则我军出队难于取势，几个营一同作战则难以分股。一经扎下之后再来退往远处，则足以使士气受馁，不如先在远处扎营为好。互相牵率出队的弊端，之所以难于改变，是因为此营出队之时，没有先告知彼营，一遇到与贼军接仗，或者有点小差挫，即用令箭飞马去请彼营前来接应，彼营来则感谢援救，不来则怨恨不援救；甚至并未遇到差挫，并未接仗，也以令箭报马预先请别人的营哨来接应。习惯为常，视为应当之事，既害怕别人的怨恨，又顾虑他日的报复，于是不敢不去，不忍不去。战场上打仗的变化乃是瞬间的工夫，其中的机奥甚为微妙，若是尽听别人军营的令箭而被牵着出队，一遇大敌，必然误事。弟想法力革此弊，必须委婉地与各营说明白，三令五申，又一定要多发哨探，细细侦察贼情，耳目要比其他营准确，则别人都信从，于是先前的弊病可除去了。

咸丰六年（1856），江西大部分府县落入太平军手，身处江西战场的曾氏军事十分不利。这年八月，湖南人黄冕被任命为江西吉安知府。黄冕出资请曾国荃募勇救吉安，吉字营因此而起。初募仅两千人，时国荃三十三岁。面对初领兵的九弟，大哥有责任传授自己这些年来的经验体会。此处所抄录的这几段话，全是曾氏在咸丰六年十一月至咸丰七年十月这一年里写给吉字营统领曾老九的。所说的扎营不要离敌人的城池太近，打仗不可被别人牵着走，不打无准备之仗，不必怕敌军人多以及军营宜铠仗鲜明等等，均是亲历戎行的体会之谈，对于刚刚放下笔墨的老九来说，自是十分宝贵。

军气与将才

凡军气宜聚不宜散，宜忧危不宜悦豫。人多则悦豫，而气渐散矣。营虽多，而可恃者，惟在一二营；人虽多，而可恃者，惟在一二人。如木然，根好株好，而后枝叶有所托；如屋然，柱好梁好，而后椽瓦有所丽。遇小敌时，则枝叶之茂，椽瓦之美，尽可了事；遇大敌时，全靠根株培得稳，柱梁立得固，断不可徒靠人数之多，气势之盛。倘使根株不稳，柱梁不固，则一枝折而众叶随之，一瓦落而众椽随之，败如山崩，溃如河决，人多而反以为累矣。

凡将才有四大端，一曰知人善任，二曰善觇敌情，三曰临阵胆识，四曰营务整齐。吾所见诸将，于三者略得梗概，至于善觇敌情，则绝无其人。古之觇敌者，不特知贼首之性情伎俩，而并知某贼与某贼不和，某贼与某伪主不协，今则不见此等好手矣。贤弟当于此四大端下工夫，而即以此四端察同寮及麾下之人才。第一、第二端，不可求之于弁目散勇中，第三、第四端，则末弁中亦未始无材也。

大凡军中之气宜聚合不宜流散，宜忧虑危惧不宜欢悦安逸。人一多则欢悦安逸，而气便逐渐流散了。营虽多，而可依恃者只在一二个营；人虽多，而可依恃者只有一二个人。像树木样，根好干好然后枝叶才有所依托；像房屋样，柱好梁好然后椽和瓦才有所附丽。遇到小股敌人，则以茂盛的枝叶、完好的椽瓦便足可以了事；遇到大股敌人，则全靠根与干培植得稳当，梁与柱立得坚固，绝不可只靠人数之多，气势之盛。倘若根与干不稳当，柱与梁不坚固，则一枝损折而众叶随折，一片瓦坠落而众椽随落，像山崩一样地失败，像河决一样地溃流，人多则反以为拖累了。

大凡将才有四个大的方面：一为知人善任，二为善察敌情，三为临阵有胆识，四为营务整齐。我所见的各位将领，在其他三个方面略微懂得些梗概，至于善察敌情，则绝无其人。古时察看敌情的人，不但知道贼人头领的性情才能，而且还知道某贼与某贼的不和，某贼与某主帅的不允协，现在却见不到这样的好手了。贤弟应当在这四个大方面下工夫，即以这四点来端察同僚及部下中的人才。第一、第二两点，不可以在军中低级人员中求到，第三、第四两点，则小头目中也未尝没有这种人才。

点评

这两段话均出自咸丰七年（1857）十月二十七日给老九的家信。此时曾氏在原籍为父亲守丧。这年九月，老九赴江西吉安军营。老九因不是朝廷官员，所以不必在家守丧三年。此信的要点便是此处所抄录的这两段。前段谈的是军气，即军营中的气氛。曾氏认为，军事乃肃杀之事，宜聚不宜散，宜忧不宜喜。聚则有力，散则松劲；忧则警惕，喜则大意。其实，不仅军队应如此，大凡担当大任的团队都应如此。后段说的是对将才的要求。曾氏一向极为重视人才，战乱时期最重要的人才便是将才。曾氏为湘军物色和提拔了一大批将才，这是湘军成功的根本。从曾氏所列四点来看，似乎他本人更关注的是善觇敌情的人才，而当时湘军各营所缺乏的也是这类人才。

八点经验之谈

打仗之道，在围城之外。节太短，势太促，无埋伏，无变化，只有队伍整齐，站得坚稳而已。欲临机应变，出奇制胜，必须离城甚远，乃可随时制宜。凡平原旷野开仗，与深山穷谷开仗，其道迥异。去城四十里，凡援贼可来之路，须令哨长、队长轮流前往该处看明地势，小径小溪，一丘一洼，细细看明，各令详述，或令绘图呈上，万一有出隘迎战之时，则各哨队皆已了然于心。古人忧学之不讲，又曰明辨之，余以为训练兵勇，亦须常讲常辨也。

气浮而不敛，兵家之所忌也。偶作一对联云："打仗不慌不忙，先求稳当，次求变化；办事无声无臭，既要精到，又要简捷。"

治军总须脚踏实地，克勤小物，乃可日起而有功。凡与人晋接周旋，若无真意，则不足感人，然徒有真意，而无文饰以将之，则真意亦无所托之以出，《礼》所称无文不行也。余生平不讲文饰，到处行不动，近来大悟前非。

屯兵城下，为日太久，恐军气渐懈，如雨后已弛之弓，三日已腐之馔，而主者安然，不知其不可用，此宜深察者也。附近百姓，果有骚扰事情否，此亦宜深察者也。

治军之道，总以能战为第一义。倘围攻半岁，一旦被贼冲突，不克抵御，或致小挫，则令望蹶于一朝，故探骊之法，以善战为得珠。能爱民为第二义，能和协上下官绅为第三义。愿吾弟兢兢业业，日慎一日，到底不懈，则不特为兄补救前非，亦可为吾父增光于泉壤矣。

凡扑人之墙，扑人之濠，扑者客也，应者主也。我若越濠而应之，则是反主为客，所谓致于人者也。我不越濠，则我常为主，所谓致人而不致于人也。稳守稳打，彼自意兴索然。

今年军事，沅弟缄言稳扎稳打，机动则发，良为至论。然机事殊不易审，稳字尤不易到。

未有主帅晏而将弁能早者也，犹之一家之中，未有家长晏而子弟能早者也。

译文

打仗的办法，在围城之外去摸索。距离太短，形势太逼，不能有埋伏，不能有变化，只有做到队伍整齐，脚跟站得坚稳而已。想要临机应变出奇制胜，必须离城很远，才可随时调整。凡在平原旷野打仗，与在深山穷谷中打仗，其中的学问大有区别。离城四十里，凡是援贼可能来的道路，必须令哨长、队长轮流前往该处看明地势，小路小溪，一丘一洼都要细细看明，令他们在弟的面前详细叙述，或者令他们画图呈上。万一有出队迎战的时候，则各哨各队都已了然于心。古人忧虑学问的不讲述，又说当明白辨析，我认为训练兵勇，也必须常常讲常常辨。

军气浮散而不聚敛，这是兵家所忌讳的。偶尔作一副联语："打仗不慌不忙，先求稳当，再求变化；办事无声无息，既要精到，又要简便。"

治军总须脚踏实地，能勤于小事，才可能日益兴起而获得功效。凡与人交往周旋，若是没有真意，则不足以感人；但仅只有真意而没有文饰以配合，则真意也没有依托来表现，这就是《礼记》中所说的言而无文则行之不远。我生平不讲文饰，故而到处行不通，近来大为领悟过去的不是。

屯兵于城下，时间太久，担心军气会逐渐松懈，好比雨后已经疲软的弓弦，过了三天已腐败的菜肴，然而主事者依旧安之若素，不知已不可使用。这一点宜深察。对附近的百姓，确实有骚扰的事情发生吗？这也是应当深察的。

治军的原则，总以能打仗为第一义。倘若围攻半年，一旦被贼军冲突出去，不能抵御，或是招致小挫，则好名声毁于一朝。故而好比探骊一样，以能打仗为探得骊珠。能够爱民为第二义，能和协上下官绅为第三义。愿我弟兢兢业业，日慎一日，一直到底都不松懈，则不但替兄补救以前的不是，也可以为我们的父亲在九泉之下增光。

凡攻打别人的壁墙，攻打别人的濠沟，攻打者是客，回应者是主。我若是越过濠沟去应战，则是反主为客，所谓被人招致。我不越过濠沟，则我常为主，所谓招致别人而不被别人招致。稳守稳打，他自然意兴索然无趣了。

今年的军事，沅弟信中说稳扎稳打，机会来了则出去，的确是最好的观点，但事机极不容易辨别，稳当尤其不容易做到。

未有做主帅的起床晚而将士们能早起的，好比一家之中，未有家长起床晚而子弟能早起的。

点评

这几段话，也绝大部分是写给屯兵吉安城下的老九的。其中有两条宜格外提出，一为曾氏所说的"文饰"，应是指接人待物的形式。只有真意还不够，还要注意形式。一为对主与客的论说也很有意思。本是主，若过线了，则反主为客，从有利变为不利。有志在世上做点事的人，当咀嚼此中三味。

不宜以命谕众

季弟言"出色之人，断非有心所能做到"，此语确不可易。名位大小，万般由命不由人，特父兄之家教，将帅之训士，不能如此立言耳。季弟天分绝高，见道甚早，可喜可爱！然办理营中小事，教训弁勇，仍宜以勤字作主，不宜以命字谕众。

译文

季弟说"出色的人，绝对不是只要有心就能做到的"，这话的确不可移易。名位的大小，万般由命不由人，只是父兄的家教，将帅的教训士兵，不能这样立言。季弟的天分特别高，领悟道理很早，可喜可爱！但办理军营中的小事，教训下层士兵，依然应以勤字为主，不应当以命字来告谕大众。

点评

成就大事，靠的是天赋、勤奋与机遇，三者缺一不可。然天赋不可改变，机遇不可预测，勤奋才是可由自己掌握的因素。所以，想要成大事，必须从勤奋始。但勤奋并非就一定能成就大事，这是因为或许在天赋与机遇二者上有所缺失。父兄教子弟、领导训部属，只能谈人力所能做到的勤奋，若过早谈论天赋与机遇，则很可能使子弟或部属放弃勤奋，苟如此，则断无成就可言。

稳

即挖长濠，切不可过濠打仗，胜则不能多杀贼，挫则不能收队也。

贼初来之日，不必出队与战，但在营内静看，看其强弱虚实，看得千准万确，可打则出营打仗，不可打则始终坚守营盘，或有数分把握。

现讲求守垒之法，贼来则坚守以待援师；倘有疏虞，则志有素定，断不临难苟免。回首生年五十，除学问未成有遗憾外，余差可免于大戾。

凡军行太速，气太锐，其中必有不整不齐之处，惟有一静字可以胜之。不出队，不呐喊，枪炮不能命中者不许乱放一声。

译文

既已挖好长濠，就切不可越过濠沟去打仗。打胜了不能多杀敌，受挫折则不能收队回营。

贼军刚到的时候，不必出队作战，只在营内静静地观看。看他的强弱虚实，看得千准万确，可以打则出营打仗，不可以打则始终坚守营盘，或者这样才有几分把握。

现在讲求的是把守营垒的办法，贼军来则坚守营垒借以等待援师；倘若有疏忽，则心中早定有素志，绝对不会临难苟且保命。回首生年五十，除学问未成有遗憾外，其余的勉强可以免于大错谬。

凡是行军的速度太快，气势太锋利，其中则必有不整齐之处，惟有一个静字可以制胜。不出队，不呐喊，枪炮若不能命中的则不许乱放一声。

点评

这几段军营经验，可以概括为一个字，即稳。稳，可谓曾氏治事的一个大特点。大凡办大事治大业立长久之基建传世之功者，皆须有一稳字在心。稳的另一种表述，即谨慎。诸葛一生惟谨慎，曾氏也常常说自己"无他法，惟谨慎耳"。

人力与天事

吾兄弟无功无能，俱统领万众，主持劫运，生死之早迟，冥冥者早已安排妥帖，断非人谋计较所能及。只要两弟静守数日，则数省之安危，胥赖之矣。至嘱至要！

凡办大事，半由人力，半由天事。如此次安庆之守，濠深而墙坚，稳静而不懈，此人力也，其是否不至以一蚁溃堤，以一蝇玷圭，则天事也。各路之赴援，以多、鲍为正援集贤之师，以成、胡为后路缠护之兵，以朱、韦为助守墙濠之军，此人事也，其临阵果否得手，能否不为狗酋所算，能否不令狗酋逃遁，此天事也。吾辈但当尽人力之所能为，而天事则听之彼苍而无所容心。弟于人力，颇能尽职，而每称"擒杀狗酋"云云，则好代天作主张矣。

曾国荃手书联语

译文

我们兄弟无功无能，却能统领万众，主持劫难时期的国运，生死之早与迟，冥冥者早已安排好了，绝对不是人谋所能及的。只要两位弟弟静守几天，则几个省的安危便全得依赖了。至嘱至要！

凡是办大事，一半由人力做主，一半由天事做主。比如这次安庆围师的守住，濠沟深而围墙坚，军营稳静而不懈怠，这属于人力。它是否不至于因一蚁之穴而溃堤，以一只苍蝇而玷污玉圭，则属于天事。各路赶赴的援军，以多隆阿、鲍超为援救集贤关的正师，以成大吉、胡林翼为后路护卫之师，以朱品隆、韦志俊为助守墙濠之师，这些都是人事。至于他们临阵能否得手，能否不为陈玉成所算计，能不能不令陈玉成逃走，这些都是天事。我们只应当尽人力之所能做的，而天事则听之于天，自己不要存于心中。弟对于人力颇能尽职，但每每说"擒杀陈玉成"云云，则是喜好代天做主张了。

点评

世上的事，有小事、大事之分。小事，因为简单，因为不与世间牵连，则可以由自己一人做主。大事，因为复杂，因为与世间多有牵连，自己一个人是不能完全做得主的。曾氏所说的"办大事，半由人力，半由天事"说的便是这个意思。当然，"半"只是个概数。有的大事，人力或许占多半因素，天事只占少半因素；相反，有的大事则天事所占的"半"又要多一些。

看地势察敌情及其他

凡看地势察贼势，只宜一人独往，所带极多不得过五人。如贼来追抄，则赶紧驰回，贼见人少，亦不追也。若带人满百，贼来包抄，战则吃贼之亏，不战而跑回，则长贼之焰，两者俱不可。故近日名将看地势者，相诫不带队伍也。又两相隔在五里以外，不可约期打仗。凡约期以号炮为验，以排枪为验，以冲天火箭为验者，其后每每误事。余所见带队百余人以看地势，及约期打仗，二事致败者累矣。

攻城攻垒，总以敌人出来接仗，击败之后，乃可乘势攻之。若敌人静守不出，无隙可乘，则攻坚徒损精锐。

用兵人人料必胜者，即伏败机；人人料必挫者，中即伏生机。庄子云两军相对，哀者胜矣。

大凡初扎险地，与久经扎定者迥乎不同。久经扎定者，濠已深，墙已坚，枪炮已排定，虽新勇亦可隐守。初扎险地者，虽老手亦无把握。久扎者千人守之而有余，初扎者二千人守之而不足。

凡军事，做一节，说一节，若预说几层，到后来往往不合。论兵事，宜从大处分清界限，不宜从小处剖析微芒。如鲍军或打南岸，或留北岸，此大处也。往返动须二月，调度不可错误。北岸或扎集贤关，或攻宿松，南岸或援江之瑞、义，或援鄂之兴、冶，此小处也，往返不过十日，临时尚可更改。

盛暑酷热，若出队站立烈日之中，历二三个时辰之久，任是铁汉，亦将渴乏劳疲。若挂车河官军作坚守之计，任贼诱战搦战，总不出队与之交仗，待其晒过数日之后相机打之，亦一法也。

译文

凡是察看地形敌情，只宜一人独往，所带的随从最多不超过五个人。若敌人来追抄，则赶紧回营，敌见人少，也不会再追。若带人过一百，敌人来包抄，战则吃敌之亏，不战而跑回，则又长敌之气焰，两者都不可。故近来名将看地势的，互相告诫不带队伍。又两营相隔在五里之外的，不可约定日期打仗。凡是约定日期以号炮为准，以排枪为准，以冲天火箭为准的，到后来常常误事。我所见带队百余人看地势，以及约定日期打仗，因这两桩事招致失败的很多。

攻城也好，攻垒也好，总以让敌人出来接仗为是，击败之后，乃可乘势进攻。若敌人静守不出，无隙可乘，则攻坚只是白白地损耗精锐。

出兵打仗，人人料定必胜的，即潜伏败机；人人料定必受挫的，其中即潜伏着生机。庄子说两军相对，有哀戚之容的一方将取胜。

大凡刚刚驻扎险地，与久经扎定者完全不同。久经扎定者，濠沟已挖深，围墙已坚固，枪炮已排定，即便是新兵也可稳守。刚刚驻扎险地的，即便老手也无把握。久扎者一千人守之而有余，初扎者两千人守之而不足。

凡军事上的事情，做一节，说一节，若预先说几层，到后来往往不相符合。论兵事，宜从大处上分清界限，不宜从小处上剖析细微。比如说鲍超的军队或打南岸，或留北岸，这是大处。往返一次动辄需要两个月，调度上不可出错。留在北岸，或扎集贤关，或攻宿松，打南岸或援江西的瑞州、义宁，或援湖北的兴国、大冶，这是小处。往返一次不过十天，临时还可更改。

盛暑酷热，若出营站在烈日之中历两三个时辰之久，任是铁汉，也要干渴疲乏。如挂车河官军作坚守的打算，任敌诱战挑战，总不出营与他们交战，等他们晒过几天之后再相机攻打，也是一个法子。

点评

这几段话也全出自给老九的家信，谈的也是平日所积累的用兵打仗的点滴体会。有的前面已提过，比如不能约期出兵，军中不宜悦豫等；也有的是不亲临前敌所不知者，如查看地形不宜多带兵马等。至于兵事大处小处的对待，与其他大事小事的处置一样，彼此机宜是相通的。

无以多杀为悔

既已带兵，自以杀贼为志，何必以多杀人为悔？此贼之多掳多杀，流毒南纪，天父天兄之教，天燕天豫之官，虽使周孔今生，断无不力谋诛灭之理。既谋诛灭，断无以多杀为悔之理。

译文

既然已经带兵，自然以杀敌为志向，何必以多杀人为后悔？这股贼人的多杀多掳，流毒南方，他们天父天兄的教义，天燕天豫一类的官爵，即使周公孔子生于今世，绝对没有不力图诛灭的道理。既然力图诛灭，绝对不应该有因多杀而后悔的道理。

点评

这是咸丰十一年六月中旬，安庆破城前夕，曾氏写给沅、季两弟信中的话。这几句话历来颇遭非议。的确，即便是战争年代，为将帅者，也应存少杀人为念，多杀戮总是不好的。但自古以来都是"一将成名万骨枯"，若要成功，又的确不能后悔多杀人。这正是两难之选。还是曾氏自己对此有清醒的认识，他多次说过，带兵打仗，"是择术不慎"。人类真正的大仁大智，是要永远根除战争。

学周瑜的冷静

当此酷暑，贼以积劳之后远来攻扑我军，若专守一静字法，可期万稳，多公亦宜用静字法。此贼万无持久之道，弟不必虑多军之久困也。我所谓静者，不焦急耳！昔曹操八十万人自荆州东下，吴以五万人御之，而周瑜策其必败者，一料曹兵不服水土，二料刘表水师新附，不乐为用，三料暑热久疲。其后赤壁之役，果不出周郎之所料。

译文

处在眼下酷暑季节，敌人以积劳之后从远方来攻扑我军，若专守住一个静字办法，可以期待万稳不失。多隆阿也宜用静字办法。此股敌人万无持久之法，弟不必顾虑多隆阿军的长久受困。我所谓的静，即不焦急罢了。从前曹操八十万人从荆州东下，吴国以五万人抵御，但周瑜预计曹军必败，一是料定曹兵不服水土，二是料定刘表的水师是新近依附的，不乐意为曹操所用，三是料定暑热时久则疲。后来赤壁之战，果然不出周瑜之所料。

点评

冷兵器时代，武器的效应不大，于是参战人员的多少，便成为战争胜负的第一重要因素。但自古以来，便有以少胜多的特例。魏吴赤壁之战，乃以少胜多的典范战例。周瑜此时不过三十出头，强敌当头，能有如此冷静而准确的分析，实为军事天才。曾氏以周瑜的冷静教诚久顿安庆城下的老九。果然，十多天后，安庆城被攻破。

布袋与草把的使用

布袋、草把，此二者，皆余阅历之事。余攻九江，办布袋万个，为填壕之用，令每人装土于袋，负之丢于壕中。乃十二月朔日进攻，每袋仅一寸厚，千余袋不能填得一丈宽，而千余人断不能站在一处，每处数十人，竟未能填一尺厚。是日伤人最多，此布袋之难用也。攻瑞州时，刘崎衡以稻草填壕，已填一丈宽，过濠十余人矣，贼以火蛋抛出，稻草悉燃，烧死数十人。第二次崎衡用湿稻草，贼以枪炮击之，官兵亦不如前次之踊跃，遂不能过濠。瑞州濠深不盈丈，尚且如此，此稻草之难也。

译文

布袋、草把，这两样东西，都是我所阅历的事。我攻九江城，置办布袋一万个，作为填濠沟之用，令每人装土于袋中，背着丢进濠沟中。于是在十二月初一日进攻九江，每个袋子仅装一寸厚的土，千多个袋子不能填满一丈宽的濠沟，而千多人是绝对不能站在一个地方的。每个地方几十个人，竟然未能填得一尺厚。这一天伤人最多。这是布袋的难用。攻瑞州时，刘峙衡以稻草填濠沟，已填一丈宽，冲过濠沟十多人了，敌人以火蛋抛出，稻草全部燃烧，烧死几十个人。第二次刘峙衡用湿稻草，敌人以枪炮射击，官军也不如上次的踊跃，于是不能越过濠沟。瑞州城外的濠沟深不满一丈，尚且如此。这是稻草的难用。

点评

有些事情，在屋子里设想，觉得很好，但临到实际，却大不然。若是通常状况，依据实际修改就好了，而打仗却非比一般，所付出的学费乃是鲜血与生命。所以，阅历二字，对指挥打仗的将官来说，就显得更为重要。

水师骄傲

水师向本骄傲，又得数次小胜，则全是矜情躁气，偶然小挫，则怯态毕露。欲调度水师，无但取其长而忘其短，总以看明支河小汊为第一义。

译文

水师向来骄傲，又获得几次小胜利，于是全是骄矜浮躁，偶然遭遇小挫折，则胆怯心态毕露。想要调度水师，不要只看到它的长处而忘记短处，总以看清楚支流小汊为第一义。

点评

湘军水师，系曾氏咸丰三年秋冬之际在衡州府创建，是他的嫡系部队，攻打武汉及东进战役中，水师都立下赫赫战功。曾氏是很看重这支部队的。但水师恃功而骄，非曾氏及其统领彭玉麟、杨载福，其他人不能染指。打下安庆的老九想调度水师，曾氏去信言此事的困难性，暗示他不要插手其间。

早进与晚进

机已灵活，势已醋足，早进可也，否则不如迟进。与其顿兵城下，由他处有变而退兵，不如在四处盘旋作势，为一击必中之计。

译文

机括已灵活，气势已醋足，则早进可也，否则不如迟进。与其顿兵于城下，由于别处有变化而退兵，不如在远离城外四处盘旋造势，为日后的一击必中作考虑。

点评

咸丰十一年八月初一，曾老九攻破安庆城池。安庆是当时的安徽省会，乃长江下游的一个重要码头。这是继咸丰四年八月打下武汉之后，湘军的又一重大胜利。老九因此而名声大振。曾氏本拟派老九乘胜率兵救援上海，但老九不愿意，他的眼睛盯在南京，想要夺此天下第一功。这段话，便是对老九进兵南京的答复：早进迟进，由机与势来定，他不遥控。细细琢磨这段话，可知一向慎重的曾氏还是认为以迟进为好，但性格躁竞的老九立功心切，很快便扎营南京城外。

招降及驾驭悍将

剿抚兼施之法，须在军威大振之后。目下各路俱获大捷，贼心极涣，本可广为招抚，第抚以收其头目散其党众为上；收其头目，准其略带党众百人为次；收其头目，准其带所部二三千，如韦军者为又次；若准其仍带全部，并盘踞一方，则为下矣。

此辈暴戾险诈，最难驯驭。投诚六年，官至一品，而其党众尚不脱盗贼行径。吾辈待之之法，有应宽者二，有应严者二。应宽者，一则银钱慷慨大方，绝不计较，当充裕时，数十百万，掷如粪土；当穷窘时，则解囊分润，自甘困苦。一则不与争功，遇有胜仗，以全功归之，遇有保案，以优奖笼之。应严者，一则礼文疏淡，往还宜稀，书牍宜简，话不可多，情不可密；一则剖明是非，凡渠部弁勇，有与百姓争讼，而适在吾辈辖境及来诉告者，必当剖决曲直，毫不假借，请其严切惩治。应宽者，利也，名也；应严者，礼也，义也。四者兼全，而手下又有强兵，则无不可相处之悍将矣。

译文

剿灭与招抚兼施这种办法，须在军威大振之后才能采取。眼下各路军队都获大胜，敌之军心极为涣散，本可广为招抚，但招抚以收其头目解散其同伙为上；收其头目，同意头目略带同伙百来人为次；收其头目，同意头目带领同伙二三千人，如同韦志俊那样为又次；若同意头目仍带领全部人马，并盘踞一方，则为下了。

此人暴戾险诈，最难驾驭。投降六年，官至一品，而他的同伙还不脱盗贼行径。我们对待他的办法，有应当宽宥的两点，有应当严厉的两点。应当宽宥的，一为银钱上慷慨大方，绝不计较，在银钱充裕时，数十百万，送给他如同掷粪土，在银钱穷窘时，则拿出一部分分送，宁愿自己困苦些；一为不与他争功，遇到和他一起打了胜仗，则将功劳全归于他；遇有保举时，以优厚的奖励来笼络他。应当严厉的，一为礼仪上要疏淡，来往宜稀少，书牍宜简单，话不可多，感情上不可亲密；一为剖明是非，凡是他军队中的下级官兵，有与老百姓发生纠纷，而又恰好在我们所管辖的地方以及有来诉告的，必定要剖决曲直，毫不留情，请他严加惩治。应当宽宥的是利与名，应当严厉的是礼与义。四者兼备，而手下又有强兵，则没有不能相处的骄悍将领。

点评

这两段话均出自给带兵东进南京的老九及季洪即国葆的家信，写于同治元年（1862）四月间。前段谈的是招抚敌军的办法，最忌的是全盘照收并予以立足之地。这样做的后果，是让投降者完整地保存实力，并能与地方保持联系，若一旦不合，最易再叛。后段话说的是一支降军投诚后的状况。这支降军乃李世忠的部队。李世忠原名李昭寿，河南固始人，咸丰三年在家乡组织捻军，后投降安徽皖南道员何桂珍。不久杀何复叛，参加太平军。八年再降胜保，改名世忠，官至江南提督。李一贯横行霸道，无法无天，光绪七年（1881）为安徽巡抚裕禄捕杀。曾氏一向讨厌李，这里教老九待李的宽严之道，为处上位者如何驾驭骄悍而又有能力的部属提供借鉴。

蚁穴与冲要等

万里长濠，大众公守，最易误事，一蚁蛰堤，全河皆决。

地方虽宽，分别极冲、次冲究无多处。前围城贼当冲者，不过数处，后拒援贼当冲者，亦不过数处。于极冲、次冲之地，择人守之，则他处虽有劣营，亦可将就支持。

临战之际，预先爱惜士卒精力，以备届时辛苦熬夜，犹考试者场前静养也。

译文

万里长濠，许多人一同来守，最容易误事，一只蚂蚁蛰伏堤内，整个河道将有可能溃决。

所据的地方虽然宽广，但分别极为冲要、次等冲要的部分毕竟没有多处，前面包围城中之敌所当的冲要地，不过数处，后面抗拒援助之敌所当的冲要地，也不过数处。在极为冲要、次等冲要的地方，选择稳妥人守卫，则其他部分即便有战斗力差的军营，也可以将就支持。

临战之时，预先爱惜士卒的精力，以备届时辛苦熬夜，好比参加考试的人考前静养。

点评

所说的虽都无关高深与机密，但是，由一个具有相当资望的人出来说话，予以提醒，从而引起主事者的认真注意，说不定恰恰就变为军事成功中的关键。

选将及将兵

大约选将以打仗坚忍为第一义，而说话宜有条理，利心不可太浓，两者亦第二义也。

凡善将兵者，日日申诫将领，训练士卒，遇有战阵小挫，则于其将领，责之戒之，甚者或杀之，或且泣且教，终日絮聒不休，正所以爱其部曲，保其本营之门面声名也。不善将兵者，不责本营之将弁，而妒他军之胜，己不求部下之自强，而但恭维上司、应酬朋辈以要求名誉，则计更左矣。

译文

挑选将官，大致说来，以打仗坚忍为第一义，而说话宜有条理，好利之心不可太浓，这两点也是第二义。

大凡善于带兵的，都会每天申诫将领，训练士卒，遇有战场上的小挫败，则对他的将领责备训斥，甚至杀头，或者是边哭边教，一天到晚絮絮叨叨不止，这正是爱护他的部属，保护他的军营的门面名声。不善于带兵的，不责备本营的将士，而嫉妒他营的胜利，自己不求部下自强，而只是恭维上司、应酬朋辈来邀名求誉，那么这种想法就更离谱了。

点评

这两段说的都是为将者所应注意的，一是打仗要坚忍，二是说话要有条理，好利之心不可太浓厚。再就是要严责本营而不要去嫉妒别人。这几点，应是针对当时湘军以及其他作战部队将领们的普遍弱点而言的。

死里求生与相机

身居绝地，只有死中求生之法，切不可专盼多军，致将卒始因求助而懈弛，后因失望而气馁也。

待贼疲乏散漫之时，猛然出队力战。如用此法，总须善于相机，第一要看贼散布在我营外最近之处，第二要看贼疲乏思归之时，第三要辨得贼之强枝安在，弱枝安在，乃可交手。

译文

身处绝地，只有死里求生的办法，切不可一门心思盼望多隆阿的部队，以至于将士们初因可以求助而松懈，后来因失望而气馁。

等待敌军疲乏散漫的时候，猛然出队力战。这种用兵的方法，总是要善于寻找机会。第一要看敌人散布在我的军营最近的地方，第二要等敌人疲乏思归的时候，第三要分辨得出敌人的强部在哪里，弱部在哪里，才可下手。

点评

前段说的是即使到了绝境，也只能靠自己死里求生，后段谈的相机，即寻找于我有利于敌不利的时机。这两点，不只是对打仗而言，换成做别的事也一样。

气敛局紧

凡用兵最重气势二字。此次弟以二万人驻于该处，大不得势。兵勇之力，须常留其有余，乃能养其锐气，缩地约守，亦所以蓄气也。

既不能围城贼，又不能破援贼，专图自保，自以气敛局紧为妥，何必以多占数里为美哉？及今缩拢，少几个当冲的营盘，每日少用几千斤火药，每夜少几百人露立，亦是便益。气敛局紧四字，凡用兵，处处皆然，不仅此次也。

译文

凡用兵，最重的是气势两个字。这一次弟以两万人驻于南京城外雨花台，大不得势。兵勇的力量，须得经常保留积余，才能养其锐气，紧缩所守的地盘，也就是为了蓄气。

既不能包围城中的敌人，又不能攻破援救的敌军，专门谋求自保，自以气势收敛局面紧缩为妥，何必以多占几里为好呢？现在赶快缩拢，减少几个面临冲要的营盘，每天少用几千斤火药，每夜少几百个人在露水中站立，也是便益之事。气敛局紧四个字，凡用兵打仗，则处处都如此，不仅是这一次。

点评

气与势是两个既抽象又实在的字，一般人不大去想它用它，故而一般人都做不成大事。凡欲成大事者，必须琢磨透这两个字。笔者喜欢思索这两个字，但限于天分及阅历，至今仍不能透悟。粗略地想，气多指主体的精神状态，势则多指客体所形成的现实状态；故气要靠主体去培植，势则要靠善于借取。这就是人们所常说的养气与得势。

在人而不在器

制胜之道，实在人而不在器。鲍春霆并无洋枪洋药，然亦屡当大敌。前年十月、去年六月，亦曾与忠酋接仗，未闻以无洋人军火为憾。和、张在金陵时，洋人军器最多，而无救于十年三月之败。弟若专从此等处用心，则风气所趋，恐部下将士，人人有务外取巧之习，无反己守拙之道，或流于和、张之门径而不自觉，不可不深思，不可不猛省。真美人不甚争珠翠，真书家不甚争笔墨，然则将士之真善战者，岂必力争洋枪洋药乎？

译文

制胜之道，确实在于人而不在于兵器。鲍超并无洋枪洋火药，然而也屡次面对大股敌军。前年十月、去年六月，也曾与李秀成接仗，并没有听说以无洋人的军火为遗憾。和春、张国樑在南京时所拥有的洋人军器最多，却不能挽救咸丰十年三月的失败。弟若是专门从这方面去用心思，则风气的发展下去，担心部下将士，人人都会有用心于本业之外偷巧的习气，没有反过来求于自身坚守朴拙实诚的正道，或许会走和、张一样的路子而不自觉，不可不深思，不可不猛省。真正的美人不争珠玉翡翠，真正的书法家不争好笔好墨，而将士中真正善于打仗的，难道还有必要去力争洋枪洋火药吗？

点评

制胜之道在人而不在器。这句话，自然是从整体上立论的。世间的事只有人才是决定的因素。这是放之四海置之千秋而皆准的真理。因为即便是器，也是人所制造也要靠人去使用，何况两军对垒，一方拥有先进武器，也只能一次取胜，却不能保证下次取胜。因为下次另一方也很可能就拥有同样的武器了。但在局部上，在某次战役中，拥有先进武器的人，很可能就占上风。正因为此，曾氏和他的军事同行们，在那个时代比其他所有人都重视器具。咸丰十年十一月，曾氏就向朝廷指出："目前资夷力以助剿济运，得纾一时之忧，将来师夷智以造炮制船，尤可期永远之利。"洋务运动之所以由曾氏等人发轫，就因为他们是当时的军事统帅。

兵无常法及宁拙毋巧等

凡危急之时，只有在己者靠得住，其在人者皆不可靠，恃之以守，恐其临危而先乱，恃之以战，恐其猛进而骤退。

兵无常法，弟不可泥左之法以为法，拘左之机以为机，然亦可资参采。大约与巨寇战，总须避其锐气，击其惰气，乃为善耳。

凡长濠以内，总须主兵强于客兵，一切皆由弟作主，号令归一而后不至偾事。至嘱至嘱！

凡兵勇须有宁拙毋巧、宁故毋新之意，而后可以持久。弟莫笑我为老生迂谈也。

一蚁溃堤，此等最险之着，只可一试再试，岂可屡屡试之，以为兵家要诀乎？望弟早早定计，贼不解围，则忍心坚守，贼若解围，则以追为退，不着痕迹。行兵最贵机局生活。

译文

凡危急之时，只有存在于自身的因素才靠得住，那些存在于别人身上的因素都不可靠，依靠他们坚守，担心他们临危先乱，依靠他们作战，担心他们猛进而又骤然后退。

用兵无固定的法则，弟不可拘泥左宗棠的法则为法则，拘泥左宗棠的机宜为机宜，但也可从左的用兵中获得参考。大约与巨寇作战，总必须避开他的锐气，打击他的惰气，才是好的做法。

凡是在长濠以内，总必须主兵强过客兵，一切都由弟作主，号令归一之后才不至于坏事。至嘱至嘱！

凡兵勇必须有宁拙毋巧、宁故毋新的意念，而后才可以持久，弟莫笑我这话是老生的迂腐之谈。

一蚁之穴而导致大堤崩溃，这种最为危险的做法，只可试一二次，哪能屡屡去试，作为兵家的要诀呢？希望弟早早定下计划。敌军不解除包围，则忍下性子坚守，敌军若解除包围，则以追为退，不露痕迹。用兵打仗，最可贵的是在运筹局面上的灵活。

点评

这几段话，亦是兄弟俩关于用兵打仗的心腹谈话。为兄的，性格较为持重，好处在于稳，不好处在于迂。为弟的，争斗之心更为强烈，好处在于狠，不好处在于躁。

审机审势与审力

吾兄弟既誓拼命报国，无论如何劳苦，如何有功，约定终始不提一字，不夸一句，知不知一听之人，顺不顺一听之天而已。审机审势，犹在其后，第一先贵审力。审力者，知己知彼之切实工夫也。弟当初以孤军进雨花台，于审力工夫微欠。自贼到后，一意苦守，其好处又全在审力二字，更望将此二字直做到底。古人云兵骄必败，老子云两军相对哀者胜矣。不审力，则所谓骄也，审力而不自足，即老子所谓哀也。

译文

我们兄弟既已发誓拼命报国，则无论如何劳苦，如何有功，互相约定始终不说一个字，不自我夸耀一句话，知与不知一概听之于别人，顺利与不顺利一概听之于天而已。审机审势，还在之后，第一先贵在审力。审力，即知己知彼的切实工夫。弟当初以孤军进驻雨花台，在审力功夫上略有欠缺。自从敌军到后，一意苦守，其好处又完全用在审力功夫上，更希望将这两个字一直做到底。古人说军队骄傲必定失败，老子说两军相对有哀戚的一方将会胜利。不审力，即所谓骄傲，审力而不自我满足，即老子所说的哀。

点评

打仗须审机审势，还须审力，曾氏认为审力应在审机审势之先。审力，即弄清楚敌我双方的力量。老九以二万兵力围南京城，许多人都说他自不量力，曾氏也颇为赞同此说。老九后来将兵力增至五万，相对于九十里城墙的南京来说，也还是远不够。但最终南京还是被老九拿下来了，这是机与势所起作用的结果，即在同治三年（1864）六月那个时候，机与势已十分有利于老九而不利于太平军。

以抬鸟刀矛为根本

我军仍当以抬鸟刀矛及劈山炮为根本，譬之子弟于经书、八股之外，兼工诗赋杂艺则佳，若借杂艺以抛经书、八股，则浮矣。

译文

我军仍然应当以抬枪鸟枪大刀长矛以及劈山炮为根本，好比子弟们在经书、八股之外，兼工诗赋杂艺则更好，若借杂艺来抛弃经书、八股，则为飘浮。

点评

当时拥有较多洋枪洋炮的是李鸿章的淮军，吉字营所用的武器多为旧式刀枪，故只能以此为主，这其实是没有更好选择的事。

蓄留气力、忌讳名声及变化不测

凡行兵须蓄不竭之气，留有余之力。《左传》所称"再衰三竭"，必败之道也。弟营现虽士气百倍，而不肯浪战，正所谓留有余之力也。孤军驻雨花台，后无退路，势则竭矣。吾欲弟于贼退后，趁势追贼，由东坝进溧阳、宜兴，所谓蓄不竭之势也。

凡行军最忌有赫赫之名，为天下所指目，为贼匪所必争，莫若从贼所不经意之处下手，既得之后，贼乃知其为要隘，起而争之，则我占先着矣。

吾辈当一面顺天意，一面尽人事，改弦更张，另谋活着。古人用兵，最重变化不测四字。

译文

凡用兵必须积蓄不会竭止的士气，留有丰裕的力量。《左传》上所说的"第二次则衰落第三次则竭尽"，是必定失败的做法。弟营现在虽然士气百倍，却不愿随随便便开仗，正是所谓的留下丰裕的力量。孤军进驻雨花台，无后退之路，从势上来说是竭尽了。我希望弟在敌军退后，趁势追赶，由东坝进入溧阳、宜兴，所谓积蓄不会竭止的士气。

凡用兵最忌讳的是有赫赫名声，为天下所瞩目，为敌军所全力必争，不如从敌军所不在意的地方下手，得到之后，敌人才知道此为要隘之地，再起兵来争夺，那时我方已占先着了。

我们应当一面顺从天意，一面尽力人事，改弦更张，另谋盘活之处。古人用兵，最看重变化不测四个字。

点评

这里所说的三点，即积蓄气力、低调、变化不测，皆用兵之艺术，也是一切争斗领域里的艺术，经商办公司何尝不这样！

全军为上

用兵之道，全军为上，保城池次之。弟自行默度，应如何而后保全本军，如不退而后能全军，不退可也，如必退而后能全军，退可也。

译文

用兵的原则，以保全军队为上，保守城池为次。弟自己默默地揣摸，应当怎样做才能保全自己的军队。如果不撤退而能保全军队，不退可以，如果必须撤退才能保全军队，则退也可以。

点评

全军为上，这是一个很重要的军事思想。有了军队，才会有城池，若为了一个城池而损失大量军力，则城池虽得也必将于全局不利。这个道理说来容易，但临事之际，有些将领却并不能清醒地认识到这一点。

不可贪多而无实

凡读文太多，而实无心得者，必不能文者也。用兵亦宜有简练之营，有纯熟之将领，阵法不可贪多而无实。

译文

凡读文章很多而实际并无自己心得的，必定是不能为文的，用兵也宜有简练的军营，宜有指挥纯熟的将领，布阵之法不可贪多而无实际效应。

点评

贪多是人的本性之一。其实，世上许多东西都不在乎多而在乎精。不贪，属于智慧的范畴。

军事机宜若干条

宜多用活兵，少用呆兵，多用轻兵，少用重兵。进退开合，变化不测，活兵也；屯宿一处，师老人顽，呆兵也；多用大炮辎重，文员太众，车船难齐，重兵也；器械轻灵，马驮辎重，不用车船轿夫，飙驰电掣，轻兵也。弟军积习已深，今欲全改为活兵、轻兵，势必不易，姑且改为半活半呆半轻半重，亦有更战互休之时。

大炮守墙，余嫌太笨，现在劈山炮，专为守墙之用。弟以后宜少用笨重之物，此陆军第一要诀。

余所以不愿多立新营者，一则饷项极绌，明年恐有断炊之虞；二则局面愈大，真气愈少，和、张晚年覆辙，只是排扬廓大，真意消亡，一处挫败，全局瓦裂，不可不引为殷鉴。

雨花台老营，须十分坚固，能于最冲地方，筑石垒数处，宜以五百人守者，可以三百人守之而无虑，宜用劲旅守者，可以次等守之而无妨，则临分兵之时，便益多矣。

军中消息甚微，见以为旺，即寓骄机。老子云两军相对，哀者胜矣，其义最宜体验。

中外皆称向兵为天下劲旅，而余不甚以为然者，以其不能从大处落墨、空处着笔也。弟用兵之规模，远胜于和，而与向相等。杏、云甫成一枝活兵，而又急于调回，则空处全不着笔，专靠他军，可尽恃乎？

只要水路无接济进城，陆路纵有接济文报，贼亦终无可久之道。若必围得水泄不通，恐困兽犹将死斗，一蚁溃堤，全局皆震，不可不防。

傍城而战，例为彼此杀伤相当之局，以后若非贼来扑营，似不必常寻贼开仗，盖贼粮路将绝，除开仗别无生路，我则断粮路为要者，不在日日苦战也。

译文

宜多用可灵活调动的兵，少用呆板的兵，多用轻捷的兵，少用携带重型器具的兵。进与退、开与合能够变化不测，即活兵；长期驻扎一处，部队疲惫兵员僵持，即呆兵；多使用大炮及随军物品多、文员太众，车船难以配齐的，即重兵；器械轻灵，辎重由马即可驮运，不需要用车船轿夫，军行快速，即轻兵。弟的军队积习已深，现在想完全改为活兵、轻兵，必定不容易，姑且改为半活半呆半轻半重，也好有轮番休假的时候。

用大炮守围墙，我嫌它太笨，现在劈山炮专门作守围墙用。弟以后适宜少用笨重武器，这是陆军的第一要诀。

我之所以不愿意多立新营，一则是因为军饷极为紧缺，明年恐怕有断炊的忧虑；二则规模越大，元气越少，和春、张国樑晚年的前车之鉴，只是因为排场阔大，元气消亡，一处遭到挫败，全局随之瓦解，不可不引为借鉴。

雨花台的指挥部必须十分坚固，能够在最冲要地方构筑几处石垒，适宜以五百人守的，可以三百人守之而无忧虑，适宜用劲旅守的，可以次一等的哨队守之而无妨碍，则临到分兵之时，就方便多了。

军营中的消息甚为微妙，眼睛看到的是兴旺，即暗寓骄傲的可能。老子说两军相对，有哀戚的一方将会获胜，其中的道理最宜体味。

朝野都称赞向荣的军队是天下劲旅，而我不大以为然的缘故，是因为向荣不能从大处落墨、空处着笔。弟用兵的规模，远胜过和春而与向荣相等。彭杏南、刘南云刚刚成为一支活兵，而又急于调回，则空处完全不着笔，专靠他军，可一味依恃吗？

只要水路没有接济物品进城，陆路纵使有接济文报进去，敌人也终究无长久存在的道理。若是必须要包围得水泄不通，担心困兽犹将死斗，一个蚁穴导致大堤崩溃，全局都因此震动，不可不防备。

靠着城池作战，照例是彼此杀伤差不多的局面。以后若不是敌军来扑营，似乎不必要主动与敌军开仗。这是因为敌军粮路将断，除了打仗外别无生路，我则以截断粮路为主要，不在于每天苦战。

点评

此处所抄录的这几段话，均出自于同治元年（1862）十月至同治二年七月这段时期，曾氏给老九的家信，所谈者尽皆曾氏的用兵之见。对于大哥的这些指点，老九有的听，有的并不听。应该说，老九的这种态度是对的。俗话说"将在外，君命有所不受"，其原因正是曾氏本人所说的"军中消息甚微"。数百里外的人，即便再精明再富有经验，也不可能事事符合战场上的实际情况。

识主才辅，人半天半

凡办大事，以识为主，以才为辅；凡成大事，人谋居半，天意居半。往年攻安庆时，余告弟不必代天作主张。墙濠之坚，军心之固，严断接济，痛剿援贼，此可以人谋主张者也。克城之迟速，杀贼之多寡，我军士卒之病否，良将之有无损折，或添他军来助围师，或减围师分援他处，或功隳于垂成，或无心而奏捷，此皆由天意主张者也。譬之场屋考试，文有理法才气，诗不错平仄抬头，此人谋主张者也；主司之取舍，科名迟早，此天意主张者也。若恐天意难凭而广许神愿，若恐人谋未臧而多方设法，皆无识者之所为。弟现急求克城，颇有代天主张之意，愿弟常存畏天之念，而慎静以缓图之，则善耳。

译文

凡办大事，以见识为主，以才能为辅；凡成就大事，人的谋划居半，天意居半。往年围攻安庆城，我对弟说不必代天作主张。墙濠、军心的坚固，严格断绝接济，痛剿来援敌军，这些都可以由人的谋划来决定。攻克城池的迟与速，杀贼的多与少，我军士卒的病与否，良将有无损折，或增添其他军队来帮助围师，或减去一部分围师分援他处，或功败于垂成，或无心而获得成功，这些都由天意来做主。好比科场中的考试，文章有章法才气，诗的平仄抬头等不出错，这些是人的谋划做主的。主考者取与不取，科名的迟与早，这是由天意做主的。若是担心天意难于依靠而广许神愿，若是担心人谋未成而多方设法，这都是无见识者的作为。弟现在急于克城，颇有点代天做主的意思，但愿弟常存畏惧天意之念而谨慎安静从容图谋，则好了。

点评

这段话中的两个"凡"，可谓名言。后半部分人谋、天意各居其半的提法，前面已见过，前半部分的识主才辅的提法是新出现的。曾氏认为，做大事，更重在见识上，才能尚在其次。曾氏的观点很有道理。所谓大事，是指那些牵涉面宽、影响大、难度高的事情，办这些事更需要卓越的见识。比如说，面临一件大事，办与不办，便取决于见识；怎样办，难点在哪里，办的过程中需要解决哪些大的问题，这些所谓决策也都属于见识范畴，比起具体的才能来，毫无疑问，它们更为重要。

呆兵围城及使用大炮等

古人用兵，最贵变化不测。吾生平用兵，失之太呆，弟亦好从呆处着想。霆军五月从燕子矶南渡，本是呆着，挖地道则更呆。此际皖南危急，不能不调之使活耳。

大凡办一事，其中常有曲折交互之处，一处不通，则处处皆窒矣。

盖大致米粮难入，则城中强者可得，弱者难求，必有内变争夺之事。若合围太紧，水泄不通，无分强弱，一律颗粒难通，则反足以固其心，而无争夺内变、投诚私逃之事矣。

古来大战争、大事业，人谋仅占十分之三，天意恒居十分之七。往往积劳之人，非即成名之人；成名之人，非即享福之人。

大炮守垒，只可偶一用之，多用则可不必。吾在水营多年，深知大炮之长短。凡炮火之利有二，曰及远，曰命中。大炮之大子可以及远而难以命中，谓其愈远则行愈迟慢，且有声可以回避，又往往自上落下，不能横穿也。其群子则以命中而难以及远。包得合膛，筑得极紧，可及二三箭之远，否则仅及一箭而已。群子所能及之处，先锋包亦几能及之。军兴日久，各弁勇事事外行，徒慕大炮之名，见贼在二三里外，纷纷开大炮大子击之，喜其响之震、烟之浓而已。见贼不畏炮而排进如故，则以为凶悍无匹，而不知大子实不伤人。昔余在水营时，教将弁专用群子"包得圆，筑得紧，开得近"三语者，内湖各营，罕能做到，外江间有做到者，便是无敌之将。

译文

古人用兵，最看重的是变化不测。我生平用兵，缺失在于太呆，弟也爱从呆处着想。鲍超的霆军五月份从燕子矶南渡，本是呆着，挖地道则更呆。眼下皖南危急，不能不将军队调度以便让它活起来。

大凡办一件事，其中常有曲折交错之处，一处不通，则处处都窒息不通了。

这是因为大致说来米粮难以进城，则城中强者可以得到，弱者难以求取，必然会有争夺等内变发生。若是合围太紧，水泄不通，不分强弱，一律颗粒难入，则反而使城中人心志坚固而无争夺内变、投降私逃的事情了。

古来大战争、大事业，人的谋划仅占十分之三，天意常居十分之七。往往长期辛劳之人，却不是成名之人；成名之人，却不是享福之人。

用大炮守堡垒，只可偶尔一次用之，多用则可不必。我在水师多年，深知大炮的长处短处。凡炮火之长处有两点，一为能打得远，一为能打得中。大炮的大子可以打得远但难以命中，这是因为越远则行动越迟慢，而且有声音可以回避，又往往是从上落下，不能横着穿行。大炮的群子则能命中但难以及远。包得合膛，压得极紧，可以打得两三个箭程之远，否则仅只有一个箭程而已。群子所能打到的地方，先锋包也几乎能打到。战争打得时间长了，官勇们事事都外行，只羡慕大炮的威名，见敌军在两三里外，便纷纷开大炮大子去射击，喜欢大炮响声震撼、烟气浓烈罢了。见敌人不怕炮而成排照旧推进，则认为敌人凶悍无比，而不知道大子其实并不伤害人。过去我在水师时，教导将官专用关于使用群子的三句话"包得圆，压得紧，发得近"传授兵勇，水师内湖各营少有能做到的，水师外江各营间或有做到的，便是无敌之将。

点评

这又是几点关于用兵之见。老九也是有的听，有的不听。比如曾氏说"挖地道则更呆"，老九最后便是以地道破的南京城。好在曾氏一贯不遥控，他只说出自己的意见，听不听则并不多管。

部曲断断不能全撤

四五万人同时遣散，必无许多银钱，而坐轿者愿息，抬轿者不肯，其中又有许多人情物理，层次曲折。勇退是吾兄弟一定之理，而退之中，次序不可凌乱，痕迹不可太露。

译文

四五万人同时遣散，一定没有许多银钱，坐轿的愿意休息；抬轿的却不肯停下来。这中间还有许多人情物理，方方面面的曲折复杂。撤退勇丁是我们兄弟一定要做的，只是在撤退中要让秩序不可凌乱，痕迹不可太暴露。

点评

这段话写在同治三年二月，离打下南京还有四个月，曾氏兄弟已在商讨成功后撤退勇丁的事了。按道理，湘军不是国家经制部队，是临时招募的，打下南京后，遣撤回籍是顺理成章的事。但在这段话的前面，曾氏写道："金陵果克，弟之部曲不能全数遣散。一则江西是管辖之境，湖南是桑梓之邦，必派劲旅防御保全。"按照此时曾氏的想法，是要保留吉字营的相当部分的。但后来十撤其九，看来非曾氏本愿，乃形势所迫。

安慰吉字营

凡子弟生徒，平日懒惰，场文荒谬而不售者，则当督责之；至平日劳苦，场文极佳而不售者，则当奖慰之。弟所统诸将，皆劳苦佳文之生徒也。

译文

凡子弟学生徒弟，平日里懒惰，科场中文章荒谬而不取者，则应当督责；至于平日里劳苦用功，科场中的文章很好而不取者，则应当奖励安慰。弟所统领的各位将领，都是劳苦又写出好文章的学生徒弟。

点评

同治三年五月下旬，围攻南京城已到白热化程度，仗打得异常艰苦与残酷。湘军以挖地道的方式来炸轰城墙，太平军则无数次破坏已挖到墙边的地道，双方的伤亡都极大。老九的吉字营围南京已届两年，压力不小，眼看将破的城池却始终拿不下，将士们也颇为气沮。曾氏这番话应是安慰之语。

与捻军作战

捻匪长处，在专好避兵，不肯轻战，偶尔接战，亦复凶悍异常。好用马队，四面包围，而正兵则马、步夹进。马队冲突时，多用大刀长棒，步队冒烟冲突时，专用长矛猛刺。我军若能搪此数者，则枪炮伤人较多，究非捻匪所可及，劈山炮尤为捻匪所畏。

各军得悉萃于西南山多田多之处，剿办当稍易为力，恐其半过沙河以南，半留沙河以北，则尤疲于奔命耳。

百战之寇，屡衰屡盛，即仅存数十人，尚是巨患，况数万乎！人心日伪，大乱方长，吾兄弟惟勤劳谦谨，以邀神佑，选将练兵，以济时艰而已。

此贼故智，有时疾驰狂奔，日行百余里，连数日不少停歇，有时盘于百余里之内，如蚁旋磨，忽左忽右。贼中相传秘诀曰："多打几个圈，官兵之追者自疲矣。"僧王曹县之败，系贼以打圈之法疲之也。吾观捻之长技，约有四端：一曰步贼长竿，于枪子如雨之中，冒烟冲进。二曰马贼周围包裹，速而且匀。三曰善战而不轻试其锋，必待官兵找他，他不先找官兵，得粤匪初起之诀。四曰行走剽疾，时而数日千里，时而旋磨打圈。捻之短处，亦有三端：一曰全无火器，不善攻坚，只要官吏能守城池，乡民能守堡寨，即无粮可掳。二曰夜不扎营，散住村庄，若得善偷营者，乘夜劫之，协从者最易逃溃。三曰辎重、妇女，骡驴极多，若善战者与之相持，而别出奇兵，袭其辎重，必大受创。此吾所阅历而得之者。

余与少荃皆坐视贼太轻，以致日久无功，弟则视贼尤轻。庄子云两军相对，哀者胜矣。咸丰三年以前，粤匪为哀者，咸丰十年以后，官军为哀者。今捻匪屡胜，而其谨畏如故，官军屡败，而其骄蹇如故，是哀者尚在捻也。可虑孰甚？

译文

捻军的长处，在于专门喜欢躲避官兵，不肯轻易交战，偶尔交战又异常凶悍。喜好用马队，四面包围，而正兵则马、步夹进。马队若与对方正面冲突时，则多用大刀长棒，步队在快速正面冲突时，则专用长矛猛刺。我军若能挡住这几点，则枪炮射伤人较之于刀矛更多，究竟不是捻军所可及的，劈山炮尤其为捻军所畏惧。

各路军队得知捻军全部集中于西南山多田多之处，剿办应当稍为易于着力，担心他们一半过沙河以南，一半留沙河以北，则更加疲于奔命了。

有百战经历的强寇，屡次衰败又屡次兴盛，即使仅存数十人，尚是巨大的隐患，何况数万人！人心日益虚伪，大乱方长，我们兄弟惟有勤劳谦谨，以获得神的保佑，选将练兵，以拯救时艰而已。

这批捻军一惯的做法：有时快速奔跑，日行百余里，一连几天不大停歇，有时在百余里地之内盘旋，如同蚂蚁围着磨盘旋转，忽左忽右。捻军中互相传授的

穿市不嫌微雨湿
过溪翻喜板桥危

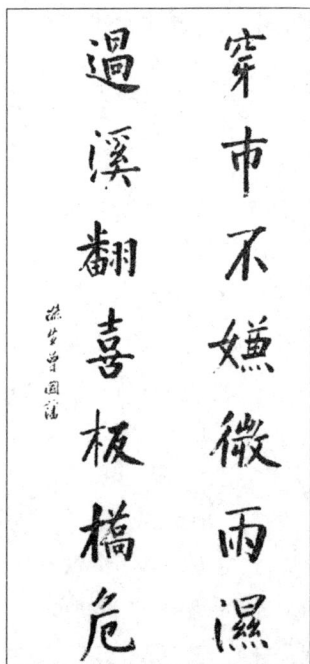

曾国藩手书联语

秘诀是："多打几个圈圈，追赶的官军自然疲乏了。"僧王曹县的失败，就是捻军以打圈的方法来使官军疲乏的结果。我看捻军技法的长处大约有四点：一是步兵手执长竿，在如雨的枪弹中冒烟冲进。二是骑兵周围包裹，快速而匀称。三为善于作战又不轻易试锋芒，一定要等官军先找他，他不先找官军，得到太平军初起时的秘诀。四是行军剽疾，时而几天走一千里，时而围着打圈圈。捻军的短处也有三点：一是完全没有枪炮，不善于攻坚，只要官吏能守住城池，乡民能守住堡寨，即掳不到粮食。二是夜晚不扎营盘，分散住在村庄里，若有善于偷营的，乘夜偷劫，协从者最容易逃走。三是辎重、妇女、骡驴极多，若有善于打仗的与他们相对持时，而另出奇兵，袭击他们的辎重，必然使他们受到重创。这些都是我从阅历中得到的。

我与李少荃都因为将捻军看得太轻，以至于日久无功，弟则将捻军看得更轻。庄子说两军相对，哀戚一方获胜。咸丰三年前，太平军为哀者。咸丰十年以后，官军为哀者。现在捻军屡次获胜，但他们谨慎畏惧之心还像先前样，官军屡次失败，但骄傲偃蹇也像先前样。这样看来哀者是捻军。还有什么比这更值得忧虑的呢？

点评

同治四年（1865）四月，清朝廷委派的与捻军交战的统帅僧格林沁被捻军打死在山东曹州。五月初，曾氏被任命为钦差大臣，接替僧格林沁。月底，曾氏离开南京北上。同治五年正月，在原籍休养的曾国荃被任命为湖北巡抚。老九在长沙募集六千新湘军，带至湖北与捻军作战。同治六年三月，曾氏奉旨离开军营回到江督本任，由李鸿章接替他统率与捻军交战的湘淮军。这年十一月，老九亦辞去鄂抚之职回原籍。在与捻军交战的期间，曾氏兄弟都是失败者。捻乱的平息，最后止于李鸿章。同治六年底，东捻覆没于李鸿章手中。同治七年七月，李鸿章与左宗棠联合全歼西捻。此处所抄录的这几段话，均出自于捻战期间曾氏写给老九的信。

但有志即可奖成

淮勇不足恃，余亦久闻此言，然物论悠悠，何足深信！所贵好而知其恶，恶而知其美。省三、琴轩均属有志之士，未可厚非。申夫好作识微之论，而实不能平心细察。余所见将才杰出者极少，但有志气，即可予以美名而奖成之。

译文

淮军不足以依靠，我也很早就听到这种说法了，但社会上议论各种各样，怎么可以过分相信！值得贵重的是这样的思维，即对之怀好感的要知道其中有丑恶，对之有恶感的也要知道其中有美好的一面。刘省三、潘琴轩都属于有志之士，未可厚非。李申夫喜欢从细微处见大事，然而他确实不能以平允之心细察。我所见的将领，杰出者极少，只要有志气，即可以美名送他，以奖劝的办法让他有所成绩。

点评

这是同治五年九月，写给两个儿子家信中的一段话。淮军与湘军比，有很多不同之处，主要表现在带兵将领的文化修养上，两军差距较大。所以淮军从建军之初，便物论悠悠。这暂且不说。这段话有两点值得重视，一为"好而知其恶，恶而知其美"。这句话颇有点辩证意识，即看人看事不要绝对化。二为"将才杰出者极少，但有志气，即可予以美名而奖成之"。其实，岂只军事领域，各个领域都一样，杰出者本都极少，故而当领导的不要衡人太高，若太高，则天下将无人才了，关键在于处上者的引导。曾氏身边为什么人才那么多，这应是其原因之一。

骄惰最误事

傲为凶德，凡当大任者，皆以此字致于颠覆。用兵者最戒骄气惰气，做人之道，亦惟骄惰二字误事最甚。

译文

骄傲是恶劣的习性，凡是担当大任的，都因这个字而招致大失败。用兵的人最要戒除骄气惰气，做人之道，也只有骄惰两个字最为误事。

点评

无论什么人，无论做什么事，骄、惰两个字都是危害最大的。平常人、普通事，因为其成也无过亮闪光，其挫也无过大损折，世恒忽视罢了；而带兵之人、打仗之事则非比一般，因这两个字所造成的后果也就非同小可了。

主客正奇

凡用兵，主、客、奇、正，夫人而能言之，未必果能知之也。守城者为主，攻者为客；守营垒者为主，攻者为客；中途相遇，先至战地者为主，后至者为客；两军相持，先呐喊放枪者为客，后呐喊放枪者为主；两人持矛相格斗，先动手戳第一下者为客，后动手，即格开而戳者为主。中间排队迎敌为正兵，左右两边旁抄出为奇兵；屯宿重兵，坚扎老营，与贼相持者为正兵，分出游兵，飘忽无常，伺隙狙击者为奇兵；意有专向，吾所恃以御寇者为正兵，多张疑阵，示人不测者为奇兵；旌旗鲜明，使敌不敢犯者为正兵，羸马疲卒，偃旗息鼓，本强而故示以弱者为奇兵；建旗鸣鼓，屹然不轻动者为正兵，佯败佯退，设伏而诱敌者为奇兵。忽主忽客，忽正忽奇，变动无定时，转移无定势，能一一区而别之，则于用兵之道，思过半矣。

译文

凡用兵，对于主、客、奇、正这些术语，人人都能说，但未必能真正知道。守城的为主，攻城的为客；守营垒的为主，攻营垒的为客；半路相逢，先到战地的为主，后到的为客；两军相对，先呐喊放枪的为客，后呐喊放枪的为主；两人持长矛格斗，先动手戳第一下的为客，后动手，即将对方长矛格开而再戳者为主。正面排队迎敌的为正兵，左右两边从旁包抄的为奇兵；安屯大队人马，扎下坚固指挥营盘，与敌人相对持的是正兵，分出一股游动的兵，飘忽不定、伺机狙击的为奇兵；目标专一，我所赖以御寇的为正兵，张布疑阵，让人猜测的为奇兵；旗帜鲜明，使敌人不敢侵犯的为正兵，瘦马疲卒，偃旗息鼓，本来强大却故意示以弱小的为奇兵；插旗鸣鼓，屹然不轻动的为正兵，假装失败撤退，设下埋伏而引诱敌人的为奇兵。忽而为主兵忽而为客兵，忽而为正兵忽而为奇兵，变动无一定的时候，转移无一定的形势，能做到——区别得宜，则于用兵之道，有多半的思考了。

这是一段关于用兵的思索，具体思索的是主兵与客兵、正兵与奇兵之间的关系。重在"无定时"、"无定势"，而依当时形势而决定，若一味死守成法，则变为书呆子打仗，必败无疑。

士气的激励

兵者，阴事也，哀戚之意，如临亲丧，肃敬之心，如承大祭，庶为近之。今以羊牛犬豕而就屠烹，见其悲啼于割剥之顷，宛转于刀俎之间，仁者将有所不忍，况以人命为浪博轻掷之物！无论其败丧也，即使幸胜，而死伤相望，断头洞胸，折臂失足，血肉狼藉，日陈吾前，哀矜之不遑，喜于何有？故军中不宜有欢欣之象。有欢欣之象者，无论或为和悦，或为骄盈，终归于败而已矣。

田单之在即墨，将军有死之心，士卒无生之气，此所以破燕也。及其攻狄也，黄金横带而驰乎淄渑之间，有生之乐，无死之心，鲁仲连策其必不胜。兵事之宜惨戚，不宜欢欣，亦明矣。嘉庆季年，名将杨遇春屡立战功，尝语人曰："吾每临阵，行间觉有热风吹拂面上者，是日必败；行间若有冷风，身体似不禁寒者，是日必胜。"斯亦肃杀之义也。

田单攻狄，鲁仲连策其不能下，已而果三月不下。田单问之，仲连曰："将军在即墨，坐则织蒉，立则仗锸，为士卒倡，将军有死之心，士卒无生之气，闻君言，莫不挥涕奋臂而欲战，此所以破燕也。当今将军，东有夜邑之奉，西有淄上之娱，黄金横带而驰乎淄渑之间，有生之乐，无死之心，所以不胜也。"

余尝深信仲连此语，以为不刊之论。同治三年，江宁克复后，余见湘军将士骄盈娱乐，虑其不可复用，全行遣散归农。至四年五月，余奉命至河南、山东剿捻，湘军从者极少，专用安徽之淮勇。余见淮军将士，虽有挥奋之气，亦乏忧危之怀，窃用为虑，恐其不能平贼。庄子云两军相对，哀者胜矣。仲连所言以忧勤而胜，以娱乐而不胜，亦即孟子"生于忧患死于安乐"之旨也。其后余因疾病疏请退休，遂解兵柄，而合肥李相国卒用淮军削平捻匪，盖淮军之气尚锐。忧危以感士卒之情，振奋以作三军之气，二者皆可致胜，在主帅相时而善用之已矣。余专主忧勤之说，殆知其一而不知其二也。聊志于此，以识吾见理之偏，亦见古人格言至论，不可举一概百，言各有所当也。

译文

　　打仗这种事属于阴事，情绪哀戚，如同面临亲人的丧失，心怀肃敬，如同接受大型祭典，诸如此类氛围较为接近。现在牵出牛羊猪狗来宰杀烧煮，眼见它在被割肉剥皮时的悲啼，肉骨在刀俎之间移动，仁慈者都心里有所不忍，何况以人命作为随便博掷的赌具！不要说失败丧师，即使侥幸获胜，眼看着伤者望着死者、砍掉头颅洞穿胸膛、失掉手脚、血肉狼藉的情景天天摆在面前，哀痛还来不及，哪里来的喜悦呢？故而军队中不宜有欢欣之现象。有欢欣之现象的，不管是和悦还是骄盈，到头来终归是失败而已。

　　田单在即墨时，将军有战死的决心，士卒无生还的想法，这就是之所以攻破燕国的原因。到了他攻打狄国时，已经是腰佩黄金带，游走于淄渑之间，有生存于世上的享乐，没有死在战场上的决心，鲁仲连预计他必定不会胜利。用兵之事宜惨戚，不宜欢欣，这个道理通过田单的故事也就明白了。嘉庆末年，名将杨遇春屡立战功。他曾经对别人说："我每临战场，行走时觉得有热风吹到脸上时，这一天必败；行走时若有冷风，身上似有寒冷不止的感觉，这一天必胜。"这也是肃杀的意思。

　　田单攻打狄国时，鲁仲连估计他打不下，后来果然三个月不能攻下城池。田单问他原因，鲁仲连说："您在即墨时，坐下来则编草筐，站起来则拿着锸铲土，以身作则。您有战死的决心，士卒无生还的想法，听您说话，莫不流泪挥臂而希望打仗。这就是为什么能攻破燕国的原因。而现在将军您，东边有夜邑的俸禄，西边有淄上的娱乐，黄金做的带子横在腰间，奔走于淄渑之间，有生存的享乐，无战死的决心，所以不能获胜。"

　　我深信鲁仲连这番话，视为不刊之论。同治三年，江宁城克复后，我见湘军将士骄盈娱乐，担心他们不可再用，全部遣散回到农村。到了同治四年五月，我奉命去河南、山东剿捻，湘军跟从的极少，专用安徽的淮军。我见淮军将士，虽然有挥臂奋战的气概，但缺忧危的胸怀，暗地里焦虑，担心他们不能平定捻军。庄子说两军相对，哀戚一方将获胜。鲁仲连所说的以忧勤而胜，以娱乐而不胜，也就是孟子所说的"生于忧患死于安乐"的旨意。以后我因病奏请退休，于是解除兵权，而合肥李鸿章相国终于用淮军削平捻军，这是因为淮军的士气尚锋利。用忧危来感动士卒的情怀，以振奋来鼓舞三军的气概，二者都可以致胜，在于主帅依时而善于运用。我专门主张忧勤之说，是仅知其一而不知其二。姑且记在这里，以看出我见理的偏颇，也可见古人的格言至论，不可以一而概百，所言各有它的道理。

点评

　　这也是两段对兵事思考的文字，载于曾氏全集中的《杂著》。曾氏很信奉老子"哀兵必胜"的说法，认为军营中不能有欣悦欢豫的气氛。打下南京的湘军过于骄盈，曾氏全撤不用。他认为淮军也缺乏忧危意识，故而对淮军平大乱也不太抱希望。他指挥淮军与捻军作战，结果铩羽而归，但淮军领袖李鸿章却最终靠这支队伍平定捻乱。面对着这个事实，曾氏对自己的主张予以反思。反思使他进一步认识到，忧危可以感动士气，振奋也可调动士气，二者都可以致胜。显然，李鸿章用的是"振奋"一条。拿什么振奋？无非名利二字。虽然缺乏哀肃之气，但用更大的名和利，仍然可以激励军营斗志。笔者以为，曾氏的认识到了这个地步，算是较为全面了。回顾人类历史上数不清的获胜军队，其士气的激发大致在两个方面，一为真理正义，一为名利。前者可归于"忧危"一类，后者可归于"振奋"一类。

治兵的体会与感悟

　　约期打仗，最易误事，然期不可约，信则不可不通也。

　　治军之道，以勤字为先。身勤则强佚则病，家勤则兴懒则衰，国勤则治怠则乱，军勤则胜惰则败。惰者，暮气也，常常提其朝气为要。

　　凡打仗，一鼓再鼓，而人不动者，则气必衰减。凡攻垒，一扑再扑，而人不动者，则气必衰减。

　　守城煞非易事，银米、子药、油盐，有一不备，不可言守备矣，又须得一谋勇兼优者为一城之主。

　　军中须得好统领营官。统领营官，须得好真心实肠，是第一义。算路程之远近，算粮仗之阙乏，算彼己之强弱，是第二义。二者微有把握，此外良法虽多，调度虽善，有效有不效，尽人事以听天而已。

　　兵者，不得已则用之，常存一不敢为先之心，须人打第一下，我打第二下。

　　近年从事戎行，每驻扎之处，周历城乡，所见无不毁之屋，无不伐之树，无不破之富家，无不欺之穷民。大抵受害于贼者十之七八，受害于兵者亦二三。目击心伤，喟然私叹行军之害民，一至此乎！故每于将官委员告诫，总以禁止骚扰为第一义。

军事有骄气、惰气，皆败气也。孔子之"临事而惧"则绝骄之源，"好谋而成"则绝惰之源，无时不谋，无事不谋，自无惰时矣。

译文

约好日期打仗，最容易误事，然而日期不可约定，信函则不可不通。

治军的方法，以勤字为先。身体勤动则强壮，安逸则易生病；家庭勤劳则兴旺，懒散则衰败；当国者勤政则平安，急慢则出乱子；军营勤操练则打胜仗，懒惰则失败。惰，是暮气，常常将它提升为朝气乃紧要。

凡打仗，一鼓再鼓，但别人不动，则气必衰减。凡攻垒，一扑再扑，而别人不动，则气必衰减。

曾国藩手书联语

守城很不容易，银钱米粮、炮子炸药、油盐，有一样不备好，不可言守备，又必须有一个谋与勇都优秀的人为一城之主。

军队中必须有好的统领营官。统领营官，必须要有好的真实心肠，这是第一义。计算路程的远近，计算粮草甲仗的缺乏，计算彼此的强弱，这是第二义。这两点于主观上稍微要有些把握，此外良法虽多，调度虽善，有的有效有的无效，那些都只是尽人事而听天命而已。

打仗，是不得已而用之，常存一个不敢为天下先的心思，必须要待别人打出第一下后，我才打第二下。

近年从事军旅事，每在驻扎处周历城乡，所见无不遭毁坏的房屋，无不遭砍伐的树木，无不遭受破产的富家，无不受欺负的穷人。大抵受害于贼人的占十之七八，受害于官兵的也占十之二三。眼睛看到后心里伤痛，喟然而私自叹惜行军的害民竟然到了这等地步！故而每每告诫将官委员，总以禁止骚扰百姓为第一义。

军事上有骄气、惰气，这都是致败之气。孔子说的"临事而惧"则是绝断骄气的源头，"好谋而成"则是绝断惰气的源头，无时不谋，无事不谋，自然没有惰气了。

点评

这几段文字，都出自于曾氏的日记，说的是自己治兵的体会及感悟。这些体会与感悟，他在很多场合中都有所流露，故前面多有说到，此处就不再赘言了。

威克厥爱

古人有言曰作事威克厥爱，虽小必济。娄敬所谓逆取顺守，亦此意也。军营用民夫，其先则广取之，虐役之，其后则体恤必周，给钱必均，法可随处变通，总须用人得当耳。

译文

古人说过，做事严明胜过慈爱，虽小事也能办成。娄敬所谓反向进取顺向守护，也是这个意思。军营用民夫，先是广泛收取，劳作繁重地使用，之后则体恤一定要周到，给钱必定要均匀。法是可以随处变通的，总在于用人的得当。

点评

曾氏的言谈，绝大多数都立足于正道，很少涉及到权术。曾氏若是一个纯粹的学者，可以专言正道而不言权术，但曾氏首先是一个政治家，其次是一个军事统帅，最后才是学者、诗文家，故而曾氏是决不能不讲权术的。这一段便是说的权术：先威后恩。

军营日常要务

洋烟为坏营规之最，尽行汰去，不可稍存姑待之意。黎明点名，卯正辰初，即可点毕。嗣后每早或查营，或点名，或看操，三者总行其一，不专行查营一事也。

练勇之道，必须营官昼夜从事，乃可渐几于熟，如鸡伏卵，如炉炼丹，未宜须臾稍离。

战阵之事，须半动半静，动如水，静如山。

军事不可无悍鸷之气，而骄气即与之相连；不可无安详之气，而惰气即与之相连。有二气之利而无其害，有道君子尚难养得恰好，况弁勇乎！

凡用兵之道，本强而故示敌以弱者多胜；本弱而故示敌以强者多败。敌加于我，审量而后应之者多胜；漫无审量，轻以兵加于敌者多败。

凡修垒以壕深为妙。木城及外墙，均有流弊，恐反为贼遮蔽炮子也。

修碉之事，军士四出征剿，有老家以为基址，亦行军一法也。择地有两法，有自固者，有阨贼者。自固者，据高山，择要隘；阨贼者，择平坦必经之路，择浅水津渡之处。嗣后每立一军，则修碉二十座，以为老营，环老营之四面，方三百里，皆可往来梭剿，庶几可战可守，可奇可正，得四军可靠者，则变化无穷。于景镇作一榜样，而他军效法行之，可得也；但不知何为法术，亦可得见乎？

译文

鸦片最坏营规，全部清除，不可稍存姑息之念。黎明点名，卯正辰初时分即可点完。以后每天早上或查营，或点名，或看操，三者总要做一项，不专门做查营一件事。

训练勇丁的办法，必须得营官不分昼夜地做这件事，才可以做到逐渐熟练，如同母鸡伏蛋，如同火炉炼丹，不能一刻离开。

战场上的事，必须动静各半，动则如水，静则如山。

军事上不可无凶悍威鸷之气，然而骄气即与之相连；不可无安宁祥和之气，然而惰气即与之相连。有悍鸷、安详二气的利而无其害，有很高修炼功夫的君子尚且难养得恰当好处，何况下级官兵呢！

凡用兵的方法，本来强大而故意示敌人以弱小的多胜；本来弱小而故意示敌人以强大的多败。敌人向我挑战，审查双方的力量而后应之的多胜；完全不审查，轻率出兵向敌人挑战的多败。

凡修筑堡垒以壕沟深为妙。木头垒起的墙壁及筑外墙，都有弊病，担心它们反而为敌人遮蔽炮子。

修筑碉堡这件事，兵士们四出征剿，有一处老家作为根基，这也是用兵的一个作法。选择地址有两种方法：有用来作为自固的，有用来阨敌军的。自固的，依据高山，选择要隘；阨敌军的，选择平坦必经之路，选择水浅渡口之处。今后每设立一个军营，则修筑碉堡二十座，作为老营，环绕老营的四面八方三百里，都可往来出剿。如此或许可战可守，可奇可正，能使四面军队都为可靠，则可以做到变化无穷。在景德镇树立一个榜样，而使其他军队仿效实行，这是可以做到的；但不知道什么是好的方法，能看到哪支军队做到了吗？

点评

这里所说的多为治理军营的日常要务。今日治军者日常所要办的事，与当年湘军相比，自然是大不相同，但曾氏的有些思考，仍有启迪性，如战阵之事的动静结合，倡悍而防骄，处安而戒惰等等。

湘军创建之初，规章制度尚未走入正途，一些将领虽拉起了队伍，却管理无序，有的军营缺乏得力营官。曾氏致信业已出山襄助湘军营务的刘蓉，要他注意这一点。梁启超对这段话加上自己的按语："教育家之于学生，及吾人之自行修养，皆当如是。"梁氏认为，不只是营官练勇，即便老师教学生，以及我们自己的修行，也要有这种孵蛋炼丹的工夫，才能日有进益。

团练无益

与李少荃、许仙屏言团练之无益于办贼，直可尽废，如必欲团练，则不可不少假以威权。

译文

与李少荃、许仙屏谈团练对付敌军的毫无益处，简直可以尽行废除，若必须办团练，则不能不稍微给它以威权。

点评

这两句话道出了曾氏成功的机奥！

咸丰二年年底，清朝廷在江南任命四十三个团练大臣，但最后成大事的只有曾氏一人，其原因便在于曾氏办的不是团练，而是军队。

高寒惟有月中桂

清拔莫如雪外松

李鸿章

李鸿章手书对联

恩与仁，威与礼

近年驭将，失之宽厚，又与诸军相距过远，危险之际，弊端百出。然后知古人所云作事威克厥爱，虽小必济，反是乃败道也。

持之以敬，临之以庄，无声无形之际，常有懔然难犯之象，则人知威矣。孟子曰君子以仁存心，以礼存心。守是二者，虽蛮貊之邦可行，又何兵勇之不治哉？

带勇之法，用恩莫如用仁，用威莫如用礼。仁者，即所谓欲立立人，欲达达人也。待弁勇如待子弟之心，尝望其成立，望其发达，则人知恩矣。礼者，即所谓无众寡，无大小，无敢慢，泰而不骄也。正其衣冠，尊其瞻视，俨然人望而畏之，威而不猛也。持之以敬，临之以庄，无形无声之际，常有懔然难犯之象，则人知威矣。守斯二者，虽蛮貊之邦行矣，何兵勇之不可治哉？

译文

近年来管理将领，缺失在过于宽厚，又与各军相距太远，危险的时候，弊病百出。因此才懂得古人所说的做事严明胜过慈爱，虽是小事也有成效，反之是失败的做法。

持身敬慎，临事庄重，在无声无息之中，常保持懔然不可侵犯的气象，则别人知道畏惧。孟子说君子以仁慈存于心，以礼节存于心。守住这两点，即便是蛮荒之地都可通行，又有什么样的兵勇不可治理呢？

带勇的方法，用恩不如用仁，用威不如用礼。仁，即所谓自己想成立而使别人成立，自己想畅达而使别人畅达。对待官兵如同对待自己的子弟，希望他能成立，能畅达，则别人将会感恩。礼，即所谓无论面对的是众还是寡，是大还是小，都不敢怠慢，舒泰而不骄傲。端正衣冠，举止尊贵，别人一看就敬畏，威严而不凶猛。持身敬慎，临事庄重，在无声无息之中，常保持懔然不可侵犯的气象，则别人知道畏惧。守住这两点，即便是蛮荒之地都可通行，又有什么样的兵勇不能治理呢？

点评

将恩、威上升到仁、礼，这才是儒将治兵的本色。现代社会常说儒商，许多读过几本书的商人也爱称自己是儒商。其实，大多数所谓儒商，可能并没有领会此中真谛。依笔者看，以礼取之于社会，以仁报之于社会。这才是儒商做生意的本色。

碾制火药

余至武昌火药局，看造火药之法。以铜为轮，以铁为碾，圜地为大磨盘，以牛碾之。盘大径二丈三尺，周围七丈许，每盘用四牛，每牛速曳两轮。盘外周围沟槽，约宽八寸许，火药在槽内，牛行槽外，驭牛之人行槽内，每牛以一人驭之，每两牛四轮之后，则有铲药者一人，随之执铜铲，于槽内铲动，庶碾过之后，火药不患太紧也。又有小磨盘磨矿，与磨麦相似，仅用一人，又有柜筛矿筛炭。其法绝精绝，非图说不能明。

译文

我到武昌火药局看如何制造火药。以铜做轮，以铁做碾子，圆形的铺在地上的是大磨盘，以牛来碾。磨盘直径为二丈三尺，周长七丈多，每个磨盘用四条牛，每条牛牵引两个轮子。磨盘外周围是沟槽，大约有八寸多宽，火药在槽内，牛走在槽外，赶牛的人走在槽内，每条牛用一个人赶。每两条牛四个轮子的后面，则有铲药者一人，跟随着手执铜铲，在槽内铲动，使得碾过之后火药不至于太紧。还有小磨盘磨矿石，与磨麦相似，只用一个人。又有柜筛矿筛炭。办法极为精绝，不用图说不能明了。

点评

曾氏这段文字，为我们留了一则手工碾制火药的资料。

树人与立法等

营务处之道，一在树人，一则立法。有心人不以不能战胜攻取为耻，而以不能树人立法为耻。树人之道有二：一曰知人善任，一曰陶熔造就。

凡军骄气，则有浮淫之色；惰气，则有晻滞之色。须时时察看而补救之。

带兵之道，勤、恕、廉、明四字，缺一不可也，但兵以力作主，巧作客。

军务须从日用眠食上下手。

吕蒙诛取铠之卒，魏绛戮乱行之仆。古人处此，岂以为名，非是则无以警众。

窄路打胜仗，全系头敌数人，若头敌站不住，后面虽有好手，亦被人挤退了。

出青之法，即《汉书·赵充国传》所谓"就草"。

译文

营务处的宗旨，一在树人，一在立法。有心人不因为不能战胜攻取为耻，而以不能树人立法为耻。树人的方针有两点，一为知人善任，一为培养造就。

凡军队有骄气，则会出现浮躁盈满的现象；有惰气，则有昏暮凝滞的现象。必须时时察看，而予以补救。

带兵的原则，是勤、恕、廉、明四个字，缺一不可。但用兵以实力为主，奇巧为客。

军务必须从日常睡觉吃饭上着手。

吕蒙诛杀私取铠甲的士兵，魏绛杀戮乱走乱动的仆人。古人这样做，哪里是为了博取名声，是因为不如此则不足以警诫众人。

窄路上打胜仗，全在于处在前头面对敌人的几个人。若前头面对敌人的人站不住，后面虽有能打仗的，也被败下来的挤退了。

出青的办法，即《汉书·赵充国传》中所说的"就草（孟夏将马赶到水草茂盛处放牧）"。

点评

曾氏认为治理军营，重在人与法两个方面，即树人与立法，不把某一次打仗的胜败放在第一位。这是曾氏军事思想的要点，帅才与将才的区分，此亦为分野。

去庸俗之见，可与言道

天下之人，稍有才智者，心思有所见，以自旌异于人，好胜者此也，好名者亦此也。同当兵勇，则思于兵勇翘然而出其类；同当长夫，则思于长夫中翘然而出其类；同当将官，则思于将官中翘然而出其类；同为主帅，则思于众帅中翘然而出其类。虽才智有大小浅深之不同，其不知足不安分，则一也。能打破此一副庸俗之见，而后可与言道。

译文

天下的人稍有才智的，心里便想着要被人发现，以自我表现来异于他人，好胜的是这类人，好名的也是这类人。一起当普通兵勇，则想着要在兵勇中出类拔萃；一起当长夫，则想着要在长夫中出类拔萃；一起当将官，则想着要在将官当中出类拔萃；一起做主帅，则想着要在众帅中出类拔萃。虽然才智有大小深浅的不同，但在不知足不安分这一点上，则是一致的。能打破这一种庸俗的见识，而后才可以相与谈人世间的大道理。

点评

在一则名为《气节·傲》的读书笔记中，曾氏这样写道："裴子野曰：夫有逸群之才，必思冲天之据。盖俗之量，则债常均之下。其能守之有道，将之有礼，殆为鲜乎？大抵怀材负奇，恒冀人以异眼相看。若一概以平等视之，非所愿也。"咸丰八年四月，他在给九弟的信中说："其阘冗者虽至亲密友不宜久留，恐贤者不愿共事一方。"这两段话说明，曾氏是很能理解，并充分照顾这种"异于人"的心思的。但在所录的这段话中，曾氏把这种心思视为"庸俗之见"。应当怎样来看待曾氏的自相矛盾呢？笔者认为，在曾氏的眼中，"异于人"的心思，从境界上来说还是属于"庸俗"这个层面的，正因为是庸俗，所以是大多数人的想法，在办世俗大事时，是绝对不能无视大多数人的观念的，否则世俗大事必办不成。政治、军事、经济，这都是世俗大事，都得循大多数人的观念。但从更高的层面，即从"道"的层面来说，则必然要去掉这些庸俗之见；当然，能进入这个层面的人是很少很少的。

用兵与声律相通

古人以用兵之道通于声律，故听音乐而知兵之胜败，国之存亡。余生平于音律算法二者一无所解，故不能知兵耳。

译文

古人认为用兵与声律在道理上有相通之处，故听音乐而知兵之胜败，国之存亡。我生平对于音律算术这两门学问一无所知，所以不能知兵。

点评

古代有不少良将精通声律，最有名的莫过于周瑜，所谓"曲有误，周郎顾"也。曾氏那个时代，带兵的将领普遍不通声律，当代大概也差不多。

见人危而不能救

用兵之难，莫大于见人危而不能救。

译文

打仗的难处，莫大于见别人遭遇危难而不能相救。

点评

其实这何止是打仗的难处，更是做人的难处！人世间也常有这样的事，即想救人危难却无法相救或不敢相救，只是相比之下，战场上此类事更多罢了。

挡牌与炮子

明戚继光《纪效新书》中有立牌，即古之盾也，有圆牌，即今之藤牌也，统谓之曰挡牌。又有所谓刚柔牌者，其法以生漆牛皮蒙于外，而以湖绵搓成小团，及头发装于内，盖戚氏自以巧思制造，非有师于古也。古之干盾，所以捍御矢石，今之挡牌，所以捍御炮子。炮子所当，无坚不破，岂矢石所可同年而语哉！

国藩初办水师时，尝博求御炮子之法，以渔网数层，悬空张挂，炮子一过即穿，不能御也。以絮被渍湿张挂，炮子一过即穿，不能御也。以生牛皮悬于船旁，以藤牌陈于船梢，不能御也。以此而推，戚氏之刚柔牌，不足以御炮子明矣。鸟枪子如梧子大者，或有法以御之。抬枪子、劈山炮子，凡大如黄豆以上者，竟无拒御之法。

近时杨军门载福等，深知炮子之无可御，遂屏弃渔网、水絮、牛皮等物，一切不用，直以血肉之躯，植立船头，可避者避之，不可避者听之，而其麾下，水师弁勇，亦相率而植立直前，无所回避。明于此义，而古来干盾橹牌诸器皆可废矣。友人刘腾鸿峙衡治军，刁斗森严，凛不可犯，临阵则伏根行首，坚立如山，有名将之风，惟过于自熹。在武昌时，尝独立城下，呼贼以炮子击之，贼发十余炮不中，坚坐良久乃还。在瑞州时亦如是，卒以徇难。殒我壮士，人百莫赎！此则刚毅太过，于好谋而成之道少有违耳。

余初不解造群子之法，以生铁令铸工铸之，渣滓未融，经药辄散，且多蜂眼，鸣而不能及远。乃与吴坤修（竹庄）商，用熟铁打造。其法以铁先炼成直条，每条烧红其端，截出半寸，打成圆颗，又烧其端，又打成颗。每颗如葡萄大。后至江西，商之姚镶，以此法打造。姚君又作为铁模半涡，截铁条之端，置之模中，宛转锤炼，圆滑可爱，于是及远较多一里有奇也。今湖南、湖北、江西三省，打造群子，均用此法。每炮用百余颗，多者或三四百颗，喷薄而出，如珠如雨，殆无隙地，当之辄碎。不仁之器，莫甚于此矣。然流疆尚未靖谧，此其亟宜讲求者也。

译文

明代戚继光的《纪效新书》中有立牌，即古时的盾牌，有圆牌，即今时的藤牌，统称为挡牌。又有所谓刚柔牌的。方法是以生漆牛皮蒙在外面，而以湖棉搓成小团，加上头发装在里面。这是戚继光自己的巧妙思考造出来的，并不是从古人那里学来的。古时的干盾用来抵挡箭头石子，今时的挡牌用来抵挡炮子。炮子所向，无坚不破，哪里是箭头石子所能相提并论的！

我初办水师时，曾经广求抵御炮子的办法，以渔网数层悬空张挂，炮子一碰上就穿过了，不能抵挡。以棉被浸湿张挂，炮子也是一碰上就穿过了，不能抵挡。以生牛皮悬于船旁，以藤牌插在船头，也不能抵挡。以此推想，戚氏的刚柔牌不足以抵挡炮子。鸟枪子像梧子大的，或者有办法可以抵挡。抬枪子、劈山炮子，凡是像黄豆大的，竟然没有抗拒的办法。

近来杨载福军门等人深知炮子的无可抵挡，于是丢开渔网、水浸棉被、牛皮等物品，一切都不用，直接以血肉之躯笔直站立船头，可避则避，不可避则听天由命，而他的部下水师官兵也互相看齐笔直立在船头，无所回避。明白此中意义，则古来的干盾橹牌都可废弃了。友人刘腾鸿治军，号令森严，凛不可犯，临阵则昂首挺胸，像山峰一样地坚立，有名将之风，只是过于炽烈。在武昌时，曾经一个人独立城下，呼喊着要敌人开炮打他，敌人连发十多炮不中，坚挺地坐了很久才回营。在瑞州时也这样，最终因此殉难。损失我一个壮士，百个人都不能赎回！这样做则是刚毅太过，于好谋而成的道理稍微有所违背。

我起初不理解制造小炮子的方法，用生铁令铁工铸造，渣滓没有熔化，一旦接触火药则散开，而且多蜂眼，响却不能射远。于是与吴坤修（字竹庄）商量，用熟铁打造。他的办法是将铁先炼成直条，每条烧红它的顶部，截断半寸，打成圆颗粒状。再烧红剩下的顶部，再打成圆颗粒状。每颗像葡萄大小。后到江西，与姚镶商量，用这个方法打造。姚君又做成半涡型的铁模，截断铁条的顶端放在模子中，翻来覆去锤炼，打出的炮子圆滑可爱，于是射出去较之先前要远一里多。现在湖南、湖北、江西三省打造小炮子都用这个办法。每炮用百多颗，多的或三四百颗，喷薄而出，如珠如雨，大概没有空隙处，碰到则粉碎。不仁慈的武器，莫超过这种了，但国土尚未安静，这也是极应该讲求的。

点评

这里记述的是关于湘军使用挡牌和制造小炮子的情形，读者当作史料读可也。

越寨攻敌

行军之道，有依次而进者，有越敌人所守之寨而先攻他处者，姑以《通鉴》所纪兵事言之。

宋明帝泰始二年，晋安王子勋之乱，诸军与子勋将袁颛相拒于浓湖，久未决。龙骧将军张兴世建议曰："贼据上游，兵强地胜，我虽持之有余，而制之不足。若以奇兵数千潜出其上，因险而壁，见利而功，使其首尾周遑，进退疑阻。中流既梗，粮运自艰，此制贼之奇也。钱溪江岸最狭，去大军不远，下临洄洑，船下必来泊岸，又有横浦可以藏船。千人守险，万夫不能过，冲要之地，莫出于此。"沈攸之、吴喜并赞其策，乃选战士七千、轻舸二百配与兴世。

兴世率其众溯流稍上，寻复退归，如是者屡日。贼将刘胡闻之，笑曰："我尚不敢越彼下取扬州，张兴世何人，欲轻据我上！"不为之备。一夕四更，值便风，兴世举帆直前，渡湖白，过鹊尾。胡既觉，乃遣其将胡灵秀将兵于东岸，翼之而进。戊戌夕，兴世宿景洪浦，灵秀亦留。兴世潜遣其将黄道标帅七十舸径趋钱溪立营寨。己亥，兴世引兵进据之，灵秀不能禁。庚子，刘胡自将水步二十六军，来攻钱溪，将士欲迎击之，兴世禁之曰："贼来尚远，气盛而矢骤。骤既易尽，盛亦易衰，不如待之。"令将士治城如故。俄而胡来转近，船入洄洑，兴世命寿寂之、任农夫帅壮士数百击之，众将相继并进，胡收兵而下，兴世遂于钱溪立城。

国藩按：是时官军在下游赭圻，贼军袁颛等在上游之浓湖，刘胡等又在上游之鹊尾，更上乃为钱溪。越浓湖、鹊尾两寨而上，立城于钱溪，此险途也。厥后贼屡攻钱溪不胜，粮运中梗，而鹊尾、浓湖并以溃降。此越寨进攻而得胜者也。

泰始三年，魏尉元上表言："贼向彭城，必由清泗过宿豫，历下邳；趋青州，亦由下邳、沂水，经东安。此数者，皆为贼用兵之要。今若先定下邳，平宿豫，镇淮扬，戍东安，则青、冀诸镇可不攻而克。若四城不服，青、冀虽拔，百姓狼顾，犹怀侥幸之心。臣愚以为宜释青、冀之师，先定东南之地，断刘彧北顾之意，绝愚民南望之心。如此，则淮北自举，暂劳永逸。"

国藩按：宋与魏历世兵争，有青州、历城、徐州诸镇，远在海岱，与魏接畛，而下邳、宿豫、沂水、东安四城，乃在淮南，去魏尚远。魏越青州诸镇，而进攻四城，此险途也。厥后四城破，而青州、历城、徐州诸镇相继没于魏。此越镇进攻而胜者也。

梁简文帝二年，侯景之变，郢州刺史萧方诸以徐文盛军在西阳，不设备（西阳即今黄州）。侯景以江夏空虚，使宋子仙、任约帅精骑四百，由淮内袭郢州。丙午，大风疾雨，天色晦冥，子仙等入城，方诸迎拜，遂擒鲍泉、虞豫，送于景所。景因便风，中江举帆，遂越徐文盛等军直上入江夏。文盛众惧而溃。

国藩按：侯景与徐文盛皆在黄州，夹江筑垒，乃越徐军而上入江夏，此险途也。而江夏以无备而破，徐军以失势而溃。此越寨进攻之胜者也。

陈文帝天嘉元年，王琳屯西岸之栅口，侯瑱屯东岸之芜湖，相持百余日，旋均出江外，隔洲而泊。二月丙申，西南风急，琳引兵直趋建康，瑱等徐出芜湖，蹑其后，西南风翻为瑱用。琳掷火炬以烧陈船，皆反烧其船。瑱发拍以击琳舰，又以蒙冲小船击其槛，琳军大败，军士溺死什二三，余皆弃舟登岸。

国藩按：王琳与侯瑱同屯芜湖之上，琳乃越瑱军而直下金陵，此险途也。而瑱军自后蹑之，反为所破。此越寨进攻之败者也。

唐贞观十九年，太宗亲征高丽，即拔辽东盖牟诸诚，至安市，将决战，高丽、靺鞨合兵为阵，长四十里。江夏王道宗曰："高丽倾国以拒王师，平壤之守必弱，愿假臣精兵千，覆其本根，则数十万之众，可不战能降。"上不应。后攻安市，竟不能拔。降将请先攻乌骨城，众议不从，遂自安市班师。

国藩按：道宗请越安市而进攻平壤，此虽险途，而实制胜之奇兵也，太宗不从，无功而返。此不能越攻而失者也。

安史之乱，李泌请命建宁王俶为范阳节度大使，并塞北出，与李光弼南北犄角，以取范阳（胡三省注曰：泌欲使建宁自灵夏并丰胜、云朔之塞直捣妫檀，攻范阳之北，光弼自太原取恒定，以攻范阳之南），覆其巢穴，贼退则无所归，留则不获安，然后大军四合而攻之，必成擒矣。上悦，已而不果行。

国藩按：是时大军在扶风，郭子仪在冯翊，李光弼在太原，势宜先取两京，李泌欲先捣范阳贼巢，此亦制胜之奇兵也。事不果行，致史思明为关洛之患。此亦不能越攻而失者也。

元和十二年，淮蔡之役，李佑言于李愬曰："蔡之精兵皆在洄曲及四境拒守，守州城者，皆羸老之卒，可以乘虚直抵其城。比贼将闻之，元济已成擒矣。"愬然之。十月辛未，李愬、李佑、李忠义、李进诚军出，东行六十里，夜至张柴村，尽杀其戍卒及烽子，据其栅，命士少休，食干粮，整羁靮，留义成军五百人镇之，以断洄曲及诸道桥梁。复夜引兵出门，时大风雪，旌旗裂，夜半雪愈甚，行七十里，四鼓愬至蔡州城下，无一人知者。李佑、李忠义钁其城为坎，以先登。愬人居元济外宅，以槛车送元济诣京师。

国藩按：元济精兵尽在洄曲董重质麾下，李愬越之而直入蔡州。此越寨进攻而胜者也。

朱梁均王四年，楚岳州刺史许德勋将水军巡边。夜分南风暴起，都指挥使王环乘风趋黄州，以绳梯登城，径趋州署，执吴刺史马郧，大掠而还。德勋曰："鄂州将邀我，宜备之。"环曰："我军入黄州，鄂人不知，奄过其城，彼自救不暇，安能邀我？"乃展旗鸣鼓而行，鄂人不敢逼。

国藩按：楚之岳州，东北与吴为邻，嘉鱼、陆口等处，吴必立寨设备，乃王环越之而直趋黄州。此越寨进攻而胜者也。

后唐同光元年，后唐与朱梁相拒于杨刘、德胜之间，时梁将段凝军临河之南（即澶渊，今开州），王彦章进逼郓州（今东平府）。唐臣李绍宏等，请弃郓州与梁约合，帝独召郭崇韬问之。对曰："降者皆言大梁无兵，陛下若留兵守魏，固保杨刘，自以精兵长驱入汴，彼城中既空虚，必望风自溃。苟伪主授首，则诸将自降矣。"帝曰："此正合朕意。"冬十月壬申，帝大军自杨刘济河。癸酉至郓州。甲戌围中都城，破之，擒王彦章。帝召诸将问进退之计，诸将请先下东方诸镇城，然后观衅而动，康延孝、李嗣源请亟取大梁，从之。乙亥帝发郓州中都。丁丑至曹州。己卯至大梁，灭梁。壬午段凝将其众五万，自滑州济河入援，解甲请降。

国藩按：郭崇韬之初议直取大梁也，时梁将王彦章军在郓州，段凝军在河上，越两寨而进攻，此险途也。厥后破中都，擒王彦章，而段凝犹在河北，越一寨而进攻，亦险机也。然段凝隔于河北，若自白马南济，则阻于大河，若自下游直济，一阻于大河，再阻于新决之护驾水，势难入援，遂得直取汴梁以成大功。此越寨进攻而胜者也。

以上九事：张兴世之据钱溪，宋子仙之取郢州，许德勋之下黄州，皆水路越攻而胜；王琳之下金陵，以水路越攻而败；尉元之取下邳四城，李愬之入蔡州，郭崇韬之策汴梁，以陆路越攻而得之；李道宗之策平壤，李泌之策范阳，以陆路不越攻而失之。成败得失，固无一定之轨辙也。

咸丰四年十月十一日，贼目陈玉成据蕲州，秦日纲据田家镇，我舟师越蕲州而直下。十三日，攻破田家镇。十四日，蕲州之贼亦溃。此越寨进攻而胜者也。十一月十五日，水陆各军会于九江。时贼目林启荣据九江，黄文金据湖口，石达开、罗大纲等同在湖口，我舟师彭玉麟等十六日越九江而下攻湖口，陆军罗泽南等十二月初五日下攻湖口。十二日，水师败挫，二十四日，陆军亦无利而归。此越寨进攻而败者也。咸丰六年五月初二日，武汉、黄州未破，杨载福以舟师驶下，直至九江。七年九月二十八日，九江、安庆未破，杨载福以舟师驶下，直至旧县，往来如飞。此越寨进攻而胜者也。故知胜败无常，视将才为转移耳。当时越九江而下攻湖口之策，发于国藩，定于罗君罗山、刘君孟容二人，事败之后，或深咎此策之失，且专归罪于刘君者，非事实也。

译文

用兵的法则，有顺着次序推进的，有越过敌人所守之寨而先攻进他处的，姑且以《资治通鉴》所记载的兵事来说说这一点。

宋明帝泰始二年，晋安王刘子勋作乱，诸军与子勋部将袁顗对峙于浓湖，很长时间而未决个胜负。龙骧将军张兴世建议说："敌人占据上流，兵力强大地势优胜，我虽然相持有余，制胜他却力不足。若以奇兵数千人潜伏而行出现在他的上流，凭借险要的地形为壁垒，遇到有利的机会而出动，使敌人首尾惊遑不定，进退都怀疑遇阻。中流水路既然梗阻，粮食的运输自然艰难。这是制服敌人的奇着。钱溪江岸最狭窄，离大军不远，下面临着洄洑，船下来必然停泊岸边，又有横浦可以藏船。一千个人守住险要，一万个人也不能过去。冲要之地，莫超过此处。"沈攸之、吴喜都赞成这个计策。于是挑选战士七千人、轻便小船二百条配合张兴世。

张兴世率领部卒溯江稍稍上行，很快又退回，像这样的一连几天。故将刘胡听后，笑着说："我尚且不敢越过他们而下取扬州，张兴世何人，想轻易据我之上！"于是不因为此而作准备。一天夜里四更时，正好遇到便利的风向，张兴世升帆直向前进，渡过湖白、鹊尾。刘胡发觉后，派遣部将胡灵秀带兵在东岸跟随着前进。戊戌夜，张兴世宿营景洪浦，胡灵秀也留宿。张兴世暗地里派遣部将黄道标统率七十条战船直奔钱溪，立下营寨。己亥，张兴世引兵进驻这里，胡灵秀无法禁止。庚子，刘胡亲自率领水陆二十六军来攻钱溪，将士打算迎面攻击，张兴世制止说："敌人刚来隔得尚远，士气旺盛军锋凌厉。凌厉则容易消失，旺盛则容易衰落，不如等待一下。"命令将士依旧如常修缮城池。不久刘胡的军队转向靠近，战船进入洄洑。张兴世命令寿寂之、任农夫率领壮士数百人攻击，众军相继并进。刘胡收兵退向下游。张兴世于是在钱溪立下城池。

国藩按：当时官军在下游赭圻，敌军袁颛等在上游的浓湖，刘胡等又在上游的鹊尾，更上才是钱溪。越过浓湖、鹊尾两寨而上，立城池于钱溪。这是一条险路。此后敌军屡攻钱溪而不胜，粮路中途受梗，而鹊尾、浓湖都因此溃降。这是越寨进攻而获得胜利的一个战例。

泰始三年，北魏尉元上书说："敌军趋向彭城，必由清泗过宿豫，经下邳；趋向青州，也由下邳、沂水经东安。这几点，都为敌军用兵的要点。现在若先平定下邳、宿豫，镇服淮阳、东安，则青州、冀州诸镇可不攻而克。若这四个城不服，青州、冀州即便攻拔，百姓四处奔逃，仍然怀着侥幸之心。臣认为宜放弃青州、冀州的用兵，先平定东南之地，断绝刘彧的北顾念头，断绝老百姓南望之心。如此则淮北将自举，一时的辛劳可换来永久的安逸。"

国藩按：宋与北魏世代以兵相争，宋有青州、徐州诸镇远在海岱，与北魏接界，而下邳、宿豫、沂水、东安四城却在淮南，离北魏还远。北魏越过青州诸镇而进攻四城。这是一条险路。此后四城被攻破，而青州、历城、徐州诸镇相继被北魏吞没。这是越镇进攻而获胜的战例。

梁简文帝二年，侯景叛乱，郢州刺史萧方诸将徐文盛的军队驻在西阳，不设备（西阳即现在的黄州）。侯景鉴于江夏空虚，派遣宋子仙、任约统率精锐骑兵四百，由淮内袭击郢州。丙午，狂风暴雨，天色晦暗，宋子仙等进城，萧方诸跪拜迎接，于是擒获鲍泉、虞豫，送到侯景所在地。侯景趁着有利的风向，在江中升帆开船，于是越过徐文盛等军直上进入江夏。徐文盛的部众畏惧而溃败。

国藩按：侯景与徐文盛都在黄州，沿江构筑堡垒，越过徐文盛的军队而上进入江夏，这是一条险路，但江夏因无防备而被攻破，徐军因为失势而溃败。这是越过敌寨进攻而获胜的战例。

陈文帝天嘉元年，王琳屯兵西岸的栅口，侯瑱屯兵东岸的芜湖，相持百余日，接着都离开河岸而出船江外隔着水洲停泊。二月丙申，刮起迅急西南风，王琳引兵直趋建康，侯瑱等慢慢从芜湖走出，不露声色地跟在王琳的后面，西南风反而为侯瑱所用。王琳投掷火炬来烧陈的兵船，都反过来烧了自己的船。侯瑱发拍来攻击王琳的栏杆，又以蒙冲小船来冲击王琳的栏杆。王琳的军队大败，军士淹死者十之二三，其余的都弃舟登岸逃走。

国藩按：王琳与侯瑱同屯兵芜湖之上，王琳越过侯瑱的军营而直下金陵，这是一条险路。而侯瑱的军队跟在后面，反而为侯瑱所破。这是越寨进攻而失败的战例。

唐贞观十九年，太宗亲自征讨高丽，在攻拔辽东盖车诸城后到了安市，将要决战。高丽与靺鞨联合组成一个阵势，长四十里。江夏王李道宗说："高丽倾全国之力抗拒王师，平壤的防守必然虚弱，请借给我精兵千人，颠覆它的根本，如此则数十万敌众可不战而投降。"太宗不同意。后来攻打安市，竟然打不下。投降的高丽将领请求先攻打乌骨城，众人讨论不同意，于是从安市班师回朝。

国藩按：李道宗请求越过安市而进攻平壤，这虽是险路，其实是制胜的奇兵。唐太宗不听从，以至于无功而返。这是不能越城进攻而导致失败的战例。

安史之乱时，李泌请求任命建宁王李倓为范阳节度使，合并众军从北面出兵，与李光弼构成南北犄角，以攻取范阳（胡三省注释：李泌想使建宁王从灵夏合并丰胜、云朔的军队，直捣妫檀，攻打范阳的北面；李光弼从太原进取恒定，以攻打范阳的南面），倾覆敌军的巢穴，敌军退兵则无归宿，留下则不获安宁，然后大军四面包围而进攻，必定擒获。皇帝赞赏，但后来却未能达到目的。

国藩按：当时大军在扶风，郭子仪在冯翊，李光弼在太原，从形势上来说宜于先取长安、洛阳。李泌想先捣毁范阳敌军的窝点，这也是制胜的奇兵。事情没有达到目的，使得史思明再次成为关洛之患。这也是不能越地进攻而失机的战例。

唐元和十二年淮蔡之役时，李佑对李愬说："蔡州的精兵都在洄曲以及四境拒守，守州城的都是老弱之兵，可以乘虚直接开进蔡州城，待敌将知道时，吴元济已经抓到了。"李愬赞同。十月辛未，李愬、李佑、李忠义、李进诚的军队出发，向东走六十里，夜里到达张柴村，全部杀掉这里的守兵及点烽火报信的人，占据栅栏，命令军士稍稍休息，吃干粮，整理马队，留下义成军五百人镇守，借以截断洄曲及各条路上的桥梁，然后在夜间发兵出门。时逢大风雪，旌旗被冲破，半夜时雪更大。走了七十里，四更天时李愬来到蔡州城下，城里没有一个人知道。李佑、李忠义以大锄头挖城墙为坎，借以先登。李愬进城后住在吴元济的外宅，以槛车押送吴元济到京师。

国藩按：蔡州的精兵全在洄曲董重质麾下，李愬超越董军而直接进入蔡州。这是越寨进攻而获胜的战例。

朱氏后梁均王四年，楚地岳州刺史许德勋率领水军巡边。夜间南风突然大作，都指挥使王环乘风攻打黄州，用绳梯登城，直接奔向州衙门，捉住吴地刺史马郢，大肆抢掠而返回。许德勋说："鄂州将会邀击我，宜防备。"王环说："我军进入黄州，鄂州人不知道。急遽通过鄂州城，他们自救尚来不及，怎么会邀击我？"于是举旗击鼓而行，鄂州人不敢逼近。

国藩按：楚地的岳州，东北面与吴地为邻。嘉鱼、陆口等处，吴地必立寨防备，而王环越过而直奔黄州。这是越寨进攻而获胜的战例。

后唐同光元年，后唐与朱梁相峙于杨刘、德胜之间，当时后梁的将领段凝军临近黄河的南岸（即澶渊，现在的开州），王彦章进逼郓州（现在的东平府），后唐大臣李绍宏等建议放弃郓州，与后梁讲和。皇帝单独召见郭崇韬询问。郭回答："投降的人都说开封城里无兵，陛下若留兵守魏，固保杨刘，自然应当以精兵长驱入开封，它的城中已经空虚，必定将望风溃败，假若伪主被斩获，则诸将自当投降了。"皇帝说："这正合我的心意。"冬十月壬申，皇帝率领大军渡过济河，癸酉到达郓州，甲戌围中都城，攻破该城，抓获王彦章。皇帝召集诸将询问进退方略，诸将建议先拿下东方诸镇城，然后伺机而动。康延孝、李嗣源建议立即攻取开封，皇帝同意。乙亥皇帝在郓州中都发兵，丁丑至曹州，己卯至大梁，灭后梁。壬午段凝率领部卒五万自滑州渡河来援救，也放下武器请求投降。

国藩按：郭崇韬最初建议径直攻取开封的时候，后梁将领王彦章的军队在郓州，段凝的军队在河上，越过两寨而进攻，这是一条险路。此后攻破中都、擒获王彦章时段凝还在河北，越过一寨而进攻，也是一个险着。但是段凝隔在河北，若从白马南渡，则被黄河所阻，若从下游直接渡过，则同样第一次被黄河所阻，第二次被新决开的护驾水所阻，势必难以入援，于是得以直取开封，成就大功。这是越寨进攻而获胜的战例。

以上九个战事：张兴世的占据钱溪、宋子仙的攻取郓州、许德勋的拿下黄州，都是水路上越过敌军营寨进攻而获胜；王琳的直下金陵，从水路上越过敌军营寨进攻而失败；尉元的攻取下邳等四城，李愬的进入蔡州，郭崇韬的谋取开封，都是从陆路上越过敌军营寨进攻而得手；李道宗的谋取平壤，李泌的谋取范阳，都是从陆路上不敢越过敌军营寨而丢失战机。成败得失，的确无一定的规律。

咸丰四年十月十一日，敌军头目陈玉成占据蕲州，秦日纲占据田家镇，我水师越过蕲州而直下，十三日攻破田家镇，十四日蕲州的敌军也溃散。这是越过敌军营寨进攻而获胜的。十一月十五日，水陆各军会于九江。当时敌军头目林启荣占据九江，黄文金占据湖口，石达开、罗大纲等同在湖口，我水师彭玉麟等十六日越过九江而下攻打湖口，陆军罗泽南等在十二月初五日下攻湖口，十二日水师失败受挫，二十四日陆军也无利而归。这是越寨进攻而失败的。咸丰六年五月初二日，武汉、黄州未攻破，杨载福率领水师直下九江。七年九月二十八日，九江、安庆未破，杨载福率领水师直下旧县，往来如飞。这是越过营寨而获胜的例子。因此知道胜败无常，以将才为转移而已。当时越过九江而下攻湖口的谋划，发轫于我曾国藩，拍板于罗罗山先生、刘孟容先生二人，战事失败之后有人深为指责这个谋划的失策，并且完全归罪于刘先生，这不是事实。

点评

这一大段读书笔记，载于曾氏全集的《杂著》，以《越寨攻敌》为题。越寨，指越过敌军的营寨，即敌军的所在地。这种用兵有它很大的危险性，因为很可能遭受所要越过的敌军的半途拦劫，所以曾氏视之为"险途"。但此险途常常要走，于是曾氏很用心地研究《资治通鉴》上的九则此类的战事。其中有胜者有败者，结合湘军自身的战例，曾氏得出此险途"胜败无常，视将才为转移"的结论。当然，这里的将才就不仅仅只是会指挥自己的军队，还包括懂敌情懂天时懂地形等等。

由此我们可以知道，曾氏很重视《资治通鉴》这部书中的战例。胡林翼也很重视此书。咸丰九年，时任湖北巡抚的胡林翼召集张裕钊等一批文人，从《春秋》《资治通鉴》两书中摘取有关兵事，汇编成四十六卷，名曰《读史兵略》，其中四十四卷出自《资治通鉴》。看来，《资治通鉴》这部书是当年书生出身的湘军高级将领们的重要军事教科书。

疆场磨炼豪杰

疆场之役，所以磨炼豪杰之资也，前代如王伯安、孙高阳，其初亦不过讲求地利耳，其后遂为儒将，岂不贵乎阅历哉？

译文

练兵打仗，这是磨炼豪杰的资历，前代如王阳明（字伯安）、孙承宗（高阳人），开始也不过只是讲求地利而已，以后成为儒将，岂不是贵在阅历吗？

点评

湘军筹建之初，包括曾氏在内一大批带勇的营官哨官，都是未经兵火的书生，是两军对峙的实战让他们后来大半成了通晓军事的将领。曾氏之所以敢于用书生带兵，便是他相信实战可以磨炼出豪杰。

对团练和额兵的认识

壮勇贵精而不贵多，设局宜合而不宜分。湘潭、宁乡两县各交界之所，不必另立练局，但在城内立一总局，两处多设探报，贼至则风雨疾驱，仍可御于境上。城内总局人数亦不必多，但得敢死之士四百人，则可以一战。要须简择精严，临阵不至兽骇鸟散，则虽少亦决其有济。

就现在之额兵练之而化为有用，诚为善策，然习气太盛，安能更铸其面目，而荡涤其肠胃？恐岳王复生，半年可以教成其武艺，孔子复生，三年不能变革其恶习。故鄙见窃谓现在之兵，不可练之而为劲卒，新募之勇，却可练之使补额兵。

乡村宜团而不宜练，城厢宜练而不宜团，如此立说，明知有日就懈散之弊，然懈散之弊尚少，若一意操切行之，则新进生事者，持札四出，讹索逼勒，无所不至。功无尺寸，而弊重丘山，亦良可深虑也。

今日将欲灭贼，必先诸将一心万众一气，而后可以言战，而以今日营伍之习气，与今日调遣之成法，虽圣者不能使之一心一气，自非别树一帜，改弦更张，断不能办此贼也。鄙意欲练乡勇万人，概求吾党质直而晓军事之君子将之，以忠义之气为主，而辅之以训练之勤，相激相劘，以庶几于所谓诸将一心万众一气者，或可驰驱中原，渐望澄清。

译文

兵勇贵在精而不贵在多，设局宜于合而不宜于分。湘潭、宁乡两县的交界之地，不必另立练勇的局，只要在城内立一个总局，两处多设立探报，坏人一来则无论风雨皆迅疾驱驰，仍然可以抵御于本境上。城内总局的人数也不必多，只要得到敢死之士四百人，则可以一战。重要的是必须选择精严，临阵不至于像鸟兽样惊恐逃散，则即使少也一定有作用。

就现在的额兵训练而转化为有用的军队，固然为善策，但军营习气太盛，怎样才能重新打造面目，并且洗涤肠胃？恐怕是岳飞复生，半年内可以教成他们的武艺，而孔子复生，三年内不能改变他们的恶习。故而我的意见是现在的兵，不可能经训练而为劲卒，新招募的勇丁，却可以经过训练后补入额兵。

乡村宜于结团而不宜于练勇，城厢宜于练勇而不宜于结团。如此立论，明知有使团练日就松懈解散的弊病，然而松懈解散的弊病尚且少，若是一意急切推行，则新进这批人中的生事者，将会拿着委札四出讹索勒逼，无所不至。功劳没有一点点，而弊病将重于山，也确实是可值得深虑的。

当今要想灭掉敌人，必须先要做到诸将一心万众一气，然后才可以说到打仗，但是以今天军营的习气，与今天调遣的制度，即便是圣贤也不能使诸将一心万众一气，自非别树一帜，改弦更张，决不能对付这种敌人。我的想法是训练乡勇万人，一律寻求我的家乡中质直和懂军事的君子来统领，以忠义之气为主，而以勤奋训练为辅，相互激励切磋，逐步达到所谓的诸将一心万众一气，或许可以驰驱中原，渐渐看到天下澄清。

点评

这几段话都出自于曾氏出山办团练之初给友人的书信。咸丰二年（1852）十一月，曾氏被任命为团练大臣，与后来相继所委任的团练大臣相比，曾氏是当时对时局及团练认识最为清晰的一位，这种清晰认识是他后来事业成功的基础。这几段话中所说的，诸如现在的兵士已不可用，须得重新募集，办团练须得谨慎，人数宜少，须提防有人借机营私等等，都是他的清晰认识中的一部分。

绿营败不相救

今日之兵，极可伤恨者，在败不相救四字，彼营出队，此营张目而旁观，哆口而微笑。见其胜则深妒之，恐其得赏银，恐其获保奏；见其败则袖手不顾，虽全军覆没，亦无一人出而援手拯救于生死呼吸之顷者。以仆所闻，在在皆然。盖缘调兵之初，此营一百，彼营五十，征兵一千，而已抽选数营或十数营之多，其卒与卒已不相习矣，而统领之将，又非平日本营之官。一省所调若此，他省亦如之。即同一营也，或今年一次调百人赴粤，明年一次调五十赴楚，出征有先后，赴防有远近，劳逸亦遂乖然不能以相入，败不相救之故，半由于此。又有主将远隔，不奉令箭不敢出救者，又有平日构隙，虽奉令箭故迟回不往救者。至于兵与勇遇，尤嫉恨次骨，或且佯为相救，而倒戈以害勇，翼蔽以纵贼。

译文

当今的军队，极可伤恨的，在败不相救四字，一个军营出队打仗，另一个军营张大眼睛在一旁观望，裂开嘴巴而笑。见别人打胜仗则深为嫉妒，恐怕别人得赏银，恐怕别人获保举；见别人失败则袖手不顾，即便全军覆没也没有一个人出来帮助拯救别人在生死呼吸之际。以我所听说的，处处都这样。这是因为当初调兵的时候，这个营一百，那个营五十，征集兵员一千人，被抽调的军营已达几个甚或十几个之多，兵士与兵士之间本已不熟习了，而统领的将官又不是平时本营的将官。一个省的抽调是这样，其他省也是这样。即使是同一个军营，或者今年一次调一百人赴粤，明年一次调五十人赴楚，出征有先后，赴防有远近，劳逸也就相应不均。败不相救的缘故，一半由于此。还有主将隔得远，未奉令箭不敢前去救援的，还有平日有嫌隙，虽奉令箭却故意迟迟不去援救的。至于兵与勇相遇，尤嫉恨入骨，有的装作相救的样子，其实则反戈来害勇，保护敌人逃走。

点评

这是咸丰三年（1853）八月，写给江忠源的一段话。江忠源是湖南新宁人，曾氏很赏识他。道光三十年（1850），曾氏奉旨推荐人才，江忠源即为所荐五人之一。太平天国起事时，江忠源正在家乡新宁，他随即在新宁办起了团练，后又带着这支团练在全州蓑衣渡与太平军交战时取得佳绩，由此而被朝廷重视。此时江正带领新宁勇在湖北一带作战。胜则争功，败不相救，是当时绿营的普遍现象，也是他们打不赢太平军的主要原因。湘军以血缘、地缘、业缘为纽带组建军营便是针对此而来，这也是湘军获胜的一个重要原因。

团与练

团练二字，当分为两层。团即保甲之法，清查户口，不许容留匪人，一言尽之矣。练即养丁，请师，制旗造械，为费较多，乡人往往疑畏不行。今练或择人而举，团则宜遍地兴办，总以清查本境土匪以绝勾引为先务，遂设一审案局。

译文

团练两个字，应当分为两层。团即保甲之法，清查户口，不许容留坏人，一句话就把它的职责说清楚了。练即养壮丁，请教头，制造旗帜与器械，耗费较多，乡人往往怀疑畏惧而不想实行。现在，练或许要择人而推举，团则宜于遍地兴办，总以清查本境的土匪与杜绝勾引坏人为先，于是设立一个审案局。

点评

人们常将团练两字连起来说，其实二者是很有区别的。从曾氏的解释来看，团相当今日的联防组织，以清查为职责，练则要训练，类似于"文革"中的基干民兵。

秋毫无犯

民间倡为谣言，反谓兵勇不如贼匪之安静。国藩痛恨斯言，恐民心一去，不可挽回，誓欲练成一旅，秋毫无犯，以挽民心而塞民口。每逢三八操演，集诸勇而教之，反复开导至千百语，但令其无扰百姓。

译文

民间谣言盛传，反而说兵勇还不如贼匪的安静。我痛恨这句话，担心民心一旦失去，则不可挽回，发誓要练成一支军队，于老百姓秋毫无犯，借以挽回民心而堵塞民口。每逢三逢八操演时，集合勇丁而教训，千言万语反复开导，但令他们不要骚扰百姓。

点评

曾氏组建湘军之初，就非常注重军队与百姓之间的关系，除逢三逢八的训导外，后来还亲自撰写《爱民歌》，指出"行军先要爱百姓"，告诉大家"爱民之军处处喜，扰民之军处处嫌"，并提出"军士与民如一家"的重要观点。他要求兵勇"日日熟唱爱民歌"，以收时时敲击之效。

改弦更张

近时各营之兵，东调一百，西拨五十，将与将不和，卒与卒不习，胜则相忌，败则不相救，即有十万众在我麾下，亦且各怀携贰，离心离德。居今之世，用今之兵，虽诸葛复起，未必能灭此贼也。鄙意必须万众一心诸将一气，而后改弦更张，或有成功之一日。

译文

近时各营的士兵，东调一百，西拨五十，将官与将官不和，士卒与士卒不熟，打仗胜了则互相嫉妒，打败了则互不救援，即便有十万人在我的麾下，也会各自怀着二心，离心离德。处在当今这个世界，指挥当今这些士兵，即使诸葛亮复出，也未必能消灭这股敌人。我的想法是必须万众一心诸将一气，然后改弦更张，或许有成功的一天。

点评

这是咸丰三年九月写给友人彭洋中、曾毓芳的，重申八月给江忠源信中的观点。

对将官的四点要求

带勇之人，第一要才堪治民，第二要不怕死，第三要不急急名利，第四要耐受辛苦。治民之才，不外公、明、勤三字，不公不明，则诸勇必不悦服，不勤，则营务细巨皆废弛不治，故第一要务在此。不怕死，则临阵当先，士卒乃可效命，故次之。为名利而出者，保举稍迟则怨，稍不如意则怨，与同辈争薪水，与士卒争毫厘，故又次之。身体羸弱者，过劳则病，精神短缺者，久用则散，故又次之。四者似过于求备，而苟阙其一，则万不可以带勇，故弟尝谓，带勇须智深勇沉之士，文经武纬之才。

译文

带领勇丁的人，第一要才能可以治理民众，第二要不怕死，第三要不急于求取名利，第四要耐得辛苦。治理民众之才，不外公、明、勤三个字。不公不明，则勇丁们必定不会心悦诚服，不勤，则大小营务都会废弛不管，故而第一要紧的在这里。至于不怕死，则是因为临阵走在前面，士卒才可能做到效命，所以排在第二。为着名利而出来的，保举稍迟便会埋怨，稍有不如意处也会埋怨，与同辈争薪水，与士卒斤斤计较，所以将它排在第三。身体病弱的，劳累过度则会病倒，精神短缺的用力过久则神散，故而排在第四。这四点看起来好像过于求取完备，但若是缺少其中一点，则万万不可以带勇。所以我曾经说过，带领勇丁必须得智勇深沉之士、文武经纬之才。

点评

这段话与上段话出于同一封信。曾氏在此提出选择湘军将官的四点要求，即治理之才、不怕死、不急于名利、耐得辛苦。在这段话之后，曾氏接着写道："大抵有忠义血性，则四者相从以俱至；无忠义血性，则貌似四者，终不可恃。"由此可知，除这四点外，还有最重要的一点便是忠义血性。

因量器使

带勇之人，不苟求乎全材，宜因量以器使，然血性为主，廉明为用，三者缺一，若失锐轫，终不能行一步也。

译文

带领勇丁的人，不要苛求是全才，宜于因量器使，然血性为主，廉明为用，三者缺一，就像车辆失去控制的横木，最终不能行走一步。

点评

因量器使，是曾氏用人的一个重要观点。所谓因量，即指依据对方所具备的长处；器使，即像使用器具一样地发挥人的才干。他在一则名为《才用》的笔记中说："虽有良药，苟不当于病，不逮下品；虽有贤才，苟不适于用，不逮庸流。梁丽可以冲城，而不可以窒穴，犀牛不可以捕鼠，骐骥不可以守闾。千金之剑以之析薪，则不如斧，三代之鼎以之垦田，则不如耜。当其时当其事，则凡材亦奏神奇之效，否则钼锯而终无所成。故世不患无才，患用才者不能器使而适宜也。"这段话可为各级领导者鉴。

得士卒之心

古来名将得士卒之心，盖有在于钱财之外者。后世将弁，专恃粮重饷优，为牢笼兵心之具，其本为已浅矣，是以金多则奋勇蚁附，利尽则冷落兽散。

译文

古来名将得士卒之心，有在钱财之外的原因。后世将官，专门依仗粮饷丰厚，作为笼络兵心的工具，它的根本已浅了，所以金银多则兵勇依附，钱财尽则冷落如鸟兽四散。

点评

从古以来，钱财都是笼络士卒的最主要东西，当然也不是惟一的。曾氏此语，固然是圣贤之心，但也是书生之迂，老九打南京，最终也是以城中"金银如海，财货如山"作为诱饵的。

练勇精强，器械精致

练卒宜十分精强，器械宜十分精致，乃可卧薪尝胆，艰难百战，不然，则不教之卒，窳败之器，何省不可骤办，而必出自湖南万里长征多费饷项哉？

各勇不穿着软料衣服，止许穿布衣，不许穿鞋，止许穿草鞋，哨长亦然。打仗同进同退，不许独后，亦不许独先，割首级，夺旗帜，亦无赏。

练勇之道，必须营官昼夜从事，乃可渐几于熟，如鸡伏卵，如炉炼丹，未宜须臾稍离。前与璞山面议，每营有文武兼备之营官，始克照料一切。

此次募勇，成军以出，要须卧薪尝胆，勤操苦练，养成艰难百战之卒，预为东征不归之计。若草率从事，驱不教之士，执窳脆之器，行三千里之远，以当虎狼百万之贼，未与交锋，而军士之气固以馁矣，虽有一二主者忠义奋发，亦无以作其众而贞于久也。

译文

受训练的士卒宜十分精强，军营器械宜十分精致，才可以做到卧薪尝胆，艰难百战。否则，没有受过训练的士卒，粗劣的武器，哪个省不能立即办理，而必定要出自湖南行军万里以至于多费军饷?

勇丁们不穿软料衣服,只许穿布衣,不许穿布鞋,只许穿草鞋,哨长也得这样。打仗同进同退,不许单独在后面,也不许单独走在前,单独行动即便割取首级夺得旗帜,也无赏。

训练勇丁的方法,必须要营官日夜都费心,才可望渐渐达到熟练,好比母鸡孵蛋,好比火炉炼丹,不能一刻离开。先前与王璞山面议,每营有文武兼备的营官,才能够照料好一切。

这次召募勇丁,组成军队开出,必须卧薪尝胆,勤苦操练,培养成为经受百战艰难的士卒,预先作东征不归的想法。若草率从事,驱赶没有经过训练的士卒,手执粗劣的武器,行军三千里之远,以抵挡百万虎狼之敌,还没交锋,而士气一定就会萎靡,虽有一两个忠义奋发的带头人,也不可能振作众人而持之以久。

点评

这里说的是对士卒与武器的要求。湘军初创时期,有的营官功利心切,仓卒成军,仓卒出征,曾氏极为反对此种做法。咸丰三年九月,他在给湖南巡抚骆秉章的信中说:"杨承义在省招勇,闻上半日招募,下半日即起行。其人不知何许人?"这几段话反复强调的就是士卒要训练,武器要精良。

岂能贵耳贱目

国藩立朝有年,更事孔多,曾不能以泛悠之毁誉,定伦类之优劣,岂有军务所关,不揆事理之当否,而徒贵耳贱目,逞我私臆乎!

译文

我在朝廷做官多年,经历事情很多,过去没有以泛泛所谈的毁与誉来决定人事的优劣,军务关系重大,岂有不依据事理的当否而重所听轻所见,来意气用事吗?

点评

王鑫是个很有能力也很有抱负的人,但也是个功利心极强的人,他所招募的军营正犯曾氏所指的仓卒成军的毛病，于是曾氏命令他裁汰部分人员。王鑫对此不满，外界对此也不满。咸丰三年十一月，曾氏写信给夏廷越，请夏"告璞山，急急沙汰，择其尤精者简办四营"。

水陆并进

阵法原无一定，然以一队言之，则以鸳鸯、三才二阵为要；以一营言之，则一正两奇、一接应、一设伏，四者断不可缺一。此外听足下自为变化。将多人以御剧寇，断不可无阵法也。

江中鏖战之船须二百号，其余雇备民船随助声势者须八百号。战船之中，每号配水勇二十人，民船之中，凡煤米油盐百货之需，无不装载，技艺工匠杂流之人，无不备具。船行中流，两岸陆兵，夹江而下，兵勇所得之银换舟中之钱，所用之钱即买舟中之货，庶兵勇所至，无米盐缺乏之患，无昂贵数倍之苦，而展转灌输，其银钱仍不出乎水陆两营之外。

否则，陆勇数千，贸然一行，九江以下千里萧条，无食可买，无钱可换，虽有忠奋凌霄，亦只得向江水而痛哭耳！是以国藩私计，总须舟载食物，水陆并进。

水勇佳者难得，然不难于放炮，而难于荡桨使舵。国藩之意，拟即专雇水手，盖水勇不可遽学为水手，水手却能即学为水勇。

水路有战船，必须两岸劲兵夹江护行。

译文

阵法原本无一定的成法，但以一队而言，则鸳鸯阵、三才阵两个阵法为重要；以一营而言，则一正两奇、一接应、一设伏，这四个方面决不能缺一。此外则听你自己来变化。指挥许多人来抵御强寇，决不能没有阵法。

江面上作战的船须得二百只，其余雇用跟随以助声势的民船须得八百只。每只战船配水勇二十人，民船里，凡煤米油盐百货等日用品无不装载，技术工匠及勤杂人员无不具备。船行在江中，两岸陆兵夹岸而下，兵勇所得到的银子换成舟中所载的钱，所要花费的钱就买船上所载的货物，这样兵勇所到之处，没有缺乏米盐的顾虑，也没有买昂贵几倍货物的苦恼。银钱转来转去，仍然不流出水陆两营之外。

否则，陆勇数千贸然独自行军，九江以下千里萧条，无食品可买，无钱可换，虽然有冲天的忠奋，也只能对着江水痛哭而已！所以我私下考虑，还是应该以船来载食物，水陆并进。

水勇优秀的难得，但不难于放炮，而是难于荡桨使舵。我的想法是，打算专门雇请水手，这是因为水勇不可以很快学成为水手，水手却能立即学成为水勇。

水路上有战船，必须得有两岸劲兵挨着江边沿途护行。

点评

水陆并进，不只是在军事上可以互为依靠，而且可以提供军需上的保障，又可达到银钱不外流的目的。曾氏书生出身，且长期在朝廷做官，无地方办具体事的经验，但一办实事，便能有如此周密的部署，足见此人有经世之才。

不用营兵镇将

岳王复生，或可换孱兵之筋骨，孔子复生，难遽变营队之习气，虽语涉谐谑，实痛切之言也。今欲图谋大局，万众一心，自须别开生面，崭新日月，专用新招之勇，求忠义之士将之，不杂入营稍久之兵，不用守备以上之将。

国藩数年以来，痛恨军营习气，武弁自守备以上，无一人不丧尽天良，故决计不用营兵，不用镇将。

译文

岳飞复生，或许可以改换孱弱士卒的筋骨，孔子复生，却难以很快改变军营中的习气，这话虽近于谐谑，其实是痛切之言。当今要想图谋大局，万众一心，自当别开生面，焕然一新，专用新招募的勇丁，寻求忠义之士统领，不混杂在军营中呆得稍久的人，不用守备以上的将官。

我数年以来就痛恨军营习气，武官自守备以上无一人不丧尽天良，故而决计不用营兵，不用镇将。

点评

道光三十年（1850）三月，曾氏上疏咸丰帝，说今天的官场是京官退缩、琐屑，外官敷衍、颟顸，"但求苟安无过，不求振作有为，将来一有艰巨，国家必有乏才之患"。当时有这等清醒认识的高级官员，可谓凤毛麟角。正因为此，待到曾氏自己来办事的时候，他文则少用朝廷命官，而大量启用绅士委员，武则不用营兵镇将，而重新招募乡勇，寻觅将官，用他的话来说，即"另起炉灶"、"赤地新立"、"别开生面"，等等。应该说，这是曾氏成功的一个关键原因。

履之后艰

平昔訾人出征迟滞，或咎人军兴浪费。及身膺斯责，则其迟滞尤久，而其浪费更多。履之后艰，于兹益信。

译文

过去常指责别人出征迟缓，或者埋怨别人军务上浪费，待到自己亲身处在这个位置上，迟缓的时间更长，浪费更多。亲自践履后才知艰难，这句话从此后更加相信了。

点评

看人挑担不费力。这是人之常情，不过，更要知道这是人的弱点。所以我们要常常提醒自己，要常常想到设身处地、易地而处等，不应轻易指责别人。

扎营哨探等

扎营宜深沟高垒，虽仅一宿，亦须为坚不可拔之计，但使能守我营垒，安如泰山，纵不能进攻，亦无损于大局。

哨探严明。离贼既近，时时作敌来扑营之想，敌之来路，应敌之路，埋伏之路，胜仗追贼之路，一一探明，切勿孟浪！

未经战阵之勇，每好言战，带兵者亦然。若稍有阅历，但觉我军处处瑕隙，无一可恃，不轻言战矣。

进则争前，退则散乱，三五人保住阵脚，即是劲旅，无此三五人者，则其初每成先胜后败之局，其后遂为屡北不振之师，此盖军旅强弱之恒态。

译文

扎营宜深挖壕沟高筑壁垒，即使住一夜，也要作坚不可拔的考虑，只要安如泰山般地守住我的营垒，纵使不能进攻，也无损于大局。

哨探要严明。离敌军已很近，时时作敌军来扑营的考虑，敌人的来路，应对敌人的路线，埋伏的地方，打胜后追赶敌人的道路，一一探明，切勿随便！

未经战场的勇丁，每每喜欢谈论战事，带兵者也这样。若稍有阅历，便会觉得我军处处有瑕疵空隙，无一处可恃，于是不轻易言战。

进攻时争着向前，退后时则散乱，能有三五人保住阵脚，即为劲旅。没有这样的三五人，则初期每每是先胜后败的局面，以后便成为屡败不振的部队。这是军队强弱的常态。

点评

扎营、哨探、不轻言战、保持阵脚，这些都是属于军营中的具体事项。曾氏是统帅，却能于军事说得如此细，足见他办事的实在。另一方面，我们从这些话中也可看出他性格上的谨慎。

不可以寻常行墨困倔奇男子

卫青人奴，拜将封侯，身尚贵主。此何等时，又可以寻常行墨困倔奇男子乎！

译文

卫青为人家奴，后来拜将封侯，娶公主为妻。现在是什么时候，怎能以寻常准则来使倔奇男子受困呢？

点评

卫青是出身低贱而最终建立大功出人头地的典型人物。但卫青之所以成功，一靠其姊，二靠战争，若缺乏这两者，要想成功则障碍重重。有姊为皇后，不是一般人所能遇到的，如果碰上战乱时期，却可以让千千万万出身低微的人面临一个大机遇，它将有可能使人改变境况。这就是自古以来，战争不止的重要原因之一。

军事以气为主

凡善弈者，每于棋危劫急之时，一面自救，一面破敌，往往因病成妍，转败为功，善用兵者亦然。

己无声而后可以听人之声，己无形而后可以伺人之形，抚贼之备物太甚者，其中盖有所不足也。以精心察之，冷眼窥之，无乘以躁气，无淆以众论，自能觑出可破之隙。若急于求效，杂以浮情客气，则或泰山当前不克见。以瓦注者巧，以钩注者惮，以黄金注者昏，外重而内轻，其为蔽也久矣。

用兵无他妙巧，常存有余不尽之气而已。孙仲谋之攻合肥，受创于张辽，诸葛武侯之攻陈仓，受创于郝昭，皆初气过锐，渐就衰竭之故。惟荀罃之拔逼阳，气已竭而忽振，陆抗之拔西陵，预料城之不能遽下，而蓄养锐气，先备外援，以待内之自敝，此善于用气者也。足下忠勇内蕴，迈往无前，惟猛进有余，好谋不足。吾愿足下学陆抗气未用而预筹之，不愿学荀罃气已竭而复振之，愿算毕而后战，不宜具战而徐算。

士卒不许有一人闲言闲语，稍触别营，不特宜戢本营六营，兼宜小心和协别营之将领。兵，犹火也，勿戢将自焚也。

军事以气为主，瀹去旧气，乃能重生新气。若不改头换面，长守此坚壁，以日夜严防而不得少息，则积而成陈腐之气，如败血之不足养身也。

濠中之土，宜覆于墙上，不可覆于外濠，宜壁立斗绝，不可斜坡陁下。

日中则昃，月盈则亏，故古诗"花未全开月未圆"之句，君子以为知道。自仆行军以来，每介疑胜疑败之际，战兢恐惧上下怵惕者，其后常为大胜；或当志得意满之候，各路云集，狃于屡胜，将卒矜慢，其后常有意外之失。

译文

凡善于下棋的，每每在危急的时候，一面自救，一面破敌，往往因此而转危为安，由失败转为成功，善于用兵者也这样。

自己不发出声音而后才可以听到别人发出的声音，自己的形体隐藏后才可以窥伺到别人的形体。抚州的敌人准备物品太多，是因为其中有所不足。以精心、冷眼来观察，不要仗着躁气，也不要被众论混淆，如此自然能看出可以攻破的隙缝。若急于求成，杂以虚浮骄气，则或许有可能泰山在前都看不到。以瓦片投注者手能巧，以钩投注者心胆怯，以黄金投注者头发昏。外重而内轻，思虑被蒙蔽已经很久了。

用兵没有别的巧妙，常常保存有丰裕而用不尽的士气而已。孙仲谋攻合肥，受挫于张辽，诸葛亮攻陈仓，受挫于郝昭，都是开始时士气过于锋锐，后来慢慢衰竭的缘故。惟有荀罃拔取逼阳，士气已衰竭而又忽然振作，陆抗攻拔西陵，预料城池不能很快拿下，于是蓄养锐气先准备外援，以等待城内的自我变乱。这是善于使用士气的例子。你蕴藏忠勇，一往无前，只是猛进有余，好谋不足。我愿你学陆抗士气未用而预先筹备着，不愿你学荀罃已衰竭而后再振作，愿你算计好后再开仗，不宜已开仗而后再慢慢算计。

士卒不许一个人有闲言闲语稍稍触犯别的部队，不仅应当约束本军六营，还要小心翼翼地和协其他部队的将领。用兵好比烧火一样，不约束则将自焚。

军事上以精神气象为主，疏散旧的气象，才能重生新的气象。若是不改变，长期死守这个坚固壁垒，日夜严防，士卒不能稍稍休息，则将会堆积成陈腐的气象，如败血那样不能滋养身体。

濠沟中的土宜覆盖于墙垒上，不可覆盖于外濠。墙垒应当壁陡，不可筑成斜坡状。

太阳到了中午则西偏，月亮盈满后则会亏缺，故而古诗中"花未全开月未圆"的句子，君子认为这是悟道的话。我自从办理军务以来，每处于对胜败存疑的时候，从而战战兢兢心怀恐惧，之后常会获大胜；而当处于志得意满的时候，各路军队云集，因为屡胜，将士们骄慢，之后则常有损失。

点评

此处所抄录的这几段话，出自于咸丰六年正月至九月间，给罗泽南、李元度、罗萱等人的书信，谈的都是关于用兵打仗方面的思考。作为一个曾经潜心研习程朱之学的理学家，曾氏十分看重军营中的士气，并注意培养和保存这种士气；当然，曾氏心中的士气，不仅只是锋锐的战胜攻取的斗志，还有谦谨稳重的军营气象。

曾氏早年在京师时，曾给诸弟说过《易经》中盈虚消息的道理，说过"日中则昃，月盈则亏，天有孤虚，地缺东南"的话。三十来岁的他，便已深刻领悟"盈满遭概，亏缺乃常"之宇宙人间的绝大道理。带兵之后，他又将这个领悟运用到打仗中，自觉克服骄傲自满的情绪，清醒保持欠缺不足的意识。这段与青年营官罗萱的谈话，应出于曾氏的肺腑之中。梁启超为此按语："处一切境遇皆如此，岂惟用兵！"梁氏将此视为人生指针，则又包含了梁本人的阅历之得。

《庄子·达生篇》中说："以瓦注者巧，以钩注者惮，以黄金注者昏。其巧一也，而有所矜，则重外也。凡外重者内拙。"这几句话说出人类普遍存在的一种心态，即所办的事，愈看得重，愈想求成，则反而易于心神不定，而最终事与愿违。鉴于此，人们总是反反复复地谈论着"平常心"，尤其是面临重大赛事，保持平常之心更显重要。

知识与经验种种

军行，以水泉甘洁为最难得之境，其无活水清泉之处，不可驻也。

用兵之道，与读书同，不日进则日退，须"日知其所亡，月无忘其所能"为妙。

目下贼氛正盛，我军宜蓄锐以俟时，沉几以观变，如必须退兵，则不妨少退以蓄势，待得机然后再进。兵法有进有退，古名将非全无退时也，望斟酌行之。

崖角岭一冲太长，进冲甚易，退回甚难，此行兵者忌也。此时审几度势，但宜稳扎，不宜轻进，名将以救败为第一难事。

凡兵勇太少则军威不壮，太多则弱者间或反为强者之累，弟之不肯轻用团勇，亦执是故。若能借其人多以助我之势，而临阵又不为其所累，则有益而无损，到处乡团皆可用矣。

译文

军队的行动，以有甘洁的水源为最难得的地方，那些无活水清泉的地方不可驻扎。

用兵的道理与读书相同，不一天天前进则将一天天后退，必须做到"每天知道所未知的，每月温习所已知的"为好。

眼下敌军气势正盛，我军宜积蓄锐气以等待时候，静心审视机遇以观察变化，若必须退兵则不妨少退以积蓄气势，等待有机会时再进。兵法有进有退，古时的名将并不是完全无后退的时候，望斟酌而行。

崖角岭一带冲太长，进冲很容易，退回很困难。这是用兵者所忌讳的。此时审察情势，只宜稳扎，不宜轻进，名将以挽救失败为最难的事。

凡兵勇太少则军威不壮，太多则其中弱者反成为强者的拖累。我之所以不愿轻用团勇，也是因为此。若是能借取他的人多来助我的声势，而临阵又不为他所拖累，则有益而无损。若这样，则随处的乡团都可以有用了。

点评

这几段说的也是带兵者的知识和经验，如择水而驻扎，进时须想到退时，团勇之可用与不可用等等。作为统帅，在书信中随时提醒部属，也是关心与爱护的一种表现。

不善临阵

国藩平日不善临阵，故友人相戒，但宜在远处调度，不宜至近处对敌，恐各统领营官分心以护卫鄙人，转不能冲锋应变，出奇制胜也。

译文

我平日不善于临阵指挥，故而朋友们告诉我，只在远处调度，不宜在近处面对敌人，惟恐各统领营官分心来保护我，反而不能冲锋应变，出奇制胜。

点评

曾氏是有名的只能将将不能将兵的人。湘军初出征时，曾氏亲自指挥过几次战役，均以失败告终。他由此看出自己的弱点，从那以后就再不充当战场指挥官了。军事是一门包罗很广的学问，不能为战场上的将或兵，并不意味着不能涉足军事。不能为将可为帅，不能为兵可为军中文职人员，这些人都是在为军事服务。

湘军归农及其他

连日各处募勇者甚多，应募者渐少，卒之择将甚于将之择卒，朝秦夕楚，轻去其主，辛苦教练，甫觉可用，转瞬已失其所在矣。或在此营当散勇，则贪易一营以充什长，甫得什长，又思易一营以充哨长。若兵则一列尺籍，终身不改，鄙意欲借兵呆板之风，稍变勇浮动之习。

吏治有常者也，可先立法而后择人。兵事无常者也，当先求人而后立法。求人以统领为最难，营官亦颇不易得。

耳不两听而聪，目不两视而明。兵勇愚蠢，自须专习一途，以一其心志。上岸杀贼、洗足上船之说，当筑濡须坞时，已知其不可行矣。

军家之一胜一败，其炎凉意态，往往出素所亲爱之人，若更事稍多，亦自见惯不惊。

两次挫失之后，弁勇心目中，不无轻疑主将之意。田单拜神人为师，亦以势弱恐下不我信也。望于士卒前少存不自足之怀，无当大股，无贪奇功，得小小胜仗数次，则士气渐转而可有为矣。

防守之统领，已属难得，游击之统领，尤为可遇而不可求。阁下静能生明，专在人材上用心，犹为费力少而收效多，何如？

将来贼平之后，勇则归农，弁目之精强者，则得缺归伍，亦销患之一道也。

承询选将一节，猥以湖湘俊彦朋兴推求汲引之原，鄙人督督，奚足以言衡鉴？风云际遇，时或使之，生当是邦，会逢其适，于鄙钝初无与也。抑又窃疑古人论将，神明变幻，不可方物，几于百长并集，一短难容，恐亦史册追崇之辞，初非当日预定之品。要以衡才不拘一格，论事不求苛细，无因寸朽而弃连抱，无施数罟以失巨鳞。斯先哲之恒言，虽愚蒙而可勉。

稳扎坚守，严纪律而爱百姓，尚属人力之所能勉，行之不懈，亦弭谤之一端也。

古来义士仁人，行军用兵之道，专重救人之急，解人之围，是以义声播于遐迩。

来教"分制援贼，包打胜仗"等语，无乃期许过奢。鄙人教练之才，非战阵之才也，守黄梅、守石牌或可竭力任之，拒援贼，则敬谢不敏。人贵自知，不敢不确陈其短耳。

译文

连日来各地招募勇丁的很多，应募者渐渐减少，士卒选择将领要超过将领选择士卒，朝秦夕楚，轻易离开主人，辛苦教练，刚觉得可用，转眼便换了地方。

或者在此营当散勇，则想换一个营去充当什长，刚当到什长，又想着换一个营去充当哨长。若是兵，则一旦列在簿册上，则终身不改变。我的意思是想借鉴兵不变动的呆板作法，稍稍改变勇丁的浮动习气。

吏治是有常规可寻的，可以先立法而后择人。兵事是无常规可寻的，应当先择人而后立法。择人以择统领为最难，营官也颇为不容易得到。

耳朵不同时听两种声音才能聪，眼睛不同时看两样东西才能明。兵勇愚蠢，自然须得专门学习一项，借以使他们的心志专一。上岸杀敌、洗好脚上船这些说法，在修筑濡须坞的时候，便已知不可实行了。

军事家的一胜一败，他的喜悦与悲痛情绪，往往是冲着平素所亲近的人而发的，若历事稍多，也自然会见惯不惊了。

两次挫败之后，将士们的心目中，不会没有轻视怀疑主将的想法。田单拜神人为师，也是因为自己处于弱势担心部下不相信的缘故。希望你在士卒前少存不自信的心思，不要面对大股敌人，不要贪图奇功，获得几次小小胜仗，则士气慢慢将转变而可为了。

防守的统领已属于难得，游击的统领尤为可遇而不可求。你静能生明，专在人才上用心思，尚且是费力少而收效多的事，何不试一试？

将来这股贼匪平定后，勇丁则回乡务农，低级武官中的精强者，则遇缺补进军营，也是消除隐患的一种办法。

承蒙询问选将一事，因为得到湖湘才俊之士们的推荐互相吸引影响的缘故，我是个昏庸之人，哪里能说上衡鉴将才？风云际会，时代使然，生在这个地方，恰好遇到这个机会，于我这个见识鄙陋者本无关系。我又私下怀疑古人谈论将才，神明变幻，不可企及，几乎是百长集于一身，一点短处都没有，恐怕也是史册的追逐崇拜之辞，本不是当时的情形。要紧的是，衡量人才要不拘一格，论事要不求苛严细微，不能因为有一寸长的地方朽烂了而放弃一棵大树，不要撒网过多反而失去大鱼。这是先哲常说的话，即便是愚蒙也可以此勉励。

稳扎稳打，严明纪律而爱护百姓，这些尚属于人的力量所能勉强做到的，行之而不松懈，也是消弭谤言的一种方法。

古来的仁人义士，打仗用兵之道，专注重救人的急难，解除人的受围，故而义声播于远近。

来信中的教导如"分制援贼，包打胜仗"等话，可能期望太高。我是一个教练之才，并不是战场指挥之才，守黄梅、守石牌或许可以竭力担任，抗拒援敌，则我的力量做不到。人贵有自知之明，不敢不明确说明自己的短处。

点评

这些话，也都是曾氏在与各路将领的通信中说的。值得注意的是，早在湘军创建初期，曾氏便想到了勇丁日后的回归农村。使用"销患"一词，可见曾氏对军队本质的认识之深刻。

无人情，百求不应

近年军中阅历有年，益知天下事，当于大处着眼，小处下手。陆氏但称先立乎其大者，若不辅以朱子铢积寸累工夫，则下梢全无把握。故国藩治军，屏去一切高深神奇之说，专就粗浅纤悉处致力，虽坐是不克大有功效，然为钝拙计则犹守约之方也。所最难者，近日调兵、拨饷、察吏、选将，皆以应酬人情之道行之，不问事势之缓急，谕旨之宽严。苟无人情，百求罔应。即举劾赏罚，无人情则虽大贤莫荐，有人情则虽巨憝亦释，故贼焰虽已渐衰，而人心殊未厌乱。每独居深念，憾不得与阁下促膝密语，一摅积愫。

译文

近年来在军营中阅历较久，愈加知道天下事应当从大处着眼，从小处下手。陆氏只说先立其大者，若是不以朱子所谓积铢累寸工夫以辅助，则下梢部位全无把握。故而我治理军队，屏除一切高深神奇的说词，专门就粗处浅处细微处致力，虽然因为此而不能大有功效，然而作为钝拙之计则还可以说得上是守约的方子。所最难的是，近日调兵、拨饷、察吏、选将，都以应酬人情的办法来办理，不去问事情的缓与急，谕旨的宽与严。如果没有人情，百求不应，即便是保举弹劾及赏与罚等，没有人情则虽大贤而不能获得保荐，有人情虽大恶也能被释放，所以敌人的气焰虽然渐渐衰息，但人心却深未厌乱。每独居细想，遗憾不能与您促膝密谈，一舒积郁。

点评

"大处着眼，小处下手"，这八个字实在是至理名言。世人或重大而忽小，或重小而忽大，难以大小兼顾。重大忽小，易流于空；重小忽大，易陷于琐：皆不能成就事业。

笔者深憾当今社会的人情大于法理，却不料一百多年前的曾氏办事也同受人情的掣肘。呜呼！这是人类社会不可改易的本性呢，还是中国传统文化的强烈负面影响呢？

愈易愈简愈妙

凡临敌观气色，有二可虑：骄气，则有浮淫之色（淫溢也，大也，漫也）；惰气，则有晻滞之色（晻，晦也，暗也），望体察而补救之。

骄气惰气等语，却不宜与人说及，此等默察之而默救之耳！凡与诸将语，理不宜深，令不宜烦，愈易愈简愈妙也。不特与诸将语为然，即吾辈治心治身，理亦不可太多，知亦不可太杂，切身日日用得着的，不过一两句，所谓守约也。

译文

凡临战时看气色，有两点值得忧虑：有骄气，则有浮淫的气氛（这种气氛表现在情绪上的浮躁、溢满、自大、散漫）；有惰气，则有晻滞的气氛（晻，即晦涩、阴暗），希望能体察并予以补救。

骄气、惰气等话，却不宜对别人说及，这些都只能默默地观察与补救而已！凡与各位将领说话，道理不宜太高深，军令不宜太繁琐，越容易越简单越好。不仅与诸将说话是这样，即便是我们自己治心治身，道理也不可太多，知识也不可太杂，切身而且日日能用得上的，不过一两句，这就是所谓守约。

点评

世间的物与事，若从学问的角度来研究，都应该做到至深至细至繁，若从操作的角度来要求，则应该力求简单方便；对于人本身和人的群体即社会来说也一样。古往今来，人文研究的著述浩如烟海，但普通人对人文的认识，则应如曾氏所说的"愈易愈简愈妙"。

治军所感所得

鄙意欲仿六年八月鲁家港御石逆之法，直待贼来扑营，坚壁不出，待其惰归而后出击，亦不远追。如是二日，彼之锐气少沮，我之识力稍定，然后设法击之，则真贼与裹胁者，情状分明矣。

河淮以北之民，赋性刚劲，耐寒习苦，囊裹干粮，且行且食，以该处之兵，办本地之贼，必可得力。若敝部皆衡湘之士，狃于南方风气，不惯面食，冬至风帽皮衣，炭盘手炉，刻不能离，罗、李名将，亦不免于冬烘气象。

凡兵勇与百姓交涉者，总宜伸民气而抑兵勇，所以感召天和者在此，即所以要获名誉者亦在此。望阁下实心行之，幸勿视为老生常谈也。至于战胜攻取，虽无把握，若守之必固，则可以人力操其权。

军事有骄气惰气皆败气也。孔子云"临事而惧"，则绝骄之源，"好谋而成"，则绝惰之源，平日无时不谋，无事不谋，自无惰时矣。外间或言阁下好笼罩人，己所不知者，以言恬人使言之，人言未毕，则又以己意承接而引伸之，好以聪明绌人而不以至诚待人。国藩久闻此语，未便遽进箴规，今既受统领重任，务祈绌己之聪明，贬己之智术。凡军中大小事件，殷殷请教于朱云崖，处处出于至诚，则人皆感悦而告之以善矣。

早夜站墙，日日操练，断不可闲。勤字为人生第一要义，无论居家居官行军，皆以勤字为本。黎明早起，勤字中之一端也。

用兵久，则骄惰自生，骄惰则未有不败者。勤字所以医惰，慎字所以医骄，此二字之先，须有一诚字以立之本。立志要将此事知得透办得穿。精诚所至，金石亦开，鬼神亦避，此在己之诚也。人之生也直，与武员相交接，尤贵乎直。文员之心，多曲多歪多不坦白，往往与武员不相水乳，

曾国藩墓前石柱

必尽去歪曲私衷，事事推心置腹，使武人粗人坦然无疑，此接物之诚也。以诚字为之本，以勤字慎字为之用，庶几免于大戾，免于大败。

楚军水陆之好处，全在无官气而有血性。若官气增一分，则血性必减一分。八、九两年，余过湖口时，彼此皆不免有官气，此次余与厚庵、阁下，皆当力戒以挽风气。

今大难之起，无一兵足供一割之用，实以官气太重，心窍太多，漓朴散醇，真意荡然。湘勇之兴，凡官气重心窍多者，在所必斥，历岁稍久，亦未免沾染习气。

军事是极质之事，《廿三史》除班马外，皆文人以意为之，不知甲仗为何物，战阵为何事，浮词伪语，随意编造，断不可信。仆于《通鉴》中之不可信者，皆用笔识出矣。退庵若以编辑《廿三史》成书为治军之蓝本，则门径已差，难与图功。阁下与之至交，须劝之尽弃故纸，专从事于点名、看操、查墙子诸事也。

鄙人近岁在军，不问战事之利钝，但课一己之勤惰，盖战虽数次得利数十次得利，曾无小补，不若自习勤劳，犹可稍求一心之安。

译文

我的想法是仿照咸丰六年（1856）八月鲁家港抵御石达开的办法，一直到敌军前来扑营时都坚守不出，等到他们疲惰退回时才出击，也不远追。如此两天，他们的锐气稍为沮丧，我的识力稍为坚定，然后设法攻击，则真正的敌人与被裹胁雇佣的人便分清楚了。

黄河淮河以北的民众，性格刚劲，耐寒习苦，背囊里装着干粮，边走边吃，用该地的兵办理该地的贼，必定可以得力。像我的部众都是湖南人，局限于南方风气，吃不惯面食，冬天时则戴风帽穿皮衣，炭盘手炉，一刻都不能离开，罗泽南、李续宾这些名将，也免不了一副冬烘先生模样。

凡兵勇与老百姓打交道的时候，总宜于伸展民气而压抑兵勇，之所以能感召天和者在这点上，之所以能获得好名声者也在这点上。希望您能实心执行，幸勿视为老生常谈。至于战胜攻取方面虽无把握，若是守之必固，则可以人力来操纵。

军队中有骄气惰气，都是败气。孔子说"临事而惧"，则是断绝骄气的源头；"好谋而成"，则是断绝惰气的源头，平时无时不谋划，无事不谋划，自然无懒惰的时候了。外间有人说您喜欢笼罩别人。自己所不知道的，用话引来别人说出，别人话未说完，则又以自己的意思接下来加以引申，喜欢以聪明来压抑别人，而不是以至诚来待人。我久已听到这些话，不便立即规劝，现在既已受统领重任，务必请压抑自己的聪明，贬退自己的智术。凡军中大小事情，都殷勤向朱云崖请教，处处出于至诚，则别人都会感动欣悦而以善言相告。

早晨夜间站岗，每天操练，决不可偷闲。勤字为人生的第一要义，无论在家过日子还是做官办军务，都以勤字为本。黎明时早起床，是勤字中的一点。

用兵久，则骄与惰自然产生，骄与惰则没有不失败的。勤字用来医治惰，慎字用来医治骄，这两个字之先，须得有一个诚字作为根本。立志要将这一件事懂得明白，办得透彻。精诚所至，金石为开，鬼神也避，这全在于自己的诚意。人的一生应当直爽，与武员打交道，尤贵在直爽。文员的心，多曲折多歪斜多不坦白，往往与武员不相融洽，必须完全去掉歪曲私心，事事推心置腹，使武人粗人坦然无疑，这是待人接物的诚恳。以诚字为本，以勤字慎字为用，或许可以避免大乖戾，避免大失败。

湘军水师陆师的好处，全在于无官气而有血性。若官气增加一分，则血性必减少一分。咸丰八、九两年，我过湖口时，彼此之间都不免有官气。此次我与杨厚庵及您，都应当力戒官气以挽风气。

当今大难发生，无一个兵卒可供一次打仗所用，实在是因为官气太重，心眼太多，原本的朴实变得浅薄、醇厚被离散，真情真意荡然无存。湘军兴起时，凡官气重心眼多的，一律排斥，现在经历时间久了，也未免沾染社会习气。

军事是极为质实的事情，《廿三史》除班固、司马迁外，都是文人凭自己的想象来写的，不知甲杖器械为何物，不知战场布阵为何物，浮词伪语，随意编造，断然不可相信。我于《资治通鉴》中不可相信的，都用笔标出了。退庵若是将《廿三史》编辑成书作为治军的蓝本，则入口处已错，难得成功。您与他是至交，须得劝他完全丢掉故纸堆，专门从事点名、看操、查墙子等具体事务。

我近年在军营，不问战事的顺利与不顺，只是督察自己的勤与惰，这是因为战事虽几次得利甚至几十次得利，但没有多大的补益，不如自己习于勤劳，还可稍稍求得一己之心安。

点评

此处所抄录的十段话，也都是曾氏与各路将领谈治军的所感所得。归纳起来大致有如下内容：即避敌锐气，防己骄气惰气官气；治军当以诚为本，以勤慎为用；《廿三史》皆文人之作，其中所谈之军事不可相信等等。今人治军者，甚或治公司团体者，都可引为借鉴。

行军禁止骚扰

家世寒素，深知一粒一丝之匪易。近年从事戎行，每驻扎之处，周历城乡，所见无不毁之屋，无不伐之树，无不破之富家，无不欺之穷民。大抵受害于贼者十之七八，受害于兵者亦有二三，喟然私叹行军之害民一至此乎！故每与将官委员告戒，总以禁止骚扰为第一义。虽行之未必有效，差幸与阁下来示意趣相同。

译文

家世清贫卑微，深知一粒米一丝布来之不易。近年来从事军务，每驻扎之处，四处查看城市乡村，所见没有不遭毁坏的房屋，没有不遭砍伐的树木，没有不破产的富家，没有不受欺负的穷人。大抵被贼人伤害的占十之七八，被官兵伤害的也有十之二三，喟然感叹战争伤害民众到了这等地步！故而每每告诫将官委员，一定要以禁止骚扰民众为第一义。虽然执行上未必有效果，但庆幸与您来信中所说的意趣相同。

点评

曾氏农家出身，做了大官后非但不以自己家世寒素为耻，反而念念不忘告诫子弟要保持寒士家风，做了军事统帅之后，又由己及人，力诚将士不得扰民，部属虽未必全听，但约束与放纵所带来的后果还是截然不同的。

择地筑垒种种

主守则专守，主战则专战，主城则专修城，主垒则专修垒，切不可脚踏两边桥，临时张皇也。

战时无他妙巧，大约队伍不错乱，枪炮不早发，二者即操可胜之权。贼若凭坚城而守，我军仰攻，断难得手。

大抵平日非至稳之兵，必不可轻用险着；平日非至正之道，必不可轻用奇谋。然则稳也，正也，人事之力行于平日者也；险也，奇也，天机之凑泊于临时者也。

布置须四路照顾，不可挤在一处。贼若来时，当头敌者，须择一好手，窄路打仗，胜败全系头敌数人，若头敌站不住，后面虽有好手，亦被人挤退了。

治军之道，以勤字为先。身勤则强，佚则病；家勤则兴，懒则衰；国勤则治，怠则乱；军勤则胜，惰则败。惰者，暮气也。求阁下以身率之，常常提其朝气为要。

治军以勤字为先，实阅历而知其不可易。未有平日不早起而临敌忽能早起者，未有平日不习劳而临敌忽能习劳者，未有平日不能忍饥耐寒而临敌忽能忍饥耐寒者。徽防挈眷扰民，习气已深，实难挽回。吾辈共当习勤劳，先之以愧厉，继之以痛惩。阁下若有志斯事，或零招一二哨训练，绳以敝处营规，尽变徽防积习，如果可用，则逐渐增加，以是保卫珂乡，即以是共维大局。

凡打仗，一鼓再鼓而人不动者，则气必衰减；凡攻垒，一扑再扑而人不动者，则气必衰减。

择地有两法，有自固者，有扼贼者。自固者，择高山，择要隘；扼贼者，择平坦必经之路，择浅水津渡之处。嗣后每立一军，则修碉二十座以为老营，环老营之四面方三百里，皆可往来梭剿，庶几可战可守，可奇可正，得四军可靠者，则变化无穷。

凡用兵之道，本强而故示敌以弱者多胜，本弱而故示敌以强者多败；敌加于我，审量而后应之者多胜，漫无审量，轻以兵加于敌者多败。阁下常犯此二忌，嗣后望勤加训练，不患无交战之时，但患无能战之具耳。

石垒之法，约二丈二尺高，在土内基址砌四尺，出土外者一丈八尺，厚如修敦仁碉之式。一丈以上安门，门上不过一二尺耳，大可容一哨人（合勇夫不过百二十人），断不可再大。内作四舱。火药舱、水舱上不住人，子弹舱、米盐舱上可住人。墙不甚厚，则守垛者无子墙可站，宜于砌至丈五六尺时，用横木砌于砖石之内，架板于横木挑之上，如栈道然，以备站墙之用。

凡出队，有宜速者，有宜迟者。宜速者，我去寻贼，先发制人者也；宜迟者，贼来寻我，以主待客者也。主气常静，客气常动，客气先盛而后衰，主气先老而后壮。故善用兵者，最喜为主，不喜作客。或我寻贼去先发制人，或贼寻我以主待客，总须审定乃行，切不可于两层一无所见，贸然一出也。

译文

决定坚守，则专心专意守，决定作战，则专心专意备战；决定依靠城墙，则专心专意修城墙，决定依靠堡垒，则专心专意修堡垒，切不可脚踏两边船，临时张皇失措。

作战时没有别的巧妙，大约队伍不错乱，枪炮子不早发射，做到这二者即可操胜券。故军若是凭借坚城而死守，我军仰攻，断然难以得手。

大抵平时不是极稳重的队伍，必不可轻用险着；平时不是行极正派的法则，必不可轻用奇谋。然而稳、正，是行之于平时的人事，险、奇是临时凑泊的天机。

布置上须得四路都照顾到，不可挤在一处。故军若来时，最先与敌军接触的，必须选择一个好手，窄路打仗，胜败全系在最先接触故军的那几个人，若这些人站不住，后面虽有好手，也被别人挤退了。

治理军营的方法，以勤字为先。身体勤则强壮，安逸则病；家庭勤则兴盛，懒惰则衰；国家勤则治，荒怠则乱；军务勤则胜，散漫则败。惰，是暮气。请您以身作则，常常提升军营的朝气为紧要。

治理军营以勤字为先，亲身阅历后才知道这是不可变易的。没有平时不早起而临到打仗时忽然能早起的，没有平时不习劳苦而临到打仗时忽然能习劳苦的，没有平时不能忍耐饥寒而临到打仗时忽然能忍耐饥寒的。徽州府的防兵携带家眷骚扰民众，习气已很深，实在难以挽回。我们应当共同习于勤劳。先要以徽防军营习气为惭愧，继而应予以严惩。您若有志于此事，或零散招募一二哨勇丁训练，以我处的营规为准绳，完全改变徽防军营的旧习。如果可用，则逐渐增加，以此保卫您的家乡，也以此来共同维护大局。

凡打仗，一鼓再鼓而别人不动的，则士气必然衰减；凡攻垒，一扑再扑而别人不动的，则士气必然衰减。

选择驻地有两种，有用以自我固守的，有用来扼塞故军的。自我固守的，选择高山，选择要隘；扼塞故军的，选择平坦必经的道路，选择浅水渡口。以后每成立一支军队，则修筑碉堡二十座作为大本营，环绕大本营方圆三百里都可以往来出动，这样则可战可守，可奇可正，得到四支可靠的军队，则将变化无穷。

凡用兵的办法，本来强大却故意示故以弱小的多获胜，本来弱小而故意示敌以强大的多失败。敌人向我挑战，审查敌人的力量而后应之的多获胜，全不审查力量轻率向敌人挑战的多失败。您常犯此二忌，此后希望能勤加训练，不怕没有打仗的时候，只是怕没有做好能够打胜仗的准备。

筑石垒的方法，垒约二丈二尺高，在泥土内砌基础四尺，出土外高一丈八尺，厚度如修敦仁碉的式样。一丈高以上安装门，门上不过一二尺罢了，大小可容下一哨人（连勇夫在内不过一百二十人），决不可再大，里面分作四个舱。火药舱、水舱上不住人，子弹舱、米盐舱上可以住人。墙若不太厚，则守垛者无子墙可以站，宜于在砌到一丈五六尺时，用横木砌于砖石之内，再架木板在横木挑出部分之上，像栈道样，以备站墙用。

凡出队打仗，有宜快的，有宜慢的。宜快的，我去找敌人，这叫做先发制人；宜慢的，敌人来找我，这叫做以主待客。为主则气常静，为客则气常动。为客之气先盛而后衰，为主之气先老而后壮。所以善于用兵的，最喜为主，不喜为客。或者我去找敌先发制人，或者敌来找我，我以主待客，总是要审查好后才行动，切不可于这两层上一无所见，便贸然出队打仗。

点评

所抄录的这十一段话，都出自于曾氏的书信中。人的许多优良品德，要靠平日培植，日积月累，自成习惯。成了习惯后，在别人看来是难事苦事，自己做起来并不觉得难与苦。俗话说良好的习惯，能带来一生的好处。

值得我们注意的是，曾氏在书信中居然详细介绍修筑石垒的方法。以湘军统帅之尊，却不惜絮絮叨叨讲工匠行话。此中透露的不只是曾氏做事的细致扎实，也体现他的性格。早年在京师做官，他便希望家书越详细越好。他对诸弟说："吾每作书与诸弟，不觉其言之长，想诸弟或厌烦难看矣，然诸弟苟有长信与我，我实乐之，如获至宝。人固各有性情也。"（道光二十二年十月二十六日致诸弟）

军歌三首

陆军得胜歌

三军听我苦口说，教你陆战真秘诀。第一扎营要端详，营盘选个好山冈。
不要低洼潮湿地，不要一坦太平洋。后有退步前有进，一半见面一半藏。
看定地方插标记，插起竹竿牵绳墙。绳子围出三道圈，内圈略窄外圈宽。
六尺墙脚八尺壕，壕要筑紧墙要牢。正墙高要七尺满，子墙只有一半高。
烂泥碎石不坚固，雨后倒塌一缸糟。一营只开两道门，门外逐驱闲杂人。
周围挖些好茅厕，免得热天臭气熏。三里以外把个卡，日日守卡夜夜巡。
第二打仗要细思，出队要分三大支。中间一支且扎住，左右两支先出去。
另把一支打接应，再要一支埋伏定。队伍排在山坡上，营官四处好瞭望。
看他哪边是来路，看他哪边是去向。看他哪路有埋伏，看他哪路有强将。

哪处来的真贼头，哪边做的假模样。件件看清件件说，说得人人都胆壮。
他呐喊来我不喊，他放枪来我不放。他若扑来我不动，待他疲了再接仗。
起手要阴后要阳，出队要弱收队强。初交手时如老鼠，越打越强如老虎。
打散贼匪四山逃，追贼专从两边抄。逢屋逢山搜埋伏，队伍切莫乱分毫。
第三行路要分班，各营队伍莫乱参。四六队伍走前后，锅帐担子走中间。
不许争先太拥挤，不许落后太孤单。选个探马向前探，要选明白真好汉。
每日先走二十里，一步一步仔细看。遇着树木探村庄，遇着河水探桥梁。
遇着岔路探埋伏，左边右边都要防。遇着贼匪来迎敌，飞马回报不要忙。
看定地势并虚实，迟报一刻也不妨。前有探马走前站，后有将官押尾帮。
过了尾帮落后边，插他耳箭打一千。第四规矩要肃静，有礼有法有号令。
哨官管兵莫太宽，营官也要严哨官。出营归营要告假，朔日望日要请安。
若有公事穿衣服，大家出来站个班。营门摆设杖和枷，闲人进来便锁拿。
不许吸烟并赌博，不许高声大喧哗。奸淫掳掠定要斩，巡更传令都要查。
起更各哨就安排，传齐夫勇点名来。营官三夜点一次，哨官每夜点一回。
任凭客到文书到，营门一闭总不开。衣服装扮要料峭，莫穿红绿惹人笑。
哨官不许穿长衣，兵勇不许穿软料。脚上草鞋紧紧穿，身上腰带紧紧缠。
头上包布紧紧扎，英雄样子都齐全。第五军器要整齐，各人制件好东西。
杂木杆子溜溜圆，又光又硬又发绵。常常在手摸得久，越摸越熟越值钱。
锚头只要六寸长，要出杨家梨花枪。大刀要轻腰刀重，快如闪电白如霜。
枪炮钻洗要干净，铅子个个要合膛。生漆皮桶盛火药，勤翻勤晒见太阳。
锄锹镢子要粗大，斧头要嵌三分钢。火球都要亲手制，六分净硝四分磺。
旗帜三月换一次，红的印心白的镶。统领八面营官四，队长一面哨官双。
树树摇出似飞虎，对对走出如鸳鸯。第六兵勇要演操，清清静静莫号嘈。
早习大刀并锚子，晚习扒墙并跳壕。壕沟要跳八尺宽，墙子要扒七尺高。
树个靶子十丈远，火球石子手中抛。闲时寻个宽地方，又演跑队又演枪。
鸟枪手劲习个稳，抬枪眼力习个准。灌起铅子习打靶，翻山过水习跑马。
事事操习事事精，百战百胜有名声。这个六条句句好，人人唱熟是秘宝。
兵勇甘苦我尽知，生怕你们吃了亏。仔细唱我得胜歌，保你福多又寿多。

爱民歌

三军个个仔细听，行军先要爱百姓。贼匪害了百姓们，全靠官兵来救人。
百姓被贼吃了苦，全靠官兵来作主。第一扎营不要懒，莫走人家取门板。
莫拆民房搬砖石，莫踹禾苗坏田产。莫打民间鸭和鸡，莫借民间锅和碗。

莫派民夫来挖壕，莫到民间去打馆。筑墙莫拦街前路，砍柴莫砍坟上树。
挑水莫挑有鱼塘，凡事都要让一步。第二行路要端详，夜夜总要支帐房。
莫进城市占铺店，莫向乡间借村庄。人有小事莫喧哗，人不躲路莫挤他。
无钱莫扯道边菜，无钱莫吃便宜茶。更有一句要紧书，切莫掳人当长夫。
一人被掳挑担去，一家啼哭不安居。娘哭子来眼也肿，妻哭夫来泪也枯。
从中地保又讹钱，分派各团并各都。有夫派夫无派钱，牵了驴马又牵猪。
鸡飞狗走都吓倒，塘里吓死几条鱼。第三号令要严明，兵勇不许乱出营。
走出营来就学坏，总是百姓来受害。或走大家讹钱文，或走小家调妇人。
邀些地痞做伙计，买些烧酒同喝醉。逢着百姓就要打，遇着店家就发气。
可怜百姓打出血，吃了大亏不敢说。生怕老将不自在，还要出钱去陪罪。
要得百姓稍安静，先要兵勇听号令。陆军不许乱出营，水军不许岸上行。
在家皆是做良民，出来当兵也是人。官兵贼匪本不同，官兵是人贼是禽。
官兵不抢贼匪抢，官兵不淫贼匪淫。若是官兵也淫抢，便同贼匪一条心。
官兵与贼不分明，到处传出丑声名。百姓听得心酸，上司听得皱眉尖。
上司不肯发粮饷，百姓不肯卖米盐。爱民之军处处喜，扰民之军处处嫌。
我的军士跟我早，多年在外名声好。如今百姓更穷困，愿我军士听教训。
军士与民如一家，千记不可欺负他。日日熟唱爱民歌，天和地和又人和。

解散歌

莫打鼓来莫打锣，听我唱个解散歌。如今贼多有缘故，大半都是掳进去。
掳了良民当长毛，个个心中都想逃。官兵若杀胁从人，可怜冤枉无处伸。
良民一朝被贼掳，吃尽千辛并万苦。初掳进去就挑担，板子打得皮肉烂。
又要煮饭又搬柴，上无衣服下无鞋。看看头发一寸长，就要逼他上战场。
初上战场眼哭肿，又羞又恨又懵懂。向前又怕官兵砍，退后又怕长毛斩。
一年两载发更长，从此不敢回家乡。一封家信无处寄，背地落泪想爷娘。
被掳太久家太贫，儿子饿死妻嫁人。半夜偷逃想回家，层层贼卡有盘查。
又怕官军盘得紧，跪求饶命也不准。又怕团勇来讹钱，抢去衣服并盘缠。
种种苦情说不完，说起阎王也心酸。我今到处贴告示，凡是胁从皆免死。
第一不杀老和少，登时释放给护照。第二不杀老长发，一尺二尺皆遣发。
第三不杀面刺字，劝他用药洗几次。第四不杀打过仗，丢了军器便释放。
第五不杀做伪官，被胁受职也可宽。第六不杀旧官兵，被贼围捉也原情。
第七不杀贼探子，也有愚民被驱使。第八不杀捆送人，也防乡团捆难民。
人人不杀都胆壮，各各逃生寻去向。贼要聚来我要散，贼要掳来我要放。

每人给张免死牌，保你千妥又万当。往年在家犯过罪，从今再不算前账。

不许县官问陈案，不许仇人告旧状。一家骨肉再团圆，九重皇恩真浩荡。

一言普告州和县，再告兵勇与团练。若遇胁从难民归，莫抢银钱莫剥衣。

点评

　　这三首军歌，用的都是通俗晓畅的白话，故不再翻译，相信读者都能看得懂。曾氏全集的《杂著》中收有他所写的七首歌。其中《保守平安歌》三首，作于咸丰二年（1852）在家乡守丧期间。这三首歌又分别名为《莫逃走》、《要齐心》、《操武艺》，系为身处战乱中的湘乡百姓所写。另有《水师得胜歌》一首，作于咸丰五年（1855）江西南康水营，系为水师将士所写。另外三首即以上所抄录的《陆军得胜歌》、《爱民歌》与《解散歌》。《陆军得胜歌》系于咸丰六年（1856）江西南昌为陆军将士而作，《爱民歌》系于咸丰八年（1858）江西建昌为所有的朝廷官军将士而作。《解散歌》，作于咸丰十一年（1861）安徽祁门大营，所针对者乃太平军营垒中的人。这七首歌共同的特点是一看就明白，一听就清楚，实际上不过是押韵的口语而已。这些七字一句的歌，看起来像诗，但曾氏不将它视为诗，故而它不能编入诗文集，只能列在杂著中。

　　曾氏是个翰林，能写典雅清丽的诗赋不足奇，但他却可以写出这等下层人都能懂能诵的歌行，则令人惊奇。这事给笔者的第一感觉是，此老乃真正地进入了化境。惟有真入化境，方可出以自然。真正参透最高深道理的人，才能以最平易的语言表达出来。我们读《朱子语类》，那都是一些再实在不过，再浅显不过的话，但它所要解释的却又都是极深奥的大道。又譬如《论语》、《孟子》，个别的文字似乎有点难解，但在两千年前的春秋战国时代，那也都是妇孺皆懂的白话。

曾国藩手迹

曾氏能写出这种歌行，这说明他真把书读通了，真把人世间的道理悟透了，也真把文字的技巧发挥到家了。

其次，由此可以看出曾氏深知立军的本质。人类社会为什么要有军队？将最精壮的劳力挑选出来，不事生产而靠人养着，这样做，究竟是为了什么？这个问题看似简单，实际上许多统治者却并不明了。在他们眼里，军队只是夺取财产和权利的工具，是看护自家庭院的鹰犬。一个庄稼汉一旦丢掉农具换上军装，他们中的许多人也就自我迷失了，仿佛以血汗供养他们是天经地义的，而他们欺负供养者也是天经地义的。尽管历来治军者不乏明白人，也知道不能欺压民众的道理，但以军歌的形式，将"军民一家"的观念牢牢地灌输到每一个兵士的脑中心中，曾氏即便不是惟一者，也是对近代中国军界影响最大者。

嘉言钞

—— 唐浩明点评曾国藩 语录

今日而言治术，则莫若综核名实；今日而言学术，而莫若取笃实践履之士。物穷则变，救浮华者莫如质。积玩之后，振之以猛，意在斯乎！

吾辈读书人，大约失之笨拙，即当自安于拙，而以勤补之，以慎出之，不可弄巧卖智，而所误更甚。

专从危难之际，默察朴拙之人，则几矣。

凡办一事，必有许多艰难波折，吾辈总以诚心求之，虚心处之。心诚则志专而气足，千磨百折，而不改其常度，终有顺理成章之一日。心虚则不动客气，不挟私见，终可为人共亮。

成败不复计

苍苍者究竟未知何若，吾辈竭力为之，成败不复计耳。

译文

上天的意思究竟如何不可知道，我们竭力去做，是成是败则不计较。

点评

这句话是对眼下也在做团练事的湘乡知县朱孙贻说的，表达出曾氏办事的果决态度。这是曾氏的特点。前些年在京师研习程朱理学，他曾制联自勉："不为圣贤，即为禽兽；只问耕耘，不问收获。"问耕耘而不问收获，与竭力为之成败不复计正是一个意思。

普通人喜从众

愚民无知，于素所未见未闻之事，辄疑其难于上天。一人告退，百人附和，其实并无真知灼见；假令一人称好，即千人同声称好矣。

译文

普通老百姓无知，对于平日未见未闻的事情，则怀疑它有如同上天样的困难。若有一个人表示退出，便有一百人附和，其实并没有真知灼见；假使一个人叫好，就会有一千个人同声叫好。

点评

咸丰三年底，曾氏在衡州招募十营水师。湖南从未有过水师，事属首创，许多勇丁对之心存恐惧。有的营官一开始就对勇丁讲船上作战的难处，于是各勇纷纷告退。有的营官先不讲，让勇丁在船上住下来，习惯后也就不视为畏途了。曾氏给水师营官褚汝航写信，叫他先让勇丁熟悉船上生活，同时指出人群中所普遍存在的从众心理。这种心理要改变是不可能的，做领导的要懂得善于引导。

做一分，算一分

大局日坏，吾辈不可不竭力支持，做一分算一分，在一日撑一日。

译文

大局日益败坏，我们不可不竭力支撑。做一分事算一分，在位一天就撑一天。

点评

咸丰十年（1860）二月，太平军攻破杭州，闰三月，攻破江南大营，接着拿下常州、无锡、苏州等江南重镇。四月，清廷任命曾氏为两江总督，迅速率兵收复江南。局势败坏到这等地步，前景如何，曾氏难以估计。作为朝廷重臣，他只得勉力去做，并以此态度要求在福州老家休息的沈葆桢出山。这句话便是咸丰十年五月对沈说的。不久，沈复出，就任江西巡抚。

以勤慎补拙

吾辈读书人，大约失之笨拙，即当自安于拙，而以勤补之，以慎出之，不可弄巧卖智，而所误更甚。

译文

我们这些读书人，大约缺失在笨拙上，既然这样，就要自安于笨拙，而以勤奋来弥补，以谨慎来出言出行，不可使乖卖巧，而更误事。

点评

读书人中多书呆子、书痴，这便是书籍带给人的负面作用。曾氏常感自己笨拙。他不认为自己是带兵之才："兵贵奇而余太平，兵贵诈而余太直，岂能办此滔天之贼？"看到缺失，又明白难以直接弥补，于是改用间接方式挽救，即这段话所说的，不以巧补拙，而以勤、慎救之。这种思维方式很值得借鉴。

危难之际察人

专从危难之际，默察朴拙之人，则几矣。

译文

留心在危难的时候，默默观察朴厚实在的人，则在识人上做得差不多了。

点评

从小处细处危难处观察人，是识别人的重要途径。其原因是在这种时候，人通常少伪装而多真面目，易于辨识。当然，这也不是惟一之途，有的人不护细节却大节不亏，若以细处下定论，则定论有可能不符。曾氏善于从细小处看人，但他也善于从大处着眼，如看人的德识、精神、气概等等。应该说，大小结合，衡人就更准确了。

不说假话

信只不说假话耳，然却极难，吾辈当从此一字下手。今日说定之话，明日勿因小利害而变。

译文

的确只是不说假话罢了，但这点很难做到，我们应当从这一个字上下手。今日说定了的话，明天不要因小利害而改变。

点评

这话是对李鸿章说的。李鸿章志大才高，又是曾氏的学生，故而很受曾氏的器重。但李为人办事较为圆滑，曾氏对此不满意，常以"诚"相教。薛福成《庸庵笔记》记载曾氏对初进幕府的李说"此处所尚惟一诚字"。又吴永《庚子西狩丛谈》记载曾氏不同意李对洋人打痞子腔，而以孔子说的"忠信可行于蛮貊"一语相赠。这里说的"不说假话"，也是以"诚"教李。

视爱民为性命根本之事

爱民乃行军第一义，须日日三令五申，视为性命根本之事，毋视为要结粉饰之文。

译文

爱民是军队的第一要务，必须每天三令五申，将它视为性命根本之事，不要看作是讨好或是做门面装饰的文字。

点评

人类社会为何要组建军队？一防外人侵犯，二防内部人起来叛乱夺权。两者都不是针对普通老百姓来的，何况军队要靠百姓的粮饷养活。所以，军队爱百姓是天经地义的。但自古以来，少有爱民的兵士。这是因为兵士手里握有刀把子，平民百姓怕他。于是本为百姓之一的平民一旦穿上军装，便敢于欺负他的父母兄弟，故而稍有头脑的带兵者都要严格申饬爱民护民的军风军纪。湘军组建之初，曾氏就十分重视这一点。他亲自撰写通俗易懂的《爱民歌》，令官兵天天传唱。此歌开头两句便是："三军个个仔细听，行军先要爱百姓。"

简傲不是风骨

词气宜和婉，意思宜肫诚，不可误认简傲为风骨。风骨者，内足自立、外无所求之谓，非傲慢之谓也。

译文

说话口气要和婉，用意要诚恳，不可将简略傲慢误认为是风骨。所谓风骨，指的是内心自立、对外无所求，不是说的傲慢。

点评

这话也是对李鸿章说的，希望李克服散漫简略傲慢的习气，谦和待人。曾氏对风骨的阐述极值得我们注意。风骨指的是内心能自立自强，对外无所索求。这是很好的品性。古话说"人到无求品自高"，无求者才能有风骨。

君逸臣劳

养身之道，以君逸臣劳四字为要。省思虑，除烦恼，二者皆所以清心，君逸之谓也。行步常勤，筋骨常动，臣劳之谓也。

译文

养身的方法，以君逸臣劳四字为紧要。减少思虑，清除烦恼，这两者都是为了使心清静，说的就是君逸。勤于走路，活动筋骨，说的就是臣劳。

点评

君指心，臣指四肢。心宜清静，四肢应多活动，这就是曾氏的养生之道。在这种观念指导下，曾氏有一些具体的养生做法。如以静、求缺、不忮不求等养心，使心境宁静浩大。以饭后散步、养花种菜、勤洗脚等劳动四肢，求得手脚灵活血脉畅通。

自立与推诚

用兵之道，最重自立，不贵求人。驭将之道，最贵推诚，不贵权术。

译文

用兵的方法，最重要的是自立，求人不可贵。管理将领的方法，最可贵的是推出诚心诚意，权术不可贵。

点评

在人群中的立与达，靠的是自己，别人的帮助是次要的。与部属相处，诚心诚意是永久的，权术是暂时的。

奉方寸如严师

吾辈位高望重，他人不敢指摘，惟当奉方寸如严师，畏天理如刑罚，庶几刻刻敬惮。

译文

我们这些人位高望重，别人不敢批评，惟有将自己的心奉为严师，畏惧天理如同畏惧刑罚，或许可以做到时时刻刻都有敬畏心态。

点评

湘军统领李续宾当时官居浙江布政使，地位已经很高了。身处高位的人，别人一般不会当面指摘，法规法纪也常常会网开一面，对于自己的监督和约束，更多地靠自律，也就是曾氏所谓的以心为严师。古人说神明在上，西方说上帝在看着，其实说穿了，都是自心在起作用，所以《大学》、《中庸》都强调君子要慎独。

诚心虚心

凡办一事，必有许多艰难波折，吾辈总以诚心求之，虚心处之。心诚则志专而气足，千磨百折，而不改其常度，终有顺理成章之一日。心虚则不动客气，不挟私见，终可为人共亮。

译文

凡是办一件事，必定有许多艰难波折，我们总归以诚心来谋求，以虚心来处置。心诚则志向专一而精力充足，千磨百折都不会改变常度，终会有达到目标的一天。心虚则不会有骄慢之气产生，不挟杂私见，最终可以被人们所共同体谅。

点评

这段话说的是办事所应有的两种心态，即诚心与虚心。诚则实心实意，可以之应付办事过程中的困难磨折。虚则理智客观，可以之应付办事过程中的人事纠葛。

任事之人，不必惧毁

大抵任事之人，断不能有誉而无毁，有恩而无怨。自修者，但求大闲不逾，不可因讥议而馁沉毅之气。衡人者，但求一长可取，不可因微瑕而弃有用之材。苟于峣峣者过事苛责，则庸庸者反得幸全。

译文

大抵对事情承担责任的人，断不能只有赞誉而没有诋毁，只有别人的感恩而没有怨恨。注重自我修养的人，但求得大道德上不越轨，不可因别人的讥议而泄自己的沉毅之气。衡鉴人才，取的只是一技之长，不可因为小小的缺点而放弃有用之材。倘若对锋芒显露者过于苛责，则平庸者反而侥幸保全。

点评

既任事，就不要怕遭人指责。曾氏当年以严刑峻法整治乱中湖南，即向朝廷表示过："但愿良民有安生之日，即臣身得残忍严酷之名亦不敢辞。"关键是自己心中要有定数，这个定数便是"大闲不逾"。

与运气赌一赌

事会相薄，变化乘除，吾尝举功业之成败、名誉之优劣、文章之工拙，概以付之运气一囊之中，久而弥自信其说之不可易也。然吾辈自尽之道，则当与彼囊也者，赌乾坤于俄顷，校殿最于锱铢，终不令囊独胜而吾独败。

译文

事机相交，变化乘除，我曾将功业的成败、名誉的优劣、文章的精工笨拙，一概放到"运气"这个袋子中。久而久之，更加相信这种说法不可改变。但我们这些人自我努力的途径，当与袋子，在一瞬间跟乾坤赌一赌，于锱铢间较量一下先后，终究不能令袋子独胜而我独败。

点评

这是一段很有意思的话，系同治三年（1864）三月写给好友兼儿女亲家郭嵩煮的。正当攻打南京城最关键的时刻，江西巡抚沈葆桢却拒绝将本省厘金解往南京城下的吉字营。为此，曾氏向朝廷亢辞相争。最令曾氏气愤的是，沈乃曾氏一再荐举而越级提拔才出任赣抚的，在此生死关头，却恩将仇报。曾氏在激愤之中，说了这段话。话中的意思是，遇上一个沈葆桢只能怪运气不好，但即便明知是运气使然，也要赌一赌，也要计较一番，不能让运气独自获胜。虽然，赌的不过是乾坤的一瞬，计较的不过是国库中的一锱一铢而已。

笔者认为这段话很有启示性。尽管人生有许多事情不能由自己决定（即付之运气一囊），但也要在力所能及的时间和范围内竭力求取更好（即赌俄顷与校锱铢）。

知人晓事

大非易辨，似是之非难辨。窃谓居高位者，以知人、晓事二者为职。知人诚不易学，晓事则可以阅历黾勉得之。晓事，则无论同己异己，均可徐徐开悟，以冀和衷。不晓事，则挟私固谬秉公亦谬，小人固谬君子亦谬，乡原固谬狂狷亦谬。重以不知人，则终古相背而驰，决非和协之理。故恒言以分别君子、小人为要，而鄙论则谓天下无一成不变之君子，无一成不变之小人。今日能知人能晓事，则为君子，明日不知人不晓事，即为小人，寅刻公正光明，则为君子，卯刻偏私晻暧，即为小人。故群誉群毁之所在，下走常穆然深念，不敢附和。

译文

大的错误易于辨识，貌似正确的错误却难以分辨。我以为处高位者，当以知人、晓事两点作为自己的本职。知人的确不容易学到，晓事则可以依靠阅历来努力求得。晓事，则无论与自己观点相同或不同，都可以慢慢开导，借以达到和衷共济的效果。不晓事，则挟私固然会办错事，秉公也会办错事，小人固然会办错事，君子也会办错事，圆滑者固然会办错事，狂狷者也会办错事。再加上不知人，则一辈子背道而驰，决不会和睦协作。所以常言都以分别君子、小人为紧要，而我的观点是天下无一成不变的君子，也无一成不变的小人。今日能知人能晓事，则今日为君子；明日不知人不晓事，则明日为小人；寅时公正光明，则寅时为君子；卯时存阴暗私心，则卯时为小人。故而对于那些众人所赞誉或众人所诋毁的，我常常严肃深刻思考，不敢附和。

点评

中国典籍好谈君子与小人，但较为空泛，且常常以僵化的观念来看待。曾氏提出一个划分君子与小人的实在标准，即能否知人晓事。当然，它不是惟一的，曾氏也未将它视为惟一。同时，他认为君子与小人并非一成不变。当拥君子的实在内容时即为君子，否则即为小人。因为有这两点，这段话遂具有学理上的价值。

不问毁誉

国藩昔在湖南、江西，几于通国不能相容。六、七年间，浩然不欲复闻世事。然造端过大，本以不顾死生自命，宁当更问毁誉？以拙进而以巧退，以忠义劝人而以苟且自全，即魂魄犹有余羞，是以戊午复出，誓不返顾。

译文

我过去在湖南、江西，几乎全国不能相容。咸丰六年（1856）到咸丰七年（1857）这段时间里，真想浩然归林而不再问世事。但是开创的事情过大，本就以不顾生死自命，怎能再问毁誉呢？当初以拙诚之心进入，而以取巧的方式退出，以忠义规劝别人，而以苟且偷安来保全自身，即便是灵魂深处都抱有羞愧，所以咸丰八年（1858）复出时，发誓不回头。

点评

咸丰二年（1852）底，曾氏奉旨办团练。一则军事不顺，二则因操之过急得罪湖南、江西官场，故而处境多在艰困中。咸丰七年二月，得父丧讯后，他离开战场回家。在家期间，曾氏深刻反省这些年来的所作所为，终于大彻大悟。咸丰八年六月复出后，心志更加坚定。同治四年（1865）正月，大功告就的曾氏写信给郭嵩焘，开导因与总督闹不和而心情郁闷的好友，现身说法地写了上录这段话，劝郭"宜俯默精勤，以冀吾志之大白，不宜草草遽赋归与也"。

以勤为本，以诚为辅

以勤以本，以诚辅之。勤则虽柔必强，虽愚必明。诚则金石可穿，鬼神可格。

译文

以勤为根本，以诚为辅助。勤则即便是柔弱也必定会变得坚强，即便是愚蠢也必定会变得聪明。诚则可穿透金石，对付鬼神。

点评

勤能补拙，这是人所共知的一句成语。它意味着人身上的一些缺失，可以依靠勤奋来弥补。曾氏本人便是善于借勤为渡的高手。他一生的成功，很大部分便是得力于这个勤字。

逆亿命数是薄德

逆亿命数是一薄德，读书人犯此弊者最多，聪明而运蹇者，厥弊尤深。凡病在根本者，贵于内外交养。养内之道，第一将此心放在太平地，久久自有功效。

译文

揣测命运是一个德行浅薄的表现，读书人犯此毛病的最多，聪明而运气不好的人这个毛病尤为深。凡病在根本上的，贵在内与外一道疗养。疗养内部的办法，第一是将这颗心放松，久而久之自然有功效。

点评

幕僚李鸿裔只有三十六岁，却身体虚弱，耳鸣重听。他在曾氏面前叙说自己命运不好，于是曾氏写下这段话开导他。许多人喜欢看相算命，预测前程，曾氏认为这是薄德，即浅薄之为。他劝李好好读张英的《聪训斋语》。这本书他也叫两个儿子读。同治四年九月，他给二子的信上说："张文端公所著《聪训斋语》，皆教子之言，其中言养身、择友、观玩山水花竹，纯是一片太和生机。"此处所说"将此心放在太平地"，亦即让心充满太和生机之意。

坚志、苦心、勤力

坚其志，苦其心，勤其力，事无大小，必有所成。

译文

坚定志向，劳苦心思，勤勉努力，无论大事小事，必定有所成就。

点评

这是勉励李鸿章的季弟李昭庆的。昭庆乃曾氏同年李文安之幼子，年方三十出头，此时正带领一支淮军在河南与捻军作战，曾氏对他寄予重望。这句话显然自孟子的"苦其心志"、"劳其筋骨"而得来。

"有恒"为作圣之基

养生与力学，皆从"有恒"做出，故古人以"有恒"为作圣之基。

译文

保养身体与艰苦力学，都从"有恒"中做出，所以古人将"有恒"视为做圣贤的基础。

点评

这是曾氏勉励陈松生的话。陈是曾氏次女纪耀的丈夫。陈为湖南茶陵人，父岱云系曾氏同年好友。陈出生四十天，母即去世。曾氏将他抱进自家哺养，直到陈之继母来京师后才回去。陈在同治元年与纪耀成婚。光绪四年，纪耀夫妇随兄纪泽赴法国。曾氏五个女婿中除季女纪芬之夫聂缉椝外，其余都不理想，陈松生亦平平。

耐　烦

若遇棘手之际，请从耐烦二字痛下工夫。

译文

若是遇到棘手的时候，请从耐烦两个字上痛下功夫。

点评

这是写给李鸿章的话。李鸿章是曾氏严格意义上的惟一学生，也是他经心培植的事业上的接班人。做官虽风光，却也有许多苦恼。"烦"，便是苦恼之一。左宗棠有一副联语，道是"闭户读书真得计，当官持廉且不烦"，精要地指出为官的两大要点：一廉洁，二耐烦。

最忌势穷力竭

用兵之道，最忌势穷力竭。力，则指将士之精力言之。势，则指大计大局，及粮饷之接续、人才之可继言之。

译文

用兵的原则，最忌讳势穷力竭。力，指将士的精力而言。势，指大计大局，以及粮饷上的接济和人才不断而言。

点评

势穷力竭这句成语，曾氏用在打仗上，则理解为大计大局、粮饷、人才及将士精力等方面的穷尽。翰林出身的湘军统帅对祖宗留下的文化遗产，理解至深，用得最活。过去，人们常常把只会死记呆背而不会将书中知识运用于现实生活的人，称为书呆子，那时的书呆子想必很多，像曾氏这样的人，算是真正把书读通了，只可惜自古以来通人不多。张之洞曾感叹当时的翰林只有三个半通人，话虽说得苛刻，却大致不错。

处逆境宜以宽自养

阁下此时所处，极人世艰苦之境，宜以宽字自养。能勉宅其心于宽泰之域，俾身体不就孱弱，志气不致摧颓，而后从容以求出险之方。

译文

阁下此时所处的是人世间最艰苦的境地，宜以宽字来自我调养，能够勉强将心安置于宽泰之地，使身体不走向孱弱，志气不致变得颓废，然后再从容来求得走出险境的办法。

点评

阁下指的是陈湜。陈乃湘乡人，长期跟随曾氏兄弟转战各省，积功升至陕西按察使，同治四年调往山西与捻军作战。同治七年（1868）初，以疏防而革职，谪戍新疆。曾氏这段话，即写于此时。人处逆境，只能以宽自养，先求得身体不垮，志气不丧，然后再谋走出逆境之方。曾氏此说，实不刊之论。

人力居三天命居七

事功之成否，人力居其三，天命居其七。

译文

事业上的成与不成，人力占其中的三成，天命占其中的七成。

点评

这是同治九年（1870）正月，曾氏复刘蓉长信中的一句话。这句话的后面，曾氏还就此一命题继续发挥，兹抄录如下："苟为天命，虽大圣毕生皇皇，而无济于世。文章之成否，学问居其三，天质居其七，秉质之清浊厚薄，亦命也。前世好文之士不可亿计，成者百一，传者千一，彼各有命也。孔子以斯文之将丧归之天命，又因公伯寮而谓道之行废由命。孟子亦以圣人之于天道，归之于命。"

曾氏认为，无论事功，还是文章，成与不成，人力都是次要的，天命是主要的。这观点看似消极，尤其对于年富力强正在努力事功的人来说，颇具负面影响。笔者早年亦不大信天命，然在饱经阅历之后，才确知曾氏此说不谬。但是，悟透这一层，与努力事功并不矛盾。古人云"尽人事而听天命"，这句话说得最为精当。此话前半部分说的是努力事功，人在前半生也应如此，后半部分说的是听任天命，人在后半生或者说男人在五十岁之后，宜持此种态度。

未可滞虑

外境之迕，未可滞虑，置而遣之，终履夷涂。

译文

外面的处境不顺，不可长久在心中忧虑，让它摆着不理睬，最终总会踏上平坦道路。

点评

未可滞虑，即宽心之意。放宽心怀，大概是人处逆境的惟一正确选择了。

道理不可说得太高

凡道理不可说得太高，太高则近于矫，近于伪。吾与僚友相勉，但求其不晏起、不撒谎二事，虽最浅近而已大有益于身心矣。

译文

凡道理不可以说得太高超，太高超则近于矫作，近于虚伪。我与幕僚们互相勉励，只求得做到不晚起、不说谎两件事，虽然最为浅近，却于身心大有收益。

点评

世间真正切身有用的道理，都是平实粗浅的，正如对身体真正有益的饮食，也都是平凡普通的一样。曾氏一惯不喜欢高言危论，一向看重的是实事小事。实事小事虽细末，却可以累积为功；高言危楼犹如泡沫，虽美丽却是空的。比曾氏晚生六十年的湖湘才子杨度，在学佛时说过这样的话："佛为凡夫，极其平常，人人可成，只将一切妄念去掉，归到极平实的地步，便是成佛。"（见《杨度集》中复杨庄函）平实可以成佛，平实自然更可以成功。

危险之际见爱者

危险之际，爱而从之者，或有一二，畏而从之，则无其事也。

译文

危险的时候，出于敬爱而跟从者，或许有一二人，出于惧怕而跟从者，则没有这种事。

点评

部属对长官的跟从，通常出于两种心态：一为敬爱，一为惧怕。这两种心态中，前者极少，后者极多。处于危险中的长官，让部属惧怕的权势已不复存在，故后者没有必要再跟从。前者因为敬爱的是他的本人，所以可能有依旧跟从的，但也只是极少极少，绝大部分会选择离去。这是因为危急时刻，自我保护始终是人的本能。曾氏这两句话，说出了他对人性的清醒认识。

临阵须臾之顷

平日千言万语，千算万计，而得失只争临阵须臾之顷。

译文

平日里说一千道一万，费尽心机种种算计，而最后的得失只取决于战场上的一瞬间。

点评

这就是用兵打仗的残酷性和实战性：最后的得失都体现在战场上，而战场上的关键又只在某一个瞬间。

实行与粗浅

立法不难，行法为难，以后总求实实行之，且常常行之。应事接物时，须从人情物理中之极粗极浅处着眼，莫从深处细处看。

译文

立法规不难，难的是切实依法规行事，希望以后能实实在在坚持不懈地执行。应对接待事物时，须得从人情物理中的极粗浅处着眼，莫从深细处去看。

点评

幕僚李榕进士出身，曾做过礼部主事，为人精明，但眼界过高，持论过深。曾氏以实行与着眼粗浅相戒，说的亦是他一贯所主张的平实二字。

变易须十倍之力

先哲称利不什不变法，吾谓人不什不易旧。

译文

先哲说利益不十倍不变法，我说人员不十倍不改变旧制。

点评

法规制度也好，风气习俗也好，一旦实行已久，则成为定势，要改变它非有极大的强力不可，所谓什，即指的此。

畏有识者窃笑

君子不恃千万人之谀颂，而畏一二有识之窃笑。

译文

君子不依恃千万人的阿谀颂扬，而畏惧一二个有识者的暗自讥笑。

点评

一二有识者的窃笑，可能笑的正是致命之处，故而应畏。

将心放宽

古人患难忧虞之际，正是德业长进之时，其功在于胸怀坦夷，其效在于身体康健。圣贤之所以为圣，佛家之所以成佛，所争皆在大难磨折之日，将此心放得宽，养得灵，有活泼泼之胸襟，有坦荡荡之意境，则身体虽有外感，必不至于内伤。

译文

古人处患难苦恼的时候，正是道德学业长进的时候，他们在胸怀坦荡上用功，而在身体健康上收效。圣贤之所以为圣，佛家之所以成佛，关键都是在大磨难的时候，把这颗心放宽松，滋养得灵泛，有活泼泼的胸襟，有坦荡荡的意境，则在身体上虽然受到外面的刺激，也不至于引发内心的伤痛。

点评

陈湜因疏于防务被革职流放，他给曾氏写信说"外感内伤同时举发"，曾氏遂以这段话开导他。俗话说"想得开，放得下"，正是对不顺意的开脱。曾氏说圣之所以为圣、佛之所以为佛，其关键亦在此，更是将此法奉为放之四海而皆准的真理了。

不嫉妒，不贪婪

祸机之发，莫烈于猜忌。此古今之通病，坏国丧家亡人，皆猜忌之所致。《诗》称"不忮不求，何用不臧"，仆自省生平愆咎，不出忮求二字。今已衰耄，旦夕入地，犹自憾拔除不尽。因环观当世之士大夫，及高位耉长，果能铲除此二字者，亦殊不多得也。忮求二字，盖妾妇、穿窬兼而有之。自反既不能免此，亦遂怃然愧惧，不复敢道人之短。

译文

祸害的引发，莫厉害于猜忌。这是古今的通病，国遭破坏、家庭丧败、人遭死亡，都是猜忌所招致的恶果。《诗经》说"不忮不求，怎会不得到善的回应呢"，我自省平生所招来的过失怨尤，不出于忮与求两个字。现在已衰老，早晚间就要过世入土，还自己遗憾对这两个字铲除不彻底。因而环顾当今士大夫，以及处于高位的长者，果真能够铲除这两个字的，也是很不可多得的。忮求二字，是妇人的心思与偷盗的行为兼而有之。自己反省既不能免除，也就惭愧恐惧，不再敢说别人的短处了。

点评

忮即嫉妒，求即贪婪，是人性中的两个极坏的毛病，而这两个毛病几乎每个人都程度不等地存在。曾氏反复教导两个儿子，要他们尽量做到不忮不求。同治九年（1870）六月，他将赴天津处理教案，担心一去不返，临别时给二子写下遗嘱。内中有一长段话谈及忮求二字。现抄录如次："余生平略涉儒先之书，见圣贤教人修身，千言万语，而要以不忮不求为重。忮者，嫉贤害能，妒功争宠，所谓息者不能修，忌者畏人修之类也。求者，贪名贪利，怀土怀惠，所谓未得患得，既得患失之类也。忮不常言，每发露于名业相侔、势位相埒之人；求不常见，每发露货财相接、仕进相妨之际。将欲造福，先去忮心，所谓人能充无欲害人之心，则仁不可胜用也。将欲立品，先去求心，所谓人能充无穿窬之心，而义不可胜用也。忮不去，满怀皆是荆棘；求不去，满腔日即卑污。余于此二者常加克治，恨尚未能扫除净尽。尔等欲心地干净，宜于此二者痛下工夫，并愿子孙世世戒之。"

曾氏认为，人若不嫉妒不贪婪，则心地就干净了。这真是为人处世的金玉良言。不嫉不贪，做起来并不难，只要想做，谁都可以做得到。不嫉不贪，还可以让人省去许多烦恼，日渐接近清心寡欲的境界。由此看来，它也是养生健身之良方。

困厄激发人的潜力

人才非困厄则不能激，非危心深虑则不能达。

译文

人才不遭遇困厄则不能激发潜力，不心存戒惧深怀忧虑则不能发达。

点评

古今中外，绝大多数杰出人物都是在困境在磨难中诞生的，这可能正像流水要遇到坎坷遇到阻力才能迸放出水花一样，反之，太平静的日子会将人潜在的创

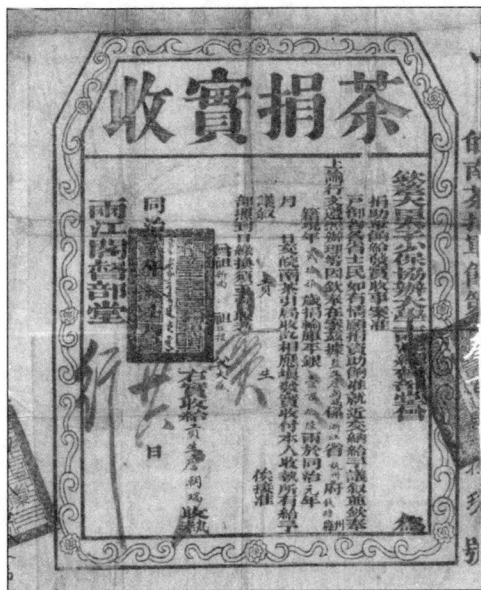

同治二年两江总督衙门颁发的捐款收据

造力慢慢消蚀湮灭。司马迁于此有远过常人的体会，他的一段话两千年来被人无数次地引用过，千千万万处困境中的人，从中得到巨大的鼓舞。今天，我仍愿意在这里引用一次，借以激励我的读者诸君："古者富贵而名磨灭不可胜记，惟倜傥非常之人称焉。盖文王拘而演《周易》；仲尼厄而作《春秋》；屈原放逐乃赋《离骚》；左丘失明厥有《国语》；孙子膑脚，兵法修列；不韦迁蜀，世传《吕览》；韩非囚秦，《说难》、《孤愤》；《诗》三百篇，大抵贤圣发愤之所为作也。"

心得与疑义

凡专一业之人，必有心得，亦必有疑义。

译文

凡是专注于一桩事业的人，必定有自己的心得，也必定会有疑惑之处。

点评

心得不易有，实实在在的疑惑也不易产生，这些都须建筑在长久从事的过程中。疑惑更可贵，因为它或许意谓前进，意谓创新。

规模远大与综理细密

古之成大事者，规模远大与综理密微，二者缺一不可。

译文

古时成就大事业的人，规模格局上的远大与综核管理上的密微，两方面缺一都不行。

点评

这话是写给老九的，老九此时正带领吉字营在江西打仗。曾氏告诉兄弟，作为一个军事统领，大和小两个方面都要重视，两者缺一都不行。大的方面指的是规模格局，即吉字营下属的前、后、左、右、中各营的人员多少、将弁配备等。小的方面指的是日常的军事训练、营务管理等。老九这个人，用胡林翼的赞语是"才大器大"，其目光多在"远大"上，对"密微"较为忽视。曾氏之用意在于提醒他不能忽视"密微"。就在此信中，曾氏告诉其弟，他曾叫人置办腰刀，用于奖赏将弁，"人颇爱重"。曾氏说这就是"综理密微"的例子之一。

盈科后进

不慌不忙，盈科后进，向后必有一番回甘滋味出来。

译文

不慌不忙，一步一个脚印地前进，过后必定有一番甜美滋味回现。

点评

老九出道晚，求胜心切，曾氏劝告他以李续宾好整以暇为法，不慌不忙地一仗一仗地打，必有成效。曾氏曾以联语来说明此意："打仗不慌不忙，先求稳当，次求变化；办事无声无臭，既要老到，又要精明。""盈科后进"出于《孟子·离娄下》："源泉混混，不舍昼夜，盈科而后进，放乎四海。"意味泉水向下流动，先把坑坑坎坎灌满后，再继续奔流，一直流到海洋。孟子的意思是做事当踏踏实实，一步一个脚印。

以专而精，以纷而散

弟此时以营务为重，则不宜常看书。凡人为一事，以专而精，以纷而散。荀子称"耳不两听而聪，目不两视而明"，庄子称"用志不纷，乃凝于神"，皆至言也。

译文

弟此时应当以营务为重，不宜常看书。大凡人做一件事，因为专一而精工，因为纷纭而分散。荀子说"耳朵不同时听两种声音而聪敏，眼睛不同时看两样东西而明晰"，庄子说"心志不纷杂使用，才可以使精神凝聚"，这都是至理名言。

点评

世人做事业，有成功的，有不成功的，其中影响的因素固然很多，有主观的因素，也有客观的因素。有的人执着专一，有的人见异思迁，这是成与不成的主观因素中的重要一点。

脚踏实地

总须脚踏实地，克勤小物，乃可日起而有功。

译文

总是必须脚踏实地，能勤于做好小事，才可能日日有起色而见功效。

点评

曾氏是个虔诚的朱熹理学信徒。朱熹教人，重在近处小处着手。试抄录几段朱熹这方面的语录，以飨读者诸君："圣贤千言万语，教人且从近处做去。如洒扫大厅大廊，亦只是如洒扫小室模样；扫得小处洁净，大处亦然。""小者便是大者之验。须是要谨行谨言，从细处做起，方能克得如此大。""古人于小学小事中，便皆存个大学大事底道理在。"（《朱子语类》卷第八）

长傲致败

凶德致败，莫甚长傲。傲之凌物，不必定以言语加人，有以神气凌之者矣，有以面色凌之者矣。中心不可有所恃，心有所恃，则达于面貌。以门地言，我之物望大减，方且恐为子弟之累，以才识言，近今军中炼出人才颇多。弟等亦无过人之处，皆不可恃，只宜抑然自下，一味言忠信行笃敬，庶可以遮护旧失，整顿新气；否则，人皆厌薄之矣。

译文

招致失败的不良性格，莫过于骄傲。以骄傲之气对待外物，不一定表现在言语上的盛气凌人，有的表现在神采上的盛气凌人，有的表现在面色上的盛气凌人。心中不应该有所依恃。心里一旦有所依恃，就会表现在面貌上。从门第来说，我现在的社会声望大减，正担心连累子弟。从才识来说，近年军中锻炼出的人才颇多。诸弟也没有过人之处，都不可依恃，只宜向下抑制自己，完完全全做到言语忠信行事笃敬，或许可以借此遮掩过去的缺失，整顿出一番新气象；否则，别人都会讨厌鄙薄了。

点评

这是咸丰八年（1858）三月，曾氏在老家写给老九的话。戒除自以为是的习气，谦谨退抑待人，这也是家居守丧时期曾氏"大悔大悟"中的主要内容。他希望在外带兵的老六老九也要这样做。用曾氏自己的话说，他们兄弟皆秉母亲的性格：倔强自信。倔强自信者，从内心来说皆自认有能力有本事，即所谓有所恃，对外则往往轻忽别人，即所谓长傲。打掉内心的恃，则外表的长傲就会因失恃而消减。曾氏正是从源头处指点诸弟：大哥威望已损，门第不可恃；别人才干优长，自己的本事不可恃。

善始善终与拼搏求人

声闻之美，可恃而不可恃。善始者不必善终，行百里者半九十。

精神愈用而愈出，不可因身体素弱过于保惜。智慧愈苦而愈明，不可因境遇偶拂遽尔摧沮。

求人自辅，时时不可忘此意。

译文

好名声，可以依恃，也不可以依恃。善于起始的人，不一定善于终结，以百里为目标的人，走过九十里才能称之为半。

精神是越使用则越有，不可以因为身体素来单弱而过于保养爱惜。智慧是越处艰苦越明晰，不可以因为境遇偶尔不顺便立即沮丧。

求取别人的辅助。这一点，时时都不可以忘记。

点评

这三段话都出自咸丰八年四月初九日给老九的信。此时，曾氏仍在家为父守丧。老九则因军务紧急，回籍半年后便离家赴江西前线，此时正统领吉字营在围攻吉安府，接连打了几场胜仗，名声较好。曾氏告诉老九，名声这个东西，属于"软件"，不是十分靠得住的"硬件"，可恃又不可恃。趁着目前较好的形势，一鼓作气，善始善终。百里长途是件艰苦的事，越往后走则越难，其半不在五十里，而在九十里，这是因为后面的十里的难度，与前九十里相当。老九从小多病，体质与曾氏一样并不强壮，但既然担当重任，便不能松懈。至于聪明才智，则如同火花，常常因撞击而生发。这些话，既是情势所迫，也是阅历之语。曾氏还恳切地对老九说"人才至难"，"何可多得"，所以必须时时存重视人才之念。善于识人用人，是曾氏成事的诀窍之一。他在家书中，常常不忘提及此事，并秘授机宜。

不轻率进退

不轻进，不轻退。

译文

不轻率进兵，不轻率撤退。

点评

老九属于急功近利一类人，故而曾氏教他学习稳重沉静的李续宾，用兵时进与退皆不轻率。

焦躁则办事不妥

一经焦躁，则心绪少佳，办事必不能妥善。

译文

一旦焦躁，则好心绪必定减少，办事则必不能妥善。

点评

老九围吉安，前后将近两年。城池久不能下，心中焦躁，曾氏便以此规劝他。人办事，仰仗的是心绪安宁，安宁一旦被焦躁所破坏，于事更糟。这个道理很简单，几乎人人都懂，只是做起来不容易；但若有人及时从旁点拨一下，还是大有益处的。

人生适意时

人生适意之时不可多得。弟现在颇称适意，不可错过时会，当尽心竭力，做成一个局面。

译文

人生得意的时候不可多得。你现在可以说得上得意，故而不可错过这个机会，应当尽心竭力去做出一个局面来。

点评

人生百年，真正在社会上做事的岁月不过三四十年而已，这中间还包括选择、磨合、折腾、失败等等，除了这些，剩下的岁月则更少。所以，一旦遇到好的机遇，走上一段坦途，就得牢牢把握、充分发挥，尽量在这个时段中把事情做好做大，做成一个局面出来。如此，则有可能使得日后的道路越走越宽广，即或遇到障碍或坎坷，也可拥有足够的实力去应付。趁适意之时做成一个局面，这应该是成功人士的共同心得。

愧于不恕

吾因本性倔强，渐近于愎，不知不觉做出许多不恕之事，说出许多不恕之话，至今愧耻无已。

译文

我因本性倔强，渐渐地与刚愎接近，不知不觉间做出许多不符合恕道的事，说出许多不符合恕道的话，至今羞愧不已。

点评

曾氏在父亲墓庐前的反思，其主旨是由申韩转向黄老，即化刚为柔。这里说的对渐近刚愎、不恕的愧耻，表达的正是这种转变。

死生置之度外

余死生早已置之度外，但求临死之际，寸心无可悔憾，斯为大幸。

译文

死与生，我已置之于度外，但求临死的时候，心中没有悔憾之事，这就大幸了。

点评

曾氏复出之后，军事状况比先前更糟。先是当年八月三河之役，湘军全军覆灭，六千兵勇葬身安徽，曾氏六弟国华从此不归。继而石达开回师湖南，湘省震惊，曾氏疲于奔命。接着，李秀成攻破江南大营，苏南全境落入太平军之手。面对着局面的恶劣，曾氏甚至有"天下似无勘定之理"的叹息。这两句兄弟间的私房话，正是他此刻心情的表露。

习劳为办事之本

习劳为办事之本。引用一班能耐劳苦之正人，日久自有大效。

译文

习惯于劳苦是办事情的根本。引进一批能吃苦耐劳的正经人，日久自然有大的收效。

点评

曾氏虽一辈子读书做官，却不忘农家勤俭本色，临终留给儿子的遗嘱之一，便是"习劳则神钦"。

事后悔议者阅历浅

凡事后而悔己之隙，与事后而议人之隙，皆阅历浅耳。

译文

凡事后而悔恨自己的疏漏，与事后而议论别人的疏漏，都是阅历浅薄的表现。

点评

曾氏本意是讨厌事后诸葛亮式的高明者，其实，从总结教训来看，事后悔己议人，也并非一概不是。

军事忌预说

凡军事做一节说一节，若预说几层，到后来往往不符。

译文

凡用兵打仗上的事，做一节就说一节，若是预先便去说后面的好几节，到后来往往与事实不符。

点评

常言说"军情瞬息万变"，说的是变数多。又说"兵者阴事"，说的是诡秘机诈。如此，军事便难以预料，再加上曾氏性格上有迂拙的一面，故而他特别不喜欢军事上的预测。其实，这话也有点绝对了。古今中外，便常有因预料准确而取胜的战例。

苦于不自知

沅弟谓雪声色俱厉。凡目能见千里，而不能自见其睫。声音笑貌之拒人，每苦于不自见，苦于不自知。雪之厉，雪不自知；沅之声色恐亦未始不厉，特不自知耳。

译文

沅甫弟说雪芹（彭玉麟）声色俱厉。大凡眼睛能看到很远的东西，却不能看到自己的眼睫毛。声音笑貌对人的拒斥，每每是苦于自己看不到觉察不到。雪芹的严厉，雪芹自己不知道；沅甫的声色，恐怕也未尝不厉害，只是自己不知道罢了。

点评

易于看到别人的缺点，难于看到自己的不足，大概是人类的通病。老九所犯的正是这个通病。人类还有一个通病，便是喜欢当面恭维而背后去议论不是，只有至亲密友才会当面批评。老九有一个有见识又能当面批评的大哥，这是他的幸运。

打仗靠一己

军事呼吸之际，父子兄弟不能相顾，全靠一己耳。

译文

打仗时的生死危难常存在于呼吸之间，父子兄弟到时都无法相救援，全靠自己一人而已。

点评

这便是战争的残酷性！也是战争所给人独立自强的最生动的教育。

名实与劳赏等

吾兄弟报国之道，总求实浮于名，劳浮于赏，才浮于事。从此三句切实做去，或者免于大戾。

译文

我们兄弟报国的原则，总在于求取实绩超过名声，劳苦超过赏赐，才能超过事功。从这三句话上切实去做，或者可免于大的错咎。

点评

有句话道是"盛名之下其实难副"，说的是名超过实，不是好事；反之实过于名，则稳当。曾氏提倡"拙诚"，宁愿实实在在的东西超过名望荣誉，他认为这样才心安理得，才能持之以久。

报国修行

舍命报国，侧身修行。

译文

舍掉性命报效国家，戒慎恐惧修炼德行。

点评

同治二年（1863）三月，曾国荃晋升浙江巡抚。咸丰六年（1856），老九以一贡生统兵，不过六七年时间，便升至一方诸侯，亦可谓飞黄腾达。老九刚授浙江按察使，便因带兵围南京而仅一个月便升江苏布政使，现在才过一年又升浙抚。迁升如此之快的背后，可见朝廷收复南京心情之紧迫，也可见朝廷对老九期望之大。老九初奉浙抚之命时，曾氏勉励他，希望他在事功与德行上齐头并进。

畏惧敬慎

吾辈所最宜畏惧敬慎者，第一则以方寸为严师，其次则左右近习之人，又其次乃畏清议。

译文

我们所最应该敬畏谨慎的，第一是以自己的心作为监督自己行为的严师，其次则是左右经常接触的人，又其次则畏惧清议。

点评

曾氏这几句话的意思是说，我们对待自己的内心世界要重视，不能容许心中有歪门邪道，有龌龊阴暗；也要注意约束身边的人，既不能由他们所左右，也不能让他们有所依恃而放纵；再就是要认真对待清议，不可悍然不顾。这三点都是针对受信者老九的缺点而言的。老九一面辞谢浙抚的任命，一面又在公文署上浙抚曾某某的字样。曾氏认为老九的辞谢便不是"至诚"，并严厉批评他："欺方寸乎？欺朝廷乎？"所谓"以方寸为严师"，系指此事。

强从明出

强字原是美德，余前寄信，亦谓明强二字断不可少。第强字须从明字做出，然后始终不可屈挠。若全不明白，一味横蛮，待他人折之以至理，证之以后效，又复俯首输服，则前强而后弱，京师所谓瞎闹者也。

译文

强字本是美德，我先前信中，也说过明与强两个字绝对不能缺少。但强字必须从明字中做出来，然后才能始终不屈服。若完全不明白这个道理，一味横蛮，等到别人以真正的道理来折报，以日后的效应作为证明，又再俯首认输，则变成先强而后弱，京师将这种人称之为瞎胡闹者。

点评

强而不明事理或不讲事理，这种现象叫做横蛮。如此，优点就变成缺点了。所以必须先明才能后强，即强从明出。

积劳者非成名享福者

古来大战争、大事业，人谋仅占十分之三，天意恒居十分之七；往往积劳之人非即成名之人，成名之人非即享福之人。吾兄弟但从积劳二字上着力，成名二字则不必问及，享福二字更不必问及矣。

译文

古来大战争、大事业，人谋仅占十分之三，天意常居十分之七；往往积劳之人并非就是最后成就名声的人，成就名声的人并非就是享福的人。我们兄弟只从积劳二字去用力，不去过问成名二字，更不要去过问享福二字。

点评

凡大事，因为牵涉的方方面面多，影响成功的因素也便多，故而天意的分量要超过人谋。如果一心一意奔着成名、享福去做事，想到这一点，便有可能会泄气；只有不去想最后的结果，才有可能坚持到底。早年在京师时，曾氏便有过"莫问收获，但问耕耘"的说法，其用意亦在此。

俭廉直忍

俭以养廉，直而能忍。

译文

以俭朴来养护廉洁，性格耿直且能忍耐。

点评

这八个字是送给在家守业的老四国潢的。曾氏认为，老四能廉但不能俭，能直但不能忍。

一个有权者若不俭朴，便很难保持廉洁。这是因为花费大，合法收入不够，则企图获取非法收入，贪污受贿之念便由此而启。耿直者往往里外一致，心里有所想，嘴上便有所说，很少去想到忍耐，但人若一点儿都不能忍耐，则难以很好地处世办事，故耿直又能忍耐才是好的性格。

胸次浩大

富贵功名皆人世浮荣，惟胸次浩大是真正受用。

译文

富贵功名都是人世间的虚浮荣誉，惟有胸襟浩大才是人生真正好的享受。

点评

从整体上看待人生，从比较上看待人生，或者从终极点上回头看待人生，这句话无疑说的是真理。因为人生真正的享受，是属于产生于自身的快乐，自身之外的东西皆附加之物，人们习惯称之为身外之物。但古往今来，人们都拼命追求富贵功名，这是什么原因呢？原来，在许多时候，富贵功名能够带来落实到自身的好处，而且二者并不完全截然对立。当然，即便如此，也应清醒认识到二者孰主孰次，孰大孰小，千万不要因为富贵功名这些身外之物而害了自身。

崇俭习劳

吾屡教家人崇俭习劳，盖艰苦则筋骨渐强，娇养则精力愈弱也。

译文

我屡屡教育家人崇尚俭朴习于劳苦，因为艰苦可以使筋骨日渐强壮，娇生惯养则精力日益柔弱。

点评

富贵人家的子弟常体弱多病，多半是娇生惯养安逸过度的原因。人之常情乃爱欲使之舒适安逸，家里有钱却让孩子去吃苦耐劳，则非具大眼光的家长做不到。

小心埋头

小心安命，埋头任事。

译文

小心谨慎安于天命，埋头做事不问其他。

点评

这种态度是医治浮躁、投机取巧、不安本分等毛病的良方。

蝮蛇螫手，壮士断腕

不如意之事机，不入耳之言语，纷至迭乘，余尚愠郁成疾，况弟之劳苦过甚百倍于阿兄，心血久亏数倍于阿兄者乎！弟病非药饵所能为力，必须将万事看空，毋恼毋怒，乃可渐渐减轻。蝮蛇螫手，壮士断腕，所以全生也。吾兄弟欲全其生，亦当视恼怒如蝮蛇，去之不可不勇。

译文

不如意的事情，不入耳的言论，纷至沓来，我尚且恼郁成疾，何况弟的劳苦百倍于老兄，心血亏损数倍于老兄呢！弟的病非药物所能为力，必须将万事看空，不要恼怒，才可渐渐减轻。蝮蛇咬手，壮士断臂，之所以这样做是为了保全性命。我们兄弟想要保全性命，也应当视恼怒如蝮蛇，去掉它不能不勇敢决断。

点评

这是同治三年四月写给老九的信。老九率吉字营围攻南京城已整整两年，劳师糜饷，却没有实质性的进展。而这期间，李鸿章统率的淮军却接连收复江南各城，左宗棠所统率的楚军也收复浙江大部分土地，相形之下，老九更显战绩不佳。这给好强的老九压力极大。前不久，江西巡抚沈葆桢又拦截解往南京的赣省厘金。本就欠饷多时，沈之举犹如雪上加霜，极易激发兵勇因缺饷哗变，老九因此郁结成疾。曾氏心里也很焦虑，生怕突发变故，致使功亏一篑，遂以"断腕"相劝慰。

置毁誉祸福于度外

弟信于毁誉祸福置之度外，此是根本第一层功夫。此处有定力，到处皆坦途矣。

译文

弟信中说将毁誉祸福置之度外，这是属于根本上的第一层功夫。在这点上有定力，则到处都是平坦之路了。

点评

人们常说置生死于度外，真正做到这点，则再没有什么可畏惧了，心里反而坦然，做事反而不受得失干扰。置毁誉祸福于度外，其用意亦在此。

硬字诀

弟当此百端拂逆之时，亦只有逆来顺受之法，仍不外悔字诀、硬字诀而已。

译文

弟处在这种百事都不顺利的时候，也只有采取逆来顺受的法子，依旧不外乎悔字诀、硬字诀而已。

点评

同治六年正月，鲍超、刘铭传两支部队约会在湖北聚歼捻军。结果鲍军后至，刘军大败。曾国荃奏报朝廷，有指责鲍超之意。鲍大为不满，请朝廷批准他开缺养病。既打仗失败，又内部不和，老九陷于内外交困之中，曾氏也无法替他解围，只能教他逆来顺受。所谓硬字诀，曾氏在这句话的后面有说明："朱子尝言：悔字如春，万物蕴蓄初发；吉字如夏，万物茂盛已极；吝字如秋，万物始落；凶字如冬，万物枯凋。又尝以元字配春，亨字配夏，利字配秋，贞字配冬。兄意贞字即硬字诀也。弟当此艰危之际，若能以硬字法冬藏之德，以悔字启春生之机，庶几可挽回一二乎？"所谓硬，即硬着头皮挺住的意思。曾氏曾戏言他有《挺经》十八条，硬字诀当系其中之一条。

立志即金丹

人之气质由于天生，本难改变，欲求变之之法，总须先立坚卓之志。即以余生平言之，三十岁前最好吃烟，片刻不离。至道光壬寅十一月二十一日立志戒烟，至今不再吃。四十六岁以前作事无恒，近五年深以为戒，现在大小事均尚有恒。即此二端，可见无事不可变也。古称金丹换骨，余谓立志即丹也。

译文

人的气质为天生，本难改变，想要寻求变化办法，总是要先立下坚定的志向。就以我平生为例来说，三十岁前最喜欢吃烟，片刻不能离开。道光二十二年（1842）十一月二十一日立志戒烟，到现在不再吃。四十六岁以前做事情无恒心，近五年来深以为戒，现在大小事都能够有恒心。就从这两件事来看，可见没有什么事情不能改变的。古时说金丹换骨，我说立志即金丹。

点评

这是同治元年（1862）四月间写给两个儿子的。长子纪泽年已二十四，次子纪鸿年已十五，处于这个年龄段，立志十分重要，尤其是年过弱冠且已授室的纪泽，再也不能虚度岁月了。曾氏以自己为例，证明只要立志，便可以改变气质，日日进善进德。曾氏立志戒烟的日记至今保存着，且抄两段让读者诸君共欣赏："是日早起吃烟，口苦舌干，甚觉烟之有损无益，而刻不能离，恶湿居下，深以为恨。誓从今永禁吃烟，将水烟袋捶碎。因念世之吸食烟瘾者，岂不自知其然！不能立地放下屠刀，则终不能自拔身。""自戒烟以来，心神彷徨，几若无主，遏欲之难，类如此矣。不挟破釜沉舟之势，讵有济哉！"

袁婿学坏

不料袁婿遽尔学坏至此！然尔等待之，却不宜过露痕迹。人之所以稍顾体面者，冀人之敬重也；若人之傲惰鄙弃业已露出，则索性荡然无耻，拼弃不顾，甘与正人为仇，而以后不可救药矣。

译文

不料袁氏女婿突然学坏到了这般地步！但你们对待他，却不宜太露痕迹。人之所以稍稍顾及脸面，是希望得到别人的敬重；若是别人的傲视鄙弃已表露出来了，则索性无耻，撕掉脸面一切不顾，甘心情愿与正人君子为敌，那以后就不可救药了。

点评

袁婿名秉桢，字榆生，乃曾氏同年湘潭袁芳瑛（字漱六）的儿子。因为同官翰林，且儿时的袁秉桢聪明可爱，于是曾氏为六岁的大女儿纪静定亲袁家。咸丰九年（1859），十八岁的纪静出阁。婚后不久，袁秉桢即学坏，不好读书而行为浮荡。曾家对此甚为忧虑。曾氏对下属及后生辈，一向主张鼓励、宏奖。他认为人都有自尊心，都会顾及脸面，奖励则可以引导于正途。对于袁婿，曾氏更是这种态度。后来还把袁招致督署，委之以差事，但袁始终不可救药，曾氏气极，与之断绝关系。纪静则因此忧郁成疾，二十九岁便去世。

贪利与激逼成事

尔惮于作文，正可借此逼出几篇。天下事无所为而成者极少，有所贪有所利而成者居其半，有所激有所逼而成者居其半。

译文

你害怕作文，正可借这个机会逼出几篇来。天下事没有什么缘故就成功的极少，为着贪求为着获利而成功者居一半，被人所激所逼而成功者居一半。

点评

曾氏认为，驱使成功的动力分为两种。一种是主动的，成事者本人怀着贪图利益之心；一种是被动的，被人被环境所激逼而成事。若不过于挑剔的话，此说大致符合人情世态。为什么困厄出英雄，为什么贫家出人才，这就是有所激有所逼的缘故。反之，承平之世多庸人，富贵之家多纨袴，其原由亦在此。

庄敬自强

《记》云："君子庄敬自强。"我日日安肆，日日衰苶，欲其强，得乎？

译文

《礼记》说："君子庄重主敬而自我强健。"我每天安逸散漫，每天精神衰疲，想强健，能得到吗？

曾国藩手书联语

点评

《礼记·表记》说："子曰：君子庄敬自强，安肆日偷。"这句话的意思是：庄敬者则自强，安肆者则日弱，即主观上取何种态度，客观上就会有何种结果。曾氏早年在京师，常在日记中以圣贤自励。这段话便出自道光二十三年（1843）正月十七日的日记中，前面还有几句："晏起……人总不爽快。是日请客，至亥正方散。倦甚，勉强支持，仅乃了事。向使以重大之任见属，何以胜任？"

骄惰误事

用兵最戒骄气惰气，作人之道，亦惟骄惰二字误事最盛。

译文

用兵最要戒除骄傲之气与懒惰之气，做人的道理，也要明白惟有骄惰两个字误事最大。

点评

曾氏说过，古今才人以一骄字致败，古今庸人以一惰字致败。所以，无论有才无才，骄惰二字都不可沾上。

清早单开

于清早单开本日应了之事，本日必了之。

译文

在清早用单子开出当天应了结的事，当天必须了结它。

点评

一早起便开列出来，既是提示，也是督促。人们办事最易犯的两个毛病，一为遗忘，一为拖拉。曾氏的"单开"，系专治此两症的良方。

精神贯注与军事日进

与胡中丞熟商江南军事。胡言凡事皆须精神贯注，心有二用，则必不能有成。余亦言军事不日进则日退。二人互许为知言。

译文

与胡中丞反复商量江南用兵的事情。胡中丞说凡事都须精神贯注，一心二用，则必定不能有成效。我也说军事上若是不能每天有长进则将每天后退。两人互相赞许对方的话为明了事理的言论。

点评

胡中丞即胡林翼，时任湖北巡抚。咸丰十年初，太平军行围魏救赵之计，二月下旬攻破杭州，浙江巡抚罗遵殿自杀。闰三月下旬，太平军攻破江南大营，接下来攻占常州、苏州等大城市。江南军事形势陡变。四月初，罗遵殿灵柩运回原籍安徽宿松。此时，曾氏正驻军宿松。前几天，左宗棠、李元度从湖南来到宿松。初十日，胡林翼从湖北英山来到宿松。曾、左、胡一时同处宿松，可谓东南大变中的一次湘军主要统领的小聚会，正如《年谱》中所说的，他们"昕夕纵谈东南大局，谋所以补救之法"。十五日夜里，曾氏在日记中写下了这段话。胡谈办事须专心致志，曾谈军事须日有所进，彼此都称赞对方说得有道理。

君子慎独

独也者，君子与小人共焉者也。小人以其为独，而生一念之妄，积妄生肆，而欺人之事成。君子懔其为独而生一念之诚，积诚为慎，而自慊之功密。彼小人者，一善当前，幸人之莫我察也，则趋焉而不决。一不善当前，幸人之莫或伺也，则去之而不力。幽独之中，情伪斯出，所谓欺也。惟夫君子者，惧一善之不力，则冥冥者有堕行，一不善之不去，则涓涓者无已时。屋漏而懔如帝天，方寸而坚如金石，独知之地，慎之又慎。

译文

独处这一现象，君子与小人都会遇到。小人因为他独处，于是产生一个非分念头，累积非分念头便生出放肆之心，如此欺骗人的事就出来了。君子因为他独处，于是产生一个诚信的念头，累积诚信念头便生出谨慎之心，如此自我鞭策的功夫更周密。那些小人，面对着一件善事，庆幸别人不察觉，则为善不果决。面对着一件不善的事，庆幸别人或许不会看到，则避之不力。在一人独处的时候，性情中的虚伪一面便出来了，这就是所谓欺。只有君子，担心一件善事办得不力，则冥冥之中品行堕落，一件不善事不离去，则惟恐不良之心虽小却无停止之时。在自己的家中都觉得有上天在监督，一颗心坚如金石，身处惟有自己一人知道的境地，应谨慎又谨慎。

点评

"君子慎独"这句话，出于《礼记·中庸》："是故君子戒慎乎其所不睹，恐惧乎其所不闻。莫见乎隐，莫显乎微，故君子慎其独也。"又见于《礼记·大学》："所谓诚其意者，毋自欺也……故君子必慎其独也……此谓诚于中，形于外，故君子必慎其独也。"慎独，即谨慎地对待无人知晓无人监督时的独处行为。这是自修自律者的最高境界，所以圣贤只要求君子去做，而不要求小人去做。

道光二十一年（1841），进京一年后的曾氏便拜理学家唐鉴为师，研习程朱理学。这种研习，不是做学问，而是切切实实地将程朱所主张的那一套在自己身上实现。程朱的那一套实际上是圣人境界，与凡人境界有极大的差距，要脱离凡人境界进入圣人境界是很难很难的，人的本性使然及定力的欠缺，使得曾氏常常在一边研习一边又不断地犯常人之错。于是曾氏借日记来天天检查，天天反思，并将这种反思提到慎独的高度。大约就在这段时期，曾氏作《君子慎独论》，详辨君子与小人独处时的不同，说明慎独的重要。梁氏所抄录者，系出于此文。

此段有"屋漏"一词，其词义与今天不同，特为略作点说明。"屋漏"出于《诗·大雅·抑》："相在尔室，尚不愧于屋漏。"古人把居室内的西北角设置小帐的地方称之为屋漏，故而屋漏即私室的代称。诗句的意思是说，即便在自己家里，也不做有愧于心的事。

原 才

风俗之厚薄奚自乎？自乎一二人心之所向而已。民之生，庸弱者戢戢皆是也，有一二贤且智者，则众人君之而受命焉；尤智者，所君尤众焉。此一二人者之心向义，则众人与之赴义，一二人者之心向利，则众人与之赴利。众人所趋，势之所归，虽有大力莫之敢逆，故曰挠万物者莫疾乎风。风俗之于人之心，始乎微，而终乎不可御者也。

先王之治天下，使贤者皆当路在势，其风民也皆以义，故道一而俗同。世教既衰，所谓一二人者不尽在位，彼其心之所向，势不能不腾为口说而播为声气。而众人者，势不能不听命而蒸为习尚。于是乎徒党蔚起，而一时之人才出焉。有以仁义倡者，其徒党亦死仁义而不顾；有以功利倡者，其徒党亦死功利而不返。水流湿，火就燥，无感不雠，所从来久矣。

今之君子之在势者，辄曰天下无才。彼自尸于高明之地，不克以己之所向转移习俗，而陶铸一世之人，而翻谢曰无才，谓之不诬可乎？十室之邑，有好义之士，其智足以移十人者，必能拔十人中之尤者而材之。其智足以移百人者，必能拔百人中之尤者而材之。然则转移习俗，而陶铸一世之人，非特处高明之地者然也，凡一命以上，皆与有责焉者也。有国家者得吾说而存之，则将慎择与共位之人。士大夫得吾说而存之，则将惴惴乎谨其心之所向，恐一不当而坏风俗，而贼人才。循是为之，数十年之后，万一有收其效者乎？非所逆睹已。

译文

风俗的厚与薄源于哪里呢？源于一二人的向往而已。天地生育民众，平庸弱小的所在皆是，有一二贤能而且有智慧的，则众人以他为领袖而听他的命令；特别智慧的，则领导的人更多。这一二人的心向往义，则众人与他一道赴向义；这一二人的心向往利，则众人与他一道赴向利。众人的这种趋向，便是形势的所指，虽有大的力量也没有谁敢不顺从，故而说干扰万物的莫厉害过风。风俗对于人心而言，从微小开始，而到后来则是不可抵御的。

先王治理天下，使那些贤能的人都处于重要地位，他对于民众的影响也靠的是道义，故而道德一致习俗相同。治世的教化既衰，所被认为的那种一二人不完全在位，另外一些人的心之所向，势不能不依靠口说而以声气传播。至于民众，势不能不听从命令而形成习气时尚。于是党徒兴起，而一个时期的人才便涌现出了。有以仁义为倡导的，他的党徒也便为仁义死而不顾；有以功利为倡导的，他的党徒也便为功利死而不回头。如同水向湿润的地方流去，火靠近干燥之处，无一不得到应验，这种现象由来已久了。

现在有些处于重要地位的君子，常说天下无才。他自己处在高位，不能够做到以自己的向往来转移习俗陶铸世人，而反过来说无才，说他不诬行吗？十户人家的小地方，如有好义之士，他的智慧足以驱动十人的，就必定能选出十人中的优秀者而使他成才。他的智慧足以驱动百人的，就必能选出百人中的优秀者而使他成才。由此看来，转移习俗而陶铸世人，并不是只有处高位者才要这样做，凡有品衔的人，都在这点上有责任。君主得到我的学说而信从，则将谨慎选择与之共上位的人。士大夫得到我的学说而信从，则将小心翼翼地对待他的心的所向往，担心稍有不当而败坏风俗残害人才。依照所说的去做，数十年之后，收取成效的可能性会有万分之一吗？这不是我所能预料的了。

点评

本文是曾氏写于道光二十六年（1846）的文章《原才》。原，即考察原由之意。韩愈有两篇著名的文章：《原道》、《原毁》，其中的"原"即此意。由此可知，《原才》是一篇探讨人才的论文。梁启超很欣赏这篇文章。他为这段抄录写了两处按语。一处按在"而众人者，势不能不听命而蒸为习尚"句后："'势不能不'四字，极见得到。此深于社会学者之言也。"一处按在最后："此篇公之少作也，深明社会变迁之原理。我国数千年来不多见之名文也。公于穷时达时，皆能以心力转移风气，可谓不负其言矣。"梁氏说是"少作"，其实曾氏写此文时已三十六岁，不再年少；官居从四品翰林院侍讲学士，也不能称"穷"。梁氏之所以这样说，皆因曾氏后来功业极盛、文章大显之故。

曾氏一生，最为人们所称道的是他的知人。其事业上的成功，得益于此甚多。这篇《原才》，应是探索曾氏人才观的重要文章。这篇文章透露出两个重要信息。一是人才要靠在位者影响与识拔。曾氏对身处高位既不能以己之榜样去影响人才，又不能以己之有利条件去识拔人才的人，表示很大的厌恶感。二是认为世之风俗取决于一二人的导向。这固然说明曾氏的英雄史观，也可看出，曾氏即便在做翰林院闲官时，也隐然以"一二人"为自励自许。这两点在曾氏日后的发皇时期，借助于广阔的军政平台，得到充分的展布与发扬。

规僚友之过

先王之道不明，士大夫相与为一切苟且之行，往往陷于大戾，而僚友无出片言相质确者，而其人自视恬然，可幸无过。且以仲尼之贤，犹待学《易》以寡过，而今日无过，欺人乎？自欺乎？自知有过，而因护一时之失，展转盖藏，至蹈滔天之奸而不悔。斯则小人之不可近者已。为人友而隐忍和同，长人之恶，是又谐臣媚子之亚也。

前代圣王的道义不明朗，士大夫互相参与所有的苟且之行，往往陷于大的错谬而同僚朋友并没有半句话的指摘，于是本人自我感觉怡然，庆幸自己无过。以孔子的贤德，尚且要依靠学习《易经》以减少过错，而今天有人说自己毫无过错，这是欺骗别人呢？还是欺骗自己呢？自知有过错，却因袒护一时的失误，而想方设法掩盖藏匿，以至于犯下滔天大罪而不后悔。这就是小人的不可亲近的原因。身为别人的朋友，却隐瞒容忍别人的过失，而与他和气相处，增长他的错误，这是仅次于专事调和与谄媚的臣与子一类人。

这是曾氏所作的文章《召诲》中的一段话。召者，召集也；诲者，教诲也。召诲，即请求别人给自己以教诲之意，犹如君王之下诏求言。曾氏既决心躬行程朱之学，则务必洗心革面改过自新，除自我检讨外，召集友朋教诲便是必不可少之一途。这段话写的便是对于此事的认识。附带抄一段写于道光二十二年（1842）十月初三日的日记，借以见曾氏对朋友之诲的态度："岱云言余第一要戒慢字，谓我无处不着怠慢之气，真切中膏肓也。又言予于朋友，每相恃过深，不知量而后入，随处不留分寸，卒至小者龃龉，大者凶隙，不可不慎。又言我处事不患不精明，患太刻薄，须步步留心。此三言者皆药石也。"

立志及刻苦与坚毅

学贵初有决定不移之志，中有勇猛精进之心，末有坚贞永固之力。

为学贵在起初要有决定不移的志向，中途要有勇猛精进的心态，最后还要有坚贞永固的定力。

点评

湘军将领李元度，举人出身，博学能文，尤擅对联，少时便有"神对"之称。李元度为曾氏部属多年，后自领一军，虽长年征战，却不忘名山事业。积三年之功编著《国朝先正事略》，叙述有清一代各个领域中的著名人物达一千一百零八人之多。同治八年三月，曾氏为此书作序。序文结尾处，引康熙皇帝的三句话来称赞李。

康熙的这三句话，意在指出为学应当立志、刻苦与坚毅。实际上不止在为学上，做任何事都应当如此。

骤为遽成与一览易尽

凡物之骤为之而遽成焉者，其器小也；物之一览而易尽者，其中无有也。

译文

凡物品骤然去做而很快就成形的，它的器具一定是小的；凡物品一看就很容易看得清楚明白的，它中间一定没有什么内容。

点评

容易做成的事，一定不是大事，容易弄明白的事理，也一定不是复杂的事理。这是常识。这个常识启示我们，不要贪巧，不要图便利，真正的成就皆从艰难困苦中来。曾氏以此作为开篇，来写他的《送郭筠仙南归序》。郭筠仙即郭嵩焘。郭在道光二十四年、二十五年两试礼部告罢后，于二十五年四月南下回湘，曾氏写此文为他送行。郭资质聪颖，却科场不顺，心情自然抑郁，曾氏以大器晚成为勉。果然，道光二十七年，郭高中二甲，又点翰林，其时亦不过三十岁。

德不苟成，业不苟名

君子赴势甚钝，取道甚迂，德不苟成，业不苟名，艰难错迕，迟久而后进，铢而积，寸而累，及其成熟，则圣人之徒也。

译文

君子在跟上形势这点上很迟钝，所采取的方式很迂拙，道德上不随便成立，事业上不随便出名，遭受艰难曲折不顺心，长久之后才有进展。一铢一钱地堆积，一尺一寸地叠累，到他成熟的时候，则成为圣人的门徒了。

点评

这段话亦出于《送郭筠仙南归序》，所表达的意思也承上文而来。经过艰难困苦、日积月累的过程而造就者，可侧身于圣人之门。曾氏一向倡导拙诚，此文的意旨也在拙诚二字上。

安而思危，乐而不荒

贤达之起，其初类有非常之撼顿，颠蹶战兢，仅而得全。疢疾生其德术，荼蘗坚其筋骨，是故安而思危，乐而不荒。

译文

贤能通达之人的兴起，他的初期大致有着非同一般的困顿，颠簸挫折战战兢兢，才仅仅得以保全。德行权术在灾患中练就，筋骨体力在苦难中坚强，所以能在安逸时想到危险，欢乐时不荒废时光。

点评

此段出自《陈岱云母寿宴席诗序》。陈岱云，湖南茶陵人，曾氏同年，同官翰林。陈虽出身清华，然命运并不佳。在翰苑任职期间，他没有放过差，经济上一直不宽裕。儿子远济出生甫一月，妻子便得病去世。道光二十四年，陈放江西吉安知府，后调广信知府，再调安徽池州知府。咸丰三年，太平军攻池州府，城破，陈岱云自缢而死。

道光二十六年，陈在广信知府任上为母庆寿，僚属朋友纷纷献诗。陈将这些寿诗汇集成册，请曾氏为之序。因陈在京期间颇多坎坷，而今仕途顺畅，故以艰难困苦玉汝于成之意为勉。不料，陈命多舛，终未成贤达。

求人与不求人

古君子多途，未有不自不干人始者也。小人亦多途，未有不自干人始者也。

译文

古时的君子出仕有多种途径，没有自求人而开始的。小人的出仕也有多种途径，没有不自求人而开始的。

点评

古人云君子慎出处，即告诫人们须以正当清白的方式获得官位。古时以求官为耻，今日此风愈演愈烈，不仅求官，而且跑官、买官。官位既是买来的，做官后又怎能不贪污受贿呢？

俭约可不求人

能俭约者不求人。

译文

能够俭朴简约的人可以不求人。

点评

人以无求而品高。怎样才能无求，曾氏为读者指出一途：俭约。

不自暇逸

天可补，海可填，南山可移，日月既往不可复追。其过如驷，其去如矢，虽有大智神勇莫可谁何。光阴之迁流如此，其可畏也，人固可自暇逸哉？

译文

天缺可补，海阔可填，南山可搬移，惟有光阴逝去不可再追回来。光阴的经过如同四匹马拉的车子一样奔驰，它的离去如同射出的箭一样迅疾，即使有大智神勇也无可奈何。光阴的如此流逝，真令人畏惧，人怎能自我虚度呢？

点评

曾氏同邑好友朱尧阶，在其父七十大寿时，曾请曾氏为父寿作序。曾氏答应了，但一拖就是三年。三年后再作，便有《朱玉声先生七十三寿序》一文。这段话即出于此文中。曾氏对于自己无所事事地便过去了三年而深有感叹，继而感到恐惧。志士惜阴，古今同慨。

所习之重要

人固视乎所习。朝有婧阿之老，则群下相习于诡随。家有骨鲠之长，则子弟相习于矩镬。倡而为风，效而成俗，匪一身之为利害也。

译文

看一个人，要看他所受的染习。朝廷中有善于逢迎的老臣，则下面的官员习惯于无原则地跟随附和。家庭中有正派敢言的家长，则子弟习惯于遵守规矩。有人倡导则为风气，众相效法则成习俗，这些就不是一个人的为利与为害了。

点评

曾氏同年陈仲鸾的父母七十大寿，乡亲友朋纷纷以诗文为之庆寿。陈为人戆直伉爽，官场中所少见。陈的这种性格，系从小受其父母的影响而形成。此事再一次验证"性相近，习相远"的道理。曾氏在其所作的《陈仲鸾同年之父母七十寿序》中，由此发挥"视乎所习"的观点。常言说"性格即命运"。性格有先天部分，也有后天部分，后天部分多由染习所决定，故而好的习性是可以给人带来命运之收获的。

导向之重要

天之生斯人也，上智者不常，下愚者亦不常，扰扰万众，大率皆中材耳。中材者，导之东而东，导之西而西，习于善而善，习于恶而恶。其始瞳焉无所知识，未几而骋耆欲逐众好，渐长渐惯而成自然。由一二人以达于通都，渐流渐广，而成风俗。风之为物，控之若无有，鳍之若易靡，及其既成，发大木，拔大屋，一动而万里应，穷天人之力，而莫之能御。

译文

上天所孕育的人类，特别智慧的不常见，特别愚蠢的不常见，芸芸众生，大致都只是中等才智罢了。中等才智的，引导向东则东，引导向西则西，学习为善则为善，学习为恶则为恶。初始时懵懵懂懂没有什么知识，未过多久便放纵嗜欲追逐众多的爱好，慢慢长大慢慢习惯而成为自然。由一二个在大都市里发达的人提倡导引，渐渐地向四面八方广阔的地方流传，于是成为风俗。风作为一个物体，抓它像是没有，压它像是容易披靡，到了它成气候时，则拔起大树，吹倒大屋，一旦发作则万里回应，穷尽天人之力量，而不能抵御。

点评

咸丰十年，胡林翼以私产在家乡湖南益阳建箴言书院，请曾氏为文记述此事。这段话即出于此文。由普通人到人才，这中间的关键在教育，最好的教育场所便是学校。孔子最早办学校招收弟子，并亲自教授，又制定出一整套教材，所以孔子成了万世师表，成了中华民族最受尊敬的人。胡氏父子为官而重视教育，这是曾氏所深为嘉许的。曾氏一向看重领袖人物对社会风尚所起的作用，常常以"一二人"如何如何来表明这个观点。此文中的"一二人"，除了他之外，大概也包括胡林翼在内。

不敢造次忘艰苦

安乐之时，不复好闻危苦之言，人情大抵然欤！君子之存心也，不敢造次忘艰苦之境，尤不敢狃于所习，自谓无虞。

译文

安乐的时候，不想再听危难痛苦时的话，人的性情大抵都这样啊！君子的用心，是不敢轻率忘记艰苦时的境况，尤其不敢沉溺于过去的成功经历中，自己觉得再无忧虑。

同治三年（1864）十月，曾氏上奏朝廷，请在南京城里分别建陆师昭忠祠与水师昭忠祠。同治六年，曾氏为陆师昭宗祠作文，以记述吉字营战事。同治八年，曾氏又为水师昭忠祠作文，以记述水师战事。这段话系出于《金陵楚军水师昭忠祠记》。所谓昭忠祠，即祭奠死难将士的祠堂。祭奠亡灵，固然是纪念往者，但更重在警示生者。故而曾氏要在东南大定五年之后，再说些安乐时人们所不想听的话，要特别告诫今人不可躺在前人的功劳簿上，要"因时适变，不相沿袭"。

克己爱人，去伪崇拙

君子之道，莫大乎以忠诚为天下倡。世之乱也，上下纵于亡等之欲，奸伪相吞，变诈相角，自图其安而予人以至危，畏难避害，曾不肯捐丝粟之力以拯天下。得忠诚者起而矫之，克己而爱人，去伪而崇拙，躬履诸艰，而不责人以同患，浩然捐生，如远游之还乡，而无所顾悸。由是众人效其所为，亦皆以苟活为羞，以避事为耻。呜呼！吾乡数君子所以鼓舞群伦，历九载而戡大乱，非拙且诚者之效欤？

君子为人的原则，莫大过以忠诚作为天下的倡导。世道混乱时，上下皆放纵于亡身之欲，彼此以奸伪相吞食，以变诈相角斗，谋求自己的安逸，而将最大的危险留给别人，畏惧艰苦躲避祸害，竟不愿意捐丝毫之力来拯救天下。有忠诚者崛起，改变这个状况，克己而仁爱别人，去掉虚伪而推崇朴拙，亲身经历各种艰苦，而不要求别人与自己共患难，浩然捐献生命，如同远游之人的回乡，而毫无顾惜与害怕。于是，众人学他们的样，也以苟活为羞愧，以躲避事端为可耻。啊！我的家乡几位君子之所以能激励众人，经历九年战争而戡定大乱，难道不是拙而且诚的效应吗？

在 19 世纪下半叶的国内战争中，曾氏的家乡湘乡县无疑是一个特殊的县邑。

湘军的雏形——千人大团，便是来自湘乡的团勇，湘乡先后有十余万人参加过湘军。三河之役死的六千人都是湘乡人，攻打南京城的吉字营也都是湘乡人。因此，湘乡也出息了一大批军政要人。除曾氏兄弟外，还有罗泽南、王鑫、李续宾、李续宜、蒋益澧、杨昌浚、刘松山、刘锦堂、陈湜、刘蓉、刘岳昭等等，都是当时的著名人物。湘乡的昭忠祠，也相应地成了湖南最大最有名的祭奠湘军的祠堂。这段话便出于曾氏所作的《湘乡昭宗祠记》。曾氏在这篇文章中指出，湘乡这批士人，是以自身的忠诚节烈为邑人榜样，凭着这种精神力量来号召、团结、鼓舞全体湘乡人的。曾氏认为，此种精神，就是他常说的拙诚。拙，指方式朴拙；诚，指心思忠诚。曾氏将拙诚视为应对天下至艰至难的法宝。

气节与养士厚薄无关

世多疑明代诛锄搢绅而怪后来气节之盛，以为养士实厚使然。余谓气节者，亦一二贤者倡之，渐乃成为风会，不尽关国家养士之厚薄也。

译文

世人多怀疑明代打击压抑官员，从而奇怪后来士人气节的旺盛，以为是供养士人厚实的结果。我认为气节这一点，也是一二贤德者倡导，逐渐成为风气，不完全与国家养士的厚薄相关。

点评

曾氏有一篇不足三百字的短文，名曰《书周忠介公手札后》。这段话即出于此文。周忠介公即周顺昌，明末江苏吴县人，曾做过吏部主事。此人性格耿介刚直，因得罪魏忠贤而下狱，受酷刑死。同时受捕的还有五个人，后都被杀。门生潘祖荫以周顺昌被捕时的手札出视曾氏，曾氏读后，认为周可与之前的杨继慎、之后的史可法并称为晚明三仁，并由此发了一通气节与养士厚薄有无关系的议论。

明代散文家张溥有一篇题为《五人墓碑记》的著名文章，其中也涉及这个问题："嗟夫！大阉之乱，缙绅而能不易其志者，四海之大，有几人欤？而五人生于编伍之间，素不闻诗书之训，激昂大义，蹈死不顾，亦曷故哉？"张溥并没有在文章中回答自己所提的问题，曾氏代他回答了，即贤者倡导渐成风会的缘故。

亲历艰苦，食之弥安

凡菜茹手植而手撷者，其味弥甘。凡物亲历艰苦而得者，食之弥安也。

译文

凡菜蔬亲手种又亲手摘的，它的味道特别甜美。凡物品是从亲历艰苦而获得的，吃时心里特别安宁。

点评

曾氏晚年，曾为他的祖父母、父母写了两篇墓表，分别为《大界墓表》、《台洲墓表》。表是古代的一种文体，通常用于叙述较为重大的事件，著名的有诸葛亮的前后《出师表》。墓表，系叙述墓主生前行状的文章。这段话出于《大界墓表》，是曾氏转述其祖父生前之语。曾氏的祖父早年较为放荡，中年后折节向善，倾心操持家业，打下耕读之家的坚实基础；又热心公益，为邻里排难解纷。曾氏一生以祖父为精神偶像，其治家观念多半来源于祖父日常的所作所为。直到晚年，他还常常回忆祖父、父亲日落前亲摘蔬菜佐餐以教导子孙，又时时刻刻不忘教育家人勤劳。同治十年给二子留下四条遗嘱，其四则为"习劳则神钦"，告诫后人"所着之衣所进之食，与一日所行之事所用之力相称，则旁人韪之，鬼神许之"，这就是所谓"食之弥安也"。

不必一一求有济

道微俗薄，举世方尚中庸之说，闻激烈之行，则訾其过中，或以罔济尼之。其果不济，则大快奸者之口。夫忠臣孝子，岂必一一求有济哉？势穷计迫，义不返顾，效死而已矣。其济，天也；不济，于吾心无憾焉耳。

译文

道德式微风俗浇薄，举世正推尚中庸之说，一听说有激烈行为，则指责这种行为不符合中庸，或者以于事不济来阻止。到时果然不济，则奸滑之徒大为快乐。对忠臣孝子来说，哪里想求得每一件事都有济呢？形势急迫，义不返顾，效法前人一死而已。于事有济，这是天意；于事无济，则我的心里没有遗憾罢了。

点评

　　这是曾氏早期思想的一段袒露，却借表彰一个妇人而发出。前面提到曾氏好友陈岱云命运多舛，生子甫一月而妻子去世。去世的陈妻便是曾氏所要表彰的易安人。

　　易安人在丈夫久病未逾、万般无奈之时，曾割臂和药以进。不久，陈病逾而易安人患疾，数月后以虚弱之身生子，遂造成子生甫一月而去世的悲剧。刲臂疗亲，书籍上虽有记载，但现实中毕竟罕见。想不到好友之妻竟然是如此烈性女子，曾氏为之感动不已。在为易安人撰写墓志铭时，他叹息说"陈氏累世赖以不坠者，独此人耳，而有他乎"，接下来，便发了这样一通议论。易安人此举，非常人所能做到，属"激烈之行"；又不一定于治病有济，属"罔济"一类。世人多不赞成，但曾氏却大为称赞。他所称赞的，其实是为义而不返顾的果决之心。曾氏的这种理念，在八年后他出任湖南团练大臣时，得到一段时期的痛快实施。他甚至矫枉过正而不顾，甚至身得残忍之名而不辞。曾氏的"激烈之行"实施五年之后，终于因障碍重重而有所醒悟有所改变。这自然是后话了。